Auf der Grundlage
der Bearbeitung
von Walter F. Otto,
Ernesto Grassi und
Gert Plamböck

neu herausgegeben
von Ursula Wolf

# Platon

# SÄMTLICHE WERKE

## Band 2

Lysis, Symposion, Phaidon,
Kleitophon, Politeia, Phaidros

Übersetzt von
Friedrich Schleiermacher

ro
ro
ro

rowohlts enzyklopädie

# rowohlts enzyklopädie

Herausgegeben von Burghard König

2. Auflage September 2000

Neuausgabe
Erstmals erschienen in der Reihe Rowohlts Klassiker
der Literatur und Wissenschaft
Griechische Philosophie, Band 1 und 3 bis 7
Veröffentlicht im Rowohlt Taschenbuch Verlag GmbH,
Reinbek bei Hamburg, Dezember 1994
Copyright © 1957–1959 und 1994
by Rowohlt Taschenbuch Verlag GmbH,
Reinbek bei Hamburg
Umschlaggestaltung Jens Kreitmeyer
Satz Sabon (Linotronic 500)
Gesamtherstellung Clausen & Bosse, Leck
Printed in Germany
ISBN 3 499 55562 x

# INHALT

# VORWORT

Die neue Ausgabe der Werke Platons basiert im wesentlichen auf der von W. F. Otto, E. Grassi und G. Plamböck besorgten sechsbändigen Rowohlt-Ausgabe von 1957 bis 1959. Es liegt ihr daher nach wie vor die deutsche Übertragung von Schleiermacher zugrunde – mit den in der Ausgabe von 1957 ff vorgenommenen sprachlichen Anpassungen und kleineren Korrekturen. Der Rückgriff auf diese Übersetzung geschieht nicht nur aus Gewohnheit. Für die Frühromantik, der Friedrich Daniel Schleiermacher (1768–1834) zuzurechnen ist, war die Pflege der Tradition, der Rückgang auf die Quellen in ihrer ursprünglichen Form ein wichtiges Anliegen; so verdanken wir den Vertretern dieser Richtung eine Reihe von sorgfältigen Editionen. Ein solcher hermeneutischer Zugriff hat Schleiermacher veranlaßt, die Lehre Platons aus den Verstellungen durch eine lange Interpretationsgeschichte herauszulösen im Rückgang auf den historischen Platon und die überlieferten Texte selbst. Seine Übertragung, die eine ganze Platon-Renaissance eingeleitet hat, geht aus einer intensiven Beschäftigung mit dem Wortlaut des griechischen Textes hervor und zeichnet sich durch große Genauigkeit und Textnähe aus. Angesichts dieser Verdienste läßt sich der für uns heute etwas altertümlich erscheinende deutsche Stil und Wortschatz leicht in Kauf nehmen. Man kann ihn sogar als hermeneutische Vorkehrung benutzen, die uns vor einer vorschnellen Vereinnahmung der Gedanken Platons in unsere eigenen Vorstellungen bewahrt und diejenige Frage wachhält, die hinter Schleiermachers Unternehmen stand, die Frage, was Platon wirklich sagen wollte.

Für die wenigen Texte, die Schleiermacher nicht übersetzt hat, wurde wie üblich die Übertragung von Hieronymus Müller verwendet. Da seine Übersetzungen nicht ganz dieselbe Qualität erreichen, wurden sie von den damaligen Herausgebern an einer Reihe von Stellen verändert.

Am Rand sind jeweils die Seiten- und Abschnittszahlen der Platon-Ausgabe von Henricus Stephanus (Paris 1578) angegeben, nach denen man Platon allgemein zitiert, und zwar gemäß der Oxford-Ausgabe von I. Burnet.

Die damaligen Herausgeber haben die Texte jeweils mit Gliederungen versehen. Diese wurden im wesentlichen beibehalten, jedoch in der Zählung und teilweise auch in der Formulierung vereinfacht. Dabei ist die Gliederung mit allen Ebenen den einzelnen Dialogen vorangestellt, während im Text selbst nur die Überschriften der unteren Ebene auftreten. Die Beibehaltung dieser Praxis der früheren Ausgabe erschien sinnvoll, weil es einem Platon-Dialog wenig angemessen ist, ihn als systematische Abhandlung zu präsentieren, während andererseits kleine Zwischentitel die Orientierung erleichtern, ohne den Textfluß zu sehr zu stören.

Die Neuauflage bot aber auch die Möglichkeit zu Veränderungen. So fehlten in der alten Auflage einige Texte, die durchaus zu den Werken Platons gehören könnten. Neu aufgenommen wurden Dialoge, bei denen nicht mit Sicherheit auszuschließen ist, daß sie von Platon stammen: *Alkibiades I, Theages, Kleitophon* und *Minos*. Auch hier wurde die Übersetzung von Schleiermacher gewählt.

Das Prinzip der Anordnung ist wie bei der früheren Ausgabe im wesentlichen die Chronologie. Die Abweichungen sind allerdings gering; die neuesten Computeranalysen des Platonischen Stils haben keine großen Überraschungen zutage gefördert. In der Forschung besteht weitgehend Einigkeit über die Reihenfolge von der *Politeia* an, während die Abfolge innerhalb der früheren Schriften nach wie vor nicht feststeht.

Die neue Ausgabe ist kompakter geworden und umfaßt jetzt vier Bände. Das hat u. a. den Vorteil, daß sich die chronologische Einteilung mit einer sinnvollen sachlichen Anordnung verbinden läßt, so daß alle Texte, die zu ein und demselben Themenkreis gehören, in einem Band zur Hand sind:

**Band 1** enthält die gesamten frühen Dialoge, die manchmal auch als sokratische bezeichnet werden und um die Frage nach dem menschlichen Gutsein in Konfrontation mit Sophistik und Rhetorik kreisen:

1. Prozeß und Verurteilung des Sokrates (*Apologie* und *Kriton*);
2. Kritik an Dichtern und Rednern (*Ion* und *Hippias II*);
3. Frage der richtigen Erziehung (*Theages, Alkibiades I, Laches*);
4. Suche nach der Definition einzelner Tugenden (ebenfalls *Laches, Charmides, Euthyphron*);
5. Frage nach der Tugend (dem menschlichen Gutsein) allgemein und ihrer Lehrbarkeit (*Protagoras, Gorgias, Menon*);
6. Vertiefte Auseinandersetzung mit Rhetorik und Sophistik (*Hippias I, Euthydemos, Menexenos*).

**Band 2** versammelt die Schriften des Höhepunkts der Ideenlehre und zugleich alles zum Thema Eros:

1. Die Liebe zum Schönen (*Lysis, Symposion*);
2. Die Seele und die Ideen (*Phaidon*);
3. Der gerechte Staat und die gute menschliche Seele im Lichte der Idee des Guten (*Kleitophon, Politeia*);
4. Die Liebe zum Schönen und die Möglichkeit von Wissen (*Phaidros*);

**Band 3** enthält die späteren Dialoge, die sich mit den Problemen der Ideenlehre, den Fragen nach Sein, Wahrheit und Wissen befassen:

1. Sprache und Erkenntnis (*Kratylos*);
2. Sein, Wahrheit, Erkenntnis (*Parmenides, Theaitetos, Sophistes, Politikos*);
3. Status der Ideen. Lust und Glück (*Philebos*);
4. *Briefe*.

**Band 4** schließlich besteht aus:

1. Kosmologie (*Timaios* und *Kritias*);
2. Gesetzeslehre (*Minos* und *Nomoi*).

Zugunsten dieser sachlichen Anordnung wurden zwei kleine Abweichungen von der wahrscheinlichsten Chronologie vorgenommen: Der *Lysis*, den viele eher zu den frühen Dialogen rechnen würden, steht in Band 2. Das scheint auch deswegen leicht zu rechtfertigen, weil eine solche spätere Datierung ebenfalls vertreten wird. Der *Kratylos*, der früher in der Tat gewöhnlich zu den späten unter den mittleren Dialogen gerechnet wurde, dürfte heute eher als früher mittlerer Dialog betrachtet und daher in Band 2 plaziert werden. In Band 2 hätte man auch den *Menexenos* stellen können, dessen Datierung wegen seiner Eigenart aber nach wie vor strittig ist.

Die Bibliographie wurde vollständig erneuert. Die Literatur ist so ausgewählt, daß jeweils die Standard-Kommentare und die Standard-Sekundärliteratur angeführt werden und ansonsten neue Literatur vor älterer und Bücher vor Artikeln bevorzugt werden, einfach deswegen, weil das am schnellsten zu weiterer Information und Literatur führt.

Die sprachliche Anpassung und Gliederung der neu aufgenommenen Dialoge besorgte Christiane Scherer, deren Mitarbeit in allen Bereichen des Unternehmens eine wichtige Stütze für mich war.

Für großzügige Hilfe danke ich Christian Brockmann, Christian Iber und Peter Stemmer.

Berlin, Februar 1994                                        *Ursula Wolf*

# LYSIS

## A. Einleitung

## B. Vorbereitendes Gespräch zwischen Sokrates und Lysis

## C. Zwischenspiel

## D. Hauptgespräch über die Freundschaft

## 1. Sokrates erfährt von der Verliebtheit des Hippothales in Lysis

Ich ging von der Akademia gerade nach dem Lykeion den Weg 203a außerhalb der Mauer dicht unter der Mauer hin. Als ich aber an dem Pförtchen war, wo die Quelle des Panops ist, da traf ich den Hippothales, des Hieronymos Sohn, und den Paianier Ktesippos und andere Jünglinge um sie her gedrängt stehend. Und als Hippothales mich herankommen sah, rief er mich an: Wohin gehst du, o Sokrates, und woher? – Aus der Akademia, sprach ich, gehe ich b gerade nach dem Lykeion. – Hierhier also, sprach er, zu uns lenkst du nicht ein? Es lohnt doch. – Wohin eigentlich, fragte ich, meinst du, und wer sind die hier? – Hierher, sprach er, und zeigte mir der Mauer gegenüber einen eingeschlossenen Platz mit offener Tür; hier halten nicht nur wir uns auf, sondern auch noch viele 204a andere Schöne. – Was ist aber dieses, und was treibt ihr dort? – Es ist, sagte er, eine ganz neu gebaute Palaistra, und meistenteils besteht die Beschäftigung in Gesprächen, von welchen eben wir dir gern mitteilten. – Sehr wohl, sprach ich, werdet ihr daran tun. Aber wer lehrt hier? – Von dir, sagte er, ein großer Freund und Verehrer, Mikkos. – Beim Zeus, sprach ich, kein schlechter Mann, sondern ein tüchtiger Sophist. – Willst du uns also folgen, sagte er, damit du auch die siehst, welche drinnen sind? – Gern b möchte ich erst vernehmen, was mir dann werden soll für das Hineingehen, und wer eigentlich der Schöne ist. – Einer von uns, sagte er, hält diesen dafür, der andere jenen. – Welchen denn aber du, o Hippothales? Das sage mir. Auf diese Frage errötete er, und ich sprach weiter: O Sohn des Hieronymus, das darfst du mir nun nicht mehr sagen, ob du einen liebst oder nicht: denn ich sehe nicht allein, daß du liebst, sondern auch, daß es schon weit mit dir

gekommen ist in dieser Liebe. In anderen Dingen mag ich wohl schlecht sein und wenig nutz; dieses aber ist mir so von Gott ver-
c liehen, daß ich gleich erkennen kann Liebende sowohl wie Ge-
liebte. –

Als er dieses hörte, errötete er noch mehr. Ktesippos aber sagte: Das ist fein, Hippothales, daß du rot wirst und dich weigerst, dem Sokrates den Namen zu sagen, da er doch, wenn er nur kurze Zeit mit dir ist, sich fast wird daran tothören müssen, wie oft du ihn nennst! Uns wenigstens, o Sokrates, hat er die Ohren schon ganz
d betäubt und angefüllt mit dem Lysis. Und hat er gar ein wenig getrunken, so ist es uns ganz gewohnt, daß wir auch beim Erwa-
chen aus dem Schlafe noch glauben, den Namen des Lysis zu hö-
ren. Doch was er so gesprächsweise Arges vorbringt, ist noch nicht gar arg: aber wenn er erst anfängt, uns mit den Gedichten zu über-
schwemmen und mit den Reden! Ja was noch ärger ist als alles, er singt auch auf seinen Geliebten mit wundervoller Stimme, die wir geduldig anhören müssen. Nun aber von dir befragt, errötet er
e nur. – Dieser Lysis, sprach ich, ist also einer von den Heranwach-
senden, wie es scheint. Ich schließe es nämlich nur, denn der Name fiel mir nicht auf als ein bekannter, da ich ihn hörte. – Sie nennen ihn eben nicht oft bei seinem Namen, antwortete er, sondern er wird noch nach dem Vater genannt, weil sein Vater sehr bekannt ist. Auch bin ich gewiß, daß der Knabe dir keineswegs unbekannt ist von Gestalt, und an der allein kann man ihn genug wiederer-
kennen. – So sage denn, sprach ich, wem er angehört. – Es ist des Demokrates von Aixone ältester Sohn. –

Schön, sprach ich, o Hippothales! welche edle und in jeder Art herrliche Liebe hast du dir da ausgespürt! So komm denn und laß mich alles hören, was du diesen zu hören gibst, damit ich sehe, ob
205 a du auch weißt, wie dem Verliebten gezieme, über seinen Liebling zu diesem selbst und auch zu anderen zu reden. – Und darauf, sagte er, gibst du etwas, o Sokrates, was der da sagt? – Willst du etwa, sprach ich, auch leugnen, daß du den liebst, den dieser nennt? – Das nicht, sprach er, aber daß ich Gedichte mache auf meinen Liebling und Reden. – Es ist eben nicht richtig mit ihm, sagte Ktesippos, sondern er faselt und redet irre.

## 2. Sokrates hält das übertriebene Lob des Hippothales für den Geliebten für falsch und will die richtige Art des Redens vorführen

Darauf sagte ich: Ich begehre ja, o Hippothales, weder die Verse b
zu hören noch die Weise, wenn du dergleichen gemacht hast auf
den Knaben, sondern nur den Sinn davon, damit ich erfahre, auf
welche Art du deinen Liebling behandelst. – Der da wird dir wohl
alles sagen, sprach er, denn er weiß es ja genau und hat es im
Gedächtnis, wenn er mich doch, wie er sagt, bis zum Überdruß
angehört hat. –

Bei den Göttern, sagte Ktesippos, sehr gut weiß ich es, o Sokrates! Es ist ja auch lächerlich genug. Denn daß ein Liebender und
einer, der mehr als jeder andere immer nur an seinen Knaben
denkt, auch gar nichts Eigenes zu sagen weiß, was nicht jedes Kind c
ebenfalls sagen könnte, wie sollte das nicht lächerlich sein? Was
aber die ganze Stadt erzählt von Demokrates und Lysis, des Knaben Großvater, und von allen seinen Voreltern, ihren Reichtum,
ihre Pferdezucht und ihre Siege in den Pythischen, Isthmischen
und Nemeischen Spielen mit dem Viergespann und dem Rennpferde, das bringt er in Gedichte und Reden, und noch altväterischeres als dieses. Denn die Bewirtung des Herakles schilderte er
uns neulich in ich weiß nicht was für einem Gedichte, wie nämlich
wegen Verwandtschaft mit dem Herakles ihr Ahnherr den Herakles aufgenommen, selbst auch vom Zeus erzeugt mit der Tochter d
von dem ersten Stifter jener Zunft, kurz, was die alten Mütterchen
singen, und viel anderes dergleichen. Solcherlei ist es, was er in
Reden und Gedichten vortragend auch uns anzuhören zwingt. –

Als ich dies gehört, sagte ich: Du lächerlicher Hippothales! Ehe
du noch gesiegt hast, dichtest du schon und singst auf dich selbst
das Lobgedicht? – Auf mich selbst, o Sokrates, sagte er, habe ich
doch nie weder gedichtet noch gesungen. – Du meinst es wenigstens nicht. – Aber wie wäre denn das? fragte er. – Auf alle
Weise, sagte ich, zielen doch diese Gesänge auf dich. Denn ge- e
winnst du dir einen Liebling solcher Art, so wird dir selbst zur
Zierde gereichen, was du gesprochen und gesungen hast, und ein
wahres Lobgedicht sein auf dich, der du den Preis davongetragen,
weil du einen solchen Liebling erlangt hast: entgeht er dir aber, so
wirst du, je Größeres du lobend gesagt hattest von diesem Lieb-

ling, auch nach Verhältnis des Schönen und Guten, das du verfehlst, um desto mehr verspottet werden. Wer also, o Freund, in
206a der Kunst zu lieben ein Meister ist, der lobt den Geliebten nicht
eher, bis er ihn hat, aus Furcht, wie die Sache ablaufen werde.
Überdies auch werden die Schönen, wenn man sie lobt und verherrlicht, voll Einbildung und Hochmut; oder meinst du nicht? –
Das wohl, sagte er. – Nicht auch, daß, je hochmütiger sie sind, sie
desto schwerer zu besiegen werden? – Wahrscheinlich. – Was für
ein Jäger also dünkt dich der, welcher jagend das Wild so auf-
scheucht, daß er es ungleich schwerer bekommt? – Ein schlechter
b offenbar. – So auch durch Reden und Gesänge nicht ankirren,
sondern wild machen, ist große Unkunde; nicht so? – Mich dünkt
es. – Sieh also zu, Hippothales, daß du dich nicht alles dessen
schuldig machst durch dein Dichten. Denn ich glaube doch, demjenigen, der durch seine Dichtungen sich selbst schadet, wirst du
nicht zugestehen wollen, daß er ein guter Dichter sei, da er sich
selbst zum Schaden ist. – Nein, beim Zeus, sagte er, das wäre ja
große Unvernunft.

c  Aber deshalb eben, o Sokrates, vertraue ich mich dir, und hast
du etwas anderes, so rate mir, worüber man denn reden und was
man tun muß, um dem Geliebten angenehm zu werden. – Nicht
leicht, sprach ich, ist das zu sagen: wolltest du aber bewirken, daß
er mir selbst zum Gespräch käme, so könnte ich dir vielleicht einen
Versuch zeigen, was mit ihm zu reden ist anstatt dessen, was, wie
diese sagen, du redest und singst. – Das, sagte er, ist nichts Schweres. Denn wenn du nur hier mit dem Ktesippos hineingehst und
dich niedersetzt im Gespräch, so, glaube ich, wird er schon von
selbst herzukommen; denn hörbegierig, o Sokrates, ist er vor al-
d lem. Zumal sie nun Hermaien feiern, sind Knaben und Jünglinge
ohne Unterschied zusammen; er kommt dir also gewiß. Wo nicht,
so ist er doch sehr bekannt mit dem Ktesippos durch dessen Vetter
Menexenos, der sein vertrautester Freund ist unter allen. Ktesippos also kann ihn rufen, wenn er ja nicht von selbst kommt. – So,
sprach ich, müssen wir es machen; und somit nahm ich den Kte-
e sippos und ging in die Palaistra, die andern aber gingen hinter uns.

### 3. Eintritt in die Palaistra. Erste Worte des Sokrates an die befreundeten Knaben Lysis und Menexenos

Als wir nun hineintraten, fanden wir dort die Knaben nach vollbrachtem Opfer und fast aller heiligen Dinge Vollendung, alle schön geschmückt mit Knöcheln spielend. Die meisten nun spielten im Vorhofe draußen; einige aber auch, in einem Winkel des Auskleidegemachs, spielten Gerade und Ungerade mit gar vielen Knöcheln, die sie aus den Körbchen vorholten. Um diese her standen andere zusehend, deren einer dann auch Lysis war, welcher dastand unter den Knaben und Jünglingen, bekränzt und durch 207a sein Ansehen sich auszeichnend vor allen, nicht etwa nur schön zu heißen verdienend, sondern schön und edel. Wir nun bogen um und setzten uns gegenseitig über, denn dort war es ruhig, und redeten etwas miteinander. Lysis aber sah sich häufig um nach uns und hatte offenbar große Lust, sich zu uns zu gesellen. So lange nun war er bedenklich und verlegen, allein heranzukommen; hernach b kam Menexenos spielend aus dem Vorhofe herein, und als er mich und den Ktesippos erblickte, kam er, um sich zu uns zu setzen. Als das Lysis sah, folgte er ihm und setzte sich ebenfalls zu uns neben den Menexenos. Darauf nun traten auch die andern herzu, und auch Hippothales, da er mehrere herumstehen sah, versteckte sich hinter diesen und stellte sich, wo er glaubte vom Lysis nicht gesehen zu werden, aus Furcht, es möchte ihm zuwider sein, und so ganz nahebei hörte er zu.

Ich also wendete mich zum Menexenos und sagte: Welcher von euch, o Sohn des Demophon, ist wohl der ältere? – Wir streiten c darüber, antwortete er. – Auch wohl darüber, sprach ich, könntet ihr streiten, welcher der vornehmere wäre? – Allerdings. – Gewiß auch, welcher der schönere, ebenso? Da lachten sie beide. Keineswegs aber, sprach ich weiter, will ich fragen, welcher der reichere ist von euch beiden, denn ihr seid ja Freunde, nicht wahr? – Gar sehr, sagten sie. – Und Freunden ist ja alles gemein, wie man sagt. So daß hierin keine Verschiedenheit stattfinden kann, wenn ihr anders die Wahrheit sagt von eurer Freundschaft. – Das gaben sie zu. –

#### 4. *Sokrates fragt Lysis, warum die Eltern seine Freiheit beschränken*

d Und hierauf war ich eben im Begriff zu fragen, welcher wohl der gerechtere und weisere wäre von ihnen. Indem aber kam einer, dem Menexenos zu sagen, der Meister der Palaistra riefe nach ihm; es schien mir, als habe er die Opferschau. Dieser also ging weg; ich aber fragte den Lysis weiter und sagte: Gewiß, o Lysis, lieben dich dein Vater und deine Mutter sehr? – Allerdings, sagte er. – Also wollten sie auch wohl, daß du so glücklich wärest als

e möglich? – Wie sollten sie nicht? – Scheint dir aber der glücklich zu sein, welcher dient und nichts tun darf, wozu er Lust hat? – Beim Zeus, mir nicht, sagte er. – Also wenn die Eltern dich lieben und wünschen, daß du glücklich seiest: so sorgen sie doch gewiß auf alle Weise dafür, daß du ganz zufrieden bist? – Wie sollten sie nicht? sagte er. – Sie lassen dich also tun, was du willst, und schelten dich um nichts, noch verwehren dir, etwas zu tun, wozu du Lust hast? – Ja, wohl, beim Zeus, wehren sie mir, o Sokrates, und das gar vieles. – Wie sagst du? sprach ich, sie wollen, daß es dir

208a wohl gehe, und verwehren dir doch zu tun, was du willst? Sage mir doch dieses. Wenn du Lust hättest, auf einem von des Vaters Wagen zu fahren und die Zügel selbst zu führen, wenn Wettlauf gehalten wird, würden sie dich nicht lassen, sondern es dir verwehren? – Beim Zeus, sagte er, sie würden mich doch nicht lassen. – Aber wen denn? – Da ist ein Wagenführer, der bekommt seinen Lohn vom Vater. – Wie sagst du? Einem Mietling erlauben sie eher als dir zu tun, was er will mit den Pferden, und geben dem

b dafür auch noch Geld? – Aber wie anders? sprach er. – Doch das Maultiergespann, glaube ich, werden sie dir erlauben zu regieren, und auch wenn du die Peitsche nehmen und sie schlagen wolltest, würden sie es zugeben. – Woher, sagte er, würden sie es zugeben? – Wie denn, sprach ich, darf niemand sie schlagen? – Ja, freilich, sagte er, der Maultiertreiber. – Und ist der ein Knecht oder ein Freier? – Ein Knecht. – Einen Knecht also, wie es scheint, achten sie höher als dich, ihren Sohn, und übergeben ihm das Ihrige lieber als dir und lassen ihn tun, was er will, dir aber

c verwehren sie es? So sage mir doch noch dieses, lassen sie dich wohl dich selbst regieren, oder erlauben sie dir auch dieses nicht? – Wie sollten sie das doch erlauben! sagte er. – Sondern es regiert dich einer? – Hier der Knabenführer, sprach er. – Ist der auch ein Knecht? – Was sonst? Unserer wenigstens. – Gewiß, sagte ich, das ist arg, daß du, ein Freier, von einem Knechte regiert wirst! Was tut aber eigentlich dieser Knabenführer, daß er dich regiert? – Er führt mich eben zum Lehrer. – Und gebieten dir die etwa auch, die Lehrer? – Allerdings ja. – Gar viele Herren und Gebieter setzt dir also dein Vater recht mit Bedacht. Aber doch, d wenn du nach Hause kommst zur Mutter, läßt diese dich, damit du ihr recht vergnügt seist, alles tun, was du willst, es sei nun an der Wolle oder am Webstuhl, wenn sie webt? Denn gewiß, sie verbietet dir weder die Weberlade anzurühren noch das Schiff, noch was sonst irgend zu ihrer Weberei gehört? – Da lachte er und sagte, beim Zeus, o Sokrates, nicht nur verbietet sie mirs, son- e dern ich bekäme gewiß Schläge, wenn ich etwas anrührte. – He- rakles! sagte ich, hast du auch etwa dem Vater etwas zuleide getan oder der Mutter? – Beim Zeus, sagte er, ich nicht. –

*5. Kriterium der Erlaubtheit ist, worauf Lysis sich versteht*
Aber weshalb verwehren sie dir so mit Gewalt, glücklich zu sein und zu tun, was du willst, und halten dich den ganzen Tag über immer unter jemandes Befehl, mit einem Wort, daß du fast gar nichts tun kannst, was du möchtest? So daß, wie es scheint, dir weder all dieser Reichtum etwas nützt, denn jeder andere hat ja 209a mehr darüber zu gebieten als du, noch auch diese so vorzügliche Gestalt, denn auch deinen Körper hütet und pflegt ja ein anderer; du aber, o Lysis, hast über nichts zu gebieten und kannst nichts tun, was du möchtest. – Ich habe eben, sprach er, noch nicht die Jahre dazu, o Sokrates. – Das mag es wohl nicht sein, o Sohn des Demokrates, sagte ich, was dich hindert! Denn dergleichen, glaube ich, überlassen dir doch der Vater sowohl als die Mutter und warten nicht erst, bis du die Jahre habest, zum Beispiel wenn sie etwas vorgelesen haben wollen oder geschrieben, werden sie es, denke ich, dir eher auftragen als irgendeinem im Hause. Nicht b so? – Zuverlässig, sagte er. – Und nicht wahr, hier steht dir frei, welchen Buchstaben du willst zuerst zu schreiben und zum zwei- ten; und ebenso beim Lesen; und wenn du deine Lyra nimmst, glaube ich, wehrt dir weder Vater noch Mutter, welche Saite du willst höher zu stimmen oder tiefer, um mit dem Finger zu kneipen

oder mit dem Plektron zu schlagen. Oder verwehren sie dir's? –
Ganz und gar nicht. –

c Was mag also nur, o Lysis, die Ursache sein, daß sie dir hier
nicht wehren, wohl aber in dem, was wir vorher sagten? – Ich
glaube, sprach er, weil ich dieses verstehe, jenes aber nicht. –
Wohl, antwortete ich, Bester! Nicht also deine Jahre erwartet dein
Vater, um dir alles zu überlassen, sondern welchen Tag er glauben
wird, du seist klüger als er, an dem wird er dir sich selbst und alles
das Seinige überlassen. – Das glaube ich selbst, sagte er. – Wohl,
sprach ich; wie aber der Nachbar? Hat der nicht dieselbe Regel
deinetwegen, wie dein Vater? Meinst du, er wird dir sein Hauswe-
d sen zu verwalten überlassen, sobald er glaubt, du verstehst dich
besser auf die Haushaltungskunst als er, oder wird er ihm dann
noch selbst vorstehen wollen? – Er wird es mir überlassen, meine
ich. – Und wie die Athener? Glaubst du, sie werden dir nicht ihre
Angelegenheiten übergeben, wenn sie merken, daß du Klugheit
genug besitzt? – Ich glaube es. – Und beim Zeus, fuhr ich fort,
wie wohl der Großkönig? Ob er wohl seinem ältesten Sohn, auf
den die Regierung von Asien kommt, wenn Fleisch gekocht wird,
eher erlauben wird, alles in die Brühe zu werfen, was er nur hinein-
e werfen will, als uns, wenn wir nämlich zu ihm kämen und ihm
zeigten, daß wir uns besser als sein Sohn auf die Zubereitung der
Speisen verständen? – Uns offenbar, sagte er. – Und jenen zwar
würde er auch nicht das mindeste hineinwerfen lassen, uns aber,
wollten wir auch ganze Hände voll Salz nehmen, ließe er doch
hineinwerfen. – Wie sollte er nicht? – Wie aber, wenn sein Sohn
an den Augen litte, ließe er ihn wohl an seinen eigenen Augen
210a etwas tun, wenn er ihn für keinen Arzt hält, oder verböte er es
ihm? – Er verböte es gewiß. – Uns aber, wenn er uns für Arznei-
kundige hielte, wollten wir ihm auch die Augen aufreißen und mit
Asche einstreuen, würde er doch, meine ich, nicht wehren, wenn
er glaubte, daß wir es gründlich verständen. – Du hast recht. –
Würde er nicht auch alles andere eher uns überlassen als sich und
seinem Sohne, worin nämlich wir ihm weiser zu sein schienen als
sie beide? – Notwendig, o Sokrates. –

## 6. Wer geliebt werden will, muß verständig und brauchbar werden

So verhält es sich also, lieber Lysis, sagte ich. Darüber, wovon wir uns richtige Einsichten erworben, wird jedermann uns schalten lassen, Hellenen und Ausländer, Männer wie Frauen; wir werden darin tun, was wir nur wollen, und niemand wird uns gern hindern, sondern wir werden hierin ganz frei sein und auch gebietend über andere, und dieses wird das Unsrige sein, denn wir werden Genuß davon haben. Wovon wir aber keinen Verstand erlangt haben, damit wird uns niemand verstatten zu tun, was uns gut dünkt; sondern alle werden uns hinderlich sein, soviel sie können, nicht die Fremden allein, sondern auch Vater und Mutter, und wenn uns jemand noch näher verwandt sein könnte als sie. Vielmehr werden wir selbst, was diese Dinge betrifft, andern folgsam sein, und sie werden uns also fremd sein, denn wir werden keinen Genuß von ihnen haben. Räumst du ein, daß es sich so verhalte? – Ich räume es ein. – Werden wir also jemandem lieb sein und wird uns jemand lieben in Hinsicht auf dasjenige, wozu wir unnütz sind? – Nicht füglich, sagte er. – Jetzt also liebt weder dich dein Vater noch sonst jemand jemanden, insofern er unbrauchbar ist. – Es ist nicht zu glauben, sagte er. – Wenn du aber verständig wirst, o Sohn, dann werden alle dir freund und alle dir zugetan sein: denn du wirst brauchbar sein und gut. Wenn aber nicht: so wird weder irgendein anderer dir freund sein noch selbst dein Vater oder deine Mutter oder deine Verwandten. Ist es also wohl möglich, o Lysis, sich damit viel zu wissen, worin man noch nichts weiß? – Und wie könnte man, sagte er. – Wenn also du noch des Lehrers bedarfst, weißt du noch nicht? – Richtig. – Also weißt du dich auch nicht viel, wenn du doch noch unwissend bist. – Wahrlich, o Sokrates, sagte er, ich glaube auch nicht.

## 7. Verschwörung gegen Menexenos

Als ich dies von ihm hörte, sah ich mich um nach dem Hippothales, und beinahe hätte ich mich verredet. Denn ich war schon im Begriff, ihm zu sagen: So, o Hippothales, muß man mit dem Liebling reden, ihn demütigend und zur Ordnung bringend, nicht aber wie du, ihn aufblähend und verwöhnend. Da ich ihm aber ansah, wie er ganz in Angst und Verwirrung war über das Gesagte, erin-

nerte ich mich, daß er wollte, Lysis solle nicht einmal merken,
211a daß er dabeistehe. Also fing ich mich wieder und hielt mit der
Rede an mich, und darüber kam Menexenos zurück und setzte
sich neben den Lysis, von welchem Platz er aufgestanden war. Lysis, nun gar kindlich und freundlich, sagte mir ganz leise, damit es
Menexenos nicht höre: Was du mir gesagt hast, o Sokrates, das
sage doch auch dem Menexenos. –

Ich antwortete: Dieses kannst du ihm ja sagen, o Lysis, denn du
hast sehr genau achtgegeben. – Das freilich, sagte er. – Versuche
also, sprach ich, es möglichst im Gedächtnis zu behalten, damit du
b ihm alles genau sagen kannst; solltest du aber etwas davon vergessen haben, so frage mich wieder, sobald du mich nur antriffst. –
Wohl, sagte er, so will ich es machen, o Sokrates, aufs allergenaue-
ste, verlasse dich darauf. Aber sage ihm etwas anderes, damit ich
auch zuhöre, bis es Zeit ist, nach Hause zu gehen. – Ja, das muß
ich wohl tun, sprach ich, zumal du es wünschst. Aber sieh auch zu,
wie du mir helfen willst, wenn Menexenos darauf ausgeht, mich
zu widerlegen. Oder weißt du nicht, daß er sehr streitbar ist? – Ja,
beim Zeus, sagte er, gewaltig. Deshalb eben will ich, daß du dich
c mit ihm unterredest. – So, sprach ich, damit ich mich lächerlich
mache? – Nein, beim Zeus, sondern damit du ihn etwas züch-
tigst. – Woher? sprach ich, das ist nicht leicht. Denn er ist ein
gewaltiger Mensch, ein Schüler des Ktesippos; und da ist auch er
selbst – siehst du ihn nicht? – der Ktesippos. – Kümmere du dich
um niemand, o Sokrates, sagte er, sondern geh, rede mit ihm. – So
muß ich wohl anfangen, sprach ich. –

Indem wir dieses noch unter uns redeten, fragte Ktesippos: Ihr
d da, was tut ihr euch da gütlich allein, wovon ihr uns nichts mitteilen wollt? – Allerdings, sagte ich, wollen wir mitteilen. Dieser
nämlich versteht etwas nicht, was ich sage, meint aber, Menexenos werde es wissen, und heißt mich diesen fragen. – Warum also
fragst du ihn nicht? sagte Ktesippos. – Eben will ich es tun, sprach
ich.

## 8. Einführung der Frage nach der Freundschaft
Sage mir also, o Menexenos, was ich dich fragen werde. Ich trage
nämlich von Kindheit an großes Verlangen nach einer Sache, wie
e denn jeder so die seinige hat. Denn einer hat große Lust, Pferde zu

haben, einer Hunde, einer Geld, einer Ehre. Ich aber bin gegen alle diese Dinge ziemlich gleichgültig, dagegen aber auf den Besitz von Freunden ganz leidenschaftlich, und einen guten Freund zu haben wäre mir lieber als die beste Wachtel oder der beste Hahn von der Welt; ja, beim Zeus, lieber als ein Pferd oder ein Hund; und ich glaube, beim Hunde, ich würde allem Golde des Dareios bei weitem den Besitz eines Freundes vorziehen, weit mehr noch als Dareios selbst; so sehr bin ich ein Freundelieb. Indem ich nun euch 212a sehe, dich und den Lysis, bin ich erstaunt und preise euch glücklich, daß euch so jung schon gelungen ist, dieses Besitztum schnell und leicht zu erwerben und du dir diesen so schnell und sehr zum Freunde erworben hast, und dieser wiederum dich. Ich aber bin so weit von der Sache, daß ich nicht einmal dieses weiß, auf welche Art einer des andern Freund wird, sondern eben dieses von dir als einem Kundigen erfragen will.

## 9. Wer ist dem anderen freund, der Liebende dem Geliebten oder der Geliebte dem Liebenden?

Sage mir also, wenn einer einen liebt, welcher wird des andern Freund, der Liebende des Geliebten oder der Geliebte des Liebenden? Oder macht das keinen Unterschied? — Mir wenigstens, sagte er, scheint es keinen Unterschied zu machen. — Wie sagst du? sprach ich. Beide also werden einander freund, wenn auch nur der eine den andern liebt? — Mich wenigstens, sagte er, dünkt es so. — Wie doch? Geschieht es nicht, daß der Liebende nicht wiedergeliebt wird von dem, den er liebt? — Es geschieht. — Und wie? Geschieht es auch, daß der Liebende gehaßt wird? Wie doch manchmal die Liebhaber mit den Lieblingen daran zu sein glauben: Denn wiewohl liebend so sehr es nur irgend möglich ist, meinen doch einige, daß sie nicht wiedergeliebt, andere gar, daß sie gehaßt werden. Oder dünkt dich dieses nicht wahr zu sein? — Sehr wahr, sagte er. — Und in einem solchen Falle, sprach ich, liebt doch der eine, der andere wird geliebt? — Ja. — Welcher also von ihnen ist des andern Freund? Der Liebende des Geliebten, mag er nun wiedergeliebt werden oder auch gehaßt, oder der Geliebte des Liebenden? Oder ist im Gegenteil keiner von beiden in diesem Falle des andern Freund, wenn nicht beide einander lieben? — Es hat wohl das Ansehen, als verhielte es sich auf die letzte Art. — d

Anders also scheint es uns jetzt, als es vorher schien. Damals nämlich, daß, wenn auch nur der eine liebt, beide Freunde wären: jetzt
aber, daß, wenn nicht beide lieben, keiner Freund ist. – So kommt
es heraus, sagte er. –

Das Liebende ist also auch keinem freund, was nicht wieder
liebt? – Es scheint nicht. – Also ist auch der kein Pferdefreund,
den seine Pferde nicht wiederlieben, noch auch Wachtelfreund,
noch Hundefreund, noch Weinfreund, noch Weisheitsfreund,
welchen die Weisheit nicht wiederliebt? Oder liebt zwar jeder von

e diesen seinen Gegenstand, ist ihm aber doch nicht freund, sondern
der Dichter hat unrichtig gesprochen, welcher sagt: «Glücklich,
wer, denen er freund ist, Kinder und mutige Pferde, Hunde zur
Jagd, Gastfreund' auch in der Ferne besitzt?» – Nicht so, scheint
es mir wenigstens. – Sondern richtig dünkt er dich zu reden? –
Ja. – Der Liebende ist also allerdings dem Geliebten freund, wie es
scheint, o Menexenos, dieser mag ihn nun lieben oder hassen. So
wie auch den Kindern, teils den ganz jungen, welche noch nicht
lieben, teils auch denen, welche hassen, wenn sie eben von der

213a Mutter oder dem Vater gezüchtigt worden, dennoch selbst in dieser Zeit, wenn sie hassen, die Eltern über alles in der Welt freund
sind. – Mir, sagte er, scheint es so zu sein. – Nicht also der Geliebte ist freund nach dieser Rede, sondern der Liebende. – Das ist
deutlich. – Also ist auch der Hassende feind, nicht der Gehaßte. –
So scheint es. – Viele also lieben die, welche ihnen feind sind, und
hassen dagegen die, welche ihnen freund sind, und sind also den

b Feinden freund und dagegen den Freunden feind, wenn nämlich
der Liebende freund und nicht der Geliebte? Dieses aber ist
doch große Unvernunft, lieber Freund, oder vielmehr, glaube ich,
gar unmöglich, dem Feinde freund sein und dem Freunde feind? –
Sehr recht, sagte er, hast du offenbar, o Sokrates. – Also wenn
dieses unmöglich ist, so wäre wohl der Geliebte dem Liebenden
freund? – Das leuchtet ein. – Also auch der Gehaßte dem Has-
senden feind? – Notwendig. – Wird aber nicht so herauskom-

c men, daß wir notwendig dasselbe zugeben müssen wie bei dem
vorigen, daß oft einer freund ist dem, der ihm nicht freund ist, oft
auch dem, der ihm feind ist, wenn jemand geliebt wird, nicht wieder liebend oder wohl gar hassend; daß auch oft einer feind ist
dem, der ihm nicht feind ist, sondern wohl gar freund, wenn je-

mand gehaßt wird, nicht wieder hassend, oder wohl gar liebend? – So scheint es zu werden, sagte er. –

Was also sollen wir machen, sprach ich, wenn weder die Liebenden Freunde sein sollen, noch auch die Geliebten, noch auch nur
die zugleich Liebenden und Geliebten, sondern wir von andern
außer diesen behaupten sollen, daß sie einander freund werden? –
Beim Zeus, sagte er, o Sokrates, ich weiß gar keinen Rat. – Haben
wir auch etwa, sprach ich, o Menexenos, unsere Untersuchung d
überall unrichtig angelegt? – So dünkt es mich wohl, o Sokrates,
sagte Lysis, und wie er es gesagt, so errötete er. So daß das Wort
ihm schien wider Willen entschlüpft zu sein, weil er mit ganzer
Seele darauf achtete, was gesprochen ward. Und so hatte er offenbar auch, als er zuhörte, immer getan.

10. *Nicht das Ähnliche ist dem Ähnlichen freund, sondern nur*
   *das Gute dem Guten*

Ich also, teils weil ich den Menexenos ausruhen wollte, teils auch
in der Freude über jenes Nachdenklichkeit, wechselte um und, die
Rede an den Lysis richtend, sagte ich: O Lysis, du scheinst mir e
richtig zu sprechen, denn wenn wir unsere Untersuchung recht
angelegt hätten, so würden wir schwerlich so in die Irre geraten
sein. Hier also laß uns nicht weitergehen, denn sie ist offenbar gar
ein schlimmer Weg, diese Untersuchung; sondern wo wir abgelenkt haben, da, glaube ich, müssen wir weitergehen und nach den
Dichtern untersuchen. Denn diese sind doch gleichsam unsere 214a
Väter und Führer in der Weisheit. Sie reden aber so, daß sie sich
wahrlich nicht schlecht erklären über Freunde, wer sie sind, sondern der Gott selbst, sagen sie, führe sie einander zu und mache sie
zu Freunden. Es lautet aber dieses bei ihnen, wenn ich nicht irre,
so: «Wie doch stets den Gleichen ein Gott gesellet zum Gleichen»
und ihn bekannt macht. Oder sind dir diese Verse niemals vorge- b
kommen? – Mir wohl, sagte er. – Auch wohl Schriften sehr weiser Männer sind dir vorgekommen, welche eben dasselbe sagen,
daß das Ähnliche dem Ähnlichen notwendig immer freund sei.
Und dies sind die, welche von der Natur und dem All reden und
schreiben. – Richtig, sagte er. – Sprechen sie also wahr? – Vielleicht, sagte er. – Vielleicht, sprach ich, zur Hälfte, vielleicht aber
auch ganz, und wir verstehen es nur nicht. Denn uns scheint der

c  Böse dem Bösen, je näher er ihm kommt und je genauer er mit ihm umgeht, um desto mehr feind werden zu müssen. Denn er beleidigt; die Beleidigenden aber und Beleidigten können unmöglich Freunde sein. Nicht so? – Gewiß, sagte er. – Auf diese Art also wäre von dem Gesagten die Hälfte nicht wahr, wenn doch die Bösen einander auch ähnlich sind. – Du hast recht. – Aber mich dünkt, sie wollen nur von den Guten sagen, daß sie einander ähnlich sind und freund; die Bösen aber, was ja auch von ihnen gesagt wird, wären niemals nicht einmal sich selbst ähnlich, sondern ver-

d  änderlich und nicht zu berechnen. Was aber sich selbst unähnlich ist und mit sich selbst in Zwiespalt, damit hat es gute Wege, daß es jemals sollte einem andern ähnlich werden und freund. Oder meinst du nicht auch so? – Ich allerdings, sagte er. – Dieses also, o Freund, wollen jene, wie mich dünkt, andeuten, welche sagen, das Ähnliche sei dem Ähnlichen freund, daß nämlich nur der Gute und nur dem Guten freund ist, der Böse aber niemals, weder mit dem Guten, noch mit dem Bösen zu einer wahren Freundschaft gelangt. Stimmst du mit ein? – Er bejahte es. – Das also hätten wir nun, welche Menschen Freunde sind; denn die Rede zeigt ganz

e  deutlich an, es sind die, welche gut sind. – So, sagte er, scheint es allerdings.

*11. Können die Guten einander freund sein?*
Auch mir, sprach ich; wiewohl eines mich daran verdrießt. Komm also, und um Zeus' willen, laß uns betrachten, was ich zu sehen glaube. Der Ähnliche ist dem Ähnlichen, sofern er ähnlich ist, freund; und ist ein solcher einem solchen auch nützlich? Oder vielmehr so: jedes Ähnliche, welchen Nutzen kann es jedem Ähnlichen wohl bringen oder welchen Schaden ihm zufügen, den es nicht auch sich selbst täte? Oder überhaupt, was ihm antun, was nicht auch jedes sich selbst antun könnte? Solche Dinge also, wie

215 a  können sie Anhänglichkeit aneinander haben, da sie einander gar keine Hilfe gewähren? Kann es irgendwie sein? – Es kann gar nicht sein. – Und ohne Anhänglichkeit, wie kann etwas freund sein? – Auf keine Weise. – So ist nun zwar der Ähnliche dem Ähnlichen nicht freund; wohl aber könnte der Gute dem Guten, sofern er gut, nicht sofern er ähnlich ist, freund sein? – Vielleicht. – Wie aber? Wird nicht der Gute, inwiefern er gut ist, inso-

fern auch sich selbst genügen? – Ja. – Der aber sich selbst genügt, bedarf keines andern, soweit dieses Genügen geht? – Wie sollte er? – Der aber keines bedarf, wird auch keinem anhängen? – b Freilich nicht. – Der aber keinem anhängt, wird auch keinen lieben? – Nicht füglich. – Und der nicht liebt, ist doch wohl nicht freund? – Nein, offenbar. – Wie also können uns überhaupt Gute mit Guten freund werden, welche weder in der Abwesenheit sich nacheinander sehnen, denn sie genügen jeder sich selbst auch einzeln, noch auch vereinigt irgend Nutzen voneinander haben? Wie ist zu bewerkstelligen, daß solche einander sehr wert seien? – Auf keine Art, sagte er. – Freunde aber können sie doch nicht sein, c wenn sie einander nicht sehr wert sind. – Das ist richtig. –

## 12. Auch das Entgegengesetzte ist nicht einander freund

Sieh also zu, o Lysis, wie wir übel ankommen! Werden wir auch etwa um ein Ganzes dabei betrogen? – Wieso, sprach er. – Ich habe schon irgendwann einen sagen gehört und erinnere mich dessen jetzt, daß das Ähnliche dem Ähnlichen, also auch der Gute dem Guten, am meisten feind wäre. Ja auch den Hesiodos führte er zum Zeugen an, sagend, daß ja «auch ein Töpfer ist feind dem anderen, Sängern die Sänger, Bettlern der Bettler sogar», und von allem zeigte er auf gleiche Weise, daß notwendig das Ähnlichste d am meisten mit Neid, Streit und Feindschaft gegeneinander erfüllt sein müsse, das Unähnlichste aber mit Freundschaft. Denn dem Reichen sei der Arme genötigt freund zu sein, und dem Starken der Schwache des Beistandes wegen, und dem Arzt der Kranke, und jeder Unkundige müsse sich anhängen an den Kundigen und ihn lieben. Ja auch noch weiter führte er den Satz aus, in einem höheren Sinne behauptend, daß, weit gefehlt das Ähnliche sei dem e Ähnlichen freund, vielmehr das Gegenteil hiervon sich zeige und das Entgegengesetzte dem Entgegengesetzten am meisten freund sei. Denn dessen begehre ein jedes, nicht aber des Ähnlichen, das Trockene nämlich des Feuchten, das Kalte des Warmen, das Bittere des Süßen, das Scharfe des Stumpfen, das Leere der Erfüllung und das Volle der Ausleerung, und so alles andere auf dieselbe Weise. Denn jedes Gegenteil sei Nahrung für sein Gegenteil, von dem Ähnlichen aber habe das Ähnliche gar keinen Genuß. Und zwar, o Freund, dünkte er sich recht wichtig, da er dieses sagte; 216a

denn er sprach sehr gut. Euch aber, sprach ich, wie gefällt seine Rede? – Sehr gut, sagte Menexenos, soviel man so hören kann. – Wollen wir also annehmen, daß jedem sein Entgegengesetztes auch am meisten freund ist? – Das wollen wir. – Wohl, sprach ich, ist es auch nicht ungereimt, Menexenos? Und werden nicht voller Freuden sogleich die hochweisen streitkundigen Männer auf uns losgesprungen kommen und uns fragen, ob nicht der
b stärkste Gegensatz zur Feindschaft die Freundschaft wäre? Was nun sollen wir diesen antworten? Oder müssen wir nicht notwendig zugeben, es sei wahr, was sie sagen? – Notwendig. – Ist also, werden sie sagen, Feindschaft der Freundschaft freund oder Freundschaft der Feindschaft? – Keines von beiden, sprach er. – Aber doch das Recht dem Unrecht, oder das Besonnene dem Unbändigen, oder das Gute dem Bösen? – Mir scheint es nicht sich so zu verhalten. – Dennoch aber, sagte ich, wenn der Entgegensetzung wegen eins dem andern freund wird, müssen auch diese freund sein. – Notwendig. – Weder also ist das Ähnliche dem Ähnlichen freund noch das Entgegengesetzte dem Entgegengesetzten. – Es läßt sich nicht so an. –

13. *Nur das weder Gute noch Böse (Schlechte) kann dem Guten*
    *freund sein*

c Laß uns aber auch dieses noch sehen: verbirgt sich uns auch nicht die Freundschaft noch mehr und ist nichts von dem allen, sondern es wird nur so etwa das weder Gute noch Böse dem Guten freund. – Wie, sagte er, meinst du? – Ja, beim Zeus, sprach ich, ich weiß es nicht, sondern ich bin in der Tat selbst schwindlig von der Verwirrung der Sache; und so wird wohl am Ende nach dem alten Sprichwort das Schöne das Liebe sein. Wenigstens läßt sich dieses an wie etwas gar Weiches, Glattes und Schlüpfriges. Darum
d auch vielleicht entschlüpft es uns so leicht und entkommt uns, weil es so geartet ist. Ich meine nämlich, das Gute sei schön. Meinst du nicht auch? – Ich ebenfalls. – Ich meine also gleichsam ahnend, daß dem Schönen und Guten das weder Gute noch Böse freund ist. In welcher Beziehung aber ich dieses ahne, das höre. Ich denke mir nämlich dieses als drei verschiedene Gattungen, erst das Gute, dann das Böse, dann das weder Gute noch Böse. Wie du? – Auch ich, sagte er. – Und daß weder das Gute dem Guten, noch das

Böse dem Bösen, noch auch das Gute dem Bösen freund ist, wie e
auch die bisherige Rede nicht zuläßt. Also bleibt, wenn nämlich
etwas einem freund sein soll, nur übrig, daß das weder Gute noch
Böse freund sein kann entweder dem Guten oder solchem, wie es
selbst ist. Denn dem Bösen kann doch nichts freund sein. – Richtig. – Aber auch nicht das Ähnliche dem Ähnlichen, sagten wir
vorhin. Nicht wahr? – Ja. – Also kann auch nicht dem weder
Guten noch Bösen dasjenige freund sein, was ebenso ist? – Nein,
wie man sieht. – Es folgt also, daß allein das weder Gute noch
Böse dem Guten allein freund werden kann. – Notwendig, wie es 217a
das Ansehen hat. –

## 14. Ursache dieser Freundschaft ist die Anhaftung eines Schlechten

Wird uns aber auch, sagte ich, ihr Kinder, das jetzt Gesagte richtig
führen? Wenn wir zum Beispiel betrachten wollen den gesunden
Leib, der bedarf weder der Arzneikunst noch der Hilfe; denn er ist
sich selbst genug, so daß kein Gesunder einem Arzt freund wird
der Gesundheit wegen. Nicht wahr? – Keiner. – Aber der
Kranke, glaube ich, der Krankheit wegen? – Wie sollte er
nicht? – Und die Krankheit ist doch ein Übel, die Arzneikunst b
aber etwas Hilfreiches und Gutes? – Ja. – Der Leib aber ist doch,
sofern er Leib ist, weder gut noch böse? – So ist es. – Genötigt
aber wird der Leib, der Krankheit wegen der Arzneikunde anzu-
hängen und sie zu lieben? – So scheint es mir. – Das weder Böse
noch Gute also wird freund dem Guten wegen Anhaftung eines
Bösen? – So folgt es. – Offenbar aber doch, ehe es noch durch das
ihm anhaftende Böse selbst böse geworden ist. Denn, böse geworden, könnte es doch nicht mehr das Gute begehren und ihm freund
sein; denn unmöglich, behaupteten wir, kann das Böse dem Guten c
freund sein. – Es ist auch unmöglich. – So erwäg denn, was ich
sage. Ich sage nämlich, daß einiges zwar, wie das, was ihm anhaftet, so auch selbst ist, anderes aber nicht. Wie wenn jemand mit
irgendeiner Farbe etwas bestreicht, so haftet doch auf dem Bestri-
chenen das Aufgestrichene. – Allerdings. – Ist aber dann auch
das Bestrichene der Farbe nach so, wie das darauf Befindliche? –
Ich verstehe nicht, sagte er. – Aber doch so, sprach ich. Wenn d
jemand deine goldfarbigen Haare mit Bleiweiß bestriche, wären

sie dann wohl weiß, oder schienen sie nur so? – Sie schienen nur. – Doch aber haftete an ihnen die Weiße. – Ja. – Nichtsdestoweniger aber wären sie doch nicht weiß, sondern ungeachtet der anhaftenden Weiße sind sie weder weiß noch schwarz. – Richtig. – Wenn aber, o Freund, das Alter ihnen diese nämliche Farbe mitgeteilt hat, dann sind sie geworden, wie das ihnen An-
e haftende, weiß nämlich wegen des Anhaftens der Weiße. – Wie könnte es anders sein? – Hiernach also frage ich eben, ob das, worauf etwas haftet, immer so ist, wie das daran Haftende? Oder ob nur, wenn es auf eine gewisse Weise daran haftet, jenes ebenso sein wird, wenn aber anders, dann nicht? – Das letzte also, sagte er. – Auch das weder Gute noch Böse ist also bisweilen bei daran haftendem Bösen noch nicht böse, in andern Fällen aber ist es schon ein solches geworden. – Allerdings. – Also wenn es noch nicht böse ist ungeachtet des daran haftenden Bösen, so erregt eben dieses Anhaften ihm ein Verlangen nach dem Guten; ein bösemachendes Anhaften aber beraubt es dieses Verlangens sowohl als auch der Freundschaft zum Guten. Denn nun ist es kein weder Gutes noch Böses mehr, sondern ein Böses, und das Böse war dem
218a Guten nicht freund. – Freilich nicht. – Demgemäß könnten wir daher auch sagen, daß die schon Weisen nicht mehr Weisheitsfreunde sind, seien dies nun Götter oder Menschen, noch auch diejenigen ihr freund sind, welche den Unverstand so an sich haben, daß sie böse sind; denn kein Böser und Ungelehrter liebt die Weisheit. Übrig also bleiben diejenigen, welche jenes Übel zwar haben, den Unverstand, noch nicht aber dadurch unverständig und ungelehrig geworden, sondern noch der Meinung sind, sie
b wüßten das nicht, was sie wirklich nicht wissen. Daher auch nur diejenigen philosophieren, welche weder gut noch böse sind, alle Bösen aber philosophieren nicht, noch auch die Guten. Denn weder das Entgegengesetzte war dem Entgegengesetzten freund noch das Ähnliche dem Ähnlichen, wie sich gezeigt hatte in unseren vorigen Reden. Oder erinnert ihr euch nicht? – Sehr gut, sagten sie. –

Jetzt also haben wir, sprach ich, o Lysis und Menexenos, ganz sicher ausgefunden, was freund ist und was nicht. Wir behaupten
c nämlich, sowohl in betreff der Seele als des Leibes und überall sei nur das weder Gute noch Böse wegen Anhaftung eines Bösen

freund dem Guten. – Auf alle Weise wollten sie behaupten und einräumen, daß es sich so verhalte. –

## 15. Das Worumwillen der Freundschaft zum Guten ist etwas, dem man freund ist

Und auch ich selbst freue mich sehr, als hätte ich wie ein Jäger nun zur Genüge, was ich gejagt hatte. Hernach aber kam mir, ich weiß nicht woher, der seltsamste Verdacht, daß wohl alles nicht wahr wäre, was wir zusammen ausgefunden hatten. Und sehr verdrießlich sagte ich: O weh, Lysis und Menexenos, wir werden wohl nur im Traume den Schatz gehoben haben. – Was ist wieder? fragte d Menexenos. – Ich fürchte, sprach ich, wie auf prahlerische Menschen, so sind wir wohl auf ebensolche Gedanken über die Freundschaft gekommen. – Woher? fragte er. – Laß es uns so betrachten, sprach ich. Wer freund ist, ist der jemandem freund oder nicht? – Notwendig, sagte er. – Und um keines Endzweckes willen, auch keiner Ursache wegen oder wegen etwas und um etwas willen? – Um etwas und wegen etwas. – Ist er nun auch dieser Sache freund, um derentwillen er den andern freund ist, oder ist er ihr weder freund noch feind? – Ich folge dir nicht recht, sagte er. – Kein Wunder, sprach ich. Aber so wirst vielleicht du e besser folgen und, denke ich, auch ich besser wissen, was ich meine. Der Kranke, sagten wir eben, ist dem Arzt freund. Nicht wahr? – Ja. – Und zwar der Krankheit wegen um der Gesundheit willen ist er dem Arzte freund? – Ja. Die Krankheit aber ist etwas Böses? – Wie sollte sie nicht? – Die Gesundheit aber, ist die gut oder böse oder keins von beiden? – Gut, sprach er. – Wir sagten also, wie es scheint, der Leib, weder gut noch böse, wäre wegen 219 a der Krankheit, das heißt etwas Bösen, der Arzneikunst freund. Die Arzneikunst aber ist etwas Gutes; und um der Gesundheit willen empfängt die Arzneikunst die Freundschaft; die Gesundheit aber ist gut. Nicht so? – Ja. – Ist er nun der Gesundheit freund oder nicht freund? – Freund. – Der Krankheit aber feind? – Allerdings. – Das weder Böse noch Gute also ist wegen des Bösen und b Verhaßten dem Guten freund, um eines Guten willen, dem es freund ist? – So zeigt es sich. – Freund ist man also, dem man freund ist, um etwas willen, dem man freund ist, wegen etwas, dem man feind ist. – So sieht es aus. –

## 16. *Das erste Befreundete als Grund und Ziel aller Freund-*
   *schaft*

Gut, sprach ich. Da wir nun hier angekommen sind, Kinder, so
laßt uns wohl achtgeben, daß wir nicht betrogen werden. Denn
daß nun Freund dem Freunde freund geworden ist, lasse ich gehen, obgleich so das Ähnliche dem Ähnlichen freund wird, welches wir für unmöglich erklärt haben. Dieses aber laßt uns wenigstens erwägen, damit nicht das jetzt Angenommene uns betrüge.

c Der Arzneikunst, sagten wir, ist man freund um der Gesundheit
willen? – Ja. – Also ist man auch der Gesundheit freund? – Allerdings. – Wenn aber, so ist man es um etwas willen? – Ja. –
Und zwar um etwas willen, dem man freund ist, wenn auch dies
dem vorhin Angenommenen folgen soll. – Allerdings. – Also
auch jenem wird man freund sein um eines andern willen, dem nan
freund ist? – Ja. – Müssen wir also nicht müde werden, so umherzugehen, und bei einem Anfange ankommen, der nicht wieder

d auf eine andere Freundschaft zurückführt, sondern auf jenes selbst
geht, dem wir zuerst freund sind, allem andern aber nur um seinetwillen freund zu sein gestehen? – Notwendig. – Dies ist es nun
eben, was ich meine, daß nur nicht alles, welchem wir um jenes
willen freund zu sein bekennen, als bloßes Schattenbild davon uns
betrügt, eigentlich aber nur jenes erste es ist, dem wir wahrhaft
freund sind. Wir wollen es nämlich so überlegen: Wenn jemand
aus etwas sehr viel macht, wie der Vater den Sohn allen andern
Dingen vorzuziehen pflegt; kann nicht ein solcher eben deshalb,

e weil ihm der Sohn über alles geht, sich auch aus etwas anderem
sehr viel machen? Etwa wenn er gewahr würde, jener habe Schier-
ling getrunken, würde er sich dann nicht sehr viel aus Wein machen, indem er glaubte, dieser könne den Sohn retten? – Was wird
er nicht? sagte er. – Ja auch aus dem Gefäß, worin der Wein
wäre? – Auch wohl. – Achtet er aber deshalb beides gleich hoch,
den tönernen Becher und seinen Sohn, oder die drei Maß Wein
und seinen Sohn? Oder verhält es sich nicht vielmehr so: Alle solche Sorgfalt geht eigentlich gar nicht auf dasjenige, was um eines
andern willen herbeigeschafft wird, sondern auf jenes, um deswil-

220a len das andere alles herbeigeschafft wird. Obgleich wir öfters sagen, wir machen uns viel aus Gold und Silber, mag das dennoch
keineswegs das Wahre sein; sondern woraus wir uns viel machen,

das ist jenes, was sich als das zeigt, um dessentwillen wir das Gold und alles andere Erworbene erwerben. Wollen wir dies behaupten? – Allerdings. – Also auch von dem Freunde gilt dasselbe? Denn wovon wir sagen, daß wir ihm um eines andern willen freund sind, das benennen wir offenbar nur mit einem fremden b Wort, freund aber mögen wir in der Tat wohl nur jenem sein, in welchem alle diese sogenannten Freundschaften endigen. – So wird es sich wohl verhalten, sagte er. – Dem also, welchem wir in Wahrheit freund sind, sind wir es nicht um eines andern willen, dem wir auch freund wären? – Richtig. –

## 17. Das Begehren des Angehörigen als Ursache der Freundschaft

Dieses also ist abgemacht, wem wir freund sind, sind wir es nicht um eines andern willen, dem wir es auch sind. Aber sind wir wohl dem Guten freund? – Mich dünkt es. – Wird also wegen des Bösen das Gute geliebt, und es verhält sich so: Wenn von jenen drei eben erwähnten Gattungen, dem Guten, dem Bösen und dem we- c der Guten noch Bösen, die beiden andern gesetzt werden, das Böse aber aus dem Wege geschafft wird und nichts mehr berühren kann, weder Leib noch Seele noch etwas anderes von dem, was, wie wir sagten, an und für sich weder gut noch böse ist, wäre dann wohl das Gute uns gar nichts mehr nutz, sondern wäre unnütz geworden? Denn wenn uns nichts mehr schadete, so bedürften wir auch nirgends einer Hilfe. Und so würde alsdann offenbar, daß d wir nur des Bösen wegen dem Guten anhingen und es liebten, weil nämlich das Gute die Arznei ist wider das Böse, das Böse aber die Krankheit. Gibt es nun keine Krankheit mehr, so bedarf man auch keiner Arznei. Ist es wohl so beschaffen mit dem Guten, und wird es wohl so des Bösen wegen geliebt von uns, die wir mitteninne sind zwischen dem Bösen und Guten, hat aber selbst an und für sich gar keinen Nutzen? – Es hat das Ansehen, sprach er, sich so zu verhalten. – Jenes erste Befreundete also, in welchem sich alle übrigen Dinge endigten, denen wir um eines andern willen freund e waren, hat mit allen diesen gar keine Ähnlichkeit. Denn allen diesen nannten wir uns freund um eines andern willen, dem wir freund waren; jenes Eigentliche aber scheint diesen ganz entgegengesetzt geartet zu sein, indem sich zeigte, daß wir ihm freund sind wegen etwas, dem wir feind sind. Würde aber dieses letztere fortgeschafft, so würden wir ihm, wie es scheint, nicht mehr freund sein. – Mich dünkt nicht, sprach er, nach dem wenigstens, was eben gesagt wird. –

Ob man wohl, sprach ich, um Zeus' willen, wenn alles Böse untergegangen ist, dann nicht hungern wird und nicht dursten und 221a nichts anderes der Art? Oder wird zwar Hunger sein, wenn doch Menschen und andere Tiere sein sollen, aber er wird nicht verderblich sein; und so auch der Durst und die andern Begierden, nur nicht böse werden sie sein, da ja das Böse untergegangen ist? Oder ist es eine lächerliche Frage, was alsdann sein wird und nicht sein? Denn wer weiß es? Dieses aber wissen wir doch, daß auch jetzt schon, wer hungert, Schaden davon haben kann, aber auch Nutzen, nicht wahr? – Allerdings. – Nicht auch, wer durstet oder b etwas anderes dergleichen begehrt, begehrt er bisweilen sich zum Nutzen, bisweilen zum Schaden, bisweilen ohne eins von beiden? – Gewiß. – Also wenn auch das Böse unterginge, wie käme das, was nicht böse ist, dazu, mit dem Bösen zugleich unterzugehen? – Auf keine Weise. – Die weder guten noch bösen Begierden werden also bleiben, wenn auch das Böse untergeht? – Das leuchtet ein. – Ist es aber wohl möglich, etwas zu begehren und zu lieben, ohne dem freund zu sein, was man begehrt und liebt? – Mich dünkt es nicht. – Also auch, wenn das Böse untergegangen ist, wie c es scheint, werden wir einigem freund sein? – Ja. – Nicht doch, wenn das Böse die Ursache der Freundschaft war, könnte wohl nach Untergang des Bösen irgend etwas mehr einem andern freund sein; denn ist eine Ursache weggenommen, so kann unmöglich das noch stattfinden, wovon dieses die Ursache war. – Du hast recht. – Darüber aber waren wir einig, daß, wer einem freund ist, es auch liebe, und zwar wegen etwas, und wir glaubten damals wenigstens, das weder Gute noch Böse liebe so des Bösen wegen das Gute? – Richtig. – Jetzt aber, wie es scheint, zeigt sich d wieder eine andere Ursache des Liebens und Geliebtwerdens? – So scheint es. –

Ist nun in der Tat, wie wir jetzt sagten, das Begehren die Ursache der Freundschaft und das Begehrende dem freund, was es begehrt, dann wenn es begehrt? Alles aber, was wir zuvor sagten vom Freundsein, war nur Geschwätz wie ein langes zurechtgelegtes

Machwerk? – So wird es wohl sein, sagte er. – Aber, sprach ich, das Begehrende begehrt doch das, was ihm fehlt. Nicht wahr? – Ja. – Wem also etwas fehlt, das ist dem freund, was ihm fehlt? – e Mich dünkt. – Jedem aber fehlt das, was ihm entzogen ist? – Wie anders? – Auf das Angehörige also, wie es scheint, geht Liebe und Freundschaft und Verlangen, wie sich zeigt, o Menexenos und Lysis? – Sie stimmten ein. – Ihr beide also, wenn ihr gegenseitig Freunde seid, müßt irgendwie von Natur einander angehören. – Offenbar, sagten sie. – Und auch sonst, ihr Kinder, sprach ich, wo einer den andern begehrt und liebt, er würde ihn weder begehren 222 a noch lieben noch ihm freund sein, wenn ihm nicht der Geliebte angehörig wäre überhaupt der Seele nach oder wegen irgendeiner Gesinnung, Art und Eigenschaft. – Gewiß, sagte Menexenos; Lysis aber schwieg. – Wohl, sprach ich. Das von Natur Angehörige also müssen wir, wie sich zeigt, notwendig lieben? – So folgt es, sagte er. – Notwendig also muß auch der echte Liebhaber, der sich nicht nur so anstellt, wiedergeliebt werden von seinem Liebling? – Diesem nun wollten Lysis und Menexenos kaum Bejahung zuwinken. Hippothales aber wechselte alle Farben vor b Freude. –

## 18. Was ist das Angehörige? Aporie

Da sagte ich, in der Absicht, den Satz noch näher zu betrachten: Ja, wenn das Angehörige von dem Ähnlichen irgend verschieden wäre, o Menexenos und Lysis, dann wäre hiermit etwas gesagt über die Freundschaft, was sie ist. Wenn aber das Ähnliche und das Angehörige dasselbe ist, so ist es doch nicht so leicht, unsern vorigen Satz wegzuwerfen, daß nämlich das Ähnliche dem Ähnlichen, soweit seine Ähnlichkeit geht, unnütz ist. Zu dem Unnützen aber als Freund sich zu bekennen, ist Frevel. Wollt ihr also, da c wir gleichsam berauscht sind von der Rede, daß wir nachgeben und behaupten, das Angehörige sei etwas anderes als das Ähnliche? – Allerdings. – Wollen wir nun auch weiter sagen, das Gute sei jedem angehörig, das Böse aber jedem fremdartig? Oder das Böse sei dem Bösen angehörig und dem Guten das Gute, und dem weder Guten noch Bösen das weder Gute noch Böse? – Sie meinten, auf die letzte Art schiene ihnen jedes jedem angehörig zu sein. – Da sind wir also, sprach ich, ihr Kinder, wieder in die vord  her verworfenen Gedanken von der Freundschaft hineingeraten. Denn so wird der Ungerechte dem Ungerechten und der Böse dem Bösen nicht weniger freund sein als der Gute dem Guten. – So scheint es, sagte er. – Wie aber, wenn wir sagten, das Gute und das Angehörige sei einerlei, wird dann nicht der Gute dem Guten allein freund sein? – Gewiß. – Aber auch dieses glaubten wir uns selbst widerlegt zu haben. Oder erinnert ihr euch nicht? – Sehr gut erinnern wir uns. –

e  Was haben wir also nun noch an dem Satz? Offenbar wohl nichts. Ich bitte euch daher, wie vor Gericht die Redner pflegen, das Gesagte alles noch einmal zurückzurufen. Wenn nämlich weder die Geliebten noch die Liebenden, weder die Ähnlichen noch die Unähnlichen, weder die Guten noch die Angehörigen, noch was wir sonst durchgenommen haben, denn ich erinnere mich nicht mehr an alles von der großen Menge; wenn also nichts von allem diesem der Gegenstand der Freundschaft ist, so weiß ich meinesteils nicht mehr, was ich sagen soll.

*19. Auftreten der Knabenführer. Abschiedsworte des Sokrates an die Knaben*

223 a  Dieses gesprochen, war ich im Begriff, einen anderen von den Älteren in Bewegung zu setzen. Da kamen aber eben wie schlimme Geister die Knabenführer herbei, der des Menexenos sowohl als der des Lysis, mit deren Brüdern an der Hand, und riefen sie ab, sie sollten nach Hause gehen, denn es war schon spät. Zuerst zwar wollten wir und die Umstehenden sie forttreiben; da sie sich aber nicht um uns kümmerten, sondern in sehr schlechtem Hellenisch brummten und schalten und doch immer wieder riefen: so glaub-

b  ten wir, zumal sie an den Hermaien ein wenig mochten getrunken haben, daß nichts mit ihnen würde auszurichten sein; und lösten, gezwungen von ihnen, die Gesellschaft auf. Doch sagte ich noch, als sie schon gingen: Diesmal, o Lysis und Menexenos, haben wir uns lächerlich gemacht, ich, der alte Mann, und ihr. Denn diese, wenn sie nun gehen, werden sagen, wir bildeten uns ein, Freunde zu sein, nämlich ich rechne auch mich mit zu euch; was aber ein Freund sei, hätten wir noch nicht vermocht auszufinden.

# SYMPOSION

## A. Rahmengespräch

## B. Die Ereignisse vor den Reden

## C. Lobreden auf den Eros

**F.  Schluß**

## 1. Vorbereitetheit des Apollodor zur Erzählung und Herkunft seines Wissens

APOLLODOROS: Ich glaube auf das, wonach ihr jetzt fragt, nicht 172a
unvorbereitet zu sein. Denn neulich erst ging ich eben nach der
Stadt von Hause aus Phaleron, als ein Bekannter, der mich von
hinten gewahr wurde, mir von weitem scherzend zurief: Du Phale-
rier Apollodoros, wirst du nicht warten? – Da blieb ich stehen
und erwartete ihn. – Und er sagte darauf: Apollodoros, noch vor
kurzem suchte ich dich, weil ich etwas Näheres zu erfahren wünsche von der Unterhaltung des Agathon und Sokrates und Alkibia- b
des und der übrigen damals bei dem Gastmahl Gegenwärtigen wegen der Liebesreden, wie es mit denen war. Ein anderer hat mir
zwar schon davon erzählt, der es von Phoinix, dem Sohn des Phil-
ippos, hatte; er sagte aber, du wissest es auch, und er konnte
nichts Ordentliches davon sagen. Also erzähle du es mir. Denn dir
gebührt es auch am meisten, deines Freundes Reden zu berichten.
Zuvor aber sage mir, sprach er, warst du selbst bei jener Gesellschaft zugegen oder nicht? – Darauf sagte ich: Auf alle Weise
muß derjenige dir gar nichts Ordentliches erzählt haben, der es dir
erzählt hat, wenn du glaubst, diese Gesellschaft habe neulich statt-
gehabt, nach der du fragst, so daß auch ich dabei gewesen sei. – c
Das glaubte ich doch. – Woher doch, sprach ich, o Glaukon?
Weißt du nicht, daß Agathon schon seit vielen Jahren sich hier
nicht aufgehalten hat? Daß ich aber mit dem Sokrates lebe und es
mir angelegen sein lasse, jeden Tag zu wissen, was er redet oder
tut, das ist noch nicht drei Jahre her. Bis dahin trieb ich mich umher, wo es sich traf, und glaubte etwas zu schaffen, war aber 173a
schlechter daran als irgend jemand, kaum besser als du jetzt, der
du glaubst, eher alles andere tun zu müssen als zu philosophie-

ren. – Spotte nur nicht, erwiderte jener, sondern sage mir, wann
doch jene Gesellschaft gewesen sei. – Als wir noch Kinder waren,
sagte ich darauf, da Agathon mit der ersten Tragödie den Sieg
davontrug, und zwar tags darauf, nachdem er schon das eigentliche Siegesfest mit seiner Chorgesellschaft begangen hatte. –
Also, sprach er, schon ganz lange her, wie es scheint. Aber wer hat
b   dir davon erzählt? Etwa Sokrates selbst? – Nein, beim Zeus, sagte
ich, sondern derselbe, von dem es auch Phoinix hat; es war nämlich ein gewisser Aristodemos, ein Kydathenaier, ein kleiner
Mensch, immer unbeschuht, der war bei der Gesellschaft zugegen
gewesen und einer der eifrigsten Verehrer des Sokrates zu damali-
ger Zeit, wie mich dünkt. Indes, auch den Sokrates habe ich schon
nach einigem gefragt, was ich von jenem gehört hatte, und er hat
es mir gerade so bestätigt, wie jener es erzählte. – Wie nun, sprach
er, willst du es mir nicht erzählen? Zumal auch der Weg nach der
Stadt so gut geeignet ist, im Gehen zu reden und zu hören. –

So gingen wir also und sprachen darüber; daher ich denn, wie
c   schon anfänglich gesagt, nicht unvorbereitet bin. Soll ich es also
auch euch erzählen, so muß ich das wohl tun. Zumal ich auch
sonst, wenn ich irgend philosophische Reden selbst führe oder von
andern höre, außer daß ich denke dadurch gefördert zu werden,
mich ausnehmend daran erfreue; wenn aber andere, besonders
auch die eurigen, die der Reichen und der Geldmänner, das macht
mir selbst Verdruß, und auch euch Freunde bedaure ich, weil ihr
d   glaubt, etwas zu schaffen, da ihr doch nichts schafft. Vielleicht
nun haltet auch ihr wieder eurerseits dafür, daß ich übel daran bin,
und ich glaube, ihr mögt ganz richtig glauben; ich aber glaube es
nicht von euch, sondern weiß es.

2. *Der Gang zum Gastmahl. Ankunft Aristodems und Zurück-*
   *bleiben des Sokrates*

FREUNDE: Du bist immer derselbe, Apollodoros! Immer nämlich
schmähst du dich selbst und die andern und scheinst mir ordentlich alle, dich selbst mit eingeschlossen, für ganz elend zu halten
außer dem Sokrates. Woher du nun eigentlich den Beinamen bekommen hast, daß man dich den tollen nennt, weiß ich nicht; in
deinen Reden aber bist du freilich immer so, ergrimmt auf dich
selbst und alle andern außer dem Sokrates.

APOLLODOROS: O Liebster, so ist es ja klar, wenn ich so denke e von mir und euch, daß ich toll bin und von Sinnen.

FREUNDE: Es lohnt nicht, Apollodoros, jetzt hierüber zu streiten. Worum wir dich aber gebeten haben, darin sei uns ja nicht entgegen, sondern erzähle uns, was für Reden dort gewechselt worden.

APOLLODOROS: Das waren also ungefähr folgende. Oder vielmehr laßt mich versuchen, euch die Sache von Anfang an, wie 174a jener sie mir erzählte, wiederzuerzählen.

Er sagte nämlich, Sokrates sei ihm begegnet, gebadet und die Sohlen untergebunden, was er selten tat. Daher habe er ihn gefragt, wohin er denn ginge, daß er sich so schön gemacht hätte. – Und jener habe geantwortet: Zum Gastmahl beim Agathon. Denn gestern am Siegesfest bin ich ihm ausgewichen aus Furcht vor dem Gewühl; ich sagte ihm aber zu, auf heute zu kommen. Und nun habe ich mich so herausgeschmückt, um doch schön zu einem Schönen zu kommen. Aber du, setzte er hinzu, Aristodemos, was hältst du davon, ungeladen mitzugehen zum Gastmahl? – Darauf, sprach er, antwortete ich: Das, was du wünschst. – So begleite mich denn, sagte er, damit wir auch dem Sprichwort etwas antun durch eine andere Wendung, daß auch Gute «freiwillig zum Mahl erscheinen beim Guten». Denn Homeros scheint diesem Sprichwort nicht nur etwas Ähnliches angetan, sondern es gar mißhandelt zu haben. Denn obwohl in seinem Gedicht Agamemnon ein ausgezeichnet tüchtiger Mann ist im Kriege, Menelaos aber «weichlich war in der Schlacht», so dichtet er doch, als Aga- c memnon ein Opfer veranstaltet und ein festliches Mahl, Menelaos ungerufen gekommen sei, der Schlechtere zu dem Mahle des Besseren. – Als er dies gehört, sagte er, habe er geantwortet: Vielleicht aber wird es auch mit mir die Bewandtnis haben, daß ich nicht so, wie du sagst, Sokrates, sondern nach dem Homeros als ein Schlechter bei eines kunstreichen Mannes Fest ungeladen erscheine. Wirst du mich also auch mit etwas entschuldigen, wenn du mich einführst? Denn ich werde nicht eingestehen, daß ich ungeladen erscheine, sondern geladen durch dich. – «Nun zwei», d habe jener gesagt, «wandelnd zugleich», wollen wir einer den andern beraten, was wir sagen wollen. Laß uns nur gehen. –

So ungefähr, sagte er, hätten sie zusammen gesprochen und

wären dann gegangen. Sokrates aber sei, über irgend etwas bei sich nachsinnend, unterwegs zurückgeblieben, und als er auf ihn gewartet, habe er ihn geheißen immer vorangehen. Als er nun an e des Agathon Haus gekommen, habe er die Türe offen gefunden, und es sei ihm dort, sagte er, etwas ganz Lächerliches begegnet. Nämlich es sei ihm drinnen gleich ein Knabe entgegengekommen und habe ihn hingeführt, wo die andern sich niedergelassen, die er auch schon im Begriff gefunden zu speisen. Sobald ihn nun Agathon gesehen, habe er gesagt: Schön, daß du kommst, Aristodemos, um mit uns zu essen. Bist du aber wegen etwas anderem gekommen: so laß das auf ein andermal; denn auch gestern suchte ich dich, um dich einzuladen, konnte dich aber nicht finden. Aber wieso bringst du uns den Sokrates nicht mit? – Darauf, sprach er, drehe ich mich um und sehe den Sokrates nirgends nachkommen. Ich sagte also, ich selbst wäre mit dem Sokrates und von ihm geladen hierher zum Mahle gegangen. – Sehr wohl, habe er gesagt, hast du daran getan; aber wo ist denn jener? – Hinter mir ging er 175a eben herein, und ich wundere mich selbst, wo er wohl sein mag. – Willst du nicht nachsehen, Knabe, habe darauf Agathon gesagt, und den Sokrates hereinbringen? Du aber, Aristodemos, habe er gesagt, laß dich neben dem Eryximachos nieder.

### 3. Eintreffen des Sokrates nach halb beendetem Mahl

Und da habe ihn ein Knabe, sagte er, abgewaschen, damit er sich legen konnte. Darauf sei ein anderer Diener gekommen, meldend, der Sokrates ist abseits gegangen und steht in dem Vorhofe des Nachbarn, und als ich ihn rief, wollte er nicht hereinkommen. – Wunderlicher Bericht, habe Agathon gesagt, so rufe ihn doch und laß nicht ab. – Darauf habe er selbst aber gesagt: Nicht doch, b sondern laßt ihn nur. Denn er hat das so in der Gewohnheit, bisweilen hält er an, wo es sich eben trifft, und bleibt stehen. Er wird aber gleich kommen, denke ich; stört ihn nur nicht, sondern laßt ihn. – So wollen wir es so halten, wenn du meinst, habe Agathon gesagt. Uns andere aber, ihr Leute, bedient nun; auf alle Weise tragt auf, was ihr wollt, wenn euch doch niemand Befehl erteilt, was ich noch niemals getan habe. Denkt also, auch ich wäre von euch zum Gastmahle geladen so wie die andern, und bedient uns so, daß wir euch loben können. – Darauf, sagte er, hätten sie an-

gefangen zu speisen, Sokrates aber wäre noch nicht gekommen.  c
Agathon nun habe oftmals Befehl gegeben, den Sokrates zu holen,
er aber habe es nicht zugegeben. Endlich sei er doch gekommen,
nachdem er sich nicht gar lange Zeit, wie er pflegte, verweilt, sondern als sie etwa bei der halben Mahlzeit gewesen. Agathon also,
der zuunterst allein gelegen, habe gesagt: Hierher, Sokrates, lege
dich zu mir, damit ich durch deine Nähe auch mein Teil bekomme
von der Weisheit, die sich dir dort gestellt hat im Vorhofe. Denn  d
offenbar hast du es gefunden und hast es nun, du hättest ja sonst
nicht abgelassen. – Da habe sich Sokrates gesetzt und gesagt: Das
wäre vortrefflich, Agathon, wenn es mit der Weisheit so wäre: daß
sie, wenn wir einander nahten, aus dem Volleren in den Leereren
überflösse, wie das Wasser in den Bechern durch einen Wollstrei-
fen aus dem vollen in den leeren fließt. Denn ist es mit der Weisheit
auch so, so ist es mir viel wert, neben dir zu liegen; denn ich denke  e
mich bei dir mit mancherlei schöner Weisheit anzufüllen. Denn
die meinige ist wohl nur etwas gar Schlechtes und Unsicheres, da
sie wie ein Traum ist; die deinige aber ist glänzend und hat großes
Gedeihen, da sie von dir, so jung du auch noch bist, so gewaltig
ausgestrahlt und offenbar geworden ist noch neulich vor mehr als
dreißigtausend Zeugen. – Du bist ein Spötter, Sokrates, habe
Agathon gesagt. Aber das von der Weisheit wollen wir hernach
bald miteinander ausmachen, ich und du, und den Dionysos zum
Schiedsrichter nehmen. Jetzt aber begib dich nur zunächst ans
Speisen.

### 4. *Verabredungen über die zu wählende Form des Trinkens*
Nachdem nun, sagte er, Sokrates sich hierauf niedergelassen und  176a
abgespeist hatte und die andern auch, hätten sie das Trankopfer
gebracht und, nach gehaltenem Lobgesang auf den Gott und was
sonst Sitte ist, sich ans Trinken begeben. Hierauf, sagte er, habe
Pausanias eine solche Rede begonnen: Wohlan, Freunde, habe er
gesagt, wie werden wir nun am behaglichsten trinken? Ich meines
Teils erkläre euch, daß ich mich in Wahrheit ziemlich unwohl befinde vom gestrigen Trinken und einiger Erholung bedarf; und ich
glaube, auch die meisten von euch, denn ihr wart gestern ebenfalls
zugegen. Überlegt also, wie wir so bequem als möglich trinken  b
können. – Darauf habe Aristophanes gesagt: Daran hast du wohl

gesprochen, Pausanias, daß wir auf alle Weise suchen müssen, es
uns bequem zu machen mit dem Trinken; denn auch ich gehöre zu
denen, die gestern etwas stark benetzt worden sind. – Als nun dies
Eryximachos, der Sohn des Akumenos, gehört, habe er gesagt:
Gewiß sehr wohl gesprochen. Nur eins möchte ich noch von euch
hören, wie nämlich Agathon bei Kräften ist zum Trinken. – Gar
nicht sonderlich, habe jener gesagt, bin auch ich bei Kräften. –
c Das wäre ja ein herrlicher Fund, habe Eryximachos erwidert, für
uns, ich meine mich und den Aristodemos und Phaidros, wenn ihr,
die stärksten Trinker, es jetzt aufgebt; denn wir sind immer
Schwächlinge darin. Den Sokrates nehme ich aus; denn der ist auf
beides eingerichtet, so daß es ihm gleich gelten wird, wie wir es
machen. Da es mir also scheint, daß keiner von den Anwesenden
große Lust hat, viel Wein zu trinken: so wird es vielleicht weniger
übel aufgenommen werden, wenn ich aufrichtig sage, was es eigentlich auf sich hat mit dem Berauschtsein. Mir nämlich ist das,
d glaube ich, ganz klar geworden durch die Heilkunde, daß der
Rausch den Leuten gar nachteilig ist, und ich möchte weder selbst
gern zu weit gehen im Trinken, noch einen andern dazu bereden,
zumal wer noch schwer ist vom vorigen Tage. – Wohl dann, habe
Phaidros der Myrrhinusier das Wort genommen, ich pflege dir
schon immer zu gehorchen, zumal wenn du etwas in die Heilkunde Einschlagendes sagst; nun aber wollen es ja auch die übri-
e gen. – Hierauf also wären alle übereingekommen, es bei ihrem
diesmaligen Zusammensein nicht auf den Rausch anzulegen, sondern nur so zu trinken zum Vergnügen.

### 5. Vorschlag, Lobreden auf den Eros zu halten
Nachdem nun dieses schon beschlossen ist, habe Eryximachos
fortgefahren, daß jeder nur trinken soll, soviel er will, und gar kein
Zwang stattfinden: so bringe ich nächstdem in Vorschlag, daß wir
die eben hereingetretene Flötenspielerin gehen lassen, mag sie nun
sich selbst spielen oder, wenn sie will, den Frauen drinnen, und
daß wir für heute uns untereinander mit Reden unterhalten. Auch
darüber, mit was für Reden, will ich euch, wenn ihr es verlangt,
einen Vorschlag tun. – Darauf hätten alle bejaht, sie wollten das,
177a und ihm aufgetragen, einen Vorschlag zu tun. –
Also habe Eryximachos gesagt: Der Anfang meiner Rede soll

mir sein aus des Euripides Melanippe, «denn nicht mein ist die
Rede», sondern des Phaidros hier, die ich sprechen will. Phaidros
nämlich pflegt unwillig mir zu sagen: Ist es nicht arg, o Eryximachos, daß auf alle Götter Lobgesänge und Anrufungen gedichtet
sind von den Dichtern, dem Eros aber, einem so großen und herrlichen Gotte, auch nicht einer jemals von so vielen Dichtern, die es    b
gegeben, ein Lobgedicht gesungen hat? Und willst du dich auch
unter den edlen Sophisten umsehen, daß die auf den Herakles und
andere in ungebundener Rede Lobschriften verfertigen, wie der
vortreffliche Prodikos; doch das ist wohl weniger zu verwundern;
aber mir selbst ist neulich ein Buch eines weisen Mannes vorgekommen, worin das Salz eine wundervolle Lobrede erhielt seines
Nutzens wegen, und noch verschiedenes dergleichen kannst du
gepriesen finden. Daß sie nun an solche Dinge vielen Fleiß gewen-    c
det, den Eros aber noch kein Mensch bis auf den heutigen Tag
gewagt hat würdig zu besingen, sondern ein solcher Gott so gänzlich vernachlässigt ist, darin scheint mir Phaidros ganz recht zu
haben. Daher nun wünsche ich teils ihm einen Liebesdienst zu tun
und ihm gefällig zu sein, teils auch dünkt mich, daß es gegenwärtig
uns, die wir hier zugegen sind, gar wohl gezieme, diesen Gott zu
verherrlichen. Dünkt euch nun dieses auch: so hätten wir in Reden
eine hinlängliche Unterhaltung. Ich meine nämlich, es solle jeder    d
von uns rechts herum eine Lobrede auf den Eros vortragen, so
schön er nur immer kann, und Phaidros solle zuerst anfangen, da
er ja auch den ersten Platz einnimmt und überdies der Urheber ist
von der ganzen Sache. –

Niemand, o Eryximachos, habe Sokrates gesagt, wird dir entge-
genstimmen; denn weder ich dürfte mich weigern, der ich ja ge-
ständig bin, nichts als Liebessachen zu verstehen, noch auch wohl
Agathon oder Pausanias, auch nicht Aristophanes, der es ja immer
mit dem Dionysos und der Aphrodite zu tun hat, noch sonst    e
irgendeiner von allen übrigen, die ich sehe. Wiewohl wir nicht
gleich gut dabei bedacht sind, die wir zu unterst liegen; indessen
wenn nur die vor uns gründlich und schön reden, soll uns das
genügen. Also mit gutem Glück beginne Phaidros und verherr-
liche uns den Eros. – Hiermit stimmten dann auch die übrigen alle
überein und forderten dasselbe wie Sokrates. An alles aber, was    178a
jeder von ihnen geredet, erinnerte sich schon Aristodemos nicht

mehr genau, noch auch ich an alles, was er mir sagte; was aber und
wessen Reden mir vorzüglich behaltenswert geschienen, diese will
ich euch alle einzeln mitteilen.

### 6. Phaidros: Die Größe des Eros als ältester Gott und als Ur-
### heber großer Taten

Zuerst also, wie gesagt, erzählte er, habe Phaidros den Anfang
seiner Rede von daher genommen, daß Eros ein großer Gott sei
und bewundernswürdig Menschen und Göttern, sowohl von vielen anderen Seiten als auch besonders seines Ursprunges wegen.
b  Denn daß der Gott zu den ältesten gehört, sagte er, ist ehrenvoll.
Hiervon aber ist dies ein Beweis. Eros nämlich hat keine Eltern,
noch werden deren angeführt von irgendeinem Dichter oder anderen Erzähler. Sondern Hesiodos sagt, zuerst sei das Chaos gewesen, «aber nach diesem breitgebrüstet die Erde, ein Sitz unwandel-
bar allen, Eros auch». Dem Hesiodos stimmt auch Akusilaos bei,
daß nach dem Chaos diese beiden gewesen wären, die Erde und
Eros. Und Parmenides sagt von seinem Ursprung, «Aller Götter
den ersten erhob ins Leben sie Eros». Von so vielen Seiten her wird
c  dem Eros zugestanden, unter die ältesten zu gehören. Wie nun der
älteste, so ist er uns auch der größten Güter Urheber. Denn ich
meines Teils weiß nicht zu sagen, was ein größeres Gut wäre für
einen Jüngling als gleich ein wohlmeinender Liebhaber, oder dem
Liebhaber ein Liebling. Denn was diejenigen in ihrem ganzen Leben leiten muß, welche schön und recht leben wollen, dieses vermag weder die Verwandtschaft ihnen so vollkommen zuzuwen-
den, noch das Ansehen, noch der Reichtum, noch sonst irgend
d  etwas wie die Liebe. Was meine ich aber hiermit? Die Scham vor
dem Schändlichen und das Bestreben nach dem Schönen. Denn
ohne dieses vermag weder ein Staat noch ein einzelner große und
schöne Taten zu verrichten. Ich behaupte nämlich, daß einem
Manne, welcher liebt, wenn er dabei betroffen würde, daß er
etwas Schändliches entweder täte oder aus Unmännlichkeit ohne
Gegenwehr von einem andern erduldete, weder von seinem Vater
gesehen zu werden soviel Schmerz verursachen würde, noch von
e  seinen Freunden, noch von sonst irgend jemand als von seinem
Liebling. Und dasselbe sehen wir von dem Geliebten, daß er sich
vorzüglich vor den Liebhabern schämt, wenn er bei etwas Schlech-

tem gesehen wird. Könnte man also irgend bewirken, daß ein
Staat oder ein Heer aus Liebhabern und Lieblingen bestände: so
wäre es ja unmöglich, beides besser zu verwalten, als indem alle
sich alles Schändlichen enthalten und sich gegenseitig um einander   179a
beeifern. Und miteinander fechten würden auch nur wenige solcher, um es geradeheraus zu sagen, alle Menschen besiegen. Denn
weniger möchte wohl von seinem Liebling ein Liebender, daß er
seine Reihe verließe oder die Waffen wegwürfe, gesehen werden
wollen als von allen übrigen, und dafür würde er lieber oftmals
sterben wollen. Gar aber den Liebling zu verlassen oder ihm nicht
beizustehen in der Gefahr: so feige ist wohl keiner, den da nicht
Eros selbst zur Tapferkeit begeistern sollte, so daß er dem gleich-
käme, der die beste Anlage dazu hat von Natur. Ja gewiß, was
Homeros sagt, daß einige der Helden ein Gott mit Mut beseelte,   b
das leistet Eros den Liebenden.

## 7. Die Liebe gibt Mut zu der von den Göttern am höchsten ge-
## schätzten Tat, der Opferung für den Geliebten

Ja gar füreinander sterben mögen Liebende allein, und nicht Männer nur, sondern sogar Frauen. Und dessen gibt uns schon Alkestis, die Tochter des Pelias, hinlänglichen Beweis für diese Wahrheit vor allen Hellenen, da sie allein für ihren Gatten sterben
wollte, der doch noch Vater und Mutter hatte, welche sie aber so
weit übertraf an Freundschaft vermöge der Liebe, daß mit ihr ver-   c
glichen sie ihrem Sohne fremd zu sein schienen und nur dem Namen nach ihm angehörig. Und diese Tat, welche sie verrichtet,
wurde für so schön gehalten von den Menschen nicht nur, sondern
auch den Göttern, daß obschon unter vielen, welche viele schöne
Taten verrichtet, doch nur wenigen, leicht zu überzählenden die
Götter diese Gabe verliehen, aus der Unterwelt ihre Seele wieder
loszulassen, sie doch auch die ihrige losließen aus Freude an der
Tat. So wollen auch die Götter den Eifer und die Tüchtigkeit in der   d
Liebe vorzüglich ehren. Orpheus aber, den Sohn des Oiagros,
schickten sie unverrichtetersache aus der Unterwelt zurück, indem
sie nur die Erscheinung der Frau ihm zeigten, um derentwillen er
gekommen war, nicht aber sie selbst ihm gaben, weil er ihnen
weichlich zu sein schien wie ein Spielmann und nicht das Herz zu
haben, der Liebe wegen zu sterben wie Alkestis, sondern sich lie-

ber ausgedacht hatte, lebend in die Unterwelt einzugehen. Deshalb auch haben sie ihm Strafe aufgelegt und veranstaltet, daß sein
Tod durch Weiber erfolgte, nicht ihn wie den Achilleus, den Sohn
e der Thetis, geehrt und in der Seligen Inseln geschickt, weil dieser,
da er von seiner Mutter erkundet, daß er sterben würde, wenn er
den Hektor tötete, täte er aber dies nicht, nach Hause zurückkehren und wohlbetagt enden würde, dennoch es wagte, lieber seinem
180a Liebhaber Patrokles helfend und ihn rächend nicht nur für ihn zu
sterben, sondern auch nachzusterben, dem Verstorbenen. Weshalb auch die Götter höchlich erfreut ihn ausgezeichnet geehrt haben, weil er seinen Liebhaber so hoch achtete. Aischylos aber fa-
belt, wenn er sagt, Achilleus sei des Patroklos Liebhaber gewesen,
er, der schöner war nicht nur als Patroklos, sondern auch als sämtliche Heroen und noch unbärtig, dann auch bei weitem jünger,
wie Homeros sagt. Sondern in der Tat ehren die Götter zwar überhaupt ganz vorzüglich diese Tugend, die in der Liebe, weit mehr
b jedoch bewundern und loben und vergelten sie es, wenn so der
Geliebte dem Liebhaber anhängt, als wenn der Liebhaber dem
Liebling. Denn göttlicher ist der Liebhaber als der Liebling, weil in
ihm der Gott ist. Deshalb haben sie auch den Achilleus höher als
die Alkestis geehrt durch Absendung in die Inseln der Seligen. So
behaupte demnach auch ich, daß unter den Göttern Eros der älteste und herrlichste und der hilfreichste ist für die Menschen zum
Besitz der Tugend und Glückseligkeit im Leben und im Tode.

### 8. *Pausanias: Unterscheidung des himmlischen und des gemei-*
*nen Eros*

c Diese Rede ungefähr, sagte er, habe Phaidros gesprochen, nach
dem Phaidros aber einige andere, deren er sich nicht mehr recht
erinnere, die er daher auch überging und die Rede des Pausanias
mitteilte.

Dieser habe gesagt: Nicht recht gut, o Phaidros, scheint der Gegenstand unserer Reden bestimmt zu sein, daß es uns so schlechthin aufgegeben ist, den Eros zu loben. Denn wenn es nur *einen*
Eros gäbe, dann wäre das ganz schön. Nun aber gibt es eben nicht
nur einen. Gibt es aber nicht nur einen, so ist es wohl richtiger, daß
d zuvor bestimmt werde, welchen man loben soll. Ich also will versuchen, dies zu berichtigen, zuerst den Eros beschreiben, welcher

zu loben ist, und dann auch ihn loben des Gottes würdig. Wir wissen nämlich alle, daß es ohne Eros keine Aphrodite gibt; wenn also diese nur eine wäre, so würde auch ein Eros sein, da nun aber deren zwei sind, muß es auch einen zweifachen Eros geben. Wie sollten aber nicht der Göttinnen zwei sein? Die eine ist ja die ältere, die mutterlose Tochter des Uranos, welcher wir auch den Beinamen der himmlischen geben, und dann die jüngere, des Zeus und der Dione Tochter, welche wir auch die gemeine nennen. Notwendig also wird auch der eine Eros, der Gehilfe der letzteren, mit e Recht der gemeine genannt, der andere der himmlische. Preisen nun muß man zwar alle Götter, was aber jedem von diesen beigelegt ist, will ich versuchen zu zeigen. Mit jeder Handlung nämlich verhält es sich so: an und für sich selbst ist sie zu verrichten weder schön noch häßlich. Wie was wir jetzt tun, trinken, singen, sprechen, davon ist nichts an und für sich schön; sondern wie es in der 181 a Ausübung gerät, so wird es. Denn schön und recht gemacht, wird es schön; unrecht aber, wird es schlecht. So auch das Lieben und der Eros; nicht jeder ist schön und wert, verherrlicht zu werden, sondern nur, der uns anreizt, schön zu lieben.

### 9. Die beiden Arten der Liebe. Einschätzung der Knabenliebe in ungebildeten und barbarischen Staaten

Der der gemeinen Aphrodite also ist auch in Wahrheit gemein und b bewirkt, was sich eben trifft, und dieser ist es, nach welchem die schlechten unter den Menschen lieben. Es lieben aber solche zuerst nicht minder Frauen als Knaben; dann, welche sie nun eben lieben, an denen mehr den Leib als die Seele; dann, soviel sie immer können, die Unvernünftigsten, indem sie nur auf die Befriedigung sehen, unbekümmert, ob auf schöne Weise oder nicht. Daher ihnen denn begegnet, daß sie tun, was ihnen eben vorkommt, gleichermaßen wie das Gute, ebenso auch das Gegenteil. Wie denn auch dieser Eros von der Göttin abstammt, welche teils weit jünger ist als die andere, teils auch ihren Ursprung schon beidem, c Weiblichem sowohl als Männlichem, verdankt. Der der himmlischen aber gehört zuerst einer, welche nicht von Weiblichem, sondern nur von Männlichem abstammt, und dies ist die Liebe der Knaben; dann auch der, welcher älter ist und keinen Anteil irgend hat an Frevel. Daher denn wenden sich zu dem Männlichen die

von diesem Eros Angewehten, indem sie das von Natur Stärkere
und mehr Vernunft in sich Habende lieben. Und es unterscheidet
einer wohl leicht auch in der Knabenliebe selbst die ganz rein von
d diesem Eros Getriebenen. Denn sie lieben nicht Kinder, sondern
solche, die schon anfangen Vernunft zu zeigen. Dies trifft aber
nahe zusammen mit dem ersten Bartwuchs. Und die alsdann anfangen zu lieben, sind, denke ich, darauf eingerichtet, für das
ganze Leben vereinigt zu sein und es in Gemeinschaft hinzubringen, nicht aber den Jüngling, nachdem sie seinem Unverstand
etwas entlockt, hernach zu verlachen und von ihm zu einem anderen zu entlaufen. Es sollte aber auch ein Gesetz sein, nicht Kinder
e zu lieben, damit nicht aufs Ungewisse hin so viele Bemühungen
verwendet würden. Denn bei den Kindern ist der Ausgang ungewiß, wo es hinaus will, ob zur Schlechtigkeit oder Tugend der
Seele und des Leibes. Die Besseren nun setzen sich dieses Gesetz
selbst freiwillig, man soll aber auch jene gemeinen Liebhaber
hierzu nötigen, wie wir sie auch von edlen Frauen, soviel wir nur
182a vermögen, abhalten, daß sie sie nicht lieben dürfen. Denn diese
sind es, welche auch der Seele die Schmach zugefügt haben, daß
manche sagen durften, es sei schändlich, den Liebhabern zu willfahren. Dies sagen sie aber nur mit Hinsicht auf diese, weil sie ihre
Unzeitigkeit und Unrechtlichkeit sehen. Denn anständig und sittig
betrieben kann keine Handlung, welche es auch sei, gerechter Tadel treffen.

Was nun aber eigentlich Sitte ist in bezug auf die Liebe, ist in
andern Staaten wohl gar sehr leicht zu erkennen; denn ganz ein-
b fach ist es bestimmt, die hiesige aber und die in Lakedaimon ist
schwierig und verwickelt. In Elis nämlich und unter den Böotern
und wo sonst man nicht geschickt ist im Reden, da ist es schlechthin zur Sitte geworden, daß man für schön hält, den Liebhabern zu
willfahren, und keiner, weder jung noch alt, wird sagen, es sei
schändlich, damit sie, meine ich, nicht erst Mühe haben, wenn sie
versuchen müßten, durch Reden die Jünglinge zu bewegen, weil
sie nämlich unvermögend sind zu reden. In Ionien aber und sonst
an vielen Orten erklärt es die Sitte für schändlich, wo man nämlich
unter Barbaren wohnt. Denn den Barbaren gilt der unumschränk-
c ten Gewalt wegen dies für schändlich so wie auch die Lust zur
Wissenschaft und zu den Leibesübungen. Denn den Herrschen-

den, meine ich, ist es nicht zuträglich, daß große Einsichten sich
unter den Beherrschten hervortun, noch auch starke Freundschaften und Verbindungen, was doch vornehmlich pflegt sowohl
durch jenes andere alles als auch durch die Liebe gebildet zu werden. durch die Tat aber haben dies auch die hiesigen Tyrannen
erfahren; denn des Aristogeiton und Harmodios zu einer festen
Freundschaft gediehene Liebe zerstörte ihre Herrschaft. Also, wo
es für schändlich geachtet ist, den Liebhabern zu willfahren, da
besteht diese Sitte durch Schlechtigkeit derer, welche sie aufge-        d
stellt, nämlich durch der Herrschenden Begehrlichkeit und der
Beherrschten Unmännlichkeit; wo es aber schlechthin als schön
festgestellt ist, da durch die Trägheit der Seele derer, welche sie
aufgestellt. Hier aber ist eine weit schönere Sitte als jene eingeführt; nur die, wie ich sagte, nicht leicht ist zu verstehen.

10. *Erklärung des in Athen bei der Knabenliebe herrschenden*
    *Brauchs*
Denn bedenkt einer, daß gesagt wird, es sei schöner öffentlich lieben als verstohlen, und zwar vorzüglich die Edelsten und Besten,
wären sie auch minder schön als andere, und was für sonderliche
Aufmunterung dem Liebenden von allen widerfährt, gar nicht als
ob er etwas Schändliches täte; und daß den Geliebten zu gewinnen
für schön gehalten wird, ihn nicht zu gewinnen aber für schimpflich, und daß, um den Versuch zu machen, ob er ihn gewinnen       e
könne, die Sitte dem Liebhaber freigestellt hat, gar vielerlei ver-
wundernswürdige Dinge zu unternehmen und dafür gelobt zu
werden, wofür, wenn jemand wagen wollte sie zu tun, indem er
sonst irgend etwas verfolgte und erreichen wollte als nur dieses,   183a
er den schärfsten Tadel ernten würde; denn wer etwa, um Geld
von jemand zu bekommen oder zu einem Amt und sonstiger Gewalt zu gelangen, das tun wollte, was Liebhaber ihren Lieblingen
tun, mit demütig flehenden Stellungen und Gebärden bitten, Eide
schwören, sich vor die Türe lagern und freiwillig Dienstleistungen
verrichten, wie sie nicht einmal ein Knecht verrichtet: so würde er
verhindert werden, die Sache so zu betreiben, von Freunden und
Feinden, indem diese ihm Schmeichelei und Niedrigkeit vorwer-   b
fen, jene ihn zurechtweisen und sich darüber schämen würden;
dem Liebenden aber, wenn er dies alles tut, wird es gutgeheißen,

und es ist herkömmlich zugestanden, dies ohne Schande zu tun, weil er nämlich eine gar herrliche Sache betreibe. Ja das Stärkste ist, wie man doch insgemein sagt, daß auch, wenn er geschworen hat, für ihn allein Verzeihung bei den Göttern ist, wenn er den Schwur bricht; denn ein Liebesschwur, sagen sie, sei keiner. So c haben Götter sowohl als Menschen dem Liebenden gar viele Freiheit gestattet, wie die hiesige Sitte besagt. Hiernach nun sollte man glauben, es gelte in dieser Stadt für etwas gar Schönes, sowohl zu lieben als den Liebhabern Freund zu werden. Wenn aber wiederum die Väter Aufseher bestellen für die Geliebten, um nicht zuzugeben, daß sie sich mit den Liebhabern unterhalten, und dem Aufseher gerade dies vorzüglich aufgetragen wird, ja auch die Gespielen und andere es ihnen zum Vorwurf machen, wenn sie sehen, daß so etwas geschieht, und die Älteren diesen Vorwürfen nicht d Einhalt tun noch sie dafür schelten, als täten sie Unrecht daran, auf dieses also wiederum sehend, sollte man im Gegenteil glauben, daß eben dies hier für das Schändlichste gelte. Es verhält sich aber damit, glaube ich, folgendergestalt. Nämlich es ist nicht einerlei in allen Fällen, wie ich schon anfangs sagte, daß es an und für sich weder schön noch schändlich sei, sondern schön behandelt ist es schön, anders aber schändlich. Schändlich nämlich ist es, einem Schlechten und auf schlechte Art gefällig zu werden; schön aber, einem Guten und auf schöne Art. Und schlecht ist eben jener ge- e meine Liebhaber, der den Leib mehr liebt als die Seele; wie er auch nicht einmal beständig ist, da er ja keinen beständigen Gegenstand liebt. Denn mit der entfliehenden Blüte des Leibes, den er liebte, verschwindet auch er und flattert davon, viele Reden und Versprechungen zuschanden machend. Der Liebhaber eines Gemütes 184a aber, welches gut ist, bleibt zeitlebens, denn mit dem Bleibenden hat er sich verschmolzen. Diese also will unsere Sitte, daß man wohl und recht prüfe, und dem einen gefällig sei, den andern aber meide. Deshalb ermuntert sie den Liebhaber zum Nachjagen, den Geliebten zum Fliehen, indem sie einen Kampf anstellt und eine Prüfung, zu welchen von beiden wohl der Liebhaber gehöre und zu welchen der Geliebte. So demnach und aus dieser Ursache wird zuerst sich schnell gewinnen zu lassen für schimpflich gehalten, damit es an der Zeit nicht fehle, welche ja scheint das meiste am besten zu prüfen; dann auch durch Reichtum oder Gewalt im

Staate gewonnen werden ist schimpflich, mag nun einer unter
übler Begegnung sich beugen und nicht aushalten, oder wenn man   b
ihm zu Reichtümern und zu seinen Absichten im Staate verhilft,
dies nicht verschmähen. Denn nichts dergleichen scheint sehr sicher und beständig zu sein, ungerechnet noch, daß auch nicht einmal eine wahre Freundschaft daraus entstehen kann. Ein Weg also
ist nach unsern Sitten noch übrig, wie es schön sein kann, daß ein
Liebling seinem Liebhaber gefällig werde. Denn es ist unter uns
Sitte, daß so, wie die Liebhaber ihren Lieblingen freiwillig jeglichen Dienst leisten durften, ohne daß es ihnen als Schmeichelei   c
angerechnet wurde oder als sonst etwas Schimpfliches, so noch
eine einzige freiwillige Dienstbarkeit übrig ist, welche noch
schimpflich ist, und das ist die um die Tugend.

## 11. Die eine schöne Form der Knabenliebe. – Das Schlucken
  des Aristophanes

Denn das ist bei uns Sitte, wenn jemand einem andern ergeben sein
will, weil er glaubt, besser durch ihn zu werden, es sei in irgendeiner Einsicht oder in einem andern Teile der Tugend, daß ein
solcher freiwilliger Dienst nicht schändlich sei noch eine Niedrigkeit. Diese beiden Satzungen nun muß man zusammenbringen in
eins, jene über die Knabenliebe und diese über die Philosophie und   d
die Tugend, wenn es sich fügen soll, daß es schön sei, ein Liebling
werde seinem Liebhaber gefällig. Denn wenn so beide zusammentreffen, Liebhaber und Liebling, daß jeder die Meinung für sich
hat, jener die, daß er recht daran tue, dem Liebling, der ihm gefällig geworden, jeglichen Dienst zu erzeigen, dieser aber die, daß es
recht sei, dem, der ihn weise und gut macht, was es auch immer sei
zu erweisen, und dann jener auch wirklich vermag, zur Weisheit
und Tugend behilflich zu sein, dieser aber begehrt, zur Bildung   e
und zu jeglicher Art der Weisheit Hilfe zu erlangen, dann also,
wenn diese beiden Satzungen in eins zusammenkommen, da allein
trifft es auch zu, daß es schön ist für den Liebling, dem Liebhaber
gefällig zu sein, sonst aber nirgends. Und in diesem Falle ist selbst
getäuscht zu werden nichts Schändliches; in jedem andern aber
bringt es Schande, mag nun einer getäuscht werden oder auch   185 a
nicht. Denn wenn einer einem Liebhaber als einem Reichen um
des Reichtums willen gefällig geworden und damit hintergangen

wäre, daß er kein Geld bekäme, weil sich eben zeigte, daß der Liebhaber arm ist, so bliebe die Sache doch um nichts minder schlecht. Denn ein solcher, denkt man, hat doch das Seinige gezeigt, daß er um des Geldes willen jedem jedes tun würde, und das ist nicht schön. Aus demselben Grund nun, wenn jemand einem als einem Guten gefällig geworden und um selbst besser zu werden durch die Freundschaft seines Liebhabers, hierin aber hintergangen wäre, indem es sich zeigte, daß jener schlecht ist und selbst

b keine Tugend besitzt: so ist doch auch die Täuschung schön. Denn auch dieser wiederum scheint doch, soviel an ihm lag, gezeigt zu haben, daß er der Tugend wegen und um besser zu werden allen zu allen Dingen bereit wäre, und dies wiederum ist unter allem das Schönste. So ist es doch auf alle Weise schön, der Tugend wegen sich hinzugeben. Dieses ist der Eros der himmlischen Göttin und selbst himmlisch und viel wert dem Staat und den einzelnen, indem er den Liebenden nötigt, viel Sorgfalt auf seine eigene Tugend

c zu wenden, und auch den Geliebten; jeder andere Eros aber gehört der anderen, der gemeinen. Dieses, sagte er, ist es, o Phaidros, was ich dir so im Augenblick über den Eros darbieten kann.

Als nun Pausanias ausgesagt hatte, denn so lehren mich die Kunstkenner die gleichen Töne suchen, sollte, wie Aristodemos sprach, Aristophanes reden. Es hätte ihn aber eben, sei es nun aus Überfüllung oder sonst einer Ursache, ein Schlucken überfallen,

d und er sei nicht imstande gewesen zu reden, sondern habe gesagt – zunächst neben ihm habe nämlich der Arzt Eryximachos gelegen: O Eryximachos, dir kommt es zu, mir entweder den Schlucken zu vertreiben oder für mich zu reden, bis er mir vergeht. Darauf habe Eryximachos geantwortet: Das will ich beides tun; ich will nämlich an deiner Stelle reden, und du hernach, wenn es vorüber ist, an der meinigen. Und indes ich rede, wird dir vielleicht, wenn du nur recht lange den Atem an dich halten willst, der

e Schlucken vergehen; wo nicht, so spüle ihn mit Wasser hinunter. Wenn er aber recht hartnäckig ist, so nimm etwas, womit du die Nase reizen kannst, und niese; und wenn du dies ein- oder zweimal getan hast, wird er vergehen, wenn er auch noch so heftig ist. – So fange nun an zu reden, habe Aristophanes gesagt, und ich will dieses tun.

## 12. *Eryximachos: Der zweifache Eros als wirksam in allen gött-lichen und menschlichen Dingen*

Darauf habe Eryximachos so gesprochen: Es scheint mir nötig zu sein, da Pausanias zwar einen schönen Ansatz genommen zu sei-ner Rede, sie aber nicht befriedigend zu Ende geführt hat, daß ich versuchen müsse, der Rede ihren Schluß zu geben. Denn daß es einen zwiefachen Eros gibt, dünkt er mich sehr richtig unterschie-den zu haben; daß er aber nicht allein über die Seelen der Men-schen waltet in Beziehung auf die Schönen, sondern auch auf vie-les andere, und auch in allen andern Dingen, in den Leibern aller Tiere sowohl als in den Gewächsen der Erde, und kurz in allem was ist, das glaube ich ersehen zu haben aus unserer Kunst, der Heilkunde, wie groß und bewunderungswürdig der Gott ist und über alles sich erstreckt in menschlichen sowohl als göttlichen Dingen. Anfangen aber will ich meine Rede mit der Heilkunde, um doch meiner Kunst Ehre zu erzeigen. Auch die Natur der Lei-ber nämlich hat diese zwiefache Liebe. Denn der gesunde Zustand des Leibes und der kranke sind eingestandenermaßen verschieden und unähnlich; und das Unähnliche begehrt auch und liebt Un-ähnliches. Ein anderer Eros also ist der über den Gesunden und ein anderer der über den Kranken. Und es ist, wie auch eben Pau-sanias sagte, den Guten unter den Menschen zu willfahren schön; den Ungebändigten aber häßlich. So ist es auch mit den Leibern selbst; dem, was gut ist an einem jeden Leibe und gesund, ist es schön zu willfahren, und es gehört sich, und dies ist eben das, was wir heilkundig nennen; dem Schlechten aber und Krankhaften wäre es schändlich, und dem muß sich verweigern, wer irgend kunstverständig sein will. Denn die Heilkunde ist, um es in kur-zem zu sagen, die Erkenntnis der Liebesregungen des Leibes in bezug auf Anfüllung und Ausleerung; und wer in diesen Dingen die schöne und die schlechte Liebe unterscheidet, dieser ist der Heilkundigste, und wer zum Tauschen bewegt, daß man statt der einen Liebe die andere sich aneigne, und wer, denen keine Liebe einwohnt und doch einwohnen sollte, sie beizubringen versteht oder eine einwohnende zu benehmen, der wäre der treffliche Künstler. Denn dieser muß das Feindseligste im Leibe einander zu befreunden wissen, daß es sich liebe. Das Feindseligste aber ist das Entgegengesetzteste, das Kalte dem Warmen, das Bittre dem Sü-

e ßen, das Trockne dem Nassen und alles dergleichen. Daß diesen
Liebe und Wohlwollen unser Ahnherr Asklepios einzuflößen verstand, dadurch hat er, wie die Dichter hier sagen und ich es glaube,
unsere Kunst gegründet. Die Heilkunde also wird, wie gesagt,
ganz von diesem Gott geleitet, ebenso auch die Gymnastik und
187a der Landbau. Von der Tonkunst aber muß jedem offenbar sein,
der nur ein wenig Nachdenken daran wendet, daß es sich mit
ihr ebenso verhält wie mit jenen, was vielleicht auch Herakleitos
sagen will, denn den Worten nach hat er es nicht richtig ausgedrückt. Er sagt nämlich, daß das Eins «in sich entzweit sich mit
sich einige» «wie die Stimmung einer Lyra oder eines Bogens». Es
ist aber große Unvernunft, zu sagen, eine Harmonie sei in sich
entzweit oder könne aus noch Entzweitem bestehen. Vielleicht
aber wollte er dieses sagen, daß sie aus dem vorher entzweiten
b Höheren und Tieferen, hernach aber einig Gewordenen durch die
Tonkunst entstanden sei. Denn unmöglich kann aus noch entzweitem Höheren und Tieferen eine Harmonie bestehen. Denn
Harmonie ist Zusammenstimmung, Zusammenstimmung aber ist
eine Eintracht; Eintracht aber kann unter Entzweitem, solange es
entzweit ist, unmöglich sein; und das Entzweite und nicht Ein-
trächtige kann wiederum unmöglich zusammenstimmen. Wie
c auch das Zeitmaß aus dem Schnellen und Langsamen, vorher freilich entzweiten, hernach aber einig gewordenen, entsteht. Eintracht nun weiß allem diesem, wie dort die Heilkunst, so hier die
Tonkunst einzuflößen, indem sie gegenseitig jedem Liebe und
Wohlwollen einbildet. Und so ist wiederum die Tonkunst eine
Wissenschaft der Liebe in bezug auf Harmonie und Zeitmaß. Und
in dem Aufstellen des Wohllautes und des Zeitmaßes selbst ist es
wohl nicht schwer, die Liebesregungen zu erkennen, noch findet
sich hierin jener zwiefache Eros. Allein, wenn man vor den Menschen Wohllaut und Zeitmaß in Anwendung bringen soll, es sei
d nun dichtend, was man das Tonsetzen nennt, oder nur bereits ge-
dichtete Gesänge und Silbenmaße recht gebrauchend, was die
Ausübung heißt, alsdann ist es schwer und bedarf eines tüchtigen
Meisters. Denn hier tritt wieder dasselbe Verhältnis ein, daß man
den sittlichen Menschen, und damit auch die sittlicher werdenden,
die es noch nicht sind, gefällig sein und ihre Liebe wohl in acht
nehmen muß; und dies eben ist der schöne himmlische Eros, der

der Muse Urania angehört, der andere aber der Polyhymnia ist der e
gemeine, den man mit großer Vorsicht anwenden muß, bei wem
man ihn ja anwendet, damit man die Lust von ihm zwar einernte,
er aber doch keine Ungebundenheit hervorbringe, so wie es in unserer Kunst gar schwer ist, mit den Gelüsten, die sich auf die Kochkunst beziehen, richtig zu verfahren, um die Lust davon zu genießen ohne Krankheit. Also in der Tonkunst wie in der Heilkunst
und in allen übrigen menschlichen und göttlichen Dingen muß
man, soweit es vergönnt ist, auf den zwiefachen Eros wohl acht
haben; denn vorhanden sind beide darin.

*13. Der Eros in der Natur und als Objekt der Wahrsagekunst. –*
*Aristophanes über das Ende des Schluckens*
Dann auch die Anordnung der Jahreszeiten und der Witterung 188a
ist voll von beiden. Wenn nämlich der sittige Eros gegenseitig in
dem schon Erwähnten waltet, dem Warmen und Kalten, Trock-
nen und Feuchten, und sie zu einer wohlgeordneten Stimmung
und Mischung gelangen, dann bringen sie Gedeihen und Gesundheit dem Menschen und den übrigen Tieren sowohl als Pflanzen
und beschädigen nichts. Wenn aber der frevelhafte Eros die Ober-
hand gewinnt in den abwechselnden Zeiten des Jahres, so verdirbt
und beschädigt er das meiste. Die Seuchen nämlich pflegen aus b
dergleichen zu entstehen und vielerlei andere Krankheiten unter
den Tieren und den Gewächsen. Denn auch Reif und Hagel und
Meltau entstehen aus Unmäßigkeit und Unordnung der Liebesregungen dieser Art, deren Erkenntnis im Lauf der Gestirne und im
Wechsel der Jahreszeiten die Sternkunde heißt. Ferner auch alle
Opferungen und was sonst die Wahrsagekunst unter sich hat,
denn dies insgesamt ist die Gemeinschaft der Götter und Menschen untereinander, haben es mit nichts anderem zu tun als mit c
Pflege und Heilung der Liebe. Denn alle Ruchlosigkeit pflegt zu
entstehen, wenn jemand nicht dem sittigen Eros willfährt, noch
ihm Ehre und Vorrang einräumt in allen Dingen, sondern dem
andern sowohl im Verhältnis gegen die Eltern, sie mögen leben
oder abgeschieden sein, als gegen die Götter, worin eben der
Wahrsagekunst obliegt, beiderlei Eros zu beaufsichtigen und zu
heilen. Und so ist wiederum auch die Wahrsagekunst die Stifterin
der Freundschaft zwischen Göttern und Menschen vermöge der d

Erkenntnis derjenigen Liebesregungen unter den Menschen, welche auf Gottesfurcht und Ruchlosigkeit ausgehen. So vielfache
und große oder vielmehr alle Kraft besitzt Eros überhaupt; der
aber an dem Guten mit Besonnenheit und Gerechtigkeit sich erweist, der hat bei uns und bei den Göttern die meiste Gewalt und
bereitet uns jede Glückseligkeit, daß wir sowohl miteinander umgehen können und befreundet sein als auch mit den Herrlicheren
e  als wir, den Göttern. Vielleicht nun habe auch ich den Eros lob-
preisend vieles vorbeigelassen, wiewohl gewiß nicht gern. Habe
ich aber etwas ausgelassen: so ist nun deine Sache, Aristophanes,
es zu ergänzen. Oder hast du auch im Sinne, noch auf eine andere
Weise den Gott zu preisen, so preise ihn, zumal du auch des
Schluckens ledig bist.

189a      Darauf habe, sagte er, Aristophanes das Wort genommen und
gesagt: Freilich hat er aufgehört, aber doch nicht eher, bis er mit
dem Niesen behandelt worden ist, so daß mich auch wundert,
habe er hinzugefügt, wie doch das Wohlgeordnete des Leibes solches Geräusch und solchen Kitzel begehren mag, wie doch das
Niesen ist; denn er hörte gleich auf, sobald ich nur das Niesen
anwendete. Darauf habe Eryximachos gesagt: Guter Aristophanes, siehe wohl zu, was du tust! Du ziehst mich auf, indem du im
b  Begriff bist zu reden, und nötigst mich also, selbst der Aufpasser
deiner Rede zu werden, ob du nicht auch etwas Lächerliches sagst,
da du sonst könntest ganz in Frieden geredet haben. – Darauf
habe Aristophanes lachend entgegnet: Wohl gesprochen, Eryximachos, und das Gesagte soll mir ungesagt sein. Also laure mir
nicht auf, da ich ohnehin schon besorgt bin um das, was ich zu
sagen denke, nicht ob ich nicht Lächerliches sagen werde, denn
das wäre ja ein Gewinn und meiner Muse einheimisch, sondern ob
nicht Belachenswertes. – Nachdem du abgeschossen, habe jener
gesagt, denkst du zu entkommen, Aristophanes? Gib nur wohl
Achtung und rede wie einer, der sich wird verantworten müssen.
c  Vielleicht indes, wenn es mir ansteht, lasse ich dich auch durch.

### 14. Aristophanes: Die ursprüngliche Natur des Menschen. Herkunft und Art seiner drei Geschlechter

Allerdings, habe also Aristophanes gesagt, habe ich im Sinne, ganz
anders zu reden, als ihr beide, du und Pausanias, gesprochen habt.

Denn mir scheinen die Menschen durchaus der wahren Kraft des
Eros nicht innegeworden zu sein. Denn wären sie es: so würden sie
ihm die herrlichsten Heiligtümer und Altäre errichten und die
größten Opfer bereiten, und es würde nicht wie jetzt gar nichts
dergleichen für ihn geschehen, dem es doch ganz vorzüglich geschehen sollte. Denn er ist der menschenfreundlichste unter den
Göttern, da er der Menschen Beistand und Arzt ist in demjenigen,   d
aus dessen Heilung die größte Glückseligkeit für das menschliche
Geschlecht erwachsen würde. Ich also will versuchen, euch seine
Kraft zu erklären, und ihr sollt dann die Lehrer der übrigen sein.
Zuerst aber müßt ihr die menschliche Natur und deren Begegnisse
recht kennenlernen. Nämlich unsere ehemalige Natur war nicht
dieselbe wie jetzt, sondern eine ganz andere. Denn erstlich gab es
drei Geschlechter von Menschen, nicht wie jetzt nur zwei, männ-
liches und weibliches, sondern es gab noch ein drittes dazu, welches das gemeinschaftliche war von diesen beiden, dessen Name    e
auch noch übrig ist, es selbst aber ist verschwunden. Mannweib-
lich nämlich war damals das eine, Gestalt und Benennung zusammengesetzt aus jenen beiden, dem männlichen und weiblichen,
jetzt aber ist es nur noch ein Name, der zum Schimpf gebraucht
wird. Ferner war die ganze Gestalt eines jeden Menschen rund, so
daß Rücken und Brust im Kreise herumgingen. Und vier Hände
hatte jeder und Schenkel ebensoviel wie Hände, und zwei Angesichter auf einem kreisrunden Halse einander genau ähnlich, und
einen gemeinschaftlichen Kopf für beide einander gegenüberste-   190a
hende Angesichter, und vier Ohren, auch zweifache Schamteile,
und alles übrige wie es sich hieraus ein jeder weiter ausdenken
kann. Er ging aber nicht nur aufrecht wie jetzt, nach welcher Seite
er wollte, sondern auch, wenn er schnell wohin strebte, so konnte
er, wie die Radschlagenden jetzt noch, indem sie die Beine gerade
im Kreise herumdrehen, das Rad schlagen, ebenso auf seine acht
Gliedmaßen gestützt sich sehr schnell im Kreise fortbewegen.
Diese drei Geschlechter gab es aber deshalb, weil das männliche   b
ursprünglich der Sonne Ausgeburt war und das weibliche der
Erde, das an beidem teilhabende aber des Mondes, der ja auch
selbst an beiden teilhat. Und kreisförmig waren sie selbst und ihr
Gang, um ihren Erzeugern ähnlich zu sein. An Kraft und Stärke
nun waren sie gewaltig und hatten auch große Gedanken, und was

Homeros von Ephialtes und Otos sagt, das ist von ihnen zu verste-
c hen, daß sie sich einen Zugang zum Himmel bahnen wollten, um
die Götter anzugreifen.

## 15. Bestrafung des menschlichen Übermuts durch Zeus und Zustandekommen der jetzigen menschlichen Art

Zeus also und die anderen Götter ratschlagten, was sie ihnen tun
sollten, und wußten nicht, was. Denn es war weder tunlich, sie zu
töten und, wie die Giganten sie niederdonnernd, das ganze Geschlecht wegzuschaffen, denn so wären ihnen auch die Ehrenbe-
zeugungen und die Opfer der Menschen mit weggeschafft worden, noch konnten sie sie weiter freveln lassen. Mit Mühe endlich
hatte sich Zeus etwas ersonnen und sagte: Ich glaube nun ein Mittel zu haben, wie es noch weiter Menschen geben kann und sie
doch aufhören müssen mit ihrer Ausgelassenheit, wenn sie näm-
d lich schwächer geworden sind. Denn jetzt, sprach er, will ich sie
jeden in zwei Hälften zerschneiden, so werden sie schwächer sein
und doch zugleich uns nützlicher, weil ihrer mehr geworden sind,
und aufrecht sollen sie gehen auf zwei Beinen. Sollte ich aber merken, daß sie noch weiter freveln und nicht Ruhe halten wollen, so
will ich sie, sprach er, noch einmal zerschneiden, und sie mögen
dann auf einem Beine fortkommen wie Kreisel. Dies gesagt, zer-
schnitt er die Menschen in zwei Hälften, wie wenn man Früchte
e zerschneidet, um sie einzumachen, oder wenn sie Eier mit Haaren
zerschneiden. Sobald er aber einen zerschnitten hatte, befahl er
dem Apollon, ihm das Gesicht und den halben Hals herumzudrehen nach dem Schnitte hin, damit der Mensch, seine Zerschnitten-
heit vor Augen habend, sittsamer würde, und das übrige befahl er
ihm auch zu heilen. Dieser also drehte ihm das Gesicht herum, zog
ihm die Haut von allen Seiten über das, was wir jetzt den Bauch
nennen, herüber, und wie wenn man einen Beutel zusammenzieht,
faßte er es in eine Mündung zusammen und band sie mitten auf
dem Bauche ab, was wir jetzt den Nabel nennen. Die übrigen Run-
191a zeln glättete er meistenteils aus und fügte die Brust einpassend
zusammen, mit einem solchen Werkzeuge, wie womit die Schuster
über dem Leisten die Falten aus dem Leder ausglätten, und nur
wenige ließ er stehen um den Bauch und Nabel, zum Denkzeichen
des alten Unfalls. Nachdem nun die Gestalt entzweigeschnitten

war, sehnte sich jedes nach seiner andern Hälfte, und so kamen
sie zusammen, umfaßten sich mit den Armen und schlangen sich
ineinander, und über dem Begehren zusammenzuwachsen star-
ben sie aus Hunger und sonstiger Fahrlässigkeit, weil sie nichts b
getrennt voneinander tun wollten. War nun die eine Hälfte tot
und die andere blieb übrig, so suchte sich die übriggebliebene
eine andere und umschlang sie, mochte sie nun auf die Hälfte
einer ehemaligen ganzen Frau treffen, was wir jetzt eine Frau
nennen, oder auf die eines Mannes, und so kamen sie um. Da er-
barmte sich Zeus und gab ihnen ein anderes Mittel an die Hand,
indem er ihnen die Schamteile nach vorne verlegte, denn vorher
trugen sie auch diese nach außen und erzeugten nicht eines in c
dem andern, sondern in die Erde wie die Zikaden. Nun aber verlegte er sie ihnen nach vorne und bewirkte vermittels ihrer das
Erzeugen ineinander, in dem Weiblichen durch das Männliche,
deshalb, damit in der Umarmung, wenn der Mann eine Frau
träfe, sie zugleich erzeugten und Nachkommenschaft entstände,
wenn aber ein Mann den andern, sie doch eine Befriedigung hätten durch ihr Zusammensein und erquickt sich zu ihren Geschäften wenden und, was sonst zum Leben gehört, besorgen könnten.
Von so langem her also ist die Liebe zueinander den Menschen
angeboren, um die ursprüngliche Natur wiederherzustellen, und d
versucht aus zweien eins zu machen und die menschliche Natur
zu heilen.

## 16. Eros als Geleiter und Rückführer in die alte Natur ist Urhe-
ber des größten Gutes

Jeder von uns ist also ein Stück von einem Menschen, da wir ja
zerschnitten, wie die Schollen, aus einem zwei geworden sind.
Also sucht nun immer jedes sein anderes Stück. Welche Männer
nun von einem solchen Gemeinschaftlichen ein Schnitt sind, was
damals Mannweib hieß, die sind weiberliebend, und die meisten
Ehebrecher gehören zu diesem Geschlecht, und so auch, welche
Weiber männerliebend sind und ehebrecherisch, die kommen aus e
diesem Geschlecht. Welche Weiber aber Abschnitte eines Weibes
sind, die kümmern sich nicht viel um die Männer, sondern sind
mehr den Weibern zugewendet, und die Tribaden kommen aus
diesem Geschlecht; die aber Schnitte eines Mannes sind, suchen

das Männliche auf, und so lange sie noch Knaben sind, lieben sie
als Schnittstücke des Mannes die Männer, und bei Männern zu
192a liegen und sich mit ihnen zu umschlingen ergötzt sie, und dies
sind die trefflichsten unter den Knaben und heranwachsenden
Jünglingen, weil sie die männlichsten sind von Natur. Einige nun
nennen sie zwar schamlos, aber mit Unrecht. Denn nicht aus
Schamlosigkeit tun sie dies, sondern weil sie mit Mut und Kühn-
heit und Mannhaftigkeit das ihnen Ähnliche lieben. Davon ist ein
großer Beweis, daß, wenn sie vollkommen ausgebildet sind, solche
Männer vorzüglich für die Angelegenheiten des Staates gedeihen.
Sind sie aber mannbar geworden, so werden sie Knabenliebe ha-
b ben; zur Ehe aber und Kinderzeugung haben sie von Natur keine
Lust, sondern nur durch das Gesetz werden sie dazu genötigt, ihnen selbst wäre es genug, untereinander zu leben unverehelicht.
Auf alle Weise also wird ein solcher ein Knabenliebhaber und ein
Liebhaberfreund, indem er immer dem Verwandten anhängt.
Wenn aber einmal einer seine wahre eigne Hälfte antrifft, ein Kna-
benfreund oder jeder andere, dann werden sie wunderbar ent-
c zückt zu freundschaftlicher Einigung und Liebe und wollen sozusagen auch nicht die kleinste Zeit voneinander lassen; und die ihr
ganzes Leben lang miteinander verbunden bleiben, diese sind es,
welche auch nicht einmal zu sagen wüßten, was sie voneinander
wollen. Denn dies kann doch wohl nicht die Gemeinschaft des
Liebesgenusses sein, daß um deswillen jeder mit so großem Eifer
trachtete, mit dem andern zusammen zu sein; sondern offenbar
d ist, daß die Seele beider, etwas anderes wollend, was sie aber nicht
aussprechen kann, es nur andeutet und zu raten gibt. Und wenn,
indem sie zusammenliegen, Hephaistos vor sie hinträte, seine
Werkzeuge in der Hand, und sie fragte: Was ist es denn eigentlich,
was ihr wollt, ihr Leute, von einander, und wenn sie dann nicht zu
antworten wüßten, sie weiter fragte: Begehrt ihr etwa dieses, soviel als möglich zusammenzusein, daß ihr euch Tag und Nacht
nicht verlassen dürftet? Denn wenn das euer Begehren ist: so will
ich euch zusammenschmelzen und in eins zusammenschweißen,
e so daß ihr statt zweier einer seid und, so lange ihr lebt, beide zusammen als einer lebt, und wenn ihr gestorben seid, auch dort in
der Unterwelt nicht zwei, sondern gemeinsam gestorben ein Toter
seid. Also seht zu, ob ihr dies liebt und zufrieden sein werdet, wenn

ihr es erreicht. Dies hörend, das wissen wir gewiß, würde auch nicht einer sich weigern oder zu erkennen geben, daß er etwas anderes wollte, sondern jeder würde eben das gehört zu haben glauben, wonach er immer schon strebte, durch Nahesein und Verschmelzung mit dem Geliebten aus zweien einer zu werden. Hiervon ist nun dies die Ursache, daß unsere ursprüngliche Beschaffenheit diese war und wir ganz waren, und dies Verlangen 193 a eben und Trachten nach dem Ganzen heißt Liebe. Und vor diesem, wie gesagt, waren wir eins, jetzt aber sind wir der Ungerechtigkeit wegen von dem Gott auseinandergelegt und verteilt worden wie die Arkadier von den Lakedaimoniern. Es steht also zu besorgen, wenn wir uns nicht sittsam betragen gegen die Götter, daß wir noch einmal zerspalten werden und so herumgehen müssen wie die auf den Grabsteinen Ausgeschnittenen, die mitten durch die Nase gespalten sind, und daß wir dann werden wie die geteilten Würfel, von denen die andere Hälfte der andere hat. Aber aus dieser Ursache sollte nun jeder Mann jedem zureden, den Göttern Ehrfurcht zu beweisen, damit wir diesem entgehen, jenes aber er- b langen, wozu Eros uns führt und befehligt. Dem nun wolle ja niemand entgegenhandeln; es handelt dem aber entgegen, wer sich den Göttern verhaßt macht. Denn sind wir diesen befreundet und mit dem Gotte in gutem Vernehmen: so werden wir jeder unsern eignen Liebling finden und besitzen, was jetzt nur wenigen begegnet. Und Eryximachos lege es mir nicht, um meine Rede auf Spott zu ziehen, so aus, als meinte ich den Pausanias und Agathon. Denn vielleicht gehören auch sie zu diesen und sind beide von Natur c männliche. Sondern ich meine es von allen insgesamt, Männern und Frauen, daß so unser Geschlecht glückselig würde, wenn es uns in der Liebe gelänge und jeder seinen eigentümlichen Liebling gewönne, um so zur ursprünglichen Natur zurückzukehren. Wenn nun dieses das beste ist: so wird notwendig unter dem uns jetzt zu Gebote Stehenden das beste sein, was jenem am nächsten kommt, und das heißt einen Liebling zu finden, der jedem nach seinem Sinne geartet ist. Und wollen wir dafür den Gott, von dem es uns herkommt, besingen, so müssen wir ja allerdings den Eros d besingen, der uns jetzt schon so viel Gutes erzeigt, indem er uns zu dem Verwandten hinführt, für die Zukunft aber uns die größte Hoffnung gibt, uns, wenn wir nur Ehrfurcht den Göttern bewei-

sen, zur ursprünglichen Natur herstellend und heilend, glücklich
und selig zu machen.

## 17. Agathon: Besorgnis des Sokrates und Agathons Herzhaftig-
keit

Dies, o Eryximachos, sprach er, ist meine Rede vom Eros, eine
ganz andere als die deinige. Wie ich dich nun schon gebeten habe,
ziehe sie nicht auf Spott, damit wir auch die übrigen hören, was sie
e alle sagen werden oder vielmehr beide, denn nur Agathon und
Sokrates sind noch zurück. Wohl, ich will dir folgen, habe Eryximachos gesagt, denn auch mir ist die Rede ganz zu Danke gewesen, und wenn ich nicht wüßte, daß Sokrates und Agathon Meister
sind in Liebessachen, würde mir gar bange sein, ob es ihnen nicht
fehlen möchte, da schon so viel und vielerlei ist geredet worden.
194a Nun aber habe ich doch guten Mut. – Darauf habe Sokrates gesagt: Du hast eben deine Sache gut bestanden, Eryximachos;
wenn du aber wärest, wo ich bin, oder vielmehr wo ich sein werde,
wenn auch Agathon erst noch geredet hat: so würde dir gewiß gar
bange sein, und du wärest in allen Nöten, wie ich jetzt bin. – Du
willst mich verzaubern, Sokrates, habe darauf Agathon gesagt,
daß ich in Verwirrung geraten soll, wenn ich glaube, das Haus
habe eine große Erwartung von mir, daß ich gut sprechen
würde. – Sehr vergeßlich müßte ich dann sein, o Agathon, habe
b Sokrates gesagt, da ich deine Herzhaftigkeit und Hochsinnigkeit
gesehen habe, als du mit den Schauspielern die Bühne bestiegst
und auf ein so großes Haus hinübersahst, vor welchem du deine
Reden darstellen solltest, ohne doch im mindesten bestürzt zu
sein, wenn ich glauben sollte, du würdest jetzt in Verwirrung geraten vor uns wenigen Leutlein! – Wie doch, Sokrates, habe Agathon gesagt, du glaubst doch nicht, die Bühne habe mir den Kopf
so eingenommen, daß ich nicht wüßte, wie den Verständigen wenige Einsichtsvolle bänger machen als noch so viele Unwis-
c sende. – Freilich wäre es nicht wohl getan, o Agathon, habe Sokrates gesagt, wenn ich von dir etwas Unfeines glauben wollte;
vielmehr weiß ich wohl, daß, wenn du auf solche träfest, die du für
weise hieltest, du mehr aus ihnen machen würdest als aus der
Menge. Aber wir mögen nur gar nicht solche sein. Denn wir waren
ja auch dort zugegen und gehörten mit zu der Menge. Wenn du

also auf andere weise Männer träfest, so würdest du dich wohl vor ihnen schämen, wenn du etwa glaubtest, etwas schlecht zu machen. Oder wie meinst du es? – Ganz recht, habe jener geantwortet. – Vor der Menge aber würdest du dich nicht schämen, wenn du glaubtest, etwas schlecht zu machen? – Darauf sei aber Phaidros eingefallen und habe gesagt: Lieber Agathon, wenn du dem Sokrates Antwort gibst, so wird er sich gar nichts daraus machen, wie es hier sonst noch weitergeht, wenn er nur einen hat, mit dem er Gespräch führen kann, zumal einen Schönen. Nun höre zwar auch ich gar gern den Sokrates Gespräch führen; jetzt aber muß ich dem Eros für seine Lobreden Sorge tragen und von jedem unter euch seine Rede in Empfang nehmen. Habt ihr nun beide dem Gotte das Eurige dargebracht, dann mag er immer Gespräch führen. – Wohl gesprochen, Phaidros, habe Agathon gesagt; und nichts hindert mich zu reden. Denn mit dem Sokrates kann ich ja auch nachher noch oft mich unterhalten.

### 18. Die Beschaffenheit des Eros: Er ist der jüngste und zarteste Gott

Ich also will zuerst sagen, wie ich zu reden gedenke, und dann reden. Denn alle, welche bis jetzt gesprochen haben, schienen mir nicht den Gott zu loben, sondern die Menschen selig zu preisen um das Gute, dessen Urheber ihnen der Gott ist; was für einer er aber selbst ist, der ihnen dies alles gewährt hat, das hat keiner gesagt. Die einzige richtige Weise aber eines jeden Lobes für jeden ist, in der Rede zu zeigen, welchartig und welchartiger Dinge Urheber der ist, von dem geredet wird. Auf diese Weise also gebührt auch uns, den Eros zu loben, zuerst ihn selbst, wie er beschaffen ist, und dann seine Gaben. Daher behaupte ich, daß, da alle Götter glückselig sind, Eros, wenn es verstattet und unfrevelhaft ist zu sagen, der glückseligste unter ihnen ist, weil der schönste und beste. Er ist aber der schönste, inwiefern ein solcher: Zuerst als der jüngste unter den Göttern, o Phaidros. Einen großen Beweis für diese Behauptung gibt er uns selbst, indem er fliehend dem Alter entkommt, welches offenbar doch schnell ist, schneller wenigstens als billig ereilt es uns, welches, sage ich, Eros seiner Natur nach haßt und ihm auch von weitem nicht nahekommt. Mit der Jugend aber gesellt er sich und gefällt sich, und ganz recht hat jene alte Rede,

daß das Ähnliche immer zum Ähnlichen sich hält. Daher ich, wiewohl in vielem andern mit dem Phaidros einstimmend, hierin
nicht mit ihm einstimme, daß Eros älter sei als Kronos und Iape-
c tos. Sondern ich behaupte, er ist der jüngste unter den Göttern und
immer jung, und jene alten Händel unter den Göttern, von denen
Hesiodos und Parmenides reden, müssen sich unter der Notwendigkeit ereignet haben, nicht unter dem Eros, wenn anders jene
wahr erzählt haben. Denn sie würden einander nicht verschnitten
und in Bande geworfen und sonst vielerlei Gewaltsames verübt
haben, wenn Eros unter ihnen gewesen wäre, sondern einander
geliebt und friedlich gelebt wie jetzt, seit Eros über die Götter regiert. Jung also ist er, nächst der Jugend aber auch zart, und es
d bedarf eines Dichters, wie Homeros einer war, um des Gottes
Zartheit anschaulich zu machen. Homeros nämlich sagt von der
Ate, sie sei eine Göttin und zart, wenigstens ihre Füße will er als
zart beschreiben und sagt, «leicht schweben die Füß' ihr, nimmer
dem Grund auch nahet sie, nein, hoch wandelt sie her auf den
Häuptern der Männer», und scheint mir aus einem guten Grunde
ihre Zartheit zu beweisen, daß sie nicht auf Hartem wandelt, sondern auf Weichem. Desselben Beweises nun wollen wir uns auch
e für den Eros bedienen, daß er zart ist. Denn weder auf der Erde
wandelt er noch auf Hirnschädeln, die eben nicht sonderlich
weich sind, sondern auf dem Weichsten unter allen wandelt er und
bewohnt es. Nämlich in den Gemütern und Seelen der Götter und
Menschen schlägt er seinen Wohnsitz auf, und auch nicht der
Reihe nach ohne Ausnahme in allen Seelen, sondern begegnet er
einer von harter Gesinnung, bei der geht er vorüber, die aber eine
weiche hat, bei der zieht er ein. Der nun mit den Füßen und überall
nur das Weichste der Weichsten berührt, muß notwendig der Zar-
196a teste sein. Und so ist er dann der Jüngste und Zarteste; überdies
aber auch von geschmeidigem Wesen. Denn sonst vermöchte er
nicht überall sich anzuschmiegen und in jede Seele heimlich sowohl zuerst hineinzukommen, als auch hernach herauszugehen,
wenn er ungelenk wäre. Auch ist von seiner ebenmäßigen und ge-
schmeidigen Gestalt ein großer Beweis die Wohlanständigkeit, die
ausgezeichnet vor allem eingeständlich dem Eros eignet. Denn
Übelstand und Liebe sind immer im Kriege gegeneinander. Die
Schönheit aber seiner Farben muß schon die Lebensweise des Got-

tes unter Blüten zeigen. Denn in einem blütenlosen oder abgeblüh-
ten Leib oder Seele, oder was es sonst ist, setzt sich Eros nicht   b
nieder; wo aber ein blumiger und duftiger Ort ist, da setzt er sich
und bleibt.

*19. Die Gerechtigkeit, Besonnenheit, Tapferkeit und Weisheit
   des Gottes*

Über die Schönheit des Gottes nun reicht schon dieses wohl hin,
wie auch vieles noch zurückbleibt; von seiner Tugend aber ist
hiernächst zu sagen, zuerst das Größte, daß Eros nie weder beleidigt noch beleidigt wird, weder Gott und von Gott, noch Menschen und von Menschen. Denn weder widerfährt ihm selbst gewaltsam, wenn ihm etwas widerfährt, denn Gewalt trifft den Eros
nicht, noch verrichtet er so, was er verrichtet. Denn jeder leistet   c
dem Eros jedes freiwillig, und was freiwillig einer dem andern
Freiwilligen zugesteht, das erklären «die Könige der Staaten, die
Gesetze» für recht. Nächst der Gerechtigkeit aber ist ihm auch
Besonnenheit vorzüglich zuzuschreiben. Denn Besonnenheit,
wird eingestanden, sei das Herrschen über Lüste und Begierden,
und keine Lust sei stärker als die Liebe. Sind die andern aber
schwächer, so werden sie ja von der Liebe beherrscht, und Eros
herrscht. Herrscht aber Eros über die Lüste und Begierden, so muß
er ja vorzüglich besonnen sein. So auch, was die Tapferkeit betrifft, kann nicht einmal Ares sich dem Eros gegenüberstellen.
Denn nicht Ares hat den Eros, sondern ihn, den Ares, hat der Eros,   d
die Liebe zur Aphrodite nämlich, wie ja die Rede geht. Der aber
hat, ist besser als der gehabt wird, und hat er den tapfersten von
allen übrigen unter sich, so ist er ja notwendig der tapferste von
allen. Von der Gerechtigkeit also und Besonnenheit und Tapferkeit des Gottes haben wir geredet; die Weisheit aber ist noch zurück. Soviel nun möglich, müssen wir suchen, auch hier nicht zu-
rückzubleiben. Und zuerst nun, damit auch ich unsere Kunst ehre
wie Eryximachos die seinige, ist der Gott so kunstreich als Dich-   e
ter, daß er auch andere dazu macht. Jeder wenigstens wird ein
Dichter, «wär' er auch den Musen fremd vorher», den Eros trifft.
Was wir also wohl als Beweis brauchen können dafür, daß Eros
ein trefflicher Künstler ist, jedes hervorzubringen, was zur Kunst
der Musen gehört. Denn was einer nicht hat oder nicht weiß, das

kann er auch einem andern nicht geben oder lehren. Und was nun
197a  weiter die Hervorbringung alles Lebendigen betrifft, wer wollte
wohl bestreiten, daß es die Kunst des Eros sei, durch welche alles
Lebende entsteht und gebildet wird. Von der Meisterschaft aber in
anderen Künsten, wissen wir etwa nicht, daß, wessen Lehrer dieser Gott gewesen, der in Ruhm und Glanz gekommen ist, wem
aber Eros nicht beigestanden, der in den Schatten? Denn die Heilkunde und die Kunst des Bogenschießens und des Weissagens hat
Apollo erfunden unter Anführung des Verlangens und der Liebe,
b  so daß sowohl dieser für einen Schüler des Eros anzusehen ist als
auch die Musen in der Tonkunst und Hephaistos in der Schmiede-
kunst und Athene in der Weberei und Zeus in der Regierungs-
kunst über Götter und Menschen. Daher auch die Angelegenheiten der Götter sich geordnet haben, sobald nur die Liebe unter sie
gekommen war, zur Schönheit nämlich; denn über die Häßlichkeit ist Eros nicht gesetzt. Vorher aber, wie ich auch anfangs gesagt, gab es vielerlei Ärger unter den Göttern, weil die Notwendigkeit herrschte; sobald aber dieser Gott entsprungen war, entstand
auch aus der Liebe zum Schönen alles Gute bei Göttern und Menschen. –
c     Auf diese Art also, o Phaidros, scheint mir Eros zuerst selbst der
Schönste und Beste, nächstdem aber auch anderen vieles anderen
solchen Urheber zu sein. Und hier fällt mir ein, etwas Dichterisches zu sagen, daß er es nämlich ist, welcher bewirkt

&lt;unter den Menschen Fried' und spiegelnde Glätte dem Meere,
Schweigen der Stürm' und erfreuliches Lager und Schlaf für die Sorgen&gt;.

d  Und dieser eben entledigt uns des Fremdartigen und sättigt uns mit
dem Angehörigen, indem er nur solche Vereinigungen uns untereinander anordnet, bei Festen, bei Chören, bei Opfern sich darbie-
tend zum Anführer; Mildheit dabei verleihend, Wildheit aber
zerstreuend, Begründer des Wohlwollens, Verhinder des Übel-
wollens, günstig den Guten, verehrlich den Weisen, erfreulich den
Göttern, neidenswert den Unbegabten, erwünscht den Wohlbegabten, des Wohllebens, der Behaglichkeit, der Genüge, der Anmut, des Sehnens, des Reizes Vater, sorgsam für die Guten, sorglos
für die Schlechten, im Wanken, im Bangen, im Verlangen, in Gedanken der beste Lenker, Helfer, Berater und Retter, aller Götter

und Menschen Zier, als Anführer der schönste und beste, dem jeglicher Mann folgen muß, lobsingend aufs herrlichste, in den herrlichen Gesang mit einstimmend, welchen anstimmend er aller Götter und Menschen Sinn erweicht.

Diese Rede, sprach er, o Phaidros, sei von meinetwegen dem Gotte dargebracht, teils Spiel enthaltend, teils auch ziemlich Ernst nach bestem Vermögen.

## 20. Sokrates: Verschiedenheit seiner auf das Wahre gerichteten Lobrede vom Scheinlob der anderen

Nachdem nun Agathon also gesprochen, sagte Aristodemos, seien 198a die Anwesenden alle in lauten Beifall ausgebrochen, wie angemessen der Jüngling geredet sich selbst und dem Gotte. Da habe nun Sokrates gesagt, zum Eryximachos sich wendend: Dünkt dich nun wohl, o Sohn des Akumenos, daß ich schon lange um unnötige Not mich geängstigt habe, sondern nicht vielmehr, daß ich weissagend, was ich vorhin sagte, gesprochen, daß nämlich Agathon bewundernswürdig reden, ich aber keinen Rat mehr wissen würde? – Das eine, habe Eryximachos gesagt, scheinst du mir weissagend gesprochen zu haben, daß Agathon gut reden würde, daß du aber keinen Rat wissen werdest, glaube ich nicht. –

Und wie doch, du Glücklicher, habe Sokrates gesagt, sollte ich b nicht ratlos sein, und jeder andere, welcher reden sollte, nachdem eine so schöne und reich verzierte Rede gesprochen worden? Und wenn auch das übrige wohl nicht alles ebenso bewundernswert gewesen ist; aber die Schönheit der Wörter und Redensarten am Ende, welcher Hörer ist nicht über diese erstaunt? Denn ich wenigstens, wenn ich bedenke, wie gar nicht ich imstande sein werde, auch nur von weitem etwas so Schönes vorzutragen, wäre vor Scham beinahe entwischt, wenn ich nur irgendwohin gekonnt c hätte. Denn gar an den Gorgias hat die Rede mich erinnert, so daß mir ordentlich jenes Homerische begegnet ist, mir ward bange, Agathon möchte das Gorgische Haupt, das gewaltige im Reden, am Ende seiner Rede gegen meine Rede loslassen und mich selbst zum Steine verstummen machen. Und da habe ich denn gemerkt, wie lächerlich ich war, als ich euch versprach, wenn die Reihe an mich käme, mit euch dem Eros eine Lobrede zu halten, und als ich d sagte, daß ich gewaltig wäre in Liebessachen, da ich doch gar nichts von der Sache verstand, wie man, was es auch immer wäre, loben müsse. Ich dachte nämlich in meiner Einfalt, man müsse die Wahrheit sagen in jedem Stück von dem zu Preisenden; dies also müsse man vor sich haben, und das Schönste davon auswählend müsse man es auf das schicklichste zusammenstellen. Und ich wußte mir gar viel damit, wie gut ich reden würde, als verstände ich, was es eigentlich hieße, irgend etwas loben. Das war aber, was es scheint, gar nicht die rechte Weise, etwas zu loben, sondern darin besteht sie, daß man der Sache nur so Vieles und Schönes

e  beilege als möglich, möge es sich nun so verhalten oder nicht. Und ist es auch falsch: so ist nichts daran gelegen. Denn es war wohl vorher festgesetzt, wie es scheint, jeder von uns solle sich das Ansehen geben, den Eros zu lobpreisen, nicht ihn wirklich lobpreisen. Deshalb, meine ich, habt ihr alles zusammengesucht und dem Eros beigelegt und sagt, ein solcher sei er und solches bringe er hervor, damit er nur auf das schönste und vortrefflichste erscheine, offen-

199a bar nämlich denen, die ihn nicht kennen, denn denen, die um ihn wissen, wohl nicht. Und so ist es doch eine schöne und prächtige Lobrede. Ich aber kannte gar nicht diese Weise des Lobes, und ohne sie zu kennen, versprach ich, auch in der Reihe ihn zu loben. Die Zunge hat also versprochen, die Seele aber nicht. Es unterbleibe also! Denn ich halte nun keine Lobrede nach dieser Weise; ich könnte es auch nicht. Indessen die Wahrheit, wenn ihr wollt,

b  die will ich euch wohl sagen nach meiner Art, nicht wie eure Reden waren, damit ich kein Gelächter bereite. Sieh also zu, Phaidros, ob du eine solche Rede auch gebrauchen kannst, was wahr ist vom Eros sagen zu hören, aber in Redensarten und Wortstellungen, wie sie sich eben fügen wollen. –

Phaidros nun, sagte er, und die andern hätten ihn geheißen zu reden, wie er selbst glaubte, daß man reden müsse, gerade so. – Noch mußt du mir, o Phaidros, habe er gesagt, auch erst vergönnen, den Agathon einiges wenige zu fragen, damit ich, hierüber mit ihm einverstanden, alsdann weiterrede. – Ich vergönne es,

c  habe Phaidros gesagt, frage ihn nur. – Darauf habe dann, erzählte er, Sokrates so ungefähr angefangen.

21. *Widerlegende Prüfung des Agathon: Der Eros als Liebe*
*zum Schönen und Guten ist selber dessen bedürftig*

Also, lieber Agathon, sehr gut scheinst du mir deine Rede eingeleitet zu haben, als du sagtest, zuerst müsse man den Eros selbst darstellen, welchartig er ist, und hernach seine Werke. Dieser Anfang
ist mir gar recht. Wohlan, da du auch das übrige so schön und
herrlich vorgetragen hast von dem Eros, welcher Art er ist: so sage
mir doch auch dieses, ob Eros auch ein solcher ist, daß er jemandes     d
Liebe ist oder niemandes? Ich frage aber nicht etwa, ob er von
einem Vater oder einer Mutter ist; denn lächerlich wäre die Frage,
ob Eros eines Vaters oder einer Mutter Liebe ist. Sondern wie
wenn ich eben nach einem Vater selbst fragte, ob ein Vater jemandes Vater ist oder nicht, du gewiß sagen würdest, wenn du anders
ordentlich antworten wolltest, allerdings wäre ein Vater Vater
eines Sohnes oder einer Tochter, oder nicht? – Freilich, hätte Agathon geantwortet. – Nicht auch ebenso die Mutter? – Auch das
hätte er zugegeben. – Wohl, hätte Sokrates gesagt, antworte nur
noch ein weniges mehr, damit du besser verstehst, was ich will.
Wenn ich nun fragte: Wie ein Bruder? Ist der auch das, was er ist,
ein Bruder, von jemand oder nicht? – Allerdings, habe er gesagt. – Doch von einem Bruder oder einer Schwester? – Das habe
er bejaht. – Versuche denn, dasselbe auch von der Liebe zu sagen,
ist sie Liebe von nichts oder etwas? – Freilich von etwas. – Dieses
nun, habe Sokrates gesagt, halte noch bei dir fest in Gedanken,     200a
wovon sie Liebe ist, und sage mir nur soviel, ob die Liebe das,
dessen Liebe sie ist, begehrt oder nicht? – Allerdings, habe er gesagt. – Und ob sie wohl schon habend, was sie begehrt und liebt,
es begehrt und liebt, oder es nicht habend? – Nicht habend, wie es
ja scheint, habe er gesagt. – Überlege nur, habe Sokrates gesagt,
ob es nicht statt zu scheinen vielmehr notwendig so ist, daß das
Begehrende begehrt, wessen es bedürftig ist, oder nicht begehrt,
wenn es nicht bedürftig ist. Mir wenigstens, Agathon, schwebt es     b
gar wunderbar vor, daß dies notwendig so ist. Und dir wie? –
Auch mir, habe er gesagt. – Wohl gesprochen. Wünscht also wohl
jemand, der groß ist, groß zu sein, und der stark ist, stark zu
sein? – Unmöglich nach dem Eingestandenen. – Denn der es
schon ist, wäre ja dessen nicht bedürftig. – Richtig gesprochen. –
Denn wenn ein stark seiender stark sein will oder ein schnell

seiender schnell oder ein gesund seiender gesund: – denn vielleicht könnte jemand hiervon und von allem dergleichen meinen,
c daß auch, die schon solche sind und dies schon haben, doch dieses,
was sie haben, auch begehren. Damit wir nun nicht irre werden,
deshalb eben sage ich, daß doch diese, o Agathon, wenn du acht
hast, jegliches von diesen Dingen für jetzt notwendig haben, was
sie haben, sie mögen es nun wollen oder nicht. Und wer könnte das
nun wohl noch begehren? Sondern wenn einer sagt, ich, der ich
gesund bin, will gesund sein, und ich, der ich reich bin, will reich
sein und begehre also das, was ich habe: so würden wir ihm sagen:
d Nämlich du, der du Reichtum besitzt und Gesundheit und Stärke,
willst eben dies auch in der folgenden Zeit besitzen; denn in der
jetzt gegenwärtigen, magst du es nun wollen oder nicht, hast du es
schon. Überlege also, wenn du sagst: Ich begehre das Vorhandene,
ob du etwas anderes meinst als dieses: Ich will, daß das jetzt Vorhandene mir auch in künftiger Zeit vorhanden sei; nicht wahr, das
würde er zugeben? – Das habe Agathon bejaht. –

Darauf habe Sokrates gesagt: Also auch dies heißt dasjenige
lieben, was noch nicht bereit ist und man nicht hat, wenn einer
wünscht, daß ihm auch für die künftige Zeit das erhalten bleibe,
e was er jetzt besitzt. – Freilich, habe er gesagt. – Also auch dieser
und jeder andere Begehrende begehrt das noch nicht Vorhandene
und nicht Fertige, und was er nicht hat und nicht selbst ist, und
wessen er bedürftig ist; solcherlei also sind die Dinge, wonach es
eine Begierde gibt und eine Liebe. – Freilich, habe er gesagt. –
Wohlan denn, habe Sokrates gesprochen, laß uns das Gesagte zu-
201a sammenrechnen. Nicht wahr, Liebe ist zuerst Liebe zu etwas und
dann Liebe zu dem, wonach jemand ein Bedürfnis hat? – Ja, habe
er gesagt. – Hierzu nun erinnere dich dessen, worauf du in deiner
Rede sagtest, daß Eros ginge. Oder, wenn du willst, will ich dich
erinnern. Ich glaube nämlich, du sagtest so ungefähr, daß die Angelegenheiten der Götter sich geordnet haben durch die Liebe zum
Schönen, denn zum Häßlichen gebe es keine Liebe. Sagtest du
nicht ungefähr so? – Das sagte ich freilich, habe Agathon gesagt. – Und ganz annehmlich war das gesprochen, Freund, habe
Sokrates gesagt. Und wenn sich dies so verhält, wäre dann die
Liebe nicht Liebe zur Schönheit, zur Häßlichkeit aber nicht? –
b Das gestand er. – Und eingestanden ist doch das, wessen man be-

dürftig ist und es nicht hat, liebe man? – Ja, habe er gesagt. – Bedürftig also ist Eros der Schönheit und hat sie nicht? – Notwendig, habe er gesagt. – Und wie? Das der Schönheit Bedürftige und sie keineswegs Besitzende, sagst du etwa, sei schön? – Nicht füglich. – Behauptest du also noch, daß Eros schön sei, wenn sich dies so verhält? – Darauf habe Agathon gesagt: Ich mag am Ende wohl nichts von dem verstehen, o Sokrates, was ich damals   c sagte. – Gar recht magst du daran wohl haben, o Agathon, habe er gesagt.

Aber die Kleinigkeit sage mir noch, dünkt dich nicht das Gute auch schön zu sein? – Mich dünkt es so. – Wenn also Eros des Schönen bedürftig ist und das Gute schön ist, so wäre er ja auch des Guten bedürftig? – Ich, habe er gesagt, o Sokrates, weiß dir wenigstens nicht zu widersprechen, sondern es soll so sein, wie du sagst. – Freilich wohl der Wahrheit, habe er gesagt, o geliebter Agathon, vermagst du nicht zu widersprechen. Denn dem Sokrates, das ist gar nichts Schweres.

22. *Das Zwischen-Sein des Eros zwischen dem Schönen und*
    *Häßlichen, zwischen dem Guten und Schlechten*                        d
Und so will ich dich denn jetzt lassen und eine Rede über den Eros, welche ich einst von einer Mantineerin namens Diotima gehört habe, welche hierin und auch sonst sehr weise war, auch den Athenern einst bei einem Opfer vor der Pest zehnjährigen Aufschub der Krankheit bewirkte, welche auch mich in Liebessachen unterrichtet hat, – die Rede also, welche diese gesprochen hat, will ich versuchen euch zu wiederholen, von dem ausgehend, worüber ich mit Agathon übereingekommen bin, sonst aber ganz für mich allein, so gut ich eben kann. Es gehört sich also, o Agathon, wie auch du erklärtest, zuerst ihn selbst zu beschreiben, den Eros, wer er ist   e und was für einer, und dann seine Werke. Es dünkt mich also am leichtesten, es so durchzunehmen, wie damals die Fremde, mich ausfragend, es durchging. Denn ungefähr dergleichen hatte auch ich zu ihr gesagt, wie Agathon jetzt zu mir, daß Eros ein großer Gott sei und von den Schönen. Sie aber widerlegte mich mit denselben Reden, womit ich jetzt diesen, daß er weder schön wäre nach meinen eigenen Reden, noch gut.

Da sprach ich: Wie meinst du aber, Diotima, ist also Eros häß-   202a

lich und schlecht? – Und sie: Willst du dich nicht des Frevels enthalten? Oder meinst du, was nicht schön ist, das sei notwendig
häßlich? – Allerdings wohl. – Auch was nicht weise, das töricht?
Oder hast du nicht gemerkt, daß es etwas mitteninne gibt zwischen Weisheit und Torheit? – Was wäre das? – Wenn man richtig vorstellt, ohne jedoch Rechenschaft davon geben zu können,
weißt du nicht, daß das weder Wissen ist – denn wie könnte etwas
Grundloses eine Erkenntnis sein? – noch auch Unverstand, denn
da sie doch das Wahre enthält, wie könnte sie Unverstand sein?
b Also ist offenbar die richtige Vorstellung so etwas zwischen Einsicht und Unverstand. – Richtig, sprach ich. – Folgere also nicht,
was nicht schön ist, sei häßlich, noch was nicht gut sei, schlecht.
Ebenso auch vom Eros, da du doch selbst eingestehst, er sei weder
gut noch schön, glaube deshalb noch nicht, daß er häßlich und
schlecht sein müsse, sondern etwas, sagte sie, zwischen beiden. –

Aber das, sprach ich, wird doch von allen eingestanden, daß er
ein großer Gott ist. – Von allen Nichtwissenden, sprach sie,
c meinst du, oder auch von den Wissenden? – Von allen insgesamt. – Da lachte sie und sagte: Und wie, Sokrates, könnte wohl
von denen eingestanden werden, daß er ein großer Gott sei, welche behaupten, er sei überhaupt kein Gott? – Wer sind doch die?
fragte ich. – Einer davon bist du, sagte sie, und eine ich. – Da
sprach ich: Wie meinst du doch dies? – Und sie antwortete: Ganz
natürlich. Denn sage mir nur, meinst du nicht, daß alle Götter
glückselig und schön sind? Oder hättest du das Herz zu sagen, daß
d irgendein Gott nicht schön und glückselig sei? – Beim Zeus, ich
gewiß nicht, sprach ich. – Und glückselig nennst du doch, die das
Schöne und Gute besitzen? – Freilich. – Vom Eros aber hast du
doch eingestanden, daß er aus Bedürfnis nach dem Schönen und
Guten eben das begehre, dessen er bedürftig ist? – Das habe ich
eingestanden. – Wie konnte also ein Gott sein, der unbegabt ist
mit Schönem und Gutem? – Auf keine Weise, wie es scheint. –
Siehst du nun, sagte sie, daß auch du den Eros für keinen Gott
hältst? –

*23. Der Eros als Daimon zwischen dem Sterblichen und Un-
sterblichen*

Was wäre also, sprach ich, Eros? Etwa sterblich? – Keineswegs. – Aber was denn? – Wie oben, sagte sie, zwischen dem
Sterblichen und Unsterblichen. – Was also, o Diotima? – Ein
großer Dämon, o Sokrates. Denn alles Dämonische ist zwischen   e
Gott und dem Sterblichen. – Und was für eine Verrichtung,
sprach ich, hat es? – Zu verdolmetschen und zu überbringen den
Göttern, was von den Menschen, und den Menschen, was von den
Göttern kommt, der einen Gebete und Opfer und der andern Be-
fehle und Vergeltung der Opfer. In der Mitte zwischen beiden ist
es also die Ergänzung, so daß nun das Ganze in sich selbst verbunden ist. Und durch dies Dämonische geht auch alle Weissagung   203 a
und die Kunst der Priester in bezug auf Opfer, Weihungen und
Besprechungen und alle Wahrsagung und Bezauberung. Denn
Gott verkehrt nicht mit Menschen, sondern aller Umgang und Gespräch der Götter mit den Menschen geschieht durch dieses, sowohl im Wachen als im Schlaf. Wer sich nun hierauf versteht, der
ist ein dämonischer Mann, wer aber nur auf andere Dinge oder
irgend auf Künste und Handarbeiten, der ist ein gemeiner. Solcher
Dämonen oder Geister gibt es viele und von vielerlei Art, einer
aber von ihnen ist auch Eros. –

Wer aber, fragte ich, ist sein Vater und seine Mutter? – Weit-
läufiger, sprach sie, ist dies zwar zu erzählen; doch will ich es dir   b
sagen. Als nämlich Aphrodite geboren war, schmausten die Götter, und unter den übrigen auch Poros, der Sohn der Metis. Als sie
nun abgespeist, kam, um sich etwas zu erbetteln, da es doch fest-
lich herging, auch Penia und stand an der Tür. Poros nun, berauscht vom Nektar, denn Wein gab es noch nicht, ging in den
Garten des Zeus hinaus, und schwer und müde wie er war, schlief
er ein; Penia nun, die ihrer Dürftigkeit wegen den Anschlag faßte,
ein Kind mit Poros zu erzeugen, legte sich zu ihm und empfing den
Eros. Deshalb ist auch Eros der Aphrodite Begleiter und Diener   c
geworden, wegen seiner Empfängnis an ihrem Geburtsfest, und
weil er von Natur ein Liebhaber des Schönen ist und Aphrodite
schön ist. Als des Poros und der Penia Sohn aber befindet sich Eros
in solcherlei Umständen: Zuerst ist er immer arm und bei weitem
nicht fein und schön, wie die meisten glauben, vielmehr rauh, un-

d ansehnlich, unbeschuht, ohne Behausung, auf dem Boden immer
umherliegend und unbedeckt, schläft vor den Türen und auf den
Straßen im Freien und ist der Natur seiner Mutter gemäß immer
der Dürftigkeit Genosse. Und nach seinem Vater wiederum stellt
er dem Guten und Schönen nach, ist tapfer, keck und rüstig, ein
gewaltiger Jäger, allezeit irgend Ränke schmiedend, nach Einsicht
strebend, sinnreich, sein ganzes Leben lang philosophierend, ein
arger Zauberer, Giftmischer und Sophist, und weder wie ein Un-
e sterblicher geartet noch wie ein Sterblicher, bald an demselben
Tage blühend und gedeihend, wenn es ihm gut geht, bald auch
hinsterbend, doch aber wieder auflebend nach seines Vaters Natur. Was er sich aber schafft, geht ihm immer wieder fort, so daß
Eros nie weder arm ist noch reich und auch zwischen Weisheit und
Unverstand immer in der Mitte steht.

### 24. *Die philosophische Natur des Eros*

204a Dies verhält sich nämlich so: Kein Gott philosophiert oder begehrt, weise zu werden, sondern er ist es, noch auch, wenn sonst
jemand weise ist, philosophiert dieser. Ebensowenig philosophieren auch die Unverständigen oder bestreben sich, weise zu werden. Denn das ist eben das Arge am Unverstande, daß er, ohne
schön und gut und vernünftig zu sein, doch sich selbst ganz genug
zu sein dünkt. Wer nun nicht glaubt, bedürftig zu sein, der begehrt
auch das nicht, dessen er nicht zu bedürfen glaubt. – Wer also,
sprach ich, Diotima, sind denn die Philosophierenden, wenn es
b weder die Weisen sind noch die Unverständigen? – Das muß ja
schon, sagte sie, jedem Kinde deutlich sein, daß es die zwischen
beiden sind, zu denen auch Eros gehören wird. Denn die Weisheit
gehört zu dem Schönsten und Eros ist Liebe zu dem Schönen, so
daß Eros notwendig weisheitliebend ist und also als philosophisch
zwischen den Weisen und Unverständigen mitteninne steht. Und
auch davon ist seine Herkunft Ursache; denn er ist von einem weisen und wohlbegabten Vater, aber von einer unverständigen und
dürftigen Mutter. Dies also, lieber Sokrates, ist die Natur dieses
Dämons. Was du aber glaubtest, daß Eros sei, ist nicht zu verwun-
c dern. Du glaubtest nämlich, wie ich aus dem, was du sagst, vermuten muß, Eros sei das Geliebte, nicht das Liebende. Daher, meine
ich, erschien dir Eros so wunderschön. Denn das Liebenswerte ist

auch in der Tat das Schöne, Zarte, Vollendete, Seligzupreisende.
Das Liebende aber hat ein anderes Wesen, so wie ich es beschrieben habe.

## 25. *Eros als Liebe zum Guten in jeder Gestalt und als Streben,*
## *das Gute immer zu haben*

Darauf sagte ich: Wohl denn, Freundin, denn du hast wohl gesprochen. Wenn nun aber Eros ein solcher ist, welchen Nutzen
gewährt er den Menschen? – Dies, o Sokrates, sprach sie, will ich
nun hiernächst versuchen dich zu lehren. So beschaffen also und  d
so entstanden ist Eros. Er geht aber auf das Schöne, wie du sagst.
Wenn uns aber jemand fragte: Was hat denn Eros vom Schönen, o
Sokrates und Diotima? Oder ich will es noch deutlicher so fragen:
Wer das Schöne begehrt, was begehrt der? – Da sprach ich: Daß
es ihm zuteil werde. – Aber, sagte sie, diese Antwort verlangt nach
noch einer Frage, etwa dieser: Was geschieht denn jenem, dem das
Schöne zuteil wird? – Da sagte ich, auf diese Frage hätte ich nicht
sogleich eine Antwort bereit. – Aber, sprach sie, wenn nun jemand tauschend statt des Schönen das Gute setzte und fragte:  e
Sprich, Sokrates, wer das Gute begehrt, was begehrt der? – Daß
es ihm zuteil werde, sagte ich. – Und was geschieht jenem, dem
das Gute zuteil wird? – Das kann ich schon leichter beantworten,
sagte ich, er wird glückselig. – Denn durch den Besitz des Guten,  205 a
fügte sie hinzu, sind die Glückseligen glückselig. Und hier bedarf
es nun keiner weiteren Frage mehr, weshalb doch der glückselig
sein will, der es will, sondern die Antwort scheint vollendet zu
sein. – Richtig gesprochen, sagte ich. –
  Dieser Wille nun und diese Liebe, glaubst du, daß sie allen Menschen gemein sind und daß alle immer das Gute haben wollen,
oder wie meinst du? – So, sprach ich, daß dies allen gemein ist. –
Warum aber, sprach sie, sagen wir nicht, daß alle lieben, wenn
doch alle dasselbe lieben und immer, sondern sagen von einigen,  b
daß sie lieben, von anderen aber nicht? – Das wundert mich
selbst, sagte ich. – Laß es dich nur nicht wundern, sagte sie. Denn
wir nehmen nur eine gewisse Art der Liebe heraus, die wir mit dem
Namen des Ganzen belegen und Liebe nennen, für die anderen
brauchen wir andere Namen. – Wie doch etwa? sprach ich. – So
etwa, sagte sie. Du weißt doch, daß Dichtung etwas gar Vielfälti-

ges ist. Denn was nur für irgend etwas Ursache wird, aus dem
c  Nichtsein in das Sein zu treten, ist insgesamt Dichtung. Daher liegt
auch bei den Hervorbringungen aller Künste Dichtung zugrunde,
und die Meister darin sind sämtlich Dichter. – Ganz richtig. –
Aber doch weißt du schon, daß sie nicht Dichter genannt werden,
sondern andere Benennungen haben, und von der gesamten Dichtung wird nur ein Teil ausgesondert, der es mit der Tonkunst und
den Silbenmaßen zu tun hat, und dieser mit dem Namen des Ganzen benannt. Denn dies allein wird Dichtung genannt, und die
diesen Teil der Dichtung innehaben, Dichter. – Richtig gesprochen, sagte ich. – So auch, was die Liebe betrifft, ist im allgemei-
d  nen jedes Begehren des Guten und der Glückseligkeit die größte
und heftigste Liebe für jeden. Allein die übrigen, die sich ander-
wärtshin damit wenden, entweder zum Gewerbe oder zu den Leibesübungen oder zur Erkenntnis, von denen sagen wir nicht, daß
sie lieben und Liebhaber sind; sondern nur die auf eine gewisse Art
ausgehen und sich der befleißigen, erhalten den Namen des Ganzen, Liebe und lieben und Liebhaber. – Das magst du wohl richtig
erklären, sagte ich. –

e      Und so geht zwar eine Rede, sagte sie, daß, die ihre Hälfte suchen, lieben. Meine Rede aber sagt, die Liebe gehe weder auf die
Hälfte, Freund, noch auf das Ganze, wenn es nicht ein Gutes ist.
Denn die Menschen lassen sich ja gern ihre eigenen Hände und
Füße wegschneiden, wenn sie, obgleich ihr eigen, ihnen böse und
gefährlich scheinen. Denn nicht an dem Seinigen hängt jeder,
glaube ich, es müßte einer das Gute das Angehörige nennen und
das Seinige, das Schlechte aber Fremdes. So daß es nichts gibt, was
206a  die Menschen lieben, als das Gute. Oder scheinen sie dir doch
etwa? – Beim Zeus, mir nicht, sprach ich. –

Können wir aber nun schon so schlechthin sagen, daß die Menschen das Gute lieben? – Ja, sagte ich. – Wie? Müssen wir nicht
hinzusetzen, daß sie lieben, das Gute zu haben? – Das müssen wir
hinzusetzen. – Und, sagte sie, nicht nur es zu haben, sondern auch
es immer zu haben? – Auch das ist hinzuzusetzen. – So geht denn,
alles zusammengenommen, die Liebe darauf, daß man selbst das
Gute immer haben will. – Vollkommen richtig erklärt, sagte ich.

## 26. Die Weise des Liebesvollzugs ist Zeugung im Schönen um der Unsterblichkeit willen

Wenn nun die Liebe immer dieses ist, sagte sie, auf welche Art und b in welcher Handlungsweise gehen ihm nun diejenigen nach, deren Betrieb und Anstrengung man eigentlich Liebe zu nennen pflegt? Weißt du wohl zu sagen, was für ein Werk dieses ist? – Dann würde ich ja, sprach ich, dich, o Diotima, nicht so bewundern deiner Weisheit wegen und zu dir gehen, um eben dieses zu lernen. – So will ich es dir sagen, sprach sie. Es ist nämlich eine Geburt in dem Schönen, sowohl dem Leibe als der Seele nach. – Man muß weissagen können, sprach ich, um zu wissen, was du wohl meinst, und ich verstehe es nicht. –

So will ich es dir denn deutlicher sagen. Alle Menschen nämlich, c o Sokrates, sprach sie, sind fruchtbar sowohl dem Leibe als der Seele nach, und wenn sie zu einem gewissen Alter gelangt sind, so strebt unsere Natur zu erzeugen. Erzeugen aber kann sie in dem Häßlichen nicht, sondern nur in dem Schönen. Es ist aber dies eine göttliche Sache und in dem sterblichen Lebenden etwas Unsterbliches, die Empfängnis und die Erzeugung. In dem Unangemessenen aber kann dieses unmöglich erfolgen; und unangemessen ist d das Häßliche allem Göttlichen, das Schöne aber angemessen. Eine einführende und geburtshelfende Göttin also ist die Schönheit für die Erzeugung. Deshalb, wenn das Zeugungslustige dem Schönen naht, wird es beruhigt und von Freude durchströmt und erzeugt und befruchtet; wenn aber Häßlichem, so zieht es sich finster und traurig in sich zusammen und wendet sich ab und schrumpft ein und erzeugt nicht, sondern trägt mit Beschwerde seine Bürde weiter. Darum beeifert sich, wer von Zeugungsstoff und Lust erfüllt ist, so sehr um das Schöne, weil es ihn großer Wehen entledigt. e Denn die Liebe, o Sokrates, geht gar nicht auf das Schöne, wie du meinst. –

Sondern worauf denn? – Auf die Erzeugung und Geburt im Schönen. – Mag sein, sprach ich. – Ganz gewiß, sagte sie. – Warum aber auf die Erzeugung? – Weil eben die Erzeugung das Ewige ist und das Unsterbliche, wie es im Sterblichen sein kann. Nach der Unsterblichkeit aber zu streben mit dem Guten ist not- 207a wendig zufolge des schon Eingestandenen, wenn doch die Liebe darauf geht, das Gute immer zu haben. Notwendig also geht nach dieser Rede die Liebe auch auf die Unsterblichkeit.

### 27. *Grund des Zeugungsverlangens ist das Streben der sterbli-*
### *chen Natur nach Unsterblichkeit*

Dies alles lehrte sie mich, als sie über die Liebe mit mir redete, und
fragte mich auch einmal: Was meinst du wohl, o Sokrates, daß die
Ursache dieser Liebe und dieses Verlangens sei? Oder merkst du
nicht, in welchem gewaltsamen Zustande sich alle Tiere befinden,
wenn sie begierig sind zu erzeugen, geflügelte und ungeflügelte,
b  wie sie alle krank und verliebt erscheinen, zuerst wenn sie sich
miteinander vermischen und dann auch bei der Auferziehung des
Erzeugten, wie auch die schwächsten bereit sind, dieses gegen die
stärksten zu verteidigen und dafür zu sterben; und wie sie sich
selbst vom Hunger quälen lassen, um nur jenes zu ernähren, und
so auch alles andere tun? Denn von den Menschen könnte man
sagen, sie täten dies mit Überlegung; aber welches der Grund sein
c  mag, warum auch die Tiere sich so verliebt zeigen, kannst du mir
das sagen? – Und ich sagte wieder, ich wüßte es nicht. – Da
sprach sie: Gedenkst du denn je etwas Großes zu leisten in Liebessachen, wenn du dies nicht einsiehst? – Aber eben deshalb, sprach
ich, bin ich ja zu dir gekommen, o Diotima, wie ich auch schon
sagte, weil ich weiß, daß ich Lehrer brauche. Sage mir also den
Grund hiervon und von allem, was sonst in der Liebe vorkommt. –

Wenn du also glaubst, sprach sie, daß die Liebe von Natur auf
das gehe, worüber wir uns oft schon einverstanden haben, so wun-
d  dere dich nur nicht. Denn ganz ebenso wie dort sucht auch hier die
sterbliche Natur nach Vermögen immer zu sein und unsterblich.
Sie vermag es aber nur auf diese Art, durch die Erzeugung, daß
immer ein anderes Junges statt des Alten zurückbleibt. Denn auch
von jedem einzelnen Lebenden sagt man ja, daß es lebe und dasselbe sei, wie einer von Kindesbeinen an immer derselbe genannt
wird, wenn er auch ein Greis geworden ist: und heißt doch immer
derselbe, unerachtet er nie dasselbe an sich behält, sondern immer
ein neuer wird und Altes verliert an Haaren, Fleisch, Knochen,
e  Blut und dem ganzen Leibe; und nicht nur an dem Leibe allein,
sondern auch an der Seele, die Gewöhnungen, Sitten, Meinungen,
Begierden, Lust, Unlust, Furcht, hiervon behält nie jeder dasselbe
an sich, sondern eins entsteht und das andere vergeht. Und viel
wunderlicher noch als dieses ist, daß auch die Erkenntnisse nicht

nur teils entstehen, teils vergehen, und wir nie dieselben sind in   208a
bezug auf die Erkenntnisse, sondern daß auch jeder einzelnen Erkenntnis dasselbe begegnet. Denn was man Nachsinnen heißt,
geht auf eine ausgegangene Erkenntnis. Vergessen nämlich ist das
Ausgehen einer Erkenntnis, Nachsinnen aber bildet statt der abge-
gangenen eine Erinnerung ein und erhält so die Erkenntnis, daß sie
dieselbe zu sein scheint. Und auf diese Weise wird alles Sterbliche
erhalten, nicht so, daß es durchaus immer dasselbe wäre, wie das
Göttliche, sondern indem das Abgehende und Veraltende ein an-   b
deres Neues solches zurückläßt, wie es selbst war. Durch diese
Veranstaltung, o Sokrates, sagte sie, hat alles Sterbliche teil an der
Unsterblichkeit, der Leib sowohl als alles übrige; das Unsterbliche
aber durch eine andere. Wundere dich also nicht, wenn ein jedes
von Natur seinen eigenen Sprößling in Ehren hält. Denn der Unsterblichkeit wegen begleitet jeden dies Bestreben und diese Liebe.

## 28. Die verschiedenen Bemühungen um Unsterblichkeit: Leib-
liche und geistige Zeugung

Über diese Rede nun, als ich sie gehört, war ich verwundert und
sagte: Wohl, weiseste Diotima, verhält sich dies nun in der Tat
so? – Und sie, wie die rechten Meister im Wissen pflegen, sprach:   c
Dessen sei nur versichert, o Sokrates. Denn wenn du auch auf die
Ehrliebe der Menschen sehen willst: so müßtest du dich ja über die
Unvernunft wundern in dem, was ich schon angeführt, wenn du
nicht bedenkst, einen wie gewaltigen Trieb zu haben, berühmt zu
werden und einen unsterblichen Namen auf ewige Zeiten sich zu
erwerben. Und für diesen sind alle bereit, die größten Gefahren zu
bestehen, noch mehr als für ihre Kinder, und ihr Vermögen aufzuwenden und jedwede Mühe unverdrossen zu übernehmen und da-   d
für zu sterben. Denn meinst du wohl, sprach sie, Alkestis würde
für den Admetos gestorben sein oder Achilleus dem Patroklos
nachgestorben oder euer Kodros im voraus für die Königswürde
seiner Kinder, wenn sie nicht geglaubt hätten, eine unsterbliche
Erinnerung ihrer Tugend würde nach ihnen bleiben, die wir jetzt
auch haben? Weit gefehlt, sagte sie, sondern nur für die Unsterblichkeit der Tugend und für einen solchen herrlichen Nachruhm,
glaube ich, tun alle alles, und zwar je besser sie sind, um desto   e
mehr, denn sie lieben das Unsterbliche. Die nun, fuhr sie fort, dem

Leibe nach zeugungslustig sind, wenden sich mehr zu den Weibern
und sind auf diese Art verliebt, indem sie durch Kindererzeugen,
Unsterblichkeit und Nachgedenken und Glückseligkeit, wie sie
209a meinen, für alle künftige Zeit sich verschaffen. Die aber der Seele
nach, denn es gibt solche, sagte sie, die auch in der Seele Zeugungs-
kraft haben, viel mehr als im Leibe, für das nämlich, was der Seele
ziemt zu erzeugen und erzeugen zu wollen. Und was ziemt ihr
denn? Weisheit und jede andere Tugend, deren Erzeuger auch alle
Dichter sind und alle Künstler, denen man zuschreibt erfinderisch
zu sein. Die größte aber und bei weitem schönste Weisheit, sagte
sie, ist die, welche in der Staaten und des Hauswesens Anordnung
sich zeigt, deren Name Besonnenheit ist und Gerechtigkeit. Wer
nun diese als ein Göttlicher schon von Jugend an in seiner Seele
b trägt, der wird auch, wenn die Zeit herankommt, Lust haben zu
befruchten und zu erzeugen. Daher geht auch, meine ich, ein solcher umher, das Schöne zu suchen, worin er erzeugen könne.
Denn in dem Häßlichen wird er nie erzeugen. Daher erfreut er sich
sowohl an schönen Leibern mehr als an häßlichen, weil er nämlich
erzeugen will, als auch, wenn er eine schöne, edle und wohlgebil-
dete Seele antrifft, erfreut er sich vorzüglich an beidem vereinigt
und hat für einen solchen Menschen gleich eine Fülle von Reden
c über die Tugend und darüber, wie ein trefflicher Mann sein müsse
und wonach streben; und gleich unternimmt er, ihn zu unterwei-
sen. Nämlich indem er den Schönen berührt, meine ich, und mit
ihm sich unterhält, erzeugt und gebiert er, was er schon lange zeugungslustig in sich trug, und indem er anwesend und abwesend
seiner gedenkt, erzieht er auch mit jenem gemeinschaftlich das Erzeugte. So daß diese eine weit genauere Gemeinschaft miteinander
haben als die eheliche und eine festere Freundschaft, wie sie auch
schönere und unsterblichere Kinder gemeinschaftlich besitzen.
Und jeder sollte lieber solche Kinder haben wollen als die mensch-
d lichen, wenn er auf Homeros sieht und Hesiodos und die anderen
trefflichen Dichter, nicht ohne Neid, was für Geburten sie zurück-
lassen, die ihnen unsterblichen Ruhm und Angedenken sichern,
wie sie auch selbst unsterblich sind. Oder, wenn du willst, sagte
sie, was für Kinder Lykurgos in Lakedaimon zurückgelassen hat,
Retter von Lakedaimon und, um es geradeheraus zu sagen, von
ganz Hellas. Geehrt ist bei euch auch Solon, weil er Gesetze ge-

zeugt, und viele andere anderwärts unter Hellenen und Barbaren,
die viele und schöne Werke dargestellt haben und vielfältige Tu-   e
genden erzeugt, denen auch schon viele Heiligtümer sind errichtet
worden, um solcher Kinder willen, der menschlichen Kinder wegen aber nie jemandem.

### 29. Der Stufenweg in der Erkenntnis des Schönen

Soweit nun, o Sokrates, vermagst wohl auch du in die Geheimnisse der Liebe eingeweiht zu werden; ob aber, wenn jemand die   210a
höchsten und heiligsten, auf welche sich auch jene beziehen, recht
vortrüge, du es auch vermöchtest, weiß ich nicht. Indes, sprach sie,
will ich sie vortragen und es an mir nirgend fehlen lassen. Versuche nur zu folgen, wenn du es vermagst. Wer nämlich auf die
rechte Art diese Sache angreifen will, der muß in der Jugend damit
anfangen, schönen Gestalten nachzugehen, und wird zuerst freilich, wenn er richtig beginnt, nur *einen* solchen lieben und diesen
mit schönen Reden befruchten, hernach aber von selbst innewerden, daß die Schönheit in irgendeinem Leibe der in jedem andern
verschwistert ist und es also, wenn er dem in der Idee Schönen   b
nachgehen soll, großer Unverstand wäre, nicht die Schönheit in
allen Leibern für eine und dieselbe zu halten, und wenn er dessen
innegeworden, sich als Liebhaber aller schönen Leiber darstellen
und von der gewaltigen Heftigkeit für *einen* nachlassen, indem er
dies für klein und geringfügig hält. Nächstdem aber muß er die
Schönheit in den Seelen für weit herrlicher halten als die in den
Leibern, so daß, wenn einer, dessen Seele zu loben ist, auch nur
wenig von jener Blüte zeigt, ihm das doch genug ist und er ihn liebt
und pflegt, indem er solche Reden erzeugt und aufsucht, welche   c
die Jünglinge besser zu machen vermögen, damit er selbst so dahin
gebracht werde, das Schöne in den Bestrebungen und in den Sitten
anzuschauen, um auch von diesem zu sehen, daß es sich überall
verwandt ist, und so die Schönheit des Leibes für etwas Geringeres
zu halten. Von den Bestrebungen aber muß er weiter zu den Erkenntnissen gehen, damit er auch die Schönheit der Erkenntnisse
schaue und, vielfältiges Schöne schon im Auge habend, nicht mehr   d
dem bei einem einzelnen, indem er knechtischerweise die Schönheit eines Knäbleins oder irgendeines Mannes oder einer einzelnen
Bestrebung liebt, dienend sich schlecht und kleingeistig zeige, son-

dern auf die hohe See des Schönen sich begebend und dort umschauend, viel schöne und herrliche Reden und Gedanken erzeuge
in unangemessenem Streben nach Weisheit, bis er, hierdurch gestärkt und vervollkommnet, eine einzige solche Erkenntnis er-
blicke, welche auf ein Schönes folgender Art geht. Hier aber,
e sprach sie, bemühe dich nur, aufzumerken, so sehr du kannst.

### 30. Die Vollendung des Lebens in der Schau des Schönen selbst

Wer nämlich bis hierher in der Liebe erzogen ist, das mancherlei
Schöne in solcher Ordnung und richtig schauend, der wird, indem
er nun der Vollendung in der Liebeskunst entgegengeht, plötzlich
ein von Natur wunderbar Schönes erblicken, nämlich jenes selbst,
211a o Sokrates, um deswillen er alle bisherigen Anstrengungen gemacht hat, welches zuerst immer ist und weder entsteht noch vergeht, weder wächst noch schwindet, ferner auch nicht etwa nur
insofern schön, insofern aber häßlich ist, noch auch jetzt schön
und dann nicht, noch in Vergleich hiermit schön, damit aber häßlich, noch auch hier schön, dort aber häßlich, als ob es nur für
einige schön, für andere aber häßlich wäre. Noch auch wird ihm
dieses Schöne unter einer Gestalt erscheinen, wie ein Gesicht oder
Hände oder sonst etwas, was der Leib an sich hat, noch wie eine
Rede oder eine Erkenntnis, noch irgendwo an einem andern seiend, weder an einem einzelnen Lebenden, noch an der Erde, noch
b am Himmel; sondern an und für und in sich selbst ewig überall
dasselbe seiend, alles andere Schöne aber an jenem auf irgendeine
solche Weise Anteil habend, daß, wenn auch das andere entsteht
und vergeht, jenes doch nie irgendeinen Gewinn oder Schaden davon hat, noch ihm sonst etwas begegnet. Wenn also jemand vermittels der echten Knabenliebe von dort an aufgestiegen jenes
Schöne anfängt zu erblicken, der kann beinahe zur Vollendung
c gelangen. Denn dies ist die rechte Art, sich auf die Liebe zu legen
oder von einem andern dazu angeführt zu werden, daß man von
diesem einzelnen Schönen beginnend jenes einen Schönen wegen
immer höher hinaufsteige, gleichsam stufenweise von einem zu
zweien, und von zweien zu allen schönen Gestalten, und von den
schönen Gestalten zu den schönen Sitten und Handlungsweisen,
und von den schönen Sitten zu den schönen Kenntnissen, bis man
von den Kenntnissen endlich zu jener Kenntnis gelangt, welche

von nichts anderem als eben von jenem Schönen selbst die Kenntnis ist, und man also zuletzt jenes selbst, was schön ist, erkenne.

Und an dieser Stelle des Lebens, lieber Sokrates, sagte die Mantineische Fremde, wenn irgendwo, ist es dem Menschen erst lebenswert, wo er das Schöne selbst schaut, welches, wenn du es je erblickst, du nicht wirst vergleichen wollen mit köstlichem Gerät oder Schmuck oder mit schönen Knaben und Jünglingen, bei deren Anblick du jetzt entzückt bist und wohl gern, du wie viele andere, um nur den Liebling zu sehen und immer mit ihm vereinigt zu sein, wenn es möglich wäre, weder essen noch trinken möchtest, sondern nur anschauen und mit ihm verbunden sein. Was also, sprach sie, sollen wir erst glauben, wenn einer dazu gelangte, jenes Schöne selbst rein, lauter und unvermischt zu sehen, das nicht voll menschlichen Fleisches ist und Farben und anderen sterblichen Flitterkram, sondern das göttlich Schöne selbst in seiner Einzigartigkeit zu schauen? Meinst du wohl, daß das ein schlechtes Leben sei, wenn einer dorthin sieht und jenes erblickt und damit umgeht? Oder glaubst du nicht, daß dort allein ihm begegnen kann, indem er schaut, womit man das Schöne schauen muß, nicht Abbilder der Tugend zu erzeugen, weil er nämlich auch nicht ein Abbild berührt, sondern Wahres, weil er das Wahre berührt? Wer aber wahre Tugend erzeugt und aufzieht, dem gebührt, von den Göttern geliebt zu werden, und wenn irgendeinem anderen Menschen, dann gewiß auch ihm, unsterblich zu sein.

Solches, o Phaidros und ihr übrigen, sprach Diotima und habe ich ihr geglaubt, und wie ich es glaube, suche ich es auch andern glaublich zu machen, daß, um zu diesem Besitz zu gelangen, nicht leicht jemand der menschlichen Natur einen besseren Helfer finden könnte als den Eros. Darum auch, behaupte ich, sollte jedermann den Eros ehren und ehre ich auch selbst alles, was zur Liebe gehört, und übe mich darin ganz vorzüglich und ermuntere auch andere dazu und preise jetzt und immer die Macht und Tapferkeit des Eros, so sehr ich nur vermag. Willst du nun, o Phaidros, so nimm diese Rede dafür an, daß ich sie als eine Lobrede auf den Eros gesprochen; wo nicht, so nenne sie, wie und wonach du sie nennen willst.

*31. Plötzliches Erscheinen des Alkibiades. Seine Bekränzung
     des Agathon und des Sokrates*

Nachdem nun Sokrates also gesprochen, hätten die andern ihn
gelobt, Aristophanes aber sei im Begriff gewesen, etwas zu sagen,
weil Sokrates in seiner Rede seiner erwähnt wegen der Rede.
Allein, plötzlich sei an der äußeren Tür gepocht worden, und es sei
ein großes Geräusch entstanden, als höre man Stimmen von Her-
umziehenden mit einer Flötenspielerin. Da habe Agathon gesagt:
d  Leute, geht keiner nachsehen? Und wenn es von näheren Freunden einer ist, so nötigt ihn herein; wo nicht, so sagt nur, wir tränken nicht mehr, sondern ruhten schon. Nicht lange darauf habe
man im Vorhause des Alkibiades Stimme gehört, der sehr trunken
schien und laut schrie, fragend, wo Agathon sei, und fordernd,
zum Agathon gebracht zu werden. Sie hätten ihn also zu ihnen
geführt, von der Flötenspielerin unter dem Arme gefaßt und von
einigen andern seines Gefolges, er sei aber in der Tür stehen geblie-
e  ben, bekränzt mit einem dicken Kranz von Efeu und Violen, und
Bänder in großer Menge auf dem Kopf, und habe gesagt: Ihr Männer, seid gegrüßt! Ihr werdet jetzt noch einen schön tüchtig trun-
kenen Mann zum Mittrinker aufnehmen; oder sollen wir wieder
gehen, wenn wir erst den Agathon bekränzt haben, wozu wir eben
da sind? Denn gestern, habe er hinzugefügt, war es mir nicht möglich, zu kommen; jetzt aber bin ich da, auf dem Haupte die Bänder, um von meinem Haupte das Haupt dieses weisesten und
schönsten Mannes, wenn ich so sagen darf, zu umwinden. Wollt
ihr mich auslachen als trunken? Meinethalben, wenn ihr auch
213 a  lacht, ich weiß doch, daß ich recht habe. Sagt mir also nur gleich
hier, soll ich auf diese Bedingungen hereinkommen oder nicht?
Wollt ihr mittrinken oder nicht? –

Alle hätten ihn darauf durcheinanderlärmend geheißen, herein-
zutreten und sich niederzulassen, auch Agathon habe ihn eingela-
den. Und nun sei er gekommen, von den Leuten geführt, und habe
sogleich die Bänder abgenommen, um den Agathon zu umwinden,
den Sokrates aber, obschon er ihn vor Augen hatte, doch nicht
gesehen, sondern sich neben den Agathon gesetzt, zwischen So-
b  krates und ihn, denn Sokrates sei etwas abgerückt, damit jener
sich setzen könne. Nachdem er sich nun gesetzt, habe er den Agathon begrüßt und bekränzt. – Und Agathon habe gesagt: Leute,

entschuht den Alkibiades, daß er hier zu dreien liegen kann. – Schön, habe Alkibiades gesagt, aber wer ist uns denn hier der dritte Mittrinker? Und nun habe er sich herumgewendet und den Sokrates erblickt. Und als er ihn erkannt, sei er aufgesprungen und habe ausgerufen: O Herakles! was ist nun das? Du, Sokrates, liegst du mir auch hier schon wieder auf der Lauer, wie du mir immer pflegst plötzlich zu erscheinen, wo ich am wenigsten c glaube, daß du sein wirst? Wieso bist du nun auch da? Und warum liegst du nun gerade hier? Nicht etwa beim Aristophanes oder wer sonst hier der lustige ist und auch sein will, sondern hast es wieder so ausgesonnen, daß du neben dem schönsten von allen hier zu liegen kommst! – Da habe Sokrates gesagt: Agathon, sieh zu, ob du mir beistehen willst! Denn dieses Menschen Liebe hat mir schon zu gar nicht wenigem Verdruß gereicht. Denn seit der Zeit, daß ich mich in diesen verliebt, darf ich nun gar nicht mehr irgend- einen Schönen ansehen und mit einem reden, oder er ist gleich d eifersüchtig und neidisch, stellt wunderliche Dinge an und schimpft, und kaum, daß er nicht Hand an mich legt. Also sieh zu, daß er nicht auch jetzt wieder etwas anstellt, sondern bringe uns auseinander, oder wenn er Gewalt brauchen will, so hilf mir. Denn seine Tollheit und sein verliebtes Wesen ist mir ganz schrecklich. – Da ist kein Auseinanderbringen, habe Alkibiades gesagt, für uns beide. Und für dieses will ich dich ein andermal abstrafen, jetzt aber, Agathon, habe er gesagt, gib mir von den e Bändern welche ab, damit ich auch diesem Manne sein wunderba- res Haupt umwinde und er mir nicht Vorwürfe macht, daß ich dich zwar bekränzt, ihn aber, der doch in Reden alle Menschen besiegt, nicht nur neulich einmal wie du, sondern immer, dennoch nicht bekränzt habe. Zugleich habe er von den Bändern genom- men, den Sokrates damit umwunden, und dann habe er sich nie- dergelegt.

## 32. Festsetzungen über den Fortgang des Trinkens. Entschluß des Alkibiades, eine Lobrede auf Sokrates zu halten

Nachdem er zur Ruhe gekommen, habe er gesagt: Gut so, ihr Männer. Ihr scheint mir aber nüchtern zu sein, das ist euch nicht zu gestatten, sondern ihr müßt trinken; denn darüber sind wir eins geworden. Zum Vorsitzer nun beim Trunk erwähle ich, bis ihr

genug getrunken habt, mich selbst. Also lasse Agathon einen tüchtigen Pokal herbringen, wenn einer da ist. Oder vielmehr, auch das
ist nicht nötig, sondern geh, Bursche, habe er gesagt, bringe jene
Kühlschale; er sah nämlich eine, die ihre guten acht Mäßchen
214a hielt. Diese habe er füllen lassen und zuerst selbst ausgetrunken,
dann aber geheißen, sie dem Sokrates vollzuschenken, und dabei
gesagt: Gegen den Sokrates, ihr Männer, hilft mir das Kunststück
nichts; denn wieviel einer nur will, trinkt er aus und wird deshalb
doch nicht berauscht. Sokrates nun habe, wie der Knabe einge-
schenkt, getrunken. Eryximachos aber habe gesagt: Wie doch, o
b Alkibiades, wollen wir es halten? Wollen wir so gar nichts zum
Becher weder reden noch singen, sondern recht wie durstige Leute
hinuntertrinken? – Da habe Alkibiades gesagt: O Eryximachos,
du bester Sohn des besten und wackersten Vaters, laß dich begrüßen! – Auch du, habe jener erwidert, aber wie halten wir es? –
Wie du befiehlst, dir muß man ja folgen; «denn ein heilender
Mann ist wert wie viele zu achten». Ordne also an, was du
willst. –

   Höre dann, habe Eryximachos gesagt, wir hatten, ehe du her-
c einkamst, ausgemacht, daß rechts herum der Reihe nach jeder eine
Rede über den Eros halten sollte, so schön er nur könnte, um ihn
zu preisen. Wir andern alle nun haben sie gesprochen; da du sie
aber nicht gesprochen und doch getrunken hast, so mußt du sie
nun sprechen, und wenn du es getan, dem Sokrates aufgeben, was
du willst, und dieser seinem Nachbar rechts, und so die andern
weiter. – Das wäre wohl ganz gut, o Eryximachos, habe Alkibiades gesagt; aber daß ein trunkener Mann seine Rede neben die der
Nüchternen stellen soll, wenn das nur nicht allzu ungleich ist! Und
dann, läßt du dir denn vom Sokrates das einreden, was er vorhin
d sagte? Oder weißt du, daß es sich ganz entgegengesetzt, als er
sagte, verhält? Er nämlich, wenn ich in seiner Gegenwart irgendeinen Gott oder Menschen lobe anders als ihn, wird sich nicht
halten können, Hand an mich zu legen. – Wirst du wohl nicht
freveln? habe Sokrates gesagt. – Alkibiades aber: Beim Poseidon,
rede mir nichts dagegen! Denn ich werde niemand anders loben in
deiner Gegenwart. – So tue das, habe Eryximachos gesagt, wenn
e du willst; lobe den Sokrates. – Wie meinst du, habe Alkibades
gesagt, dünkt dich, o Eryximachos, ich soll mich über den Mann

hermachen und ihn vor euch zur Strafe ziehen? – Du da, habe
Sokrates gesagt, was hast du im Sinn? Willst du mich spöttischer-
weise loben, oder was gedenkst du zu tun? – Die Wahrheit will
ich reden; also sieh zu, ob du das gestattest! – Allerdings, habe
jener erwidert, die Wahrheit gestatte ich und heiße dir sie zu sagen. – Warum fange ich also nicht an? habe Alkibiades gesagt.
Und du tue so: Wenn ich etwas Unwahres sage, so falle mir gleich
zwischenein, wenn du willst, und sage, daß ich das lüge. Denn
wissentlich werde ich nichts lügen. Wenn ich jedoch, wie es mir in   215 a
den Sinn kommt, bald dies, bald jenes vorbringe, das laß dich
nicht wundern. Denn gar nicht leicht ist es, deine Wunderlichkei-
ten, so wie ich mich jetzt befinde, fertig und ordentlich hintereinander aufzuzählen.

### 33. Alkibiades: Vergleich des Sokrates mit dem Satyr Marsyas. Seine unwiderstehliche Macht über alle Menschen und besonders über Alkibiades

Also den Sokrates zu loben, ihr Männer, will ich so versuchen,
durch Bilder, er wird nun wohl vielleicht glauben, spöttischer-
weise, aber gerade zur Wahrheit soll mir das Bild dienen und gar
nicht zum Spott. Ich behaupte nämlich, er sei äußerst ähnlich jenen Silenen in den Werkstätten der Bildhauer, welche die Künstler   b
mit Pfeifen oder Flöten darstellen, in denen man aber, wenn man
die eine Hälfte wegnimmt, Bildsäulen von Göttern erblickt; und
so behaupte ich, daß er vorzüglich dem Satyr Marsyas gleiche.
Daß du nun dem Ansehen nach diesem ähnlich bist, o Sokrates,
wirst du wohl selbst nicht bestreiten, wie du ihnen aber auch im
übrigen gleichst, das höre demnächst. Bist du übermütig oder
nicht? Denn wenn du das nicht eingestehst, will ich Zeugen beibringen. Oder etwa kein Flötenspieler? Wohl ein weit bewun-
dernswürdigerer als jener. Jener nämlich bezauberte vermittels
des Instrumentes die Menschen durch die Gewalt seines Mundes   c
und so noch jetzt, wer seine Werke vorträgt. Denn was Olympos
auf der Flöte geleistet, schreibe ich dem Marsyas, seinem Lehrer,
zu. Seine Werke also, es mag sie nun ein trefflicher Flötenspieler
vortragen oder eine schlechte Flötenspielerin, sind allein hinrei-
ßend und offenbaren, wer der Götter und ihrer Weihungen bedürftig ist, weil sie göttlich sind. Du aber zeichnest dich um soviel

vor jenem aus, als du ohne Instrument durch bloße Worte dasselbe
d  ausrichtest. Von uns wenigstens, wenn wir von einem andern auch
noch so trefflichen Redner andere Reden hören, macht sich keiner, daß ich es geradeheraus sage, sonderlich etwas daraus. Hört
aber einer dich selbst oder von einem andern deine Reden vorgetragen, wenn auch der Vortragende wenig bedeutet, sei es nun
Weib oder Mann, wer sie hört, oder Knabe, alle sind wir wie außer
uns und ganz davon hingerissen. Ich wenigstens, ihr Männer,
wenn ihr dann nur nicht glauben wolltet, daß ich ganz und gar
betrunken wäre, wollte es euch auch mit Schwüren bekräftigen,
was mir selbst dieses Mannes Reden angetan haben und noch jetzt
antun. Denn weit heftiger als den vom Korybantentanz Ergriffe-
e  nen pocht mir, wenn ich ihn höre, das Herz, und Tränen werden
mir ausgepreßt von seinen Reden; auch sehe ich, daß es vielen
andern ebenso ergeht. Wenn ich dagegen den Perikles hörte oder
andere gute Redner, dachte ich wohl, daß sie gut sprächen, dergleichen begegnete mir aber nichts, noch geriet meine Seele in Unruhe darüber und in Unwillen, daß ich mich in einem knechtischen
Zustande befände. Von diesem Marsyas aber bin ich oft so bewegt
216a worden, daß ich glaubte, es lohnte nicht zu leben, wenn ich so
bliebe, wie ich wäre. Und du wirst nicht sagen können, Sokrates,
daß das nicht wahr wäre. Ja auch jetzt noch bin ich mir sehr wohl
bewußt, daß, wenn ich nur meine Ohren hergeben wollte, ich
mich nicht würde halten können, daß mir nicht dasselbe begegnete. Denn er nötigt mich einzugestehen, daß mir selbst noch gar
vieles mangelt und ich doch, mich vernachlässigend, der Athener
Angelegenheiten besorge. Mit Gewalt also, wie vor den Sirenen
die Ohren verstopfend, fliehe ich aufs eiligste, um nur nicht immer
sitzen zu bleiben und neben diesem alt zu werden. Und mit diesem
b  allein unter allen Menschen ist mir begegnet, was einer nicht in
mir suchen sollte, daß ich mich vor irgend jemand schämen
könnte; indes vor diesem allein schäme ich mich doch. Denn ich
bin mir sehr gut bewußt, daß ich nicht imstande bin, ihm zu widersprechen, als ob man das nicht tun müßte, was er anrät, sondern
daß ich nur, wenn ich von ihm gegangen bin, durch die Ehrenbe-
zeugungen des Volkes wieder überwunden werde. Also laufe ich
ihm davon und fliehe, und wenn ich ihn wiedersehe, schäme ich
mich wegen des Eingestandenen und wollte oft lieber sehen, er

lebte gar nicht; geschähe es aber etwa, so weiß ich gewiß, daß mir c das noch bei weitem schmerzlicher sein würde, so daß ich gar nicht weiß, wie ich es halten soll mit dem Menschen.

### 34. Offenbarung des inneren Wesens des Sokrates

Durch sein Flötenspiel also ist mir und vielen anderen so mitgespielt worden von diesem Satyr. Hört aber noch weiter, wie ähnlich er dem ist, womit ich ihn verglichen habe, und wie wunderbare Eigenschaften er an sich hat. Denn das wißt nur, daß keiner d von euch ihn kennt, sondern ich will ihn euch erst beschreiben, da ich einmal angefangen habe. Denn ihr seht doch, daß Sokrates verliebt ist in die Schönen und immer um sie her und außer sich über sie, und wiederum, daß er in allem unwissend ist und nichts weiß, wie er sich ja immer anstellt; ist nun das nicht recht silenenhaftig? Gewiß sehr. Denn das hat er nur so äußerlich umgetan, eben wie jene getriebenen Silenen, inwendig aber, wenn man ihn auftut, was meint ihr wohl, ihr Männer und Trinkgenossen, wie vieler Weisheit und Besonnenheit er voll ist? Wißt denn, daß es ihn nicht im mindesten kümmert, ob einer schön ist, sondern er achtet das so gering, als wohl niemand glauben möchte, noch ob einer reich ist oder irgendeinen der von den Leuten am meisten gepriese- e nen Vorzüge hat. Er hält vielmehr alle diese Dinge für nichts wert und uns für nichts und verstellt sich nur gegen die Menschen und treibt Scherz mit ihnen sein Leben lang. Ob aber jemand, wenn er ernsthaft war und sich auftat, die Götterbilder gesehen hat, die er in sich trägt, das weiß ich nicht. Ich aber habe sie einmal gesehen, und so göttlich und golden und überaus schön und bewundernswürdig kamen sie mir vor, daß ich glaubte, auf der Stelle alles tun 217a zu müssen, was nur Sokrates wünschte. Da ich nun glaubte, daß er sich ernstlich Mühe gäbe um meine Schönheit, hielt ich das für einen herrlichen Fund und für ein überaus glückliches Ereignis, weil es nun in meiner Gewalt stände, wenn ich mich dem Sokrates gefällig erwiese, alles zu hören, was er wüßte. Denn ich bildete mir wunder wieviel ein auf meine Schönheit. In diesen Gedanken nun, da ich vorher nicht pflegte ohne Diener mit ihm allein zu sein, schickte ich einst den Diener weg und blieb ganz allein mit ihm. b Denn ich muß euch nur die ganze Wahrheit sagen, also gebt Achtung, und wenn ich lüge, Sokrates, so widersprich mir. Allein also,

ihr Männer, waren wir zwei miteinander, und ich meinte, er sollte
mir nun gleich solche Dinge sagen, wie ein Liebhaber seinem Liebling in der Einsamkeit sagen würde, und freute mich. Hieraus aber
wurde gar nichts, sondern wie er sonst mit mir zu sprechen pflegte,
c brachte er den ganzen Tag mit mir hin und ging fort. Nach diesem
forderte ich ihn auf, Leibesübungen mit mir anzustellen, und übte
mit ihm, um dadurch etwas zu erreichen. Er trieb also mit mir
Leibesübungen und rang öfters mit mir ohne jemandes Beisein.
Und was soll ich sagen? Ich hatte nichts weiter davon. Da ich nun
so auf keine Weise etwas gewann, nahm ich mir vor, dem Manne
mit Gewalt zuzusetzen und nicht abzulassen, da ich es einmal unternommen, sondern endlich zu erfahren, woran ich wäre. Also
lade ich ihn zur Mahlzeit, ordentlich wie ein Liebhaber seinem
Liebling nachstellt. Auch das gewährte er mir nicht einmal gleich,
d doch mit der Zeit ließ er sich überreden. Als er nun zum erstenmal
da war, wollte er nach der Mahlzeit fortgehen, und damals
schämte ich mich noch und ließ ihn. Ein andermal aber stellte ich
es listiger an und sprach mit ihm, nachdem er abgespeist, bis tief in
die Nacht hinein, und als er nun gehen wollte, nahm ich den Vorwand, daß es schon spät sei, und nötigte ihn zu bleiben. Also legte
er sich nieder auf dem Polster neben dem meinigen, wo er auch bei
der Mahlzeit gesessen hatte, und niemand sonst schlief in dem
e Gemach als wir. Bis hierher nun könnte man die Sache noch unbedenklich jedermann erzählen; das folgende aber würdet ihr wohl
nicht von mir hören, wenn nicht zuerst nach dem Sprichwort der
Wein mit oder ohne Kinder die Wahrheit redet, und dann auch
eine herrliche Tat des Sokrates zu verbergen, wenn man es über-
nommen hat, ihn zu loben, mir unrecht schien. Auch geht es wie
den von der Natter Gebissenen gerade auch mir. Denn man sagt
ja, wem dies begegnet sei, der wolle niemandem sagen, wie ihm
gewesen, als den ebenfalls Gebissenen, weil diese allein verstehen
218a und verzeihen könnten, was einer auch alles getan und geredet
hat vor Schmerz. Also auch ich, der ich noch empfindlicher gebissen bin und am empfindlichsten Ort, wo nur einer kann gebissen
werden – denn am Herzen oder an der Seele oder wie man es nennen soll bin ich verwundet von den Reden der Weisheit, die sich an
eine junge, nicht unedle Seele, wenn sie sie einmal ergriffen, heftiger als eine Natter ansaugen und sie in Wort und Tat zu allem

bringen können –, und da ich hier nur einen Phaidros und Agathon vor mir habe, einen Eryximachos und Pausanias, Aristodemos und Aristophanes, und was soll ich den Sokrates selbst erst  b
nennen und die andern alle, denn ihr seid alle behaftet mit dieser
Wut und Schwärmerei der Philosophie: so sollt ihr es auch alle
hören; denn ihr werdet Nachsicht haben mit dem, was ich damals
tat und jetzt erzähle. Die Diener aber, und wer sonst ungeweiht
und ungewandt ist, mögen sich den größten Riegel vor die Ohren
schieben.

*35. Entscheidung zwischen der Schönheit des Sokrates und der*
    *des Alkibiades*

Als nämlich, ihr Männer, das Licht nun ausgelöscht war und die  c
Diener hinausgegangen, dachte ich, nun dürfte ich nicht länger
Umschweife mit ihm machen, sondern gerade heraussagen, wie
ich es meinte. Ich stieß ihn also an und sagte: Sokrates, schläfst
du? – Nicht recht, sagte er. – Weißt du wohl, was ich gesonnen
bin? – Was doch? sprach er. – Du dünkst mich, sagte ich, der
einzige unter meinen Liebhabern zu sein, der es wert ist, und mir
scheint, als trügst du Bedenken, mit mir davon zu reden. Ich aber,
wie ich gesinnt bin, würde es für ganz unvernünftig halten, wenn
ich dir nicht auch hierin gefällig sein wollte und in allem, was du
irgend sonst von dem Meinigen oder von meinen Freunden  d
brauchst. Denn mir ist ja nichts wichtiger, als daß ich so trefflich
werde als nur möglich, und hierzu, glaube ich, kann niemand mir
mehr förderlich sein als du. Also würde ich, einem solchen Manne
dies nicht zu gewähren, mich weit mehr vor den Vernünftigen
schämen als es zu gewähren vor dem großen Haufen der Unvernünftigen. –

Als er dies gehört, sagte er ganz spöttisch und recht wie er
pflegt: O guter Alkibiades, du scheinst wahrlich gar nicht dumm
zu sein, wenn das wahr ist, was du von mir sagst, und es eine  e
Eigenschaft in mir gibt, durch welche du besser werden könntest
und dann eine gar wunderbare Schönheit an mir erblicktest, die
deine Wohlgestalt um gar vieles übertrifft. Wenn du also, dieses
sehend, in Gemeinschaft mit mir treten und Schönheit gegen
Schönheit austauschen willst: so gedenkst du ja mich nicht wenig
zu übervorteilen und suchst für den bloßen Schein derselben das  219 a

wahre Wesen der Schönheit zu gewinnen und denkst, in Wahrheit Gold für Kupfer einzutauschen. Aber, du Guter, überlege es
nur besser, ob du dich nicht irrst und eigentlich nichts an mir ist.
Das Auge des Geistes fängt erst an scharf zu sehen, wenn das
leibliche von seiner Schärfe schon verlieren will, und davon bist
du noch weit entfernt. – Darauf sagte ich: Von meiner Seite
steht es so, und ich habe nichts anders gesagt, als ich es meine.
Du aber überlege es nun selbst, wie du es für dich und mich am
besten findest. – Ja, sagte er, das war wohl gesprochen, und wir
wollen von nun an immer nach reiflicher Überlegung dasjenige
b tun, was hierin und in allem andern uns beiden das beste
scheint. –

Nach dieser Rede und Antwort nun, und nachdem ich meine
Pfeile sozusagen abgeschossen, glaubte ich ihn doch getroffen zu
haben, und ich stand auf, ohne daß ich ihn weiter zu Worte kommen ließ, warf dieses mein Kleid über, denn es war Winter, und
legte mich unter seinen Mantel, indem ich mit beiden Armen die-
c sen göttlichen und in Wahrheit ganz wunderbaren Mann um-
faßte, und so lag ich die ganze Nacht. Und auch das, Sokrates,
wirst du nicht sagen können, daß ich lüge. Und obgleich ich dies
alles getan, siegte er so sehr und verachtete und verlachte meine
Schönheit und trieb Übermut, wiewohl ich doch glaubte, es wäre
etwas damit, ihr Richter – denn Richter seid ihr über des Sokrates Hochmut –, wißt es nur, bei Göttern und Göttinnen, daß,
nachdem ich so mit dem Sokrates geschlafen hatte, ich aufstand,
d ohne etwas weiteres, als wenn ich bei einem Vater oder älteren
Bruder gelegen hätte.

*36. Ausgezeichnetheit des Sokrates beim Feldzug nach Potidaia*
Hierauf also, wie meint ihr, daß mir zumute gewesen, der ich mich
gekränkt glaubte und doch auch an des Mannes Natur und Besonnenheit und Tapferkeit mich erfreute, da ich einen solchen angetroffen, wie ich nie zu finden geglaubt an Weisheit und Beharrlichkeit, so daß ich weder wußte, wie ich ihm zürnen sollte und mich
seinem Umgang entziehen, noch auch, wie ich ihn gewinnen
e könnte, Rat wußte. Denn das wußte ich wohl, daß er durch Gold
noch viel weniger irgendwo verwundbar wäre als Aias durch
Eisen, womit ich aber geglaubt hatte, daß er allein könne gefan-

gen werden, dadurch war er mir doch auch entwischt. Ratlos also blieb ich und in der Gewalt des Menschen, wie nie einer in der eines andern gewesen ist. Dies nun war alles früher geschehen, hernach aber machten wir den Feldzug nach Potidaia zusammen und waren dort Tischgenossen. Da nun übertraf er zuerst in Ertragung aller Beschwerden nicht nur mich, sondern alle insgesamt. Denn wenn wir etwa irgendwo abgeschnitten waren und, wie es im Felde wohl geht, hungern mußten: so war das nichts gegen ihn, wie es die andern aushielten. Und auch wenn hoch gelebt wurde 220a verstand er allein zu genießen, auch sonst, zumal aber im Trinken, wiewohl er es immer nicht wollte; wenn er einmal dazu gezwungen wurde, übertraf er alle, und, was das wunderbarste ist, niemand hat irgend jemand den Sokrates trunken gesehen. Hiervon nun, dünkt mich, wird sich auch jetzt gleich der Beweis finden. Im Ertragen der Witterung aber, die Winter sind aber dort furchtbar, trieb er es bewundernswürdig weit, auch sonst immer, besonders aber einmal, als der Frost so heftig war, wie man sich nur denken b kann, und die andern entweder gar nicht hinausgingen oder, wer es etwa tat, wunder wieviel Anzug und Schuhe unterband und die Füße einhüllte in Filz und Pelz: da ging dieser hinaus in ebensolcher Kleidung, wie er sie immer zu tragen pflegt, und ging unbeschuht weit leichter über das Eis hin als die anderen in Schuhen. Die Kriegsmänner sahen ihn auch scheel an, als verachte er sie. c

*37. Die Ausdauer, Tapferkeit und Einzigartigkeit des Sokrates*
Das wäre nun dieses. «Doch wie er jenes vollbracht und bestand, der gewaltige Krieger», auch damals noch beim Heere, das lohnt wohl der Mühe zu hören. Es war ihm etwas eingefallen, und er stand nachsinnend darüber von morgens an auf einer Stelle, und da es ihm nicht voranging, ließ er nicht nach, sondern blieb immer forschend stehen. Nun wurde es Mittag, und die Leute merkten es und erzählten verwundert einer dem andern, daß Sokrates vom Morgen an über etwas nachsinnend dastände. Endlich, als es Abend war und man gespeist hatte, trugen einige Ionier, denn damals war es Sommer, ihre Schlafdecken hinaus, teils um im Küh- d len zu schlafen, teils um auf ihn acht zu geben, ob er auch die Nacht über da stehen bleiben würde. Und er blieb stehen, bis es Morgen ward und die Sonne aufging; dann verrichtete er noch

sein Gebet an die Sonne und ging fort. Wollt ihr ihn auch in der
Schlacht sehen – denn es ist billig, ihm das auch nachzurühmen.
Als nämlich das Gefecht vorfiel, bei welchem mir die Heerführer
den Preis zuerkannten, hat mich kein anderer Mensch gerettet als
e  dieser, der mich Verwundeten nicht verlassen wollte und so meine
Waffen und mich selbst glücklich mit durchbrachte. Auch drang
ich damals darauf, Sokrates, daß die Heerführer dir den Preis erteilen sollten, was du auch weder tadeln wirst noch sagen, daß ich
es lüge; allein, wie die Heerführer auf meine Vornehmheit Rücksicht nahmen und mir ihn geben wollten, so warst du noch eifriger
darauf als die Heerführer, daß ich ihn erhalten sollte und nicht
221a  du selbst. Besonders noch, ihr Männer, war es sehr viel wert, den
Sokrates zu sehen, als sich das Heer von Delion fliehend zurück-
zog. Denn ich war zu Pferde dabei, er aber in schwerer Rüstung zu
Fuß. Er zog sich also zurück, erst als das Volk schon ganz zerstreut
war, er und Laches. Ich komme dazu und erkenne sie und rede
ihnen sogleich zu, guten Mutes zu sein, und sagte, daß ich sie nicht
verlassen würde. Da konnte ich nun den Sokrates noch schöner
beobachten als bei Potidaia – denn ich selbst war weniger in
b  Furcht, weil ich zu Pferde war –, zuerst, wie weit er den Laches an
Fassung übertraf, und dann schien er mir nach deinem Ausdruck,
Aristophanes, auch dort einherzugehen «stolzierend und stier
seitwärts hin werfend die Augen», ruhig umschauend nach Freunden und Feinden; und jeder mußte es sehen schon ganz von ferne,
daß, wenn einer diesen Mann berührte, er sich aufs kräftigste verteidigen würde. Darum kamen sie auch unverletzt davon, er und
der andere. Denn meist werden die, welche sich so zeigen, im
c  Kriege gar nicht angetastet, sondern man verfolgt nur die, welche
in voller Hast fliehen.

Und viel anderes und Bewundernswürdiges könnte man gewiß
noch vom Sokrates rühmen. Allein in andern Bestrebungen kann
man wohl leicht auch von anderen dasselbe sagen; wie aber er
durchaus keinem Menschen ähnlich ist, weder von alten noch von
jetzigen, das ist ganz bewundernswert. Denn wie Achilleus war, so
könnte man wohl auch den Brasidas und andere darstellen, und
wie Perikles, so den Nestor und Antenor, und so gibt es noch an-
d  dere, und auf ähnliche Art könnte man Vergleichungen für andere
finden; wie aber dieser Mensch in seiner Wunderlichkeit ist, er

selbst und seine Reden, so würde einer auch von fern nichts ähnliches finden, weder bei den jetzigen noch bei den Alten, wenn ihn nicht jemand, wie ich eben tue, mit keinem Menschen vergleichen will, sondern mit den Silenen und Satyrn, ihn und seine Reden.

### 38. Die satyrhafte Art der sokratischen Reden

Und dies habe ich gleich zuerst noch übergangen, daß auch seine Reden jenen aufzuschließenden Silenen äußerst ähnlich sind. Denn wenn einer des Sokrates Reden anhören will, so werden sie e ihm anfangs ganz lächerlich vorkommen, in solche Worte und Redensarten sind sie äußerlich eingehüllt, wie in das Fell eines frechen Satyrs. Denn von Lasteseln spricht er, von Schmieden und Schustern und Gerbern, und scheint immer auf dieselbe Art nur dasselbe zu sagen, so daß jeder unerfahrene und unverständige Mensch über seine Reden spotten muß. Wenn sie aber einer geöff- 222a net sieht und inwendig hineintritt: so wird er zuerst finden, daß diese Reden allein inwendig Vernunft haben, und dann, daß sie ganz göttlich sind und die schönsten Götterbilder von Tugend in sich enthalten und auf das meiste von dem oder vielmehr auf alles abzwecken, was dem, der gut und edel werden will, zu untersuchen gebührt.

Dies ist es, ihr Männer, was ich am Sokrates lobe, und wiederum auch, was ich tadle, habe ich mit eingemischt und euch gesagt, wie er mich gekränkt hat. Und nicht nur mir hat er solches b angetan, sondern auch dem Charmides, dem Sohn des Glaukon, und dem Euthydemos, dem Sohn des Diokles, und gar vielen andern, die er hintergeht, als wäre er ihr Liebhaber, und dann vielmehr sich zum Liebling aufwirft statt Liebhaber. Was ich auch dir vornehmlich sage, Agathon, damit du dich nicht von ihm hintergehen läßt, sondern, durch unsern Schaden klug gemacht, dich hütest und nicht erst nach dem Sprichwort wie ein Kind durch Schaden klug wirst.

### 39. Geplänkel um Agathon

Nachdem Alkibiades also geredet, sei ein Gelächter entstanden c über seine Offenherzigkeit, weil er noch verliebt zu sein schien in den Sokrates. Sokrates aber habe gesagt: Nüchtern scheinst du mir noch ganz zu sein, Alkibiades, sonst würdest du dich nicht so

fein im Kreise herumdrehen können und das, weswegen du dies
alles vorgebracht hast, zu verbergen suchen, indem du es nur so
wie beiläufig ans Ende hinstellst, als ob du nicht alles nur deshalb
d vorgebracht hättest, um mich und den Agathon zu entzweien, weil
du meinst, ich würde nur dich lieben und keinen andern, und Agathon nur von dir geliebt werden und auch nicht von einem andern
sonst. Allein du hast dich damit doch nicht versteckt, sondern dieses dein silenisches und satyrisches Schauspiel ist gar wohl verstanden worden. Also, lieber Agathon, laß ihn nichts dabei gewinnen, sondern gib acht, daß niemand mich und dich entzweien
könne. – Darauf habe Agathon gesagt: Du magst wohl recht ha-
e ben, Sokrates. Ich vermute aber auch, er hat sich nur deshalb zwischen dich und mich gelegt, um uns voneinander zu trennen. Er
soll also auch davon nichts haben, sondern ich will zu dir kommen
und mich dort niederlegen. – Freilich, habe Sokrates gesagt,
komm nur und lege dich hier unterhalb von mir. – O Zeus, habe
Alkibiades gesagt, was widerfährt mir schon wieder von dem
Menschen? Er denkt, daß er mir überall überlegen sein muß. Aber
wenn es denn nicht anders geht, du Wundervoller, so laß doch
wenigstens den Agathon zwischen uns liegen. – Das geht ja unmöglich, habe Sokrates gesagt, denn du hast mich gelobt und ich
muß nun weiter den rechter Hand loben. Wenn nun Agathon un-
223a terhalb von dir sitzt: so soll er doch wohl mich nicht von neuem
loben, ehe er vielmehr von mir gelobt worden ist. Laß also gut sein
und beneide es dem Jünglinge nicht, von mir gelobt zu werden;
denn ich habe auch gewaltige Lust, ihn recht zu preisen. – Juchhe,
Alkibiades, habe Agathon gesagt, nun kann ich ja auf keine Weise
hier bleiben, sondern muß vor allen Dingen den Platz wechseln,
um von dem Sokrates gelobt zu werden. – Das sind eben die alten
Sachen! habe Alkibiades gesagt, wenn Sokrates dabei ist, kann
kein anderer etwas von einem Schönen haben. Auch jetzt, was für
eine leichte und wahrscheinliche Ausrede hat er nun wieder gefunden, daß dieser nur neben ihm sitzen muß!

### 40. Auflösung der Gesellschaft und Unüberwundenheit des So-
###     krates

b Agathon also sei aufgestanden, um sich neben den Sokrates zu
setzen. Plötzlich aber sei eine große Menge Herumziehender an

die Tür gekommen, und weil sie sie offen gefunden, indem einer hinausgegangen ihnen entgegen, wären sie eingedrungen und hätten sich niedergelassen. Alles sei nun voll Lärm geworden, und ohne alle Ordnung sei man genötigt worden, gewaltig viel Wein zu trinken. Eryximachos, Phaidros und einige andere, sagte Aristodemos, wären fortgegangen, seiner aber habe sich der Schlaf bemächtigt und er habe viel geschlafen, wie denn die Nächte damals c lang waren. Gegen Morgen aber sei er aufgewacht, als die Hähne schon krähten, und habe gesehen, daß die andern teils schliefen, teils fortgegangen wären, nur Agathon, Aristophanes und Sokrates hätten allein noch gewacht und aus einem großen Becher rechts herum getrunken, und Sokrates habe mit ihnen Gespräch geführt. Des übrigen nun, sagte Aristodemos, erinnere er sich nicht mehr d von den Reden, denn er wäre nicht von Anfang an dabei gewesen und sei auch dazwischen wieder eingeschlummert, die Hauptsache aber wäre gewesen, daß Sokrates sie nötigen wollte einzugestehen, es gehöre für einen und denselben, Komödien und Tragödien dichten zu können, und der künstlerische Tragödiendichter sei auch der Komödiendichter. Dies wäre ihnen abgenötigt worden, sie wären aber nicht recht gefolgt und schläfrig geworden. Und zuerst wäre Aristophanes eingeschlafen, und als es schon Tag geworden, auch Agathon. Sokrates nun, nachdem er diese in den Schlaf gebracht, wäre aufgestanden und weggegangen, und er wie gewöhnlich ihm gefolgt. So sei er ins Lykaion gegangen und habe sich nach dem Bade wie sonst den ganzen Tag dort aufgehalten und erst abends nach Hause zur Ruhe begeben.

# PHAIDON

## F. Letzte Worte und Handlungen des Sokrates

## G. Schluß des Rahmengesprächs

*1. Der Aufschub der Hinrichtung des Sokrates und sein Grund*

ECHEKRATES: Warst du selbst, o Phaidon, bei dem Sokrates an    57a
jenem Tage, als er das Gift trank in dem Gefängnis, oder hast du es
von einem andern gehört?

PHAIDON: Selbst war ich da, o Echekrates.

ECHEKRATES: Was also hat denn der Mann gesprochen vor seinem Tode, und wie ist er gestorben? Gern hörte ich das. Denn
weder von meinen Landsleuten, den Phliasiern, reist jetzt leicht
einer nach Athen, noch ist von dort her seit geraumer Zeit ein
Gastfreund angekommen, der uns etwas Genaues darüber berich-    b
ten konnte, außer nur, daß er das Gift getrunken hat und gestorben ist, von dem Übrigen wußte keiner etwas zu sagen.

PHAIDON: Auch von der Klage also habt ihr nichts erfahren,    58a
wie es dabei hergegangen ist?

ECHEKRATES: Ja, das hat uns jemand erzählt, und wir haben
uns gewundert, daß, obwohl sie schon längst abgeurteilt war, er
offenbar erst weit später gestorben ist. Wie war doch das, o Phaidon?

PHAIDON: Durch einen Zufall fügte es sich so, Echekrates. Es
traf sich nämlich, daß gerade an dem Tage vor dem Gericht das
Schiff bekränzt worden war, welches die Athener nach Delos senden.

ECHEKRATES: Was hat es damit auf sich?

PHAIDON: Dies ist das Schiff, wie die Athener sagen, worin
einst Theseus fuhr, um jene «zweimal sieben» nach Kreta zu bringen, die er rettete und sich selbst auch. Damals hatten sie dem    b
Apollon gelobt, wie man sagt, wenn sie gerettet würden, ihm jedes
Jahr einen Festzug nach Delos zu senden, welchen sie nun seitdem
immer und auch jetzt noch jährlich an den Gott senden. Sobald

nun dieser Festzug angefangen hat, ist es Gesetz, während dieser
Zeit die Stadt rein zu halten und von Staats wegen niemanden zu
töten, bis das Schiff in Delos angekommen ist und auch wieder
zurück. Und dies währt bisweilen lange, wenn widrige Winde ein-
c fallen. Des Festzuges Anfang ist aber, wenn der Priester des Apollon das Vorderteil des Schiffes bekränzt; und dies, wie ich sage,
war eben den Tag vor dem Gerichtstage geschehen. Daher hatte
Sokrates soviel Zeit in dem Gefängnis zwischen dem Urteil und
dem Tode.

2. *Die beim Tode des Sokrates Anwesenden und ihre Verfas-*
   *sung*

ECHEKRATES: Wie war es aber bei seinem Tode selbst, o Phaidon?
Was wurde gesprochen und was getan? Welche von seinen Vertrauten waren bei dem Manne? Oder ließ die Behörde sie nicht zu
ihm, und er starb ohne Beisein von Freunden?

d    PHAIDON: Keineswegs, sondern es waren von ihnen, und zwar
ziemlich viele, zugegen.

ECHEKRATES: Alles dieses bemühe dich doch uns recht genau
zu erzählen, wenn es dir nicht etwa an Muße fehlt.

PHAIDON: Nein, ich habe Muße und will versuchen, es euch zu
erzählen. Denn des Sokrates zu gedenken, sowohl selbst von ihm
redend als auch anderen zuhörend, ist mir immer von allem das
Erfreulichste.

ECHEKRATES: Und eben solche, o Phaidon, hast du jetzt auch zu
Hörern. Also versuche nur alles, so genau du immer kannst, uns
vorzutragen.

e    PHAIDON: Mir meinesteils war ganz wunderbar zumute dabei.
Bedauern nämlich kam mir gar nicht ein als wie einem, der bei
dem Tode eines vertrauten Freundes zugegen sein soll; denn
glückselig erschien mir der Mann, o Echekrates, in seinem Benehmen und seinen Reden, wie standhaft und edel er endete, so daß
ich vertraute, er gehe auch in die Unterwelt nicht ohne göttliche
59a Schickung, sondern auch dort werde er sich wohlbefinden, wenn
jemals einer sonst. Darum nun trat mich weder etwas Weichherzi-
ges an, wie man doch denken sollte bei solchem Trauerfall, noch
auch waren wir fröhlich, wie in unsern philosophischen Beschäftigungen nach gewöhnlicher Weise, obwohl unsere Unterredungen

auch von dieser Art waren; sondern in einem gar nicht festzule-
genden Zustande befand ich mich und in einer ungewohnten Mischung, die aus Lust zugleich und Betrübnis zusammengemischt
war, wenn ich bedachte, daß er nun gleich sterben würde. Und alle
Anwesenden waren fast in derselben Gemütsstimmung, bisweilen
lachend, dann wieder weinend, ganz vorzüglich aber einer unter  b
uns, Apollodoros. Du kennst ja wohl den Mann und seine Weise.

ECHEKRATES: Wie sollte ich nicht.

PHAIDON: Der war nun ganz vorzüglich so; aber auch ich war
gleichermaßen bewegt und die übrigen.

ECHEKRATES: Welche aber waren denn gerade da, Phaidon?

PHAIDON: Eben dieser Apollodoros war von den Einheimischen zugegen und Kritobulos mit seinem Vater Kriton; dann
noch Hermogenes und Epigenes und Aischines und Antisthenes.
Auch Ktesippos, der Paeanier war da und Menexenos und einige
andere von den Landsleuten; Platon aber, glaube ich, war krank.

ECHEKRATES: Waren auch noch Fremde zugegen?

PHAIDON: Ja, Simmias, der Thebaner, und Kebes und Phaidon-  c
des, und aus Megara Eukleides und Terpsion.

ECHEKRATES: Wie aber Aristippos und Kleombrotos, waren
die da?

PHAIDON: Nein, es hieß, sie wären in Aigina.

ECHEKRATES: War noch sonst jemand gegenwärtig?

PHAIDON: Ich glaube, dies waren sie ziemlich alle.

ECHEKRATES: Und wie nun weiter? Was für Reden, sagst du,
wurden geführt?

*3. Der Eintritt in das Gefängnis. Sokrates und Xanthippe*
PHAIDON: Ich will versuchen, dir alles von Anfang an zu erzählen.
Wir pflegten nämlich auch schon die Tage vorher immer zum So-  d
krates zu gehen, ich und die andern, und versammelten uns des
Morgens im Gerichtshause, wo auch das Urteil gefällt worden
war; denn dies ist nahe bei dem Gefängnis. Da warteten wir jedesmal, bis das Gefängnis geöffnet wurde, und unterredeten uns un-
terdessen. Denn es wurde nicht sehr früh geöffnet; sobald es aber
offen war, gingen wir hinein zum Sokrates und brachten meist den
Tag bei ihm zu. Auch damals nun hatten wir uns noch früher versammelt, weil wir tags zuvor, als wir abends aus dem Gefängnis  e

gingen, erfahren hatten, daß das Schiff aus Delos angekommen
sei. Wir gaben uns also einander das Wort, auf das früheste an
dem gewohnten Ort zusammenzukommen. Das taten wir auch,
und der Türsteher, der uns aufzumachen pflegte, kam heraus und
sagte, wir sollten warten und nicht eher kommen, bis er uns riefe.
Denn, sprach er, die Elf lösen jetzt den Sokrates und kündigen ihm
an, daß er heute sterben soll. Nach einer kleinen Weile kam er
60a dann und hieß uns hineingehen. Als wir nun hineintraten, fanden
wir den Sokrates, eben entfesselt, und Xanthippe, du kennst sie
doch, sein Söhnchen auf dem Arm haltend, saß neben ihm. Als uns
Xanthippe nun sah, wehklagte sie und redete allerlei dergleichen,
wie die Frauen es pflegen, nämlich: O Sokrates, nun reden diese
deine Freunde zum letzten Male mit dir, und du mit ihnen. Da
wendete sich Sokrates zum Kriton und sprach: O Kriton, laß doch
jemand diese nach Hause führen.

  Da führten einige von Kritons Leuten sie heulend und sich übel
b gebärdend fort. Sokrates aber, auf dem Bette sitzend, zog das Bein
an sich und rieb sich den Schenkel mit der Hand, indem er zugleich
sagte: Was für ein eigenes Ding, ihr Männer, ist es doch um das,
was die Menschen angenehm nennen; wie wunderlich verhält es
sich zu dem, was ihm entgegengesetzt zu sein scheint, dem Unangenehmen, daß nämlich beide zu gleicher Zeit zwar nie in dem
Menschen sein wollen, doch aber, wenn einer dem einen nachgeht
und es erlangt, er meist immer genötigt ist, auch das andere mitzu-
c nehmen, als ob sie zu zweit an einer Spitze zusammengeknüpft
wären; und ich denke, wenn Aisopos dies bemerkt hätte, würde er
eine Fabel daraus gemacht haben, daß Gott beide, da sie im Kriege
begriffen sind, habe aussöhnen wollen, und weil er dies nicht gekonnt, sie an den Enden zusammengeknüpft habe, und deshalb
nun, wenn jemand das eine hat, komme ihm das andere nach. So
scheint es nun auch mir gegangen zu sein; weil ich von der Fessel in
dem Schenkel vorher Schmerz hatte, so kommt mir nun die angenehme Empfindung hintennach.

## 4. Der Traum, der Sokrates zur Beschäftigung mit der Musik auffordert

Darauf nahm Kebes das Wort und sagte: Beim Zeus, Sokrates, das ist gut, daß du mich daran erinnerst. Denn nach deinen Gedichten, die du gemacht hast, indem du die Fabeln des Aisopos in Verse d gebracht, und nach dem Vorgesang an den Apollon, haben mich auch andere schon gefragt, und noch neulich Euenos, wie es doch zugehe, daß, seitdem du dich hier befindest, du Verse machst, da du es zuvor nie getan hast. Ist dir nun etwas daran gelegen, daß ich dem Euenos zu antworten weiß, wenn er mich wieder fragt, und ich weiß gewiß, das wird er: so sprich, was ich ihm sagen soll. — Sage ihm denn, sprach er, o Kebes, die Wahrheit, daß ich es nicht tue, um etwa gegen ihn und seine Gedichte aufzutreten, denn das, wüßte ich wohl, wäre nicht leicht, sondern um zu versuchen, was e wohl ein gewisser Traum meine, und mich vor Schaden zu hüten, wenn etwa dies die Musik wäre, die er mir anbefiehlt. Es war nämlich dieses: es ist mir oft derselbe Traum vorgekommen in dem nun vergangenen Leben, der mir bald in dieser, bald in jener Gestalt erscheinend immer dasselbe sagte: O Sokrates, sprach er, mach und treibe Musik. Und ich dachte sonst immer, nur zu dem, was ich schon tat, ermuntere er mich und treibe mich noch mehr 61a an, wie man die Laufenden anzutreiben pflegt, so ermuntere mich auch der Traum zu dem, was ich schon tat, Musik zu machen, weil nämlich die Philosophie die vortrefflichste Musik ist und ich diese doch trieb. Jetzt aber, seit das Urteil gefällt ist und die Feier des Gottes meinen Tod noch verschoben hat, dachte ich doch, ich müsse, falls etwa der Traum mir doch beföhle, mit dieser gewöhnlichen Musik mich zu beschäftigen, auch dann nicht ungehorsam sein, sondern es tun. Denn es sei doch sicherer, nicht zu gehen, bis ich mich auch so vorgesehen und Gedichte gemacht, um dem Traum zu gehorchen. So habe ich denn zuerst auf den Gott gedich b tet, dem das Opfer eben gefeiert wurde, und nächst dem Gott, weil ich bedachte, daß ein Dichter, wenn er ein Dichter sein wolle, Fabeln dichten müsse und nicht vernünftige Reden und ich selbst nicht erfindsam bin in Fabeln, so habe ich deshalb von denen, die bei der Hand waren und die ich kannte, den Fabeln des Aisopos, welche mir eben vorkamen, in Verse gebracht.

### 5. Auftrag des Sokrates an Euenos und jeden Philosophen, ihm zum Tode zu folgen

Dieses also, o Kebes, sage dem Euenos, und er solle wohlleben und, wenn er klug wäre, mir nachkommen. Ich gehe aber, wie ihr
c seht, heute, denn die Athener befehlen es. – Da sagte Simmias: Was läßt du doch da dem Euenos sagen, o Sokrates! Ich habe schon viel mit dem Manne verkehrt; aber soviel ich gemerkt, wird er auch nicht die mindeste Lust haben, dir zu folgen. – Wieso? fragte er, ist Euenos nicht ein Philosoph? – Das dünkt mich doch, sprach Simmias. – Nun, so wird er auch wollen, er und jeder, der würdig an diesem Geschäfte teilnimmt. Nur Gewalt wird er sich doch nicht selbst antun; denn dies, sagen sie, sei nicht recht. Und
d als er dies sagte, ließ er seine Beine von dem Bett wieder herunter auf die Erde, und so sitzend sprach er das Übrige. – Kebes fragte ihn nun: Wie meinst du das, o Sokrates, daß es nicht recht sei, sich selbst Leides zu tun, daß aber doch der Philosoph dem Sterbenden zu folgen wünsche? – Wie, Kebes? Habt ihr über diese Dinge nichts gehört, du und Simmias, als ihr mit dem Philolaos zusammenwart? – Nichts Genaues wenigstens, Sokrates. – Auch ich kann freilich nur vom Hörensagen davon reden; was ich aber ge-
e hört, bin ich gar nicht abgünstig euch zu sagen. Auch ziemt es sich ja wohl am besten, daß der, welcher im Begriff ist, dorthin zu wandern, nachsinne und sich Bilder mache über die Wanderung dorthin, wie man sie sich wohl zu denken habe. Was könnte einer auch wohl noch weiter tun in der Zeit bis zum Untergang der Sonne! –

### 6. Unerlaubtheit eines gewaltsamen Todes

Weshalb also sagen sie, es sei nicht recht, sich selbst zu töten, o Sokrates? Denn ich habe dies, wonach du eben fragtest, auch vom Philolaos gehört, als er sich bei uns aufhielt, und auch schon von andern, daß man dies nicht tun dürfe. Genaues aber habe ich von keinem jemals etwas darüber gehört. – So mußt du dich noch wei-
62a ter bemühen, sagte er, du kannst es ja wohl noch hören. Vielleicht aber kommt es dir auch wunderbar vor, daß dies allein unter allen Dingen schlechthin so sein soll und auf keine Weise, wie doch sonst überall, bisweilen und einigen, besser zu sterben als zu leben. Und denen nun besser wäre zu sterben, wird dir wunderbar vorkommen, daß es diesen Menschen nicht erlaubt sein solle, sich

selbst wohlzutun, sondern daß sie einen andern Wohltäter erwarten sollen. – Da sagte Kebes etwas lächelnd und in seiner Mundart: Das mag Gott wissen. –

Es kann freilich so scheinen, unvernünftig zu sein, sprach b Sokrates, aber es hat doch wohl auch einigen Grund. Denn was darüber in den Geheimnissen gesagt wird, daß wir Menschen wie in einer Feste sind und man sich aus dieser nicht selbst losmachen und davongehen dürfe, das erscheint mir doch als eine gewichtige Rede und gar nicht leicht zu durchschauen. Wie denn auch dieses, o Kebes, mir ganz richtig gesprochen scheint, daß die Götter unsere Hüter und wir Menschen eine von den Herden der Götter sind. Oder dünkt es dich nicht so? – Allerdings wohl, sagte Kebes. – Also auch du würdest gewiß, wenn ein Stück aus deiner c Herde sich selbst tötete, ohne daß du angedeutet hättest, daß du wolltest, es solle sterben, diesem zürnen, und wenn du noch eine Strafe wüßtest, es bestrafen? – Ganz gewiß, sagte er. – Auf diese Weise nun wäre es also wohl nicht unvernünftig, daß man nicht eher sich selbst töten dürfe, als bis der Gott irgendeine Notwendigkeit dazu verfügt hat, wie die jetzt uns gewordene. –

## 7. *Gründe des Kebes und Simmias gegen das Sterbenwollen des Philosophen*

Dieses freilich, sagte Kebes, scheint ganz billig. Was du jedoch vorher sagtest, daß jeder Philosoph gern werde sterben wollen, dieses, o Sokrates, kommt dann umgereimt heraus; wenn doch, d was wir eben sagten, sich richtig so verhält, daß Gott es ist, der unser hütet, und wir zu seiner Herde gehören. Denn daß nicht die Vernünftigsten gerade am unwilligsten aus dieser Pflege sich entfernen sollten, wo diejenigen für sie sorgen, welche die besten Versorger sind für alles, was ist, die Götter, das ist gar nicht zu denken. Denn sie können ja nicht glauben, daß sie sich selbst besser hüten werden, wenn sie frei geworden sind; sondern nur ein unvernünftiger Mensch könnte das vielleicht glauben, daß es gut wäre, von seinem Herrn zu fliehen, und könnte nicht bedenken, e daß man ja von dem Guten nicht fliehen muß, sondern sich soviel als möglich daran halten, und daß er also unvernünftigerweise fliehen würde; der Vernünftige aber würde immer streben, bei dem zu sein, der besser wäre als er. Und so käme ja wohl, o Sokrates, das Gegenteil von dem heraus, was eben gesagt ward, den Vernünftigen nämlich ziemte es, ungern zu sterben, und nur den Unvernünftigen, gern. –

63a Als dies Sokrates angehört hatte, schien er mir seine Freude zu haben an des Kebes Eifer in der Sache, und indem er uns ansah, sagte er: Immer spürt doch Kebes irgend Gründe aus und will sich gar nicht leicht überreden lassen von dem, was einer behauptet. – Darauf sagte Simmias: Aber jetzt, o Sokrates, scheint auch mir etwas an dem zu sein, was Kebes vorbringt. Denn weshalb doch sollten wohl wahrhaft weise Männer von besseren Herren, als sie selbst sind, fliehen und sie gern loswerden? Und zwar scheint mir Kebes mit seiner Rede auf dich zu zielen, daß du es so leicht erträgst, uns zu verlassen und auch jene guten Herrscher, wie du b selbst gestehst, die Götter. – Ihr habt recht, sprach er. Ich denke nämlich, ihr meint, ich solle mich hierüber verteidigen wie vor Gericht. – Allerdings, sagte Simmias. –

## 8. Hoffnungen des Sokrates für den Tod und Absicht ihrer Begründung

Wohlan denn, sprach er, laßt mich versuchen, ob ich mich mit besserem Erfolg vor euch verteidigen kann als vor den Richtern. Nämlich, sprach er, o Simmias und Kebes, wenn ich nicht glaubte, zuerst zu andern Göttern zu kommen, die auch weise und gut sind, und dann auch zu verstorbenen Menschen, welche besser sind als die hiesigen, so täte ich vielleicht unrecht, nicht unwillig zu sein c über den Tod. Nun aber wißt nur, daß ich zu wackeren Männern zu kommen hoffe; und wenn ich auch das nicht so ganz sicher behaupten wollte: daß ich zu Göttern komme, die ganz treffliche Herren sind, wißt nur, wenn irgend etwas von dieser Art, will ich dieses gewiß behaupten. So daß ich eben deshalb nicht so unwillig bin, sondern der frohen Hoffnung, daß es etwas gibt für die Verstorbenen, und, wie man ja schon immer gesagt hat, etwas weit Besseres für die Guten als für die Schlechten. – Wie nun? sagte Simmias. Gedenkst du, diese Meinung für dich zu behalten und so von uns zu gehen, oder möchtest du auch uns davon mitteilen? d Mich wenigstens dünkt, dies müsse ein gemeinsames Gut sein auch für uns; und zugleich wird ja eben das deine Verteidigung sein, wenn du uns von dem, was du sagst, überzeugst. – So will ich es denn versuchen, sprach er.

Zuvor aber laßt uns von unserm Kriton hören, was es doch ist, was er mir schon lange sagen will. – Was sonst, o Sokrates, sprach Kriton, als daß der, welcher dir den Trank bereiten soll, mir schon lange zuredet, man müsse dir andeuten, doch ja so wenig als möglich zu sprechen. Denn er sagt, durch das Reden erhitze man sich, und das vertrage sich nicht mit dem Trank; wenn aber doch, so hätten die bisweilen auch zwei- und dreimal trinken müssen, die e dergleichen getan. – Darauf sagte Sokrates: Laß ihn laufen! Mag er nur seinerseits sich anschicken, mir auch zweimal zu geben, und wenn es nötig wäre, auch dreimal. – Das wußte ich wohl fast vorher, sagte Kriton; aber er ließ mir schon lange keine Ruhe. – Laß ihn, sprach er.

Euch Richtern aber will ich nun Rede darüber stehen, daß ich mit Grund der Meinung bin, ein Mann, welcher wahrhaft philosophisch sein Leben vollbracht, müsse getrost sein, wenn er im Begriff ist zu sterben, und der frohen Hoffnung, daß er dort Gu- 64a tes in vollem Maß erlangen werde, wenn er gestorben ist. Wie das nun so sein möge, o Simmias und Kebes, das will ich versuchen euch deutlich zu machen.

9. *Das verborgene Sterben der wahren Philosophen: Ablösung*
   *der Seele vom Leib*

Nämlich diejenigen, die sich auf rechte Art mit der Philosophie befassen, mögen wohl, ohne daß es freilich die andern merken, nach gar nichts anderm streben als nur zu sterben und tot zu sein. Ist nun dieses wahr: so wäre es ja wohl wunderlich, wenn sie zwar ihr ganzes Leben hindurch sich um nichts anderes bemühten als um dieses, wenn es nun aber selbst käme, dann unwillig sein wollen über das, wonach sie lange gestrebt und sich bemüht haben. – Da lachte Kebes und sagte: Beim Zeus, Sokrates, wiewohl ich jetzt eben nicht im mindesten lachlustig bin, hast du mich doch lachen b gemacht. Ich denke nämlich, wenn die Leute dies so hörten, würden sie glauben, es sei ganz vortrefflich gesagt gegen die Philosophen, und würden gewiß gewaltig beistimmen – die bei uns ganz besonders –, es sei so, die Philosophen sehnten sich wirklich zu sterben, und sie ihrerseits wüßten auch, daß sie wohl verdienten, dies zu erlangen. – Da würden sie auch ganz wahr sprechen, o Simmias, das eine ausgenommen, daß sie das recht gut wüßten.

Denn weder wissen sie, wie die wahrhaften Philosophen den Tod wünschen, noch wie sie ihn verdienen und was für einen Tod.

c Laßt uns nun, sprach er, jenen den Abschied geben, zu uns selbst aber sagen, ob wir wohl glauben, daß der Tod etwas sei? – Allerdings, fiel Simmias ein. – Und wohl etwas andres als die Trennung der Seele von dem Leibe? Und daß das heiße tot sein, wenn abgesondert von der Seele der Leib für sich allein ist und auch die Seele abgesondert von dem Leibe für sich allein ist? Oder sollte wohl der Tod etwas anderes sein als dieses? – Nein, sondern eben dieses. – So bedenke denn, Guter, ob auch dich dasselbe bedünkt wie mich;
d denn hieraus, glaube ich, werden wir das besser erkennen, wonach wir fragen. Scheint dir, daß es sich für einen philosophischen Mann gehöre, sich Mühe zu geben um die sogenannten Lüste, wie um die am Essen und Trinken? – Nichts weniger wohl, o Sokrates, sprach Simmias. – Oder um die aus dem Geschlechtstriebe? – Keineswegs. – Und die übrige Besorgung des Leibes, glaubst du, daß ein solcher sie groß achte? Wie schöne Kleider und Schuhe und andere Arten von Schmuck des Leibes zu haben, glaubst du, daß er es achte oder verachte, mehr als höchst nötig ist sich hierum
e zu kümmern? – Verachten, dünkt mich wenigstens, wird es der wahrhafte Philosoph. – Dünkt dich also nicht überhaupt, eines solchen ganze Beschäftigung nicht um den Leib zu sein, sondern soviel nur möglich von ihm abgekehrt und der Seele zugewendet? – Das dünkt mich. – Also hierin zuerst zeigt sich der
65a Philosoph als seine Seele von der Gemeinschaft mit dem Leibe ablösend vor den übrigen Menschen allen. – Offenbar. – Und die meisten Menschen meinen doch, o Simmias, wem dergleichen nicht süß ist und wer daran keinen Teil hat, dem lohne es nicht zu leben, sondern ganz nahe sei der am Totsein, der sich um die angenehmen Empfindungen nicht bekümmere, welche durch den Leib kommen. – Du sprichst vollkommen recht. –

*10.a) Das Treffen der Wahrheit mit der Seele allein*
Wie aber nun mit dem Erwerb der richtigen Einsicht selbst, ist dabei der Leib im Wege oder nicht, wenn ihn jemand bei dem
b Streben danach zum Gefährten mit aufnimmt? Ich meine es so: Gewähren wohl Gesicht und Gehör den Menschen einige Wahrheit? Oder singen uns selbst die Dichter das immer vor, daß wir

nichts genau hören noch sehen? Und doch, wenn unter den Wahrnehmungen, die dem Leibe angehören, diese nicht genau sind und
sicher: dann die andern wohl gar nicht; denn alle sind ja wohl
schlechter als diese; oder dünken sie dich das nicht? – Freilich,
sagte er. – Wann also trifft die Seele die Wahrheit? Denn wenn sie
mit dem Leibe versucht, etwas zu betrachten, dann offenbar wird
sie von diesem hintergangen. – Richtig. – Wird also nicht in dem    c
Denken, wenn irgendwo, ihr etwas von dem Seienden offenbar?
Ja. – Und sie denkt offenbar am besten, wenn nichts von diesem
sie trübt, weder Gehör noch Gesicht noch Schmerz und Lust, sondern sie am meisten ganz für sich ist, den Leib gehen läßt und
soviel irgend möglich ohne Gemeinschaft und Verkehr mit ihm
dem Seienden nachgeht. – So ist es. – Also auch dabei verachtet
des Philosophen Seele am meisten den Leib, flieht von ihm und    d
sucht für sich allein zu sein? – So scheint es. –

Wie nun hiermit, o Simmias? Sagen wir, daß das Gerechte selbst
etwas sei oder nichts? – Wir behaupten es ja freilich beim Zeus. –
Und nicht auch das Schöne und Gute? – Wie sollte es nicht? –
Hast du nun wohl schon jemals hiervon das Mindeste mit Augen
gesehen? – Keineswegs, sprach er. – Oder mit sonst einer Wahrnehmung, die vermittels des Leibes erfolgt, es getroffen? Ich meine
aber alles dieses, Größe, Gesundheit, Stärke, und, mit einem
Worte, von allem insgesamt das Wesen, was jegliches wirklich ist;
wird etwa vermittels des Leibes hiervon das eigentlich Wahre ge-    e
schaut, oder verhält es sich so: wer von uns am meisten und genauesten es darauf anlegt, jegliches unmittelbar selbst zu denken,
was er untersucht, der kommt auch am nächsten daran, jegliches
zu erkennen? – Allerdings. – Und der kann doch jenes am rein-
sten ausrichten, der am meisten mit dem Gedanken allein zu jedem
geht, ohne weder das Gesicht mit anzuwenden beim Denken, noch
irgendeinen anderen Sinn mit zuzuziehen bei seinem Nachdenken,    66a
sondern, sich des reinen Gedankens allein bedienend, auch jegliches rein für sich zu fassen trachtet, soviel wie möglich geschieden
von Augen und Ohren und, um es kurz zu sagen, von dem ganzen
Leibe, der nur verwirrt und die Seele nicht Wahrheit und Einsicht
erlangen läßt, wenn er mit dabei ist. Ist es nicht ein solcher, o
Simmias, der, wenn irgendeiner, das Wahre treffen wird? – Über
die Maßen hast du recht, o Sokrates, sprach Simmias. –

*10. b) Der Leib als Hindernis beim Erkennen des Ungetrübten*

b  Ist es nun nicht natürlich, daß durch dieses alles eine solche Meinung bei den wahrhaft Philosophierenden aufkommt, so daß sie auch dergleichen unter sich reden wie: «Es wird uns ja wohl gleichsam ein Fußsteig heraustragen, weil, solange wir noch den Leib haben neben der Vernunft bei dem Erforschen und unsere Seele mit diesem Übel im Gemenge ist, wir nie befriedigend erreichen können, wonach uns verlangt; und dieses, sagen wir doch, sei das Wahre. Denn der Leib macht uns tausenderlei zu schaffen

c  wegen der notwendigen Nahrung, dann auch, wenn uns Krankheiten zustoßen, verhindern uns diese, das Wahre zu erjagen, und auch mit Gelüsten und Begierden, Furcht und mancherlei Schattenbildern und vielen Kindereien erfüllt er uns; so daß recht in Wahrheit, wie man auch zu sagen pflegt, wir um seinetwillen nicht einmal dazu kommen, auch nur irgend etwas richtig einzusehen. Denn auch Kriege und Unruhen und Schlachten erregt uns nichts anders als der Leib und seine Begierden. Denn über den Besitz von Geld und Gut entstehen alle Kriege, und diese müssen wir haben

d  des Leibes wegen, weil wir seiner Pflege dienstbar sind, und daher fehlt es uns an Muße, der Weisheit nachzutrachten, um aller dieser Dinge willen. Und endlich noch, wenn er uns auch einmal Muße läßt und wir uns anschicken, etwas zu untersuchen: so fällt er uns wieder bei den Untersuchungen selbst beschwerlich, macht uns Unruhe und Störung und verwirrt uns, so daß wir seinetwegen nicht das Wahre sehen können. Sondern es ist uns wirklich ganz klar, daß, wenn wir je etwas rein erkennen wollen, wir uns von

e  ihm losmachen und mit der Seele selbst die Dinge selbst schauen müssen. Und offenbar dann erst werden wir haben, was wir begehren und wessen Liebhaber wir zu sein behaupten, die Weisheit, wenn wir tot sein werden, wie die Rede uns andeutet, solange wir leben aber nicht. Denn wenn es nicht möglich ist, mit dem Leibe irgend etwas rein zu erkennen: so können wir nur eines von beiden, entweder niemals zum Wissen gelangen oder nach dem

67a  Tode. Denn alsdann wird die Seele für sich allein sein, abgesondert vom Leibe, vorher aber nicht. Und solange wir leben, werden wir, wie sich zeigt, nur dann dem Erkennen am nächsten sein, wenn wir, soviel möglich, nichts mit dem Leibe zu schaffen noch gemein haben, was nicht höchst nötig ist, und wenn wir mit seiner

Natur uns nicht anfüllen, sondern uns von ihm rein halten, bis der Gott selbst uns befreit. Und so rein der Torheit des Leibes entledigt, werden wir wahrscheinlich mit ebensolchen zusammen sein und durch uns selbst alles Ungetrübte erkennen, und dies ist eben wohl b das Wahre. Dem Nichtreinen aber mag Reines zu berühren wohl nicht vergönnt sein.» Dergleichen, meine ich, o Simmias, werden notwendig alle wahrhaft Wißbegierigen denken und untereinander reden. Oder dünkt dich nicht so? – Auf alle Weise, o Sokrates. –

## 11.a) Furchtlosigkeit des wahrhaften Philosophen vor dem Tod

Wenn nun, sprach Sokrates, dieses wahr ist, o Freund, so ist ja große Hoffnung, daß, wenn ich dort angekommen bin, wohin ich jetzt gehe, ich dort, wenn irgendwo, zur Genüge dasjenige erlangen werde, worauf alle unsere Bemühungen in dem vergangenen Leben gezielt haben; so daß die mir jetzt aufgetragene Wanderung c mit guter Hoffnung anzutreten ist auch für den andern, der nur glauben kann dafür gesorgt zu haben, daß seine Seele rein ist. – Allerdings, sprach Simmias. – Und wird nicht das eben die Reinigung sein, was schon immer in unserer Rede vorgekommen ist, daß man die Seele möglichst vom Leibe absondere und sie gewöhne, sich von allen Seiten her aus dem Leibe für sich zu sammeln und zusammenzuziehen und soviel als möglich, sowohl gegenwärtig wie hernach, für sich allein zu bestehen, befreit wie von Banden von dem Leibe? – Allerdings, sagte er. – Heißt aber dies d nicht Tod, Erlösung und Absonderung der Seele von dem Leibe? – Allerdings, sagte jener. – Und sie zu lösen streben immer am meisten, sagte er, und allein die wahrhaft Philosophierenden; und eben dies also ist das Geschäft der Philosophen, Befreiung und Absonderung der Seele von dem Leibe; oder nicht? – Offenbar. – Also wäre es ja, wie ich anfänglich sagte, lächerlich, wenn ein Mann, der sich in seinem ganzen Leben darauf eingerichtet hätte, so nahe als möglich an dem Gestorbensein zu leben, hernach, e wenn eben dieses kommt, sich ungebärdig stellen wollte. Wäre das nicht lächerlich? – Wie sollte es nicht? – In der Tat also, o Simmias, trachten die richtig Philosophierenden danach zu sterben, und tot zu sein, ist ihnen unter allen Menschen am wenigsten furchtbar.

Erwäge es nur so. Wenn sie auf alle Weise mit dem Leibe entzweit sind und begehren, die Seele für sich allein zu haben, geschieht dieses aber, dann sich fürchten und unwillig sein wollten;
68a  wäre das nicht die größte Torheit, wenn sie dann nicht mit Freuden dahin gehen wollten, wo sie Hoffnung haben, dasjenige zu
erlangen, was sie im Leben liebten – sie liebten aber die Weisheit –, und des Zusammenseins mit demjenigen entledigt zu werden, was ihnen zuwider war? Oder sollten nur viele, denen
menschliche Geliebte und Weiber und Kinder gestorben sind, freiwillig haben in die Unterwelt gehen wollen, von dieser Hoffnung
getrieben, daß sie dort die wiedersehen würden, nach denen sie
sich sehnten, und mit ihnen umgehen; wer aber die Weisheit
wahrhaft liebt und eben diese Hoffnung kräftig aufgefaßt hat, daß
er sie nirgend anders nach Wunsch erreichen werde als in der Un-
b  terwelt, den sollte es verdrießen zu sterben, und er sollte nicht
freudig dorthin gehen? Das muß man ja wohl glauben, Freund,
wenn er nur wahrhaft ein Weisheitsliebender ist. Denn gar stark
wird ein solcher dieses glauben, daß er nirgend anders die Wahrheit rein antreffen werde als nur dort. Wenn sich aber dies so verhält, wie ich eben sagte, wäre es nicht große Unvernunft, wenn ein
solcher den Tod fürchtete? – Gar große, beim Zeus, sagte jener. –

*11.b) Die Tugend der Menge und die der wahren Philosophen*
Also, sagte er, ist dir das wohl ein hinlänglicher Beweis von einem
Manne, den du unwillig siehst, wenn er sterben soll, daß er nicht
c  die Weisheit liebte, sondern den Leib irgendwie; denn wer den
liebt, derselbe ist auch geldsüchtig und ehrsüchtig, entweder eines
von beiden oder beides. – Vollkommen verhält es sich so, wie du
sagst. – Wird nun nicht auch, o Simmias, sagte er, was man Tapferkeit nennt, den so Gesinnten vorzüglich zukommen? – Ganz
gewiß wohl, antwortete er. – Nicht auch die Besonnenheit, was
auch alle Leute Besonnenheit nennen, sich von Begierden nicht
fortreißen lassen, sondern sich gleichgültig gegen sie verhalten
und sittsam, kommt nicht auch sie denen allein zu, welche den
Leib am meisten geringschätzen und in der Liebe zur Weisheit le-
d  ben? – Notwendig, sagte er. – Denn, fügte jener hinzu, wenn du
nur recht betrachten willst die Tapferkeit und Besonnenheit der
andern, so wird sie dir ganz wunderlich vorkommen. – Wie das,

o Sokrates? – Du weißt doch, sagte er, daß den Tod die andern alle unter die großen Übel rechnen. – Allerdings. – Ist es also nicht aus Furcht vor noch größeren Übeln, daß die Tapferen unter ihnen den Tod erdulden, wenn sie ihn erdulden? – So ist es. – Also weil sie sich fürchten und aus Furcht sind alle tapfer, bis auf die, welche die Weisheit lieben. Wiewohl das doch ungereimt ist, daß einer aus Furcht und Feigheit tapfer sein soll. – Freilich wohl. – Und e wie die Sittsamen unter ihnen? Hat es mit denen nicht dieselbe Bewandtnis? Aus irgendeiner Zügellosigkeit sind sie besonnen, wiewohl wir freilich sagen, dies sei unmöglich, aber doch geht es ihnen wirklich ganz ähnlich bei dieser einfältigen Besonnenheit. Denn aus Besorgnis, einiger Lust beraubt zu werden, und weil sie diese begehren, enthalten sie sich der einen, weil von anderen be- herrscht, und wiewohl man das Zügellosigkeit nennt, von Lüsten 69a beherrscht werden, begegnet ihnen doch, daß sie, von Lüsten be- herrscht, andere Lüste beherrschen, und dies ist doch dem ganz ähnlich, was eben gesagt wurde, auf gewisse Weise aus Zügello- sigkeit besonnen geworden zu sein. – Das leuchtet ein. –

O bester Simmias, daß uns also nur nicht dies gar nicht der rechte Tausch ist, um Tugend zu erhalten, Lust gegen Lust und Unlust gegen Unlust und Furcht gegen Furcht austauschen, Grö- ßeres gegen Kleineres, wie Münze; sondern jenes die einzige rechte Münze ist, gegen die man alles dieses vertauschen muß, die Ver- nünftigkeit, und daß nur mit dieser in Wahrheit Tapferkeit besteht b und Besonnenheit und Gerechtigkeit und überhaupt wahre Tu- gend, mit Vernünftigkeit, mag nun Lust und Furcht und alles üb- rige der Art dabei sein oder nicht dabei sein; werden aber diese abgesondert von der Vernünftigkeit gegeneinander umgetauscht, eine solche Tugend dürfte dann wohl immer nur ein Schattenbild sein und in der Tat knechtisch, nichts Gesundes und Wahres an sich habend, das Wahre aber gerade Reinigung von dergleichen c allem sein, und Besonnenheit und Gerechtigkeit und Tapferkeit und die Vernünftigkeit selbst Reinigungen. Und so mögen auch diejenigen, welche uns die Weihen angeordnet haben, gar nicht schlechte Leute sein, sondern schon seit langer Zeit uns andeuten, wenn einer ungeweiht und ungeheiligt in der Unterwelt anlangt, daß der in den Schlamm zu liegen kommt, der Gereinigte aber und Geweihte, wenn er dort angelangt ist, bei den Göttern wohnt.

«Denn», sagen die, welche mit den Weihen zu tun haben, «Thyr-
d susträger sind viele, doch echte Begeisterte wenig». Diese aber
sind, nach meiner Meinung, keine anderen, als die sich auf rechte
Weise der Weisheit beflissen haben, deren einer auch ich nach Vermögen im Leben nicht versäumt, sondern mich auf alle Weise
bemüht habe zu werden. Ob ich mich aber auf die rechte Weise
bemüht und etwas vor mich gebracht, das werden wir, dort angekommen, sicher erfahren, wenn Gott will, binnen kurzem, wie
mich dünkt. Dieses nun, sprach er, o Simmias und Kebes, ist meine
Verteidigung darüber, daß euch zu verlassen und die hiesigen Ge-
e bieter, mir mit Recht nicht schwerfällt noch mich verdrießt, weil
ich dafür halte, auch dort nicht minder vortreffliche Gebieter und
Freunde anzutreffen als hier. Bin ich also für euch überzeugender
gewesen in meiner Verteidigung als für die Athenischen Richter,
so ist es gut.

### 12. Zweifel des Kebes, ob die Seele nach dem Tode noch ist und Einsicht hat

Als Sokrates dieses geredet, fiel Kebes ein und sprach: O Sokrates,
das andere dünkt mich gar schön gesagt, nur das von der Seele
70a findet großen Unglauben bei den Menschen, ob sie nicht, wenn
sie vom Leibe getrennt ist, nirgend mehr ist, sondern an jenem
Tage umkommt und untergeht, an welchem der Mensch stirbt,
und sobald sie von dem Leibe sich trennt und ausfährt wie ein
Hauch oder Rauch, auch zerstoben ist und verflogen. Denn wäre
sie noch wo, für sich bestehend und zusammenhaltend, wenn erlöst von diesen Übeln, die du eben beschrieben hast: so wäre ja
b große und schöne Hoffnung, o Sokrates, daß alles wahr sei, was
du sagst. Aber dies bedarf vielleicht nicht geringer Überredungs-
gründe und Beweise, daß die Seele noch ist nach dem Tode des
Menschen und noch irgend Kraft und Einsicht hat. – Du sprichst
ganz wahr, sagte Sokrates, o Kebes; aber was sollen wir machen?
Sollen wir eben das miteinander durchsprechen, ob es wahrscheinlich ist, daß es sich so verhalte, oder ob nicht? – Ich minde-
stens, sagte Kebes, möchte gern hören, was für eine Meinung du
hierüber hast. – Wenigstens glaube ich nicht, sprach Sokrates,
daß irgendeiner, der es hört, und wäre es auch ein Komödien-
c schreiber, sagen dürfte, daß ich leeres Geschwätz treibe und Re-

den führe über ungehörige Dinge. Dünkt es euch nun gut, dann müssen wir die Sache genau betrachten.

## 13. *Sokrates über das Entstehen aller Dinge aus ihrem Gegenteil*

Laßt es uns aber so betrachten, ob die Seelen, nachdem die Menschen gestorben, in der Unterwelt sind oder ob nicht. Eine alte Rede gibt es nun freilich, die, deren wir erwähnt haben, daß, wie sie von hier dorthin gekommen sind, sie auch wieder hierher zurückkehren und wiedergeboren werden aus den Toten. Und wenn sich dies so verhält, daß die Lebenden wiedergeboren werden aus den Gestorbenen: so sind ja wohl unsere Seelen dort? Denn sie d könnten nicht wiedergeboren werden, wenn sie nicht wären. Und ein hinreichender Beweis wäre dies, daß es so ist, wenn wirklich offenbar würde, daß die Lebenden nirgend anders herkämen als von den Toten. Wenn dies aber nicht so ist, dann bedürften wir eines anderen Grundes. – Gewiß, sagte Kebes. – Betrachte es nun nicht allein an Menschen, fuhr jener fort, wenn du dessen eher innewerden willst, sondern auch an den Tieren insgesamt und den Pflanzen; und überhaupt an allem, was eine Entstehung hat, laß uns zusehen, ob etwa alles so entsteht, nirgend anders her als jedes e aus seinem Gegenteil, was nur ein solches hat, wie doch das Schöne von dem Häßlichen das Gegenteil ist und das Gerechte von dem Ungerechten, und ebenso tausend anderes sich verhält. Dieses also laß uns sehen, ob nicht notwendig, was nur ein Entgegengesetztes hat, nirgend anders her selbst entsteht als aus diesem ihm Entgegengesetzten. So wie, wenn etwas größer wird, muß es doch notwendig aus irgend vorher kleiner Gewesenem hernach größer werden? – Ja. – Nicht auch, wenn es kleiner wird, wird es aus vorher Größerem hernach kleiner? – So ist es, sagte er. – Und 71 a ebenso aus Stärkerem das Schwächere und aus Langsamerem das Schnellere? – Gewiß. – Und wie? Wenn etwas schlechter wird, nicht aus Besserem, und wenn gerechter, nicht aus Ungerechterem? – Wie sonst? – Dies also, sprach er, haben wir sicher genug, daß alle Dinge so entstehen, das Entgegengesetzte aus dem Entgegengesetzten. – Freilich. – Und wie? Gibt es nicht auch so etwas dabei, wie zwischen jeglichem Entgegengesetzem, was doch immer zwei sind, auch ein zwiefaches Werden von dem einen zu dem b andern und von diesem wieder zu jenem zurück? Wie zum Beispiel zwischen dem Größeren und Kleineren Wachstum und Abnahme ist, und so nennen wir auch das eine wachsen, das andere abnehmen. – Ja, sagte er. – Nicht auch aussondern und vermischen, abkühlen und erwärmen, und so alles, wenn wir auch bisweilen die Worte dazu nicht haben, muß sich doch der Sache nach überall so verhalten, daß eines aus dem andern entsteht und daß es ein Werden von jedem zu dem andern gibt. – Gewiß. –

### 14. *Anwendung des Satzes auf Leben und Tod*

Wie nun, fuhr er fort, ist dem Leben auch etwas entgegengesetzt,

c wie dem Wachen das Schlafen? – Gewiß, sagte er. – Und was? – Das Totsein, sagte er. – Also entstehen diese auch aus einander, wenn sie entgegengesetzt sind, und es gibt zwischen ihnen zweien ein zwiefaches Werden. – Wie sollte es nicht? – Die Verknüpfungen nun des einen Paares von den eben genannten Dingen will ich dir aufzeigen, sprach Sokrates, und das dazugehörige Werden, du aber mir die andern. Ich sage nämlich, das eine sei Schlafen und das andere Wachen, und aus dem Schlafen werde das Wachen und

d aus dem Wachen das Schlafen, und dies Werden beider sei das Einschlafen und das Aufwachen; habe ich es dir hinlänglich erklärt oder nicht? – Vollkommen. – Sage du mir also nun ebenso von Leben und Tod. Sagst du nicht, dem Leben sei das Totsein entgegengesetzt? – Das sage ich. – Und daß beides aus einander entstehe? – Ja. – Aus dem Lebenden also, was entsteht? – Das Tote, sprach er. – Und was aus dem Toten? – Notwendig, sprach er, muß man eingestehen, das Lebende. – Aus dem Gestorbenen also, o Kebes, entsteht das Lebende und die Lebenden? – So zeigt

e es sich, sprach er. – Also sind, sprach er, unsere Seelen in der Unterwelt. – So scheint es. – Und nicht wahr, auch von dem Werden, was hierzu gehört, ist das eine deutlich genug? Denn Sterben ist doch deutlich genug, oder nicht? – Freilich, sagte er. –

Was wollen wir aber nun machen? sprach er. Wollen wir nicht auch das entgegengesetzte Werden hinzunehmen, sondern soll die Natur von dieser Seite lahm sein? Oder müssen wir nicht notwendig auch ein dem Sterben entgegengesetztes Werden annehmen? – Auf alle Weise, sagte er. – Und was für eines? – Das Aufleben. – Also, sprach er, wenn es ein Aufleben gibt, so wäre eben

dieses das Werden der Lebenden aus den Toten, das Aufleben? — 72a
Freilich. — Also auch auf diese Weise kommt es uns heraus, daß
die Lebenden aus den Toten entstanden sind, nicht weniger als die
Toten aus den Lebenden. Ist dies nun so, so schien es uns ja ein
hinreichender Beweis, daß die Seelen der Verstorbenen irgendwo
sein müssen, woher sie wieder lebend werden. — Mich dünkt, o
Sokrates, dem Eingestandenen gemäß müsse es sich so verhalten. —

*15. Notwendigkeit, daß es ein Wiederaufleben des Toten gibt*
Siehe nun auch, o Kebes, sprach er, daß wir nichts mit Unrecht
eingestanden haben, wie mich dünkt. Denn wenn nicht dem auf die
eine Art Gewordenen immer das auf die andere entspräche und das b
Werden wie im Kreise herumginge, sondern es ein gerade fort-
schreitendes Werden gäbe nur aus dem einen in das Gegenüberstehende, ohne daß dies sich wieder wendete und zum andern zurück-
käme: so siehst du wohl, daß am Ende alles einerlei Gestalt haben
und in einerlei Zustand sich befinden und aufhören würde zu werden. — Wie meinst du das? fragte er. — Es ist gar nicht schwer, sagte
er, zu begreifen, was ich meine; sondern wie wenn das Einschlafen
zwar wäre, ein Aufwachen aber entspräche ihm nicht, das aus dem
Schlafenden würde, so, weißt du wohl, würde am Ende alles beweisen, Endymion sei nur eine Posse und nichts Besonderes, weil es c
auch allem andern ebenso erginge wie ihm, daß es schliefe; und wie,
wenn alles immer vermischt würde und nicht gesondert, bald jenes
Anaxagoreische sich einstellen würde, «Alle Dinge zusammen»
sein. Würde nicht ebenso auch, lieber Kebes, wenn alles zwar
stürbe, was am Leben Anteil hat, nachdem es aber gestorben wäre,
das Tote immer in dieser Gestalt bliebe und nicht wieder auflebte,
ganz notwendig zuletzt alles tot sein und nichts leben? Denn wenn
zwar aus dem andern das Lebende würde, das Lebende aber stürbe: d
wie wäre dann zu helfen, daß nicht zuletzt alles im Totsein auf-
ginge? — Gar nicht, denke ich, o Sokrates, sagte Kebes, sondern du
scheinst mir durchaus richtig zu reden. — Es ist auch, o Kebes, sagte
er, wie mich dünkt, auf alle Weise so, und nicht etwa überlistet
gestehen wir dieses ein, sondern es gibt in der Tat ein Wiederaufleben und ein Werden der Lebenden aus den Toten und ein Sein der
Seelen der Gestorbenen. —

e

### 16. Begriff der Wiedererinnerung

Und eben das auch, sprach Kebes einfallend, nach jenem Satz, o Sokrates, wenn er richtig ist, den du oft vorzutragen pflegtest, daß unser Lernen nichts anderes ist als Wiedererinnerung und daß wir deshalb notwendig in einer früheren Zeit gelernt haben müßten, wessen wir uns wiedererinnern, und daß dies unmöglich wäre, wenn unsere Seele nicht schon war, ehe sie in diese menschliche Gestalt kam; so daß auch hiernach die Seele etwas Unsterbliches sein muß. –

73 a

Aber, o Kebes, sprach Simmias einfallend, welche sind davon die Beweise? Erinnere mich daran, denn in diesem Augenblick besinne ich mich nicht recht darauf. – Nur an den einen, schönsten, sagte Kebes, daß, wenn die Menschen gefragt werden und einer sie nur recht zu fragen versteht, sie alles selbst sagen, wie es ist, da doch, wenn ihnen keine Erkenntnis einwohnte und richtige Einsicht, sie nicht imstande sein würden, dieses zu tun. Und wenn man sie zu den geometrischen Figuren führt oder etwas Ähnlichem, so zeigt sich dabei am deutlichsten, daß sich dies so verhält. – Wenn du es aber so nicht glaubst, o Simmias, sagte Sokrates, so sieh zu, ob du uns, wenn du es etwa folgendermaßen betrachtest, beistimmen wirst. Du zweifelst nämlich, wie doch das sogenannte Lernen könne Erinnerung sein? – Ich zweifle zwar, sprach Simmias, gerade nicht; nur eben dieses, wovon die Rede ist, bedarf ich, erinnert zu werden; und fast schon aus dem, was mir Kebes versucht hat zu sagen, habe ich mich besonnen und glaube es. Nichtsdestoweniger aber würde ich jetzt gern hören, wie du es vorgetragen hast. –

b

Auf diese Weise ich, sprach er. Wir gestehen doch wohl, daß, wenn sich einer an etwas erinnern soll, er dies vorher schon wissen muß. – Gewiß wohl. – Gestehen wir etwa auch dieses, daß, wenn einem Erkenntnis auf folgende Weise kommt, dies Erinnerung sei? Ich meine aber diese Art, wenn jemand irgend etwas sieht oder hört oder anderswie wahrnimmt, und er dann nicht nur jenes erkennt, sondern dabei noch ein anderes vorstellt, dessen Erkenntnis nicht dieselbe ist, sondern eine andere, ob wir dann nicht mit Recht sagen, daß er sich dessen erinnere, wovon er so eine Vorstellung bekommen hat? – Wie meinst du das? – So wie dergleichen: Eine ganz andere Vorstellung ist doch die von einem Menschen

c

d

und die von einer Leier? – Wie sollte sie nicht? – Du weißt aber
doch, daß Liebhabern, wenn sie eine Leier sehen, oder ein Kleid
oder sonst etwas, war ihr Liebling zu gebrauchen pflegt, es so ergeht: sie erkennen die Leier, und in ihrer Seele nehmen sie zugleich
das Bild des Knaben auf, dem die Leier gehört, und das ist nun
Erinnerung; so wie auch einer, wenn er den Simmias sieht, wohl
leicht an den Kebes denkt, und tausenderlei dergleichen. – Tausenderlei, beim Zeus, sagte Simmias. – Und nicht wahr, sprach er,
dergleichen ist nun Erinnerung, vorzüglich, wenn es einem bei sol-    e
chen Dingen begegnet, die ihm, weil sie ihm seit langer Zeit schon
nicht vorgekommen und er nicht an sie gedacht, in Vergessenheit
geraten waren. – Allerdings, sagte er. – Wie nun, kann man sich
auch wohl, wenn man ein gemaltes Pferd sieht oder eine gemalte
Leier, eines Menschen dabei erinnern, und wenn man den Simmias gemalt sieht, sich des Kebes dabei erinnern? – Auch das freilich. – Auch wenn man den Simmias gemalt sieht, sich des Simmias selbst erinnern? – Das kann man freilich, sagte er. –    74 a

## 17. *Der Vorgang der Wiedererinnerung und seine Vorausset-*
   *zung*

Und nicht wahr, in allen diesen Fällen entsteht aus Erinnerung,
das eine Mal aus ähnlichen Dingen, das andere Mal aus unähnlichen? – So entsteht sie. – Aber wenn nun einer bei ähnlichen
Dingen sich an etwas erinnert, muß ihm nicht auch das noch dazu
begegnen, daß er inne wird, ob diese etwas zurückbleiben in der
Ähnlichkeit oder nicht hinter dem, dessen er sich erinnert? – Notwendig, sagte er. – Wohlan denn, sprach jener, sieh zu, ob sich
dies so verhält. Wir nennen doch etwas gleich – ich meine nicht ein
Holz dem andern oder einen Stein dem andern noch irgend etwas
dergleichen, sondern außer diesem allen etwas anderes, das Gleiche selbst; sagen wir, daß das etwas ist oder nichts? – Etwas, beim
Zeus, sprach Simmias, ganz stark. – Erkennen wir auch dieses,
was es ist? – Allerdings, sprach er. – Woher nahmen wir aber    b
seine Erkenntnis? Nicht aus dem, was wir eben sagten, wenn wir
Hölzer oder Steine oder irgend andere gleiche Dinge sahen, haben
wir nicht bei diesen uns jenes vorgestellt, was doch verschieden ist
von diesen? Oder scheint es dir nicht verschieden zu sein? Bedenke
es nur auch so: Erscheinen dir nicht gleiche Steine oder Hölzer,

ganz dieselben bleibend, bisweilen als gleich und dann wieder nicht? – O ja. – Wie aber? Das Gleiche selbst erschien dir auch

c das bisweilen als ungleich, oder die Gleichheit als Ungleichheit? – Nimmermehr wohl, Sokrates. – Also, sprach er, sind jene gleichen Dinge und dieses Gleiche selbst nicht dasselbe. – Offenbar keineswegs, o Sokrates. – Doch aber bei jenen gleichen, verschieden von diesem Gleichen, hast du die Erkenntnis des letzteren vorgestellt und erhalten? – Vollkommen richtig. – Wie aber weiter,

d sprach er, begegnet uns wohl so etwas bei den gleichen Hölzern und andern, von denen wir eben sprachen? Scheinen sie uns ebenso gleich zu sein, wie das Gleiche selbst, oder fehlt etwas daran, daß sie so sind wie das Gleiche, oder nichts? – Gar viel, sprach er, fehlt daran. –

Müssen wir nun nicht gestehen, wenn jemand, der etwas sieht, bemerkt: dieses, was ich hier sehe, will zwar sein wie etwas gewisses anderes, es bleibt aber zurück und vermag nicht so zu sein wie

e jenes, sondern ist schlechter – daß der, welcher dies bemerkt, notwendig jenes vorher kennen muß, dem er sagt, daß das andere zwar gleiche, aber doch dahinter zurückbleibe? – Notwendig. – Und wie? Geht es uns nun so mit den gleichen Dingen und dem Gleichen selbst? – Auf alle Weise. – Notwendig also kennen wir

75a das Gleiche schon vor jener Zeit, als wir zuerst, Gleiches erblickend, bemerkten, daß alles dergleichen strebe zu sein wie das Gleiche, aber doch dahinter zurückbleibe. – So ist es. – Aber auch das geben wir doch zu, daß wir eben dieses nirgend anders her bemerkt haben noch imstande sind zu bemerken als bei dem Sehen oder Berühren oder irgendeiner andern Wahrnehmung, denn diese sind mir alle einerlei. – Sie sind auch einerlei, o Sokrates, für das, wohin unsere Rede will. – Aber doch an den Wahrnehmun-

b gen muß man bemerken, daß alles so in den Wahrnehmungen Vorkommende jenem nachstrebt, was das Gleiche ist, und daß es dahinter zurückbleibt. Oder wie wollen wir sagen? – So. – Ehe wir also anfingen zu sehen oder zu hören oder die anderen Sinne zu gebrauchen, mußten wir schon irgendwoher die Erkenntnis bekommen haben des eigentlich Gleichen, was es ist, wenn wir doch das Gleiche in den Wahrnehmungen auf jenes beziehen sollten, daß dergleichen alles zwar strebt zu sein wie jenes, aber doch immer schlechter ist. – Notwendig nach dem vorher Gesagten, o So-

krates. – Nun aber haben wir doch gleich von unserer Geburt an
gesehen, gehört und die anderen Sinne gebraucht? – Freilich. –
Und wir mußten, sagen wir, schon ehe dieses geschah, die Erkenntnis des Gleichen bekommen haben? – Ja. – Ehe wir also c
geboren wurden, müssen wir sie, wie sich zeigt, bekommen haben. – So zeigt es sich. –

## 18. Besitz der Erkenntnis des Wesens vor der Geburt

Wenn wir sie also vor unserer Geburt empfangen haben und in
ihrem Besitz geboren worden sind: so erkannten wir auch schon,
ehe wir wurden und sobald wir da waren, nicht das Gleiche nur
und das Größere und Kleinere, sondern alles dieser Art insgesamt.
Denn es ist uns ja jetzt nicht mehr von dem Gleichen die Rede als
auch von dem Schönen selbst und dem Guten selbst und dem d
Rechten und Frommen und, wie ich sage, von allem, was wir bezeichnen als «dies selbst, was ist», in unsern Fragen, wenn wir
fragen, und in unsern Antworten, wenn wir antworten. So daß wir
notwendig von diesem allen die Erkenntnisse, schon ehe wir geboren wurden, erhalten haben. – So ist es. – Und daß wir, wenn wir
sie nicht immer wieder vergäßen, nachdem wir sie bekommen,
auch immer wissen und uns ihrer das ganze Leben hindurch bewußt sein würden. Denn das heißt ja wissen, eine empfangene Erkenntnis besitzen und nicht verloren haben. Oder heißt das nicht
vergessen, o Simmias, Verlust einer Erkenntnis? – Auf alle Weise,
sagte er, o Sokrates. – Und wenn wir, meine ich, vor unserer Ge- e
burt sie besaßen und sie bei der Geburt verloren haben, hernach
aber beim Gebrauch unserer Sinne an solchen Gegenständen eben
jene Erkenntnisse wieder aufnahmen, die wir einmal schon vorher
hatten: ist dann nicht, was wir lernen heißen, das Wiederaufneh-
men einer uns schon angehörigen Erkenntnis? Und wenn wir dies
«wiedererinnern» nennen, werden wir es nicht richtig benennen? – Gewiß. – Denn das hatte sich uns doch als möglich ge- 76a
zeigt, daß, wer etwas wahrnimmt, es sei nun durch Gesicht und
Gehör oder irgendeinen anderen Sinn, dabei etwas anderes vorstellen könne, was er vergessen hatte und was diesem nahe kam als
unähnlich oder als ähnlich. Also, wie ich sage, eines von beiden,
entweder sind wir dieses wissend geboren worden und wissen es
unser Leben lang alle, oder die, von denen wir sagen, daß sie her-

nach erst lernen, erinnern sich dessen nur, und das Lernen ist eine Erinnerung. – Wohl gar sehr verhält es sich so, Sokrates. –

### 19. Schluß: Die Seelen waren auch vor der Geburt und hatten Einsicht

Welches nun wählst du, o Simmias? Daß wir wissend geboren
b werden oder daß wir uns hernach dessen erinnern, wovon wir schon vorher eine Erkenntnis gehabt hatten? – So im Augenblick, o Sokrates, weiß ich nicht zu wählen. – Wie aber? Kannst du hier wählen, oder was dünkt dich hiervon? Muß ein wissender Mann von dem, was er weiß, Rechenschaft geben können oder nicht? – Ganz notwendig, o Sokrates, sprach er. – Und dünkt dich denn, daß alle Rechenschaft zu geben imstande sind von dem, was wir eben anführten? – Das wünschte ich wohl, sprach Simmias; aber ich fürchte vielmehr, es möchte uns schon morgen hierzulande keiner mehr gefunden werden, der dies gehörig zu tun ver-
c möchte. – Du meinst also nicht, o Simmias, daß alle dieses wissen? – Keineswegs. – Also erinnern sie sich dessen, was sie einst gelernt hatten? – Notwendig. – Wann aber hatten unsere Seelen die Erkenntnis davon bekommen? Doch wohl nicht, seitdem wir als Menschen geboren sind? – Nicht füglich. – Früher also? – Ja. – Also waren, o Simmias, die Seelen, auch ehe sie in menschlicher Gestalt waren, ohne Leiber, und hatten Einsicht. – Wenn wir nicht etwa bei der Geburt diese Erkenntnisse empfangen, o Sokrates, denn diese Zeit bleibt uns noch übrig. – Gut, o Freund!
d Aber in welcher andern Zeit verlieren wir sie denn? Denn wir haben sie nicht, wenn wir geboren werden, wie wir eben eingestanden. Oder verlieren wir sie in derselben Zeit, in welcher wir sie auch empfangen? Oder weißt du noch eine andere Zeit anzugeben? – Keineswegs, o Sokrates, sondern ich merkte nur nicht, daß ich nichts sagte. –

### 20. Das vorgeburtliche Sein der Seele ist so notwendig wie das Sein der Ideen

Also verhält es sich nun so, sprach er, o Simmias? Wenn das *ist*, was wir immer im Munde führen, das Schöne und Gute und jegliches Wesen dieser Art, und wir hierauf alles, was uns durch die Sinne kommt, beziehen, als auf ein vorher Gehabtes, was wir als

das unsrige wieder auffinden, und diese Dinge damit vergleichen: e
so muß notwendig, ebenso wie dieses ist, so auch unsere Seele sein,
auch ehe wir noch geboren worden sind. Wenn aber alles dieses
nicht ist, so wäre dann auch diese Rede vergeblich geredet. Verhält
es sich wohl so, und ist es die ganz gleiche Notwendigkeit, daß
jenes ist und daß auch unsere Seelen sind auch vor unserer Geburt
und daß, wenn jenes nicht, dann auch nicht dieses? – Über die
Maßen, o Sokrates, sprach Simmias, dünkt es mich dieselbe Notwendigkeit zu sein; und an einen sichern Ort rettet sich unser Satz,
dahin nämlich, daß unsere Seele auf dieselbe Weise ist, ehe wir     77a
noch geboren werden, wie jenes alles, wovon du eben sprachst.
Denn ich habe gar nichts, was mir so klar wäre wie eben dieses,
daß alles dergleichen wahrhaft in dem allerhöchsten Sinne ist, das
Schöne und das Gute und was du sonst eben anführtest; und mir
wenigstens genügt der Beweis vollkommen. – Wie aber dem Kebes? sprach Sokrates. Denn wir müssen auch den Kebes überzeugen. – Gewiß auch ihn, sprach Simmias, wie ich glaube, wiewohl
er der hartnäckigste Mensch ist im Unglauben an anderer Reden.
Allein davon, glaube ich, ist er nun hinreichend überzeugt, daß,
ehe wir geboren wurden, unsere Seele war.

21. *Bedenken des Kebes und Simmias, ob die Seele auch nach*
    *dem Tode ist*

Ob aber auch, nachdem wir gestorben sind, sie noch sein wird, das  b
scheint auch mir selbst, o Sokrates, noch nicht bewiesen zu sein,
sondern es steht noch entgegen, wie auch Kebes eben sagte, jene
Rede der Vielen, ob nicht, indem der Mensch stirbt, die Seele zer-
stiebt und auch ihr dieses das Ende des Seins ist. Denn was hindert
doch, daß sie zwar anderwärts her werde und bestehe und sei,
auch ehe sie in menschlichen Leib gelangt, daß aber doch, nachdem sie in diesen gelangt ist, wenn sie von ihm getrennt wird, alsdann auch sie selbst endet und untergeht? – Wohl gesprochen, o   c
Simmias, sagte Kebes. Denn es scheint gleichsam die eine Hälfte
von dem bewiesen zu sein, was wie brauchen, daß nämlich, ehe
wir geboren wurden, unsere Seele war; aber man muß noch dazu
beweisen, daß auch, wenn wir tot sind, sie um nichts weniger sein
wird als vor unserer Geburt, wenn der Beweis seine Vollendung
bekommen soll. – Es ist doch, o Simmias und Kebes, sprach So-

krates, auch jetzt schon bewiesen, wenn ihr diesen Satz zusammenbringen wollt mit jenem, den wir vorher zugestanden hatten,
daß nämlich alles Lebende aus dem Gestorbenen entsteht. Denn
wenn die Seele auch vorher ist und wenn sie notwendig, indem sie
d ins Leben geht und geboren wird, nirgend andersher kommen
kann als aus dem Tode und dem Gestorbensein: wie sollte sie
dann nicht notwendig, auch nachdem sie gestorben ist, sein, wenn
sie doch wiederum geboren werden soll? Bewiesen also ist dies,
wie ich sagte, auch jetzt schon.

## 22. Ein Kind ist in uns, das der Besprechung bedarf

Dennoch scheint ihr, du und Simmias, gern auch diesen Satz noch
weiter durcharbeiten zu wollen und euch zu fürchten wie die Kinder, daß nicht gar buchstäblich der Wind sie, wenn sie aus dem
e Leibe herausfährt, auseinanderwehe und zerstäube, zumal wenn
einer nicht etwa bei Windstille, sondern in recht tüchtigem Sturm-
winde stirbt. – Da sagte Kebes lächelnd: So tue denn so, als fürchteten wir uns, und versuche, uns zu überreden. Lieber jedoch
nicht, als ob wir selbst uns fürchteten, aber vielleicht ist auch in
uns ein Kind, welches dergleichen fürchtet. Dieses also wollen wir
versuchen zu überzeugen, daß es den Tod nicht fürchten müsse
wie ein Gespenst. – Dieses müßt ihr, sprach Sokrates, täglich besprechen, bis ihr es herausbannt. – Woher aber, o Sokrates,
78a sprach er, sollen wir einen tüchtigen Besprecher zu solchen Dingen nehmen, nun du doch von uns scheidest? – Hellas ist groß, o
Kebes, sagte er, und treffliche Männer sind darin, und groß sind
auch die Geschlechter der Barbaren, die ihr alle durchsuchen
müßt, um einen solchen Besprecher zu finden, ohne Geld zu
scheuen und Mühe. Denn es gibt wohl nichts, worauf ihr das Geld
besser wenden könntet. Aber auch untereinander müßt ihr euch
bemühen, denn ihr möchtet auch wohl nicht leicht einen finden,
der dies besser als ihr zu tun vermöchte. – Das soll gewiß gesche-
b hen, sprach Kebes, von wo wir aber abgegangen sind, dahin laß
uns zurückkehren, wenn es dir recht ist. – Mir gar sehr recht, wie
sollte es nicht? – Wohl gesprochen, sagte er. –

23. *Zwei Arten des Seienden: Das sich immer gleich bleibende*
    *unsichtbare Beständige und die sich ändernden sichtbaren*
    *Dinge*

Also ungefähr so, sprach Sokrates, müssen wir uns selbst fragen:
Welcherlei Dingen kommt es wohl zu, dies zu erfahren, das Zer-
stieben, und für welche muß man also fürchten, daß ihnen dieses
begegne, welchen aber kommt es nicht zu, und für welche nicht?
Dann müssen wir untersuchen, zu welchen von beiden die Seele
gehört, und hieraus und dem gemäß entweder Mut fassen oder
besorgt sein für unsere Seelen. – Ganz richtig, sagte er. – Und  c
nicht wahr, dem, was man zusammengesetzt hat und was seiner
Natur nach zusammengesetzt ist, kommt wohl zu, auf dieselbe
Weise aufgelöst zu werden, wie es zusammengesetzt worden ist;
wenn es aber etwas Unzusammengesetztes gibt, diesem, wenn
sonst irgend einem, kommt wohl zu, daß ihm dieses nicht begegne? – Das scheint mir sich so zu verhalten, sprach Kebes. –
Und nicht wahr, was sich immer gleich verhält und auf einerlei
Weise, davon ist wohl am wahrscheinlichsten, daß es das Unzu-
sammengesetzte sei; was aber bald so, bald anders und nimmer
auf gleiche Weise, dieses das Zusammengesetzte? – Mir wenigstens scheint es so. –

So laßt uns denn gehen, sprach er, zu dem, wovon wir auch  d
vorher sprachen. Jenes Wesen selbst, welchem wir das eigentliche
Sein zuschreiben in unsern Fragen und Antworten, verhält sich
dies wohl immer auf gleiche Weise, oder bald so, bald anders? Das
Gleiche selbst, das Schöne selbst, und so jegliches, was ist, selbst,
nimmt das wohl jemals auch nur irgendeine Veränderung an?
Oder verhält sich nicht jedes dergleichen als ein einartiges Sein an
und für sich immer auf gleiche Weise und nimmt niemals und auf
keine Weise irgendwie eine Veränderung an? – Auf gleiche Weise,
sprach Kebes, und einerlei verhält es sich notwendig, o Sokrates. – Wie aber die vielen Dinge, wie Menschen, Pferde, Kleider  e
oder sonst irgend etwas dergleichen, schöne oder gleiche oder
sonst einem von jenem gleichnamige, verhalten sich auch diese
immer gleich oder ganz jenem entgegengesetzt, weder mit sich
selbst jedes noch untereinander jemals, um es kurz zu sagen, auch
nur im mindesten gleich? – Dieses wiederum so, sprach Kebes;
niemals verhält es sich einerlei. – Und diese Dinge, sprach er,

79 a kannst du doch anrühren, sehen und mit den andern Sinnen wahrnehmen; aber zu jenen sich gleichseienden Wesenheiten kannst du doch wohl auf keine Weise irgend anders gelangen als durch das Denken der Seele selbst, sondern unsichtbar sind diese und werden nicht gesehen. – Auf alle Weise, sagte er, hast du recht. –

### 24. *Der Leib ist dem sichtbaren Seienden ähnlich, die Seele dem unsichtbaren*

Sollen wir also, sprach er, zwei Arten des Seienden setzen, sichtbar die eine und die andere unsichtbar? – Das wollen wir, sprach er. – Und die unsichtbare als immer auf gleiche Weise sich verhaltend, die sichtbare aber niemals gleich? – Auch das, sagte er, wol-
b len wir setzen. Wohlan denn, sprach er, ist nicht von uns selbst das eine Leib und das andere Seele? – Allerdings. – Welcher von jenen beiden Arten nun wollen wir wohl sagen daß der Leib ähnlicher sei und verwandter? – Das muß ja jedem deutlich sein, dem Sichtbaren. – Wie aber die Seele, ist die unsichtbar oder sichtbar? – Menschen wenigstens ist sie es nicht, o Sokrates, sagte er. – Aber wir sprachen doch von dem Sichtbaren und Unsichtbaren für die Natur der Menschen, oder meinst du für irgendeine andere? – Für die menschliche. – Was sagen wir also von der Seele, daß sie sichtbar sei oder nicht sichtbar? – Nicht sichtbar. – Also unsichtbar. – Ja. – Ähnlicher also als der Leib ist die Seele dem Unsichtbaren, er aber dem Sichtbaren. – Ganz notwendig, o
c Sokrates. –

### 25. *Zustand der Seele beim Umgang mit den zwei Arten des Seienden*

Und nicht wahr, auch das haben wir schon lange gesagt, daß die Seele, wenn sie sich des Leibes bedient, um etwas zu betrachten, es sei durch das Gesicht oder das Gehör oder irgendeinen andern Sinn – denn das heißt vermittels des Leibes, wenn man vermittels eines Sinnes etwas betrachtet –, daß sie dann von dem Leibe gezogen wird zu dem, was sich niemals auf gleiche Weise verhält, und dann selbst schwankt und irrt und wie trunken taumelt, weil sie ja
d eben solches berührt. – Das haben wir gesagt. – Wenn sie aber durch sich selbst betrachtet, dann geht sie zu dem reinen, immer

seienden Unsterblichen und sich stets Gleichen, und als diesem
verwandt hält sie sich stets zu ihm, wenn sie für sich selbst ist und
es ihr vergönnt wird, und dann hat sie Ruhe von ihrem Irren und
ist auch in Beziehung auf jenes immer sich selbst gleich, weil sie
ebensolches berührt, und diesen ihren Zustand nennt man eben
die Vernünftigkeit. – Auf alle Weise, o Sokrates, sagte er, ist dies
schön und wahr gesagt. – Welcher von beiden Arten also dünkt
dich die Seele nach dem Vorherigen und dem jetzt Gesagten ähnlicher und verwandter zu sein? – Jeder, sagte er, dünkt mich, o      e
Sokrates, müßte nach dieser Darstellungsweise zugeben, auch der
Ungelehrigste, daß doch in allem und jedem die Seele dem sich
immer gleich Bleibenden ähnlicher ist als dem nicht solchen. –
Und wie der Leib? – Dem anderen. –

26. *Auch als Beherrscherin des Leibes ist die Seele dem Gött-*
   *lichen ähnlich*

Betrachte es auch von dieser Seite, daß, solange Leib und Seele
zusammen sind, die Natur ihm gebietet, zu dienen und sich be-     80a
herrschen zu lassen, ihr aber, zu herrschen und zu regieren; auch
hiernach nun, welches von beiden dünkt dich dem Göttlichen ähnlich zu sein und welches dem Sterblichen? Oder dünkt dich nicht
das Göttliche so geartet zu sein, daß es herrscht und regiert, das
Sterbliche aber, daß es sich beherrschen läßt und dient? – Das
dünkt mich. – Welchem gleicht nun die Seele? – Offenbar, o Sokrates, die Seele dem Göttlichen und der Leib dem Sterblichen. –
Sieh nun zu, sprach er, o Kebes, ob aus allem Gesagten uns dieses
hervorgeht, daß dem Göttlichen, Unsterblichen, Vernünftigen,     b
Eingestaltigen, Unauflöslichen und immer einerlei und sich selbst
gleich sich Verhaltenden am ähnlichsten ist die Seele, dem
Menschlichen aber und Sterblichen und Unvernünftigen und Vielgestaltigen und Auflöslichen und nie einerlei und sich selbst gleich
Bleibenden, diesem wiederum der Leib am ähnlichsten ist? Oder
wissen wir hiergegen noch etwas anderes zu sagen, lieber Kebes,
daß es sich nicht so verhalte? – Wir wissen nichts dergleichen. –

### 27. Schluß: Die Seele geht nach dem Tode, wenn sie rein ist, zum unsichtbaren Göttlichen

Wie nun, wenn sich dieses so verhält, kommt nicht dem Leibe wohl zu, leicht aufgelöst zu werden, der Seele hingegen, ganz und gar unauflöslich zu sein oder wenigstens beinahe so? – Wie sollte c es nicht? – Und du bemerkst doch, sprach er, daß, wenn der Mensch stirbt, auch seinem Sichtbaren, dem Leibe, der noch im Sichtbaren daliegt, den wir Leichnam nennen und dem es zukommt, aufgelöst zu werden und zu zerfallen und verweht zu werden, nicht gleich etwas hiervon widerfährt, sondern er noch eine ganz geraume Zeit so bleibt, und wenn einer bei günstiger Leibesbeschaffenheit stirbt und zu ebensolcher Zeit, dann gar lange. Und wenn der Leib zusammengefallen ist und getrocknet, wie sie in Ägypten einbalsamiert werden, so hält er sich fast undenkliche d Zeit. Ja, einige Teile des Leibes, wie Knochen, Sehnen und alles dergleichen, sind, wenn er auch schon verfault ist, sozusagen doch fast unsterblich. Oder nicht? – Ja. – Und die Seele also, das Unsichtbare und sich an einen andern ebensolchen Ort Begebende, der edel und rein und unsichtbar ist, nämlich in die wahre Geisterwelt zu dem guten, und weisen Gott, wohin, wenn Gott will, alsbald auch meine Seele zu gehen hat, diese, die so beschaffen und geartet ist, sollte, wenn sie von dem Leibe getrennt ist, sogleich e verweht und untergegangen sein, wie die meisten Menschen sagen? Daran fehlt wohl viel, ihr lieben Kebes und Simmias! Sondern vielmehr verhält es sich so, wenn sie sich rein losmacht und nichts von dem Leibe mit sich zieht, weil sie mit gutem Willen nichts mit ihm gemein hatte im Leben, sondern ihn floh und in sich selbst gesammelt blieb und dies immer im Sinn hatte – was nichts anderes heißen will, als daß sie recht philosophierte und darauf 81a dachte, leicht zu sterben; oder hieß dies nicht, auf den Tod bedacht sein? – Allerdings ja. – Also welche sich so verhält, die geht zu dem ihr Ähnlichen, dem Unsichtbaren, zu dem Göttlichen, Unsterblichen, Vernünftigen, wohin gelangt ihr dann zuteil wird, glückselig zu sein, von Irrtum und Unwissenheit, Furcht und wilder Liebe und allen andern menschlichen Übeln befreit, indem sie, wie es bei den Eingeweihten heißt, wahrhaft die übrige Zeit mit Göttern lebt. Wollen wir so sagen, o Kebes, oder anders? – So, beim Zeus, sprach Kebes. –

## 28. Beschaffenheit der unrein abscheidenden Seelen

Wenn sie aber, meine ich, befleckt und unrein von dem Leibe b
scheidet, weil sie eben immer mit dem Leibe verkehrt und ihn gepflegt und geliebt hat und von ihm bezaubert gewesen ist und von
den Lüsten und Begierden, so daß sie auch glaubte, es sei überhaupt gar nichts anderes wahr als das Körperliche, was man beta-
stet und sieht, ißt und trinkt und zur Liebe gebraucht, und weil sie
das für die Augen Dunkle und Unsichtbare, der Vernunft hingegen
Faßliche und mit Weisheitsliebe zu Ergreifende gewohnt gewesen
ist zu hassen und zu scheuen und zu fürchten, meinst du, daß eine
so beschaffene Seele sich werde rein für sich absondern können? – c
Wohl nicht im mindesten, sprach er. – Sondern durchzogen von
dem Körperlichen, womit sie durch den Umgang und Verkehr mit
dem Leibe, wegen des ununterbrochenen Zusammenseins und der
vielen Sorge um ihn, gleichsam zusammengewachsen ist? – Freilich. – Und dies, o Freund, muß man doch glauben, sei unbehol-
fen und schwerfällig, irdisch und sichtbar, so daß auch die Seele,
die es an sich hat, schwerfällig ist und wieder zurückgezogen wird
in die sichtbare Gegend aus Furcht vor dem Unsichtbaren und der
Geisterwelt, wie man sagt, an den Denkmälern und Gräbern um-
herschleichend, an denen daher auch allerlei dunkle Erscheinun- d
gen von Seelen gesehen worden sind, wie denn solche Seelen wohl
Schattenbilder darstellen müssen, welche nicht rein abgelöst sind,
sondern noch teilhaben an dem Sichtbaren, weshalb sie denn auch
gesehen werden. – Das leuchtet wohl ein, o Sokrates. – Und freilich leuchtet auch ein, o Kebes, daß dies nicht die Seelen der Guten
sind, sondern der Schlechten, welche um dergleichen gezwungen
sind herumzuirren, Strafe leidend für ihre frühere Lebensweise,
welche schlecht war. Und so lange irren sie, bis sie durch die Begierde des sie noch begleitenden Körperlichen wieder gebunden e
werden in einen Leib.

## 29. Wiedergeburt der unphilosophischen Seelen ihrer Sinnesart
   nach

Und natürlich werden sie in einen von solchen Sitten gebunden,
deren sie selbst sich befleißigt hatten im Leben. – Was meinst du
für welche, o Sokrates? – Wie, die sich ohne Scheu der Völlerei
und des Übermuts und Trunkes befleißigten, solche begeben sich

82a natürlich in Esel und ähnliche Arten von Tieren. Oder meinst du
nicht? – Das ist ganz wahrscheinlich. – Die aber Ungerechtigkeit,
Herrschsucht und Raub vorzogen, diese dagegen in die verschiedenen Geschlechter der Wölfe, Habichte und Geier. Oder wohin
anders sollen wir sagen, daß solche gehen? – Ohne weiteres,
sprach Kebes, in dergleichen. – Und gewiß ist es so doch auch mit
den übrigen, daß jegliche der Ähnlichkeit mit ihren Bestrebungen nachgehen? – Gewiß, wie sollten sie nicht. – Also, sprach er,
sind auch wohl die glücklichsten unter diesen die, und kommen an
b den besten Ort, welche der volksmäßigen und bürgerlichen Tugend nachgestrebt haben, die man dann Besonnenheit und Gerechtigkeit nennt, die aber nur aus Gewöhnung und Übung entsteht ohne Philosophie und Vernunft? – Wieso sind diese die
glückseligsten? – Weil doch natürlich ist, daß diese wiederum in
eine solche gesellige und zahme Gattung gehen, etwa in Bienen
oder Wespen oder Ameisen, oder auch wieder in diese menschliche Gattung, und wieder ganz leidliche Männer werden. – Das
ist natürlich. –

### 30. Bestimmung und Weg der philosophischen Seele

In der Götter Geschlecht aber ist wohl keinem, der nicht philo-
c sophiert hat und vollkommen rein abgegangen ist, vergönnt zu
gelangen, sondern nur dem Lernbegierigen. Eben deshalb nun, o
lieber Simmias und Kebes, enthalten sich die wahrhaften Philosophen aller von dem Leibe herrührenden Begierden und harren
aus und geben sich ihnen nicht hin, nicht etwa weil sie Verderb des
Hauswesens und Armut fürchten, wie die meisten Geldsüchtigen,
noch auch die Ehrlosigkeit und Schmach der Trägheit scheuend,
wie die Herrschsüchtigen und Ehrsüchtigen, enthalten sie sich ihrer. – Das würde sich auch für sie nicht ziemen, o Sokrates, sprach
d Kebes. – Freilich nicht, beim Zeus, sagte er. Darum sagen auch
allen solchen, o Kebes, jene alle, die irgend für ihre Seele Sorge
tragen und nicht für der Leiber Bildung und Bedienung leben, Fah-
rewohl und gehen nicht gleichen Schritt mit ihnen, die ja nicht
wissen, wohin sie gehen. Sie selbst aber, feststellend, daß sie nichts
tun dürfen, was der Philosophie zuwider wäre und der Erlösung
und Reinigung durch sie, wenden sich dorthin nachfolgend, wohin jene sie führt. –

### 31. *Wirksamkeit der Philosophie auf die Seele*

Wie das, o Sokrates? – Das will ich dir sagen, sprach er. Es erkennen nämlich die Lernbegierigen, daß die Philosophie, indem sie
ihre Seele übernimmt als ordentlich gebunden im Leibe und ihm     e
anklebend und gezwungen, wie durch ein Gitter durch ihn das
Sein zu betrachten, nicht aber für sich allein, und daher in aller
Torheit sich umherwälzend, und da sie die Gewalt dieses Kerkers
erkennt, daß er durch die Begierde besteht, auf welche Weise der
Gebundene selbst am meisten immer mit angreift, um gebunden
zu werden – wie ich nun sage, die Lernbegierigen erkennen, daß,     83 a
indem die Philosophie in solcher Beschaffenheit ihre Seele annimmt, sie ihr gelinde zuspricht und versucht, sie zu erlösen, indem sie zeigt, daß alle Betrachtung durch die Augen voll Betrug ist,
voll Betrug auch die durch die Ohren und die übrigen Sinne, und
indem sie überredet, sich von diesen zurückzuziehen, soweit es
nicht notwendig ist, sich ihrer zu bedienen, und sie ermuntert, sich
vielmehr in sich selbst zu sammeln und zusammenzuhalten und
nichts anderem zu glauben als sich selbst, was sie für sich selbst     b
von den Dingen an und für sich anschaut; was sie aber vermittels
eines anderen betrachtet, dieses, weil es in jeglichem anderen wieder ein anderes wird, für nichts Wahres zu halten, und solches sei
ja eben das Wahrnehmbare und Sichtbare, was sie aber selbst
sieht, sei das Denkbare und Unsichtbare. Dieser Befreiung nun
glaubt nicht widerstreben zu dürfen des wahrhaften Philosophen
Seele und enthält sich deshalb der Lust und Begierde, der Unlust
und Furcht, soviel sie kann, indem sie bedenkt, daß, wenn jemand
sehr heftig sich freut oder fürchtet, trauert oder begehrt, er nicht
nur ein so großes Übel hiervon erleidet, als er wohl glaubt, wenn er
etwa erkrankt ist oder einen Verlust erlitten hat seiner Begierden     c
wegen, sondern was das größte und äußerste aller Übel ist, dieses
erleidet er und bringt es nicht in Rechnung. –

Welches ist doch dieses, o Sokrates? sprach Kebes. – Daß nämlich jedes Menschen Seele, sobald sie über irgend etwas sich heftig
erfreut oder betrübt, auch genötigt ist, von demjenigen, womit ihr
dieses begegnet, zu glauben, es sei das Wirksamste und das Wahr-
ste, obwohl sich dies doch nicht so verhält. Und dies sind doch am
meisten die sichtbaren Dinge, oder nicht? – Freilich. – In diesem
Zustande also wird am meisten die Seele von dem Leibe gebunden.     d

– Wieso? – Weil jegliche Lust und Unlust gleichsam einen Nagel hat und sie an den Leib annagelt und anheftet und sie leibartig macht, wenn sie dann glaubt, daß das wahr sei, was auch der Leib dafür aussagt. Denn dadurch, daß sie gleiche Meinung hat mit dem Leibe und sich an dem nämlichen erfreut, wird sie, denke ich, genötigt, auch gleicher Sitte und gleicher Nahrung wie er teilhaftig zu werden, so daß sie nimmermehr rein in die Unterwelt kommen kann, sondern immer des Leibes voll von hinnen geht; daher sie
e auch bald wiederum in einen andern Leib fällt und wie hingesät sich einwurzelt und daher unteilhaftig bleibt des Umganges mit dem Göttlichen und Reinen und Eingestaltigen. – Vollkommen wahr ist, was du sagst, o Sokrates, sprach Kebes. –

## 32. Die Haltung der Seele eines philosophischen Menschen

Dieser Ursachen wegen also, o Kebes, sind die wahrhaft Lernbegierigen sittsam und tapfer, und nicht weshalb die Leute sagen.
84a Oder meinst du? – Nein, ich gewiß nicht. – Es geht auch nicht anders, als daß die Seele eines philosophischen Mannes so rechnet und nicht glauben kann, sie müsse sich zwar von der Philosophie erlösen lassen, nachdem diese sie aber erlöst, sich selbst wiederum der Lust und Unlust hingeben, um sich wieder festbinden und die vorige Arbeit vergeblich machen zu lassen, als wolle sie das Gegenstück treiben zu der Penelope Weberei; sondern Ruhe von dem allen sich verschaffend, der Vernunft folgend und immer darin
b verharrend, daß sie das Wahre und Göttliche und der Meinung nicht Unterworfene anschaut und sich davon nährt, glaubt sie, solange sie lebt, so leben zu müssen, nach dem Tode aber, zu dem Verwandten und ebensolchen gelangt, von allen menschlichen Übeln erlöst zu werden. Hat sie sich so genährt, so ist wohl kein Wunder, wenn sie nicht fürchtet, ob sie nicht doch bei der Trennung von dem Leibe zerrissen, von ich weiß nicht welchen Winden verweht und zerstäubt umkommen und nirgend mehr sein werde.

## 33. Sokrates fordert Kebes und Simmias auf, Zweifel offen zu äußern

c Eine Stille entstand nun, nachdem Sokrates dieses gesagt, auf lange Zeit, und er selbst, Sokrates, war ganz in das Vorgetragene vertieft, wie man ihm ansehen konnte, und auch die meisten von

uns. Kebes und Simmias aber sprachen ein weniges miteinander.
Da sah sie Sokrates an und fragte: Wie? Euch dünkt doch nicht
etwa das Gesagte noch mangelhaft gesagt zu sein? Denn es gibt
wohl noch viel Bedenken und Einwendungen dabei, wenn einer es
ganz genau durchnehmen will. Hattet ihr nun etwas anderes untereinander, so will ich nichts gesagt haben; wenn ihr aber noch
hierüber zweifelt, so tragt nur ja kein Bedenken, es entweder allein
zu sagen und anzuführen, wenn ihr glaubt, daß es so besser werde   d
vorgetragen werden, oder auch mich mit dazu zu nehmen, wenn
ihr meint, mit mir besser zu fahren. – Da sagte Simmias: Ich will
dir die Wahrheit sagen, Sokrates. Wir beide haben schon lange
zweifelnd einander angestoßen und aufgemuntert zu fragen, weil
wir zwar gern hören möchten, aber doch Bedenken tragen, dir
Unruhe zu machen, daß es dir nicht etwa zuwider wäre bei dem
jetzigen Unglück. –

Als er dies hörte, sagte er mit leisem Lächeln: O weh, Simmias!
wahrlich gar schwer werde ich die übrigen Menschen überzeugen,
daß ich das jetzige Geschick für kein Unglück halte, da ich nicht   e
einmal euch überzeugen kann, sondern ihr fürchtet, ich möchte
jetzt mißgestimmter sein als sonst im Leben. Und wie es scheint,
haltet ihr mich in der Wahrsagung für schlechter als die Schwäne,
welche, wenn sie merken, daß sie sterben sollen, wie sie schon
sonst immer gesungen haben, dann am meisten und vorzüglich-
sten singen, weil sie sich freuen, daß sie zu dem Gott gehen sollen,   85 a
dessen Diener sie sind. Die Menschen aber, wegen ihrer eigenen
Furcht vor dem Tode, lügen auch über die Schwäne und sagen,
daß sie über den Tod jammernd aus Traurigkeit sängen, ohne zu
bedenken, daß kein Vogel singt, wenn ihn hungert oder friert oder
ihm sonst irgend etwas fehlt, auch selbst nicht einmal die Nachtigall oder die Schwalbe und der Wiedehopf, von denen sie sagen,
daß sie aus Unlust klagend singen; aber weder diese, glaube ich,
singen aus Traurigkeit noch die Schwäne; sondern weil sie, meine   b
ich, dem Apollon angehören, sind sie wahrsagerisch; und da sie
das Gute in der Unterwelt voraus erkennen, so singen sie und sind
fröhlich an jenem Tage besonders und mehr als sonst vorher. Ich
halte aber auch mich dafür, ein Dienerschaftsgenosse der Schwäne
zu sein und demselben Gotte heilig und nicht schlechter als sie das
Wahrsagen zu haben von meinem Gebieter, also auch nicht unmu-

tiger als sie aus dem Leben zu scheiden. Also deshalb mögt ihr immer sagen und fragen was ihr wollt, solange die elf Männer der Athener es gestatten. –

c Sehr schön, sagte Simmias; also will ich dir sagen, was für Zweifel ich habe, und dann auch dieser, wiefern er das Gesagte nicht annimmt. Denn ich denke über diese Dinge, o Sokrates, ungefähr wie du, daß etwas Sicheres davon zu wissen in diesem Leben entweder unmöglich ist oder doch gar schwer; aber was darüber gesagt wird, nicht auf alle Weise zu prüfen und nicht eher abzulassen, bis einer ganz ermüdet wäre vom Untersuchen nach allen Seiten, daß das einen gar weichlichen Menschen verrät. Denn eines muß man doch in diesen Dingen erreichen, entweder, wie es damit steht, lernen oder finden oder, wenn dies unmöglich ist, die beste und unwiderleglichste der menschlichen Meinungen darüber neh-
d men und darauf wie auf einem Notkahn versuchen durch das Leben zu schwimmen, wenn einer nicht sicherer und gefahrloser auf einem festeren Fahrzeuge, einer göttlichen Rede, reisen kann. So will dann auch ich jetzt mich nicht schämen zu fragen, da ja auch du dasselbe sagst, und nicht hernach mir selbst Vorwürfe zu machen haben, daß ich jetzt nicht gesagt habe, was ich denke. Mir nämlich, o Sokrates, sowohl wenn ich bei mir selbst als wenn ich mit diesem das Gesagte betrachte, erscheint es gar nicht gründlich genug. –

## 34. Einwand des Simmias: Ist die Seele etwas wie die Harmonie und Stimmung des Leibes, muß sie vor ihm vergehen

e Darauf sagte Sokrates: Vielleicht, o Freund, erscheint es dir ganz recht; aber sage nur, wiefern nicht gründlich. – Insofern, sprach er, als auch von der Stimmung und der Leier und den Saiten einer ganz auf dieselbe Weise reden könnte, daß nämlich die Stimmung etwas Unsichtbares und Unkörperliches und gar Schönes und
86a Göttliches ist an der gestimmten Leier, die Leier selbst aber und die Saiten Körper sind und Körperliches und zusammengesetzt und irdisch und dem Sterblichen verwandt. Wenn nun einer die Leier zerbräche oder die Saiten zerschnitte oder zerrisse, so könnte einer mit derselben Rede wie du durchführen, jene Stimmung müsse notwendig noch da sein und nicht untergegangen. Denn es wäre doch keine Möglichkeit, daß die Leier noch da sein sollte,

nachdem die Saiten zerrissen wären, und die Saiten selbst, die
doch dem Sterblichen ähnlich sind, die Stimmung aber sollte untergegangen sein, die doch dem Göttlichen und Unsterblichen b
gleichartig und verwandt ist, und zwar noch vor dem Sterblichen;
sondern, würde er sagen, notwendig muß die Stimmung noch irgendwo sein, und eher werden die Hölzer verfaulen und die Saiten, als jener etwas begegnen wird. Nun aber glaube ich, o Sokrates, du selbst wirst auch dies schon erwogen haben, daß wir uns
die Seele als so etwas vorzüglich vorstellen, wenn doch unser Leib
eingespannt ist und zusammengehalten von Warmem und Kaltem, Trocknem und Feuchtem und dergleichen Dingen, daß unsere Seele die Mischung und Stimmung eben dieser Dinge sei, c
wenn sie schön und im rechten Verhältnis gegeneinander gemischt
sind. Ist nun die Seele eine Stimmung: so ist offenbar, daß, wenn
unser Leib unverhältnismäßig erschlafft oder angespannt wird
von Kranheiten und andern Übeln, die Seele dann notwendig sogleich umkommt, obgleich sie das Göttlichste ist, eben wie alle
andern Stimmungen in Tönen und in allen Werken der Künstler,
die Überreste eines jeden Leibes aber noch lange Zeit bleiben, bis
sie verbrannt werden oder verwesen. Sieh nun zu, was wir gegen d
diese Rede sagen wollen, wenn jemand behauptet, daß die Seele
als die Mischung alles zum Leibe Gehörigen in dem, was wir Tod
nennen, zuerst untergehe. —

35. *Einwand des Kebes: Auch wenn die Seele dauerhafter sein*
    *sollte als der Körper, folgt daraus nicht ihre Unvergänglich-*
    *keit*

Da sah sich Sokrates um, wie er oftmals tat, und sagte lächelnd:
Simmias hat ganz recht gesprochen. Wenn nun einer besseren Rat
weiß als ich, warum antwortet er nicht? Denn er hat die Sache
gewiß gar nicht schlecht angegriffen. Doch mich dünkt, ehe wir
antworten, müssen wir erst auch den Kebes hören, was der wieder
unserer Rede Schuld gibt, damit wir Zeit gewinnen und uns bera- e
ten können, was wir sagen wollen, und dann, wenn wir ausgehört
haben, ihnen entweder einräumen, wenn sie etwas Ordentliches
scheinen angestimmt zu haben, oder wenn nicht, dann also unsere
Rede verfechten. Also, sagte er, sprich, o Kebes, was denn dich
beunruhigt hat. —

Ich will es also sagen, sprach Kebes. Mir scheint nämlich unsere
Rede noch immer auf demselben Fleck zu sein und an demselben
Mangel, dessen wir schon vorher erwähnten, auch jetzt noch zu
87a leiden. Denn daß unsere Seele schon war, ehe sie in diese Gestalt
kam, das will ich nicht zurücknehmen, daß es nicht sehr sinnreich
und, wenn es nicht anmaßend ist zu sagen, ganz befriedigend bewiesen wäre; daß sie aber auch noch, wenn wir tot sind, irgendwo
sei, dies scheint mir nicht eben so. Daß freilich die Seele nicht stärker und dauerhafter sein sollte als der Leib, dies gebe ich der Ein-
wendung des Simmias nicht nach, denn in diesem allen scheint sie
mir sich gar weit zu unterscheiden. Warum also, könnte die Rede
wohl sagen, bist du noch ungläubig, wenn du doch siehst, daß
b nach des Menschen Tode das Schwächere noch ist? Dünkt dich
denn nicht, daß das Dauerhaftere sich gewiß noch erhalten müsse
in eben dieser Zeit? Dagegen nun überlege, ob ich hiermit etwas
sage. Denn eines Bildes bedarf ich freilich auch, wie es scheint,
ebensogut wie Simmias. Mich dünkt nämlich dies gerade ebenso
gesagt, wie wenn jemand, wenn ein alter Mann, der ein Weber
war, gestorben wäre, diese Rede führen wollte: Der Mensch ist
nicht umgekommen, sondern ist gewiß noch irgendwo, und zum
Beweise dafür wollte er das Kleid anführen, was er anhatte und
selbst gewebt hatte, daß das doch noch wohlbehalten wäre und
nicht umgekommen; und wenn ihm einer nicht glauben wollte, er
c diesen dann fragte, was wohl seiner Natur nach dauerhafter wäre,
ein Mensch oder ein Kleid, wenn es nämlich im Gebrauch wäre
und getragen würde, und wenn der dann antworten müßte, der
Mensch bei weitem, jener dann glaubte bewiesen zu haben, der
Mensch also müsse wohl ganz gewiß wohlbehalten sein, da ja das
Vergänglichere nicht untergegangen wäre. Ich denke aber, o Simmias, das verhält sich nicht so. Sieh aber auch du zu, was ich
meine. Denn jeder würde wohl der Meinung sein, daß das einfältig
gesagt wäre, wenn es jemand sagen wollte. Denn dieser Weber hat
schon gar viele solche Kleider verbraucht und gewebt und ist zwar
später umgekommen als jene vielen, aber als das letzte, denke ich,
d doch eher, und deshalb ist doch wohl ein Mensch noch immer
nicht schlechter oder vergänglicher als ein Kleid. Und dieses selbe
Bild, meine ich, läßt sich anwenden auf Seele und Leib; und wer
eben dasselbe sagte von diesen, würde mir scheinen verständig zu

reden, daß nämlich die Seele zwar dauerhafter ist und der Leib
schwächer und vergänglicher, doch aber, würde er hinzusetzen,
verbrauche ja jede Seele viele Leiber, zumal wenn sie viele Jahre
lebe. Denn wenn der Leib immer im Fluß ist und vergeht, solange
der Mensch lebt, die Seele aber das Verbrauchte immer wieder e
webt: so muß ja die Seele wohl, wenn sie umkommt, diese ihre
letzte Bekleidung noch haben und eher freilich nur als diese einzige
umkommen; und erst wenn die Seele umgekommen ist, kann
dann der Leib die Natur seiner Schwachheit beweisen, indem er
schnell durch Fäulnis vergeht. So daß man also diesem Satz noch
nicht zuverlässig trauen darf, daß, wenn wir tot sind, unsere Seele
noch irgendwo ist. Denn wenn jemand auch dem, der deine Be- 88a
hauptung vorträgt, noch mehr einräumen wollte und zugeben, unsere Seele sei nicht nur in der Zeit vor unserer Geburt gewesen,
sondern es hindere auch nichts, daß nicht auch nach dem Tode die
Seelen einiger noch wären und sein würden und noch oft würden
geboren werden und wieder sterben – denn so stark sei sie von
Natur, daß sie dieses gar vielmal aushalten könne; nur aber, indem er dieses zugäbe, nicht auch noch jenes einräumte, daß sie in
diesen vielen Geburten gar nicht von Kräften komme und auch am
Ende nicht in einem von diesen Toden gänzlich untergehe, sondern sagte, diesen Tod und diese Auflösung des Leibes, welche der b
Seele den Untergang bringt, wisse nur keiner, denn es sei unmöglich, daß irgendeiner von uns ihn fühle; wenn sich nun dieses so
verhält, so kann doch von keinem, der über den Tod guten Mutes
ist, gesagt werden, daß er nicht auf eine unverständige Weise mutig sei, wenn er nicht zu beweisen vermag, daß die Seele ganz und
gar unsterblich und unvergänglich ist; wo nicht, so muß jeder, der
im Begriff ist zu sterben, für seine eigene Seele in Sorgen sein, ob sie
nicht gerade in dieser Trennung von dem Leibe ganz und gar untergehen werde.

### 36. Wirkung der Einwände auf die Anwesenden

Alle nun, als wir sie beide dieses hatten sagen gehört, waren wir, c
wie wir uns hernach gestanden, auf unangenehme Weise ver-
stimmt, weil sie uns, die wir durch die vorigen Reden stark überzeugt waren, wieder unruhig zu machen und in Ungewißheit
zurückzuwerfen schienen, nicht nur über das bereits Gesagte, son-

dern auch wegen dessen, was nun noch würde gesagt werden, ob
nicht wir ganz untaugliche Richter wären oder auch die Sache
selbst gar nicht zu entscheiden.

ECHEKRATES: Bei den Göttern, o Phaidon, ich verzeihe euch
das. Denn auch ich, da ich dies jetzt von dir gehört, habe so zu mir
d gesprochen: Welcher Rede soll man nun wohl noch glauben?
Denn die so sehr glaubliche, welche Sokrates vorgetragen, ist nun
doch um allen Glauben gekommen. Denn gar wunderbar ergreift
mich dieser Satz jetzt und schon immer, daß unsere Seele eine
Stimmung ist; und wie er jetzt ausgesagt worden, hat er mir in
Erinnerung gebracht, daß auch mir das vorher schon so geschienen hatte. Und so bedarf ich nun wieder wie anfangs einer andern
Rede, um mich zu überzeugen, daß mit dem Sterbenden die Seele
nicht mitstirbt. Sage nun, beim Zeus, wie Sokrates dieses verfolgt
hat und ob auch ihm, wie du von euch sagst, etwas Verdrießliches
e anzumerken war oder nicht, sondern er seinen Satz ruhig vertei-
digte, und ob er es befriedigend getan hat oder unzureichend. Dies
alles berichte uns so genau als möglich.

PHAIDON: Gewiß, o Echekrates, wie oft ich auch schon den
Sokrates bewundert hatte, nie doch war ich mehr von ihm einge-
89a nommen als damals. Denn daß er etwas zu erwidern wußte, ist
wohl nichts Besonderes; aber ich bewunderte ihn zuerst vorzüglich darüber, wie freundlich und sanft und beifällig er die Reden
der jungen Männer aufnahm, dann, wie scharf er bemerkte, wie
sie auf uns gewirkt hatten, endlich, wie gut er uns heilte und
gleichsam wie Flüchtlinge und Geschlagene zurückrief und uns
zusprach, ihm zu folgen und die Rede mit ihm zu erwägen.

ECHEKRATES: Wie also?

PHAIDON: Das will ich dir sagen. Ich saß nämlich zu seiner
b Rechten neben dem Bett auf einem Bänkchen, er aber saß weit
höher als ich. Nun strich er mir über den Kopf, faßte die Haare im
Nacken zusammen – denn er pflegte wohl oft in meinen Haaren zu
spielen – und sagte: Morgen also, o Phaidon, wirst du wohl diese
schönen Locken abscheren? – So sieht es wohl aus, o Sokrates,
sprach ich. – Nicht doch, wenn du mir folgst. – Was denn? fragte
ich. – Heute noch, sagte er, wollen wir, ich meine und du diese,
abscheren, wenn uns nämlich die Rede stirbt und wir sie nicht
c wieder ins Leben rufen können. Und wenn ich du wäre und mir

diese Rede abhanden käme, wollte ich, wie die Argeier, einen Eid
darauf ablegen, nicht eher das Haar wachsen zu lassen, bis ich in
ehrlichem Kampf die Rede des Simmias und Kebes besiegt
hätte. – Aber, sagte ich, mit zweien kann es ja auch Herakles nicht
aufnehmen. – So rufe denn mich herbei, sprach er, als deinen Iolaos, solange es noch Tag ist. – Das tue ich denn, sagte ich, aber
nicht als Herakles, sondern wie Iolaos den Herakles. – Das ist
gleichviel, sagte er.

### 37. *Warnung des Sokrates vor Redefeindschaft*

Aber daß wir uns ja zuerst hüten, daß uns nicht etwas Gewisses
begegne. – Was doch? fragte ich. – Daß wir ja nicht Redefeinde
werden, sprach er, wie andere wohl Menschenfeinde. Denn un- d
möglich, sagte er, kann einem etwas Ärgeres begegnen, als wenn
er Reden haßt. Und die Redefeindschaft entsteht ganz auf dieselbe
Weise wie die Menschenfeindschaft. Nämlich die Menschenfeindschaft entsteht, wenn man einem auf kunstlose Weise zu sehr vertraut und einen Menschen für durchaus wahr, gesund und zuverlässig gehalten hat, bald darauf aber denselben als schlecht und
unzuverlässig findet, und dann wieder einen; und wenn einem das
öfter begegnet und bei solchen, die man für die vertrautesten und e
besten Freunde hält, so haßt man dann endlich, wenn man immer
wieder anstößt, alle, und glaubt, daß nirgend an einem irgend
etwas Gesundes ist. Oder hast du nicht bemerkt, daß das so zu
gehen pflegt? – Jawohl, sagte ich. – Ist das nun nicht, sprach er,
schändlich, und ist nicht offenbar, daß ein solcher sich ohne die
Kunst, die sich auf Menschen versteht, an den Umgang mit den
Menschen wagt? Denn wenn er dieser Kunst gemäß mit ihnen
umginge: so würde er, wie es sich in der Tat verhält, so auch glauben, daß die sehr guten und sehr schlechten beide immer nur wenige sind, die mittelmäßigen aber am zahlreichsten. – Wie meinst 90a
du das? sprach ich. – Gerade, sagte er, wie mit dem sehr Großen
und sehr Kleinen; glaubst du, daß es etwas Selteneres gibt, als
einen ganz ausgezeichnet großen oder ausgezeichnet kleinen Menschen oder Hund oder sonst etwas zu finden? Und ebenso mit
schnell und langsam, häßlich und schön, weiß und schwarz? Oder
hast du nicht gemerkt, daß von alledem das Äußerste selten vorkommt und wenig, das Mittlere aber unendlich häufig? – Frei-

b lich, sprach ich. – Und meinst du nicht, sagte er, wenn ein Wettstreit der Schlechtigkeit angestellt würde, daß auch da nur sehr
wenige sich als die ersten zeigen würden? – Natürlich, sagte
ich. –

Freilich natürlich, sprach er; aber darin sind eigentlich die Reden nicht den Menschen ähnlich, sondern nur weil du führtest, bin
ich dir hierher gefolgt, wohl aber darin, daß, wenn jemand einer
Rede getraut hat, daß sie wahr sei, ohne die Kunst, welche sich auf
Reden versteht, und sie ihm dann bald darauf wieder falsch vorkommt, manchmal mit Recht, manchmal mit Unrecht, und so
wieder eine und eine andere – und vorzüglich gilt das, wie du wohl
c weißt, von denen, die sich mit Streitreden abgeben, daß sie am
Ende glauben, ganz weise geworden und allein zu der Einsicht
gelangt zu sein, daß nicht nur an keinem Dinge irgend etwas Gesundes und Richtiges ist, sondern auch an den Reden nicht, vielmehr alles sich ordentlich wie im Euripos von oben nach unten
dreht und keine Zeitlang bei etwas bleibt. – Vollkommen richtig,
sprach ich, redest du. – Und, o Phaidon, wäre das nun nicht ein
Jammer, wenn es doch wirklich wahre und sichere Reden gäbe,
die man auch einsehen könnte, wenn einer, weil er auf solche Re-
d den stößt, die ihm bald wahr zu sein scheinen, bald wieder nicht,
sich selbst nicht die Schuld geben wollte und seiner Kunstlosigkeit,
sondern am Ende aus Mißmut die Schuld gern von sich selbst auf
die Reden hinwälzte und dann sein übriges Leben in Haß und
Schmähungen gegen alle Reden hinbrächte und so der Wahrheit
und Erkenntnis der Dinge verlustig ginge? – Beim Zeus, sagte ich,
ein großer Jammer. –

### 38. Bereitschaft des Sokrates zu weiterer Untersuchung
So laß uns denn, sprach er, zuerst davor uns hüten und dem in
e unserer Seele keinen Eingang verstatten, als ob an allen Reden am
Ende wohl gar nichts Tüchtiges wäre; sondern vielmehr, daß wir
nur noch nicht recht tüchtig sind, aber tapfer sein und trachten
müssen, tüchtig zu werden, du und die übrigen des ganzen künfti-
91 a gen Lebens wegen, ich aber eben wegen des Todes. So daß ich vielleicht gar jetzt nicht sonderlich philosophisch mich in dieser Sache
verhalte, sondern wie die ganz Ungebildeten rechthaberisch. Denn
auch diese, wenn sie über etwas streiten, kümmern sich nicht

darum, wie sich das wohl eigentlich verhält, wovon die Rede ist,
sondern nur, daß den Anwesenden das annehmlich erscheine, was
sie selbst festgestellt haben, danach trachten sie. Und ich scheine
gegenwärtig nur soviel mich von ihnen zu unterscheiden, daß ich
nicht danach trachten will, daß den Anwesenden das, was ich behaupte, wahr erscheine, außer beiläufig, sondern daß es mir selbst
nur recht gewiß sich so zu verhalten scheine. Ich berechne nämlich, lieber Freund – und siehe nur, wie eigennützig –, wenn das  b
wahr ist, was ich behaupte, ist es doch vortrefflich, davon überzeugt zu sein; wenn es aber für die Toten nichts mehr gibt, werde
ich doch wenigstens diese Zeit noch vor dem Tode den Anwesenden weniger unangenehm sein durch Klagen; dieser mein Irrtum
aber dauert nicht mit aus, denn das wäre ein Übel, sondern wird in
kurzem untergehen. So gerüstet also, sprach er, o Simmias und
Kebes, mache ich mich an die Rede. Ihr aber, wenn ihr mir folgen
wollt, kümmert euch wenig um den Sokrates, sondern weit mehr  c
um die Wahrheit; und wenn ich euch dünke etwas Richtiges zu
sagen, so stimmt mir bei, wenn aber nicht, so widerstrebt mir auf
alle Weise, damit ich nicht, im Eifer mich und euch zugleich betrü-
gend, wie eine Biene den Stachel zurücklassend davongehe.

### 39. Der Einwand des Simmias widerspricht der Wiedererinne-
rungslehre

Wohlan denn, fuhr er fort, erinnert mich zuerst, was ihr sagtet,
wenn ihr vielleicht findet, daß ich es nicht recht behalten habe.
Simmias, denke ich, ist ungewiß und fürchtet, die Seele möchte,
obwohl etwas Göttlicheres und Schöneres als der Leib, doch vor
ihm untergehen, indem sie ihrer Natur nach eine Stimmung sei.  d
Kebes aber schien dieses zwar zuzugeben, daß die Seele dauerhafter sei als der Leib, aber das könne doch niemand wissen, ob nicht
die Seele, wenn sie nun viele Leiber oftmals verbraucht hat, den
letzten Leib doch zurückläßt und nun selbst umkommt und dieses
dann eben der Tod ist, der Untergang der Seele, denn der Leib geht
ja doch immer unter ohne Aufhören. Ist es dieses, o Simmias und
Kebes, was wir jetzt zu betrachten haben? – Sie gaben beide zu,  e
dieses sei es. – Und die vorigen Reden, sprach er, nehmt ihr die
alle nicht an, oder einige zwar, andere aber nicht? – Einige, sprachen sie, andere aber nicht. – Was sagt ihr also von jener Rede,

sprach er, in welcher wir behaupteten, alles Lernen sei Erinnerung, und wenn sich dies so verhalte, müsse notwendig unsere
Seele anderswo vorher sein, ehe sie an den Leib gebunden wor-
92a  den? – Ich meinesteils, sprach Kebes, war damals wunderbar
überzeugt davon und bleibe auch jetzt dabei, wie bei nichts anderem. – Und mir, sagte Simmias, geht es ebenso, und es sollte mich
wundern, wenn ich jemals hierüber anders dächte. –

Aber du mußt doch anders denken, o thebanischer Freund,
sprach Sokrates, wenn nämlich jene Meinung bestehen soll, daß
eine Stimmung ein zusammengesetztes Ding ist und daß die Seele
als eine Stimmung aus dem, was in dem Leibe unter sich gespannt
b  ist, besteht. Denn du wirst doch nicht sagen wollen, die Stimmung
sei eher vorhanden, als dasjenige da ist, woraus sie hervorgehen
muß; oder willst du das? – Keineswegs, o Sokrates, sagte er. –
Merkst du nun aber wohl, sagte er, daß dir dieses herauskommt,
wenn du sagst, die Seele sei auch, ehe sie in eines Menschen Gestalt
und Leib komme, sie sei aber zusammengesetzt aus dem, was dann
noch nicht ist? Die Stimmung wenigstens ist nicht so, der du sie
c  vergleichst; sondern die Leier und die Saiten und die Töne sind
vorher ungestimmt da, und zuletzt von allen entsteht die Stimmung und geht zuerst wieder unter. Wie kann dir nun diese Rede
mit jener zusammenstimmen? – Gar nicht, sprach Simmias. –
Und doch, sprach er, sollte ja wohl, wenn irgendeine Rede, die von
der Stimmung gut zusammenstimmen. – Das sollte sie wohl, sagte
Simmias. – Diese aber, sagte er, stimmt dir doch nicht; also sieh
zu, welche von beiden du wählen willst, die, daß das Lernen Erinnerung ist, oder die, daß die Seele Stimmung ist. –

Viel lieber jene, o Sokrates, sagte er. Denn diese letztere ist mir
d  ohne allen Beweis gekommen, nur aus einer gewissen Wahrscheinlichkeit und Angemessenheit, woher auch die meisten Menschen zu dieser Meinung kommen; ich weiß aber, daß die Reden,
die sich nur durch einen solchen Schein bewähren, leere Prahler
sind, und wenn man sich nicht wohl mit ihnen vorsieht, einen gar
leicht betrügen, in der Meßkunst und in allem andern. Jene Rede
aber von dem Lernen und der Erinnerung beruht auf einem annehm-
mungswürdigen Grunde, denn es war gesagt worden, daß unsere
Seele, auch ehe sie in den Leib komme, ebenso sei, wie jenes Wesen
selbst ist, welches den Beinamen führt dessen «was ist». Und die-

ses habe ich, wie ich mich selbst überzeuge, ganz mit Recht und   e
mit gutem Grunde angenommen. Daher ist nun notwendig, wie
ich sehe, daß ich es weder mir noch einem andern gelten lasse,
welcher sagt, die Seele sei eine Stimmung. –

40. *Eine als Stimmung aufgefaßte Seele ließe nicht Grade der*
    *Tugend zu*

Und was, sprach er, o Simmias, sagst du hierzu? Scheint dir wohl
der Stimmung oder irgendeiner andern Zusammensetzung zuzu-
kommen, daß sie sich anders verhalten können als jenes, woraus
sie besteht? – Keineswegs. – Auch nicht irgend etwas anderes   93a
tun, wie ich denke, oder leiden außer dem, was jenes tut und leidet? – Er stimmte ein. – Also kommt auch wohl der Stimmung
nicht zu, das anzuführen, woraus sie zusammengesetzt ist, sondern zu folgen? – Das dünkte ihn auch so. – Weit gefehlt also,
daß die Stimmung entgegengesetzt sich bewegen oder klingen
oder sonstwie entgegengesetzt sein könnte ihren Teilen. – Weit
gefehlt, sagte er. – Und wie, ist nicht ihrer Natur nach jede Stimmung gerade so Stimmung, wie sie gestimmt ist? – Das verstehe
ich nicht, sagte er. – Nicht, sagte er, wenn sie besser gestimmt ist
oder in höherem Grade, falls dieses geschehen kann, wird sie dann   b
nicht auch mehr Stimmung sein und in höherem Grade, wenn aber
in geringerem und weniger, dann auch nicht so sehr und weniger? – Freilich. – Findet nun das wohl auch bei der Seele statt,
daß eine Seele auch nur im allergeringsten mehr und in höherem
Grade oder weniger und in geringerem als die andere eben dieses,
Seele, sein kann? – Nicht im mindesten, sagte er. –

Wohlan denn, beim Zeus, sprach er, von der einen Seele sagt
man doch, daß sie Vernunft hat und Tugend und gut ist, von der
andern aber, daß sie Unvernunft und Verderben hat und schlecht
ist; und das sagt man doch mit Recht? – Mit Recht freilich. – Die   c
nun annehmen, daß die Seele eine Stimmung ist, was werden die
wohl sagen, daß dieses sei in den Seelen, die Tugend und das Laster? Etwa wiederum eine andere Stimmung und Verstimmtheit?
So daß die eine gestimmt ist, die gute, und in ihr selbst, die doch
Stimmung ist, eine andere Stimmung hat, die andere aber wiederum ungestimmt ist und keine andere in sich hat? – Ich weiß es
nicht zu sagen, sprach Simmias; offenbar aber müßte so etwas

d sagen, wer jenes voraussetzt. – Darüber aber sind wir ja vorher
einig geworden, daß keine Seele mehr oder weniger Seele ist als die
andere, und dies ist doch ebensoviel, als daß keine Stimmung mehr
oder weniger Stimmung ist als die andere; nicht wahr? – Freilich. – Die aber weder mehr noch weniger Stimmung ist, ist auch
weder mehr noch weniger gestimmt. Ist es so? – So ist es. – Die
aber weder mehr noch weniger gestimmte, hat die wohl größeren
oder geringeren Anteil an dem Wesen der Stimmung oder gleichen? – Gleichen. – Also auch die Seele, wenn die eine eben die-
e ses, Seele, weder mehr noch weniger ist als die andere, ist sie also
auch weder mehr noch weniger gestimmt? – So ist es. – Und steht
es so, so hat auch die eine weder mehr noch weniger Anteil an
Verstimmtheit oder Stimmung? – Freilich nicht. – Und steht es
wiederum so: könnte dann wohl die eine mehr oder weniger als
die andere Anteil haben an Tugend und Laster, wenn doch das
Laster Verstimmtheit ist und die Tugend Stimmung? – Nicht
94a mehr. – Oder vielmehr, o Simmias, wenn wir es recht genau nehmen, wird keine Seele irgend Anteil am Laster haben, wenn sie
Stimmung ist. Denn da die Stimmung immer vollkommen eben
dieses ist, Stimmung: so kann sie an der Verstimmtheit gar niemals Anteil haben. – Freilich nicht. – Dann also auch nicht die
Seele, da sie vollkommen Seele ist, am Laster. – Wie ginge das
wohl nach dem Gesagten? – Nach dieser Rede also werden uns
alle Seelen aller Lebendigen gleich gut sein, wenn sie doch ihrer
Natur nach gleich sehr dieses sind, Seelen. – So dünkt mich auch,
Sokrates, sprach er. – Dünkt es dich aber auch recht so gesagt zu
sein, und daß der Rede dieses begegnen würde, wenn die An-
b nahme richtig wäre, daß die Seele Stimmung sei? – Ganz und gar
nicht, sagte er. –

41. *Die Seele als Stimmung könnte den Leib nicht beherrschen*
Und wie, über alles, was an dem Menschen ist, sagst du nicht, daß
eben die Seele herrsche, zumal die vernünftige? – Gewiß nichts
anderes. – Und etwa immer nachgebend den Zuständen des Leibes, oder auch ihnen widerstrebend? Ich meine nämlich so: wenn
dieser Hitze hat oder Durst, daß sie dennoch auf die entgegengesetzte Seite zieht, zum Nichttrinken, und wenn Hunger, zum
Nichtessen, und in tausend andern Dingen sehen wir doch die

Seele dem Leiblichen widerstreben. Oder nicht? – Allerdings. –
Haben wir aber nicht im vorigen zugegeben, daß sie niemals, c
wenn sie Stimmung ist, entgegengesetzt klingen kann, als jenes
gespannt und nachgelassen und geschwungen wird, oder was
sonst dem widerfährt, woraus sie hervorgeht; sondern daß sie jenem folgen muß und niemals anführen? – Das haben wir zugegeben; wie sollten wir nicht? – Und wie? Scheint sie uns nun nicht
doch ganz das Gegenteil zu tun, alles jenes zu regieren, woraus
man doch sagt, daß sie bestehe, und dem fast überall das ganze
Leben hindurch zu widerstreben und es zu beherrschen auf alle d
Weise, bald härter im Zaum haltend und auf schmerzhafte Weise,
wie in Sachen der Gymnastik und Heilkunst, bald wieder gelinder? Und bald drohend, bald verweisend, mit den Begierden, dem
Zorn und der Furcht wie eine andere mit einem andern redend?
Wie auch Homeros in der Odyssee gedichtet hat, wo er vom Odysseus sagt: «Aber er schlug an die Brust und strafte das Herz mit
den Worten: Dulde nun aus, mein Herz, noch Härteres hast du e
geduldet.» Meinst du wohl, er habe dies gedichtet in der Meinung,
sie sei eine Stimmung und eigne sich, geleitet zu werden von den
Zuständen des Leibes, und nicht vielmehr selbst sie zu leiten und
zu beherrschen, weil sie nämlich etwas weit Göttlicheres ist als
einer Stimmung zu vergleichen? – Beim Zeus, Sokrates, so
kommt es mir nicht vor. – Also, mein Bester, mag es wohl auf
keine Weise recht sein von uns, zu sagen, die Seele sei eine Stim- 95 a
mung. Denn wir würden, wie wir sehen, weder mit dem Homeros,
dem göttlichen Dichter, eins sein noch mit uns selbst. – So verhalte es sich allerdings, sagte er.

### 42. *Aufnahme des Einwandes des Kebes. Frage nach den Ursa-*
### *chen des Entstehens und Vergehens*

Gut denn, sagte Sokrates, mit der Thebanischen Harmonia sind
wir, wie es scheint, noch so leidlich fertiggeworden. Wie werden
wir uns nun aber, o Kebes, auch mit dem Kadmos einigen und auf
welche Weise? – Das, denke ich, sprach Kebes, wirst du schon
auffinden. Diese Rede wenigstens gegen die Stimmung hast du
ganz wunderbar über meine Erwartung durchgeführt. Denn als
Simmias sagte, was für Zweifel er hätte, verwunderte es mich gar
sehr, was wohl jemand mit seiner Rede würde anfangen können, b

und doch konnte sie hernach nicht einmal den ersten Anlauf der deinigen aushalten, wie mir schien. So würde ich mich also auch nicht wundern, wenn dasselbe auch der Rede des Kadmos begegnete. –

O Guter, sprach Sokrates, nur nicht großsprechen, damit uns nicht ein Zauber das, was gesagt werden soll, verrufe und verdrehe. Doch das soll bei Gott stehen, wir aber wollen nun gut homerisch näher tretend hieran versuchen, ob du wohl etwas sagst. Was du aber suchst, scheint mir der Hauptsache nach zu sein: du verlangst, es soll gezeigt werden, daß unsere Seele unver-

c gänglich und unsterblich ist, wenn doch ein philosophischer Mann, der im Begriff zu sterben guten Mutes ist und der Meinung, daß er nach seinem Tode sich dort vorzüglich wohl befinden werde, mehr als wenn er einer andern Lebensweise folgend gestorben wäre, wenn ein solcher nicht ganz unverständig und töricht sein soll bei seinem guten Mut. Zu zeigen aber, daß die Seele etwas Starkes und Göttliches ist, und daß sie war, ehe wir geboren wurden, dies alles, behauptest du, könne gar füglich auch nicht Unsterblichkeit andeuten, sondern daß die Seele zwar etwas lange Beharrendes ist und wer weiß wie lange Zeit vorher irgendwo gewesen ist und vielerlei gewußt und getan hat, aber deshalb doch

d noch nicht unsterblich wäre, sondern eben dieses, daß sie in menschlichen Leib gekommen, könne schon der Anfang ihres Unterganges gewesen sein, gleichsam als eine Krankheit, und so könne sie in Jammer und Not dieses Leben leben und am Ende desselben in dem, was man Tod nennt, untergehen. Und ob sie einmal in den Leib kommt oder oft, dies, behauptest du, könne keinen Unterschied darin machen, daß doch jeder von uns besorgt sein müsse. Denn es gehöre sich gar wohl, daß jeder, wer nicht unverständig sein wolle, sich fürchte, der nicht wisse und keine Rechenschaft davon geben könne, daß sie unsterblich ist. Dies ist

e es ungefähr, glaube ich, o Kebes, was du meinst, und absichtlich wiederhole ich es öfter, damit uns nichts davon entgeht und auch du, wenn du willst, etwas hinzusetzen und davontun kannst. – Darauf sagte Kebes: Für jetzt habe ich wohl nichts davonzutun oder hinzuzusetzen; sondern dies ist es, was ich sagen will.

### 43. a) Unzufriedenheit des Sokrates mit der Lehre der Natur-
philosophen

Darauf hielt Sokrates einige Zeit inne, als ob er etwas bei sich bedächte, und sagte dann: Es ist keine schlechte Sache, o Kebes, welche du aufspürst. Denn wir müssen nun im allgemeinen vom Entstehen und Vergehen die Ursache behandeln. Ich also will dir, 96a wenn du willst, darlegen, wie es mir damit ergeht. Dünkt dich dann etwas von dem, was ich sage, brauchbar zu sein zur Überzeugung von dem, wonach du fragst: so brauche es. – Allerdings, sprach Kebes, das will ich. –

So höre denn, was ich sagen werde. In meiner Jugend nämlich, o Kebes, hatte ich ein wundergroßes Bestreben nach jener Weisheit, welche man die Naturkunde nennt; denn es dünkte mich etwas Herrliches, die Ursachen von allem zu wissen, wodurch jegliches entsteht und wodurch es vergeht und wodurch es besteht, und hundertmal wendete ich mich bald hier-, bald dorthin, indem ich b bei mir selbst zuerst dergleichen überlegte: ob, wenn das Warme und Kalte in Fäulnis gerät, wie Einige gesagt haben, dann Tiere sich bilden? Und ob es wohl das Blut ist, wodurch wir denken, oder die Luft oder das Feuer? Oder keines von diesen, sondern das Gehirn bringt uns alle Wahrnehmungen hervor, die des Sehens und Hörens und Riechens, und aus diesen entsteht dann Gedächt- nis und Vorstellung, und aus Erinnerung und Vorstellung, wenn sie zur Ruhe kommen, entstehe dann auf diese Weise Erkenntnis? Und wenn ich wiederum das Vergehen von all diesem betrachtete und die Veränderungen am Himmel und auf der Erde, so kam ich c mir am Ende zu dieser ganzen Untersuchung so untauglich vor, daß gar nichts darübergeht. Und davon will ich dir hinreichenden Beweis geben. Nämlich was ich schon vorher ganz genau wußte, wie es mir und den andern vorkam, darüber erblindete ich nun bei dieser Untersuchung so gewaltig, daß ich auch das verlernte, was ich vorher zu wissen glaubte von vielen andern Dingen und so auch davon, wodurch der Mensch wächst. Denn dies, glaubte ich vorher, wisse jeder, daß es vom Essen und Trinken herkäme. Denn wenn aus den Speisen zum Fleische Fleisch hinzukommt und zu d den Knochen Knochen, und ebenso nach demselben Verhältnis auch zu allem übrigen das Verwandte sich hinzufindet, dann würde natürlich die Masse, die vorher wenig gewesen war, hernach viel und so der kleine Mensch groß. So glaubte ich damals; dünkt dich das nicht ganz leidlich? – Ei wohl, sagte Kebes. – Bedenke auch noch dies. Ich glaubte genug an der Vorstellung zu haben, wenn ein Mensch neben einem anderen kleinen stehend groß schien, daß er gerade um den Kopf größer wäre, und so auch

e ein Pferd neben dem andern, und was noch deutlicher ist als dieses, Zehn schien mir mehr als Acht zu sein, weil noch zwei dabei sind, und das Zweifüßige größer als das Einfüßige, weil es um die Hälfte dieses überragt. – Und jetzt, sprach Kebes, was dünkt dich hiervon? –

Daß ich, sagte er, beim Zeus, gar weit entfernt bin, auch nur zu glauben, daß ich zu irgend etwas hiervon die Ursache wisse, da ich mir ja das nicht einmal gelten lasse, daß, wenn jemand eins zu einem hinzunimmt, dann entweder das eine, zu welchem hinzugenommen worden, zwei geworden ist oder das Hinzugenommene und das, zu welchem hinzugenommen worden, eben weil eins zu

97a dem andern hinzugekommen, zwei geworden sind. Denn ich wundere mich, wie doch, als jedes für sich war, jedes von ihnen soll eines gewesen sein und sie damals nicht zwei waren, nun sie aber einander nahe gekommen, dieses die Ursache gewesen ist, daß sie zwei geworden sind, die Vereinigung, daß man sie nebeneinander gestellt hat. Und ebensowenig, wenn jemand eines zerspaltet, kann ich mich noch überreden, daß wiederum dieses, die Spaltung, Ursache wurde, daß zwei geworden sind. Denn dies wäre ja eine ganz entgegengesetzte Ursache des Zweiwerdens als

b damals. Damals nämlich, weil sie einander näher gebracht wurden und eines zum andern hinzugesetzt, nun aber, weil eines vom andern hinweggeführt und getrennt wird. Auch nicht, warum eines wird, getraue ich mich noch zu wissen, noch sonst irgend etwas mit einem Wort, warum es wird oder vergeht oder ist, nämlich nach dieser Art und Weise der Untersuchung, sondern ich mische mir eine andere auf gut Glück zusammen, diese aber lasse ich auf keine Weise gelten.

### 43. b) Hoffnungen auf die Annahme einer ordnenden Vernunft durch Anaxagoras

Aber als ich einmal einen hörte, aus einem Buche, wie er sagte,

c vom Anaxagoras, lesen, daß die Vernunft das Anordnende ist und aller Dinge Ursache, an dieser Ursache erfreute ich mich, und es schien mir auf gewisse Weise sehr richtig, daß die Vernunft von allem die Ursache ist, und ich gedachte, wenn sich dies so verhält, so werde die ordnende Vernunft auch alles ordnen und jegliches stellen, so wie es sich am besten befindet. Wenn nun einer die Ursache von jeglichem finden wollte, wie es entsteht oder vergeht oder besteht, so müsse er nur dieses daran finden, wie es gerade diesem am besten sei zu bestehn oder irgend sonst etwas zu tun oder zu leiden. d Und demzufolge dann gezieme es dem Menschen nicht, nach irgend etwas anderem zu fragen, sowohl in bezug auf sich als auf alles andere, als nach dem Trefflichsten und Besten; und derselbe werde dann notwendig auch das Schlechtere wissen, denn die Erkenntnis von beiden sei dieselbe. Dieses nun bedenkend freute ich mich, daß ich glauben konnte, über die Ursache der Dinge einen Lehrer gefunden zu haben, der recht nach meinem Sinne wäre, an dem Anaxagoras, der mir nun auch sagen werde, zuerst ob die Erde flach ist oder e rund und, wenn er es mir gesagt, mir dann auch die Notwendigkeit der Sache und ihre Ursache dazu erklären werde, indem er auf das Bessere zurückginge und mir zeigte, daß es ihr besser wäre, so zu sein. Und wenn er behauptete, sie stände in der Mitte, werde er mir dabei erklären, daß es ihr besser wäre, in der Mitte zu stehen; und wenn er mir dies deutlich machte, war ich schon ganz entschlos- 98 a sen, daß ich nie mehr eine andere Art von Ursache begehren wollte. Ebenso war ich entschlossen, mich nach der Sonne gleichermaßen zu erkundigen und nach dem Monde und den übrigen Gestirnen wegen ihrer verhältnismäßigen Geschwindigkeit und ihrer Umwälzungen und was ihnen sonst begegnet, woher es doch jedem besser ist, das zu verrichten und zu erleiden, was jeder erleidet. Denn ich glaubte ja nicht, nachdem er einmal behauptet, alles sei von der Vernunft geordnet, daß er irgendeinen anderen Grund mit hineinziehen werde, als daß es das Beste sei, daß sie sich so verhalten, wie sie sich verhalten; und also glaubte ich, indem er für b jedes einzelne und alles insgesamt den Grund nachwiese, werde er das Beste eines jeglichen darstellen und das für alles insgesamt Gute. Und für vieles hätte ich diese Hoffnung nicht weggegeben; sondern ganz emsig griff ich zu den Büchern und las sie durch, so schnell ich nur konnte, um nur aufs schnellste das Beste zu erkennen und das Schlechtere.

### 43.c) Enttäuschung des Sokrates über Anaxagoras

Und von dieser wunderbaren Hoffnung, o Freund, fiel ich ganz
herunter, als ich fortschritt im Lesen und sah, wie der Mann mit
der Vernunft gar nichts anfängt und auch sonst gar nicht Gründe
anführt, die sich beziehen auf das Anordnen der Dinge, dagegen
c aber allerlei Luft und Äther und Wasser vorschiebt und sonst vieles Wunderliches. Und mich dünkte, es sei ihm so gegangen, als
wenn jemand zuerst sagte, Sokrates tut alles, was er tut, mit Vernunft, dann aber, wenn er sich daranmachte, die Gründe anzuführen von jeglichem, was ich tue, dann sagen wollte, zuerst daß ich
jetzt deswegen hier säße, weil mein Leib aus Knochen und Sehnen
besteht, und die Knochen sind dicht und durch Gelenke voneinander geschieden, die Sehnen aber so eingerichtet, daß sie angezogen
d und nachgelassen werden können und die Knochen umgeben
nebst dem Fleisch und der Haut, welche sie zusammenhält. Da
nun die Knochen in ihren Gelenken schweben, so bewirkten die
Sehnen, wenn ich sie nachlasse und anziehe, daß ich jetzt imstande
sei, meine Glieder zu bewegen, und aus diesem Grunde säße ich
jetzt hier mit gebogenen Knien. Ebenso, wenn er von unserm Gespräch andere solche Ursachen anführen wollte, die Töne nämlich
e und die Luft und das Gehör und tausenderlei dergleichen herbei-
bringen, ganz vernachlässigend, die wahren Ursachen anzuführen, daß nämlich, weil es den Athenern besser gefallen hat mich zu
verdammen, deshalb es auch mir besser geschienen hat, hier sit-
zenzubleiben, und gerechter, die Strafe geduldig auszustehen, welche sie angeordnet haben. Denn, beim Hunde, schon lange, glaube
ich wenigstens, wären diese Sehnen und Knochen in Megara oder
99a bei den Böotiern, durch die Vorstellung des Besseren in Bewegung gesetzt, hätte ich es nicht für gerechter und schöner gehalten,
eher als daß ich fliehen und davongehen sollte, dem Staate die
Strafe zu büßen, die er verordnet. Also dergleichen Ursachen zu
nennen ist gar zu wunderlich; wenn aber einer sagte, daß, ohne
dergleichen zu haben, Sehnen und Knochen und was ich sonst
habe, ich nicht imstande sein würde, das auszuführen, was mir
gefällt, der würde richtig reden.

    Daß ich aber deshalb täte, was ich tue, und das, indem ich es mit
b Vernunft tue, aber nicht wegen der Wahl des Besten, das wäre
doch eine gar große und breite Untauglichkeit der Rede, wenn sie

nicht imstande wäre zu unterscheiden, daß bei einem jeden Ding
etwas anderes ist die Ursache und etwas anderes jenes, ohne welches die Ursache nicht Ursache sein könnte; und eben dies scheinen mir, wie im Dunkeln tappend, die meisten mit einem ungehö-
rigen Namen, als wäre es selbst die Ursache, zu benennen. Darum
legt dann der eine einen Wirbel um die Erde und läßt sie dadurch
unter dem Himmel stehen bleiben, der andere stellt ihr, wie einem
breiten Troge einen Fußschemel, die Luft unter. Daß sie aber nun     c
so liege, wie es am besten war, sie zu legen, die Bedeutung davon
suchen sie gar nicht auf und glauben auch gar nicht, daß darin eine
besondere höhere Kraft liege, sondern meinen, sie hätten wohl
einen Atlas aufgefunden, der stärker wäre und unsterblicher als
dieser und alles besser zusammenhielte; das Gute und Richtige
aber, glauben sie, könne überall gar nichts verbinden und zusam-
menhalten. Ich nun wäre, um zu wissen, wie es sich mit dieser
Ursache verhält, gar zu gern jedermanns Schüler geworden; da es
mir aber so gut nicht wurde und ich dies weder selbst zu finden
noch von einem andern zu lernen vermochte, willst du, daß ich
von der zweitbesten Fahrt, wie ich sie durchgeführt habe zur Er-     d
forschung der Ursache, eine Beschreibung gebe, o Kebes? – Ganz
über die Maßen, sprach er, will ich das. –

44. *Das Verfahren des Sokrates: Ideenlehre und hypothetische*
    *Methode*

Es bedünkte mich nämlich nach diesem, da ich aufgegeben, die
Dinge zu betrachten, ich müsse mich hüten, daß mir nicht begegne, was denen, welche die Sonnenfinsternis betrachten und anschauen, begegnet. Viele nämlich verderben sich die Augen, wenn
sie nicht im Wasser oder sonst worin nur das Bild der Sonne anschauen. So etwas merkte ich auch und befürchtete, ich möchte     e
ganz und gar an der Seele geblendet werden, wenn ich mit den
Augen nach den Gegenständen sähe und mit jedem Sinne versuchte, sie zu treffen. Sondern mich dünkte, ich müsse zu den Gedanken meine Zuflucht nehmen und in diesen das wahre Wesen
der Dinge anschauen. Doch vielleicht ähnelt das Bild auf gewisse
Weise nicht so, wie ich es aufgestellt habe. Denn das möchte ich     100a
gar nicht zugeben, daß, wer das Seiende in Gedanken betrachtet,
es mehr in Bildern betrachte, als wer in den Dingen. Also dahin

wendete ich mich, und indem ich jedesmal den Gedanken zugrunde lege, den ich für den stärksten halte: so setze ich, was mir
scheint mit diesem übereinzustimmen, als wahr, es mag nun von
Ursachen die Rede sein oder von was nur sonst, was aber nicht,
als nicht wahr. Ich will dir aber noch deutlicher sagen, wie ich es
meine; denn ich glaube, daß du es jetzt nicht verstehst. – Nein,
beim Zeus, sagte Kebes, nicht eben sonderlich. –

b     Ich meine es so, fuhr er fort, gar nichts Neues, sondern was ich
schon sonst immer und so auch in der eben durchgeführten Rede
gar nicht aufgehört habe zu sagen. Ich will also versuchen, dir
den Begriff der Ursache aufzuzeigen, womit ich mich beschäftigt
habe, und komme wiederum auf jenes Abgedroschene zurück
und fange davon an, daß ich voraussetze, es gebe ein Schönes an
und für sich, und ein Gutes und Großes und so alles andere, woraus, wenn du mir zugibst und einräumst, daß es sei, ich dann
hoffe, dir die Ursache zu zeigen und nachzuweisen, daß die Seele
unsterblich ist. – So säume nur ja nicht, sprach Kebes, es durch-
c     zuführen, als hätte ich dir dies längst zugegeben. – So betrachte
denn, fuhr er fort, was daran hängt, ob dir das ebenso vorkommt
wie mir. Mir scheint nämlich, wenn irgend etwas anderes schön
ist außer jenem Schönen selbst, daß es wegen gar nichts anderem
schön sei, als weil es teilhabe an jenem Schönen, und ebenso sage
ich von allem. Räumst du diese Ursache ein? – Die räume ich
ein, sprach er. –

      Und so verstehe ich denn gar nicht mehr und begreife nicht
jene anderen gelehrten Gründe; sondern wenn mir jemand sagt,
weswegen irgend etwas schön ist, entweder weil es eine blühende
d     Farbe hat oder Gestalt oder sonst etwas dieser Art, so lasse ich
das andere – denn durch alles übrige werde ich nur verwirrt gemacht – und halte mich ganz einfach und kunstlos und vielleicht
einfältig bei mir selbst daran, daß nichts anderes es schön macht
als eben jenes Schöne, nenne es nun Anwesenheit oder Gemeinschaft, wie nur und woher sie auch komme, denn darüber
möchte ich nichts weiter behaupten, sondern nur, daß vermöge
des Schönen alle schönen Dinge schön werden. Denn dies dünkt
mich das allersicherste zu antworten, mir und jedem andern; und
wenn ich mich daran halte, glaube ich, daß ich gewiß niemals fal-
e     len werde, sondern daß es mir und jedem andern sicher ist zu ant-

worten, daß vermöge des Schönen die schönen Dinge schön sind.
Oder dünkt dich das nicht auch? – Das dünkt mich. –

Also auch vermöge der Größe das Große groß und das Größere
größer, und vermöge der Kleinheit das Kleinere kleiner? – Ja. –
Also du würdest es auch nicht annehmen, wenn jemand von einem
sagen wollte, er sei größer als ein anderer vermöge des Kopfes, und
der Kleinere vermöge desselben auch kleiner, sondern würdest
darauf beharren, daß du gar nichts anderes meinst, als daß alles    101 a
Größere als ein anderes nur vermöge der Größe größer ist und
wegen sonst nichts, und eben um deswillen, um der Größe willen,
und das Kleinere vermöge sonst nichts kleiner als der Kleinheit,
und eben um deswillen kleiner, um der Kleinheit willen. Und das
aus Furcht, glaube ich, daß dir nicht eine andere Rede entgegen-
trete, wenn du sagtest, einer sei des Kopfes wegen größer und kleiner, zuerst nämlich, daß wegen des nämlichen das Größere größer
sei und das Kleinere kleiner, und dann, daß des Kopfes wegen, der
doch selbst klein ist, das Größere größer sei, und daß das doch ein    b
Wunder sei, daß wegen etwas Kleinem einer groß sein soll. Oder
würdest du das nicht fürchten? – Da lachte Kebes und sagte: Freilich wohl. – Also, fuhr er fort, daß zehn um zwei mehr ist als acht
und um dieser Ursache willen es übertreffe, der zwei wegen, und
nicht der Vielheit wegen und durch die Vielheit, das würdest du
dich fürchten zu sagen. So auch, daß das Zweifüßige größer wäre
als das Einfüßige vermöge der Hälfte, und nicht vermöge der
Größe? Denn dabei ist doch dieselbe Besorgnis. – Allerdings, antwortete er. –

Und wie, wenn eines zu einem hinzugesetzt worden, daß dann
die Hinzufügung Ursache sei, daß zwei geworden sind, und wenn    c
eines gespalten worden, dann die Spaltung, würdest du dich nicht
scheuen, das zu sagen, und vielmehr laut erklären, du wüßtest
nicht, daß irgendwie anders jegliches werde, als indem es teil-
nähme an dem eigentümlichen Wesen eines jeglichen, woran es
teilhat, und so fändest du gar keine andere Ursache des Zweige-
wordenseins als eben die Teilnehmung an der Zweiheit, an welcher alles teilnehmen müsse, was zwei sein solle, so wie an der
Einheit, was eins sein solle? Die Spaltungen aber und Hinzufügun-
gen und andere solche Herrlichkeiten, würdest du die nicht liegen-
lassen und andern anheimstellen, damit zu antworten, die gelehr-

ter sind als du? Du selbst aber würdest aus Furcht, wie man sagt,
d vor deinem eigenen Schatten und deiner Ungeschicktheit, an jener
sicheren Voraussetzung dich haltend, immer so antworten. Wenn
sich aber einer an die Voraussetzung selbst hielte, würdest du den
nicht gehenlassen und nicht eher antworten, bis du, was von ihr
abgeleitet wird, betrachtet hättest, ob es miteinander stimmt oder
nicht stimmt? Und solltest du dann von jener selbst Rechenschaft
geben, würdest du sie nicht auf die gleiche Weise geben, nämlich
eine andere Voraussetzung wieder voraussetzend, welche dir eben
von den höherliegenden die beste dünkt, bis du auf etwas Befriedi-
e gendes kämest, nicht aber untereinander mischend wie die Streit-
künstler, bald von dem ersten Grunde reden und bald von dem
daraus abgeleiteten, wenn du nämlich irgend etwas, wie es wirklich ist, finden wolltest. Denn jene freilich haben hieran vielleicht
gar keinen Gedanken und keine Sorgen, sondern sind imstande,
wenn sie auch in ihrer Weisheit alles durcheinanderrühren, doch
noch sich selbst zu gefallen. Gehörst du aber zu den Philosophen:
102a dann, denke ich, wirst du es so machen, wie ich sage. – Ganz
vollkommen wahr redest du, sagten Simmias und Kebes zugleich.

ECHEKRATES: Beim Zeus, o Phaidon, mit Recht. Denn gar
wunderbar einleuchtend scheint mir der Mann dieses gesagt zu
haben für jeden, der auch nur ein wenig Vernunft hat.

PHAIDON: Allerdings, o Echekrates, und so schien es auch allen
Anwesenden.

ECHEKRATES: Und auch uns, den Abwesenden, die es jetzt hören.

45. *Die Dinge können gleichzeitig an entgegengesetzten Wesen-*
   *heiten teilhaben, die Wesenheit selbst kann nicht ihr Gegen-*
   *teil annehmen*

Aber was war es nun, was hiernächst gesagt wurde?

PHAIDON: Wie ich glaube, nachdem ihm dieses eingeräumt und
b zugestanden war, daß jeglicher Begriff etwas sei an sich und durch
Teilnahme an ihnen die anderen Dinge den Beinamen von ihnen
erhalten, so fragte er hierauf: Wenn du nun dieses so annimmst,
mußt du dann nicht, wenn du behauptest, Simmias sei größer als
Sokrates, aber kleiner als Phaidon, sagen, daß in dem Simmias
beides sei, Größe und Kleinheit? – Freilich. – Und so gestehst du

doch, daß Simmias den Sokrates überragt, damit verhalte es sich
nicht in der Tat so, wie es buchstäblich ausgedrückt wird. Denn es
ist nicht des Simmias Natur, schon dadurch, daß er Simmias ist, zu c
überragen, sondern durch die Größe, die er zufällig hat; auch
nicht den Sokrates zu überragen deshalb, weil Sokrates Sokrates
ist, sondern nur, weil Sokrates Kleinheit hat in bezug auf die
Größe jenes. – Richtig. – Auch nicht vom Phaidon überragt zu
werden deshalb, weil Phaidon Phaidon ist, sondern weil er Größe
hat im Vergleich mit des Simmias Kleinheit. – So ist es. – So hat
also Simmias den Beinamen klein zu sein und groß, selbst in der
Mitte stehend zwischen beiden, indem er der Größe des einen d
seine Kleinheit zum Übertreffen hinhält, dem anderen aber seine
Größe darreicht, welche jenes Kleinheit übertrifft. Dabei lächelte
er und sagte: Ich werde wohl noch gar wie ein Gerichtsschreiber
so genau reden; aber es verhält sich denn doch, wie ich sage. –
Jener stimmte bei. – Ich sage dies aber, weil ich möchte, du wärest
derselben Meinung wie ich. Denn mir leuchtet ein, daß nicht nur
die Größe selbst niemals zugleich groß und klein sein will, sondern
daß auch die Größe in uns niemals das Kleine aufnimmt oder
übertroffen werden will, sondern eines von beiden, daß sie entweder flieht oder aus dem Wege geht, wenn ihr Gegenteil, das Kleine,
sich nähert oder, wenn es da ist, untergeht, niemals aber bleibend e
und die Kleinheit aufnehmend etwas anderes sein will, als sie war;
so wie ich allerdings aushaltend und die Kleinheit aufnehmend
derselbe bin, der ich war, und nur eben als dieser selbe klein bin.
Jene aber hat nicht das Herz, indem sie groß ist, auch klein zu sein.
So auch das Kleine in uns will niemals groß werden oder sein;
noch auch sonst eins von zwei Entgegengesetzten will, dasselbe
bleibend, was es war, zugleich auch sein Gegenteil werden oder
sein, sondern entweder geht es davon, oder es geht unter, wenn
ihm dies begegnet. – Auf alle Weise, sprach Kebes, leuchtet mir 103a
das auch ein. –

## 46. Unterschied zur früheren These (13.), daß alle Dinge aus ih-
rem Gegenteil entstehen

Da sagte einer von den Anwesenden – wer es aber war, erinnere
ich mich nicht mehr genau –: Bei den Göttern, war uns nicht in
unsern vorigen Reden gerade das Gegenteil von dem, was jetzt

gesagt wird, herausgekommen, daß nämlich aus dem Kleineren
das Größere werde und aus dem Größeren das Kleinere und daß
gerade dies die Art sei, wie Entgegengesetztes wird aus Entgegen-
gesetztem? Nun aber scheint mir gesagt zu werden, daß das gar
b  nicht möglich ist. – Sokrates hatte sich hingeneigt und zugehört
und sagte: Das hast du wacker erinnert, nur bemerkst du nicht den
Unterschied zwischen dem jetzt Gesagten und dem damaligen.
Damals nämlich wurde gesagt, aus dem entgegengesetzten Dinge
werde das entgegengesetzte Ding: jetzt aber, daß das Entgegengesetzte selbst sein Entgegengesetztes niemals werden will, weder
das in uns noch das in der Natur. Damals nämlich, o Freund, redeten wir von den Dingen, die das Entgegengesetzte an sich haben,
und benannten sie mit den Namen von jenen, jetzt aber von jenen
selbst, durch deren Einwohnung die so genannten Dinge ihre Benennung erhalten. Und von diesen selbst behaupten wir doch
c  wohl nicht, daß sie einen Übergang ineinander zulassen. Zugleich
sah er den Kebes an und fragte: Hat auch dich vielleicht, o Kebes,
irregemacht, was dieser sagte? – Nein, sagte Kebes, so steht es
nicht mit mir; wiewohl ich nicht sagen will, daß nicht vieles mich
irremacht. – Darüber also sind wir eins geworden, fuhr Sokrates
fort, ganz unbedingt, daß das Entgegengesetzte niemals sein Entgegengesetztes sein wird. – Auf alle Weise. –

47. *Nicht nur die Wesenheiten, sondern auch ihre notwendigen*
   *Eigenschaften schließen das Entgegengesetzte aus*
So betrachte denn auch noch dieses, ob du auch darüber mit mir
einig sein wirst. Du nennst doch etwas warm und kalt? – Das tue
ich. – Etwa dasselbe, was auch Schnee und Feuer? – Nein, beim
d  Zeus, ich nicht. Sondern etwas anderes als das Feuer ist das
Warme, und etwas anderes als der Schnee das Kalte? – Ja. – Aber
das, denke ich, glaubst du doch, daß niemals der Schnee als Schnee
das Warme aufnehmen und, wie wir im vorigen sagten, noch sein
wird, was er war, Schnee und zugleich warm; sondern wenn das
Warme sich nähert, wird er ihm entweder aus dem Wege gehen
oder verschwinden. – Freilich. – Und so das Feuer wiederum,
wenn ihm das Kalte naht, wird entweder darunter weggehen oder
verschwinden, nie aber das Herz haben, die Kälte aufzunehmen
e  und noch sein zu wollen, was es war, Feuer und kalt. – Wohl

gesprochen, sagte er. – Diese Bewandtnis also, fuhr er fort, hat es mit einigen Dingen, daß nicht nur der Begriff selbst sich seinen Namen aneignen will für alle Zeit, sondern auch noch etwas anderes, welches zwar nicht er selbst ist, aber doch immer seine Gestalt an sich trägt, solange es ist. Vielleicht wird hieran noch deutlicher werden, was ich meine. Das Ungerade muß doch immer diesen Namen bekommen, den wir jetzt genannt haben; oder nicht? – Allerdings. – Aber dieses allein, denn danach frage ich, oder auch noch etwas anderes, welches zwar nicht das Ungerade selbst ist, aber was man doch immer auch mit dem Namen desselben nennen muß, weil es so geartet ist, daß es das Ungerade nie kann fahrenlassen? Ich meine damit das, was auch der Dreiheit begegnet und noch vielem anderen. Denn überlege dir nur wegen der Drei, glaubst du nicht, daß sie immer sowohl mit ihrem Namen genannt werden muß als auch mit dem des Ungeraden, ungeachtet dieses nicht dasselbe ist wie die Dreiheit; aber dennoch ist dies die natürliche Beschaffenheit der Drei und der Fünf und überhaupt der einen ganzen Hälfte der Zahl, daß, ungeachtet sie nicht dasselbe ist wie das Ungerade, doch jede von ihnen ungerade ist. Und wiederum die Zwei und die Vier und die andere Reihe der Zahlen ist nicht dasselbe wie das Gerade, aber doch ist jede von ihnen immer gerade. Gibst du das zu oder nicht? – Wie sollte ich nicht, sprach er. –

So siehe nun zu, was ich eigentlich deutlich machen will. Es ist nämlich dieses, daß nicht nur jenes Entgegengesetzte selbst einander nicht annimmt; sondern auch alles das, was einander eigentlich nicht entgegengesetzt ist, doch aber das Entgegengesetzte immer in sich hat, auch dieses scheint jene Idee nicht annehmen zu wollen, die der in ihm wohnenden entgegengesetzt ist, sondern wenn sie kommt, entweder unterzugehen oder sich davonzumachen. Oder wollen wir nicht sagen, die Drei werde eher untergehen und sich alles andere gefallen lassen als aushalten, Drei zu sein und zugleich gerade zu werden? – Allerdings, sagte Kebes. – Nun ist doch die Zwei der Drei nicht entgegengesetzt. – Freilich nicht. – Also nicht nur die entgegengesetzten Begriffe lassen einander nicht zu, sondern auch noch einiges andere läßt das Entgegengesetzte nicht an sich kommen. – Vollkommen richtig, sprach er, redest du. –

### 48. Genauere Bestimmung der Wesenheiten, die außer sich selbst immer ein bestimmtes Entgegengesetztes mit sich führen

Sollen wir nun, fuhr jener fort, wenn wir es können, bestimmen, welcherlei diese sind? – Wohl. – Werden es nun nicht diejenigen

d sein, o Kebes, welche dasjenige, wovon sie Besitz nehmen, nicht nur nötigen, ihre eigene Idee immer festzuhalten, sondern auch immer die eines gewissen Entgegengesetzten? – Wie meinst du das? – Wie wir eben sagten. Denn du weißt doch, alles, wovon die Idee der Dreiheit Besitz nimmt, ist notwendig nicht nur Drei, sondern auch ungerade? – Freilich. – Zu einem solchen nun, sagen wir, kann die Idee, welche der Form entgegengesetzt ist, die dies bewirkt, niemals kommen? – Freilich nicht. – Bewirkt hat dies aber die Form des Ungeraden. – Ja. – Und entgegengesetzt dieser ist die des Geraden? – Ja. – Also kann zu Dreiseienden niemals

e die Form des Geraden kommen. – Offenbar nicht. – Ohne allen Anteil an dem Geraden ist also das Dreiseiende? – Ohne Anteil. – Also ist die Drei ungerade? – Ja. – Was ich also bestimmen wollte, welche Dinge nämlich, ohne einem Gewissen entgegengesetzt zu sein, doch dessen Gegenteil nicht annehmen – wie jetzt die Drei dem Geraden nicht entgegengesetzt ist, es aber dem ungeachtet doch nicht aufnimmt; denn immer bringt sein Gegenteil mit

105 a sowohl die Zwei dem Ungeraden wie das Feuer dem Kalten, und vieles andere –, dieses nun siehe zu, ob du es wohl so bestimmst, daß nicht nur ein Entgegengesetztes das andere nicht aufnimmt, sondern auch, wenn etwas allem, woran es sich macht, den einen Gegensatz zubringt, so kann eben dieses Zubringende den Gegensatz des Zugebrachten niemals annehmen. Rufe es dir nur noch einmal zurück, denn es ist nicht übel, es oft zu hören. Die Fünf wird nie die Form des Geraden annehmen, noch die Zehn die des Ungeraden als das Zwiefache. Auch dieses selbst ist einem andern entgegengesetzt, aber dennoch nimmt es die Form des Ungeraden

b nicht an. Ebensowenig das Anderthalbe und alles dergleichen als Halbes die des Ganzen, oder das Drittel und alles dergleichen, wenn du folgst und einstimmst. – Gar sehr, sprach er, stimme ich ein und folge auch. –

### 49. *Anwendung auf die Seele, die immer Leben mit sich führt*

So sage es mir denn, sprach er, noch einmal von Anfang an. Und
antworte mir nicht gerade das, was ich frage, sondern mich nachahmend ein anderes. Ich sage das nämlich, weil ich außer jener
vorher gegebenen sicheren Antwort vermittels des jetzt Gesagten
noch eine andere Sicherheit absehe. Denn wenn du mich fragtest:
Wem was doch in dem Leibe einwohnt, wird warm sein?, so
würde ich dir nicht jene einfältige sichere Antwort geben, wem    c
Wärme; sondern eine feinere vermöge des jetzt Gesagten, nämlich
wem Feuer. Noch auch wenn du fragtest, welchem Leibe was doch
einwohnt, der wird krank sein, werde ich sprechen, welchem
Krankheit, sondern welchem Fieber. Noch auch, wenn was doch
einer Zahl einwohnt, wird sie ungerade sein, werde ich antworten,
wenn Ungeradheit, sondern wenn Einheit, und so überall. Siehe
nun zu, ob du schon zur Genüge verstehst, was ich will. – Vollkommen zur Genüge, sagte er. – Antworte also, sprach er, wenn
was doch am Leibe einwohnt, wird er lebend sein? – Wenn Seele,
antwortete er. – Und verhält sich dies auch immer so? – Wie      d
sollte es nicht, sagte er. – Die Seele also, wessen sie sich bemächtigt, zu dem kommt sie immer Leben mitbringend? – Das tut sie
freilich. – Ist nun wohl etwas dem Leben entgegengesetzt oder
nichts? – Es ist. – Und was? – Der Tod. – Also wird wohl die
Seele das Gegenteil dessen, was sie immer mitbringt, nie annehmen, wie wir aus dem vorigen festgesetzt haben. – Und gar sehr
festgesetzt. –

### 50. *Schluß: Die Seele ist also unsterblich und unvergänglich*

Wie nun? Was die Idee des Geraden nie aufnimmt, wie nannten
wir das eben? – Ungerade. – Und was das Gerechte nie annimmt
und das Künstlerische nie annimmt? – Unkünstlerisch, sprach er,   e
und jenes ungerecht. – Wohl. Und was den Tod nie annimmt, wie
nennen wir das? – Unsterblich, sagte er. – Und die Seele nimmt
doch den Tod nie an? – Nein. – Unsterblich also ist die Seele? –
Unsterblich. – Wohl, sprach er. Wollen wir also sagen, dies sei
erwiesen, oder wie dünkt dich? – Und zwar ganz vollständig, o
Sokrates. – Wie nun, sprach er, o Kebes; wenn das Ungerade notwendig unvergänglich wäre, würde dann die Drei nicht auch un-    106a
vergänglich sein? – Wie sollte sie nicht? – Und nicht wahr, wenn

auch das Unwarme notwendig unvergänglich wäre, so müßte, wenn jemand an den Schnee Wärme brächte, der Schnee sich davonmachen, aber wohlbehalten und ungeschmolzen? Denn vergehen könnte er ja nicht, aber auch nicht bleiben und die Wärme aufnehmen. – Wohl gesprochen, sagte er. – Und ebenso, denke ich, wenn das Unkalte unvergänglich wäre und jemand an das Feuer Kaltes brächte, so würde es nicht verlöschen und auch nicht vergehen, sondern nur wohlbehalten sich entfernen. – Notwendig. – Muß man nun nicht ebenso auch von dem Unsterblichen sagen, daß, wenn das Unsterbliche auch unvergänglich ist, die Seele unmöglich, wenn der Tod an sie kommt, untergehen kann. Denn den Tod, vermöge des Vorhergesagten, kann sie nicht annehmen und gestorben sein, wie die Drei niemals gerade sein kann, ebensowenig wie das Ungerade selbst, noch auch das Feuer kalt, ebensowenig wie die Wärme in dem Feuer. Aber was hindert, könnte jemand sagen, daß das Ungerade zwar niemals gerade wird, wenn das Gerade ihm ankommt, wie auch eingestanden ist, aber wohl, daß es umkommt und statt seiner uns ein Gerades entsteht? Wer nun das sagte, dem könnten wir nicht abstreiten, daß es umkomme. Denn das Ungerade ist nicht unvergänglich. Wenn aber dies erst eingestanden wäre, dann könnten wir leicht durchfechten, daß, wenn das Gerade kommt, das Ungerade und die Drei nur davongehen, und vom Feuer und dem Warmen und allem andern würden wir es ebenso durchfechten. Oder nicht? – Gewiß. – Nicht so auch jetzt von dem Unsterblichen, wenn uns nur erst eingestanden wäre, daß es zugleich auch unvergänglich ist, dann wäre uns die Seele außer dem, daß sie unsterblich ist, auch unvergänglich; wo aber nicht, so müßte man es anders anfangen. – Dessen bedarf es nun wohl nicht, sprach er, was dies betrifft. Denn gute Wege hätte es, daß irgend etwas sich dem Untergang entziehen könnte, wenn auch das Unsterbliche und immer Seiende den Untergang annähme. –

### 51. Überzeugtheit des Kebes und Unsicherheit des Simmias

Gott wenigstens, sprach Sokrates, und die Idee des Lebens selbst wird wohl, wenn überhaupt etwas unsterblich ist, von jedem eingestanden werden, daß es niemals untergehe. – Beim Zeus, sagte er, von jedem Menschen ja schon, und noch mehr, denke ich, von

den Göttern. – Wenn also das Unsterbliche auch unvergänglich e
ist, wäre dann nicht die Seele, wenn sie doch unsterblich ist, zugleich auch unvergänglich? – Ganz notwendig. – Tritt also der
Tod den Menschen an: so stirbt, wie es scheint, das Sterbliche an
ihm, das Unsterbliche aber und Unvergängliche zieht wohlbehalten ab, dem Tode aus dem Wege. – Das leuchtet ein. – Ganz sicher also, o Kebes, ist die Seele unsterblich und unvergänglich, 107 a
und in Wahrheit werden unsere Seelen sein in der Unterwelt. – Ich
wenigstens, o Sokrates, sagte er, vermag weder etwas anderes
hiergegen vorzubringen noch deinen Reden den Glauben zu versagen; weiß aber unser Simmias oder sonst ein anderer etwas, so
wird es wohlgetan sein, es nicht zu verschweigen. Denn ich wüßte
nicht, auf welche andere Gelegenheit als die jetzt noch vorhandene
es jemand verschieben könnte, der etwas über diese Gegenstände
sagen oder hören will. – Allerdings, sagte Simmias, weiß auch ich
nicht, wie ich nicht beistimmen soll, dem Gesagten zufolge; jedoch wegen der Größe der Gegenstände, worauf die Reden sich
beziehen, und weil ich von der menschlichen Schwachheit wenig b
halte, bin ich gedrungen, bei mir selbst noch einen Unglauben zu
behalten über das Gesagte. – Nicht nur das, o Simmias, sagte Sokrates, sondern wie du hierin ganz recht gesprochen hast, müßt ihr
auch unsere ersten Voraussetzungen, wenn sie euch auch zuverlässig sind, doch noch genauer in Erwägung ziehen; und wenn ihr sie
euch befriedigend auseinandergesetzt habt, dann, denke ich, werdet ihr auch der Rede folgen, soweit nur irgendein Mensch sie
verfolgen kann. Und wenn eben dieses gewiß geworden ist, dann
werdet ihr nichts weiter suchen. – Vollkommen richtig. –

## 52. Der Weg in die Unterwelt für die sittsame und für die un-
reine Seele

Und so ist denn dieses, ihr Männer, wohl wert bemerkt zu werden, c
daß, wenn die Seele unsterblich ist, sie auch der Sorgfalt bedarf
nicht für diese Zeit allein, welche wir das Leben nennen, sondern
für die ganze Zeit, und das Wagnis zeigt sich nun eben erst recht
furchtbar, wenn jemand sie vernachlässigen wollte. Denn wenn
der Tod eine Erledigung von allem wäre: so wäre es ein Fund für
die Schlechten, wenn sie sterben, ihren Leib loszuwerden, aber
auch ihre Schlechtigkeit mit der Seele zugleich. Nun aber diese sich

als unsterblich zeigt, kann es ja für sie keine andere Sicherheit vor
d dem Übel geben und kein Heil als nur, wenn sie so gut und vernünftig geworden ist als möglich. Denn nichts anderes kann sie
doch mit sich haben, wenn sie in die Unterwelt kommt, als nur ihre
Bildung und Nahrung, die ihr ja auch, wie man sagt, sowie sie
gestorben ist, den größten Nutzen oder Schaden bringt, gleich am
Anfang der Wanderung dorthin. Denn man sagt ja, daß jeden Gestorbenen sein Dämon, der ihn schon lebend zu besorgen hatte,
dieser ihn auch dann an einen Ort zu führen sucht, von wo aus
e mehrere zusammen, nachdem sie gerichtet sind, in die Unterwelt
gehen mit jenem Führer, dem es aufgetragen ist, die von hier dorthin zu führen. Nachdem ihnen dann dort geworden ist, was ihnen
gebührt, und sie die gehörige Zeit dageblieben, bringt ein anderer
Führer sie wieder von dort hierher zurück nach vielen und großen
Zeitabschnitten. Und diese Reise ist wohl nicht so, wie der Tele-
108a phos des Aischylos sie beschreibt. Denn jener sagt, es führe nur
ein einfacher Fußsteig in die Unterwelt; ich aber glaube, daß es
weder einer ist noch ein einfacher. Sonst würde es ja keines Führers bedürfen, denn nirgends hin kann man ja fehlen, wo nur ein
Weg geht. Nun aber mag er sich wohl oftmals teilen und winden.
Dies schließe ich aus dem, was bei uns als heilige Feier eingeführt
und gebräuchlich ist. Die sittsame und vernünftige Seele nun folgt
und verkennt nicht, was ihr widerfährt; die aber begehrlich an
dem Leibe sich hält, wie ich auch vorher sagte, drängt sich lange
b Zeit immer um ihn herum und um den sichtbaren Ort, und nach
vielem Sträuben und vielen Versuchen wird sie endlich mit Mühe
und gewaltsam von dem angeordneten Dämon abgeführt. Sie nun,
die dahin kommt, wo auch die andern sich befinden, die unreine
und die etwas dergleichen verübt hat, habe sie sich nun mit unge-
rechtem Morde befaßt oder anderes dergleichen begangen, was
dem verschwistert und verschwisterter Seelen Werk ist, diese mei-
det jeder und weicht ihr aus und will weder ihr Reisegefährte noch
c ihr Führer werden; sie aber irrt in gänzlicher Unsicherheit befangen, bis gewisse Zeiten um sind, nach deren Verlauf die Notwendigkeit sie in die ihr angemessene Wohnung bringt. Die aber rein
und mäßig ihr Leben verbracht und Götter zu Reisegefährten und
Führern bekommen hat, bewohnt jede den ihr gebührenden Ort.

*53. a) Lage und Größe der Erde; Beschaffenheit unserer Wohn-
    sitze*

Es hat aber die Erde viele und wunderbare Orte und ist weder an
Größe noch Beschaffenheit so, wie von denen, die über die Erde zu
reden pflegen, geglaubt wird, nach dem, was mir einer glaublich
gemacht hat. – Darauf sagte Simmias: Wie meinst du das, o So-  d
krates? Denn über die Erde habe auch ich schon vielerlei gehört,
aber wohl nicht das, was dich befriedigt; darum möchte ich es
gern hören. – Das ist ja wohl keine große Kunst, o Simmias, sagte
er, zu erzählen, was das ist; aber freilich, daß es so wahr ist, das
möchte wieder schwerer sein als schwer; und teils möchte ich es
vielleicht nicht können, teils auch, wenn ich es verstände, möchte
doch mein Leben wenigstens, o Simmias, für die Größe der Sache
nicht mehr hinreichen. Doch die Gestalt der Erde, wie ich belehrt  e
bin, daß sie sei, und ihre verschiedenen Orte hindert mich nichts
zu beschreiben. – Auch das, sprach Simmias, soll uns genug
sein. – Zuerst also bin ich belehrt worden, daß, wenn sie als runde
inmitten des Himmels steht, sie weder Luft brauche, um nicht zu  109a
fallen, noch irgendeinen andern solchen Grund, sondern, um sie
zu halten, sei hinreichend die durchgängige Einerleiheit des Himmels und das Gleichgewicht der Erde selbst. Denn ein im Gleichgewicht befindliches Ding in die Mitte eines anderen solchen gesetzt
wird keinen Grund haben, sich irgendwohin mehr oder weniger
zu neigen, und daher, auf gleiche Weise zu allem sich verhaltend,
wird es ohne Neigung bleiben. Dieses, sagte er, habe ich zuerst
angenommen. – Und sehr mit Recht, sprach Simmias. – Dann
auch, daß sie sehr groß sei und daß wir, die vom Phasis bis an die
Säulen des Herakles reichen, nur an einem sehr kleinen Teile, wie  b
Ameisen oder Frösche um einen Sumpf, so wir um das Meer
herum wohnen, viele andere aber anderwärts an vielen solchen
Orten. Denn es gebe überall um die Erde her viele Höhlungen und
mannigfaltige von Gestalt und Größe, in welchen Wasser und Ne-
bel und Luft zusammengeflossen sind; die Erde selbst aber liege
rein in dem reinen Himmel, an welchem auch die Sterne sind und
den die meisten, welche über dergleichen zu reden pflegen, Äther  c
nennen, dessen Bodensatz nun eben dieses ist und immer in den
Höhlungen der Erde zusammenfließt. Wir nun merkten es nicht,
daß wir nur in diesen Höhlungen der Erde wohnten, und glaubten,

oben auf der Erde zu wohnen, wie wenn ein mitten im Grunde der
See Wohnender glaubte, oben an dem Meere zu wohnen, und,
weil er durch das Wasser die Sonne und die andern Sterne sähe,
das Meer für den Himmel hielte, aus Trägheit aber und Schwachheit niemals bis an den Saum des Meeres gekommen wäre, noch
über das Meer aufgetaucht und hervorgekrochen, um diesen Ort
zu schauen, wieviel reiner und schöner er ist als der bei ihm, noch
auch von einem andern, der ihn gesehen, dies gehört hätte; geradeso erginge es auch uns. Denn wir wohnten in irgendeiner Höhlung der Erde und glaubten, oben darauf zu wohnen, und nennten
die Luft Himmel, als ob diese der Himmel wäre, durch welchen die
Sterne wandeln. Damit aber sei es gerade so, daß wir aus Trägheit
und Schwachheit nicht vermöchten hervorzukomemn bis an den
äußersten Saum der Luft. Denn wenn jemand zur Grenze der Luft
gelangte oder Flügel bekäme und hinaufflöge: so würde er dann
hervortauchen und sehen, wie hier die Fische, wenn sie einmal aus
dem Meer herauftauchen, was hier ist, sehen, so würde dann ein
solcher auch das Dortige sehen, und wenn seine Natur die Betrachtung auszuhalten vermöchte, dann erkennen, daß jenes der
wahre Himmel ist und das wahre Licht und die wahre Erde. Denn
die Erde hier bei uns und die Steine und der ganze Ort hier ist
zerfressen und verwittert, wie, was im Meere liegt, vom Salz angefressen ist und nichts der Rede Wertes im Meere wächst, noch es
irgend etwas Vollkommenes darin gibt, sondern nur Klüfte und
Sand und unendlichen Kot und Schlamm, wo es noch Erde gibt,
und nichts, was irgend mit unsern Schönheiten könnte verglichen
werden; jenes aber würde wiederum noch weit vorzüglicher sich
zeigen vor dem unsrigen. Und darf man wohl eine schöne Erzählung vorbringen, Simmias, so lohnt es wohl zu hören, wie das auf
der Erde unter dem Himmel beschaffen ist. – Gewiß, sprach Simmias, werden wir diese Erzählung gern hören, o Sokrates. –

## 53.b) Aussehen der wahren Erde und Glückseligkeit ihrer Bewohner

Man sagt also zuerst, o Freund, diese Erde sei so anzusehen, wenn
sie jemand von oben herab betrachtete, wie die zwölfteiligen le-
dernen Bälle, in so bunte Farben geteilt, von denen unsere Farben
hier gleichsam Proben sind, alle die, deren sich die Maler bedie-

nen. Dort aber bestehe die ganze Erde aus solchen und noch weit c
glänzenderen und reineren als diese. Denn ein Teil sei purpurrot
und wunderbar schön, ein anderer goldfarbig, ein anderer weiß,
aber viel weißer als Alabaster oder Schnee, und ebenso aus jeder
anderen Farbe bestehe einer, und aus noch mehreren und schöne-
ren, als wir gesehen haben. Denn selbst diese Höhlungen der Erde,
welche mit Wasser und Luft angefüllt sind, bilden eine eigne Art
von Farbe, welche in der Vermischung aller anderen Farben d
glänzt, so daß sie ganz und gar als ein ununterbrochenes Bunt
erscheint. Auf dieser nun, die so beschaffen ist, wachsen verhält-
nismäßig ebensolche Gewächse, Bäume, Blumen und Früchte.
Ebenso haben auch die Gebirge und die Steine nach demselben
Verhältnis ihre Vollendung und Durchsichtigkeit und schönere
Farben, von denen aber auch unsere so sehr gesuchten Steinchen
hier Teile sind, die Karneole und Jaspisse und Smaragden und alle
dergleichen; dort aber sei nichts, was nicht so wäre und noch
schöner als diese. Die Ursache hiervon aber sei, daß jene Steine e
rein sind und nicht angefressen noch verwittert wie die hiesigen
von Fäulnis und Salzwasser, von dem, was hier zusammenfließt
und Steinen und Erden und allen Gewächsen und Tieren Entstel-
lungen und Krankheiten verursacht. Die Erde also sei mit all diesem geschmückt, und außerdem noch mit Gold und Silber und
dem übrigen der Art, welches glänzend dort zu finden sei und in 111 a
großer Menge wachse und überall auf der Erde, so daß sie zu
schauen ein beseligendes Schauspiel sei. Tiere aber gebe es auf ihr
vielerlei und auch Menschen, welche teils mitten im Lande wohnen, teils so um die Luft herum, wie wir um das Meer, teils auch
auf luftumflossenen Inseln um das feste Land her. Und mit einem
Worte, was uns Wasser und Meer ist für unsere Bedürfnisse, das
sei jenen dort die Luft, und was uns die Luft, das jenen der Äther. b
Und die Witterung habe eine solche Mischung bei ihnen, daß sie
ohne Krankheit wären und weit längere Zeit lebten als die hiesigen, und ihr Gesicht, ihr Gehör und ihre Einsicht, und was sonst
dahin gehört, ständen von dem unsrigen in demselben Maße ab,
wie die Luft vom Wasser absteht und der Äther von der Luft in
Hinsicht auf Reinheit. Auch hätten sie ferner Tempel und Heiligtümer für die Götter, in denen aber die Götter wahrhaft wohnen,
und Stimmen, Weissagungen und Erscheinungen der Götter, und

c solcherart sei ihr Verkehr mit ihnen, von Angesicht zu Angesicht;
und Sonne, Mond und Sterne sähen sie, wie sie wirklich sind, und
dem sei auch ihre übrige Glückseligkeit gemäß.

### 54. a) Das System der unterirdischen Ströme

So demnach sei die ganze Erde geartet und was sie umgibt; rund
umher auf ihr aber gebe es nach Maßgabe ihrer Höhlung viele
d Orte, einige tiefer und weiter geöffnet als der, in welchem wir
wohnen, andere wiederum tiefer, aber mit einer engeren Öffnung,
als die unser Ort hat; und welche sind wohl auch flacher und dabei
doch breiter als der hiesige. Alle diese nun ständen unter der Erde
vielfältig miteinander in Verbindung, enger und weiter, so daß sie
Durchgänge haben unter sich, durch welche dann vieles Wasser
aus einem in den andern fließt, wie in Becher, und daß es unver-
siegliche Ströme von unübersehbarer Größe unter der Erde gebe
von warmen Wassern und kalten, und vieles Feuer und große
Ströme von Feuer, viele auch von feuchtem Schlamm, teils reine-
rem, teils schmutzigerem, wie in Sizilien die vor dem Feuerstrome
e sich ergießenden Ströme von Schlamm und der Feuerstrom selbst.
Von denen werden dann alle Örter erfüllt, je nachdem jedesmal
jeder seinen Umlauf nimmt. Und dieses alles bewege hinauf und
hinunter gleichsam eine in der Erde befindliche Schaukel; diese
Schaukel aber bestehe durch folgende Einrichtung ungefähr. Einer
nämlich von diesen Erdspalten ist auch sonst der größte und quer
112a durch die ganze Erde gebohrt. Dieser ist nun, wie Homeros davon singt, «Ferne wo tief sich öffnet der Abgrund unter der Erde»,
derselbe, den anderwärts er und auch sonst viele andere Dichter
den Tartaros genannt haben. In diesen Spalt nun strömen alle
diese Flüsse zusammen und strömen auch wieder von ihm aus;
und alle werden so wie der Boden, durch welchen sie strömen. Die
b Ursache aber, warum alle Ströme von hier ausfließen und auch
wieder hinein, ist, daß diese Flüssigkeit keinen Boden hat und keinen Grund. Daher schwebt sie und wogt immer auf und ab, und
die Luft und der Hauch um sie her tut dasselbe. Denn dieser begleitet sie, sowohl wenn sie in die jenseitigen Gegenden der Erde
strömt, als wenn in die diesseitigen. Und so wie der Hauch der
Atmenden in beständiger Bewegung immer einströmt und aus-
strömt: so auch dort bildet der mit der Flüssigkeit wogende Hauch

heftige und gewaltige Winde sowohl im Hineingehen als im Herausgehen. Wenn nun strömend das Wasser nach der Gegend hin   c
ausweicht, welche unten genannt wird: so fließt es in das Gebiet
der dortigen Ströme und füllt es an wie beim Pumpen. Wenn es
aber von dort wiederum sich wegzieht und hierher strömt, so erfüllt es dann die hiesigen. Diese, wenn sie erfüllt sind, strömen
durch die Kanäle und durch die Erde; und wenn sie jeder in die
Gegenden kommen, wohin sie jedesmal geleitet werden, so bilden
sie Meere und Seen und Flüsse und Quellen. Von da tauchen sie
nun wieder unter die Erde und, teils längere und mehrere Gegen-   d
den durchziehend, teils wenigere und kürzere, ergießen sie sich
alle wieder in den Tartaros, einige viel weiter unten, als wo sie
ausgepumpt wurden, andere nicht soviel, aber unterhalb ihres
Ausflusses fließen sie alle ein; und einige strömen wieder ein gerade gegenüber der Stelle, wo sie ausgeflossen sind, andere auf der
nämlichen Seite. Ja es gibt auch welche, die im Kreise herumzie-
hen, ein oder mehrere Male sich um die Erde winden wie Schlangen und dann, möglichst tief gesenkt, sich wieder hineinergießen.
Möglich ist aber von beiden Seiten nur, sich bis zur Mitte herabzu-   e
senken, weiter nicht. Denn für beiderlei Ströme geht das jenseitige
wiederum aufwärts.

## 54. b) Die vier Hauptströme: Okeanos, Acheron, Pyriphlege-
## thon und Kokytos

So gibt es nun gar viele andere große und verschiedenartige
Ströme, unter diesen vielen aber gibt es vorzüglich vier, von denen
der größte und als äußerster rund herum fließende der sogenannte
Okeanos ist, diesem gegenüber und in entgegengesetzter Richtung
fließend ist der Acheron, welcher durch viele andere wüste Gegenden fließt, vorzüglich aber auch unter der Erde fortfließend in   113 a
den Acherusischen See kommt, wohin auch der meisten Verstorbenen Seelen gelangen, und nachdem sie gewisse bestimmte Zeiten dort geblieben, einige länger, andere kürzer, dann wieder aus-
gesendet werden zu den Erzeugungen der Lebendigen. Der dritte
Fluß strömt aus zwischen diesen beiden und ergießt sich unweit
seiner Quelle in eine weite, mit einem gewaltigen Feuer brennende
Gegend, wo er einen See bildet, größer als unser Meer und siedend
von Wasser und Schlamm. Von hier aus bewegt er sich dann im   b

Kreise herum, trübe und schlammig, und indem er sich um die Erde herumwälzt, kommt er nächst anderen Orten auch an die Grenzen des Acherusischen Sees, jedoch ohne daß ihre Gewässer sich vermischten. Und nachdem er sich oftmals unter der Erde umhergewälzt, ergießt er sich weiter unten in den Tartaros. Dies ist der, den man Pyriphlegethon nennt, von welchem auch die feuerspeienden Berge, wo sich deren auf der Erde finden, kleine Teilchen heraufblasen. Diesem wiederum gegenüber strömt der vierte aus, zuerst in eine furchtbare und wilde Gegend, wie man sagt, die von Farbe ganz und gar dunkelblau ist, welche sie die

c stygische nennen, und den See, welchen der Fluß bildet, den Styx. Nachdem sich dieser nun hier hineinbegeben und gewaltige Kräfte aufgenommen in sein Wasser, geht er unter die Erde, wälzt sich herum, kommt dem Pyriphlegethon gegenüber wieder hervor und trifft auf den Acherusischen See an der gegenüberliegenden Seite. Und auch dieser vermischt sein Wasser mit keinem andern, sondern geht ebenfalls im Kreise herum und ergießt sich wieder in den Tartaros gegenüber dem Pyriphlegethon. Sein Name aber heißt wie die Dichter sagen, Kokytos.

### 55. Die Schicksale der verschiedenartigen Seelen nach ihrem Verdienst

d Da nun dieses so ist, so werden, sobald die Verstorbenen an dem Orte angelangt sind, wohin der Dämon jeden bringt, zuerst diejenigen gerichtet, welche schön und heilig gelebt haben und welche nicht. Die nun dafür erkannt werden, einen mittelmäßigen Wandel geführt zu haben, begeben sich zum Acheron, besteigen die Fahrzeuge, die es da für sie gibt, und gelangen auf diesen zu dem See. Hier wohnen sie und reinigen sich, büßen ihre Vergehungen ab, wenn einer sich irgendwie vergangen hat, und werden losge-

e sprochen, wie sie auch ebenso für ihre guten Taten den Lohn erlangen, jeglicher nach Verdienst. Deren Zustand aber für unheilbar erkannt wird wegen der Größe ihrer Vergehungen, weil sie häufigen und bedeutenden Raub an den Heiligtümern begangen oder viele ungerechte und gesetzwidrige Mordtaten vollbracht oder anderes, was dem verwandt ist, diese wirft ihr gebührendes Geschick in den Tartaros, aus dem sie nie wieder heraussteigen. Die hingegen heilbare zwar, aber doch große Vergehungen began-

gen zu haben erfunden werden, wie die gegen Vater oder Mutter    114 a
im Zorn etwas Gewalttätiges ausgeübt oder die auf diese oder andere Weise Mörder geworden sind, diese müssen zwar auch in den
Tartaros stürzen, aber wenn sie hineingestürzt und ein Jahr darin
gewesen sind, wirft die Welle sie wieder aus, die Mörder auf der
Seite des Kokytos, die aber gegen Vater und Mutter sich versün-
digt, auf der des Pyriphlegethon. Wenn sie nun, auf diesen fortge-
trieben, an den Acherusischen See kommen: so schreien sie da und
rufen die, welche von ihnen getötet worden sind oder frevelhaft
behandelt. Haben sie sie nun herbeigerufen, so flehen sie und bitten, sie möchten sie in den See aussteigen lassen und sie dort auf-    b
nehmen. Wenn sie sie nun überreden, so steigen sie aus, und ihre
Übel sind am Ende; wo nicht, so werden sie wieder in den Tartaros
getrieben und aus diesem wieder in die Flüsse, und so hört es nicht
auf ihnen zu ergehen, bis sie diejenigen überreden, welchen sie
unrecht getan haben; denn diese Strafe ist ihnen von den Richtern
angeordnet. Die aber ausgezeichnete Fortschritte in heiligem Leben gemacht zu haben erfunden werden, dies endlich sind diejenigen, welche, von allen diesen Orten im Innern der Erde befreit und
losgesprochen von allem Gefängnis, hinauf in die reine Behausung    c
gelangen und auf der Erde wohnhaft werden. Welche nun unter
diesen durch Weisheitsliebe sich schon gehörig gereinigt haben,
diese leben für alle künftigen Zeiten gänzlich ohne Leiber und
kommen in noch schönere Wohnungen als diese, welche weder
leicht wären zu beschreiben, noch würde die Zeit für diesmal zu-
reichen. Aber schon um dessentwillen, was wir jetzt auseinandergesetzt haben, o Simmias, muß man ja wohl alles tun, um der Tugend und Vernunft im Leben teilhaftig zu werden. Denn schön ist
der Preis und die Hoffnung groß.

### 56. *Das Vertrauen auf diesen Mythos als schönes Wagnis*
Daß sich nun dies alles gerade so verhalte, wie ich es auseinander-    d
gesetzt, das ziemt wohl einem vernünftigen Mann nicht zu behaupten; daß es jedoch, sei es nun diese oder eine ähnliche Bewandtnis haben muß mit unseren Seelen und ihren Wohnungen,
wenn doch die Seele offenbar etwas Unsterbliches ist, dies, dünkt
mich, zieme sich gar wohl und lohne auch, es darauf zu wagen,
daß man glaube, es verhalte sich so. Denn es ist ein schönes Wag-

nis, und man muß mit solcherlei gleichsam sich selbst besprechen. Darum spinne ich auch schon so lange an der Erzählung. Also um dessentwillen muß ein Mann guten Mutes sein seiner Seele wegen,
e der im Leben die andern Lüste, die es mit dem Leibe zu tun haben, und dessen Schmuck und Pflege hat fahren lassen als etwas ihn selbst nicht Angehendes und wodurch er nur Übel ärger zu machen befürchtete, jener Lust hingegen an der Forschung nachgestrebt und seine Seele geschmückt hat nicht mit fremden, sondern mit dem ihr eigentümlichen Schmuck, Besonnenheit, Gerechtig-
115a keit, Tapferkeit, Edelmut und Wahrheit, so seine Fahrt nach der Unterwelt erwartend, um sie anzutreten, sobald das Schicksal rufen wird. – Ihr nun, setzte er hinzu, o Simmias und Kebes und ihr übrigen, werdet ein andermal jeder zu seiner Zeit abgehen; mich aber ruft jetzt schon, würde ein tragischer Mann sagen, das Geschick, und es ist wohl beinahe Zeit, sich nach dem Bade umzusehen. Denn es dünkt mich doch besser zu baden, ehe ich den Trank nehme, und nicht hernach den Weibern Mühe zu machen mit dem Waschen des Leichnams.

### 57. Letzter Auftrag des Sokrates an die Freunde. Seine Zuversicht über das Fortgehen der Seele

b Als er dieses gesagt, sprach Kriton: Wohl, o Sokrates! Was aber trägst du diesen oder mir auf deiner Kinder wegen, oder was wir sonst irgend dir noch recht zu Dank machen könnten, wenn wir es täten? – Was ich immer sage, sprach er, o Kriton, nichts Besonderes weiter, daß nämlich, wenn ihr euer selbst recht wahrnehmt, ihr mir und den meinigen und euch selbst alles zu Dank machen werdet, was ihr nur tut, und wenn ihr es auch jetzt nicht versprecht; wenn ihr aber euch selbst vernachlässigt und nicht gleichsam den Spuren des jetzt und sonst schon Gesagten nachgehen wollt im
c Leben, daß ihr dann, wenn ihr auch jetzt noch so vieles und noch so heilig versprächet, doch nichts weiter damit ausrichten werdet. – Dieses also wollen wir uns bestreben, so zu machen, sagte Kriton. Aber auf welche Weise sollen wir dich begraben? – Wie ihr wollt, sprach er, wenn ihr mich nur wirklich haben werdet und ich euch nicht entwischt bin. Dabei lächelte er still und sagte, indem er uns ansah: Diesen Kriton, ihr Männer, überzeuge ich nicht, daß ich dieser Sokrates bin, der jetzt mit euch redet und euch

das Gesagte einzeln vorlegt, sondern er glaubt, ich sei jener, den er
nun bald tot sehen wird, und fragt mich deshalb, wie er mich be- d
graben soll. Daß ich aber schon so lange eine große Rede darüber
gehalten habe, daß, wenn ich den Trank genommen habe, ich
dann nicht länger bei euch bleiben, sondern fortgehen werde zu
irgendwelchen Herrlichkeiten der Seligen, das, meint er wohl,
sage ich alles nur so, um euch zu beruhigen und mich mit. So legt
ihr denn eine Bürgschaft für mich ein beim Kriton, und zwar eine
ganz entgegengesetzte, als er bei den Richtern eingelegt hat. Denn
er hat sich verbürgt, ich würde ganz gewiß bleiben, ihr aber verbürgt euch dafür, daß ich ganz gewiß nicht bleiben werde, wenn
ich tot bin, sondern mich davonmachen und fort sein, damit Kriton es leichter trage, und, wenn er meinen Leib verbrennen oder e
begraben sieht, sich nicht ereifere meinetwegen, als ob mir Arges
begegne; und damit er nicht beim Begräbnis sage, er stelle den
Sokrates aus oder trage ihn heraus oder begrabe ihn. Denn wisse
nur, sagte er, o bester Kriton, sich unschön ausdrücken ist nicht
nur eben insofern fehlerhaft, sondern bildet auch etwas Böses ein
in die Seele. Sondern du mußt mutig sein und sagen, daß du meinen Leib begräbst, und diesen begrabe nur, wie es dir eben recht 116a
ist und wie du es am meisten für schicklich hältst.

## 58. Beisammensein mit den Verwandten und Ankündigung des Sonnenuntergangs

Dieses gesagt, stand er auf und ging in ein Gemach, um zu baden,
und Kriton begleitete ihn, uns aber hieß er dableiben. Wir blieben
also und redeten untereinander über das Gesagte und überdachten
es noch einmal; dann aber auch klagten wir wieder über das Unglück, welches uns getroffen hätte, ganz darüber einig, daß wir
nun gleichsam des Vaters beraubt als Waisen das übrige Leben
hinbringen würden. Nachdem er nun gebadet und man seine Kin- b
der zu ihm gebracht hatte — er hatte nämlich zwei kleine Söhne
und einen größern — und die ihm angehörigen Frauen gekommen
waren, sprach er mit ihnen in Kritons Beisein, und nachdem er
ihnen aufgetragen, was er wollte, hieß er die Weiber und Kinder
wieder gehen, er aber kam zu uns. Und es war schon nahe am
Untergange der Sonne, denn er war lange drinnen geblieben. — Als
er nun gekommen war, setzte er sich nieder nach dem Bade und

hatte noch nicht viel seitdem gesprochen, so kam der Diener der
c Elfmänner, stellte sich zu ihm und sagte: O Sokrates, über dich
werde ich mich nicht zu beklagen haben, wie über andere, daß sie
mir böse werden und mir fluchen, wenn ich ansage, das Gift zu
trinken auf Befehl der Oberen. Dich aber habe ich auch schon
sonst in dieser Zeit erkannt als den edelsten, sanftmütigsten und
trefflichsten von allen, die sich jemals hier befunden haben, und
auch jetzt weiß ich sicher, daß du nicht mir böse sein wirst, denn
du weißt wohl, wer schuld daran ist, sondern jenen. Nun also,
d denn du weißt wohl, was ich dir zu sagen gekommen bin, lebe
wohl, und suche so leicht als möglich zu tragen, was nicht zu ändern ist. Da weinte er, wendete sich um und ging. – Sokrates aber
sah ihm nach und sprach: Auch du lebe wohl, und wir wollen so
tun. Und zu uns sagte er: Wie fein der Mensch ist. So ist er die
ganze Zeit mit mir umgegangen, hat sich bisweilen mit mir unter-
redet und war der beste Mensch; und nun, wie aufrichtig beweint
er mich! Aber wohlan denn, o Kriton, laßt uns ihm gehorchen,
und bringe einer den Trank, wenn er schon ausgepreßt ist, wo
nicht, so soll ihn der Mensch bereiten. – Da sagte Kriton: Aber
e mich dünkt, o Sokrates, die Sonne scheint noch an die Berge und
ist noch nicht untergegangen. Und ich weiß, daß auch andere erst
ganz spät getrunken haben, nachdem es ihnen angesagt worden
ist, und haben noch gut gegessen und getrunken, ja einige haben
gar noch Schöne zu sich kommen lassen, nach denen sie Verlangen
hatten. Also übereile dich nicht; denn es hat noch Zeit. – Da sagte
Sokrates: Gar recht, o Kriton, hatten jene, so zu tun, wie du
sagst – denn sie meinten etwas zu gewinnen, wenn sie so täten –,
und gar recht habe auch ich, nicht so zu tun. Denn ich meine nichts
117a zu gewinnen, wenn ich um ein weniges später trinke, als nur, daß
ich mir selbst lächerlich vorkommen würde, wenn ich am Leben
klebte und sparen wollte, wo nichts mehr ist. Also geh, sprach er,
folge mir und tue nicht anders. –

*59. Das Trinken des Gifts, letzte Worte und Tod des Sokrates*
Darauf winkte denn Kriton dem Knaben, der ihm zunächst stand,
und der Knabe ging heraus, und nachdem er eine Weile weggeblie-
ben, kam er und führte den herein, der ihm den Trank reichen
sollte, welchen er schon zubereitet im Becher brachte. – Als nun

Sokrates den Menschen sah, sprach er: Wohl, Bester, denn du verstehst es ja, wie muß man es machen? – Nichts weiter, sagte er, als
wenn du getrunken hast, herumgehen, bis dir die Schenkel schwer    b
werden, und dann dich niederlegen, so wird es schon wirken. Damit reichte er dem Sokrates den Becher, und dieser nahm ihn, und
ganz getrost, o Echekrates, ohne im mindesten zu zittern oder
Farbe oder Gesichtszüge zu verändern, sondern, wie er pflegte,
ganz gerade den Menschen ansehend, fragte er ihn: Was meinst du
von dem Trank wegen einer Spendung? Darf man eine machen
oder nicht? – Wir bereiten nur soviel, o Sokrates, antwortete er,
als wir glauben, daß hinreichend sein wird. – Ich verstehe, sagte    c
Sokrates. Beten aber darf man doch zu den Göttern und muß es,
daß die Wanderung von hier dorthin glücklich sein möge, worum
denn auch ich hiermit bete, und so möge es geschehen. Und wie er
dies gesagt, setzte er an, und ganz frisch und unverdrossen trank er
aus. Und von uns waren die meisten bis dahin ziemlich imstande
gewesen sich zu halten, daß sie nicht weinten; als wir aber sahen,
daß er trank und getrunken hatte, nicht mehr. Sondern auch mir
selbst flossen die Tränen mit Gewalt, und nicht tropfenweise, so
daß ich mich verhüllen mußte und mich ausweinen, nicht über ihn
jedoch, sondern über mein eigenes Schicksal, was für eines Freundes ich nun sollte beraubt werden. Kriton war noch eher als ich,    d
weil er nicht vermochte die Tränen zurückzuhalten, aufgestanden.
Apollodoros aber hatte schon früher nicht aufgehört zu weinen,
und nun brach er völlig aus, weinend und unwillig sich gebärdend,
und es war keiner, den er nicht durch sein Weinen erschüttert
hätte, von allen Anwesenden als nur Sokrates selbst. Der aber
sagte: Was macht ihr doch, ihr wundersamen Leute! Ich habe vorzüglich deswegen die Weiber weggeschickt, daß sie dergleichen
nicht begehen möchten; denn ich habe immer gehört, man müsse    e
stille sein, wenn einer stirbt. Also haltet euch ruhig und wacker.
Als wir das hörten, schämten wir uns und hielten inne mit Weinen.
Er aber ging umher, und als er merkte, daß ihm die Schenkel
schwer wurden, legte er sich gerade hin auf den Rücken, denn so
hatte es ihm der Mensch geheißen. Darauf berührte ihn eben dieser, der ihm das Gift gegeben hatte, von Zeit zu Zeit und unter-
suchte seine Füße und Schenkel. Dann drückte er ihm den Fuß
stark und fragte, ob er es fühle; er sagte nein. Und darauf die    118a

Knie, und so ging er immer höher hinauf und zeigte uns, wie er erkaltete und erstarrte. Darauf berührte er ihn noch einmal und sagte, wenn ihm das bis ans Herz käme, dann würde er hin sein. Als ihm nun schon der Unterleib fast ganz kalt war, da enthüllte er sich, denn er lag verhüllt, und sagte, und das waren seine letzten Worte: O Kriton, wir sind dem Asklepios einen Hahn schuldig, entrichtet ihm den, und versäumt es ja nicht. – Das soll geschehen, sagte Kriton, sieh aber zu, ob du noch sonst etwas zu sagen hast. Als Kriton dies fragte, antwortete er aber nichts mehr, sondern bald darauf zuckte er, und der Mensch deckte ihn auf; da waren seine Augen gebrochen. Als Kriton das sah, schloß er ihm Mund und Augen.

## 60. Schlußworte über Sokrates
Dies, o Echekrates, war das Ende unseres Freundes, des Mannes, der unserm Urteil nach von den damaligen, mit denen wir es versucht haben, der trefflichste war, und auch sonst der vernünftigste und gerechteste.

# KLEITOPHON

## A. Einleitung

## B. Kleitophons Lob des Sokrates

## C. Kleitophons Kritik an Sokrates

## 1. Sokrates fordert Kleitophon auf, die Kritik an seiner Lehre darzulegen

SOKRATES: Hat mir doch neulich jemand vom Kleitophon, dem 406a
Sohne des Aristonymos, erzählt, daß er im Gespräch mit dem Lysias des Sokrates Art zu lehren getadelt, des Thrasymachos Umgang dagegen über die Maßen gerühmt habe.

KLEITOPHON: Wer das auch sei, o Sokrates, so hat er dir nicht
richtig, was ich mit Lysias von dir geredet, berichtet. Denn einiges
freilich habe ich an dir nicht gelobt, anderes aber habe ich auch
gelobt. Da du nun offenbar unzufrieden mit mir bist, wiewohl du
dir das Ansehen gibst, dich nichts darum zu kümmern, so möchte
ich dir am liebsten selbst die Gespräche erzählen, zumal wir allein
sind, damit du weniger glaubst, daß ich mich schlecht gegen dich
betrage. Denn nun hast du es vielleicht nicht richtig gehört, und
zeigst dich deshalb unwilliger gegen mich als billig. Gewährst du
mir also Freimütigkeit, so nehme ich das gern an und will reden.

SOKRATES: Das wäre ja schmählich, da du dir die Mühe geben 407a
willst mir nützlich zu sein, wenn ich nicht stillhalten wollte. Denn
offenbar wenn ich erfahre, worin ich schlechter bin und worin
besser, werde ich das eine üben und ihm nachtrachten und das
andere vermeiden aus allen Kräften.

## 2. Kleitophon stimmt der These zu, daß die Erziehung zur Ge-
rechtigkeit wichtig ist

KLEITOPHON: So höre denn. Oft nämlich, o Sokrates, war ich im
Umgange mit dir ganz erstaunt, wenn ich dich hörte; und du
scheinst mir vor allen andern Menschen am vortrefflichsten zu
reden, sooft du, die Leute strafend, gleichsam wie ein Gott auf
einer tragischen Maschine, deine Stimme erhobst sagend: Wo

b treibt ihr hin, Leute, und wißt nicht, daß ihr nichts tut von dem, was ihr solltet, die ihr um Geld und Gut euch alle ersinnliche Mühe gebt, damit ihr es erlangt, um die Söhne aber, denen ihr doch dies alles hinterlassen müßt, wie sie wohl verstehen werden, alles dies recht zu gebrauchen, unbekümmert bleibt und weder ihnen Lehrer sucht eben für die Gerechtigkeit, wenn sie lehrbar ist, oder, falls sie nur will eingeübt und eingewöhnt sein, solche, die sie hinlänglich einüben und eingewöhnen; noch auch habt ihr vorher euch selbst dieses angedeihen lassen. Allein wenn ihr nun seht

c euch selbst und eure Kinder, daß sie die Sprachkunst und Ton-kunst und Gymnastik hinlänglich gelernt haben, was ihr für die vollständigste Anleitung zur Tüchtigkeit in allen Dingen haltet, und daß sie sich nichtsdestoweniger schlecht zeigen, wo es auf Mein und Dein ankommt, wie verachtet ihr doch nicht die jetzige Erziehung und sucht nicht Leute, die euch dieses Mißlautes entle-digen? Da ja doch eben um dieser Verderbtheit und Fahrlässigkeit willen, nicht aber weil der Fuß nicht rechten Takt hält mit der Leier, ein Bruder mit dem andern und eine Stadt mit der andern in

d taktlose und verstimmte Verhältnisse kommen und in bürger-lichen Unruhen und Kriegen das Äußerste einander antun und voneinander erdulden. Ihr aber behauptet, nicht aus Unerzogen-heit und Unwissenheit, sondern freiwillig seien die Ungerechten ungerecht, und habt dann doch wieder das Herz zu sagen, die Un-gerechtigkeit sei schändlich und gottlos. Wie sollte nun wohl ein solches Übel jemand freiwillig wählen? Ja, sagt ihr, wer den Lü-sten unterliegt. Aber dann ist ja dieses wieder unfreiwillig, wenn das Siegen freiwillig ist. So daß auf alle Weise in der Rede heraus-

e kommt, daß das Ungerechtsein unfreiwillig ist, und daß also jeder für sich, und für das Gemeinsame alle Städte, größere Sorgfalt als die bisherige hierauf wenden müssen. Dergleichen also, o Sokra-tes, wenn ich dich oftmals sagen höre, habe ich große Freude daran und lobe es erstaunlich sehr.

### 3. Zustimmung zur These von der Wichtigkeit der Bekümme-rung um die Seele

So auch wiederum, wenn du das hieran Hangende vorträgst, daß diejenigen, welche den Leib zwar üben, die Seele aber vernachläs-sigen, zugleich etwas solches tun, daß sie das, was herrschen soll,

vernachlässigen und sich um das zu Beherrschende Mühe geben;
und wenn du sagst, daß, welches Ding jemand nicht zu gebrauchen verstehe, dessen Gebrauch er besser tue zu unterlassen, wenn
also jemand seine Augen nicht zu brauchen verstehe oder seine
Ohren oder seinen gesamten Leib, dem sei es auch besser weder zu
hören noch zu sehen noch irgendeinen andern Gebrauch seines
Leibes zu machen, als ihn irgendwie zu gebrauchen. Und mit al- 408a
lem, was Kunst ist, ebenso. Denn wer nicht verstehe, seine eigene
Leier zu gebrauchen, der offenbar auch nicht die seines Nachbarn,
und wer nicht die der andern, der auch nicht seine eigene, noch
ebenso irgendein anderes Werkzeug oder Besitztum. Und sehr
schön endigt dir diese Rede darin, daß wer die Seele nicht zu gebrauchen verstehe, dem sei auch Ruhe mit ihr zu halten und nicht
zu leben besser als zu leben, sich selbst überlassen; wenn ihm aber
eine Notwendigkeit wäre zu leben, so sei es also für einen solchen b
besser, ein Knecht zu sein als frei sein Leben lang, gleichsam wie
bei einem Schiffe die Steuerruder seiner Seele einem andern über-
gebend, der nämlich die Steuerkunst der Menschen gelernt hat,
welche du, o Sokrates, immer die Staatskunst nennst, sagend, dieselbe sei auch die Rechtswissenschaft und die Gerechtigkeit. Diesen Reden also und andern solchen sehr vielen und sehr schön
gesprochenen, daß die Tugend lehrbar ist, und daß man vor allen
Dingen auf sich selbst Sorge wenden müsse, habe ich gewiß wohl c
niemals widersprochen, noch ist mir bange, daß ich es jemals in
Zukunft tun werde, sondern ich halte sie für aufregend und heilsam im höchsten Grade, und die uns recht wie aus dem Schlafe
aufwecken.

*4. Der Hinweis, daß die Gerechten andere zum Gerechtwer-*
*denwollen aufregen, umgeht die Frage, was die Tugend ist*
Ich gab also recht acht, um nun auch das Weitere zu hören, und
fragte zuerst nicht dich, o Sokrates, sondern von meinen Gefährten und Mitstrebern, deinen Freunden, oder wie man dieses ihr
Verhältnis gegen dich bezeichnen soll, von diesen fragte ich zuerst
diejenigen, welche am meisten von dir dafür geachtet wurden
etwas zu sein, um von ihnen zu erfahren, welches dann nun die
weitere Rede sei, und gewißermaßen nach deiner Art die Sache d
angreifend, sagte ich ihnen: O ihr Besten, wie sollen wir doch

wohl nun des Sokrates Aufregung zur Tugend ansehen? So als ob
dieses das einzige wäre und nicht weiterzugehen in der Sache und
sie vollständig zu ergreifen? Sondern soll dieses unser ganzes Leben lang immer unser Geschäft sein, die noch nicht Aufgeregten
aufzuregen, und diese wiederum andere?

5. *Auf die Frage, wie man die Gerechtigkeit erlernt, gibt Sokra-*
   *tes die zirkuläre Antwort, daß sie die zur Tugend der Seele*
   *führende Kunst ist*

Oder sollen wir nicht den Sokrates und uns einander nun auch des
weiteren ausfragen, nachdem wir einig geworden, daß eben dieses
e  der Mensch tun müsse, was also hernach? Wie, sagen wir nun, soll
man es anfangen, um die Gerechtigkeit zu erlernen? So wie wenn
einer uns aufregen wollte, Sorge zu wenden an unseren Leib, der
da sähe, daß wir gar nicht bedächten, wie Kinder, daß es eine
Gymnastik und eine Heilkunde gibt, und uns also schölte und
sagte: Es wäre doch schändlich, auf Weizen und Gerste und Trau-
ben allen Fleiß zu wenden und auf alles, was wir um des Leibes
willen verarbeiten und erwerben, für ihn selbst aber, daß er so gut
als möglich gedeihe, durchaus keine Kunst oder Geschicklichkeit
aufzufinden, und das, da es eine gäbe; und wir diesen, der uns so
409a  aufregte, weiter fragten, welches, sagst du denn, sind diese Künste,
er uns vielleicht sagen würde, die Gymnastik und die Heilkunst:
so auch jetzt, welches, behaupten wir denn nun, sei die zur Tugend
der Seele führende Kunst? Das muß doch gesagt werden. Der nun
unter ihnen schien der Stärkste zu sein, sagte mir zur Antwort
hierauf, diese Kunst sei dieselbe, welche, sprach er, du immer vom
Sokrates nennen hörst, keine andere als die Gerechtigkeit.

6. *Die Gerechtigkeit bewirkt das Vorteilhafte, Geziemende*
   *usw.*

Als ich nun sagte: Sage mir aber nicht den Namen allein, sondern
b  so. Eine Kunst heißt doch die Heilkunst. Was nun diese bewirkt,
ist zweierlei, das eine, daß sie zu den Ärzten, welche es schon gibt,
immer neue bildet, das andere ist die Gesundheit. Hiervon nun ist
das eine nicht mehr Kunst, sondern vielmehr das Werk der lehren-
den und erlernten Kunst, welches wir die Gesundheit nennen. Und
bei der Baukunst auf gleiche Weise ist das Haus und die Baukunst

jenes das Werk und dieses die Lehre. So nun soll es der Gerechtigkeit ebenfalls zukommen, einmal Gerechte zu machen, wie auch
dort jede ihre Künstler, das andere aber, das Werk, welches der
Gerechte im Stande sein soll uns hervorzubringen, welches be- c
haupten wir denn sei dies? Das sage mir. So antwortete nun dieser,
glaube ich, das Vorteilhafte, ein anderer das Geziemende, wieder
einer das Nützliche, und einer das Zweckmäßige. Ich aber ging
weiter zurück und sagte: Auch dort sind ja eben diese Namen in
einer jeden Kunst, richtig handeln und zweckmäßig und nützlich
und alle dergleichen; aber worauf nun alles dieses sich bezieht, das
wird jede Kunst auf ihre Art sagen, wie die Zimmerkunst wird
sagen gut, schön und richtig dazu, daß hölzerne Geräte entstehen, d
was ja nicht die Kunst selbst ist. Werde dies nun ebenso von der
Gerechtigkeit gesagt.

7. *Die Gerechtigkeit erzeugt Freundschaft in den Staaten oder*
*Gleichgesinntheit*

Endlich nun antwortete mir einer, o Sokrates, von deinen Freunden, welcher ja am feinsten schien zu sprechen, dieses wäre das
eigentümliche Werk der Gerechtigkeit, was keiner andern Kunst,
Freundschaft in den Staaten zu bewirken. Dieser nun weiter befragt sagte, die Freundschaft sei ein Gut und niemals ein Übel. Die
Freundschaft der Kinder aber und der Tiere, die wir auch mit diesem selbigen Namen benennen, nahm er nicht an, daß sie Freundschaften wären, als er weiter gefragt ward; denn es ergab sich ihm,
daß dergleichen mehrenteils mehr schädlich sind als gut. Darum e
wich er diesem aus und behauptete, dergleichen wären auch nicht
einmal Freundschaften, sondern falsch würden sie benannt von
denen, die sie so benennen, die wahrhafte und rechte Freundschaft
aber sei offenbar eine Gleichgesinntheit. Als er gefragt ward, ob er
unter der Gleichgesinntheit eine Gleichheit der Meinung verstehe
oder eine Erkenntnis, so verschmähte er die Gleichheit der Meinung, denn es wurde zwingend erwiesen, daß häufig auch schädliche Meinungsgleichheiten unter den Menschen entstehen, die
Freundschaft aber, hatte er behauptet, sei durchaus ein Gut und
das Werk der Gerechtigkeit. Darum nun erklärte er für dasselbe
mit ihr die Gleichgesinntheit, als welche Erkenntnis sei, nicht Meinung. Als wir nun hier waren in der Rede, konnten schon die An-

410a wesenden ihm Vorwürfe machen und zeigen, die Erklärung sei
wieder auf dasselbe hinausgelaufen wie die früheren, indem sie
ihm sagten, auch die Heilkunst ist ja eine Gleichgesinntheit und
alle anderen Künste, und sie wissen auch zu sagen worin, die aber
von dir beschriebene Gerechtigkeit oder Gleichgesinntheit weiß
selbst nicht, wohin sie zielt, und unbekannt ist, welches wohl ihr
Werk sein mag.

*8. Die Gerechtigkeit bringt Schaden für die Feinde und Nutzen*
*   für die Freunde hervor*
Eben dieses nun, o Sokrates, fragte ich am Ende dich selbst; da
sagtest du mir erst, der Gerechtigkeit läge ob, den Feinden zu scha-
b den und den Freunden wohl zu tun. Hernach aber zeigte sich, daß
der Gerechte niemals irgend jemandem schade, sondern alles täte
er allen nur zum Besten.

*9. Die Lehre des Sokrates enthält keine Anleitung, wie man sich*
*   um die eigene Seele kümmert bzw. tugendhaft wird*
Dies nun habe ich nicht einmal nur oder zweimal, sondern eine
lange Zeit hindurch mir gefallen lassen und immer ausgehalten,
bis ich endlich müde geworden bin und die Meinung gefaßt habe,
daß zum Fleiß in der Tugend aufregen, dieses du unter allen Menschen am trefflichsten leistest, aber eins von beiden, entweder nur
so viel könntest, weiter aber nichts, wie das auch bei jeder andern
Kunst sein kann, wie daß einer, der kein Steuermann ist, doch das
Lob dieser Kunst darlegen kann, daß sie den Menschen gar vieles
c wert ist, und bei allen andern Künsten ebenso. Dasselbe nun
könnte einer auf dich anwenden in bezug auf die Gerechtigkeit,
daß du nämlich deshalb um nichts mehr dich auf die Gerechtigkeit
verstehen müßtest, weil du sie schön loben kannst. Allein so meine
ich es nicht, sondern nur eins von beiden, daß du dich entweder
nicht darauf verstehst oder mir nichts davon mitteilen willst.
Darum also werde ich nun, denke ich, zum Thrasymachos gehen,
und anders wohin ich nur immer kann aus Verlegenheit. Denn
wenn du nur wolltest mit diesen aufmunternden Reden schon
d innehalten gegen mich, so wie wenn du mich aufgeregt hättest zur
Gymnastik, daß man den Leib nicht vernachlässigen müsse, du
mir wohl auch, was auf die ermunternde Rede folgt, würdest ge-

sagt haben, nämlich wie mein Leib von Natur beschaffen wäre, und welcherlei Pflege er also bedürfe: so geschehe auch nun eben dasselbe. Nimm an, Kleitophon habe schon eingestanden, daß es ganz lächerlich sei, auf alles andere Sorgfalt zu wenden, die Seele aber, um derentwillen wir auf alles andere hinarbeiten, gänzlich zu vernachlässigen, und alles übrige denke dir, daß ich nun ebenso e gesagt hätte, was damit zusammenhängt, wie ich es auch nur eben durchgegangen bin. Und ich sage dies dich bittend, daß du es doch ja nicht anders machen mögest, damit ich nicht wie jetzt einiges zwar an dir lobe gegen den Lysias und die übrigen, anderes aber auch wieder tadle. Denn daß du einem noch nicht aufgeregten Menschen alles wert bist, werde ich immer behaupten, aber einem schon aufgeregten Menschen kannst du fast sogar ein Hindernis sein, daß er nicht zur Vollendung in der Tugend gelangend glückselig werde.

# POLITEIA

## EINLEITUNG (Buch I)
### Das Problem der Gerechtigkeit und ihres Nutzens

### A. Einleitung

### B. Das Gespräch mit Kephalos

### C. Das Gespräch mit Polemarchos

# D. Das Gespräch mit Thrasymachos

## TEIL EINS (Buch II–IV)
### Die Suche nach der Gerechtigkeit


### A. Problemstellung:
### Frage nach Wesen und Nutzen der Gerechtigkeit

## TEIL ZWEI (Buch V–VII)
### Die Frage nach der Möglichkeit des gerechten Staates.
### (Befassung mit drei ‹Wellen› von Problemen)

### A. Stellung der Frauen
### (Erste Welle)

## TEIL DREI (Buch VIII und IX)
### Endgültige Prüfung des Nutzens der Gerechtigkeit

### A.  Die Verfallsformen des idealen Staates

## B.  Der Gerechte ist glücklicher als der Ungerechte. Drei Argumente für den größeren Nutzen der Gerechtigkeit

# SCHLUSS (Buch X)

## A. Die Gründe für den Ausschluß der Dichter
## aus dem gerechten Staat

## B. Der Lohn der Gerechtigkeit im Leben und
## nach dem Tod

SOKRATES. GLAUKON. POLEMARCHOS.
THRASYMACHOS. ADEIMANTOS. KEPHALOS. –
SOKRATES ERZÄHLT

## ERSTES BUCH

### 1. *Besuch des Sokrates im Peiraieus; Aufhaltung seiner Rückkehr durch Polemarchos und andere*

Ich ging gestern mit Glaukon, dem Sohne des Ariston, in den Pei- 327a
raieus hinunter, teils um die Göttin anzubeten, dann aber wollte
ich auch zugleich das Fest sehen, wie sie es feiern wollten, da sie es
jetzt zum erstenmal begehen. Schön nun dünkte mich auch unserer Einheimischen Aufzug zu sein, nicht minder vortrefflich jedoch nahm sich auch der aus, den die Thrakier geschickt hatten.
Nachdem wir nun gebetet und die Feier mit angeschaut hatten, b
gingen wir fort nach der Stadt. Wie nun Polemarchos, der Sohn
des Kepalos, uns von fern nach Hause zu steigen sah, hieß er seinen Knaben laufen und uns heißen, ihn zu erwarten. Der Knabe
also faßte mich von hinten beim Mantel und sprach: Polemarchos
heißt euch ihn erwarten. Ich wendete mich um und fragte, wo
denn er selbst wäre. Hier, sprach er, kommt er hinter euch, wartet
nur. – Nun ja, wir wollen warten, sagte Glaukon. – Und bald
darauf kam denn Polemarchos und Adeimantos, der Bruder des c
Glaukon, und Nikeratos, der Sohn des Nikias, und einige andere,
auch wie von dem Feste her. Polemarchos nun sagte: O Sokrates,
ihr scheint mir nach der Stadt zuzuschreiten, als wolltet ihr fortgehen. – Du vermutest nicht unrecht, sprach ich. – Siehst du nun
uns wohl, sprach er, wie viele wir sind? – Wie sollte ich nicht? –
Entweder nun, sprach er, überwältigt diese, oder bleibt hier. – Ist
denn nicht, sagte ich, noch eins übrig, wenn wir euch nämlich
überzeugen, daß ihr uns lassen müßt? – Könnt ihr auch wohl,

entgegnete er, überzeugen, die nicht hören? – Keineswegs, antwortete Glaukon. – So denkt nur sicher, sprach er, daß wir nicht
hören werden. – Und Adeimantos fiel ein: Ihr wißt wohl auch
e nicht einmal, daß gegen Abend noch ein Fackelzug sein wird zu
Pferde, der Göttin zu Ehren? – Zu Pferde? sprach ich, das ist ja
neu. Sie werden also Fackeln halten und sie einander hinreichen
im Wettstreit zu Pferde? Oder wie meinst du es? – Gerade so,
sprach Polemarchos; und überdies werden sie noch eine Nacht-
feier veranstalten, die sehr lohnen wird zu sehen. Wir werden
also nach der Mahlzeit uns aufmachen und mit vielen jungen
Leuten dort zusammensein und Gespräch pflegen. Bleibt also
b und tut ja nicht anders. – Da sagte Glaukon: Es scheint, wir
müssen bleiben. – Wenn du meinst, sprach ich, müssen wir wohl
so tun.

## 2. Frage des Sokrates an Kephalos über das Alter

Wir gingen also mit zu dem Polemarchos und fanden dort den
Lysias und Euthydemos, die Brüder des Polemarchos, dann auch
Thrasymachos den Chalkedonier und Charmantides den Päanier
und Kleitophon, den Sohn des Aristonymos. Es war aber auch des
Polemarchos Vater Kephalos darinnen, der mir sehr alt vorkam,
c wie ich ihn denn auch seit langem nicht gesehen hatte. Er saß aber
bekränzt in einem großen Sessel mit einem Kopfkissen, denn er
hatte im Hofe geopfert. Wir setzten uns also zu ihm, denn es standen dort mehrere Sessel im Kreis herum. – Gleich nun, als mich
Kephalos sah, begrüßte er mich und sagte: O Sokrates, du
kommst auch gar nicht fleißig zu uns herunter in den Peiraieus. Du
solltest aber doch. Denn wenn ich noch genug bei Kräften wäre,
um leicht nach der Stadt zu gehen: so hättest du nicht nötig, hier-
d her zu kommen, sondern wir kämen zu dir. Nun aber solltest du
häufiger hierher kommen. Denn wisse nur, je mehr die andern
Vergnügungen, die vom Leibe herrühren, für mich welk werden,
um desto mehr wachsen mir Freude und Lust am Reden. Also tue
es nicht anders und halte nicht nur mit diesen jungen Leuten hier
zusammen, sondern besuche auch uns fleißig als gute Freunde, die
dir sehr zugetan sind. – Auch ich, sprach ich, o Kephalos, pflege
e sehr gern Gespräch mit Alten. Denn mich dünkt, da sie ja einen
Weg vorausgegangen sind, den auch wir vielleicht werden zu ge-

hen haben, müssen wir von ihnen erforschen, wie er doch beschaffen ist, ob rauh und beschwerlich oder leicht und bequem. Und so hörte ich auch von dir gern, wie dir wohl dieses erscheint, da du doch jetzt in den Jahren bist, von denen die Dichter das «an der Schwelle des Alters» brauchen, ob es schwer zu leben ist, oder was du darüber aussagst. –

### 3. *Kephalos über das Unrecht derer, die ihr Alter beklagen*

Ich will dir, sprach er, beim Zeus wohl sagen, o Sokrates, wie es    329a
mir vorkommt. Denn öfter kommen unserer einige von fast gleichem Alter zusammen, um das alte Sprichwort bei Ehren zu erhalten. Die meisten von uns nun jammern, wenn wir beisammen sind, indem sie der Vergnügungen der Jugend sehnsüchtig gedenken, der Liebeslust und des Trunks und der Gastmähler und was damit noch sonst zusammenhängt, und sind verdrießlich, als ob sie nun großer Dinge beraubt wären und damals zwar herrlich gelebt hätten, nun aber kaum noch lebten. Einige beschweren sich auch über    b
die üblen Behandlungen des Alters von seiten der Angehörigen und stimmen aus diesem Ton vorzüglich ihre Klagelieder an, wie vieler Übel Ursache es ihnen ist. Mich aber dünkt, o Sokrates, daß diese nicht das Schuldige beschuldigen; denn wenn dieses schuld daran wäre, so würde mir ja eben dasselbe begegnen meines Alters wegen, und ebenso den übrigen insgesamt, so viele ihr Alter bis hierher gebracht haben. Nun aber habe ich doch auch schon andere angetroffen, mit denen es nicht so stand, und bei dem Dichter Sophokles war ich einmal, als er eben von einem gefragt wurde: Wie steht es doch, Sophokles, um die Liebeslust? Kannst du wohl    c
noch einer Frau beiwohnen? Der sprach: Stille doch, lieber Mensch! Wie gern bin ich davon losgekommen, als käme ich von einem tollen und wilden Herrn los. Die Rede gefiel mir schon damals sehr und auch jetzt noch nicht minder. Denn auf alle Weise hat man vor dergleichen im Alter große Ruhe und Freiheit. Und wenn die Begierden aufgehört haben zu treiben und nun nachlassen: so ist das auf alle Weise, wie es Sophokles ausdrückt: man wird gar vieler und toller Gebieter entledigt. Aber die Klagen hier-    d
über sowohl als über die Angehörigen haben einerlei Ursache; nicht das Alter, o Sokrates, sondern die Sinnesart der Menschen. Denn wenn sie gefaßt sind und gefällig, so sind auch des Alters

Mühseligkeiten nur mäßig: wenn aber nicht, o Sokrates, einem solchen wird Alter sowohl als Jugend schwer durchzumachen.

### 4. *Einstellung des Kephalos zu seinem Reichtum*

Ich nun hatte meine Freude an ihm, wie er dieses sagte; und da ich
e wollte, daß er weiterspräche, so regte ich ihn an und sprach: O Kephalos, ich glaube, die meisten, wenn du das sagst, werden es dir nicht gelten lassen, sondern meinen, du tragest das Alter so leicht nicht deiner Sinnesart wegen, sondern weil du ein großes Vermögen besitzt; denn die Reichen, sagen sie, hätten immer viele Erleichterungen. – Du hast recht, sagte er, sie lassen es auch nicht gelten; und sie sagen da zwar etwas, aber doch nicht soviel, wie sie denken, sondern das Wort des Themistokles ist sehr wahr, der dem Seriphier, der ihn schmähen wollte und sagte, er sei nicht
330a durch sich selbst, sondern durch seine Vaterstadt berühmt, antwortete, auch er würde freilich als Seriphier nicht berühmt geworden sein, aber nur jener auch nicht als Athener. Und diese Rede schickt sich auch für die, welche nicht reich sind und das Alter schwer ertragen, weil auch der Wohlgesinnte das Alter wohl nicht ganz leicht ertragen kann in Armut, der nicht Wohlgesinnte aber auch, wenn er reich ist, sich gewiß darin nicht gefallen wird. – Hast du wohl, o Kephalos, sprach ich, von deinem Vermögen das
b meiste ererbt oder dazugewonnen? – Was ich dazugewonnen habe, o Sokrates? sprach er. Ich stehe als Gewerbsmann in der Mitte zwischen meinem Großvater und meinem Vater. Nämlich mein Großvater, der auch einerlei Namen mit mir führte, hatte etwa ein ebenso großes Vermögen, wie das meinige jetzt ist, ererbt und es um viele Male vergrößert; mein Vater Lysanias aber machte es noch kleiner, als es jetzt ist; ich aber bin zufrieden, wenn ich es diesen nur nicht kleiner hinterlasse, sondern noch um etwas weniges größer, als ich es empfangen. – Eben deshalb fragte ich,
c sprach ich, weil du mir nicht gar sehr das Geld zu lieben scheinst. So aber halten es meistens die, welche es nicht selbst geschafft haben; die Erwerber aber lieben es wohl noch einmal so sehr wie die anderen. Denn wie die Dichter ihre Werke und die Väter ihre Kinder lieben, auf dieselbe Weise hängen zuerst auch die Erwerber an dem Erworbenen als ihrem Werk; dann aber auch des Nutzens wegen, wie die anderen. Darum ist auch schwer mit ihnen leben,

weil sie nichts loben wollen als nur den Reichtum. – Du hast
recht, sprach er. –

*5. Nutzen des Reichtums zur Gerechtigkeit. Frage des Sokrates,*
  *was die Gerechtigkeit ist*

Freilich, sagte ich. Aber sage mir nur noch dieses. Was ist der    d
größte Vorteil, den du davon gehabt zu haben glaubst, daß du ein
großes Vermögen besitzt? – Was mir wohl, sprach er, nicht viele
glauben werden, wenn ich es sage. Denn wisse nur, o Sokrates,
fuhr er fort, daß, wenn einem das nahetritt, daß er glaubt, er wird
sterben, ihn dann Furcht ankommt und Sorge, um was er zuvor
keine hatte. Denn teils die Erzählungen von der Unterwelt, daß,
wer hier ungerecht gewesen ist, dort Strafe leiden muß, die er oft
gehört, aber bis dahin verlacht hat, gehen ihm dann im Sinne    e
herum, ob sie nicht wahr sind, teils auch er selbst, sei es nun aus
Schwäche des Alters oder auch, weil er jenen Dingen schon näher
ist, sieht sie deutlicher. Er wird also voll Besorgnis und Beängsti-
gung und rechnet nach und sinnt zurück, ob er wo einem unrecht
getan hat. Welcher nun viele Verschuldungen in seinem Leben findet, der wird auch aus dem Schlaf häufig aufgeschreckt wie die
Kinder und ängstigt sich und lebt in der übelsten Erwartung. Wel-    331 a
cher sich aber nichts Ungerechtes bewußt ist, der hat immer angenehme und gute Erwartung gegenwärtig als «Alterspflegerin»,
wie auch Pindaros sagt. Denn sehr hübsch, o Sokrates, sagt jener
dieses, daß, wer nur gerecht und fromm das Leben verbracht hat,
den «die süße, das Herz schwellende Alterspflegerin Hoffnung geleitet, die zumeist der Sterblichen wandelreichen Sinn regiert.»
Richtig sagt er das, ganz wunderbar. Und hierzu, meine ich, ist der
Besitz des Reichtums am meisten wert, nicht zwar jedem, aber
dem Wohlgesinnten. Denn daß er nicht leicht wider Willen jeman-    b
den übervorteilt oder hintergeht oder auch einem Gott irgend
Opfergaben oder einem Menschen Geld schuldig bleiben und so in
Furcht davongehen muß, dazu kann ihm der Besitz des Reichtums
gar vieles beitragen. Er hat freilich auch sonst vielerlei Nutzen,
doch aber eins gegen das andere gerechnet, möchte ich sagen, daß
dieses gerade nicht das Geringste sei, wozu einem vernünftigen
Menschen, o Sokrates, der Reichtum sehr nützlich ist. – Vortrefflich, sprach ich, sagst du das, o Kephalos.    c

*Einwand*
*Sokrates*

Aber eben dieses, die Gerechtigkeit, sollen wir sagen so ganz einfach, sie sei Wahrheit und Wiedergeben, was einer von einem empfangen hat? Oder ist auch eben dieses bisweilen zwar recht, bisweilen aber auch unrecht zu tun? Ich meine nämlich so. Jeder wird wohl sagen, wenn einer von einem Freunde, der ganz bei besonnenem Mute war, Waffen empfangen hat und dieser sie im Wahnsinn wiederfordert, er ihm dergleichen weder verpflichtet ist wiederzugeben noch selbst recht täte, wenn er sie ihm wiedergäbe

d oder in einem solchen Zustand ihm von allen Dingen die Wahrheit sagte. – Du hast recht, sagte er. – Also ist das auch nicht die rechte Erklärung der Gerechtigkeit, Wahrheit reden und was man empfangen hat wiedergeben. – Allerdings doch, o Sokrates, sagte Polemarchos, die Rede aufnehmend, wenn man doch dem Simonides etwas glauben darf. – Ei wohl, sagte Kephalos, jedoch übergebe ich euch nun die Rede, denn ich muß jetzt für die heiligen Dinge Sorge tragen. – Ist nun nicht, sprach ich, Polemarchos der Erbe des Deinigen? – Freilich, sagte er lächelnd und ging zugleich hinaus nach dem Opfer.

*K. ergreift*
*die Flucht*

### 6. *These des Simonides: Gerechtigkeit ist die Erstattung dessen, was man schuldig ist*

e Sprich also, sagte ich, du Erbe der Rede, was sagt doch Simonides, das nach deiner Behauptung richtig gesagt ist über die Gerechtigkeit? – Daß, antwortete er, einem jeden das Schuldige zu leisten gerecht ist; dieses sagend, scheint er mir Richtiges zu sagen. – Freilich, sagte ich, ist es wohl schwer, dem Simonides nicht zu glauben, denn weise und göttlich ist der Mann; was er aber hiermit eigentlich meint, siehst du, o Polemarchos, vielleicht ein, ich aber verstehe es nicht. Denn offenbar will er nicht das sagen, was wir eben sagten, wenn jemand etwas bei einem niedergelegt hat,

332a dies irgendwem, der es auf unvernünftige Weise wiederfordert, zurückzugeben, wiewohl man hier freilich dasjenige schuldig ist, was einer niedergelegt hat. Nicht wahr? – Ja. – Wiedergegeben aber darf es auf keine Weise werden, wenn einer es unvernünftigerweise abforderte? – Richtig, sagte er. – Etwas anderes also als dergleichen, wie es scheint, meint Simonides, wenn er sagt, Schuldiges abgeben sei gerecht. – Etwas anderes beim Zeus, sprach er. Freunden nämlich, meint er, seien Freunde schuldig, Gutes zu tun,

Böses aber nichts. – Ich verstehe, sagte ich, daß nämlich nicht
Schuldiges abgibt, wer einem niedergelegtes Geld abgibt, im Fall
Abgabe und Empfang verderblich ist und der Empfangende und   b
Abgebende Freunde sind. Sagst du nicht, so meine es Simonides? – Allerdings. – Und wie? Feinden muß man das Schuldige,
was es auch sei, abgeben? – Auf alle Weise freilich, sagte er, was
man ihnen ja schuldig ist. Schuldig aber ist, denke ich, der Feind
dem Feinde, wie es sich ja auch gebührt, etwas Übles. –

### 7. Erläuterung der These: Gerechtigkeit ist Freunden Gutes tun
###    und Feinden Böses

Also hat Simonides, sprach ich, wie es scheint, gar dichterisch versteckt angedeutet, was das Gerechte ist. Er dachte nämlich, wie   c
sich zeigt, das sei gerecht, jedem das Gebührende abzugeben, und
dies nannte er das Schuldige. – Aber was denn meinst du? sagte
er. – Beim Zeus, sprach ich, wenn ihn nun jemand fragte: Simonides, die wem doch was Schuldiges und Gebührendes abgebende
Kunst heißt Heilkunst? Was, glaubst du, würde er uns antworten? – Offenbar, sagte er, die dem Leibe Arzenei und Speise und
Trank. – Und die wem doch was Schuldiges und Gebührendes
abgebende Kunst heißt Kochkunst? – Die den Speisen das
Schmackhafte. – Wohl! Also die wem nun was abgebende Kunst   d
soll Gerechtigkeit heißen? – Wenn man, sprach er, dem Vorhergesagten folgen darf, die Freunden und Feinden Nutzen und Schaden abgebende. – Also Freunden Gutes tun und Feinden Böses,
sagt er, sei Gerechtigkeit. – So dünkt mich. – Wer ist nun wohl
am meisten imstande, kranken Freunden wohlzutun und Feinden
übel in Absicht auf Gesundheit und Krankheit? – Der Arzt. –
Und wer Schiffenden in Absicht auf die Gefahren zur See? – Der   e
Steuermann. – Wie aber der Gerechte? Durch welche Handlung
und in Absicht auf welches Geschäft ist er vorzüglich imstande,
Freunden zu nutzen und Feinden zu schaden? – Durch Kriegfüh-
rung und Bundesgenossenschaft dünkt mich. – Wohl! Nicht-
Kranken aber, lieber Polemarchos, ist doch der Arzt unnütz? –
Richtig. – Und Nicht-Schiffenden der Steuermann? – Ja. – Ist
also etwa auch denen, die nicht Krieg führen, der Gerechte unnütz? – Dieses dünkt mich wohl nicht ganz. – Also auch im Frieden ist die Gerechtigkeit nützlich? – Nützlich. – Auch wohl der

333a  Ackerbau? Oder nicht? – Ja. – Zur Gewinnung der Früchte? –
Ja. – Aber doch auch die Lederarbeit? – Ja. – Zur Gewinnung
der Schuhe, glaube ich, würdest du sagen? – Freilich! – Wie nun
aber die Gerechtigkeit, zu welches Dinges Gebrauch oder Erwerb
würdest du sagen, daß die im Frieden nützlich sei? – Zu Verhandlungen, o Sokrates. – Unter Verhandlungen meinst du doch Verkehr und Genossenschaften, oder etwas anderes? – Freilich Ge-
  b  nossenschaften. – Ist nun etwa der Gerechte der gute und nützliche Genosse, um im Brettspiel zu ziehen, oder der Brettspieler? –
Der Brettspieler. – Aber um Ziegel und Werkstücke zu setzen ist
der Gerechte ein nützlicherer und besserer Genosse als der Bauver-
ständige? – Keineswegs. – Aber in welcher Gemeinschaft ist
dann der Gerechte ein besserer Genosse als der Kitharenspieler, so
wie dieser ein besserer als der Gerechte ist zum Schlagen der Kithara? – In Geldsachen, dünkt mich. – Ausgenommen doch
wohl, o Polemarchos, das Geld anzuwenden, wenn man gemeinschaftlich für Geld ein Pferd kaufen soll oder verkaufen! Denn
  c  dann, denke ich, doch der Bereiter. Nicht wahr? – Das scheint. –
Und wenn ein Schiff, dann der Schiffszimmerer oder der Steuermann? – Das versteht sich. – Wenn man also wozu Geld oder
Silber gemeinschaftlich anwenden soll, ist der Gerechte nützlicher
als andere? – Wenn man es niederlegen will und sicher sein, o
Sokrates. – Also meinst du, wenn man es gar nicht anwenden will,
sondern hinlegen? – Freilich. – Also wenn das Geld unnütz ist,
dann ist die Gerechtigkeit nützlich dazu? – So scheint es bei-
  d  nahe. – Und wenn man die Hippe verwahren soll, dann ist die
Gerechtigkeit nützlich allgemein und jedem für sich, wenn aber
gebrauchen, dann die Winzerkunst? – So zeigt es sich. – Und so
wirst du auch sagen vom Schilde und von der Leier, wenn man sie
aufheben wolle und zu nichts nutzen, dann sei die Gerechtigkeit
nützlich, wenn aber nutzen, dann die Dichtkunst und die Tonkunst? – Notwendig. – Und so auch die Absicht auf alle anderen
Dinge sei die Gerechtigkeit, wenn ein jedes genutzt wird, unnütz,
in der Unnützlichkeit aber nützlich. – So scheint es. –

*8. Die Gerechtigkeit als eine Verschlagenheit zum Nutzen der Freunde. Wer ist Freund?*

Keineswegs also, Freund, wäre wohl die Gerechtigkeit etwas sehr  e
Wichtiges, wenn sie nur in bezug auf das Unnütze nützlich ist. Das
aber laß uns überlegen: Ist nicht der Geschickteste, Schläge auszuteilen im Gefecht, im Ringen oder einem andern, auch der Geschickteste, sie abzuwehren? – Freilich. – Auch wohl, wer sich
vor Krankheit versteht zu hüten und sie nicht zu bekommen, ist
der Geschickteste, sie einem anzutun? – Das dünkt mich wenigstens. – Auch im Lager ist derselbe gut als Wächter, der auch gut  334a
ist, die Ratschläge und anderen Handlungen der Feinde auszu-
kundschaften? – Freilich. – Was einer also gut hüten kann, das
kann er auch gut abstehlen? – So zeigt es sich. – Wenn also der
Gerechte sich darauf versteht, Geld zu hüten, versteht er sich auch
darauf, es zu unterschlagen. – Wie die Rede wenigstens andeutet,
sagte er. – Als ein Listiger also, wie sich zeigt, ist uns der Gerechte
zum Vorschein gekommen; und du magst das wohl von Homeros
gelernt haben, denn auch dieser lobt des Odysseus mütterlichen  b
Großvater Autolykos und sagt von ihm, daß er hoch vor den Menschen «berühmt war durch Verstellung und Schwur». So scheint
also die Gerechtigkeit nach dir sowohl als nach dem Homeros und
dem Simonides eine Überlistung zu sein, und zwar zum Nutzen
der Freunde und zum Schaden der Feinde. Sagtest du nicht so? –
Nein, beim Zeus, sprach er. Aber ich weiß selbst nicht mehr, was
ich sagte. Nur das dünkt mich noch immer, daß die Gerechtigkeit
den Freunden nutzt, den Feinden aber schadet. –

Freunde aber nennst du die, welche jedem gutartig zu sein schei-  c
nen, oder die es sind, wenn sie es auch nicht scheinen, und Feinde
ebenso? – Natürlich ist doch, sprach er, daß einer, die er für gutartig hält, liebt, die aber für bösartig, haßt. – Fehlen aber nicht die
Menschen eben darin, daß viele ihnen scheinen gutartig zu sein,
die es nicht sind, und so auch umgekehrt? – Sie fehlen. – Diesen
also sind die Guten verhaßt und die Schlechten lieb? – Freilich. –
Doch aber ist es für diese dann gerecht, den Bösen zu nützen und
den Guten zu schaden? – So scheint es. – Aber die Guten sind  d
doch Gerechte und solche, die nicht unrecht tun? – Richtig. –
Nach deiner Rede also kann es gerecht sein, denen, die kein Unrecht tun, Übles zu tun? – Keineswegs doch, sprach er, o Sokra-

tes! Denn das wäre ja offenbar eine arge Rede. – Also den Ungerechten, sprach ich, zu schaden ist gerecht, den Gerechten aber zu
nutzen? – Diese Rede ist offenbar schöner als jene. – Vielen also,
e o Polemarchos, die sich eben geirrt haben, wird es begegnen, daß
für sie gerecht ist, ihren Freunden zu schaden, denn sie haben
schlechte, ihren Feinden aber zu nutzen, denn diese sind gut. Und
so werden wir gerade das Gegenteil von dem sagen, was wir behaupten, daß Simonides sage. – Freilich, sprach er, kommt es so
heraus. Laß uns also ändern; denn wir mögen wohl den Freund
und Feind nicht richtig bestimmt haben. – Als wir wie doch bestimmten, o Polemarchos? – Daß der gutartig Scheinende Freund
sei. – Nun aber, sprach ich, wie wollen wir ändern? – Daß,
335a sprach er, wer gutartig scheint und es auch ist, Freund ist; wer es
aber scheint, ohne es zu sein, auch nur Freund scheint, es aber
nicht ist. Und über den Feind gelte dieselbe Bestimmung. –
Freund also, wie sich zeigt, wird nach dieser Rede der Gute sein,
Feind aber der Böse. – Ja. – Du heißt uns also zu dem Gerechten
noch eine andere Bestimmung hinzuzufügen, als wie wir zuerst
sagten, als wir sagten, gerecht sei, dem Freunde wohltun und dem
Feinde übel; nämlich nun noch außerdem sagen, daß gerecht sei,
dem Freunde, weil er gut ist, wohltun und dem Feinde, weil er böse
b ist, schaden? – Allerdings sprach er, scheint es mir so schön gesagt
zu sein.

### 9. Erweis des Sokrates, daß es auf keine Weise Sache des Ge-
rechten ist, anderen zu schaden

Ist es aber wohl, sprach ich, des Gerechten Sache, auch nur irgendeinem Menschen zu schaden? – Freilich doch, sprach er, Bösen
und Feinden muß man schaden. – Und wenn man Pferden schadet, werden sie besser oder schlechter? – Schlechter. – Und das in
bezug auf die Tüchtigkeit der Hunde und der Pferde? – Auf die
der Pferde. – Werden nun nicht auch Hunde, wenn man ihnen
schadet, schlechter in bezug auf die Tüchtigkeit der Hunde und
nicht auf die der Pferde? – Notwendig. – Und von Menschen,
c Freund, sollen wir nicht ebenso behaupten, daß sie durch zugefüg-
ten Schaden schlechter werden zur menschlichen Tüchtigkeit und
Tugend? – Allerdings wohl. – Aber ist nicht Gerechtigkeit
menschliche Tugend? – Auch das notwendig. – Auch das also, o

Freund, ist notwendig, daß Menschen, denen man Schaden zu-
fügt, ungerechter werden? – So zeigt es sich. – Können nun wohl
die Tonkünstler durch ihre Tonkunst andere untonkünstlerisch
machen? – Unmöglich. – Oder die Reiter durch ihre Reitkunst
andere zum Reiten ungeschickt? – Das geht nicht. – Aber die Gerechten durch ihre Gerechtigkeit andere ungerecht? Oder überhaupt die Guten durch ihre Tugend andere schlecht? – Das ist      d
unmöglich. – Denn es ist auch nicht die Sache der Wärme abzu-
kühlen, sondern ihres Gegenteils. – Ja. – Auch nicht der Trok-
kenheit anzufeuchten, sondern ihres Gegenteils. – Freilich. –
Also auch nicht des Guten zu schaden, sondern seines Gegenteils. – Das ist offenbar. – Und der Gerechte ist doch gut? – Freilich. – Also ist es nicht die Sache des Gerechten zu schaden, o
Polemarchos, nicht nur seinem Freunde nicht, sondern auch sonst
keinem, sondern seines Gegenteils, des Ungerechten. – Auf alle
Weise dünkst du mich recht zu reden, o Sokrates, sagte er. –      e
    Wenn also jemand behauptet, das Schuldige jedem abzugeben
sei gerecht, und denkt dabei dieses, den Feinden sei der Gerechte
Schaden schuldig und den Freunden Nutzen: so war der nicht
weise, der dieses sagte, denn er hat nicht Wahres gesagt. Denn es
hat sich uns gezeigt, daß es auf keine Weise gerecht sein könne,
irgend jemand Schaden zuzufügen. – Das gebe ich zu, sagte er. –
Bestreiten also wollen wir es gemeinschaftlich, sprach ich, du und
ich, wenn jemand behauptet, Simonides habe dieses gesagt oder
Bias oder Pittakos oder irgendein anderer von den weisen und ge-
priesenen Männern. – Ich wenigstens, sagte er, bin bereit, mich
dir beizugesellen zum Streit. – Aber weißt du wohl, sprach ich,
wem mir jener Spruch anzugehören scheint, welcher behauptet,   336a
gerecht sei, den Freunden zu nutzen und den Feinden schaden? –
Wem doch, sagte er. – Ich meine, er gehört dem Periandros oder
Perdikkas oder Xerxes oder Ismenias dem Thebaner oder sonst
einem reichen und sich viel vermögend dünkenden Mann. – Vollkommen recht, sprach er, hast du darin. – Wohl, sagte ich! Da
sich nun aber gezeigt hat, daß auch dieses nicht die Gerechtigkeit
ist noch das Gerechte, was soll denn einer sonst sagen, daß es sei?

### 10. *Vorstoß des Thrasymachos*

b Thrasymachos nun war, auch schon während wir miteinander redeten, oft im Begriff gewesen, in die Rede einzugreifen, war aber
von den Anwesenden verhindert worden, welche gern unsere
Rede zu Ende hören wollten. Nun wir aber innehielten, nachdem
ich dies gesagt hatte, konnte er nicht länger Ruhe halten, sondern
raffte sich auf und kam auf uns los recht wie ein wildes Tier, um
uns zu zerreißen, so daß ich und Polemarchos ganz außer uns waren vor Schreck. Er aber rief mitten hinein und sagte: In was für
leerem Geschwätz seid ihr doch schon lange befangen, o Sokrates?

c Und was für Albernheiten treibt ihr miteinander, indem ihr euch
immer nur schmiegt und biegt einer vor dem andern? Sondern
wenn du in der Tat wissen willst, was das Gerechte ist: so frage
nicht nur und setze etwas darein zu widerlegen, wenn einer etwas
geantwortet hat, weil du wohl weißt, daß fragen leichter ist als
antworten: sondern antworte auch selbst und sage, was du behauptest, daß das Gerechte sei. Und daß du mir nur nicht sagst, es

d sei das Pflichtmäßige noch das Nützliche, noch das Zweckmäßige,
noch das Vorteilhafte, noch das Zuträgliche; sondern deutlich
und genau sage, was du davon sagst. Denn ich werde es nicht gelten lassen, wenn du dergleichen Geschwätz vorbringst. –

Ich nun war ganz verzagt, als ich das hörte, und sein Anblick
machte mir Furcht, ja ich glaube, wenn ich ihn nicht eher angesehen hätte als er mich, würde ich stumm geworden sein. Nun aber
hatte ich ihn, wie er eben anfing von der Rede wild zu werden,

e gleich zuerst angesehen, so daß ich imstande war, ihm zu antworten, und ihm, wiewohl mit Zittern, sagte: O Thrasymachos, sei
uns nicht böse! Denn wenn wir gefehlt haben in der Untersuchung, ich und dieser: so wisse nur, daß wir ungern gefehlt haben.
Denn glaube nur nicht, daß wir zwar, wenn wir Geld gesucht hätten, gewiß nicht gern so voreinander uns würden geschmiegt haben beim Suchen und uns den Fund verderbt, nun wir aber Gerechtigkeit suchen, eine Sache, die so viel herrlicher ist als vieles
Geld, wir so unverständig einander sollten geschont und uns nicht
auf das eifrigste bemüht haben, daß sich hätte zeigen müssen, was
sie recht ist. Sondern ich glaube, wir können eben nicht. Und so

337a wäre es denn weit billiger von euch, den Trefflichen, uns zu bemit-
leiden, als uns zu zürnen.

11. *Thrasymachos kündigt eine Antwort über die Gerechtigkeit
    an*

Er nun, als er das hörte, lachte sehr spöttisch laut auf und sagte: O
Herakles, das ist ja jene bekannte Verstellung des Sokrates! Aber
das habe ich auch diesen schon vorhergesagt, daß du gewiß nicht
würdest antworten wollen, sondern wieder Rückhalt suchen in
der Verstellung und eher alles andere tun als antworten, wenn
dich einer fragte. – Du bist eben weise, sprach ich, o Thrasymachos, und darum wußtest du recht gut, daß, wenn du einen fragtest, wieviel zwölf ist, und ihm beim Fragen gleich vorher sagtest:  b
Aber daß du mir nur nicht etwa sagst, Mensch zwölf sei zweimal
sechs, noch auch dreimal vier, noch sechsmal zwei, noch viermal
drei, denn ich werde es dir nicht gelten lassen, wenn du dergleichen salbaderst: so war dir, denke ich, sehr gewiß, daß niemand
dem antworten würde, der so fragte. Aber wenn er nun zu dir
sagte: O Thrasymachos, wie meinst du das? Ich soll dir nichts
antworten von dem, was du genannt hast? Etwa auch nicht, du
Wunderbarer, wenn es doch eines davon ist, sondern etwas anderes soll ich sagen als das Wahre? Oder wie meinst du? Was würdest du ihm hierauf antworten? – Sehr gut! sprach er. Als ob dies  c
etwa jenem ähnlich wäre! – Das hindert ja nichts, sprach ich. Und
wenn es auch nicht ähnlich ist, aber es erscheint doch dem Gefrag-
ten so: meinst du, daß er deshalb weniger antworten wird, wie es
ihm erscheint, mögen wir es ihm nun verbieten oder nicht? –
Also, sprach er, nicht wahr, du willst es auch so machen? Du willst
von dem, was ich dir verboten habe, etwas antworten? – Es sollte
mich nicht wundern, sprach ich, wenn es mir bei näherer Überlegung so schiene. – Wie nun, sagte er, wenn ich eine andere
Antwort aufstelle über die Gerechtigkeit, weit von allen diesen  d
insgesamt, und eine bessere als diese, was soll dir dann widerfahren? – Was sonst, sprach ich, als was sich gebührt, daß dem Nichtwissenden widerfahre? Es gebührt ihm aber zu lernen von dem
Wissenden, und das möge mir auch widerfahren. – Du bist klug,
sagte er. Aber außer dem Lernen zahle auch Geld. – Ja, wenn ich
welches haben werde, sprach ich. – Das hast du schon, sagte Glaukon. Also des Geldes wegen, o Thrasymachos, rede nur. Denn wir
alle wollen dem Sokrates zuschießen. – Das glaube ich wohl! sagte  e
er. Damit Sokrates es mache wie gewöhnlich, selbst nicht antworte,

und wenn ein anderer antwortet, die Rede nehme und wider-
lege! – Wie aber, o Bester, sprach ich, soll einer denn antworten,
der zuerst nicht weiß und auch nicht behauptet zu wissen und dem
dann noch, wenn er auch eine Meinung hätte über diese Dinge,
von einem gar nicht schlechten Mann verboten ist, irgend etwas
von dem zu sagen, was er für wahr hält? Also ist ja weit billiger,
338a daß du redest, denn du behauptest ja, daß du es weißt und daß
du es vortragen kannst. Tue also ja nicht anders, sondern sei auch
mir gefällig durch deine Antwort, und entziehe es auch dem Glaukon nicht, ihn zu belehren und die übrigen.

### 12. *These des Thrasymachos: Das Gerechte ist das dem Stärke-*
### *ren Zuträgliche*

Als ich nun dieses gesagt hatte, baten auch Glaukon und die andern ihn, ja nicht anders zu tun. Und Thrasymachos, sah man ganz
deutlich, hatte große Lust zu reden, um sich Beifall zu erwerben,
weil er glaubte, eine gar schöne Antwort zu haben, zugleich aber
stellte er sich an, als ob er durchsetzen wolle, daß ich der Antwor-
tende sei. Endlich gab er denn auch nach und sagte dann: Dies ist
b eben die Weisheit des Sokrates: selbst will er nichts lehren, aber
bei andern geht er umher, um zu lernen, und weiß es ihnen dann
nicht einmal Dank. – Daß ich, sprach ich, von den andern lerne,
das hast du recht gesagt, o Thrasymachos; daß du aber behauptest, ich erstatte ihnen keinen Dank, das falsch. Denn ich erstatte
ihn, soviel ich nur kann; ich kann aber nichts tun als nur sie loben;
denn Geld habe ich nicht. Wie bereitwillig ich aber das tue, wenn
jemand mir scheint gut zu reden, das wirst du gewiß sehr bald
erfahren, wenn du deine Antwort gegeben hast, denn ich glaube,
du wirst gut reden. –
c Höre denn, sprach er. Ich nämlich behaupte, das Gerechte sei
nichts anderes als das dem Stärkeren Zuträgliche. Aber warum
lobst du es nicht? Du wirst gewiß nicht wollen. – Wenn ich nur
erst verstanden habe, was du meinst! Denn jetzt weiß ich es noch
nicht. Das dem Stärkeren Zuträgliche, behauptest du, sei gerecht.
Und dieses, o Thrasymachos, wie meinst du es? Denn du behauptest doch nicht dergleichen, wie, wenn Polydamas der Haupt-
kämpfer stärker ist als wir und ihm nun Rindfleisch zuträglich ist
d für seinen Leib, daß diese Speise deshalb auch uns, den Schwäche-

ren, als das jenem Zuträgliche, zugleich gerecht sei? – Du bist
eben boshaft, o Sokrates, sagte er, und faßt die Rede so auf, wie du
sie am übelsten zurichten kannst. – Keineswegs, o Bester, sagte
ich, sondern sage nur deutlicher, was du meinst. – Weißt du etwa
nicht, sprach er, daß einige Staaten tyrannisch regiert werden, andere demokratisch und noch andere aristokratisch? – Wie sollte
ich nicht? – Und dieses Regierende hat doch die Gewalt in jedem
Staat? – Freilich. – Und jegliche Regierung gibt die Gesetze nach      e
dem, was ihr zuträglich ist, die Demokratie demokratische, die
Tyrannei tyrannische und die andern ebenso. Und indem sie sie so
geben, zeigen sie also, daß dieses ihnen Nützliche das Gerechte ist
für die Regierten. Und den dieses Übertretenden strafen sie als
gesetzwidrig und ungerecht handelnd. Dies nun, o Bester, ist das,
wovon ich meine, daß es in allen Staaten dasselbe Gerechte ist, das
der bestehenden Regierung Zuträgliche. Diese aber hat die Ge-       339a
walt, so daß also, wenn einer alles richtig zusammennimmt, herauskommt, daß überall dasselbe gerecht ist, nämlich das dem Stärkeren Zuträgliche. –

Nun, sprach ich, habe ich verstanden, was du meinst; ob es aber
wahr ist oder nicht, das will ich erst versuchen zu erfahren. Das
Zuträgliche freilich, o Thrasymachos, hast auch du geantwortet,
sei gerecht, obgleich du mir verbotest, ich solle das nicht antworten; nur hier ist noch dabei «das dem Stärkeren». – Das ist also
wohl nur ein kleiner Zusatz! sprach er. – Noch ist auch nicht klar,      b
ob es ein großer ist; aber daß wir dieses überlegen müssen, ob du
es auch wahr gesprochen hast, das ist klar. Denn da, daß das Gerechte ein Zuträgliches ist, auch ich eingestehe, du aber hinzuset-
zend behauptest, es sei das dem Stärkeren, und ich dies nicht weiß,
so müssen wir es also überlegen. – Überlege es nur, sagte er.

*13. Ist gerecht auch das dem Stärkeren Unzuträgliche, wenn er
   nämlich das ihm Zuträgliche nicht erkennt?*
Das soll geschehen, sprach ich. Und sage mir nur, behauptest du
nicht auch, den Regierenden zu gehorchen sei gerecht? – Ich freilich. – Sind nun aber die Regierenden unfehlbar in jeglichem Staat      c
oder solche, daß sie auch wohl etwas fehlen? – Auf alle Weise
wohl, sagte er, solche, daß sie auch in etwas fehlen. – Also wenn
sie unternehmen, Gesetze zu geben: so geben sie einige zwar rich-

tig, andere aber auch nicht richtig? – Das meine ich freilich. –
Und ist nun richtig, wenn sie das ihnen selbst Zuträgliche festsetzen, nicht richtig, aber wenn das Unzuträgliche? Oder wie meinst
du es? – So. – Was sie aber festsetzen, müssen die Regierten tun,
und das ist das Gerechte? – Wie sollte es nicht! – Also nicht allein
d das dem Stärkeren Zuträgliche zu tun ist gerecht nach deiner
Rede, sondern auch das Gegenteil, das nicht Zuträgliche. – Was
sagst du? sprach er. – Was du sagst, denke ich wenigstens; laß uns
aber noch besser zusehen.

Ist es nicht eingestanden, daß, indem die Regierenden den Regierten befehlen, einiges zu tun, sie bisweilen das für sie Beste verfehlen; was aber auch die Regierenden befehlen mögen, das sei für
die Regierten gerecht zu tun? Ist das nicht eingestanden? – Das
glaube ich freilich, sagte er. – Glaubst du nun also, sprach ich,
e eingestanden zu haben, auch das den Regierenden und Stärkeren
Unzuträgliche zu tun sei gerecht, wenn die Regierenden wider
Wissen, was ihnen übel ist, anordnen, und du doch sagst, diesen
sei gerecht zu tun, was jene angeordnet haben? Kommt es also
nicht alsdann notwendig so heraus, o weisester Thrasymachos,
daß es gerecht ist, das Gegenteil von dem zu tun, was du sagst?
Denn das den Stärkeren Unzuträgliche wird dann den Schwächeren anbefohlen zu tun. –

340a        Ja beim Zeus, o Sokrates, sprach Polemarchos, das ist ganz offenbar. – Wenn du es ihm freilich bezeugst, sagte Kleitophon das
Wort nehmend. – Was bedarf es denn, sprach jener, eines Zeugen? Denn Thrasymachos selbst gesteht ja ein, daß die Regierenden bisweilen, was für sie übel ist, anordnen und daß den Regierten gerecht sei, dieses zu tun. – Denn das von den Regierenden
Befohlene zu tun, o Polemarchos, hat Thrasymachos festgesetzt,
daß es gerecht sei. – Und auch das dem Stärkeren Zuträgliche,
b Kleitophon, hat er gesagt, sei gerecht. Und nachdem er dieses beides gesagt, hat er wiederum zugestanden, daß die Stärkeren bisweilen das ihnen selbst Unzuträgliche den Schwächeren und Regierten befehlen zu tun. Und nach diesen Zugeständnissen nun
wäre das dem Stärkeren Zuträgliche um nichts mehr gerecht als
das nicht Zuträgliche. – Aber, sagte Kleitophon, unter dem dem
Stärkeren Zuträglichen hat er doch gemeint, was der Stärkere für
ihn selbst zuträglich hielt, dieses müsse der Schwächere tun, und

dies hat er als das Gerechte festgesetzt. – Aber so, sprach Polemarchos, wurde doch nicht gesagt. – Das macht nichts aus, o Po-        c
lemarchos, sprach ich; sondern wenn Thrasymachos jetzt so erklärt, so wollen wir es so von ihm annehmen.

## 14. Erklärung des Thrasymachos: Der Herrschende verfehlt als solcher das ihm Zuträgliche nicht

Sage mir also, o Thrasymachos, war es dieses, als was du das Gerechte beschreiben wolltest, das dem Stärkeren als ihm zuträg-
licher Erscheinende, es mag ihm nun wirklich zutragen oder
nicht? Sollen wir sagen, so meinst du es? – Ganz und gar nicht,
sprach er. Meinst du denn, ich nenne den Stärkeren den, der sich
irrt, eben wenn er sich irrt? – Das glaubte ich freilich, sagte ich, du
meintest, als du eingestandest, die Regierenden seien nicht unfehlbar, sondern verfehlten auch manchmal etwas. – Du bist eben ein       d
Verdreher, o Sokrates, sprach er, in Reden. Denn gleich dieses,
nennst du etwa den einen Arzt, der sich irrt in Absicht der Kranken, eben in bezug auf das, worin er sich irrt? Oder einen Rechenmeister, der im Rechnen fehlt, dann, wenn er fehlt in bezug auf
eben diesen Fehler? Aber ich meine, wir sagen wohl so in gewöhnlicher Rede, der Arzt hat sich geirrt, der Rechenmeister hat sich
geirrt und der Sprachmeister; ich meine aber, ein jeder von diesen,
sofern er das wirklich ist, was wir ihn nennen, fehlt doch niemals.    e
So daß nach der genauen Rede, weil doch auch du es so genau
nimmst, kein Meister jemals fehlt. Denn nur, wenn die Wissenschaft ihn im Stich läßt, fehlt der Fehlende, insofern als er kein
Meister ist. So daß kein Meister oder Weiser oder Herrscher irgend fehlt dann, wenn er Herrscher ist. Aber jeder wird doch sagen, der Arzt hat gefehlt und der Regent hat gefehlt. Und dem
Ähnliches denke also, daß auch ich dir jetzt geantwortet habe. Das
ganz Genaue aber ist jenes, daß der Regent, insofern er Regent ist,
nirgend fehlt, und wenn er nicht fehlt, das für ihn selbst Beste     341a
festsetzt. Und dieses hat der Regierte dann zu tun. Also, wie ich
auch von Anfang an sagte, gerecht nenne ich das dem Stärkeren
Zuträgliche tun. –

*15. Beweis des Sokrates, daß keine wahrhafte Kunst das ihr sel-*
*ber Zuträgliche im Auge hat*

Wohl, sprach ich, o Thrasymachos. Denkst du nun, ich verfälsche
und verdrehe? – Allerdings, sagte er. – Du denkst also, ich habe
hinterhältigerweise, um dich in der Rede zu überlisten, gefragt,
was ich gefragt habe? – Das weiß ich sehr gut, sagte er, und es soll
dir nichts helfen. Denn weder wirst du mir entgehen, wenn du
b  überlisten willst, noch, wenn du mir nicht entgangen bist, mich
mit Gewalt überwinden können in der Rede. – Auch möchte ich
das gar nicht unternehmen, du Vortrefflicher, sprach ich. Allein,
damit uns nicht wieder so etwas begegnet: so bestimme nun, ob du
den Regenten und Stärkeren meinst, wie man gewöhnlich redet,
oder den nach der genauen Rede, wie du jetzt sagtest, dessen als
des Stärkeren Zuträgliches dem Schwächeren gerecht sein soll zu
tun. – Den, sprach er, der nach der allergenauesten Rede der Regent ist. Und dagegen nun richte etwas an und verdrehe, wenn du
etwas kannst. Ich verbitte mir nichts von dir; aber es hat wohl
keine Not, daß du es können solltest. – Du meinst also wohl,
c  sprach ich, ich könne so unsinnig sein, daß ich versuchte, einen
Löwen zu scheren oder den Thrasymachos in Reden zu übervorteilen? – Jetzt eben wenigstens, sagte er, hast du es versucht; aber
freilich, es war damit auch nichts. –

Genug, sprach ich, von dergleichen. Aber sage mir, der Arzt
nach der genauen Rede, von dem du jetzt sprachst, ist der ein
Gelderwerber oder ein Versorger der Kranken? Und sprich mir
nur von dem wahrhaften Arzt. – Der Kranken Versorger, sagte er,
ist er. – Und wie der Steuermann? Ist der wahre Steuermann der
Schiffsleute Regent oder ein Schiffender? – Der Schiffsleute Re-
d  gent. – Denn dies, denke ich, darf man nicht in Anschlag bringen,
daß er mit in dem Schiffe fährt, noch ihn deshalb einen Schiffenden nennen. Denn nicht sofern er fährt, heißt er Steuermann, sondern wegen seiner Kunst und seinem Regiment über die Schiffenden. – Richtig, sprach er. – Nun gibt es doch für jeden von diesen
ein Zuträgliches? – Freilich. – Ist nicht auch die Kunst, sprach
ich, eben dazu da, um das jedem Zuträgliche zu suchen und darzu-
reichen? – Eben dazu, sagte er. –

Gibt es nun etwa auch für jede Kunst noch ein anderes Zuträgliches als dieses, daß sie selbst möglichst vollkommen ist? – Wieso

fragst du das? – So wie, sagte ich, wenn du mich fragtest, ob der   e
Leib wohl genug daran habe, Leib zu sein, oder ob er noch sonst
etwas bedürfe, ich sagen würde, allerdings bedarf er. Eben dazu ist
ja die Heilkunst jetzt gefunden worden, weil der Leib elend ist und
nicht zufrieden damit, ein solcher zu sein. Damit sie nun diesem
das Zuträgliche darreiche, dazu ist die Kunst eingerichtet. Scheine
ich dir nun, sagte ich, richtig zu sprechen, indem ich so sage, oder
nicht? – Richtig, sprach er. – Wie aber? Ist auch die Heilkunst   342a
selbst elend? Oder ist irgendeine Kunst noch sonst einer Vollkommenheit bedürftig, wie die Augen der des Gesichtes und die Ohren
der des Gehörs, so daß eben deshalb ihnen eine Kunst nottut, die
das Zuträgliche hierzu ihnen aussinnt und verschafft? Ist so auch
in der Kunst selbst eine Elendigkeit, daß jeder Kunst wieder eine
andere Kunst nottut, die ihr das Zuträgliche aussinnt, und der
aussinnenden wiederum eine andere solche, und geht das ins
Unendliche fort? Oder wird jede schon selbst ihr Zuträgliches besorgen? Oder bedarf sie überhaupt weder ihrer selbst noch einer   b
andern, um das für ihre Schlechtigkeit Zuträgliche zu besorgen,
weil nämlich gar keine Schlechtigkeit oder Fehler in gar keiner
Kunst zu finden ist, noch auch einer Kunst zukommt, für irgend
etwas anderes das Zuträgliche zu suchen als für das, dessen Kunst
sie ist, selbst aber ist jede als richtig auch ohne Fehl und ohne
Tadel, solange nämlich jede genau ganz ist, was sie ist. Und untersuche nur nach jener genauen Rede, ob es sich so oder anders verhält. – So, sprach er, offenbar. –

    Also, sagte ich, besorgt auch die Heilkunst nicht das der Heil-
kunst Zuträgliche, sondern das dem Leibe. – Ja, sagte er. – Noch   c
die Reitkunst das der Reitkunst, sondern das den Pferden, noch
auch irgendeine andere Kunst das ihr selbst Zuträgliche, denn sie
bedarf nichts weiter, sondern dem, dessen Kunst sie ist. – So,
sagte er, zeigt es sich. – Allein, o Thrasymachos, die Künste regieren doch und haben Gewalt über jenes, dessen Künste sie sind? –
Hier gab er noch zu, aber sehr mit Mühe. – Also keine Wissenschaft besorgt oder befiehlt das dem Herrschenden Zuträgliche,
sondern das dem Schwächeren und von ihr selbst Beherrschten. –   d
Auch das gab er freilich am Ende zu, er suchte aber doch erst
darum zu streiten. Nachdem er es nun eingestanden, sagte ich:
Nicht wahr, also auch kein Arzt als Arzt sieht auf das dem Arzt

Zuträgliche noch befiehlt es, sondern das dem Kranken? Denn
von dem wahrhaften Arzt ist eingestanden, er sei, der über die
Leiber die Regierung führt, aber nicht der Gelderwerber. Oder ist
das nicht eingestanden? – Er bejahte es. – Nicht auch von dem
wahrhaften Steuermann, daß er der die Schiffsleute Regierende ist
und nicht der Schiffende? – Es ist eingestanden. – Nicht also wird
e  ein solcher Steuermann und Befehlshaber das dem Steuermann
Zuträgliche bedenken und anordnen, sondern das dem Schiffenden und unter seinem Befehl Stehenden. – Das bejahte er mit
Not. –

   Also, sprach ich, o Thrasymachos, bedenkt auch wohl kein anderer in irgendeinem Amt, sofern er ein Regierender ist, das ihm
selbst Zuträgliche noch befiehlt es, sondern das dem Regierten
und von ihm selbst Gemeisterten; und auf dieses sehend und das
diesem Zuträgliche und Angemessene sagt er, was er sagt, und tut
er alles insgesamt, was er tut.

### 16. Thrasymachos über Nutzen und Vorteil der Ungerechtig-
### keit

343 a  Als wir nun hier waren in der Rede und allen schon offenbar war,
daß die Erklärung des Gerechten sich in das Gegenteil umgesetzt
hatte, hub Thrasymachos, anstatt zu antworten, an: Sage mir
doch, o Sokrates, hast du wohl eine Amme? – Was doch? sprach
ich. Solltest du nicht lieber antworten als dergleichen fragen? –
Weil sie doch, sagte er, übersieht, daß du den Schnupfen hast und
dich nicht ausschneuzt, obwohl du es doch sehr nötig hast, wenn
du ja nicht einmal weißt, was Hirten sind und Schafe. – Weshalb
doch recht? fragte ich. –

b     Weil du glaubst, daß die Schäfer und Hirten das Gute für die
Schafe und Rinder bedenken, und wenn sie sie fett machen und
pflegen, auf etwas anderes sehen, als was gut ist für ihre Herren
und für sie selbst, und so auch von den Herrschern in den Städten,
die wahrhaft regieren, meinst, daß sie anders gegen die Beherrschten gesinnt seien, als einer auch gegen seine Schafe gesinnt ist, und
etwas anderes bedenken bei Tag und Nacht, als wie sie sich selbst
c  den meisten Vorteil schaffen können. Und so weit bist du ab mit
deinen Gedanken von der Gerechtigkeit und dem Gerechten und
der Ungerechtigkeit und dem Ungerechten, daß du noch nicht

weißt, daß die Gerechtigkeit und das Gerechte eigentlich ein fremdes Gut ist, nämlich des Stärkeren und Herrschenden Nutzen, des Gehorchenden und Dienenden aber eigner Schade; die Ungerechtigkeit aber ist das Gegenteil und herrscht über die in der Tat Einfältigen und Gerechten, die Beherrschten aber tun, was jenem, dem Stärkeren, zuträglich ist, und machen ihn glücklich, indem sie ihm dienen, sich selbst aber auch nicht im mindesten.                              d

Du mußt dir aber, o einfältiger Sokrates, die Sache darauf ansehen, daß der Gerechte überall schlechter daran ist als der Ungerechte. Zuerst nämlich in allen Geschäften unter sich, worauf nur immer ein solcher mit einem solchen sich einlassen mag, wirst du niemals finden, wenn das Geschäft beendigt ist, daß der Gerechte mehr hat als der Ungerechte, sondern weniger; dann auch in denen mit der Stadt, wenn es irgend Beiträge gibt, so trägt von gleichem der Gerechte mehr bei, der andere aber weniger; und wenn Einnahmen, so gewinnt jener nichts, dieser aber viel. So auch,      e wenn sie beide ein Amt verwalten, so hat davon der Gerechte, wenn auch keinen anderen Schaden, doch den, daß seine eigenen Angelegenheiten durch Vernachlässigung schlechter stehen und daß er vom Staate gar keinen Vorteil zieht, weil er gerecht ist, und überdies noch, daß er sich bei seinen Verwandten und Bekannten verhaßt macht, wenn er ihnen in nichts gefällig sein will gegen die Gerechtigkeit; dem Ungerechten aber widerfährt von alledem das Gegenteil. Ich meine nämlich den, welcher im Großen zu übervor-   344a teilen versteht. Diesen also betrachte, wenn du beurteilen willst, wieviel mehr es einem jeden für sich von Vorteil ist, wenn er ungerecht ist als wenn gerecht.

Am allerleichtesten aber wirst du es erkennen, wenn du dich an die vollendetste Ungerechtigkeit hältst, welche den, der Unrecht getan, zum glücklichsten macht, die aber das Unrecht erlitten haben und nicht wieder Unrecht tun wollen, zu den elendsten. Dies aber ist die sogenannte Tyrannei, welche nicht im Kleinen sich fremdes Gut mit List und Gewalt zueignet, heiliges und unheiliges, Gemeingut und Eigentum, sondern gleich insgesamt alles; was, wenn es einer einzeln veruntreut und dabei entdeckt wird, ihm die   b härtesten Strafen und Beschimpfungen zuzieht. Denn Tempelräuber und Seelenverkäufer und Räuber und Betrüger und Diebe heißen, die einzeln eine von dergleichen Übeltaten begehen. Wenn aber einer außer dem Vermögen seiner Mitbürger auch noch sie selbst in seine Gewalt bringt und zu Knechten macht, der wird anstatt dieser schlechten Namen glückselig und preiswürdig ge-

c nannt, nicht nur von seinen Mitbürgern, sondern auch von den andern, sobald sie nur hören, daß er die ganze Ungerechtigkeit begangen hat. Denn nicht aus Furcht, Ungerechtes zu tun, sondern es zu leiden, schmäht die Ungerechtigkeit, wer sie schmäht. Auf diese Art, o Sokrates, ist die Ungerechtigkeit kräftiger und edler und vornehmer als die Gerechtigkeit, wenn man sie im großen treibt; und wie ich von Anfang an sagte, das dem Stärkeren Zuträgliche ist das Gerechte, das Ungerechte aber ist das jedem selbst Vorteilhafte und Zuträgliche.

### 17. Überzeugung des Sokrates vom größeren Nutzen der Gerechtigkeit. Die Regierungskunst erstrebt das Beste der Regierten

d Als Thrasymachos dieses gesagt, hatte er im Sinn fortzugehen, nachdem er uns wie ein Bader viel und reichliche Rede über die Ohren gegossen hatte. Allein die Anwesenden ließen ihn nicht, sondern nötigten ihn zu bleiben und Rede zu stehen über das Gesagte. Und auch ich meinerseits bat ihn gar sehr und sagte: O herrlicher Thrasymachos, was für eine Rede hast du uns hingeworfen und gedenkst doch nun fortzugehen, bevor du hinreichend gezeigt hast oder erfahren, ob es sich so oder anders verhält! Oder meinst

e du, es ist eine Kleinigkeit, die du unternommen hast zu bestimmen, und nicht die Einrichtung des ganzen Betragens, wie es jeder von uns einrichten muß, um das zweckmäßigste Leben zu leben? – Glaube ich denn also, sprach Thrasymachos, daß es sich anders verhält? – Du scheinst fast so, sprach ich, oder doch um uns dich gar nicht zu kümmern noch dir etwas daraus zu machen, ob wir besser leben oder schlechter, da wir ja nicht wissen, was du zu wissen behauptest. Also, o Guter, gib dir die Mühe, es auch uns

345 a zu zeigen. Es wird dir ja auch nicht schlecht angelegt sein, was du so vielen, wie wir sind, Gutes erweist. Denn gleich ich meinesteils sage dir, daß ich dir nicht glaube noch der Meinung bin, die Ungerechtigkeit sei vorteilhafter als die Gerechtigkeit, auch nicht, wenn einer sie ganz gewähren läßt und sie gar nicht hindert zu tun, was sie nur will. Sondern, Bester, es sei einer ungerecht und vermöge

auch Unrecht zu tun, sei es nun versteckterweise oder indem er es durchsetzt, dennoch überredet er mich nicht, daß das mehr Gewinn bringe als die Gerechtigkeit. Ebenso nun ergeht es vielleicht noch manchem unter uns, nicht mir allein. Überzeuge uns also, du b Vortrefflicher, hinreichend, daß wir uns nur schlecht beraten, indem wir die Gerechtigkeit höher halten als die Ungerechtigkeit. – Und wie, sagte er, soll ich dich überzeugen? Denn wenn du durch das eben Gesagte nicht überzeugt bist, was soll ich dir noch tun? Kann ich dir denn die Rede in die Seele hineintragen und sie da festmachen? –

Nein beim Zeus, sprach ich, das ja nicht. Sondern zuerst, was du gesagt hast, dabei bleibe; oder, wenn du es umänderst, so ändere es offenbar um und hintergehe uns nicht. Nun aber siehst du wohl, o Thrasymachos, – denn laß uns noch einmal das Vorige betrachten – daß, wie du zuerst den wahrhaften Arzt bestimmtest, du den c wahrhaften Hirten hernach nicht geglaubt hast genau ebenso festhalten zu müssen; sondern du glaubst, er hüte die Schafe, sofern er Hirt ist, nicht auf das Beste der Schafe sehend, sondern wie ein Gastgeber, der ein Mahl ausrichten will, auf den Schmaus, oder auch auf den Kaufpreis, wie ein Handelsmann, nicht wie ein Hirt. d Der Hirtenkunst liegt aber doch gar nichts anderes ob, als daß sie dem, worüber sie gesetzt ist, das Beste darreiche; denn ihr eigenes, daß sie ganz gut sei, ist ja schon hinreichend besorgt, solange ihr nämlich nichts daran fehlt, die Hirtenkunst zu sein. So, glaube ich meinesteils, müßten wir eben eingestehen von jeder Regierung, sofern sie Regierung ist, daß sie keines andern Bestes bedenke als eben jenes der Regierten und Gepflegten, sowohl von der bürgerlichen Regierung als von irgendeiner besonderen Oberaufsicht. e Und glaubst du denn, daß die Regierenden in den Städten, die wahrhaften nämlich, gern regieren? – Nein beim Zeus, sagte er, sondern ich weiß es ganz bestimmt. –

*18. Getrenntheit des jeder Kunst als solcher eigentümlichen*
   *Werks von dem Lohn, den sie bringt*
Und wie, o Thrasymachos, sagte ich, siehst du denn nicht, daß jedes andere Regiment niemand gern führen will, sondern daß sie Lohn dafür fordern, weil nämlich nicht ihnen aus dem Herrschen ein Vorteil hervorgehen wird, sondern dem Beherrschten? Denn

346a  sage mir nur dieses, nennen wir nicht jedesmal jede Kunst deshalb
eine andere, weil ihr ein anderes Vermögen zukommt? Und, Bester, antworte ja nichts gegen deine Meinung, damit wir doch
etwas zustande bringen. – Freilich deshalb, sagte er, eine andere. – Gewährt nun nicht auch jede von ihnen uns irgendeinen
besonderen Nutzen, nicht aber alle einen gemeinschaftlichen; wie
die Heilkunst Gesundheit und die Steuermannskunst Sicherheit
bei der Schiffahrt, und die andern ebenso? – Freilich. – Nicht
b  auch so die Lohndienerei Lohn? Denn dies ist ihr Vermögen. Oder
nennst du Heilkunst und Steuermannskunst dieselbe? Oder, wenn
du nämlich genau bestimmen willst, wie du ja angenommen hast,
wirst du doch gewiß nicht, wenn ein Steuermann gesund ist, weil
das Seefahren ihm wohl bekommt, deshalb seine Kunst Heilkunst
nennen? – Freilich nicht. – Und ebensowenig, denke ich, die
Lohndienerei, wenn jemand auch beim Lohndienst gesund ist? –
Freilich nicht. – Wie aber? Die Heilkunst Lohndienerei, wenn
c  einer auch für das Heilen Lohn nimmt? – Nein, sagte er. – Und
wir sind doch übereingekommen, daß der Nutzen jeder Kunst ein
besonderer sei? – Das sei so, sagte er. – Welchen Nutzen also alle
Künstler gemeinschaftlich erlangen, den müssen sie auch von
etwas haben, was sie alle einer wie der andere außerdem anwenden. – Das ist deutlich, sagte er. – Sollen wir also sagen, der
Lohn, den die Künstler als Nutzen davontragen, komme ihnen
daher, daß sie die lohndienerische Kunst noch dazu anwenden? –
d  Er stimmte kaum bei. – Nicht also von eines jeden eigner Kunst
kommt ihm dieser Nutzen, der Empfang des Lohns; sondern
wenn man es genau erwägen will, bewirkt die Heilkunst die Gesundheit und die lohndienerische Kunst den Lohn, die Baukunst
das Haus und die sie begleitende lohndienerische Kunst den Lohn.
Und die andern insgesamt bewirken ebenso jede ihr eigenes Werk
und bringen den Vorteil, worüber sie gesetzt sind. Und wenn nun
kein Lohn damit verbunden ist, hat dann wohl der Meister einen
Vorteil von der Kunst? – Es zeigt sich nicht, sagte er. – Also
e  bringt sie ihm auch wohl keinen Vorteil dann, wenn er sie umsonst
ausübt? – Ich glaube es auch. –

Also, o Thrasymachos, dies ist schon klar, daß keine Kunst oder
Regierung ihren eigenen Nutzen besorgt, sondern, was wir schon
lange sagten, den des Regierten besorgt sie und ordnet alles an, auf

das jenem Zuträgliche sehend, welcher ja der Schwächere ist, und nicht auf das dem Stärkeren. Deshalb nun, o lieber Thrasymachos, sagte ich auch vorher, daß niemand gern daran gehe, etwas zu regieren, und es über sich nehme, fremdes Übel wieder in Ordnung zu bringen, sondern Lohn dafür fordere, weil derjenige, welcher seine Kunst gut ausüben will, niemals sein eignes Bestes besorgt, wo er nach seiner Kunst etwas anordnet, sondern dessen, was er regiert; weshalb denn, wie einleuchtet, ein Lohn da sein muß für die, welche sollen regieren wollen, sei es nun Geld oder Ehre, oder eine Strafe, falls sie es nicht tun. — 347a

### 19. *Warum die Gerechten regieren müssen, obwohl sie selbst nichts davon profitieren*

Wie meinst du das, o Sokrates? sagte Glaukon. Denn jene beiden Arten des Lohnes kenne ich wohl, was für eine Strafe du aber meinst, die du als Lohn anrechnest, das habe ich nicht verstanden. — Also gerade den Lohn der Besten, sprach ich, verstehst du nicht, um dessentwillen die Rechtschaffensten regieren? Oder b weißt du nicht, daß ehrgeizig und geldgierig zu sein für einen Schimpf gehalten wird und es auch ist? — Das wohl, sagte er. — Deshalb nun, sprach ich, mögen die Guten weder des Geldes wegen regieren noch der Ehre wegen. Denn sie wollen weder gerade heraus für ihre Amtsführung sich Lohn bedingen und Mietlinge heißen, noch, wenn sie heimlich Gewinn davon machten, Betrüger; und ebensowenig tun sie es der Ehre wegen, denn sie sind nicht ehrgeizig. Also muß ein Zwang für sie vorhanden sein und c eine Strafe, wenn sie sollen regieren wollen; daher denn freiwillig an die Regierung gehen und nicht eine Notwendigkeit abwarten beinahe für schändlich gehalten wird. Die größte Strafe aber ist, von Schlechteren regiert zu werden, wenn einer nicht selbst regieren will; und aus Furcht vor dieser scheinen mir die Rechtschaffenen zu regieren, wenn sie regieren. Und dann gehen sie an die Regierung, nicht als stände ihnen etwas Gutes bevor oder als dächten sie sich dabei sehr wohl zu befinden, sondern als an etwas Not- d wendiges, weil sie weder Bessere, als sie selbst sind, haben, um denen die Regierung zu überlassen, noch auch ihnen Gleiche. Denn es scheint, wenn es eine Stadt von rechtschaffenen Männern gäbe, würde man sich um das Nichtregieren ebenso streiten wie

jetzt um das Regieren, und daraus würde dann offenbar sein, daß der in der Tat wahrhafte Herrscher es nicht in seiner Natur hat, das ihm selbst Zuträgliche zu bedenken, sondern das dem Regierten. Daher auch jeder Verständige vorziehen wird, sich von andern Nutzen bringen zu lassen, als sich viel zu schaffen zu machen, um andern zu nutzen. Dieses nun also gebe ich dem Thrasymachos
e keineswegs zu, daß das Gerechte das dem Stärkeren Zuträgliche sei. Doch dieses wollen wir hernach noch betrachten.

Noch weit wichtiger aber scheint mir das zu sein, was Thrasymachos jetzt sagt, indem er behauptet, des Ungerechten Leben sei besser als das des Gerechten. Du also, sprach ich, o Glaukon, welches wählst du, und was scheint dir richtiger gesagt zu sein? – Ich meinesteils, sagte er, daß des Gerechten Leben zweckmäßiger
348a ist. – Hast du auch wohl gehört, sprach ich, was für Gutes Thrasymachos uns jetzt an dem des Ungerechten vorgerechnet hat? – Ich habe es zwar gehört, sagte er, aber ich glaube es nicht. – Sollen wir ihn also, wenn wir irgendeinen Weg dazu ausfinden können, überzeugen, daß er nicht richtig redet? – Wie sollte ich das nicht wollen, antwortete er. – Wenn wir nun zu seiner Rede eine entsprechende Gegenrede anlegen wollten, wieviel Gutes es wiederum hat gerecht zu sein, und dann er wieder eine und wir eine
b andere: so würde man die Güter zählen und messen müssen, die wir jeder dem andern vorhalten, und wir würden dann irgend Richter bedürfen, welche zwischen uns entschieden. Wenn wir aber wie bisher in der Untersuchung einander zum Eingeständnis zu bringen suchen: so würden wir selbst zugleich Richter und Redner sein. – Freilich. – Welches von beiden, sprach ich, gefällt dir nun am besten? – Das letzte, sagte er. –

20. *Nach Thrasymachos ist die Ungerechtigkeit Tugend und Weisheit. Zugeständnis, daß der Gerechte vor seinesgleichen nichts voraushaben will, wohl aber der Ungerechte*

So komm denn, sprach ich, o Thrasymachos, antworte uns von vorn an. Behauptest du, daß die vollkommene Ungerechtigkeit förderlicher sei als die vollkommene Gerechtigkeit? – Allerdings,
c sagte er, behaupte ich dies und habe auch erklärt, weshalb. – Wohlan! Wie erklärst du dich denn, was dieses betrifft, über sie? Du nennst doch die eine von ihnen Tugend und die andere La-

ster? – Wie sollte ich nicht? – Also doch die Gerechtigkeit Tugend und die Ungerechtigkeit Laster? – Läßt sich das wohl denken, sagte er, du Süßester, nachdem ich ja erklärt habe, daß die Ungerechtigkeit förderlich sei, die Gerechtigkeit aber nicht? – Also wie denn? – Gerade das Gegenteil, sagte er. – Also die Gerechtigkeit Laster? – Das nicht, aber höchst gutartige Einfalt. – Also nennst du die Ungerechtigkeit Bösartigkeit? – Nein, sondern Klugheit, sagte er. – Dünken dich denn, o Thrasymachos, die Ungerechten auch vernünftig zu sein und gut? – Die sich recht vollkommen auf das Unrechttun verstehen, sagte er, ja, und die ganze Städte und Völker von Menschen wissen unter sich zu bringen. Du aber denkst vielleicht, ich meine die Beutelschneider. Auch dergleichen ist freilich nützlich, sagte er, wenn es verborgen bleibt; aber dies ist nicht der Rede wert, sondern nur jenes, was ich eben sagte. – Dieses, sagte ich, ist mir nicht unverständlich, wie du es meinst. Das aber wundert mich, wie du doch die Ungerechtigkeit auf die Seite der Weisheit und Tugend stellst, die Gerechtigkeit aber auf die entgegengesetzte. – So stelle ich sie allerdings. – Dieses, sprach ich, ist nun schon derber, o Freund, und es ist nicht leicht etwas zu haben, was einer darauf sagen kann. Denn hättest du nur festgesetzt, die Ungerechtigkeit nutze, zugleich jedoch eingestanden, sie sei Laster und schändlich, wie einige andere: so hätten wir etwas zu sagen gewußt und hätten von Angenommenem ausgehen können. Nun aber sieht man ja deutlich, du wirst auch sagen, sie sei edel und kräftig, und ihr alles beilegen, was wir dem Gerechten beilegen, nachdem du schon gewagt hast, sie auch in die Reihe der Tugend und Weisheit zu stellen. – Ganz richtig, sagte er, weissagst du. –

Dennoch aber, sprach ich, muß man es nicht aufgeben, der Rede untersuchend zuzusetzen, solange ich nur noch glauben kann, daß du sagst, was du denkst. Denn du scheinst mir jetzt ordentlich nicht Scherz zu treiben, o Thrasymachos, sondern, was du von der Wahrheit der Sache selbst hältst, zu sagen. – Was, sprach er, liegt dir daran, ob ich so davon denke oder nicht, und warum hältst du dich nicht an die Rede? – Nichts freilich, sprach ich. Aber das versuche mir noch zu dem Bisherigen zu beantworten: Ein Gerechter, dünkt dich der gern mehr haben zu wollen als ein anderer Gerechter? – Keineswegs, sagte er. Sonst wäre er ja nicht so gut-

mütig, wie er nun ist, und so einfältig. – Aber wie? Mehr als die
gerechte Handlung? – Auch nicht mehr als die. – Wollte er aber
wohl vor dem Ungerechten sich einen Vorteil machen und würde
das für gerecht halten, oder nicht? – Er würde es wohl dafür halten und es wollen; aber er kann es nicht. – Aber danach, sprach
c ich, frage ich nicht; sondern nur, ob nicht der Gerechte zwar vor
dem Gerechten nichts würde voraushaben wollen, wohl aber vor
dem Ungerechten? – So verhält es sich freilich, sprach er. – Wie
aber der Ungerechte? Möchte der gern etwas voraushaben vor
dem Gerechten und der gerechten Handlung? – Wie sollte er
nicht, sagte er, da er ja über alle Vorteil zu haben wünscht! – Also
auch vor ungerechten Menschen und solchen Handlungen wird
der Ungerechte voraushaben wollen und wetteifern, um unter allen immer selbst am meisten zu haben? – So ist es. –

21. *Beweis des Sokrates, daß das Voraushabenwollen vor seinesgleichen nicht der Weisheit, sondern der Unweisheit eigen ist*
Wir sagen demnach so, sprach ich. Der Gerechte will vor dem
Ähnlichen nichts voraushaben, aber vor dem Unähnlichen; der
d Ungerechte hingegen vor dem Ähnlichen und Unähnlichen. –
Sehr gut ausgedrückt, sagte er. – Und, sprach ich, verständig und
gut ist doch der Ungerechte, der Gerechte aber keines von beiden? – Auch das, sagte er, ist richtig. – Also, sprach ich, ist wohl
auch der Ungerechte dem Verständigen und Guten ähnlich, der
Gerechte aber nicht ähnlich? – Wie sollte denn nicht, sagte er, der
selbst ein solcher ist, auch solchen ähnlich sein, der aber nicht ein
solcher, auch nicht? – Richtig. Ein solcher also ist jeder von ihnen
wie die, denen er gleicht? – Freilich, wie sollte er nicht? sprach
er. – Wohl, o Thrasymachos. Nennst du nicht einen tonkünstle-
e risch und einen andern untonkünstlerisch? – Das tue ich. – Welchen von beiden nun verständig und welchen unverständig? –
Den Tonkünstlerischen doch wohl verständig und den Untonkünstlerischen unverständig. – Und soweit verständig, auch gut,
soweit unverständig, aber schlecht? – Ja. – Wie mit dem Heilkundigen? Nicht auch so? – Ebenso. – Glaubst du also wohl, Bester, daß ein tonkünstlerischer Mann, der seine Leier stimmt, in
der Anspannung und Nachlassung der Saiten vor einem andern

Tonkünstlerischen werde voraushaben wollen und etwas darüber hinaus suchen? – Ich wohl nicht. – Aber über den Untonkünstlerischen? – Notwendig, sagte er. – Und wie ein Heilkundiger, würde der in Essen und Trinken über einen heilkundigen Mann oder eine solche Handlung hinauswollen? – Wohl nicht. – Aber über den Nichtheilkundigen? – O ja. – Und nun siehe zu in jeder Wissenschaft und Unwissenschaftlichkeit, ob dir irgendein Wissender vor dem andern Wissenden voraushaben zu wollen scheint in Tun oder Reden und nicht vielmehr ganz dasselbe, was der ihm Ähnliche in demselben Geschäft? – Es ist wohl notwendig, sprach er, daß dieses sich so verhält. – Wie aber der Unkundige? Will der nicht gleicherweise vor dem Kundigen voraushaben und vor dem Unkundigen? – Vielleicht wohl. – Der Kundige aber ist doch der Weise? – Das denke ich. – Und der Weise der Gute? – Das denke ich. – Der Gute also und Weise wird vor dem Ähnlichen nichts voraushaben wollen, sondern nur vor dem Unähnlichen und Entgegengesetzten. – So zeigt es sich, sagte er. – Der Schlechte aber und Törichte vor dem Ähnlichen und dem Entgegengesetzten. – Offenbar. – Und nicht wahr, der Ungerechte, sprach ich, o Thrasymachos, will uns doch vor dem Ähnlichen und Unähnlichen voraushaben? Oder sagtest du nicht so? – Ich freilich, sagte er. – Der Gerechte aber wird vor dem Ähnlichen nicht voraushaben wollen, sondern nur vor dem Unähnlichen? – Ja. – So gleicht also, sprach ich, der Gerechte dem Weisen und Guten, der Ungerechte aber dem Schlechten und Törichten. – So scheint es wohl. – Aber wir waren doch einig darüber, daß, welchem jeder von beiden ähnlich sei, ein solcher sei auch jeder selbst. – Darüber waren wir einig. – Der Gerechte also hat sich uns bewiesen als der Weise und Gute, und der Ungerechte als der Törichte und Schlechte.

## 22. Prüfung der «Stärke» der Ungerechtigkeit: Kommt sie ohne Gerechtigkeit aus?

Thrasymachos nun gestand dies zwar alles ein, aber nicht so leicht, wie ich es jetzt erzähle, sondern nur dazu gezogen und mit Mühe und unter gewaltigem Schweiß, wie denn auch damals heißer Sommer war, und da sah ich, vorher aber nie, den Thrasymachos erröten. Nachdem wir nun dieses in Richtigkeit gebracht hat-

ten, daß die Gerechtigkeit Tugend und Weisheit sei, die Ungerechtigkeit aber Schlechtigkeit und Torheit, so sprach ich: Wohl! dieses
stehe nun so fest. Wir haben aber auch gesagt, die Ungerechtigkeit
sei stark. Oder erinnerst du dich dessen nicht, o Thrasymachos? –
Ich erinnere mich wohl, sagte er; aber auch was du jetzt sagst,
gefällt mir gar nicht, und ich hätte wohl dagegen etwas zu sagen. –
e  Wenn ich es nun vortrüge: so weiß ich wohl, du würdest sagen, ich
hielte eine Rede wie vor dem Volk. Entweder also laß mich reden,
so viel ich will, oder, wenn du fragen willst, so frage, und ich
werde dir wie die Kinder den Mütterchen, die ihnen Märchen erzählen, nur «Gut» antworten und zunicken, oder Verneinung
schütteln. – Nur ja nicht, sprach ich, gegen deine Meinung. – Damit ich dir nur den Gefallen tue, sagte er, weil du mich doch nicht
reden läßt. Oder was willst du sonst noch? – Nichts, beim Zeus!
sprach ich. Sondern wenn du dies nur tun willst, so tue es, und ich
will fragen. – Frage also. –

    Ich frage also dieses, was auch vorher, damit wir doch die Sache
351a in der Ordnung durchnehmen, wie sich wohl die Gerechtigkeit zur
Ungerechtigkeit verhält? Denn gesagt ist, die Ungerechtigkeit sei
sowohl mächtiger als auch stärker als die Gerechtigkeit. Nun
aber, sprach ich, wenn doch die Gerechtigkeit Weisheit und Tugend ist, wird sich, denke ich, sehr leicht zeigen, daß sie auch stärker ist als die Ungerechtigkeit, da ja diese Torheit ist. Das kann
wohl niemand mehr verkennen. Aber ich begehre es gar nicht so
im allgemeinen, o Thrasymachos, sondern auf diese Weise zu be-
b  trachten: Du sagst, eine Stadt sei ungerecht und strebe, andere
Städte unrechtmäßig sich zu unterwerfen, und habe sie sich auch
unterworfen, viele auch halte sie in ihrer Gewalt nach der Unter-
werfung. – Wie sollte sie nicht? sprach er. Und zwar wird die beste das am meisten tun, da sie ja auch am vollkommensten ungerecht ist. – Ich verstehe wohl, sagte ich, daß dies deine Rede war.
Aber dies bedenke nur noch dabei, ob die Stadt, die mächtiger als
andere geworden ist, diese Gewalt ohne Gerechtigkeit handhaben
wird, oder notwendig mit Gerechtigkeit? – Wenn, sagte er, wie
c  du eben sagtest, die Gerechtigkeit Weisheit ist, dann mit Gerechtigkeit; wenn es aber ist, wie ich sagte, mit Ungerechtigkeit. – Das
ist ja herrlich, sagte ich, o Thrasymachos, daß du nicht nur zu-
winkst und abschüttelst, sondern auch gar schön antwortest. –
Ich tue es eben dir zu Gefallen, sagte er. –

*23. Unmöglichkeit, mit vollkommener Ungerechtigkeit etwas*
*mit anderen oder auch allein zu vollbringen*

Wohl tust du daran! Aber tue mir auch dieses zuliebe und sage
mir: Glaubst du, daß, wenn eine Stadt oder ein Heer oder auch
Räuber und Diebe oder irgend anderes Volk gemeinschaftlich
etwas ungerechterweise angreift, solche irgend etwas werden ausrichten können, wenn sie sich auch untereinander Unrecht tun? –  d
Wohl gewiß nicht, sagte er. – Wie aber, wenn sie sich nicht Unrecht tun? Dann wohl eher? – Freilich. – Denn die Ungerechtigkeit, o Thrasymachos, verursacht ihnen Zwietracht und Haß und
Streit untereinander; die Gerechtigkeit aber Eintracht und
Freundschaft. Nicht wahr? – So soll es sein, sprach er, damit ich
nicht von dir abgehe. – Daran tust du wohl, Bester. Aber sage mir
dieses: Wenn nun dies das Werk der Ungerechtigkeit ist, Haß hervorzubringen, wo sie ist: wird sie nicht auch, wenn sie sich unter
Freie und Knechte mischt, machen, daß diese einander hassen und
sich entzweien und unvermögend sind, gemeinschaftlich miteinander etwas auszurichten? – Freilich. – Und wie, wenn sie sich  e
unter zweien findet, werden nicht auch die uneins sein und sich
hassen und sowohl einander feind sein wie den Gerechten? – Sie
werden es, sprach er. – Wenn nun aber, du Wunderbarer, die Ungerechtigkeit in einem wohnt, wird sie dann ihre Kraft verlieren
oder sie um nichts minder auch behalten? – Sie möge sie um
nichts minder behalten, sagte er. – Scheint sie nun aber nicht eine
solche Kraft zu haben, daß sie, wem sie einwohnt, sei es nun einer
Stadt oder einem Geschlecht, einem Heere oder wem nur sonst,  352a
dieses zuerst unfähig macht, etwas auszurichten mit sich selbst,
wegen der Zwietracht und Streitigkeiten, dann aber auch es mit
sich selbst verfeindet und mit allem Entgegengesetzten und dem
Gerechten? Ist es nicht so? – Freilich. – Und auch, wenn sie in
einem ist, glaube ich, wird sie alles dasselbe tun, was sie in der Art
hat zu bewirken, zuerst wird sie ihn unfähig machen etwas auszurichten, weil er im Zwiespalt ist und nicht einig mit sich selbst,
dann auch feind sich selbst und den Gerechten. Nicht wahr? –
Ja. – Und gerecht, Lieber, sind doch wohl auch die Götter? – Das  b
mögen sie sein, sprach er. – Auch den Göttern also wird der Ungerechte feind sein, o Thrasymachos, der Gerechte aber freund. –
Laß dir die Rede nur wohl schmecken in guter Ruhe! sagte er.

Denn ich will dir gewiß nicht zuwider sein, damit ich mich diesen nicht verhaßt mache. –

Wohl denn! sprach ich, füge auch noch das Letzte zu meiner Bewirtung, indem du mir antwortest wie auch jetzt. Denn daß die Gerechten sich als weiser und besser und auch mächtiger im Handeln zeigen, die Ungerechten aber nichts miteinander auszurichten c vermögen; ja daß auch, wenn wir von welchen sagen, daß sie gemeinschaftlich miteinander irgend etwas kräftig vollbringen, wiewohl ungerecht, wir dieses nie vollkommen richtig sagen, indem sie ja auch einander nicht in Ruhe lassen würden, wenn sie vollkommen ungerecht wären, sondern noch etwas Gerechtigkeit in ihnen sein mußte, welche sie bewog, nicht auch einander, eben wie denen, gegen welche sie gingen, unrecht zu tun, und durch welche sie eben verrichteten, was sie verrichteten, nur daß sie auf ein ungerechtes Ziel losgingen aus Ungerechtigkeit als Halbschlechte, weil ja die ganz Bösen und vollkommen Ungerechten auch vollkommen unvermögend sind, etwas auszurichten, – daß dieses alles d sich so verhält, und nicht, wie du es zuerst festgesetzt hast, verstehe ich schon: ob aber die Gerechten auch besser leben als die Ungerechten und glückseliger sind, welches wir uns zum andern zu erwägen vorgesetzt haben, das müssen wir erwägen. Sie zeigen sich freilich auch jetzt schon so, wie mir wenigstens scheint aus dem, was wir gesagt haben; dennoch aber wollen wir es noch genauer erwägen. Denn es ist nicht von etwas Beliebigem die Rede, sondern davon, auf welche Weise man leben soll. – So erwäge denn, sprach er. – Das tue ich, sprach ich.

Und sage mir also, dünkt dich wohl etwas das Geschäft des Pfer- e des zu sein? – O ja. – Und würdest du nicht das als Geschäft des Pferdes und so auch jedes andern Dinges aufstellen, was einer entweder nur mit jenem allein oder doch mit ihm am besten verrichten kann? – Ich verstehe nicht, sagte er. – Aber so: Kannst du wohl mit etwas anderem sehen als mit den Augen? – Wohl nicht. – Und wie? Mit etwas anderem hören als mit den Ohren? – Keineswegs. – Mit Recht also würden wir dies für die Geschäfte 353a dieser Teile erklären? – Freilich. – Und wie? Könntest du nicht eine Weinrebe auch mit dem Schwerte abschneiden oder mit der Schere und vielen andern Dingen? – Wie sollte ich nicht? – Aber mit nichts, glaube ich, doch so gut wie mit der Hippe, die hierzu

ausdrücklich gemacht ist. Sollen wir also nicht dies als das Geschäft von dieser feststellen? – Das wollen wir freilich. –

### 24. Nur mit der Gerechtigkeit als der ihr eigentümlichen Tu- gend kann die Seele ihr Werk vollbringen und glückselig sein

Und nun, glaube ich, kannst du besser verstehen, was ich eben
fragte, als ich wissen wollte, ob nicht das eines jeden Geschäft
wäre, was jedes entweder allein oder doch unter allen am besten
verrichtet? – Jetzt, sagte er, freilich verstehe ich es, und mich   b
dünkt dies eines jeden Dinges Geschäft zu sein. – Wohl, sprach
ich. Und scheint dir nicht auch jegliches eine Tugend zu haben,
dem ein Werk aufgetragen ist? Laß uns nur wieder auf dasselbe
zurückgehen. Die Augen, sagen wir, haben ein Geschäft? – Das
haben sie. – Gibt es nun nicht auch eine Tugend der Augen? –
Auch eine Tugend. – Wie nun? Gab es ein Geschäft der Ohren? –
Ja. – Also auch eine Tugend? – Auch eine Tugend. – Und wie
nun mit allen andern? Nicht ebenso? – Ebenso. – Halt nun! Können wohl jemals die Augen ihr eigentümliches Geschäft gut verrichten, wenn sie ihre eigentümliche Tugend nicht haben, sondern   c
statt der Tugend Schlechtigkeit? – Und wie doch? sagte er. Denn
du meinst doch wohl Blindheit statt der Scharfsichtigkeit. – Welches auch, sprach ich, ihre Tugend sein möge, denn danach frage
ich noch nicht; sondern ob durch seine eigentümliche Tugend jedes auch sein eigentümliches Geschäft gut verrichtet, was eines zu
verrichten hat, durch Schlechtigkeit aber schlecht? – Ganz richtig
sagst du dieses doch gewiß. – Also werden auch Ohren, ihrer
eigentümlichen Tugend beraubt, ihr Geschäft schlecht verrichten? – Freilich. – Setzen wir nun auch alles andere nach derselben   d
Regel? – Das dünkt mich. –
    Wohl denn, nächst diesem erwäge dies. Hat auch die Seele ihr
Geschäft, was du mit gar keinem andern Dinge verrichten könntest, wie zum Beispiel dergleichen: besorgen, beherrschen, beraten
und alles dieser Art, könnten wir dies mit Recht irgend etwas anderem zuschreiben als der Seele und behaupten, daß es jenem
eigentümlich sei? – Keinem anderen. – Wie nun aber leben? Wollen wir dies auch für ein Geschäft der Seele erklären? – Ganz vorzüglich ja, sagte er. – Also auch sagen, daß es eine Tugend der

Seele gebe? – Das sagen wir. – Wird also wohl jemals, o Thrasy-
e machos, die Seele ihre Geschäfte gut verrichten können, wenn sie
ihrer eigentümlichen Tugend beraubt ist? Oder ist das unmöglich? – Unmöglich. – Eine schlechte Seele also wird notwendig
auch schlecht beherrschen und besorgen, die gute aber alles dieses
gut verrichten? – Notwendig. – Nun aber sind wir doch übereingekommen, die Tugend der Seele sei Gerechtigkeit, ihre Schlechtigkeit aber sei die Ungerechtigkeit? – Darin sind wir übereingekommen. – Die gerechte Seele also und der gerechte Mann wird
gut leben, schlecht aber der Ungerechte. – Das geht wohl hervor,
354a sprach er, aus deiner Rede. – Und wer wohl lebt, ist der nicht
preiswürdig und glückselig, wer aber nicht, das Gegenteil? – Wie
könnte es anders sein! – Der Gerechte also ist glückselig und der
Ungerechte elend. – Das mögen sie sein, sagte er. – Elend sein
aber fördert nicht, sondern glückselig sein. – Das versteht sich. –
Niemals also, o vortrefflicher Thrasymachos, ist die Ungerechtigkeit förderlicher als die Gerechtigkeit. – Hiermit also, sprach er, o
Sokrates, sollst du bewirtet sein zu den Bendideen! –

Von deinetwegen, sprach ich, o Thrasymachos, da du mir milde
geworden bist und aufgehört hast, mir böse zu sein. Aber ich bin
b nicht besonders herrlich bewirtet worden, und zwar durch meine
Schuld, nicht durch deine! Sondern wie die Lecker immer zugrei-
fen, um von dem eben Aufgetragenen zu kosten, ehe sie noch das
Vorige gehörig genossen haben: so komme ich mir auch vor, als
ob ich, ehe noch gefunden war, was wir zuerst suchten, nämlich,
was doch das Gerechte sei, von diesem abgelassen und mich zu
jenem gewendet habe, zu der Untersuchung, ob es wohl eine
Schlechtigkeit ist und eine Torheit oder eine Weisheit und Tugend; und als hernach wieder eine andere Rede dazwischenfiel,
daß die Ungerechtigkeit vorteilhafter sei als die Gerechtigkeit,
konnte ich mich nicht enthalten, auch gleich wieder von jener zu
dieser zu gehen. So daß ich jetzt durch das ganze Gespräch doch
c nichts gelernt habe. Denn solange ich nicht weiß, was das Gerechte ist, hat es gute Wege, daß ich wissen sollte, ob es eine Tugend ist oder nicht und ob der, welcher es an sich hat, nicht glückselig ist oder glückselig.

## ZWEITES BUCH

*25. Drei Arten des Guten. Einordnung der Gerechtigkeit in diejenige Art des Guten, die sowohl um ihrer selbst wie um ihres Nutzens willen erstrebt wird*

Ich nun glaubte zwar, als ich dieses gesagt, weiterer Rede überhoben zu sein; es war aber, wie sich zeigte, nur der Eingang gewesen. Denn Glaukon ist immer sehr entschieden in allem, und so ließ er es auch damals bei des Thrasymachos Rückzug nicht bewenden, sondern sagte: O Sokrates, willst du nur scheinen uns überzeugt zu haben oder uns wirklich überzeugen, daß es auf alle Weise besser ist, gerecht zu sein als ungerecht? – Euch wirklich überzeugen, sprach ich, möchte ich gern, wenn es bei mir stände. –

So tust du denn nicht, sagte er, was du willst. Denn sage mir, glaubst du, es gebe ein solches Gut, daß wir es haben möchten nicht aus Verlangen nach dessen Folgen, sondern weil wir es selbst um seiner selbst willen lieben, wie Wohlbefinden und alle Vergnügungen, die unschädlich sind und durch die für die folgende Zeit uns nichts weiter entsteht, als daß wir vergnügt sind dabei? – Mich dünkt allerdings, sprach ich, daß es ein solches gebe. – Wie aber? Auch eins, das wir teils seiner selbst wegen lieben, teils auch wegen des daraus Entstehenden, wie wiederum das Vernünftigsein und das Sehen und das Gesundsein? Denn dergleichen ist uns doch aus beiden Gründen genehm. – Ja, sagte ich. – Siehst du auch noch eine dritte Art des Guten, sagte er, wohin die Leibesübungen gehören, und daß man mit Arzenei in der Krankheit bedient wird, und so auch die Ausübung der Heilkunst und aller andere Gelderwerb? Denn dies, würden wir sagen, ist beschwerlich, aber es nutzt uns; und um seiner selbst willen möchten wir es nicht haben, sondern wegen des Lohnes und dessen, was uns sonst noch daraus entsteht. – Es gibt allerdings, sagte ich, auch dieses dritte. Aber was weiter? –

357a

b

c

d

Zu welchem von diesen, sprach er, rechnest du nun die Gerechtigkeit? – Ich denke, sprach ich, zu dem Schönsten, was sowohl
358a um seiner selbst willen als auch wegen dessen, was daraus folgt,
dem, der glückselig sein will, wünschenswert ist. – So scheint es
indessen, sagte er, den meisten nicht; sondern sie rechnen sie zu
der mühseligen Art, wonach man sich nur des Lohns und des
Ruhms wegen um des Ansehens willen bemühen muß, an und für
sich aber es fliehen, weil es beschwerlich ist. –

### 26. Rede des Glaukon für die Ungerechtigkeit im Sinne der Vie-<br>len: Wesen und Entstehung der Gerechtigkeit

Ich weiß wohl, sprach ich, daß sie ihnen so scheint und auch schon
immer von Thrasymachos als ein solches getadelt, die Ungerech-
b tigkeit aber gelobt wird. Aber ich bin eben, wie es scheint, von
schwerem Verstande. – Wohl denn! sprach er, höre auch mich an,
wenn dir noch dasselbe recht ist. Thrasymachos nämlich hat sich,
wie es mir scheint, früher als billig von dir einkirren lassen wie eine
Schlange. Mir aber ist die Beweisführung von beiden Seiten noch
gar nicht nach meinem Sinne gewesen. Denn ich begehre zu hören,
was jedes ist und was für eine Kraft es als an und für sich in der
Seele seiend hat, den Lohn aber dafür und die Folgen davon ganz
beiseite zu lassen. So also will ich es machen, wenn es dir auch
recht ist: Ich werde des Thrasymachos Rede aufs neue vortragen
c und zuerst erklären, was sie sagen, daß die Gerechtigkeit sei und
woher entstanden, zweitens aber, daß alle, die sich ihrer befleißigen, sie nur ungern ausüben als etwas Notwendiges und nicht als
etwas Gutes, und drittens, daß sie daran recht tun, denn weit vorzüglicher sei das Leben des Ungerechten als des Gerechten, wie sie
sagen; denn mir, o Sokrates, scheint es gar nicht so. Ich weiß jedoch keinen Rat, weil ich die Ohren ganz voll habe von dem, was
Thrasymachos und tausend andere sagen, die Rede aber für die
Gerechtigkeit, daß sie besser sei als die Ungerechtigkeit, habe ich
d noch von niemand so gehört, wie ich es wünsche. Ich wünsche sie
nämlich an und für sich selbst gepriesen zu hören; und am ersten
denke ich noch dies von dir zu vernehmen. Darum werde ich mit
dem größten Eifer in meiner Rede das Leben des Ungerechten loben; und dadurch werde ich dir denn zugleich gezeigt haben, wie
ich wiederum wünsche, dich die Ungerechtigkeit tadeln und die

Gerechtigkeit loben zu hören. Also sieh zu, ob dir recht ist, was ich
sage. – Vor allem andern ja! sprach ich, denn wovon sollte wohl
je ein vernünftiger Mensch lieber reden und hören? – Sehr schön
gesprochen, sagte er. Was ich also zuerst abhandeln zu wollen  e
sagte, darüber höre mich, was sie nämlich meinen, daß die Gerechtigkeit sei und woher entstanden.

Von Natur nämlich, sagen sie, sei das Unrechttun gut, das Unrechtleiden aber übel; das Unrechtleiden aber zeichne sich aus
durch größeres Übel als durch Gutes das Unrechttun. So daß,
wenn sie Unrecht einander getan und voneinander gelitten und
beides gekostet haben, es denen, die nicht vermögend sind, das  359 a
eine zu vermeiden und nur das andere zu wählen, vorteilhaft erscheint, sich gegenseitig darüber zu einigen, weder Unrecht zu tun
noch zu leiden. Und daher haben sie denn angefangen, Gesetze
und Verträge untereinander einzurichten und das von dem Gesetz
Auferlegte das Gesetzliche und Gerechte zu nennen. Und dies also
sei die Entstehung sowohl als auch das Wesen der Gerechtigkeit,
welche in der Mitte liege zwischen dem Vortrefflichsten, wenn
einer Unrecht tun kann, ohne Strafe zu leiden, und dem Übelsten,
wenn man Unrecht leiden muß, ohne sich rächen zu können. Das
Gerechte aber, mitteninne liegend zwischen diesen beiden, werde  b
nicht als gut geliebt, sondern durch das Unvermögen, Unrecht zu
tun, sei es zu Ehren gekommen. Denn wer es nur ausführen könnte
und der wahrhafte Mann wäre, würde auch nicht mit *einem* den
Vertrag eingehen, weder Unrecht zu tun noch sich tun zu lassen; er
wäre ja wohl wahnsinnig.

Die Natur der Gerechtigkeit also, o Sokrates, ist diese und keine
andere, und dies ist es, woraus sie entstanden ist, wie die Rede
geht.

*27. Die Gerechtigkeit wird nur aus Unvermögen zum Unrecht-*
   *tun ausgeübt: Der Ring des Gyges*
Daß aber auch, die sich ihrer befleißigen, nur aus Unvermögen des
Unrechttuns und ungern sie ausüben, das würden wir am besten
merken, wenn wir so etwas tun in Gedanken: Wir geben jedem  c
von beiden Macht zu tun, was er nur will, dem Gerechten und dem
Ungerechten, und dann gehen wir ihnen nach, um zu sehen, wohin
die Begierde jeden von beiden führen wird. Dann würden wir ge-

wiß den Gerechten auf frischer Tat ertappen, daß er ganz nach demselben strebt wie der Ungerechte wegen des Mehrhabenwollens, nach welchem jedes Wesen als nach einem Gute zu trachten pflegt und nur durch das Gesetz und mit Gewalt abgelenkt wird zur Hochhaltung des Gleichen. Die Macht aber, die ich meine, kann am ehesten eine solche sein, wenn ihnen dieselbe Kraft zuteil

d würde, die einst Gyges, der Ahnherr der Lydier, gehabt haben soll. Dieser nämlich soll ein Hirt gewesen sein, der bei dem damaligen Beherrscher von Lydien diente. Als nun einst großes Ungewitter gewesen und Erdbeben, sei die Erde gespalten und eine Kluft entstanden in der Gegend, wo er hütete. Wie er nun dies mit Verwunderung gesehen und hineingestiegen sei, habe er dort vieles andere Wunderbare, von dem sie erzählen, und auch ein hohles, ehernes, mit Fenstern versehenes Pferd gefunden, durch die er hineingeschaut und darin einen Leichnam gesehen, dem Anschein nach größer als nach menschlicher Weise. Dieser nun habe nichts ande-

e res an sich gehabt als an der Hand einen goldenen Ring, welchen jener ihm dann abgezogen habe und wieder herausgestiegen sei. Als nun die Hirten ihre gewöhnliche Zusammenkunft gehalten, worin sie dem König monatlich berichteten, was bei den Herden vorgegangen, sei auch jener erschienen, den Ring am Finger. Wie er nun unter den andern gesessen, habe es sich getroffen, daß er den Kasten des Ringes nach der innern Seite der Hand zu umge-

360a dreht, und als dieses geschehen, sei er den Dabeisitzenden unsichtbar geworden, so daß sie von ihm geredet als von einem Abwesenden; darüber habe er sich gewundert, den Ring wieder angefaßt und den Kasten nach außen gedreht, und sobald er ihn umgekehrt, sei er sichtbar gewesen. Wie er das nun gemerkt, habe er den Ring versucht, ob er wirklich diese Kraft habe, und es sei ihm immer so geschehen, daß, sobald er den Kasten nach innen gedreht, er unsichtbar geworden, nach außen aber sichtbar. Als er dessen innegeworden, habe er sogleich bewirkt, unter die Boten des Königs aufgenommen zu werden, und so sei er gekommen,

b habe dessen Weib zum Ehebruch verleitet, dann mit ihr dem Könige nachgestellt, ihn getötet und die Herrschaft an sich gerissen.

Wenn es nun zwei solche Ringe gäbe und den einen der Gerechte anlegte, den andern aber der Ungerechte: so würde doch wohl keiner, wie man ja denken müsse, so stahlhart sein, daß er

bei der Gerechtigkeit bliebe und es über sich gewänne, sich fremden Gutes zu enthalten und es nicht anzurühren, obwohl es ihm
freistände, teils vom Markt ohne alle Besorgnis zu nehmen, was er
nur wollte, teils in die Häuser zu gehen und beizuwohnen, wem er   c
wollte, und zu töten oder aus Banden zu befreien, wen er wollte,
und so auch alles andere zu tun, recht wie ein Gott unter den Menschen. Wenn er nun so handelte, so täte er nichts von dem andern
Verschiedenes, sondern beide gingen denselben Weg. Und dies,
müsse doch jedermann gestehen, sei ein starker Beweis dafür, daß
niemand mit gutem Willen gerecht ist, sondern nur aus Not, weil
es eben für keinen an sich gut ist. Denn wo jeder nur glaube, daß er
werde Unrecht tun können, da tue er es auch. Denn jedermann
glaubt, daß ihm für sich die Ungerechtigkeit weit mehr nützt als   d
die Gerechtigkeit, und glaubt auch recht, wie der sagt, der sich
dieser Rede annimmt. Denn wenn einer, dem eine solche Macht
zufiele, gar kein Unrecht begehen wollte noch fremdes Gut berühren: so würde er denen, die es merkten, als der Allerelendeste vorkommen und als der Allerunverständigste; wie wohl sie einander
betrügen und ihn einer vor dem andern loben würden aus Furcht
vor dem Unrechtleiden. So ist nun dieses.

28. *Gegenüberstellung des vollkommenen Ungerechten und*
    *des vollkommenen Gerechten*

Das Urteil aber über die Lebensweise der beiden, von denen wir   e
reden, werden wir imstande sein richtig zu fällen, wenn wir den
Gerechtesten und den Ungerechtesten recht gegeneinanderstellen;
wenn aber nicht, dann nicht. Wie macht sich nun diese Gegenein-
anderstellung? So: wir wollen nicht das Geringste abnehmen, weder dem Ungerechten von der Ungerechtigkeit noch dem Gerechten von der Gerechtigkeit, sondern jeden von beiden in seinem
Bestreben vollendet setzen. Zuerst also, der Ungerechte soll es machen wie die recht tüchtigen Meister. Wie der rechte Schiffsmeister
und Arzt wohl zu unterscheiden weiß, was unmöglich ist für seine
Kunst und was möglich, dieses also unternimmt und jenes läßt,   361a
und wenn er sich auch einmal täuscht, doch imstande ist, es wiedergutzumachen: so muß auch der Ungerechte, weil er seine Taten
verständig unternimmt, mit seinen Ungerechtigkeiten verborgen
bleiben, wenn er uns recht tüchtig ungerecht sein soll; wer sich

aber fangen läßt, den muß man nur für einen schlechten halten. Denn die höchste Ungerechtigkeit ist, daß man gerecht scheine, ohne es zu sein. Dem vollkommen Ungerechten müssen wir also auch die vollkommenste Ungerechtigkeit zugestehen und ihm nichts davon abziehen, sondern ihm zugeben, daß er sich nach den ungerechtesten Taten den größten Ruf der Gerechtigkeit erwor-
b ben habe, und wenn er auch einmal etwas versehen hat, daß er imstande sei, es wiedergutzumachen, indem er geschickt ist, über- zeugend zu reden, wenn irgend von seinen Verbrechen etwas ver- lauten will, und wozu es der Gewalt bedarf, das mit Gewalt durch- zusetzen durch Stärke und Tapferkeit und weil er sich Freunde und Vermögen zu verschaffen gewußt hat.

Nachdem wir nun diesen so gesetzt, so laßt uns den Gerechten neben ihn stellen in unserer Rede, den schlichten und biedern Mann nach Aischylos, der nicht gut scheinen will, sondern sein. Das Scheinen muß man ihm also nehmen. Denn wenn er dafür gilt, gerecht zu sein: so werden ihm Ehren und Gaben zufallen, weil er
c als ein solcher erscheint. Also wird es ungewiß sein, ob er des Ge- rechten wegen oder der Gaben und Ehren wegen ein solcher ist. Er werde also von allem entblößt außer der Gerechtigkeit und in einen ganz entgegengesetzten Zustand versetzt als der vorige. Ohne irgend Unrecht zu tun, habe er nämlich den größten Schein der Ungerechtigkeit, damit er uns ganz bewährt sei in der Gerech- tigkeit, indem er auch durch die üble Nachrede und alles, was daraus entsteht, nicht bewegt wird, sondern unverändert bleibe er
d uns bis zum Tode, indem er sein Leben lang für ungerecht gehalten wird und doch gerecht ist, damit beide, an das Äußerste der eine der Gerechtigkeit, der andere der Ungerechtigkeit gelangt, beur- teilt werden können, welcher von ihnen der Glückseligere ist. –

### 29. Schluß: Den Ungerechten erwartet ein weit besseres Leben als den Gerechten

Weh! sprach ich, lieber Glaukon, wie gründlich säuberst du uns wie Statuen zur Beurteilung jeden der beiden Männer. – So sehr ich nur immer kann, sprach er. Da sie nun so beschaffen sind, wird es, denke ich, nichts Schweres mehr sein nachzuweisen, was für ein Leben jeden von ihnen erwartet. Das muß also geschehen; und
e wenn es zu derb herauskommt, o Sokrates, so bedenke nur, daß

ich es nicht sage, sondern die, welche die Ungerechtigkeit vor der
Gerechtigkeit loben. Sie sagen aber dies, daß der so gesinnte Gerechte gefesselt, gegeißelt, gefoltert, geblendet an beiden Augen
werden wird, und zuletzt, nachdem er alles mögliche Übel erdul-    362a
det, wird er noch aufgeknüpft werden und dann einsehen, daß
man nicht gerecht sein, sondern scheinen wollen muß. Des Aischylos Wort aber wäre weit richtiger von dem Ungerechten gesagt
worden. Denn der Ungerechte, werden sie sagen, da er ja einer
Sache nachstrebt, in der Wahrheit ist, und nicht auf den Schein
hinlebt, will in der Tat ungerecht nicht scheinen, sondern sein,

‹Die tiefe Furche nutzend im Gemüt, woraus
Ihm edle Frucht, Entschluß und Rat emporgedeiht›,                    b

zuerst nämlich, daß er in seiner Stadt Gewalt ausübt, weil er für
gerecht gilt, dann heiratet, woher er will, und verheiratet, an wen
er will, sich verbinden und Gemeinschaft haben kann, mit wem er
Lust hat, und überdies noch in allen Dingen gefördert wird, indem
er Gewinn davon zieht, daß er das Unrechttun nicht scheut. Geht
er also irgend zum Kampf, sei es für sich oder in Sache der Allge-
meinheit, so wird er seine Feinde besiegen und den Vorteil über sie
davontragen; und weil er überall den Vorteil hat, wird er reich
sein und seinen Freunden wohltun, seinen Feinden aber schaden   c
und den Göttern hinreichende Opfer und Gaben prachtvoll darbringen und weihen, ja weit herrlicher als der Gerechte den Göttern dienen und auch den Menschen, welchen er will, so daß ihm
auch zukommt, weit gottgefälliger zu sein, wie sich erwarten läßt,
als der Gerechte. So sagen sie, daß sowohl von seiten der Götter als
der Menschen dem Ungerechten ein weit besseres Leben bereitet
sei als dem Gerechten. –

*30. Überprüfung des für die Gerechtigkeit Vorgebrachten*
    *durch Adeimantos: Das gewöhnliche Lob der Gerechtig-*
    *keit geht nicht auf sie selbst, sondern auf ihre Folgen*
Nachdem Glaukon dieses gesagt, hatte ich im Sinne, etwas darauf   d
zu erwidern; sein Bruder Adeimantos aber nahm das Wort und
sagte: Du glaubst doch nicht, o Sokrates, daß befriedigend geredet
worden ist über den Satz? – Wie denn? fragte ich. – Gerade das,

sprach er, ist nicht gesagt worden, was vor allen Dingen gesagt werden mußte. – Also, sprach ich, nach dem Sprichwort, dem Manne doch helfe sein Bruder. Auch du daher, wenn dieser irgend nachbleibt, hilf ihm aus. Wiewohl auch, was dieser gesagt, schon hinreicht, mich zu besiegen und mir unmöglich zu machen, daß

e ich der Gerechtigkeit helfe. – Darauf sagte er: Das ist nun gar nichts gesagt; aber höre auch noch dieses. Wir müssen nämlich auch die entgegengesetzten Reden noch durchgehen, welche die Gerechtigkeit loben und die Ungerechtigkeit tadeln, damit das noch deutlicher werde, was mir Glaukon zu wollen scheint. Denn Väter sprechen zu Söhnen und ermahnen sie, und so auch alle, die

363a irgend für andere zu sorgen haben, daß man gerecht sein müsse, nicht indem sie die Gerechtigkeit selbst loben, sondern den daraus entstehenden guten Ruf, damit dem, der gerecht zu sein scheint, aus diesem Scheine obrigkeitliche Macht zuwachse und häusliche Verbindungen, und was sonst Glaukon eben vorerzählt hat, daß es dem Gerechten durch seinen guten Ruf werde. Und noch weiter reden diese immer nur von dem, was mit der Meinung anderer zusammenhängt. Denn sie werfen uns den Beifall der Götter mit hinein und haben unzähliges Gute vorzutragen, was die Götter den Frommen geben sollen, wie der ehrliche Hesiodos und Home-

b ros sagen, jener, daß die Götter den Gerechten die Eichen bereiten ‹oben von Eicheln erfüllt, in der Mitte von Bienen, und zu der Schur gehn Schafe›, sagte er, ‹mit wolligem Vliese belastet›, und viel anderes Gutes, was damit zusammenhängt; Ähnliches auch der andere. ‹Gleich wie eines Königs›, sagt er,

> ‹der gut und die Götter verehrend,
> Auch die Gerechtigkeit schätzt. Ihm trägt die dunkele Erde
c > Weizen und Gerste in Menge, und voll sind die Bäume des Obstes.
> Häufig gebärt auch das Vieh, und das Meer gibt reichliche Fische.›

Musaios aber und sein Sohn verheißen den Gerechten noch herrlichere Dinge von den Göttern. Sie führen sie nämlich in ihrer Rede in die Unterwelt, lassen sie dort niedersitzen und bereiten ein Gastmahl der Frommen, wie sie sie nun die ganze Zeit bekränzt

d und vollauf trinkend zubringen lassen, meinend, der schönste Lohn für die Tugend sei ewiger Trunk. Andere aber ziehen den

Lohn von den Göttern noch mehr in die Länge, indem sie sagen,
daß Kindeskinder und ein ganzes folgendes Geschlecht nachbleibe
von dem Gerechten und Treuen. Deswegen nun und wegen anderer solcher Dinge preisen sie die Gerechtigkeit; die Gottlosen aber
und Ungerechten verscharren sie irgendwo im Kot in der Unterwelt und zwingen sie, Wasser in Sieben zu tragen, ja auch noch
lebend bringen sie sie in üblen Ruf und dieselben Qualen, welche e
Glaukon von den für ungerecht gehaltenen Gerechten anführte,
eben diese erzählen sie von den Ungerechten, anderes aber wissen
sie nicht. Dies ist das Lob und der Tadel von beiden Seiten.

31. *Nach den Dichtern sind auch die Götter den Ungerechten*
  *geneigt und lassen sich durch äußere Mittel bestimmen*
Außerdem aber, Sokrates, erwäge noch eine andere Art von Reden
über die Gerechtigkeit und Ungerechtigkeit, welche von gewöhnlichen Menschen und auch von den Dichtern vorgebracht werden.
Alle nämlich singen aus einem Munde, wie schön zwar Beson- 364a
nenheit und Gerechtigkeit sei, jedoch schwer und mühselig, Ungebundenheit aber und Ungerechtigkeit süß zwar und leicht zu
haben, aber, wiewohl freilich nur der Meinung und dem Gesetze
nach, schändlich. Nützlicher als das Gerechte sei meistens das Ungerechte, sagen sie; und Böse, die reich oder sonst vielvermögend
sind, glücklich zu preisen und zu ehren wird ihnen gar leicht,
sowohl öffentlich als sonst, wie sie denn auch solche gern geringschätzen und übersehen, die etwa unangesehen und arm sind, wiewohl gestehend, daß sie besser sind als die andern. Am wunder- b
barsten aber sind von allen diesen die Reden von den Göttern und
der Tugend, daß die Götter nämlich auch vielen Guten Unglück
und ein schlechtes Leben zugeteilt haben, den Entgegengesetzten
aber ein entgegengesetztes Los. Und Gaukler und Wahrsager
kommen vor die Türen der Reichen und überreden sie, ihnen sei
von den Göttern die Kraft verliehen, durch Opfer und Besprechungen, wenn sie selbst oder ihre Voreltern etwa eine Verschul- c
dung auf sich hätten, sie zu heilen mitten unter Freuden und Festen; und wenn einer einem Feinde etwas antun wollte, könnten
sie für geringe Kosten dem Gerechten so gut als dem Ungerechten
Schaden zufügen durch zauberische Anlockungen und Bann-
flüche, indem sie die Götter überredeten, ihnen zu dienen. Und für

alle diese Reden rufen sie die Dichter zu Zeugen, wie sie bald die
Schlechtigkeit leicht machen,

>     ‹Weil du das Böse vermagst auch scharweis dir zu gewinnen
> d   Ohne Bemühen, denn kurz ist der Weg und nahe dir wohnt es.
>     Doch vor Trefflichkeit setzten den Schweiß die unsterblichen Götter›

und einen langen und steilen Weg hinauf. Andere aber berufen
sich darüber, daß die Götter sich von Menschen ablenken lassen,
auf den Homeros, weil auch er gesagt hat,

>     ‹denn lenksam sind selber die Götter.
>     Diese vermag durch Räuchern und demutsvolle Gelübde,
> e   Durch Weinguß und Gedüft der Sterbliche umzulenken,
>     Flehend, nachdem sich einer versündiget oder gefehlet.›

Und scharenweise haben sie vom Musaios und Orpheus, den
Sprößlingen der Selene und der Musen, wie sie sagen, Bücher bei
der Hand, nach denen sie ihre Gebräuche verrichten und nicht nur
einzelne Menschen, sondern ganze Städte überreden, daß es Lö-
sungen und Reinigungen von Verbrechen durch Opfer und ergötz-
365 a liche Spiele gebe, und zwar für Lebende nicht nur, sondern auch
noch für Verstorbene, welche sie Sühnungen heißen und welche
uns von den dortigen Übeln befreien; wer aber nicht opfere, den
erwarte Schreckliches.

### 32. *Folgerungen für die Lebensführung*

Alles dieses, lieber Sokrates, sagte er, was in dieser Art so vielfältig
gesagt wird von der Tugend und dem Laster, wie Götter und Menschen beides belohnen, was meinst du wohl, daß es in den Seelen
der zuhörenden Jünglinge bewirkt, die nämlich tüchtiger Art sind
und fähig, über allem Gesagten gleichsam hinschwebend, daraus
b zusammenzufolgern, wie wohl einer sein und wie wandeln müsse,
um sein Leben aufs beste zu durchwandeln? Nämlich nach aller
Wahrscheinlichkeit wird er zu sich jenes Pindarische sagen: ‹Ob
ich durch das Recht die höhere Feste oder durch schlängelnden
Betrug ersteigend› und so mich beschützend lebe? Denn was mir
verheißen wird, wenn ich gerecht bin, falls ich es zugleich nicht

scheine, das, sagen sie, sei gar nichts nutz, sondern offenbare Pein
und Verlust, bin ich aber ungerecht und weiß mir nur den Schein
der Gerechtigkeit zu verschaffen, so wird mir ein göttliches Leben
verheißen. Wenn also ‹das Scheinen›, wie auch die Weisen bekun- c
den, ‹die Wahrheit selbst bewältigt› und das ist, wovon die Glückseligkeit abhängt: so muß ich mich denn ganz zu diesem wenden.
Als Vorhof also und Außenseite muß ich rings um mich her einen
Abriß der Tugend beschreiben, aber des allerweisesten Archilo-
chos gewinnkundigen und verschlagenen Fuchs muß ich hinter-
herziehen. Aber, wird einer sagen, es ist nicht leicht, immer verborgen zu bleiben, wenn man böse ist. Aber auch nichts anderes ist
leicht, wollen wir antworten, was groß ist; also dem ungeachtet, d
wenn wir glückselig sein wollen, müssen wir dieses Weges gehen,
wie die Spuren der Reden uns führen. Denn um verborgen zu bleiben, wollen wir Verschwörungen und Parteien stiften; es gibt
auch Lehrer der Überredung, welche Geschick in den Volksversammlungen und vor den Gerichten beibringen, und dadurch wollen wir teils in Güte, teils mit Gewalt bewirken, wenn wir auch
übervorteilen, keine Strafe geben zu müssen. ‹Aber die Götter
kann man doch weder hintergehen noch bezwingen.› Also wenn es
etwa keine gibt oder sie sich um menschliche Dinge nicht kümmern: so brauchen auch wir uns nicht darum zu bekümmern, wie
wir ihnen verborgen bleiben. Gibt es aber Götter und führen sie e
Aufsicht: so kennen wir sie doch nirgend anders her, noch haben
von ihnen gehört als durch die Sage und durch die ihre Verwandt-
schaften beschreibenden Dichter. Diese selbigen aber sagen auch,
daß sie empfänglich sind, durch Räuchern und demutsvolle Ge-
lübde und Weihgeschenke überredet zu werden und umgelenkt.
Denen nun müssen wir entweder beides oder keines von beiden
glauben. Ist ihnen zu glauben: so laß uns Unrecht tun und dann
von der Frucht unserer Ungerechtigkeiten opfern. Denn gerecht
seiend werden wir immer nur ohne Strafe sein von den Göttern, 366a
aber den Gewinn aus dem Unrecht stoßen wir von uns; ungerecht
aber ziehen wir den Gewinn und werden doch durch Flehen, auch
wenn wir übertreten und gesündigt haben, sie überreden und un-
gestraft davonkommen. ‹Aber in der Unterwelt werden wir für
das hier begangene Unrecht entweder selbst Strafe leiden müssen
oder die Kinder unserer Kinder.› Allein, o Bester, wird einer sagen,

der seine Rechnung macht, die Sühnungen vermögen auch wieder
b viel und die lösenden Götter, wie ja die größten Städte behaupten,
und die Göttersöhne, welche Dichter und Propheten der Götter
gewesen, welche uns kundmachen, daß es sich so verhalte.

*33. Schluß: Nach diesen Reden ist die Ungerechtigkeit vorzu-*
*ziehen. Aufforderung an Sokrates, die Gerechtigkeit selbst*
*nach dem ihr eigentümlichen Vermögen darzustellen*
Nach welcher Voraussetzung also sollten wir wohl noch die Gerechtigkeit der größten Ungerechtigkeit vorziehen, durch welche
wir ja, wenn wir sie nur mit einer unechten Sittsamkeit zu verbinden wissen, bei Göttern und Menschen alles nach unserm Sinne
ausrichten werden im Leben und im Tode, wie ja der meisten und
c zuverlässigsten Rede lautet? Nach allem jetzt Vorgetragenen also,
wie wäre es wohl möglich, o Sokrates, daß einer die Gerechtigkeit
sollte ehren wollen, der nur irgend etwas vermag durch Geistesga-
ben oder Vermögen oder Leibesstärke oder Abkunft, und nicht
vielmehr lachen, wenn er sie rühmen hört! Daher gewiß, wenn
einer nun nachweisen kann, daß, was wir gesagt haben, falsch ist,
und er vollkommen einsieht, die Gerechtigkeit sei das Beste, der
hat viel Nachsicht mit den Ungerechten und zürnt ihnen nicht,
sondern weiß, daß, wenn nicht etwa einer, weil er vermöge einer
göttlichen Natur das Unrechttun verschmäht, oder auch weil er zu
vollkommener Wissenschaft gelangt ist, sich dessen enthält, sonst
d von den übrigen keiner mit seinem guten Willen gerecht ist, sondern nur aus Unmännlichkeit oder Alters wegen oder aus irgendeiner andern Schwäche das Unrechttun tadelt, weil er unvermögend dazu ist. Wieso, das ist offenbar. Denn der erste von diesen,
der zu Kräften kommt, ist auch der erste, der Unrecht tut, soviel er
nur irgend vermag. Und an diesem allen ist nichts anderes schuld
als eben jenes, wovon diesem sowohl als mir die ganze Rede an
dich ausgegangen ist, o Sokrates, daß von euch allen, du Wunder-
e barer, die ihr Lobredner der Gerechtigkeit zu sein vorgebt, von
den uranfänglichen Heroen an, von denen nur irgend noch die
Rede geht, bis auf die heutigen Menschen, noch nie einer die Ungerechtigkeit getadelt oder die Gerechtigkeit anders gelobt hat, als
immer nur um den Ruhm, die Ehren, die Gaben, die ihnen daraus
entspringen; jede von beiden aber an sich nach der eigentümlichen

Kraft, mit der sie der Seele einwohnt, auch wenn sie Göttern und
Menschen entgeht, hat noch nie einer weder in Dichtung noch in
ungebundener Rede hinreichend dargestellt, die eine als das
größte Übel, welches die Seele nur in sich selbst haben kann, und
die Gerechtigkeit als das größte Gut. Denn wenn ihr insgesamt
von Anfang an so gesprochen und uns von Jugend auf so überre- 367a
det hättet: so müßten wir nicht einer den andern hüten, kein Unrecht zu tun; sondern jeder würde sein eigener bester Hüter sein,
aus Furcht, wenn er unrecht handelte, mit dem ärgsten Übel behaftet zu sein.

Dieses nun, o Sokrates, und auch wohl noch mehr als dieses,
konnten leicht Thrasymachos und auch wohl andere für die Gerechtigkeit und Ungerechtigkeit sagen, wobei sie das Wesen beider
auf eine gemeine Art verdrehen, wie mich wenigstens dünkt. Ich
aber, denn ich gedenke dir nichts zu verbergen, habe nur aus Ver- b
langen, von dir das Gegenteil zu hören, mit allem Eifer, der mir
nur möglich gewesen, geredet. Zeige uns also in deiner Rede nicht
nur, daß Gerechtigkeit besser ist als Ungerechtigkeit; sondern als
wozu machend den, der sie hat, jede von beiden an und für sich
selbst die eine ein Übel ist und die andere ein Gut. Alles aber, was
sich auf den Ruf bezieht, lasse nur weg, worauf auch Glaukon
schon gedrungen hat; denn wenn du nicht von beiden Seiten den
richtigen Schein hinwegnimmst und den falschen an die Stelle
setzt: so werden wir sagen, du lobst nicht die Gerechtigkeit, sondern den Schein davon, und tadelst nicht das Ungerechtsein, sondern das Scheinen, und wollest nur ermahnen, unbemerkt unge- c
recht zu sein, seiest also mit dem Thrasymachos einig, daß das
Gerechte ein fremdes Gut ist, nämlich das dem Stärkeren Zuträgliche, das Ungerechte aber diesem selbst zuträglich und vorteilhaft
ist und nur dem Schwächeren unzuträglich. Da du nun aber behauptet hast, die Gerechtigkeit gehöre unter die größten Güter,
welche sowohl ihrer Folgen wegen wert sind, besessen zu werden,
als auch um ihrer selbst willen, wie das Sehen, Hören, Bewußtsein d
und Gesundsein, und was für andere Güter sonst noch durch ihre
eigene Natur wirksam sind und nicht durch die Meinung: so lobe
uns also eben dieses an der Gerechtigkeit, was sie an und für sich
dem, der sie hat, hilft und was die Ungerechtigkeit schadet; Lohn
aber und Ruf überlaß andern zu loben. Denn von andern könnte

ich es noch eher aushalten, wenn sie die Gerechtigkeit so loben
und die Ungerechtigkeit tadeln, daß sie immer nur den Ruf derselben und den Lohn verherrlichen und verunglimpfen; von dir aber
nicht, wenn du es nicht ausdrücklich verlangst, weil du dein gan-
e  zes Leben lang an nichts anderes gedacht hast als eben hieran.
Zeige uns also in deiner Rede nicht nur, daß Gerechtigkeit besser
ist als Ungerechtigkeit, sondern wozu den, der sie hat, machend
jede an und für sich, mag sie nun Göttern und Menschen verborgen bleiben oder nicht, die eine gut ist und die andere schlecht.

### 34. Vorschlag des Sokrates, die Gerechtigkeit zunächst am Staat als am größeren Objekt zu betrachten

Nachdem ich nun dieses gehört, wie ich denn schon immer auf des
Glaukon und Adeimantos Natur sehr viel gehalten, war ich auch
368a  damals besonders sehr erfreut und sagte: Nicht unrecht hat auf
euch, ihr Söhne jenes Mannes, der Liebhaber des Glaukon den
Anfang seiner Elegien gedichtet, nachdem ihr euch in dem Megari-
schen Gefecht so ausgezeichnet, wenn er sagt: ‹Göttlich Geschlecht, ihr Söhne des herrlichen Mannes Ariston.› Dies, ihr Lieben, scheint mir ganz richtig, denn etwas gar Göttliches muß euch
begegnet sein, wenn ihr nicht überzeugt seid, daß die Ungerechtigkeit besser ist als die Gerechtigkeit, da ihr doch so habt dafür re-
b  den können. Und ich glaube, daß ihr in Wahrheit nicht davon
überzeugt seid; ich schließe es aber aus eurer ganzen übrigen
Weise; denn freilich, nach den Reden allein würde ich es euch
nicht glauben. Je mehr ich es euch aber glaube, um desto mehr bin
ich ratlos, was ich machen soll. Denn ich weiß weder, wie ich helfen soll – ich scheine es mir nämlich nicht zu können, und der
Beweis davon ist: was ich zum Thrasymachos sagte, wodurch ich
glaubte zu beweisen, daß die Gerechtigkeit besser sei als die Ungerechtigkeit, dieses habt ihr mir nicht gelten lassen –; noch auch
weiß ich wieder, wie ich nicht helfen soll. Denn ich fürchte, es
möchte doch frevelhaft sein, zugegen sein, wo die Gerechtigkeit
c  geschmäht wird, und sich von ihr lossagen, ohne ihr zu helfen,
solange man noch Atem hat und einen Laut von sich geben kann.
Das beste wird also sein, daß ich ihr, so gut ich eben kann, Beistand leiste. – Glaukon nun und die andern baten mich, auf alle
Weise ihr zu helfen und die Rede nicht loszulassen, sondern auszu-

forschen, was jedes von beiden sei und wie es sich mit ihrem Nutzen nach der Wahrheit verhalte.

Ich sagte also, ganz wie ich dachte, daß die Untersuchung, die
wir unternehmen, nichts Geringes wäre, sondern ein sehr Scharf-
sichtiger dazu gehöre, wie mir schiene. Da wir nun dazu nicht   d
tüchtig genug sind, dünkt es mich gut, sprach ich, die Untersuchung darüber so anzustellen, wie wenn uns jemand befohlen
hätte, sehr kleine Buchstaben von weitem zu lesen, obwohl wir
nicht eben sehr scharf sehen, und wenn dann einer gewahr würde,
daß dieselben Buchstaben auch anderwärts größer und an Größerem zu schauen wären, das würde uns offenbar, denke ich, ein
großer Fund sein, nachdem wir diese zuerst gelesen, dann erst die
kleineren zu betrachten, ob sie wirklich dieselben sind. – Allerdings wohl, sagte Adeimantos. Aber was siehst du Ähnliches, o
Sokrates, bei der Untersuchung über das Gerechte? – Das will ich   e
dir sagen, sprach ich. Gerechtigkeit, sagen wir doch, findet sich an
einem einzelnen Manne, findet sich aber auch an einer ganzen
Stadt. – Freilich, sagte er. – Und größer ist doch die Stadt als der
einzelne Mann? – Größer, sagte er. – Vielleicht also ist wohl
mehr Gerechtigkeit in dem Größeren und leichter zu erkennen.
Wenn ihr also wollt, so untersuchen wir zuerst an den Staaten,   369a
was sie wohl ist, und dann wollen wir sie so auch an den einzelnen
betrachten, indem wir an der Gestalt des Kleineren die Ähnlichkeit mit dem Größeren aufsuchen. – Das dünkt mich sehr richtig
gesagt, sprach er. – Und nicht wahr, sagte ich, wenn wir in Gedanken eine Stadt entstehen sehen, so würden wir dann auch ihre
Gerechtigkeit und Ungerechtigkeit mit entstehen sehen? – Vielleicht wohl, sagte er. – Und wenn dies geschehen ist, dürfen wir
wohl erwarten, das bequemer zu sehen, was wir suchen? – Bei
weitem. – Dünkt euch nun, daß wir versuchen müssen, dies   b
durchzuführen? Denn ich glaube freilich, es wird kein kleines Geschäft sein. Erwägt also. – Es ist schon erwogen, sprach Adeimantos. Tue nur ja nichts anders.

### 35. Entstehung der Stadt aus dem Bedürfnis. Die notwendigsten
### Berufe zu seiner Befriedigung

Es entsteht also, sprach ich, eine Stadt, wie ich glaube, weil jeder
einzelne von uns sich selbst nicht genügt, sondern vieler bedarf.

Oder glaubst du, daß von einem andern Anfang aus eine Stadt gegründet wird? – Von keinem andern, sagte er. – Auf diese
c Weise also, wenn einer den andern, den zu diesem und den wieder zu jenem Bedürfnis, hinzunimmt und sie so, vieler bedürftig, auch viele Genossen und Gehilfen an einem Wohnplatz versammeln, ein solches Zusammenwohnen nennen wir eine Stadt. Nicht wahr? – Allerdings. – Einer aber teilt dem andern mit, wenn er ihm etwas mitteilt, oder empfängt in der Meinung, daß dies für ihn selbst besser sei. – Freilich. – Wohlan, sprach ich, laß uns also in Gedanken eine Stadt von Anfang an gründen. Es gründet sie aber,
d wie sich zeigte, unser Bedürfnis. – Was wohl sonst! – Aber das erste und größte aller Bedürfnisse ist die Herbeischaffung der Nahrung des Bestehens und Lebens wegen. – Auf alle Weise. – Das zweite aber die Wohnung; das dritte Bekleidung und dergleichen. – So ist es. – Wohlan denn, sprach ich, wie wird die Stadt uns genügen für alle diese Erfordernisse? Nicht wahr, der Ackersmann ist *einer*, einer der Baumeister, ein anderer der Weber? Oder wollen wir gleich auch den Schuhmacher hinzufügen oder sonst einen von denen, die für den Leib arbeiten? – Freilich wohl. – So
e bestände also die notdürftigste Stadt aus vier oder fünf Männern. – So scheint es. –

Wie nun? Soll jeder von diesen sein eigenes Werk allen gemeinsam darbieten; wie zum Beispiel der Ackersmann als *einer* Nahrung für viere herbeischaffen und vierfache Zeit und Mühe wenden auf die Hervorbringung des Getreides und es dann den andern mitteilen oder, um diese sich nichts kümmernd, nur für sich allein
370a den vierten Teil dieses Getreides ziehen in dem vierten Teil der Zeit, von den übrigen dreien aber einen auf den Bau des Hauses verwenden, einen andern, um sich Kleidung, noch einen, um sich Schuhe zu machen, und nicht durch Verkehr mit andern sich Weitläufigkeit machen, sondern allein für sich selbst das Seinige alles verrichten? – Und Adeimantos sagte: Vielleicht, o Sokrates, ist wohl das erste leichter als das andere. – Das ist auch, sprach ich, beim Zeus, nichts Wunderbares; denn ich bemerke schon selbst, indem du es sagst, daß zuerst jeder einzelne dem andern nicht sehr
b ähnlich geartet ist, sondern von Natur verschieden und jeder zu einem andern Geschäft geeignet. Oder meinst du nicht? – Ich auch. –

Und wie? Wird jemand wohl etwas besser verrichten, wenn er
als einer vielerlei Künste ausübt, oder wenn einer nur eine? –
Wenn einer nur eine, sagte er. – Aber ich denke, auch das ist deutlich, daß, wenn einer die rechte Zeit für eine Sache vorübergehen
läßt, sie ihm zugrunde geht. – Deutlich freilich. – Denn ich
denke, was zu verrichten ist, pflegt nicht auf die Muße dessen, der
es tun soll, zu warten; vielmehr muß dieser dem, was getan werden soll, ordentlich nachgehen, und nicht nur beiläufig. – Not- c
wendig. – Hiernach also wird alles reichlicher zustande kommen
und schöner und leichter, wenn einer *eines* seiner Natur gemäß
und zur rechten Zeit, mit allem andern unbefaßt, verrichtet. – Auf
alle Weise freilich. – Wir brauchen also, o Adeimantos, viel mehr
Bürger als vier zu den Erfordernissen, die wir anführten. Denn der
Ackersmann, wie es scheint, wird sich nicht selbst den Pflug machen können, wenn er recht gut sein soll, noch auch die Hacke und
die andern zum Ackerbau gehörigen Werkzeuge. Ebensowenig d
der Baumeister, und auch dieser bedarf vielerlei. Desgleichen der
Weber und der Schuhmacher. Oder nicht? – Richtig. – Wenn
nun also auch Holzarbeiter und Schmiede und viele solche Handwerker Genossen unseres Städtchens werden: so werden sie es
schon bedeutend machen. – Allerdings. – Aber es wird immer
noch nicht sehr groß sein, wenn wir auch noch Rinderhirten,
Schäfer und die andern, die mit dem Vieh zu tun haben, hinzufügen, damit doch die Ackersleute zum Pflügen Ochsen haben und e
die Baumeister zum Anfahren sich mit den Ackersleuten zusammen des Zugviehs bedienen können und die Weber und Schuhmacher Häute und Wolle haben. – Auch klein, sprach er, ist die Stadt
nicht mehr, wenn sie dies alles hat. –

Aber, sprach ich, die Stadt an einem solchen Orte anzulegen, wo
sie gar keiner Zufuhr von auswärts bedürfte, möchte fast unmöglich sein. – Unmöglich freilich. – Also wird sie auch noch anderer
bedürfen, die ihr aus anderen Städten zuführen, wessen sie bedarf. – Das wird sie. – Jedoch wenn der Diener leer hinkommt,
nichts mitbringend, was jene bedürfen, von denen geholt werden 371 a
soll, was sie selbst brauchen: so wird er auch leer wieder abziehen.
Nicht wahr? – Das dünkt mich. – Also müssen sie zu Hause nicht
nur für sich selbst genug schaffen, sondern auch was und wieviel
sie jenen bringen müssen, welche ihnen mitteilen sollen, wessen sie

bedürfen. – Das müssen sie. – Mehrere Ackersleute also und andere Handwerker brauchen wir in unserer Stadt. – Mehrere freilich. – Und auch wohl die anderen Diener, welche alles einführen und ausführen. Dies sind aber die Handelsleute. Nicht wahr? – Ja. – Also auch Handelsleute brauchen wir? – Freilich. – Und wenn der Handel zur See geführt wird, werden wir noch gar mancher andern bedürfen, die dessen kundig sind, was zum Seewesen gehört. – Gar mancher gewiß. –

### 36. Notwendigkeit der Krämer und Tagelöhner. Das Leben in dieser Stadt

Wie aber nun in der Stadt selbst? Wie sollen sie einander mitteilen, was jeder gefertigt hat, weshalb sie doch eigentlich die Gemeinschaft eingegangen sind und die Stadt gegründet haben? – Offenbar, antwortete er, durch Kauf und Verkauf. – Hieraus wird uns also ein Markt und die Münze als bestimmtes Zeichen zum Behuf des Tausches entstehen. – Allerdings. – Wenn nun der Landmann, der etwas von seinen Erzeugnissen zu Markte bringt, oder auch ein anderer Arbeiter, nicht zur selben Zeit da ist wie die, welche seine Ware einzutauschen begehren: so wird er, seine eigentliche Arbeit vernachlässigend, auf dem Markte sitzen. – Ganz und gar nicht, sagte er, sondern es finden sich schon welche, die dies sehend sich selbst zu diesem Dienste bestimmen, welches in wohleingerichteten Städten fast immer die körperlich Schwächsten sind, die nicht taugen, irgendein anderes Geschäft zu verrichten. Diese müssen das auf dem Markt abwarten und das eine für Geld eintauschen von denen, die etwas verkaufen wollen, den andern aber wieder gegen Geld vertauschen, die etwas zu kaufen nötig haben. – Dieses Bedürfnis nun, sagte ich, erzeugt uns die Krämer in der Stadt. Oder nennen wir die nicht Krämer, die des Kaufs und Verkaufs wegen dienstleistend auf dem Markt sich niederlassen, die aber in die Städte umherreisen, Handelsleute? – Allerdings. – Es gibt aber auch noch, wie ich glaube, andere Dienstleistende, die von seiten des Verstandes wohl nicht sehr in die Gemeinschaft gezogen zu werden verdienen, aber hinreichende körperliche Stärke haben zu allerlei schweren Arbeiten, welche denn den Gebrauch ihrer Kräfte verkaufen und den Preis derselben Lohn nennen, selbst aber, wie ich denke, Tagelöhner genannt werden. Nicht wahr? – Allerdings. – Ein ergänzender Teil der Stadt sind also, wie sich zeigt, auch die Tagelöhner. – Das scheint wohl. – Ist uns nun wohl, o Adeimantos, die Stadt schon so weit herangewachsen, daß sie vollständig ist? – Vielleicht. –

Wo ist nun aber wohl in ihr die Gerechtigkeit und die Ungerechtigkeit? Und mit welchem von denen, die wir betrachtet haben, zugleich entstanden? – Das sehe ich eben nicht, sagte er, o Sokrates, wenn nicht etwa irgend in einem gegenseitigen Verkehr eben dieser untereinander. – Vielleicht, sprach ich, hast du daran ganz recht, wir müssen wenigstens zusehen und es nicht aufgeben. Zuerst nun laß uns erwägen, auf welche Weise wohl die so Ausgerüsteten leben werden. Nicht wahr, sie werden Getreide und Wein ziehen, Kleider und Schuhe machen und Häuser bauen, dabei im Sommer zwar oft unbeschuht und ziemlich entblößt arbeiten, im Winter aber hinlänglich bekleidet und beschuht. Und nähren werden sie sich, indem sie aus der Gerste Graupen bereiten und aus dem Weizen Mehl und dies kneten und backen und so die schönsten Kuchen und Brot auf Rohr und reinen Baumblättern vorlegen und selbst mit ihren Kindern schmausen, auf Streu von Taxus und Myrten gelagert, Wein dazu trinkend und bekränzt den Göttern lobsingend, und werden sehr vergnüglich einander beiwohnen, ohne über ihr Vermögen hinaus Kinder zu erzeugen aus Furcht vor Armut oder Krieg. –

*37. Aufschwemmung der Stadt zu einer üppigen*
Hierbei unterbrach mich Glaukon und sagte: Also ohne Zukost, scheint es, läßt du die Männer bewirten? – Richtig erinnert! sprach ich. Ich vergaß, daß sie auch Zukost haben werden, Salz ja gewiß und Oliven und Käse und Zwiebeln und Kohl, und was vom Felde eingekocht werden kann, werden sie sich einkochen. Auch Nachtisch wollen wir ihnen aufsetzen von Feigen, Erbsen und Bohnen, und Myrtenbeeren und Kastanien werden sie sich in der Asche rösten und mäßig dazu trinken. So werden sie ihr Leben friedlich und gesund hinbringen und aller Wahrscheinlichkeit nach wohlbetagt sterben, ihren Nachkommen ein ebensolches Leben hinterlassend. – Darauf sagte er: Und wenn du eine Stadt von Schweinen angelegt hättest, o Sokrates, könntest du sie wohl anders als so abfuttern? – Aber was soll ich denn, o Glaukon?

372a

b

c

d

sprach ich. – Was Gebrauch ist, antwortete er. Daß, denke ich,
e die nicht ganz jämmerlich leben sollen, doch auf Polstern liegen
werden und von Tischen speisen und Zukost und Nachtisch haben, wie man sie jetzt hat. – Wohl! sprach ich, ich verstehe. Es
scheint, wir wollen nicht nur sehen, wie eine Stadt entsteht, sondern auch, wie eine üppige Stadt. Vielleicht ist das auch gar nicht
unrecht; denn auch, wenn wir eine solche betrachten, können wir
wohl Gerechtigkeit und Ungerechtigkeit erblicken, wie sie sich in
den Staaten bilden. Die rechte Stadt nun scheint mir die zu sein, die
wir eben beschrieben haben, gleichsam eine gesunde. Wenn ihr
aber wollt, daß wir auch eine aufgeschwemmte Stadt betrachten
373a wollen: so ist nichts dagegen. Denn dieses wird wohl einigen, wie
es scheint, nicht Genüge leisten, auch nicht die Lebensart selbst;
sondern es sollen Polster da sein und Tische und anderes Hausge-
rät, und Zukost und Salben und Räucherwerk und Freudenmädchen und Backwerk, dies alles aufs mannigfaltigste. Ja auch, was
wir vorher aufstellten, gilt nun nicht mehr, nämlich das Notwendige einzurichten, Häuser, Kleider und Schuhe; sondern man muß
die Malerei in Bewegung setzen und die bunte Weberei, und Gold
b und Elfenbein und alles dergleichen muß angeschafft werden.
Nicht wahr? – Ja, sagte er. – Also müssen wir die Stadt wiederum
größer machen? Denn jene gesunde ist nicht mehr hinreichend,
sondern sie muß sich nun anfüllen mit einem Haufen Volks, das
nicht mehr des Notwendigen wegen in der Stadt ist, wie zum Beispiel alle Jäger und Schaukünstler, viele, die es mit Gestalten und
Farben zu tun haben, viele auch mit der Tonkunst, Dichter und
deren Diener, Rhapsoden, Schauspieler, Tänzer, Unternehmer
und Handwerker zu allerlei Gerätschaften, unter anderm auch für
c den weiblichen Putz. Ja, auch mehr Diener werden wir bedürfen.
Oder meinst du nicht, daß wir auch Kinderwärter nötig haben
werden und Wärterinnen, Kammermädchen und Putzmacherin-
nen, Bartscherer und dann wieder Bäcker und Köche? Auch
Schweinehirten werden wir noch brauchen. Denn dies Tier hatten
wir nicht in unserer ersten Stadt, denn es war uns zu nichts nutz; in
dieser aber werden wir auch das nötig haben, und vom andern
zahmen Vieh werden wir auch sehr viel brauchen, was einer nur
d essen kann. Nicht wahr? – Wie sollten wir nicht? – Und auch
Ärzte werden wir gewiß nun weit häufiger nötig haben bei dieser
Lebensweise als bei der vorigen? – Bei weitem. –

## 38. Ursprung des Krieges und Notwendigkeit eines besonderen Heeres

Und auch der Grund und Boden, welcher damals hinreichte, die Damaligen zu ernähren, wird nun zu klein sein und nicht mehr groß genug. Oder wie sollen wir sagen? – So, sprach er. – Also werden wir von den Nachbarn Land abschneiden müssen, wenn wir genug haben wollen zur Viehweide und zum Ackerbau, und sie auch wieder von unserm, wenn sie sich auch gehenlassen und die Grenzen des Notwendigen überschreitend nach ungemessenem Besitz streben. – Ganz unumgänglich, o Sokrates, sagte er. – e Von nun an werden wir also Krieg zu führen haben, o Glaukon? Oder wie wird es gehen? – Allerdings so, sagte er. – Und laß noch gar nicht die Rede davon sein, sprach ich, ob der Krieg Übles oder Gutes bewirkt, sondern nur soviel, daß wir den Ursprung des Krieges gefunden haben in demjenigen, woraus vorzüglich den Staaten sowohl insgesamt als auch den einzelnen darin viel Übles entsteht, wenn es vorhanden ist. – Allerdings. – Noch größer also, mein Lieber, muß nun unsere Stadt werden, und zwar nicht um eine Kleinigkeit, sondern um ein ganzes Heer, welches auszieht und 374a für das gesamte Vermögen und alles, was wir eben erwähnten, mit den Angreifenden sich schlägt. – Wie doch? sprach er, können sie denn das nicht selbst? – Nein, sprach ich, wenn nämlich du und wir alle insgesamt vorher richtig behauptet haben, als wir zuerst unsere Stadt anlegten. Wir behaupteten nämlich, wenn du dich erinnerst, es sei unmöglich, daß einer viele Künste zugleich gut ausüben könne. – Du hast recht, sagte er. – Wie also? sagte ich. Scheint dir der kriegerische Kampf kein kunstmäßiger zu sein? – b Gar sehr, sagte er. – Sollte man also wohl für die Schuhmacherei mehr Sorge tragen als für das Kriegswesen? – Keineswegs. – Aber den Schuhmacher hielten wir doch zurück, daß er nicht versuchen sollte, zugleich Landmann zu sein oder Weber oder Baumeister, sondern nur Schuster, damit uns sein Werk gut geriete. Und so auch jedem von den andern wiesen wir nur eines zu, wozu jeder sich von Natur am meisten schickte und womit er nun, von allem andern Ruhe habend und ohne daß er günstige Zeiten vor- c beizulassen brauchte, sich sein ganzes Leben beschäftigen sollte, um es recht schön auszuführen. Was aber zum Kriege gehört, ist daran nicht vorzüglich viel gelegen, daß es schön ausgeführt

werde? Oder ist es so leicht, daß auch einer von den Ackersleuten zugleich ein Kriegsmann sein kann, oder von den Schustern
oder mit irgendeiner andern Kunst Beschäftigten, obwohl doch
auch im Brettspiel und Würfelspiel nicht leicht einer es zu etwas
bringt, der sich nicht von Kindheit an damit beschäftigt, sondern
d es nur beiläufig getrieben hat? Und einen Schild oder irgendein
anderes von den kriegerischen Werkzeugen und Waffen braucht
einer wohl nur in die Hand zu nehmen, um dann schon selbigen
Tages im Gefecht des schweren Fußvolkes oder sonst einem andern, was im Kriege vorkommt, ein tüchtiger Streiter zu sein, während doch unter den andern Werkzeugen keines einen, sobald er es
nur ergreift, zum Kämpfer oder Meister macht, sondern dem
nichts nütze ist, der sich nicht von allem Einzelnen hinreichende
Erkenntnis erworben und hinreichende Mühe darauf gewendet
hat? – Da wären ja auch, sprach er, die Werkzeuge gar viel
wert! –

### 39. a) Der gute Wehrmann muß Tapferkeit und Eifer und zu-
###        gleich Sanftmut gegen Befreundete zeigen

Also, sprach ich, je wichtiger das Geschäft der Wehrmänner ist,
e um desto mehr erfordert es Muße von allem andern, und auch
wiederum desto mehr Kunst und Sorgfalt. – Das glaube ich wohl,
sagte er. – Nicht auch eine zu dem Geschäft besonders geeignete
Natur? – Wie sollte es nicht. – Unsere Sache also würde sein,
wenn wir nur dazu imstande sind, auszusuchen, welche und wie
beschaffene Naturen geeignet sind zur Bewachung der Stadt. –
Freilich wohl! – Beim Zeus! sprach ich, da haben wir also keine
kleine Sache angeregt. Dennoch müssen wir nicht verzagen, solange wir nur irgend noch Kräfte spüren. – Freilich nicht. –
375 a Glaubst du nun wohl, sprach ich, daß die Natur eines edlen Hun-
des weit unterschieden ist von der eines wohlgearteten Jünglings? – Worin meinst du? – Nun, scharf müssen sie doch wohl
einer wie der andere sein im Wahrnehmen und schnell, um das
Wahrgenommene zu ergreifen, und wiederum stark, um im Notfall das Ergriffene zu verfechten? – Das alles, sprach er, müssen
sie sein. – Und doch auch tapfer, wenn er doch gut fechten soll. –
Gewiß. – Wird aber wohl tapfer sein wollen, was nicht eifrig ist,
mag es nun ein Pferd sein oder ein Hund oder was sonst für ein

anderes Tier? Oder hast du nicht bemerkt, wie ganz unbezwing-          b
lich und unüberwindlich der Eifer ist, mit welchem ausgerüstet
jede Seele furchtlos ist bei allem und unbesiegbar? – Das habe ich
wohl bemerkt. – Wie also dem Leibe nach der Wehrmann beschaffen sein muß, das ist offenbar. – Ja. – Und auch, wie der
Seele nach, nämlich eifrig. – Auch das. – Aber, sprach ich, o
Glaukon, wie werden sie nun nicht heftig sein untereinander und
gegen andere Bürger, wenn sie so beschaffen sind von Natur? –
Beim Zeus, sagte er, das ist nicht leicht. – Aber sie müssen doch          c
wohl gegen alle Befreundeten sanft sein und nur den Feinden hart.
Wo aber nicht, so werden sie nicht erst auf andere zu warten brauchen, die sie aufreiben, sondern sie werden es schon eher selbst
tun. – Richtig, sagte er. – Was sollen wir also machen? sprach
ich. Wo sollen wir eine zugleich sanfte und hocheifrige Gemütsart
auffinden? Denn die sanftmütige Natur ist ja derjenigen entgegengesetzt, in welcher der Eifer vorherrscht. – Offenbar wohl. – Und
doch kann, wem eines von diesen beiden fehlt, kein guter Wächter
sein. Dies aber scheint unmöglich, und so wäre denn auch ein guter Wehrmann etwas Unmögliches. – Das scheint beinahe, sagte          d
er. – Wie ich nun ratlos war und mir das Vorige alles zusammen-
hielt, sprach ich: Mit Recht sind wir in Verlegenheit, Lieber! Denn
wir haben uns von dem Bilde, welches wir uns vorgehalten hatten,
abgewendet. – Wie meinst du das? – Wir haben nicht gemerkt,
daß es wirklich solche Naturen gibt, wie wir nicht glaubten, die
dieses Entgegengesetzte vereinigen. – Wo doch? – Auch unter
andern Tieren könnte man sie wohl finden, am leichtesten aber
wohl bei dem, welches wir dem Wehrmann verglichen. Denn du          e
weißt wohl, daß das edler Hunde Art ist, von Natur gegen Haus-
genossen und Bekannte so sanft zu sein wie nur möglich, gegen
Unbekannte aber ganz das Gegenteil. – Das weiß ich wohl. –
Dies, sprach ich, ist möglich; und es ist nichts Widernatürliches,
daß wir einen Wehrmann suchen, der so sei. – Es scheint wohl
nicht. –

39. *b) Die Natur eines Wächters muß philosophisch sein*
Dünkt dich nun auch dies noch nötig für einen, der sich zum
Wächter schicken soll, daß er nächst dem Eifrigen auch noch phi-
376a losophisch sei von Natur? – Wie doch? sprach er; denn ich verstehe nicht. – Auch dieses, sprach ich, kannst du an den Hunden
sehen, und es ist gewiß sehr wunderbar an dem Tiere. – Was
doch? – Sowie es einen Unbekannten sieht, ist es ihm böse, ohne
daß jener ihm zuvor irgend etwas zuleide getan; wenn aber einen
Bekannten, ist es ihm freundlich, wenn er ihm auch niemals irgend
etwas Gutes erwiesen. Oder ist dir das noch niemals aufgefal-
len? – Ich habe, sagte er, bis jetzt eben noch nicht darauf gemerkt;
aber daß sie es so machen, ist offenbar. – Aber dies ist doch gewiß
  b eine herrliche Beschaffenheit seiner Natur und wahrhaft philosophisch. – Weshalb doch? – Weil er, sprach ich, an nichts anderm einen befreundeten Anblick und einen widerwärtigen unterscheidet als daran, daß er den einen kennt und der andere ihm
unbekannt ist. Wie sollte aber wohl nicht lernbegierig sein, wer
durch Verstehen oder Nichtverstehen das Verwandte und Fremd-
artige bestimmt? – Auf keine Weise, sagte er, kann es anders
sein. – Und, sprach ich, lernbegierig und philosophisch ist doch
dasselbe? – Freilich dasselbe. – Also wollen wir kühnlich auch
  c für den Menschen festsetzen, wenn einer seiner Natur nach nur
gegen Angehörige und Bekannte sanftmütig sein soll, müsse er
auch philosophisch und lernbegierig sein? – Das wollen wir festsetzen. – Also philosophisch und eifrig und rasch und stark muß
uns von Natur sein, wer ein guter und tüchtiger Wächter der
Stadt sein soll. – Auf alle Weise gewiß, sagte er. – So sei uns also
dieser beschaffen. Auf welche Weise aber sollen uns solche auferzogen und gebildet werden? Und gehört uns wohl auch diese Un-
  d tersuchung zur Sache, um das zu finden, weshalb wir alles andere
betrachten, nämlich auf welche Weise Gerechtigkeit und Ungerechtigkeit im Staat entstehe? Damit wir weder das Gehörige
auslassen noch auch vielerlei durcheinander abhandeln. – Da
sagte des Glaukon Bruder: Auf alle Weise erwarte ich, daß diese
Untersuchung sehr förderlich sein wird hierzu. – Beim Zeus,
sprach ich, lieber Adeimantos, so dürfen wir also nicht davon abstehen, und wenn es auch gar weitläufig wäre. – Freilich, sagte
er. – Komm also, und als wenn wir uns bei voller Muße etwas

erzählten, laß uns die Erziehung dieser besprechen. – Das wollen    e
wir. –

### 40. a) Musische Bildung der Wächter durch sorgsam ausgewählte Märchen. Ausschließung der von den Dichtern erzählten Göttergeschichten

Welches ist also ihre Erziehung? Oder ist es wohl schwer, eine
bessere zu finden als die durch die Länge der Zeit gefundene? Und
da ist doch die für den Leib die Gymnastik und die für die Seele die
Musik? – So ist es. – Sollen wir nun nicht mit der Musik früher
die Erziehung anfangen als mit der Gymnastik? – Warum
nicht? – Wenn du aber Musik sagst, meinst du darunter auch Reden, oder nicht? – Ich gewiß. – Und Reden gibt es doch zweierlei,
wahre nämlich und falsche? – Ja. – Gebildet müssen sie nun    377a
werden durch beide, zuerst aber durch die falschen. – Ich verstehe
nicht, sprach er, wie du das meinst. – Du verstehst nicht, sagte ich,
daß wir den Kindern zuerst Märchen erzählen? Und diese sind
doch, um sie im ganzen zu bezeichnen, falsch, es ist aber auch
Wahres darin. Und eher beschäftigen wir die Kinder mit Märchen
als mit Leibesübungen. – So ist es. – Dies also meinte ich damit,
daß man die Musik eher angreifen müsse als die Gymnastik. –
Richtig, sagte er. – Nun weißt du doch wohl, daß der Anfang
eines jeden Geschäftes das wichtigste ist, zumal bei irgendeinem    b
jungen und zarten Wesen. Denn da wird vornehmlich das Gepräge
gebildet und angelegt, welches man jedem einzeichnen will. – Offenbar freilich. – Sollen wir es also so leicht hingehen lassen, daß
die Kinder ganz beliebige Märchen und von ganz Beliebigen erfunden anhören und so in ihre Seelen Vorstellungen aufnehmen, die
meistenteils denen entgegengesetzt sind, welche sie, wenn sie erwachsen sind, unserer Meinung nach werden haben sollen? – Das
wollen wir keineswegs hingehen lassen. –

Zuerst also, wie es scheint, müssen wir Aufsicht führen über die,
welche Märchen und Sagen dichten, und welches Märchen sie gut
gedichtet haben, dieses einführen, welches aber nicht, das aus-    c
schließen. Die eingeführten aber wollen wir Wärterinnen und
Mütter überreden den Kindern zu erzählen, um so noch weit sorgfältiger die Seele durch Erzählungen zu bilden, als mit ihren Händen den Leib. Von denen aber, die sie jetzt erzählen, sind wohl die

meisten zu verwerfen. – Welche doch? fragte er. – An den größeren Märchen, sprach ich, können wir auch die kleineren beurtei-

d len. Denn größere und kleinere müssen dieselbe Art und Abzwek-
kung haben. Oder meinst du nicht? – Ich wohl auch, sagte er,
aber ich verstehe noch nicht einmal, welche großen du meinst. –
Nun, sprach ich, welche Hesiodos und Homeros und die andern
Dichter uns erzählt haben. Denn diese haben doch für die Menschen unwahre Erzählungen zusammengesetzt und vorgetragen
und tragen sie auch noch vor. – Welche aber, fragte er, meinst du,
und was tadelst du daran? – Was man, sprach ich, zuerst und
vorzüglich tadeln muß, zumal wenn die Unwahrheit nicht sehr

e schön vorgetragen wird. – Welches nur? – Wenn einer unrichtig
darstellt in seiner Rede von Göttern und Heroen, wie sie geartet
sind, wie wenn, was ein Maler malt, dem gar nicht gleicht, dem er
sein Gemälde doch ähnlich machen wollte. – Gewiß, sagte er, ist
es richtig, dergleichen zu tadeln. Aber wie ist das nur gemeint, und
wovon sprichst du? – Zuerst, sagte ich, die größte Unwahrheit
und über die größten Dinge hat der gewiß gar nicht löblich ge-
fälscht, welcher gesagt hat, Uranos sollte getan haben, was Hesiodos von ihm erzählt, und auch Kronos so Rache an ihm genom-

378a men. Aber des Kronos Taten und was ihm wieder von seinem
Sohne begegnet, sollte wohl, denke ich, auch wenn es wahr wäre,
unverständigen und jungen Leuten nicht so unbedacht erzählt
werden, sondern am liebsten verschwiegen bleiben; wenn aber
eine Notwendigkeit wäre, es zu erzählen, müßten es nur so wenige
als möglich auf geheimnisvolle Weise erfahren, nachdem sie nicht
etwa ein Schwein geopfert, sondern irgendein gar großes und un-
erhörtes Opfer, damit nur recht wenige dazu kommen könnten, es

b zu erfahren. – Freilich, sagte er, sind diese Reden hart. – Und
nicht zuzulassen, sprach ich, o Adeimantos, in unserer Stadt.
Noch auch ist einem Jünglinge vorzureden, wenn er das äußerste
Unrecht begehe, tue er nichts besonderes, auch nicht, wenn er seinen Vater für begangenes Unrecht auf jede Weise strafe, sondern
er tue immer nur, was auch die ersten und größten Götter. – Nein,
beim Zeus, sprach er, auch mir selbst scheint es nicht angemessen,
dies zu sagen. – Auch wohl überhaupt nicht, sagte ich, daß Götter

c Göttern nachstellen und mit ihnen Krieg führen und fechten, wie
es ja auch nicht einmal wahr ist; wenn doch die, welche unsere

Stadt zu verteidigen haben, es ja für das Schändlichste halten müssen, leicht untereinander in Feindschaft zu geraten. Und weit gefehlt, daß man ihnen von Riesenkriegen vorerzählen sollte und diese abbilden, noch von den vielen und mancherlei andern Fehden der Götter und Heroen mit ihren Verwandten und Angehörigen. Sondern wenn wir sie irgend überzeugen wollen, daß nie ein Bürger dem andern feind zu sein pflegt und dies auch ruchlos wäre: so muß auch dergleichen schon von Anfang an zu den Kindern gesagt werden von den Altvätern und Mütterchen, und für d die älter Gewordenen muß man auch die Dichter dazu nötigen, in demselben Sinne ihre Reden einzurichten. Aber daß Hera von ihrem Sohne gebunden und Hephaistos von seinem Vater heruntergeworfen worden ist, weil er der geschlagenen Mutter beistehen wollte, und alle Götter-Gefechte, welche Homeros gedichtet hat, diese sind nicht zuzulassen in unserer Stadt, mag nun ein verborgener Sinn darunter stecken oder auch keiner. Denn der Jüngling ist nicht imstande zu unterscheiden, was dieser verborgene Sinn ist und was nicht; aber was er in diesen Jahren in seine Vorstellung aufnimmt, das pflegt schwer auszuwaschen und umzuändern zu e sein. Weshalb eben dieses fast für alles zu rechnen ist, daß das, was sie zuerst hören, auf das sorgfältigste mit Bezug auf die Tugend erzählt sei. –

### 40. b) Grundzüge der wahren Götterlehre: Gott ist gut und einzig Ursache von Gutem

Das hat allerdings Grund, sagte er. Aber wenn uns nun jemand weiter fragte, was denn dieses wohl wäre, und welche Erzählungen solche: was würden wir sagen? – Darauf erwiderte ich: O Adeimantos, wir sind keine Dichter in diesem Augenblick, du und ich, sondern Städtegründer; und solchen gebührt zwar die 379a Grundzüge zu kennen, nach denen die Dichter erzählen müssen, und sie nicht zuzulassen, wenn sie von diesen abweichen, nicht aber selbst Märchen zu dichten. – Richtig, sagte er. Aber nun eben diese Grundzüge in bezug auf die Götterlehre, welches wären sie? – Diese etwa, sagte ich: Wie Gott ist seinem Wesen nach, so muß er auch immer dargestellt werden, mag einer im Epos von ihm dichten oder in Liedern oder in der Tragödie. – So muß es sein. – Nun ist doch Gott wesentlich gut und auch so darzustel- b len? – Wie sollte er nicht! – Nichts aber, was zum Guten gehört, ist doch schädlich. Nicht wahr? – Nein, dünkt mich. – Kann nun wohl, was nicht schädlich ist, schaden? – Mitnichten. – Und was nicht schadet, irgend Böses tun? – Auch das nicht. – Was aber gar nichts Böses tut, das kann auch wohl nicht irgend an etwas Bösem Ursache sein. – Wie sollte es? – Wie aber? Förderlich ist doch das Gute? – Ja. – Also Ursache des Wohlbefindens? – Ja. – Nicht also von allem ist das Gute Ursache, sondern was sich gut verhält, davon ist es Ursache; an dem Üblen aber ist

c es unschuldig. – Vollkommen freilich, sagte er. – Also auch Gott, weil er ja gut ist, kann nicht an allem Ursache sein, wie man insgemein sagt, sondern nur von Wenigem ist er den Menschen Ursache, an dem meisten aber unschuldig. Denn es gibt weit weniger Gutes als Böses bei uns; und das Gute zwar darf man auf keine andere Ursache zurückführen, von dem Bösen aber muß man sonst andere Ursachen aufsuchen, nur nicht Gott. – Vollkommen richtig, sagte er, scheinst du mir zu re-

d den. – Also ist es nicht anzunehmen, weder vom Homeros noch von irgendeinem andern Dichter, wenn einer so unvernünftig fehlt in bezug auf die Götter, daß er sagte,

‹es seien zwei Fässer gestellt an der Schwelle Kronions,
Voll das eine von Gaben des Wehs, das andre des Heiles›.

Und wem nun vermischt Zeus von beiden gibt,

‹Solchen trifft abwechselnd ein böses Los und ein Gutes›;

wem aber nicht, sondern unvermischt das eine,

‹Diesen verfolgt herznagende Not auf der heiligen Erde›;

e noch auch, daß Zeus uns ein Spender ist ‹des Guten so wie des Bösen›.

### 40.c) Gott ist höchstens von heilsamen Strafen Urheber. Seine Unveränderlichkeit

Und die Zerreißung der Schwüre und Verträge, die Pandaros veranlaßte, wenn jemand sagen will, die sei durch Athene und Zeus geschehen, den wollen wir nicht loben. Noch auch der Götter

Streit und Entscheidung durch Themis und Zeus; noch auch, was
Aischylos sagt, muß man die Jünglinge hören lassen:          380a

> ‹Verschuldung läßt Gott wachsen bald,
>   Wenn er zu Boden schmettern will ein Haus.›

Sondern wenn einer, worin ja diese Jamben sich finden, die
Schicksale der Niobe oder der Pelopiden oder die troischen oder
anderes dergleichen dichten will, so lasse man sie ihn entweder gar
nicht als Gottes Taten erzählen oder, wenn als solche, dann muß
er ungefähr die Rede dafür auffinden, die wir jetzt suchen, und
sagen, daß Gott nur, was gerecht und gut war, getan hat, sie aber   b
Nutzen gehabt haben von der Strafe; daß aber die Strafeleidenden
unselig sind und doch, der sie ihnen angetan hat, Gott war, das
muß man den Dichter nicht sagen lassen. Aber wenn sie sagen
wollten, daß als unselige die Bösen der Strafe bedurft hätten und
dadurch, daß sie Strafe litten, ihnen von Gott geholfen worden sei,
dies kann man lassen. Zu behaupten aber, daß Gott irgend jemandem Ursache des Bösen geworden ist, da er doch gut ist, dies muß
man auf alle Weise durchfechten, daß es nicht jemand sage in seinem Staat, wenn er gut regiert werden soll, noch auch jemand      c
höre, weder jung noch alt, und weder in gebundener Rede noch in
ungebundener vorgetragen, weil es weder fromm wäre, wenn es
einer sagte, noch uns zuträglich, noch auch mit sich selbst übereinstimmend. – Ich stimme mit dir, sagte er, für dieses Gesetz, und es
gefällt mir. – Dies also, sprach ich, wäre eines von den Gesetzen
und Vorschriften in bezug auf die Götter, kraft dessen nur so geredet und gedichtet werden darf, daß Gott nicht an allem Ursache
ist, sondern nur an dem Guten. – Dies reicht auch hin, sagte er. –
Wie aber nun dieses Zweite? Meinst du, daß Gott ein Zauberer ist   d
und wie aus dem Hinterhalt bald in dieser, bald in jener Gestalt
erscheint, bald wirklich selbst viele Gestalten annehmend und
seine eigne dagegen vertauschend, bald nur uns hintergehend und
machend, daß wir dergleichen von ihm glauben müssen? Oder
meinst du, daß er ganz einfach ist und am allerwenigsten aus seiner eigenen Gestalt herausgeht? – Das weiß ich so jetzt gleich
nicht zu sagen, sprach er. – Wie aber dieses? Ist es nicht notwendig, wenn etwas aus seiner eigenen Gestalt heraustritt, daß es ent-

e weder durch sich selbst oder durch ein anderes muß verwandelt werden? – Notwendig. – Wird aber nicht jedes Vortrefflichste am wenigsten von einem andern verändert und bewegt? Wie der Leib von Speise, Trank und Anstrengung, und jedes Gewächs von Hitze, Sturm und dergleichen Einwirkungen, wird nicht jedes Ge-

381a sundeste und Stärkste davon am wenigsten verändert? – Allerdings wohl. – Und die Seele selbst, wird nicht die tapferste und vernünftigste am wenigsten von irgendeiner äußeren Einwirkung erschüttert und verändert? – Ja. – Und so gewiß auch alles zusammengesetzte Gerät und Gebäude und Bekleidungen werden nach derselben Regel, je besser sie gearbeitet und geraten sind, um desto weniger von der Zeit und andern Einwirkungen verän-

b dert. – So ist es allerdings. – Also alles Vollkommene von Natur oder durch Kunst oder durch beides nimmt die wenigste Veränderung durch anderes an. – So zeigt es sich. – Aber Gott, und was Gottes ist, muß doch in jeder Hinsicht vollkommen sein. – Unumgänglich. – Auf diese Weise also könnte wohl am wenigsten Gott vielerlei Gestalten bekommen. – Am wenigsten gewiß. –

### 40. d) Gott als der Beste verwandelt sich nicht. Täuschen und lügen die Götter?

Aber vielleicht, daß er sich selbst verwandelt und verändert! – Offenbar, sagte er, wenn er nämlich verändert wird. – Verwandelt er sich nun wohl in Besseres und Schöneres oder in Schlechteres und Häßlicheres, als er selbst ist? – Notwendig, sagte er, in

c Häßliches wenn er sich verändert. Denn wir können doch nicht sagen, daß Gott an irgendeiner Schönheit oder Tugend Mangel leide. – Vollkommen richtig gesprochen! sagte ich. Und da es sich so verhält, Adeimantos, glaubst du wohl, daß jemand sich freiwillig in irgendeiner Hinsicht schlechter machen wird, als er ist, sei es nun ein Gott oder ein Mensch? – Unmöglich, sagte er. – Also ist es auch einem Gott unmöglich, daß er sich selbst sollte verwandeln wollen; sondern jeder von ihnen bleibt, wie es scheint, da er so schön und trefflich ist als möglich, auch immer ganz einfach in seiner eignen Gestalt. – Das scheint mir wenigstens durchaus not-

d wendig, sagte er. – Keiner also von den Dichtern, sprach ich, sage uns, o Bester, daß

‹Götter in wandelnder Fremdlinge Bildung
Jede Gestalt nachahmend durchgehn die Gebiete der Menschen.›

Auch den Proteus und die Thetis verleumde niemand, noch führe
uns jemand weder in Tragödien noch anderen Gedichten die Hera
vor, wie sie, in eine Priesterin verwandelt, ‹für des Argeiischen    e
Flusses Inachos lebenspendende Kinder› Gaben sammelt, und
noch viel anderes dergleichen mögen sie uns nicht vorlügen, noch
auch sollen, von ihnen überredet, die Mütter ihre Kinder zum
Fürchten bringen, indem sie die Märchen schlecht erzählen, als ob
nachts gewisse Götter allerlei wunderlichen Fremdlingen ähnlich
sich sehen ließen, damit sie nicht zugleich die Götter lästern und
zugleich auch ihre Kinder feigherziger machen. – Freilich nicht,
sagte er. – Aber, sprach ich, vielleicht sind die Götter selbst wohl
so, daß sie sich nicht verwandeln, machen uns aber glauben, als ob    382a
sie in so vielerlei Gestalten erscheinen, indem sie uns nämlich hintergehen und bezaubern? – Vielleicht wohl, sagte er. – Und wie?
sprach ich. Solle denn ein Gott lügen wollen, indem er in Wort
oder Tat uns ein leeres Schattenbild darstellt? – Ich weiß nicht,
sagte er. – Du weißt nicht, sprach ich, daß die wahre Lüge, wenn
es anders möglich ist so zu reden, alle Götter und Menschen hassen? – Wie meinst du das? sagte er. – So, sprach ich, daß durch
das Vorzüglichste in sich selbst und über das Vorzüglichste nie-     b
mand mit Willen tauschen will, sondern am allermeisten fürchtet,
dort die Unwahrheit zu haben. – Auch so, sprach er, verstehe ich
es noch nicht. – Du denkst eben, sagte ich, daß ich etwas sehr
Hohes sage; ich meine aber nur, daß mit der Seele über das, was
ist, sich zu täuschen und getäuscht zu haben und töricht zu sein
und dort die Unwahrheit zu haben und zu besitzen, alle am wenigsten wünschen, sondern sie vielmehr dort vorzüglich hassen. – Bei
weitem, sagte er. – Aber mit vollkommenem Recht kann man
noch das eben Beschriebene die wahre Unwahrheit nennen, ich
meine die Unwissenheit in der Seele des Getäuschten. Denn die in
den Reden ist nur eine Nachahmung jenes Ereignisses in der Seele   c
und ein später entstandenes Abbild, nicht mehr die unvermischte
Unwahrheit. Oder ist es nicht so? – Freilich. –

### 40.e) Die völlige Truglosigkeit des Göttlichen

Die eigentliche Unwahrheit wird also nicht nur von Göttern, sondern auch von Menschen gehaßt. – Das dünkt mich. – Wie nun
aber die Unwahrheit in Reden, wann und wozu ist die doch nützlich, so daß sie den Haß nicht verdient? Nicht gegen die Feinde?
Und auch der sogenannten Freunde wegen, wenn diese im Wahnsinn oder aus irgendeiner Unvernunft etwas Arges zu tun unternehmen, wird sie dann nicht als ein ableitendes Mittel nützlich?
d Und auch in den eben erwähnten Dichtungen, da wir nicht wissen,
wie sich die alten Begebenheiten in Wahrheit verhalten, bilden wir
der Wahrheit die Unwahrheit so genau als möglich nach und machen sie dadurch gar sehr nützlich. – Gewiß, sprach er, verhält es
sich so. – In welcher von diesen Beziehungen nun soll wohl Gott
die Unwahrheit nützlich sein? Soll er etwa, weil ihm das Altertüm-
liche unbekannt ist, um doch etwas Ähnliches darzustellen, Un-
wahrheiten vorbringen? – Das wäre ja lächerlich, sagte er. – Also
ein unwahrer Dichter ist in Gott nicht zu suchen? – Nein, dünkt
e mich. – Aber aus Furcht vor seinen Feinden könnte er wohl lügen? – Weit gefehlt. – Oder wegen Unverstandes und Wahnsinns
derer, denen er zugetan ist? – Aber, sagte er, kein Unvernünftiger
und Wahnsinniger ist je von Gott geliebt. – Es gibt also nichts, um
deswillen Gott lügen könnte. – Es gibt nichts. – In jeder Hinsicht
also ist das Dämonische und Göttliche ohne Falsch. – Auf alle
Weise gewiß, sagte er. – Offenbar also ist Gott einfach und wahr
in Wort und Tat und verwandelt sich weder selbst, noch hintergeht er andere, weder in Erscheinungen noch in Reden, noch indem er ihnen Zeichen sendet, weder im Wachen noch im Schlaf. –
383a So, sprach er, leuchtet es auch mir selbst ein durch deine Reden. –
Du räumst also ein, daß dieses die zweite Vorschrift ist, nach der
von den Göttern geredet und gedichtet werden muß, daß sie weder
selbst als Zauberer sich verwandeln, noch auch uns durch Täuschungen verleiten in Wort und Tat? – Ich räume es ein. – Wenn
wir also noch soviel anderes am Homeros loben, so wollen wir
doch das nicht loben, wie Zeus dem Agamemnon den Traum sendet, noch vom Aischylos, wenn Thetis sagt, Apollon habe singend
bei ihrer Hochzeitsfeier gepriesen

‹ihr schönes Mutterglück,                                                                 b
Der Söhne krankheitsloses spätes Lebensziel.
Und dies gesagt, bekräftet sein Päan zuletzt
Mein gottbegünstigt Schicksal, mich ermutigend.
Da hofft ich, truglos werde Phoibos' Göttermund
Mir sein, der kunstreich Weissagungen sprudelnde.
Er aber selbst, der Sänger, der selbst dieses sprach,
Er selbst von damals Hochzeitsgast, ist selber nun
Des Sohnes Mörder›.

Wenn einer dergleichen sagt von den Göttern, wollen wir zürnen c
und ihm keinen Chor geben, noch leiden, daß ein Lehrer solches
zum Unterricht der Jugend gebrauche, wenn unsere Wächter got-
tesfürchtig und gottähnlich werden sollen, soweit es dem Menschen nur irgend möglich ist. – Auf alle Weise, sagte er, nehme ich
diese Vorschriften an und möchte sie als Gesetze gebrauchen.

## DRITTES BUCH

### 40. f) Verbot für die Dichter, die Schrecken der Unterwelt darzustellen

386a Über die Götter also, sprach ich, ist es dergleichen, wie es scheint, was diejenigen von Kindheit an hören und was sie nicht hören müssen, welche die Götter und ihre Eltern ehren und die Freundschaft unter sich nicht für ein Geringes halten sollen. – Und ich denke, sagte er, ganz richtig hat sich uns dieses so gezeigt. – Und wie? Wenn sie tapfer werden sollen, muß man ihnen nicht dieses sagen und was nur imstande ist, darauf zu wirken, daß sie möglichst wenig den Tod fürchten? Oder glaubst du, es werde irgend

b jemand tapfer, der diese Furcht in sich hat? – Nein, beim Zeus, sprach er, ich nicht. – Und wie? Wenn einer glaubt, daß es eine Unterwelt gibt, und zugleich, daß sie furchtbar ist, meinst du, der werde irgend ohne Furcht vor dem Tode sein und in Gefechten lieber den Tod als Niederlage und Knechtschaft wählen? – Keineswegs. – Wir müssen also, wie es scheint, auch über diejenigen Aufsicht führen, die hierüber Erzählungen vortragen wollen, und sie ersuchen, nicht so schlechthin die Unterwelt zu schmähen, sondern sie lieber zu loben, weil sonst, was sie sagten, weder richtig

c sein würde noch auch denen nützlich, welche wehrhaft sein sollen. – Das müssen wir, sagte er. – Löschen wir also, sprach ich, von diesen Versen anfangend, alles dergleichen aus, wie

‹Lieber ja wollt ich das Feld als Tagelöhner bestellen
Einem dürftigen Mann, ohn' Erb' und eigenen Wohlstand,
Als die sämtliche Schar der geschwundenen Toten beherrschen›;

und

‹Daß nicht Menschen erschien und Unsterblichen seine Behausung          d
Fürchterlich dumpf, voll Wustes, wovor selbst grauet den Göttern›;

und

‹Götter, so ist denn fürwahr auch noch in Aides Wohnung
Seel' und Schattengebild', doch ganz der Besinnung entbehrt sie›;

und

‹Daß er allein wahrnähme, denn andre sind flatternde Schatten›;

und

‹Aber die Seel' aus den Gliedern entfloh in die Tiefe des Ais,
Klagend ihr Jammergeschick, getrennt von Jugend und Mannkraft›;

und          387a

‹die Seele, wie dampfender Rauch in die Erde
Sank sie hinab hellschwirrend›;

und

‹So wie die Fledermäus' im Geklüft der schaudrichten Höhle
Schwirrend umher sich schwingen, wenn ein' aus der Reihe des
      Schwarmes
Niedersank von dem Fels, und darauf aneinander sich klammern:
So mit zartem Geschwirr entschwebten sie.›

Bei diesem und allem dergleichen wollen wir den Homeros und die          b
andern Dichter bitten, uns nicht zu zürnen, wenn wir es ausstreichen, nicht als ob es nicht dichterisch wäre und dem Volk angenehm zu hören, sondern weil es, je dichterischer, um desto weniger gehört werden darf von Knaben und Männern, welche frei
gesinnt sein sollen und die Knechtschaft mehr scheuen als den
Tod. – Auf alle Weise gewiß. –

## 40.g) Abschaffung der Wehklagen von ausgezeichneten Män-
nern

Also sind auch wohl ferner alle schrecklichen und furchtbaren Namen für diese Gegenstände zu verwerfen, wie der Kokytos und
c Styx und die Unteren und Verdorrten und was sonst für Namen, in
diesem Sinne gebildet, alle Hörer schaudern machen. Und vielleicht sind sie gut zu etwas anderem, wir aber fürchten für unsere
Wehrmänner, daß sie uns nicht durch eben diesen Schauder aufge-
löster und weichlicher werden als billig. – Und mit Recht gewiß
fürchten wir das. – Ist also dies fortzuschaffen? – Ja. – Und nach
entgegengesetzter Weise muß geredet und gedichtet werden. –
d Offenbar. – Also auch wohl die Wehklagen und das Jammern
ausgezeichneter Männer werden wir abschaffen? – Notwendig,
sagte er, wenn auch das Vorige. – Bedenke nur, ob wir recht tun
werden, sie abzuschaffen, oder nicht! Wir behaupten nämlich, ein
rechtschaffener Mann werde für einen andern solchen, dessen
Freund er auch ist, das Sterben nicht als etwas Furchtbares ansehen. – Das behaupten wir freilich. – Also kann er auch nicht über
ihn, als dem etwas Schreckliches begegnet wäre, jammern. – Gewiß nicht. – Aber wir sagen auch noch dieses, daß ein solcher am
e meisten sich selbst genügt, um gut zu leben, und vorzüglich vor
den übrigen eines andern nicht bedarf. – Richtig, sagte er. – Ihm
ist es also auch am wenigsten schrecklich, Söhne und Brüder zu
verlieren oder Besitztümer und dergleichen etwas. – Am wenigsten allerdings. – Am wenigsten also werde er auch jammern, sondern es auf das gleichmütigste ertragen, wenn ein solcher Unfall
ihn trifft. – Bei weitem. – Mit Recht also schaffen wir die Klagen
ansehnlicher Männer ab und überlassen das den Weibern, jedoch
388a auch unter diesen nicht einmal den besseren, und solchen Männern, die nichts taugen, damit diejenigen sich schämen, Ähnliches
zu tun, die wir zum Schutz des Landes erziehen. – Richtig, sagte
er. – Wiederum also bitten wir den Homeros und die andern
Dichter, nicht zu dichten den Achilleus, der Göttin Sohn,

‹Bald auf die Seiten darniedergelegt und bald auf den Rücken,
Bald auf das Antlitz hin, dann plötzlich empor sich erhebend,
b      Schweifend am Ufer des Meeres des unermeßlichen›,

noch auch

> ‹mit beiden Händen des schwärzlichen Staubes ergreifend,
> Überstreuend das Haupt›,

noch auch sonst weinend und jammernd, wie jener ihn viel und
mannigfaltig dargestellt hat, noch auch den Priamos, der doch den
Göttern genaht war,

> ‹flehend umher auf schmutzigem Boden sich wälzend,
> Nennend jeglichen Mann mit seinem Namen›.

Und noch weit mehr als dies werden wir sie bitten, uns die Götter
nicht jammernd zu dichten und sagend:

> ‹Wehe mir Armen, o mir unglücklichen Heldenmutter.›    c

Und wenn auch Götter, mögen sie doch wenigstens nicht wagen,
den größten der Götter so unähnlich sich selbst darzustellen, daß
er sagt:

> ‹Wehe doch, einen Geliebten umhergejagt um die Mauer
> Seh ich dort mit den Augen und, ach, sein jammert mich herzlich›;

und:

> ‹Wehe mir, wenn das Geschick Sarpedon, meinen Geliebten,
> Unter Patroklos' Hand, es Menoitiaden, mir bändigt.›    d

*40. h) Schädlichkeit der Lachlust und der Unwahrhaftigkeit*
Denn, lieber Adeimantos, wenn dergleichen unsere Jünglinge
ernsthaft anhören und nicht darüber lachen als über ganz unwürdige Rede: so hätte es gute Wege, daß einer sich selbst, der doch
nur ein Mensch ist, solcher Dinge unwert halten und sich selbst
strafen sollte, wenn ihm etwa in den Sinn käme, dergleichen zu
reden oder zu tun; sondern ohne sich zu schämen oder sich zurückzuhalten, würde jeder uns auch über geringe Ereignisse gar
viel Jammer und Wehklagen vorsingen. – Vollkommen richtig,    e

sprach er, bemerkst du das. – So soll es aber nicht sein, wie unsere
Rede uns eben andeutete, der wir doch folgen müssen, bis uns
jemand durch eine andere, schönere überführt. – Das müssen wir
freilich. – Aber auch sehr lachlustig dürfen sie nicht sein. Denn,
wenn sich jemand in heftigem Lachen gehen läßt, so sucht dergleichen auch immer wieder eine heftige Umwendung. – Das dünkt
mich wohl, sagte er. – Weder also, wenn uns jemand Menschen,
389a  die der Rede wert sind, vom Gelächter überwältigt darstellt, dürfen wir uns das gefallen lassen, noch viel weniger aber, wenn Götter. – Bei weitem, sprach er. – Also wollen wir dem Homeros
auch das nicht durchgehen lassen von den Göttern:

‹Doch unermeßliches Lachen erscholl den seligen Göttern,
   Als sie sahn, wie Hephaistos in emsiger Eil umherging›;

das dürfen wir nicht gelten lassen nach deiner Rede. – Wenn du
diese Rede, sprach er, als mein ansehen willst, dürfen wir es aller-
b  dings nicht gelten lassen. – Aber auch die Wahrheit müssen wir
doch gar sehr hoch ansetzen. Denn wenn das eben Gesagte richtig
und in Wahrheit den Göttern Täuschung unnütz, den Menschen
aber heilsam ist, nach Art der Arznei: so ist doch offenbar, daß
wir dergleichen den Ärzten überlassen müssen, andere, Unkundige aber sich nicht damit befassen dürfen. – Das ist offenbar,
sagte er. – Also denen, die in der Stadt regieren, wenn überhaupt
irgend jemandem, kann es zukommen, Unwahrheit zu reden, der
Feinde oder auch der Bürger wegen, zum Nutzen der Stadt; alle
andern aber dürfen sich hiermit gar nicht befassen. Sondern wenn
c  etwa gar irgendein einzelner diese Regierenden täuschen wollte,
werden wir sagen, dies sei dasselbe und ein noch größeres Vergehen, als wenn der Kranke dem Arzt, oder wer Leibesübungen
treibt, seinem Meister über den Zustand seines Leibes nicht die
Wahrheit sagt, oder wenn einer dem Schiffsmeister über das Schiff
und die Schiffsleute nicht recht berichtet, was entweder er selbst
oder ein anderer Schiffender tut. – Vollkommen richtig, sagte
d  er. – Wenn du also irgendeinen andern ertappst in der Stadt, daß
er lügt, einen von denen, die gemeinsame Künste verstehen wie
den ‹Seher, den heilenden Arzt und den Meister des Baues›: so
wirst du ihn strafen, weil er eine Handlungsweise einführt, die für

eine Stadt ebensosehr wie für ein Schiff zerstörend und verderblich
ist. – Wenn nämlich, sprach er, mit der Rede auch die Tat stimmen soll. – Und wie? Werden etwa unsere Jünglinge nicht auch
Besonnenheit nötig haben? – Wie sollten sie nicht? – Und besteht
nicht die Besonnenheit für den großen Haufen in dergleichen vornehmlich, daß sie den Herrschenden unterwürfig sind, selbst aber    e
auch herrschen über ihre Lust an Speise und Trank und an den
Liebessachen? – Das dünkt mich wenigstens. – Dergleichen also,
denke ich, werden wir sagen, sei schön gesagt, wie beim Homeros
Diomedes sagt:

&#8249;Trauter, o halte dich still und gehorche du meiner Ermahnung&#8250;,

und was damit zusammenhängt,

&#8249;Jene wandelten still, die mutbeseelten Achaier,
Ehrfurchtsvoll verstummend den Königen&#8250;,

und was sonst von dieser Art ist. – Schön allerdings. – Wie aber
dergleichen:

&#8249;Trunkenbold mit dem Blicke des Hunds und dem Mute des Hirsches&#8250;,

und was weiter folgt, oder was sonstwo einer in Rede oder Dich-    390a
tung als Untergebener Übermütiges gesagt hat gegen Vorge-
setzte? – Nicht schön. – Zur Besonnenheit wenigstens denke ich
nicht, daß es Jünglingen dienlich ist zu hören; wenn es ihnen aber
sonst anderes Vergnügen macht, das ist gar nicht zu verwundern.
Oder wie kommt es dir vor? – Ebenso, sagte er. –

40.i) *Von großen Männern berichtete Unbeherrschtheit, Geld-
    gier und Übermut sind den Dichtern nicht zu glauben*
Und wie? Wenn man im Gedicht den weisesten Mann sagen läßt,
das dünke ihm die seligste Wonne von allem, wenn

&#8249;voll vor jedem die Tische
Stehn mit Brot und Fleisch, und geschöpfetem Wein aus dem Kruge   b
Fleißig der Schenk umträgt und umher eingießt in die Becher&#8250;,

meinst du, das sei einem jungen Manne zur Selbstbeherrschung förderlich zu hören.
Oder das:

‹Doch ist Hungerssterben das jammervollste Verhängnis›?

Oder daß Zeus, was er, während die andern Götter und die Menschen schliefen, allein wachend beschlossen hatte, das insgesamt
c leichtfertig vergißt, lediglich aus Verlangen nach der Liebeslust,
und dergestalt außer sich gesetzt wird beim Anblick der Hera, daß
er nicht einmal ins Gemach gehen will, sondern gleich dort auf der
Erde sich zu ihr zu gesellen begehrt und selbst sagt, er sei so von
dem Verlangen überwältigt, wie nicht einmal damals, als sie zuerst
einander genaht, ‹geheim vor den liebenden Eltern›? Noch auch,
wie Ares und Aphrodite vom Hephaistos gefangen wurden eben
solcher Dinge wegen? – Beim Zeus, sprach er, allerdings scheint
d mir das hierzu nicht förderlich. – Sondern, sprach ich, wenn irgendwo von berühmten Männern, in Reden und Taten, Beweise
vorkommen von Festigkeit gegen alles, das mögen sie sehen und
hören; wie etwa dieses:

‹Aber er schlug an die Brust und strafte das Herz mit den Worten:
Dulde nun aus, mein Herz, noch Härteres hast du geduldet›. –

Auf alle Weise freilich, sagte er. – Auch wohl bestechlich muß
man die Männer nicht werden lassen noch auch geldgierig. – Kei-
e neswegs. – Also auch ihnen nicht singen:

‹Götter gewinnet Geschenk, Geschenk auch mächtige Herrscher›;

noch soll man des Achilleus' Erzieher Phoinix loben, als rede er
Verständiges, indem er ihm den Rat gibt, falls er Geschenke bekäme, den Achaiern zu helfen, ohne Geschenk aber nicht von seinem Zorne zu lassen. Und auch vom Achilleus selbst wollen wir
nicht annehmen noch eingestehen, er sei so geldgierig, daß er von
Agamemnon Geschenke genommen und wiederum für einen Preis
391a auch den Leichnam losgegeben, anders aber es nicht gewollt
habe. – Ich trage auch nur Bedenken, sprach ich, des Homeros

wegen zu sagen, es sei auch nicht fromm, dergleichen über den
Achilleus auszusagen oder, wenn andere es sagen, es zu glauben.
Ebensowenig, daß er zum Apollon gesagt habe:

‹O des Betrugs! Ferntreffer, du grausamster unter den Göttern.
Traun, ich rächte mich gern, wenn genug der Stärke mir wäre!›

Und wie er dem Flusse, der doch ein Gott ist, in gar nichts folgen    b
wollte, sondern nur auf Kampf gestellt war, und ein andermal von
seinen dem andern Fluß, dem Spercheios, geweihten Haaren
sagte:

‹Laß mich dem Held Patroklos das Haar mitgeben zu tragen›,

der doch tot war; auch daß er das wirklich getan, muß man nicht
glauben. Und wiederum die Schleifungen des Hektor um das
Grabmal des Patroklos und die Schlachtungen der Gefangenen
auf seinem Scheiterhaufen, alles das wollen wir leugnen, daß es
der Wahrheit gemäß erzählt sei, und wollen die Unsrigen nicht    c
glauben lassen, daß Achilleus, der Sohn einer Göttin und des
höchst verständigen Peleus, des dritten vom Zeus her, und der
Zögling des weisen Cheiron, so ganz verworren gewesen, daß er
zwei einander entgegengesetzte Krankheiten in sich nährte, nämlich Niedertracht mit Habsucht und zugleich Übermut gegen Götter und Menschen. – Du hast recht, sagte er. –

### 40. j) *Ruchlosigkeiten der Göttersöhne und Heroen sind nicht anzunehmen. Art der Reden über die Menschen*

Wir wollen also, fuhr ich fort, auch ja nicht das glauben oder erzählen lassen, daß Theseus, des Poseidon, und Peirithoos, des
Zeus Sohn, dergestalt auf frevelhaften Raub ausgegangen sind,    d
noch daß irgendein anderer Göttersohn und Heros es über sich
gebracht habe, Ruchloses und Frevelhaftes auszuüben, dergleichen man ihnen jetzt anlügt; sondern wir wollen die Dichter noch
nötigen zu erklären, entweder daß solches nicht dieser Männer
Taten oder daß sie selbst nicht Söhne der Götter sind, beides zusammen aber nicht zu sagen noch darauf auszugehen, unsere Jugend zu überreden, daß die Götter Unheil erzeugen und daß He-

roen um nichts besser sind als Menschen. Denn wie wir auch vor-
e her schon sagten, dergleichen ist weder fromm noch wahr. Denn
wir haben ja gezeigt, daß von den Göttern Böses unmöglich entstehen könne. − Wie wäre es wohl anders möglich! − Und den Hörenden ist dergleichen verderblich. Denn jeder wird es nun sich
selbst leicht nachsehen, schlecht zu sein, wenn er glaubt, daß eben
dergleichen auch tun und getan haben,

> ‹die echten Götterstammes sind,
> So nah dem Zeus, daß ihnen auf des Ida Höhn
> Sein väterlicher Altar steht im Ätherduft›

und

> ‹Noch in ihnen kenntlich rinnt das Götterblut›.

Weshalb man dergleichen Erzählungen ruhen lassen muß, damit
392a sie unserer Jugend nicht gar große Leichtigkeit zum Schlechten
einflößen. − Ganz offenbar! sagte er.
Was für eine Gattung von Reden, sprach ich, ist uns also nun
noch übrig, wovon wir bestimmen müßten, wie sie vorzutragen
sind und wie nicht? Denn wie über die Götter geredet werden soll,
das ist festgesetzt, und auch über die anderen höheren Wesen und
die Heroen und die in der Unterwelt. − Allerdings. − Wäre nun
nicht die über die Menschen noch übrig? − Offenbar ja. − Also ist
uns unmöglich, o Freund, dieses gegenwärtig ganz in Ordnung zu
bringen. − Wieso? − Weil ich denke, wir werden sagen, daß eben
b Dichter sowohl als Redner auch über die Menschen gar verkehrt
reden in den wichtigsten Dingen, daß nämlich viele Ungerechte
doch glückselig wären und Gerechte elend, und daß Unrechttun
Vorteil bringe, wenn es verborgen bleibt, die Gerechtigkeit hingegen fremdes Gut sei, aber eigner Schade; und, denke ich, dergleichen werden wir zu sagen verbieten, das Gegenteil aber ihnen auftragen zu singen und zu dichten. Oder meinst du nicht? − Ich weiß
es sehr gewiß, sagte er. − Nicht wahr aber, wenn du mir zuge-
stehst, daß ich recht habe, so werde ich dann behaupten, du habest
mir auch das zugestanden, was wir schon so lange suchen. − Das
hast du ganz richtig eingewendet, sagte er. − Also daß von Men-

schen auf diese Art müsse geredet werden, wollen wir dann festset- c
zen, wenn wir gefunden haben werden, wie es mit der Gerechtigkeit beschaffen und wie wesentlich sie dem nützlich ist, der sie hat,
mag er nun in dem Ruf stehen, ein solcher zu sein oder auch
nicht. – Vollkommen richtig, sagte er. –

### 41. a) Die zweifache Art des Vortrags: Erzählung und Darstel-
lung

Von den Reden habe es also hiermit ein Ende. Über die Redeweise
aber, meine ich, müssen wir nächstdem reden, und dann werden
wir, was gesagt werden darf und wie es gesagt werden muß, vollständig erwogen haben. – Da sagte Adeimantos: Dieses verstehe
ich nicht, wie du es meinst. – Aber, sprach ich, du mußt es doch. d
Vielleicht nun wirst du es so besser einsehen: Ist nicht alles, was
von Fabellehrern und Dichtern gesagt wird, eine Erzählung entweder geschehener Dinge oder jetziger oder künftiger? – Was
wohl anderes? sagte er. – Und führen sie es nicht entweder in einfacher Erzählung aus oder in einer in Darstellungen eingekleideten
oder in beiden zusammen? – Auch dieses, sprach er, muß ich erst
noch genauer verstehen. – So scheine ich ja, sprach ich, ein lächerlicher und unverständlicher Lehrer zu sein! Ich will also wie die,
welche sich auf Reden nicht verstehen, nicht im allgemeinen, son- e
dern ein einzelnes Stück herausnehmend versuchen, dir an diesem
zu zeigen, wo ich hinaus will. Sage mir also, kennst du den Anfang
der Ilias, wo der Dichter sagt, Chryses habe den Agamemnon gebeten, seine Tochter loszugeben, dieser aber sei zornig geworden,
und jener, da er nichts ausgerichtet, habe die Achaier vor dem 393 a
Gotte verwünscht? – Sehr gut. – Du weißt also auch, daß bis zu
diesen Versen,

‹und er flehete allen Achaiern,
  Aber zumeist den Atreiden, den zween Heerfürsten der Völker›,

der Dichter selbst redet und auch gar nicht darauf ausgeht, unser
Gemüt anderwärts hin zu wenden, als ob ein anderer der Redende
wäre als er selbst, daß er aber das Folgende redet, als ob er selbst
der Chryses wäre, und sich alle ersinnliche Mühe gibt, uns dahin
zu bewegen, daß uns nicht Homeros scheine der Redende zu sein, b

sondern der alte Priester. Und fast die ganze übrige Erzählung hat
er auf diese Art eingerichtet, von den Begebenheiten in Ilion sowohl als in Ithaka und der ganzen Odyssee. – Allerdings, sagte
er. – Erzählung nun ist doch beides, wenn er Reden vorträgt und
wenn das zwischen den Reden. – Wie sollte es nicht! – Aber
c wenn er irgendeine Rede vorträgt, als wäre er ein anderer: müssen
wir nicht sagen, daß er dann seinen Vortrag jedesmal so sehr als
möglich dem nachbildet, von dem er vorher ankündigt, daß er
reden werde? – Das müssen wir sagen. Denn wie könnten wir
anders! – Aber sich selbst einem andern nachbilden in Stimme
oder Gebärde, das heißt doch den darstellen, dem man sich nachbildet? – Was sonst? – In einem solchen Falle also, scheint es,
vollbringen dieser und andere Dichter ihre Erzählung durch Darstellung. – Allerdings. – Wenn nun nirgends der Dichter sich
selbst verbergen wollte: so würde er dann seine ganze Erzählung
d ohne Darstellung verrichtet haben. Damit du aber nicht sagst, daß
du wieder nicht verstehst, wie das geschehen könne, will ich es dir
vortragen. Wenn nämlich Homeros, nachdem er gesagt, daß
Chryses gekommen sei, Lösung für seine Tochter darzubringen
und die Achaier zu bitten, vornehmlich aber die Könige, nachher
nicht, als wäre er Chryses, weiterredete, sondern noch immer als
Homeros: so wisse, daß es dann keine Darstellung wäre, sondern
einfache Erzählung. Sie würde aber so ungefähr lauten: ich muß
sie jedoch ohne Silbenmaß vortragen, denn ich bin nicht dichte-
e risch: Nachdem der Priester gekommen, wünschte er jenen, daß
die Götter ihnen geben möchten, nach der Einnahme von Troja
wohlbehalten zu bleiben, sich selbst aber, daß sie die Tochter los-
gäben für dargebotene Entschädigung und aus Scheu vor dem
Gotte. Als er nun dieses gesagt, begrüßten ihn ehrerbietig die andern und pflichteten ihm bei; Agamemnon aber befahl ihm ergrimmt, jetzt fortzugehen und auch nie wiederzukehren, damit
ihm dann nicht auch der Stab und der Lorbeer des Gottes unnütz
wären. Ehe aber seine Tochter loskäme, sagte er, solle sie bei ihm
in Argos alt werden. Und gehen hieß er ihn und ihn nicht reizen,
394a damit er wohlbehalten heimkehren möge. Der Alte, als er dies
vernommen, fürchtete sich und ging schweigend fort. Als er aber
das Lager hinter sich hatte, betete er vieles zum Apollon, bei allen
Namen ihn anrufend und ihm in Erinnerung bringend und anrech-

nend, was er ihm jemals bei Erbauungen von Tempeln und Dar-
bringung von Opfern Wohlgefälliges geleistet: dafür, flehte er
nun, möchte seine Tränen den Achaiern Apollon vergelten mit
seinem Geschoß. Auf diese Art, sprach ich, Freund, macht sich
ohne Darstellung eine einfache Erzählung. – Ich verstehe, sagte  b
er. –

41. *b) Geeignetheit des Geschäfts der Darstellung für die
Wächter?*

Verstehe aber auch noch, sprach ich, wie hiervon wiederum das
Gegenteil erfolgt, wenn jemand, das dem Dichter Angehörige zwischen den Reden herauswerfend, nur die Wechselreden übrig
läßt. – Auch dieses, sagte er, verstehe ich, daß es mit den Tragödien eine solche Bewandtnis hat. – Und jetzt denke ich dir schon
deutlich zu machen, was ich vorher nicht vermochte, daß von der
gesamten Dichtung und Fabel einiges ganz in Darstellung besteht,  c
wie du sagst die Tragödie und Komödie, anderes aber in dem Bericht des Dichters selbst, welches du vorzüglich in den Dithyramben finden kannst, noch anderes aus beiden verbunden, wie in der
epischen Dichtkunst und auch vielfältig anderwärts, wenn du
mich verstehst. – Ich begreife jetzt sehr gut, sagte er, was du damals sagen wolltest. – Auch des noch Früheren erinnere dich also,
als wir sagten, was geredet werden soll, sei schon bestimmt, wie
aber, das sei noch zu erwägen. – Dessen erinnere ich mich freilich. – Dieses nun war es eben, was ich meinte, daß es nötig wäre,  d
uns darüber zu verständigen, ob wir die Dichter darstellend ihre
Erzählungen vortragen lassen sollen, oder ob einiges zwar darstellend, anderes aber nicht, und was doch auf jede von beiden Arten,
oder ob sie gar nicht darstellen sollen. – Ich ahne, sagte er, du
willst überlegen, ob wir die Tragödie und Komödie in unseren
Staat aufnehmen sollen, oder ob auch nicht. – Vielleicht, sprach
ich, auch noch mehr als dies, denn ich weiß es weiter noch nicht;
sondern wohin uns die Rede, unser Wind gleichsam, bringen wird,
dahin müssen wir gehen. – Gar recht, sagte er, sprichst du. –
Dieses also, o Adeimantos, betrachte, ob unsere Wehrmänner dar-  e
stellend sein sollen oder nicht. Oder gehört auch dies unter das
Vorige, daß jeder einzelne *eine* Verrichtung zwar vollkommen verrichten kann, viele aber nicht, sondern wenn er dies unternähme,

indem er sich mit vielerlei befaßte, alles so weit verfehlen würde,
daß er sich nirgendwo auszeichnete? – Das kann er wohl nicht
anders. – Also gilt auch wohl von der Darstellung das nämliche,
daß derselbe vielerlei so gut wie eines darzustellen nicht imstande
ist. – Freilich nicht. – Das hat also gute Wege, daß jemand sich
395a zugleich irgendeines würdigen Geschäftes befleißigen und dabei
noch vielerlei darstellen und im Darstellen ein Künstler sein sollte;
da ja nicht einmal zweierlei Darstellungen, die einander doch nahe
genug zu stehen scheinen, dieselben Personen gut darstellen können, wie Komödien- und Tragödiendichter. Oder nanntest du
diese nicht eben Darstellungen? – Das tat ich, und du sagst ganz
recht, daß dieselben Männer sich nicht auf beiderlei verstehen. –
Auch nicht Rhapsode und Schauspieler ist ja jemand zugleich. –
Richtig. – Ja auch nicht einmal dieselben Schauspieler haben sie
in der Komödie und in der Tragödie. Das alles aber sind doch
b Darstellungen; oder nicht? – Darstellungen. – Und in noch kleinere Teile als diese, o Adeimantos, scheint mir die menschliche
Natur so zerstückelt zu sein, daß einer unfähig ist, vielerlei schön
darzustellen oder jenes selbst zu verrichten, wovon eben die Darstellungen Abbilder sein sollen. – Vollkommen richtig, sprach
er. –

### 41.c) Allein die Darstellung des Männlichen, Besonnenen und Guten ist den Wächtern erlaubt

Wenn wir also unsere erste Rede aufrechthalten wollen, daß die
Wehrmänner uns von allen Geschäften entbunden nichts anderes
c schaffen sollen, als nur die Freiheit des Staates recht vollkommen,
und nichts betreiben, was nicht hierzu beiträgt: so dürfen sie eben
gar nichts anderes verrichten oder nachahmend darstellen; wenn
aber darstellen, dann mögen sie nur, was dahin gehört, gleich von
Kindheit an nachahmen, tapfere Männer, besonnene, fromme,
edelmütige und anderes der Art, Unedles aber weder verrichten
noch auch es nachzuahmen geschickt sein, noch sonst etwas
Schändliches, damit sie nicht von der Nachahmung das Sein da-
d vontragen. Oder hast du nicht bemerkt, daß die Nachahmungen,
wenn man es von Jugend an stark damit treibt, in Gewöhnungen
und in Natur übergehen, es betreffe nun den Leib oder die Töne
oder das Gemüt? – Allerdings, sprach er. – Wir werden also nicht

erlauben, daß die, von denen wir sagen, daß wir uns ihrer annehmen und daß sie tüchtige Männer werden sollen, ein Weib darstellen, da sie doch Männer sind, mag es nun eine Junge sein oder Alte, die auf ihren Mann schimpft oder die mit den Göttern eifert und gegen sie großtut, weil sie sich einbildet, glückselig zu sein, oder e die sich in Unglück und Trauer und Jammer befindet; eine Kranke aber gar oder Verliebte oder Gebärende noch viel weniger. – Ganz gewiß, sagte er. – Also auch nicht Mägde und Knechte, welche tun, was Knechte pflegen. – Auch das nicht. – Also auch wohl nicht schlechte Männer, wie ja folgt, feigherzige und die das Gegenteil ausüben von dem vorher Beschriebenen, einander beleidigend und verspottend und beschimpfend im Rausch oder auch nüchtern, und was sonst solche in Worten und Taten untereinander und gegen andere begehen. Ich denke aber, auch Wahnsinnigen muß man sie nicht gewöhnen sich ähnlich zu machen in Reden 396a oder Taten. Denn kennen muß man freilich wahnsinnige ebenso wie böse Männer und Frauen, dichten aber oder darstellen nichts von ihnen. – Vollkommen richtig! sagte er. – Wie aber Schmiedende oder die sonst in einer Handarbeit begriffen sind, oder Rudernde im Kriegsfahrzeug oder ihre Befehlshaber oder sonst etwas b von solchen Dingen, sollen sie das durch Nachahmung darstellen? – Und wie doch, sagte er, da ihnen ja nicht einmal erlaubt sein soll, auf irgend etwas der Art auch nur zu achten! – Wie aber wiehernde Pferde und brüllende Stiere und rauschende Flüsse und brausende Meere und Donner und alles dergleichen wiederum, werden sie das wohl darstellen? – Es ist ihnen ja untersagt, sprach er, sowohl toll zu sein als Tollen sich nachzubilden. – Wenn ich also, sprach ich, recht verstehe, was du sagst; so gibt es eine Art des Vortrags und der Erzählung, deren sich der wahrhaft Gute und Treffliche bedienen wird, sooft er etwas zu sagen hat, und c wiederum eine andere dieser unähnliche Art, an die sich immer der halten und darin vortragen wird, der entgegengesetzt geartet und gebildet ist. – Und was für welche, fragte er, sind diese? – Mich dünkt nämlich, sprach ich, der verständige Mann, wenn er in der Erzählung auf eine Rede oder Handlung eines wackeren Mannes kommt, wird er sie wohl als selbst jener seiend vortragen wollen und sich einer solchen Nachahmung nicht schämen, und zwar vorzüglich den wackeren Mann nachahmend, wenn er sicher und d

besonnen handelt, minder aber schon und weniger, wenn er durch
Krankheit oder Liebe unsicher gemacht ist oder durch einen
Rausch oder sonst ein Mißgeschick; kommt er aber an einen seiner Unwürdigen, so wird er nicht ernsthafterweise sich dem
Schlechteren nachbilden wollen, es müßte denn sein in wenigem,
wenn auch ein solcher einmal etwas Gutes ausrichtet; sondern er
wird sich schämen, sowohl weil er ungeübt ist, solche nachzuahmen, als auch weil er unwillig ist, in die Formen Schlechterer sich
e einzuzwängen und abzudrücken, und es sich zur Schmach rechnet
in seiner Seele, es müßte denn ganz zum Scherz geschehen. – Das
leuchtet ein, sagte er. –

### 41. d) Zulassung nur jener Vortragsweise im Staat, die dem Tugendhaften zukommt

Also wird er sich einer solchen Erzählung bedienen, wie wir sie
kurz vorher gezeigt haben an den homerischen Gedichten, und
sein Vortrag wird allerdings teilhaben an beiden, der Darstellung
und der eigentlichen Erzählung, jedoch so, daß in einem großen
Umfang von Rede nur ein kleiner Teil Darstellung vorkommen
wird. Oder ist das nichts gesagt? – Vollkommen so, sprach er, wie
eines solchen Redners Art und Weise notwendig sein wird. – Also
397a auch, sprach ich, wer nicht ein solcher ist, wird wiederum, je
schlechter er ist, um desto mehr alles darstellen und nichts seiner
für unwert halten; so daß er unweigerlich alles im Ernst und vor
vielen nachahmen wird, sowohl wovon wir eben sprachen als
auch Donner und Geräusch von Sturm und Hagel und von Achsen
und Rädern, und Töne von Trompeten und Flöten und Pfeifen
und allen Instrumenten, und dazu die Stimme von Hunden und
b Schafen und Vögeln: kurz, der ganze Vortrag von solchen wird
nachahmend sein an Stimme und Gebärden oder nur wenig reine
Erzählung haben. – Notwendig, sagte er, ist auch dieses so. –
Dieses nun, sprach ich, sind die beiden Arten des Vortrages, die ich
meinte. – Das sind sie. – Nun hat doch wohl die eine von ihnen
nur geringe Veränderungen, und wenn jemand dem Vortrag angemessene Gesangsweise und Takt unterlegen will, so wird der
richtig Redende fast immer nach derselben Weise zu reden haben
und nach einer Tonart, denn die Veränderungen sind nur gering,
und ebenso ungefähr wird es auch mit dem Takte sein. – Offen-

bar, sagte er, verhält es sich so. – Wie aber die Gattung des ande- c
ren? Bedarf die nicht im Gegenteil aller Tonarten und aller Bewegungen, wenn sie gehörig vorgetragen werden soll, weil sie so vielfältige Arten von Veränderungen enthält? – Gar sehr verhält es
sich so. – Müssen nun nicht alle Dichter und alle, die etwas vortragen, entweder mit dem einen oder dem andern dieser Urbilder
des Vortrages zusammentreffen, oder aus beiden eins mischen? –
Notwendig, sagte er. – Wie wollen wir es also halten? sprach ich.
Wollen wir alle diese in unsere Stadt aufnehmen oder nur den d
einen von den Ungemischten oder den Gemischten? – Wenn
meine Meinung durchgeht, sagte er, nur den Nachahmer des Tu-
gendhaften, den Ungemischten. – Aber doch, o Adeimantos, ist
auch der Gemischte sehr anmutig, bei weitem am angenehmsten
aber ist den Knaben und ihren Führern der Entgegengesetzte von
dem, den du wählst, und so auch dem größten Haufen des
Volks. – Am angenehmsten freilich. – Vielleicht aber, sprach ich,
meinst du, er schicke sich nicht in unsere Verfassung, weil es keinen zweigestaltigen oder gar vielgestaltigen Mann bei uns gibt, da e
jeder nur eins verrichtet. – Freilich schickt er sich nicht. – Deshalb nun werden wir allein in einer solchen Stadt den Schuster nur
als Schuster finden und nicht auch als Steuermann neben der Schusterei, und den Landmann nur als Landmann, nicht auch als Richter neben dem Ackerbau, und den Krieger nur als Krieger, nicht
auch als Gewerbsmann neben der Kriegskunst, und so alle. –
Richtig, sagte er. – Einem Mann also, wie es scheint, der sich
künstlicherweise vielgestaltig zeigen kann und alle Dinge nachah- 398 a
men, wenn uns der selbst in die Stadt käme und auch seine Dichtungen uns darstellen wollte, dem würden wir Verehrung bezeigen
als einem heiligen und wunderbaren und anmutigen Mann, würden ihm aber sagen, daß ein solcher bei uns in der Stadt nicht sei
und auch nicht hineinkommen dürfe, und würden ihn, das Haupt
mit vieler Salbe begossen und mit Wolle bekränzt, in eine andere
Stadt geleiten, selbst aber uns mit dem strengeren und minder an- b
mutigen Dichter und Fabellehrer der Nützlichkeit wegen begnügen, der uns den Vortrag des würdigen Mannes nachahmend darstellt und, was er sagt, nach jenen Vorschriften redet, die wir
schon anfänglich zu Gesetzen gemacht haben, als wir es unternah-
men, die Krieger zu erziehen. – Gewiß, sagte er, so würden wir es

machen, wenn es von uns abhinge. – Nun aber, sprach ich, Lieber, scheint uns der Teil der Musik, der es mit den Reden und Fabeln zu tun hat, ganz abgehandelt zu sein; denn was gesprochen werden soll und wie, haben wir bestimmt. – Das scheint mir selbst so, sagte er. –

### 42. a) Auswahl zuzulassender Tonarten und Musikinstrumente

c Nun wäre also noch der Teil von der Art und Weise der Gesänge und ihrer Begleitung übrig? – Offenbar. – Könnten aber nun nicht alle und jeder schon selbst finden, was wir darüber zu sagen haben und wie beides beschaffen sein muß, wenn wir mit dem vorher Gesagten auch hier übereinstimmen wollen? – Da lachte Glaukon und sagte: Ich also, o Sokrates, scheine keiner von diesen allen und jeden zu sein; wenigstens wüßte ich nicht gleich im Augenblick gründlich meine Meinung darüber abzugeben, was wir wohl sagen müssen, ich ahne es jedoch. – Auf alle Weise, sprach ich, wirst du doch dieses gründlich zu sagen wissen, daß der Ge-
d sang aus dreierlei besteht: den Worten, der Tonsetzung und dem Zeitmaß. – Ja, sagte er, das wohl. – Was nun daran Rede ist, kann doch nicht unterschieden sein von der nicht gesungenen Rede in bezug darauf, daß es nach demselben Vorbild gesprochen werden muß, welches wir vorher beschrieben haben, und auf gleiche Weise? – Richtig, sagte er. – Und Tonart und Takt müssen doch der Rede folgen? – Wie sollten sie nicht? – Aber Klagen und Jammer, sagten wir doch, brauchten wir in Reden gar nicht. – Freilich nicht. – Welches sind nun die klagenden Tonarten? Sage
e du es mir, denn du bist ja ein Tonkünstler. – Die vermischtlydische und die hochlydische und einige ähnliche. – Diese also sind auszuschließen; denn sie sind schon Weibern nichts nütze, die tüchtig werden sollen, geschweige Männern. – Freilich. – Aber Trunkenheit ist doch für Wehrmänner das Unziemlichste, und Weichlichkeit und Faulheit. – Gewiß. – Welche Tonarten sind also weichlich und bei Gastmahlen üblich? – Ionische, sprach er, und lydische werden schlaff genannt. – Wirst du also diese, Lie-
399a ber, für kriegerische Männer wohl irgend brauchen können? – Keineswegs, sagte er, und also scheint dir nur dorisch und phrygisch übrigzubleiben. – Ich kenne, sagte ich, die Tonarten nicht; aber lasse mir jene Tonart übrig, welche dessen Töne und Silben-

maße angemessen darstellt, der sich in kriegerischen Verrichtungen und in allen gewalttätigen Zuständen tapfer beweist, und der
auch, wenn es mißlingt oder wenn er in Wunden und Tod geht
oder sonst von einem Unglück befallen wird, indem allen wohlge-    b
rüstet und ausharrend sein Schicksal besteht. Und noch eine andere für den, der sich in friedlicher und nicht gewaltsamer, sondern gemächlicher Tätigkeit befindet, sei es, daß er einen andern
wozu überredet und erbittet, durch Flehen Gott oder durch Belehrung und Ermahnung Menschen, sei es im Gegenteil, daß er selbst
einem andern Bittenden oder Belehrenden und Umstimmenden
stillhält und demgemäß vernünftig handelt und nicht hochfahrend
sich beweist, sondern besonnen und gemäßigt in alledem sich be-
trägt und mit dem Ausgang zufrieden ist. Diese beiden Tonarten,
eine gewaltige und eine gemächliche, welche der Unglücklichen    c
und Glücklichen, der Besonnenen und Tapferen Töne am schönsten nachahmen werden, diese lasse mir. – Wohl! sprach er, du
willst keine andern behalten, als die ich schon eben nannte. –
Also, sprach ich, werden wir keiner vielsaitigen Instrumente und
keines auf allerlei Tonarten eingerichteten bedürfen zu unsern Gesängen und Liedern. – Nein, sagte er, es scheint nicht. – Leute
also, die Harfen und Zimbeln machen und alle Instrumente, die
aus vielen Saiten bestehen und für viele Tonarten gerecht sind,    d
werden wir nicht hegen. – Offenbar nicht. – Und wie? Wirst du
Flötenmacher oder Flötenspieler in die Stadt aufnehmen? Oder ist
nicht dies das vielsaitigste Instrument, und sind nicht die auf alle
Tonarten eingerichteten nur Nachahmungen der Flöte? – Offenbar, sprach er. – Also bleiben dir die Lyra übrig und die Kithara,
und diese sind in der Stadt zu brauchen; und auf dem Lande dagegen würden die Hirten irgendeine Art von Pfeife haben. – So zeigt
uns wenigstens die Rede, sagte er. – Und wir werden ja auch wohl
nichts Arges tun, sprach ich, wenn wir denn Apollon und dessen    e
Instrumente dem Marsyas und den seinigen vorziehen. – Nein
beim Zeus, sprach er, gewiß nicht. – Und beim Hunde, fuhr ich
fort, ohne es gemerkt zu haben, reinigen wir wieder die Stadt, von
der wir vorher sagten, sie schwelge. – Daran tun wir ja sehr weise,
sprach er. –

*42. b) Erwägungen über den Rhythmus. Wohlanständigkeit der
Seele als leitendes Prinzip*

Wohlan denn, sprach ich, reinigen wir auch noch das Übrige!
Denn auf die Tonarten folgt nun billig das, was die Zeitmaße angeht, daß wir darin auch nicht das Mannigfaltige suchen noch
Bewegungen von aller möglichen Art, sondern nur sehen, welches
die Zeitmaße eines sittsamen und tapferen Lebens sind; und wenn
wir diese gefunden haben, daß wir dann solchem Verhältnis auch
400 a   den Fuß zu folgen nötigen und das Lied, nicht aber die Rede dem
Fuße oder dem Liede. Welches aber diese Taktarten sind, das ist,
wie auch bei den Tonarten, deine Sache, anzugeben. – Aber beim
Zeus, sprach er, ich weiß es nicht zu sagen. Denn daß es etwa drei
Arten gibt, aus denen alle Bewegungen zusammengesetzt werden,
so wie bei den Tönen vier, aus denen alle Tonarten, dies habe ich
angeschaut und könnte es sagen; was für eine Lebensweise aber
jede darstellt, das wüßte ich nicht zu sagen. – So wollen wir denn
b   dies, sagte ich, erst mit dem Damon beraten, was für Bewegungen
wohl der Gemeinheit, dem Mutwillen, der Wildheit und andern
Schlechtigkeiten angemessen sind und was für Zeitmaße wir für
die entgegengesetzten aufbewahren müssen. Ich erinnere mich
freilich wohl, nur nicht deutlich genug, von ihm gehört zu haben,
daß er einen ‹zusammengesetzten enoplischen› nannte und einen
‹daktylischen› Fuß, und daß er den ‹heroischen› Rhythmus, ich
weiß nicht wie, einrichtete und oben und unten gleichsetzte, so
daß er in Länge und Kürze endet, und einen andern, glaube ich,
nannte er ‹Jambos›, einen andern ‹Trochaios›, und wies ihnen
c   Längen und Kürzen an. Und an einigen von diesen tadelte und
lobte er, glaube ich, die Setzung der Füße nicht minder als die
Takte selbst – oder war es etwas aus beiden Zusammengesetztes;
denn ich weiß es nicht recht zu sagen. Aber wie gesagt, dies soll für
den Damon aufgehoben werden. Denn es auseinanderzusetzen ist
keine kleine Sache. Oder meinst du? – Nein, ich beim Zeus
nicht. – Das aber kannst du doch wohl unterscheiden, daß das
Wohlanständige und Unanständige dem Wohlgemessenen und
d   Ungemessenen folgt? – Wie sollte ich nicht! – Aber das Wohlge-
messene und Ungemessene, davon wird jenes dem schönen Vortrage sich anbildend folgen, dieses dem entgegengesetzten, und
das Wohlklingende und Mißklingende gleichermaßen, wenn doch

überhaupt Zeitmaß und Gesangsweise der Rede, und nicht die
Rede ihnen? – Allerdings, sprach er, müssen diese der Rede folgen. – Wie aber, sprach ich, die Art und Weise des Vortrages und
die Rede? Folgt diese nicht der Gesinnung der Seele? – Wie sollte
sie nicht! – Und dem Vortrage das übrige? – Ja. – Also Wohlre-
denheit und Wohlklang und Wohlanständigkeit und Wohlgemessenheit, alles folgt der Wohlgesinntheit und Güte der Seele, nicht
etwa, wie wir beschönigend auch den Dummen eine gute Seele     e
nennen, sondern dem wahrhaft gut und schön der Gesinnung
nach geordneten Gemüt. – Auf alle Weise, sagte er. – Müssen
nun nicht nach all diesem auf alle Weise die Jünglinge trachten,
wenn sie das Ihrige tun sollen? – Freilich müssen sie. – Denn voll
ist ja davon die Malerei und alle Arbeiten dieser Art, voll auch die   401 a
Weberei, die einfache sowohl als die künstliche, und die Baukunst
und die Verfertigung aller übrigen Gerätschaften, ferner auch des
Leibes Natur und aller andern Gewächse; denn alledem wohnt ein
eine Wohlanständigkeit oder Unanständigkeit; und die Unanständigkeit und Ungemessenheit und Mißtönigkeit sind dem schlechten Geschwätz und der Übelgesinntheit verschwistert, das Gegenteil aber ist mit dem Gegenteil, dem besonnenen und guten Gemüt,
verschwistert und dessen Darstellung. – Vollkommen richtig,
sagte er. –

### 43. Sinn und Ziel der musikalischen Erziehung
Müssen wir also die Dichter allein in Aufsicht halten und sie nöti-   b
gen, dieser guten Gesinnung Bild ihren Dichtungen einzubilden
oder überhaupt bei uns nicht zu dichten? Oder müssen auch alle
andern Werkleute unter Aufsicht stehen und abgehalten werden,
dies Bösartige und Unbändige und Unedle und Unanständige in
Abbildung des Lebenden oder in Gebäuden oder an irgendeinem
andern Werk anzubringen; oder wer das nicht könnte, dem wäre
nicht zu verstatten, bei uns zu arbeiten, damit nicht unsere Wehrmänner, wenn sie bei Bildern des Schlechten aufgezogen werden
wie bei schlechtem Futter und täglich in kleiner Menge vieles von   c
vielerlei abpflücken und genießen, am Ende unvermerkt sich ein
großes Übel in ihrer Seele angerichtet haben. Sondern solche
Künstler müssen wir suchen, welche eine glückliche Gabe besitzen, der Natur des Schönen und Anständigen überall nachzuspü-

ren, damit unsere Jünglinge, wie in einer gesunden Gegend woh-
nend, von allen Seiten gefördert werden, woher ihnen auch immer
gleichsam eine milde, aus heilsamer Gegend Gesundheit herwe-
d hende Luft irgend etwas von schönen Werken für das Gesicht oder
Gehör zuführen möge und so unvermerkt gleich von Kindheit an
sie zur Ähnlichkeit, Freundschaft und Übereinstimmung mit der
schönen Rede geleitet. – Bei weitem, sagte er, würden sie auf diese
Art am schönsten erzogen werden. – Beruht nun nicht eben deshalb, o Glaukon, sagte ich, das Wichtigste in der Erziehung auf der
Musik, weil Zeitmaß und Wohlklang am meisten in das Innere der
Seele eindringen und sich ihr auf das kräftigste einprägen, indem
sie Wohlanständigkeit mit sich führen und also auch wohlanstän-
e dig machen, wenn einer richtig erzogen wird, wenn aber nicht,
dann das Gegenteil? Und weil auch wiederum, was verfehlt und
nicht schön durch Kunst gearbeitet oder von Natur geartet ist, der
hierin wie es sich gebührt Erzogene am schärfsten bemerken und
daher mit gerechtem Unwillen darüber das Schöne loben wird und
freudig in die Seele es aufnehmend sich daran nähren und selbst
402a gut und edel werden, das Unschöne aber mit Recht tadeln und
hassen wird auch schon in der Jugend und ehe er noch imstande
ist, vernünftige Rede anzunehmen; ist ihm aber diese erst nahege-
treten, dann auch der so Erzogene sie am meisten lieben wird, da
er sie an der Verwandtschaft erkennt? – Mir wenigstens, sagte er,
scheint solcher Ursache wegen die Erziehung auf der Musik zu
beruhen. –
    Wie es ja auch, fuhr ich fort, was das Leben betrifft, erst dann
gut um uns stand, als von den Buchstaben uns nicht mehr entging,
daß ihrer nur wenige sind, die aber in allem immer wieder vorkommen, und wir sie weder in Kleinem noch in Großem gering-
b achten wollten, als brauche man nicht auf sie merken, sondern
überall so bestrebt waren, sie zu erkennen, als könnten wir nicht
eher Sprachkundige werden, bis es so mit uns stehe. – Richtig. –
Und gewiß auch die Bilder der Buchstaben, wenn sie uns irgend im
Wasser oder in Spiegeln erschienen, würden wir nicht eher erkennen, bis wir jene selbst kennen, sondern beides gehört zu derselben
Kunst und Geschicklichkeit? – Auf alle Fälle freilich. – Werden
wir nun nicht, bei den Göttern, was ich eben sagen will, auch nicht
c eher musikalisch sein, weder wir selbst noch Wächter, die von uns

erzogen werden sollen, bis wir die Gestalten der Besonnenheit und
der Tapferkeit und des Edelsinns und der Großmut und was dem
verschwistert ist, so wie auch wiederum die des Gegenteils, wie sie
überall vorkommen, erkennen und merken, daß sie da sind, wo sie
sind, sie selbst und ihre Bilder, und sie in Kleinem so wenig als in
Großem geringachten, sondern denken, daß dies alles derselben
Kunst und Geschicklichkeit angehöre? – Ganz notwendig, sagte
er. – Und nicht wahr, sprach ich, bei wem zusammentreffen    d
schöne Gesinnungen, die der Seele einwohnen, und in der Gestalt
ihnen Gleichmäßiges und Übereinstimmendes, weil derselben
Grundzüge teilhaftig, der wäre das schönste Schauspiel für den,
der schauen kann? – Bei weitem. – Und das Schönste ist doch das
Liebenswürdigste? – Wie sollte es nicht! – Menschen also, welche soviel als möglich so beschaffen sind, würde der Musikalische
lieben; in wem aber solche Übereinstimmung nicht wäre, den
würde er nicht lieben. – Gewiß nicht, sagte er, wenn es ihm nämlich der Seele nach irgend daran fehlte; wenn aber nur dem Leibe
nach, das könnte er wohl ertragen, so daß er sich doch mit ihm    e
begnügen wollte. – Ich merke wohl, sprach ich, daß du einen solchen Liebling hast oder gehabt hast, und ich räume es dir ein.

Dieses aber sage mir, hat Besonnenheit wohl mit überschweng-
licher Lust irgend Gemeinschaft? – Wie könnte sie wohl mit dieser, sprach er, die ja nicht minder besinnungslos macht als die
Unlust? – Aber die übrige Tugend? – Auf keine Weise. – Wie
aber Schamlosigkeit und Ungebundenheit? – Diese wohl vorzüg-    403 a
lich. – Und kennst du wohl eine größere und heftigere Lust als die
am Geschlechtstriebe? – Ich keine, sprach er, und ebensowenig
eine tollere. – Die Art der wahren Liebe aber ist es, einen Sittsamen und Schönen auch besonnen und gleichsam musikalisch zu
lieben? – Allerdings, sagte er. – Nichts Tolles also noch der Ungebundenheit Verwandtes darf man zur wahren Liebe hinzubringen? – Nicht hinzubringen. – Also darf man auch jene Lust nicht
hinzubringen, noch dürfen Liebhaber und Liebling teil an ihr ha-    b
ben, die wahrhaft lieben und geliebt werden? – Nein beim Zeus, o
Sokrates, sagte er, man darf sie nicht hinzubringen. – Dergestalt
also, wie sich zeigt, wirst du die Sitte festsetzen in der von uns
gegründeten Stadt, daß der Liebhaber den Liebling lieben, mit ihm
umgehen und ihm des Schönen wegen anhängen darf wie einem

Sohne, wenn es mit seinem guten Willen geschieht; übrigens aber müsse jeder, um wen er sich auch bemühe, mit diesem so umgehen, daß es auch nie den Schein gewinne, als erstrecke sich ihr
c Verhältnis noch weiter; wo nicht, so verfalle er in den Vorwurf des Unmusikalischen und Gemeinen. – So sei es, sagte er. – Scheint nun nicht auch dir, sprach ich, daß die Rede über die Musik uns am Ende ist? Wenigstens wo sie enden soll, hat sie geendet. Das Musikalische soll nämlich wohl enden in die Liebe zum Schönen. – Ich stimme bei, sagte er. –

44. a) *Die gymnastische Erziehung. Vorschriften für die Speisen*
   *und die übrige Lebensweise*
Nächst der Musik aber müssen wir unsere Jünglinge durch Gymnastik erziehen. – Notwendig. – Aber auch von dieser Seite müssen sie sorgsam erzogen werden von Kindheit an ihr Leben lang.
d Es verhält sich aber damit, wie ich glaube, etwa so. Betrachte du es nur auch! Mir nämlich schwebt nicht vor, daß, was ein brauchbarer Leib ist, durch seine Tugend die Seele gut macht; sondern umgekehrt, daß die vollkommene Seele durch ihre Tugend den Leib aufs bestmögliche ausbildet. Wie aber scheint es dir? – Auch mir, sagte er, ebenso. – Wenn wir es also der Seele, die wir gehörig gebildet haben, überließen, von allem, was den Leib betrifft, das Genauere festzustellen, selbst aber nur die Grundzüge zeichneten,
e um nämlich nicht weitläufig zu werden: so würden wir es wohl recht machen? – Ganz gewiß. – Der Trunkenheit nun haben wir schon gesagt, daß sie sich enthalten müssen. Denn allen könnte das wohl eher zustehen als dem Wächter, in der Trunkenheit nicht zu wissen, wo in der Welt er ist. – Lächerlich, sprach er, wäre es freilich, wenn der Hüter selbst eines Hüters bedürfte. – Wie aber mit der Speise? Kämpfer sind die Männer doch in dem wichtigsten Kampf. Oder nicht? – Ja. – Würde also etwa die Beschaffenheit
404a derer, die ihren Leib zu Kämpfen üben, auch ihnen wohl bekommen? – Vielleicht wohl. – Aber diese ist doch ziemlich verschlafen und, was die Gesundheit betrifft, unzuverlässig. Oder siehst du nicht, daß diese Kämpfer vom Handwerk ihr Leben verschlafen, und sobald sie nur im mindesten von der festgesetzten Lebensordnung abweichen, auch gleich schwer und heftig erkranken? – Das sehe ich. – Also einer auserleseneren Übung, sprach ich, werden

unsere kriegerischen Kämpfer bedürfen, da sie ja wie Hunde notwendig wachsam sein müssen und möglichst scharf sehen und
hören und weil sie sich im Felde vielerlei Abwechslungen des Ge-
tränkes und der Speisen und so auch der Hitze und Kälte müssen   b
gefallen lassen, nicht zärtlich sein dürfen von Gesundheit. – Das
leuchtet ein. – Also wäre wohl die beste Gymnastik verschwistert
mit jener einfachen Musik, die wir vor kurzem durchgenommen
haben. – Wie meinst du das? – Einfach und schlicht, meine ich,
ist billig die Behandlung des Leibes, vorzüglich für die, welche es
mit dem Kriege zu tun haben. – In welcher Art? – Dergleichen,
sprach ich, kann einer ja auch schon vom Homeros lernen. Denn
du weißt ja, daß er im Felde bei den Gastmahlen seiner Helden sie
weder mit Fischen bewirtet, und das, obwohl sie doch an der See   c
am Hellespont sind, noch mit gekochtem Fleisch, sondern nur mit
geröstetem, was ja den Kriegsmännern am leichtesten bei der
Hand ist. Denn es ist ja überall, um es kurz zu sagen, leichter, das
Feuer selbst zu brauchen, als erst Gefäße mit sich zu führen. –
Freilich wohl. – Und von Gewürzen oder Süßigkeiten, glaube ich,
kommt bei Homeros überhaupt nichts vor. Oder wissen das auch
schon unsere anderen Kampfmänner, daß, wer seine Leibesstärke
befestigen will, sich von allem derartigen enthalten muß? – Sehr
gut, sagte er, wissen sie es und enthalten sich dessen. – Syrakusi-
sche Tische, Lieber, und sizilische Mannigfaltigkeit von Speisen,   d
scheint es also, wirst du nicht loben, wenn du jenes für richtig
hältst. – Nein, dünkt mich. – Du tadelst also auch wohl, wenn
Männer, die starken Leibes sein sollen, korinthische Mädchen
liebhaben? – Auf alle Weise gewiß. – Also auch den gerühmten
Wohlgeschmack des attischen Backwerkes? – Notwendig. –
Nämlich diese ganze Art zu speisen und die übrige Lebensweise,
glaube ich, könnten wir sehr richtig jenem Gesang und jener Tonsetzung vergleichen, die durch alle Tonarten und Zeitmaße sich   e
bewegen. – Das könnten wir. – Dort nun erzeugte uns die Kün-
stelei Ungebundenheit und hier Krankheit, die Einfachheit aber
der Musik Besonnenheit in der Seele und die der Gymnastik Gesundheit im Leibe. – Vollkommen richtig, sagte er. – Wenn uns   405a
aber Ungebundenheit und Krankheit in der Stadt überhandneh-
men, werden sich dann nicht Krankenhäuser und Gerichtshäuser
in Menge eröffnen und Rechtsgelehrtheit und Heilkunst sich

breitmachen, wenn ja auch Freibürtige in Menge eifrig damit beschäftigt sind? – Wie sollten sie nicht? –

### 44. b) Ausgebreitete Rechtsgelehrsamkeit und entwickelte Heil-
### kunst als Anzeichen schlechter Sitten

Und kannst du wohl ein sichereres Kennzeichen schlechter und
verwerflicher Sitten in einer Stadt finden, als wenn darin kunstge-
übte Ärzte und Richter nicht nur von den schlechten Leuten und
Handarbeitern gebraucht werden, sondern auch von denen, die
das Ansehen haben wollen, auf edlere Weise gebildet zu sein?

b Oder dünkt es dich nicht schmählich und ein großes Zeichen von
Unbildung, wenn man ein von andern gleichsam als Gebietern
und Richtern hergeholtes Recht zu brauchen genötigt ist aus Mangel an eigenem? – Schmählicher als alles. – Oder dünkt dich,
sprach ich, noch schmählicher als jenes dieses zu sein, wenn einer
nicht nur einen großen Teil seines Lebens, bald verklagend, bald
verklagt, vor den Gerichtshöfen zubringt, sondern auch aus Unbildung sich einreden läßt, er könne eben damit großtun als ein

c Meister im Unrechttun und als geschickt genug, sich durch alle
Krümmungen zu winden und auszurechnen, wie er alle Schlupf-
winkel durchkriechen müsse, um nur so durchzukommen, daß er
nicht Strafe zu geben braucht, und das um geringfügige und
nichtswerte Dinge, ohne zu wissen, wieviel schöner und vortrefflicher es ist, sich sein Leben so einzurichten, daß man keines gäh-
nenden Richters bedarf? – Ja dieses, sagte er, wäre noch schändlicher als jenes. –

Und der Heilkunst zu bedürfen, fuhr ich fort, nicht etwa weil
man verwundet ist oder von solchen Krankheiten befallen, wie die

d Jahreszeiten sie bringen, sondern aus Faulheit oder wegen einer
Lebensweise wie die beschriebene, mit Feuchtigkeit und bösen
Dünsten angefüllt wie ein Sumpf, die trefflichen Asklepiaden zu
nötigen, daß sie Dünste und Flüsse zu Namen von Krankheiten
machen müssen, dünkt dich das nicht schmählich? – Und in der
Tat, sagte er, sind das auch neue und unerhörte Namen von
Krankheiten. – Dergleichen man, sprach ich, wie ich glaube, zu
den Zeiten des Asklepios nicht hatte. Ich schließe das daraus, weil

e seine Söhne vor Troja die, welche dem verwundeten Eurypylos auf
den pramnischen Wein viel Graupen aufgestreut und Käse dar-

über gerieben, was doch für blähend gehalten wird, zu trinken   406a
gab, nicht tadelten, noch den Patroklos, der es ihm verordnet
hatte, schalten. – Doch, sagte er, ist es ein wunderliches Getränk
unter solchen Umständen. – Nicht eben, sprach ich, wenn du nur
bedenkst, daß dieser jetzigen die Krankheiten pflegenden und er-
ziehenden Heilart die Asklepiaden sich vordem nicht bedienten,
wie man sagt, ehe Herodikos sie aufbrachte. Herodikos nämlich,
welcher Meister in Leibesübungen war, hat, als er kränklich
wurde, seine Gymnastik in die Heilkunde hineingemischt und dadurch zuerst und am meisten sich selbst abgequält, hernach aber   b
auch viele andere. – Wie das? fragte er. – Indem er sich, sprach
ich, den Tod recht lang gemacht hat. Denn seiner Krankheit, welche tödlich war, immer nachgehend, konnte er, glaube ich, sich
selbst nicht heilen, und lebte so, ohne sich mit etwas anderem zu
tun zu machen, immer an sich kurierend fort, elend, sobald er nur
im mindesten von der gewohnten Lebensordnung abwich; und so
brachte ihn seine Kunst in einem schweren Sterben bis zu einem
hohen Alter. – Einen schönen Lohn, sagte er, hat er also von seiner Kunst davongetragen! – Wie es sich gehörte, sprach ich, für
einen, der nicht bedachte, daß Asklepios keineswegs aus Unwis-   c
senheit oder Unerfahrenheit in dieser Gattung der Heilkunst sie
seinen Nachkommen nicht gezeigt hat; sondern weil er wußte,
daß überall, wo man auf gute Ordnung hält, jedem ein Geschäft
aufgetragen ist im Staate, das er notwendig verrichten muß, mithin keiner Zeit hat, sein Leben lang krank zu sein und an sich
heilen zu lassen, was wir lächerlich genug bei gemeinen Arbeitern
zwar merken, bei den Reichen aber, und die für glücklich gepriesen werden, nicht merken. – Wieso? fragte er. –

### 44. c) Ablehnung einer Arzneikunst, die übermäßige Sorgfalt für den kranken Körper anbefiehlt

Wenn ein Zimmermann krank ist, sprach ich, so läßt er es sich   d
wohl gefallen, ein Mittel vom Arzt herunterzuschlucken, um die
Krankheit wegzuspeien, oder sich von unten reinigen zu lassen,
oder auch Brennen und Schneiden, um sie loszuwerden. Wenn
ihm aber einer eine kleinliche Lebensordnung vorschreiben
wollte, ihm Umschläge um den Kopf legen und was dergleichen
mehr ist, so sagt er gewiß bald genug, er habe keine Zeit, krank zu

sein, und es helfe ihm auch nicht zu leben, wenn er immer auf die
Krankheit achthaben und sein vorliegendes Geschäft vernachläs-
e sigen solle; und somit sagt er einem solchen Arzte Lebewohl, begibt sich in seine gewohnte Lebensordnung zurück, und wenn er
gesund wird, lebt er in seinem Geschäft weiter fort, wenn aber der
Körper es nicht ertragen kann, so stirbt er eben und ist aller Händel ledig. – Einem solchen freilich, sagte er, scheint es zu ziemen,
daß er sich der Heilkunde auf diese Art bediene. – Etwa, sprach
407a ich, weil er ein Geschäft hatte, und dies nicht mehr vermögend
zu verrichten, nutzte ihm auch nicht zu leben? – Offenbar, sagte
er. – Der Reiche aber, wie wir sagen, hat kein solches Geschäft
ihm obliegen, daß, wenn er genötigt wäre, sich dessen zu enthalten, er auch nicht mehr leben möchte? – Man sagt es ja wenigstens nicht. – Also auf den Phokylides, sprach ich, hörst du nicht,
wie er sagt, es müsse, wer schon seinen Lebensunterhalt habe,
die Tugend üben? – Ich jedenfalls denke, sprach er, auch eher
schon. – Darüber, sprach ich, wollen wir nicht mit ihm streiten,
sondern nur uns selbst fragen, ob der Reiche dieses treiben solle,
die Tugend üben, und wenn nicht, dann auch ihm nicht lohne zu
b leben. oder ob die Krankheitsfütterung bei der Holzarbeit zwar
und den andern Künsten hinderlich ist, so daß man diese dabei
nicht achtsam betreiben kann, dem Gebot des Phokylides aber gar
nichts in den Weg legt. – Ja, beim Zeus, sprach er, und zwar fast
mehr als irgend etwas hindert diese über die gewöhnlichen Übungen hinausgehende übermäßige Sorgfalt für den Körper. Denn
auch für die Hauswirtschaft und den Krieg und die ruhige obrigkeitliche Amtsführung in der Stadt ist sie beschwerlich. – Das
schlimmste aber ist, daß sie auch für jede Art des Lernens, des
c Beobachtens und des Überdenkens bei sich selbst höchst wider-
wärtig ist, wenn einer sich doch immer vor Spannungen im Kopf
und vor Schwindeln fürchtet und behauptet, daß ihm dergleichen
aus dem Nachdenken entstehe; so daß, wo diese ist, sie auf alle
Weise hindert, in irgendeiner Vollkommenheit sich zu üben und
zu bewähren. Denn sie macht, daß man immer glaubt, krank zu
sein, und nie aufhört, Not zu haben mit dem Leibe. – Das ist ja
natürlich, sagte er. – Wollen wir also nicht behaupten, dieses
habe auch Asklepios eingesehen und deshalb die von Natur und
infolge ihrer Lebensweise dem Leibe nach Gesunden, die nur

irgendeine bestimmte Krankheit an sich haben, für solche Men- d
schen und solche Zustände habe er die Heilkunst aufgestellt und
solchen, wenn er durch innere Mittel und äußere Behandlung ihre
Krankheiten vertrieb, ihre gewöhnliche Lebensordnung anbefohlen, um nicht ihre Verhältnisse im Staate zu verletzen; die innerlich durch und durch krankhaften Körper aber habe er nicht versucht durch Lebensordnungen jetzt ein wenig zu erschöpfen und
dann wieder ebenso zu begießen, um den Menschen selbst ein langes und schlechtes Leben zu bereiten und noch Nachkömmlinge,
die, wie man vermuten muß, nicht besser sein werden, von ihnen
zu erzielen. Sondern den, der nicht in seinem angewiesenen Kreise e
zu leben vermag, den glaubte er auch nicht pflegen zu müssen, weil
er weder sich selbst noch dem Staate nützt. – Recht als einen
Staatsmann, sagte er, stellst du ja den Asklepios dar. – Offenbar,
sprach ich, und auch seine Söhne können ja beweisen, daß er ein 408a
solcher war. Siehst du nicht, daß sie sich vor Troja sehr wacker im
Kriege gezeigt und daß sie sich auch der Arzneikunst so, wie ich
sage, bedient haben? Oder besinnst du dich nicht, daß sie auch
dem Menelaos aus der Wunde, die ihm Pandaros beibrachte, ‹so-
gen das quellende Blut und ihm lindernde Salb’ auflegten›, darüber aber, was er hernach essen oder trinken sollte, ihm ebensowenig als dem Eurypylos etwas verordneten, als ob nämlich die
Mittel schon hinreichen müßten, um Männer zu heilen, die vor der
Wunde gesund waren und mäßig in ihrer Lebensweise, sollten sie
auch eben in dem Augenblick einen Mischtrank zu sich genom- b
men haben; wer aber von Natur krankhaft ist und unmäßig, dem,
glaubten sie, helfe es weder selbst noch andern, daß er lebe, noch
müßten sie ihre Kunst auf solche wenden und sie pflegen, und
wenn sie auch reicher wären als Midas. – Recht herrlich, sagte er,
beschreibst du ja die Söhne des Asklepios. –

## 44. d) Beschaffenheit eines guten Arztes und eines guten Rich-
ters

Das gebührt sich auch, sprach ich. Wiewohl, uns nicht zustim-
mend, die Tragödiendichter und Pindaros einerseits zwar sagen,
Asklepios sei des Apollon Sohn, dabei aber, er habe sich für Geld
gewinnen lassen, einen reichen Mann, der schon im Sterben gelegen, zu heilen, wofür er auch vom Blitz erschlagen worden sei. Wir c

aber, nach dem zuvor schon Gesagten, wollen ihnen das beides
nicht glauben; sondern wenn er des Gottes Sohn war, werden wir
sagen, ging er gewiß nicht auf schnöden Gewinn aus; tat er aber
dieses, so war er nicht des Gottes Sohn. – Ganz richtig, sprach er,
ist dies doch gewiß. Aber was meinst du hierüber, o Sokrates?
Müssen wir denn nicht gute Ärzte im Staat haben? Und werden
d  nicht diejenigen vorzüglich solche sein, welche möglichst viele Gesunde und Kranke unter den Händen gehabt haben, und ebenso
auch Richter, welche mit Naturen von allerlei Art zu tun gehabt
haben? – Allerdings, sagte ich, meine ich gute; aber weißt du
wohl, welche ich für solche halte? – Wenn du es sagst, antwortete
er. – Ich will wohl versuchen, sprach ich; du jedoch hast in derselben Rede nach ganz verschiedenen Sachen gefragt. – Wie das?
fragte er. – Ärzte wohl, sagte ich, könnten am vortrefflichsten
werden, wenn sie von Jugend an, außer dem, daß sie die Kunst
erlangen, auch mit möglichst vielen Körpern von der schlechtesten
Beschaffenheit Bekanntschaft gemacht, ja selbst an allen Krank-
e  heiten gelitten hätten und gar nicht von besonders gesundem Kör-
perbau wären. Denn nicht mit dem Leibe, denke ich, besorgen sie
den Leib, sonst dürfte freilich der ihrige auch niemals schlecht sein
oder gewesen sein, sondern mit der Seele den Leib, welche nicht
vermögend ist, wenn sie selbst schlecht ist oder gewesen ist, irgend
409a  etwas gut zu besorgen. – Richtig, sagte er. – Der Richter aber,
sagte ich, o Lieber, gebietet mit der Seele über die Seele, und die
seinige darf also nicht von Jugend an mit schlechten Seelen erzogen worden und umgegangen sein, noch auch selbst alle Verbrechen begangen und durchgemacht haben, so daß sie von sich
selbst her recht genau um alle Vergehungen anderer wissen und sie
beurteilen könnte, wie vom eigenen Leibe her die Krankheiten.
Vielmehr muß sie ganz unbekannt und unvermischt mit schlechten Sitten in ihrer Jugend gehalten worden sein, wenn sie als eine
gute und edle über das Recht gesund und richtig entscheiden soll.
Daher erscheinen auch in ihrer Jugend die Rechtschaffenen einfältig und leicht zu hintergehen von den Ungerechten, weil sie in sich
b  selbst gar kein Ebenbild finden von dem, was in den Schlechten
vorgeht. – Freilich, sagte er, gar sehr ergeht es ihnen so. – Darum
nun, fuhr ich fort, soll auch ein guter Richter nicht jung sein, sondern alt, und erst spät gelernt haben, was die Ungerechtigkeit ei-

gentlich ist, nicht indem er sie etwa in seiner eigenen Seele einwohnend bemerkt, sondern an fremden Seelen als ein Fremdes aus langer Betrachtung kennengelernt hat, welch ein großes Übel sie ist, durch Einsicht, nicht durch eigene Erfahrung. – Der stattlichste c Richter, sagte er, scheint ein solcher allerdings zu sein. – Und auch der gute wohl, sprach ich, wonach du ja fragtest. Denn wer eine gute Seele hat, ist gut. Jener ausgelernte und argwöhnische aber, der selbst viel Unrecht begangen hat und darum sich für verschlagen und klug hält, mag wohl meisterhaft erscheinen, wenn er es mit ähnlichen zu tun hat, weil er sich vor ihnen zu hüten weiß, indem er auf die ähnlichen Züge in ihm selbst sieht; wenn er aber an rechtschaffene Männer und die schon älter sind gerät, zeigt er sich dagegen ganz ungeschickt, ungläubig zur unrechten d Zeit und unbekannt mit natürlich guter Gesinnung, weil er von dergleichen gar kein Ebenbild in sich selbst trägt. Weil er aber freilich öfter mit Bösartigen als Vernünftigen zusammentrifft, so dünkt er sich selbst und andern eher weise zu sein als töricht. – Ganz gewiß, sagte er, ist das ganz richtig. –

### 44. e) Sinn der gymnastischen Erziehung und ihr Verhältnis zur musikalischen

Also, sprach ich, nicht einen solchen Richter muß man suchen als den guten und weisen, sondern den ersteren. Denn Schlechtigkeit kann nie die Tugend zugleich und sich selbst erkennen, aber die Tugend wird mit der Zeit, wenn die Naturanlage erzogen wird, sowohl von sich als der Schlechtigkeit Erkenntnis erlangen. Weise also, wie mich dünkt, wird dieser und nicht der böse. – Auch mir, e sagte er, scheint es so. – Also nächst solcher Rechtskunde wirst du auch wohl eine Heilkunde, wie wir sie beschrieben haben, in der Stadt einführen, damit beide diejenigen unter den Bürgern, die gutgeartet sind an Leib und Seele, pflegen mögen, die es aber 410a nicht sind, wenn sie nur dem Leibe nach solche sind, sterben lassen, die aber der Seele nach bösartig und unheilbar sind, selbst umbringen. – Das beste wenigstens für die selbst, denen es begegnet, und auch für die Stadt muß dies offenbar sein. – Die Jünglinge nun, fuhr ich fort, werden sich offenbar scheuen, die Hilfe der Rechtskunde zu suchen, wenn sie sich an jene einfache Musik halten, von der wir sagten, daß sie Besonnenheit einflöße. – Aller-

b  dings, sagte er. – Wird nun nicht ganz auf derselben Spur der Musikalische auch der Gymnastik nachgehen und sie, wenn er nur
will, auch so ergreifen, daß er der Heilkunst nicht anders bedürfen
wird, als etwa für einen Notfall? – Mich dünkt es wohl. – Aber
die Leibesübungen und Anstrengungen selbst wird er wohl mehr
mit Hinsicht auf den natürlichen Mut, um diesen zu erwecken,
unternehmen, als daß er eine ausgezeichnete Leibesstärke bezwek-
ken sollte, und nicht wieder, wie die andern Kunstfechter, bloß um
mehr Kräfte zu bekommen, sich Speise und Übungen auferle-
gen. – Ganz richtig. –

Also, sprach ich, o Glaukon, die, welche die Erziehung durch
c  Musik und Gymnastik anordnen, meinen es damit nicht so, wie
einige glauben, um nämlich durch die eine den Körper zu bilden
und mit Hilfe der andern die Seele. – Aber warum denn sonst?
fragte er. – Sie mögen wohl, sprach ich, beide hauptsächlich der
Seele wegen anordnen. – Wie das? – Bemerkst du nicht, sprach
ich, wie sich der Seele selbst nach diejenigen verhalten, die ihr Leben lang mit der Gymnastik wohl sich zu schaffen machen, mit der
Musik aber sich gar nicht befassen, und so auch die, welche es
umgekehrt halten? – In welcher Beziehung, sprach er, meinst du
d  es? – In Beziehung auf Rauhigkeit und Härte, und wiederum auf
Weichlichkeit und Milde. – Da weiß ich wohl, sagte er, daß die
sich einseitig der Gymnastik Ergebenden rauher werden als billig,
und wiederum die der Musik weichlicher, als es schön für sie
wäre. – Und doch, sprach ich, bringt eben dieses Rauhe den natürlichen Mut hervor, und es würde, richtig gebildet, tapfer sein,
mehr aber als billig angespannt, wird es dann natürlich härter und
beschwerlich. – Das scheint mir, sagte er. – Und wie? Hat das
e  Milde nicht die philosophische Natur an sich, und wird es nicht
dadurch erst, daß man ihm zuviel nachläßt, weichlicher als billig,
recht gebildet aber wirklich milde und sittig? – So ist es. – Und
wir sagen doch, daß unsere Wehrmänner diese Naturgaben beide
an sich haben müssen? – Das müssen sie freilich. – Also müssen
sie richtig gegeneinander abgestimmt werden. – Allerdings. –
411a  Und des so Gestimmten Seele ist dann besonnen sowohl als tapfer. – Richtig. – Des Ungestimmten aber wird feige oder auch
roh. – Gewiß. –

*44. f) Das Mutige und das Wißbegierige in uns als wahres Objekt der Gymnastik und der Musik*

Also, wenn einer sich der Musik dazu hingibt, sich die Seele durch die Ohren wie durch einen Trichter anfüllen und vollgießen zu lassen von den eben beschriebenen süßlichen und weichlichen und kläglichen Melodien, und dann winselnd und jubelnd unter solchem Gesang sein ganzes Leben hinbringt, der wird zuerst zwar, was er Mutiges an sich hatte, wie Eisen geschmeidig und brauchbar machen, da es zuvor unbrauchbar und spröde war; wenn er **b** aber anhaltend nicht nachläßt, sondern immer mehr sänftigt, dann schmilzt er es wirklich und bringt es in Fluß, bis er sich den Mut ausgeschmolzen und wie die Sehnen der Seele ausgeschnitten hat und sich ‹weichlich gemacht in der Schlacht›. – Allerdings, sagte er. – Und wenn dies einen schon von Natur Mutlosen trifft, so ist es desto geschwinder geschehen; wenn aber einen Mutigen, so wird der Mut geschwächt und macht ihn empfindlich, so daß er schnell von Kleinigkeiten aufgereizt und auch wieder abgekühlt wird, und so sind sie denn aus Mutigen auffahrend und jähzornig **c** geworden und machen überall Not. – Ganz offenbar. – Wie aber wiederum, wenn einer sich nach der Gymnastik tüchtig abarbeitet und sehr kräftig nährt, Musik aber und Philosophie ganz unberührt läßt? Wird er dann nicht zuerst sich vortrefflich befinden, voll Mut und Aufstrebens sein und tapferer werden als vorher? – Ganz gewiß. – Wie aber, wenn er nun gar nichts anderes tut noch mit irgendeiner anderen Muse irgend Gemeinschaft hat? Muß nicht, wenn auch etwas Lernbegieriges in seiner Seele war, dieses, da es **d** keine Kenntnis noch Untersuchung zu kosten bekommt, an keiner Rede noch anderer Musik teilhat, notwendig schwach und taub und blind werden, da es weder aufgeregt noch genährt wird, noch seine Wahrnehmungen gereinigt? – So verhält es sich. – Ein Redefeind, meine ich, wird also ein solcher, und ein ganz Musenloser; und mit Überredung durch Worte weiß er nichts mehr anzugreifen, sondern nur mit Gewalt und Wildheit wie ein Tier will er alles **e** ausrichten, und in Unverstand und linkischem Wesen, taktlos und ohne Anmut lebt er. – Ganz gewiß, sprach er, verhält es sich so. –

Für dieses beides also scheint Gott, werde ich sagen, den Menschen zwei Künste gegeben zu haben, die Musik und Gymnastik, für das Mutige in uns und das Wißbegierige, nicht für Seele und

412a Leib, es müßte denn nebenbei sein, sondern für jene beiden, damit sie zusammenstimmen, angespannt und nachgelassen, soweit es sich gebührt. – So scheint es freilich, sagte er. – Wer also Musik und Gymnastik am schönsten mischt und im reichlichsten Maß der Seele beibringt, den würden wir wohl am richtigsten für den vollkommenen Musikalischen und Wohlgestimmten erklären, weit mehr als den, welcher die Saiten gut gegeneinander zu stimmen weiß. – Ganz natürlich, o Sokrates, sagte er. – Auch in unserer Stadt also, o Glaukon, werden wir wohl immer eines solchen Aufsehers bedürfen, wenn die Verfassung soll aufrechterhalten

b werden? – Den werden wir wohl ganz vorzüglich nötig haben, sagte er. –

### 45. *Eigenschaften der Wächter, die Herrscher sein sollen*

Die Grundzüge der Bildung und Erziehung also wären diese. Denn was soll einer noch erst die Tänze bei solchen noch besonders beschreiben und ihre Hetzen und Jagden und Wettkämpfe zu Fuß und zu Pferde? Denn es ist ja wohl offenbar, daß sie hiermit übereinstimmend sein müssen, und sie sind nicht mehr schwer zu finden. – Vielleicht, sprach er, jetzt nicht mehr. – Wohl! fuhr ich fort, nächst diesem, was hätten wir zu bestimmen? Nicht, welche nun unter eben diesen selbst zu gebieten haben sollen und welche

c zu gehorchen? – Warum nicht? – Nicht wahr nun, daß die Gebietenden älter sein müssen, jünger aber die Gehorchenden, das ist offenbar? – Offenbar. – Und auch, daß die besten unter ihnen? – Auch das. – Die besten unter den Landwirten nun, werden das nicht die landwirtschaftlichsten? – Ja. – Nun sie aber die besten unter den Hütern sein sollen, gebührt ihnen nicht, die achtsamsten zu sein in der Stadt? – Ja. – Darin also müssen sie verständig sein

d und tüchtig und auch noch vorsorglich für die Stadt? – So ist es. – Vorsorglich aber ist einer wohl am meisten für das, was er liebt? – Notwendig. – Und das dürfte einer wohl am meisten lieben, wovon er glaubt, es werde gefördert durch dasselbe wie er selbst, und wovon er denkt, wenn jenes sich vorzüglich wohl befinde, werde auch folgen, daß er selbst sich wohl befindet, wo aber nicht, das Gegenteil. – So ist es, sagte er. – Also müssen wir aus den übrigen Wächtern solche Männer auswählen, von denen sich uns bei näherer Beobachtung am meisten zeigt, daß sie in ihrem ganzen Leben,

was sie der Stadt förderlich zu sein erachten, mit allem Eifer tun,
was aber nicht, das auch auf keine Weise tun wollen. – Das sind  e
freilich die rechten, sagte er. –

Also, dünkt mich, müssen wir sie beobachten in jedem Alter, ob
sie auch gute Obhut halten über diesen Beschluß und weder bezaubert noch gezwungen die Vorstellung vergeßlicherweise fahrenlassen, daß ihnen zu tun gebührt, was der Stadt das Zuträglichste ist. – Was meinst du aber für ein Fahrenlassen? – Das, sagte
ich, will ich dir erklären. Mir scheint nämlich eine Meinung aus
der Seele zu verschwinden entweder freiwillig oder wider Willen;
mit seinem Willen nämlich die falsche dessen, der sich eines Bes-  413 a
seren überzeugt; wider seinen Willen aber jede wahre. – Das «mit
seinem Willen», sagte er, verstehe ich, das «wider seinen Willen»
aber muß ich erst erfahren. – Wie denn! Glaubst du nicht auch,
sagte ich, daß die Menschen des Guten nur wider ihren Willen
beraubt werden, des Schlechten aber gern? Oder dünkt dich nicht
auch die Wahrheit verfehlen schlecht, in der Wahrheit sein aber
gut? Oder meinst du nicht, vorstellen was ist, heiße in der Wahrheit sein? – Freilich, sprach er, hast du recht, und mir scheinen sie
nur wider Willen einer richtigen Meinung beraubt zu werden. –
Und nicht wahr, nur bestohlen oder bezaubert oder überwältigt  b
begegnet ihnen dieses? – Davon, sagte er, verstehe ich nun wieder
nichts. – Ich mag mich eben wohl, sprach ich, tragisch ausdrük-
ken. Bestohlen nämlich nenne ich die, welche überredet worden
sind oder auch vergessen haben; weil nämlich den einen die Zeit,
den andern eine Rede sie unvermerkt wegnimmt. Denn nun verstehst du es doch wohl? – Ja. – Überwältigt aber nenne ich die,
welche irgendein Schmerz oder Weh ihre Meinung ändern
macht. – Auch das, sprach er, habe ich verstanden, und du hast
recht. – Bezaubert aber würdest auch du, wie ich glaube, sagen,
daß diejenigen waren, welche ihre Meinung ändern, entweder von  c
einer Lust gekirrt oder von einer Furcht geängstet. – Freilich,
sprach er, scheint alles zu bezaubern, was täuscht.

## 46. Maßnahmen zur Auswahl der Herrscher

Was ich also eben sagte: wir müssen suchen, welche diesen ihren
Beschluß am besten zu behüten wissen, nämlich dasjenige zu tun,
was sie der Stadt glauben das Zuträglichste zu sein. Das muß also

beobachtet werden, indem man ihnen gleich von Kindheit an Geschäfte aufgibt, bei denen einer dieses am leichtesten vergessen
und darum betrogen werden könnte; und wer es nun dennoch
d festhält und schwer zu betrügen ist, der werde aufgenommen, wer
aber nicht, der ausgeschlossen. Nicht wahr? – Ja. – Auch Anstrengungen und Schmerzen und Wettübungen muß man ihnen
veranstalten, bei denen ebendasselbe zu beachten ist. – Richtig,
sagte er. – Muß nicht auch, sprach ich, ebenfalls für die dritte Art,
die der Zauberei, ein Wettstreit eröffnet und zugeschaut werden –
wie bei den Füllen, die man unter Lärm und Getümmel führt, um
zu sehen, ob sie scheu sind, so bei den Jünglingen, indem man sie
irgendwie in Angst bringt und dann wieder in Lust versetzt, um sie
e weit mehr als das Gold im Feuer zu prüfen –, ob sich einer als
schwer zu bezaubern und in guter Fassung überall zeigt und als ein
guter Hüter über sich selbst und seine erlernte Musik, dadurch
nämlich, daß er sich wohlgemessen und wohlgestimmt in allen
diesen Fällen darstellt, wie beschaffen er ja sich selbst und der
Stadt am meisten nütze sein kann. Und wer nun immer unter den
Knaben, Jünglingen und Männern so geprüft worden wäre und
414a untadelig hervorgegangen, der wäre zum Herrscher und Hüter
der Stadt zu bestellen, und Ehre wäre ihm zuzuerkennen im Leben
und im Tode, indem ihm da Bestattungen und andere Denkmale
auf das reichlichste geweiht würden; wer sich aber nicht als einen
solchen zeigt, der wäre zu verwerfen. Dieses scheint mir, o Glaukon, sprach ich, die Auswahl und Bestellung der Befehlshaber und
Hüter zu sein, um sie nur im Umriß, nicht genau, zu beschreiben. – Auch mir, sprach er, scheint es so sein zu müssen. – Wäre
b es nun nicht in der Tat das richtigste, diese die allgemeinen Wächter oder Hüter zu nennen, sowohl der Feinde von außen als auch
der Freunde von innen, auf daß die einen nicht wollen und die
andern nicht können Schaden zufügen; die Jünglinge aber, die wir
vorher Wehrmänner nannten, nur Helfer und Gehilfen für die Satzungen der Befehlshaber? – Mir wenigstens gefällt es, sagte er. –

### 47. *Mythologische Erzählung über Herkunft und Art der drei Stände*

Wie aber, fuhr ich fort, können wir nun wohl Rat schaffen für die
untadeligen und heilsamen Täuschungen, von denen wir vorher

sagten, es sei löblich, durch sie zu überreden vornehmlich die Be-   c
fehlshaber selbst, wo aber nicht, doch die übrige Stadt? – Was
doch recht? fragte er. – Nichts Neues, sprach ich, sondern etwas
Phoinikisches, was ehedem häufig geschah, wie die Dichter sagen
und man ihnen glaubt, zu unserer Zeit aber nicht geschehen ist
und vielleicht auch nicht geschehen kann, glaublich zu machen
aber gar mancherlei Überredungskünste erfordert. – Wie du dich
doch sichtlich windest, sagte er, und Bedenken trägst, es herauszu-
sagen! – Und es wird dir einleuchten, sprach ich, daß ich mit gutem Recht bedenklich gewesen bin, wenn ich es gesagt haben
werde. – Trage es nur vor, sagte er, und fürchte dich nicht. – So   d
will ich es denn. Wiewohl ich nicht weiß, woher die Dreistigkeit
nehmen noch mit was für Worten ich es sagen und versuchen soll,
zuerst die Befehlshaber selbst und die Krieger zu überreden, dann
aber auch die übrige Stadt, daß, was wir an ihnen erzogen haben
und gebildet, dieses ihnen nur wie im Traume vorgekommen sei,
als begegne es ihnen und geschähe an ihnen, sie wären aber damals
eigentlich unter der Erde gewesen und dort drinnen sie selbst gebildet und aufgezogen worden, und auch ihre Waffen und andere   e
Gerätschaften gearbeitet. Nachdem sie aber vollkommen ausgearbeitet gewesen wären und die Erde sie als ihre Mutter heraufge-
schickt habe, müßten nun auch sie für das Land, in welchem sie
sich befinden, als für ihre Mutter und Ernährerin mit Rat und Tat
sorgen, wenn jemand dasselbe bedrohe, und so auch gegen ihre
Mitbürger als Brüder und gleichfalls Erderzeugte gesinnt sein. –
Es war nicht ohne, sagte er, daß du dich so lange geschämt hast,
diese Täuschung vorzutragen. – Sehr natürlich, sprach ich, war
das; aber höre doch auch noch das übrige der Sage. Ihr seid nun   415 a
also freilich, werden wir weitererzählend zu ihnen sagen, alle, die
ihr in der Stadt seid, Brüder; der bildende Gott aber hat denen von
euch, welche geschickt sind zu herrschen, Gold bei ihrer Geburt
beigemischt, weshalb sie denn die köstlichsten sind, den Gehilfen
aber Silber, Eisen hingegen und Erz den Ackerbauern und übrigen
Arbeitern. Weil ihr nun so alle verwandt seid, dürfet ihr meistenteils zwar wohl auch selbst Ähnliche erzeugen; bisweilen aber
könnte doch auch wohl aus Gold ein silberner und aus Silber ein
goldener Sprößling erzeugt werden, und so auch alle andern aus   b
einander. Den Befehlshabern also zuerst und vornehmlich gebiete

der Gott, über nichts anderes so gute Obhut zu halten, noch auf
irgend etwas so genau achtzuhaben als auf die Nachkommen, was
wohl hiervon ihren Seelen beigemischt sei; und wenn irgend vovn
ihren eignen Nachkommen einer ehern wäre oder eisenhaltig, sollen sie auf keine Weise Mitleid mit ihm haben, sondern nur die
c  seiner Natur gebührende Stelle ihm anweisend sollen sie ihn zu
den Arbeitern oder Ackerbauern hinaustreiben; und so auch,
wenn unter diesen einer aufwüchse, in dem sich Gold oder Silber
zeigte, einen solchen sollten sie in Ehren halten und ihn nun unter
die Herrscher erheben oder unter die Gehilfen, indem ein Götterspruch vorhanden sei, daß die Stadt dann untergehen werde, wenn
Eisen oder Erz die Aufsicht über sie führe. Diese Erzählung also
ihnen glaublich zu machen, weißt du dazu irgendwie Rat? – Nir-
d  gendwie, daß sie selbst es glauben sollten, jedoch ihre Söhne wohl
und deren Nachkommen und die übrigen späteren Menschen. –
Aber auch dies, sprach ich, wäre schon sehr schön dazu, daß sie
sich desto mehr der Stadt und einer des andern annehmen würden; denn ich verstehe ungefähr schon, wie du es meinst.

## 48. Vorschriften über Wohnung und Lebensweise der Wehr-
    männer

Und dieses nun gehe, wie die Überlieferung es leiten wird. Wir
aber wollen diese Erdensöhne ausrüsten und dann unter Anführung der Befehlshaber aufstellen. Sind sie nun zusammen: so sollen sie zusehen, wo es am vorteilhaftesten ist, in der Stadt das La-
e  ger aufzuschlagen, um von da aus sowohl die drinnen am besten
im Zaum zu halten, wenn etwa einer den Gesetzen nicht gehorchen wollte, als auch die von außen abzuwehren, wenn etwa ein
Feind wie ein Wolf die Herde anfallen wollte. Nachdem sie nun
den Lagerwall aufgeführt und geopfert haben, wem es sich gebührt, sollen sie sich ihre Schlafstellen bereiten. Oder wie? – Ganz
recht so, sagte er. – Und nicht wahr, wohl solche, welche sie im
Winter und im Sommer gleich gut schützen können? – Wie sollten sie nicht! Denn du meinst doch, sagte er, wie ich glaube, Wohnungen. – Ja, sprach ich, kriegerische jedoch, nicht wie für Ge-
werbsleute. – Wie, fragte er, meinst du nun wieder, daß dies von
416a  jenem verschieden sei? – Das, sprach ich, will ich versuchen dir
zu erklären. Nämlich das Ärgste und Schmählichste von allem ist

es wohl für Hirten, solche Hunde und auf solche Weise als Gehilfen bei der Herde aufzuziehen, daß aus Unbändigkeit oder Hunger oder sonst schlechter Gewöhnung die Hunde selbst sich unterfangen, den Schafen Übles zuzufügen, und statt Hunden Wölfen ähnlich werden. – Arg ist das freilich, sprach er. Wie sollte es nicht? – Also müssen wir auf alle Weise verhüten, daß die Gehilfen uns b etwas dergleichen gegen die Bürger tun, da sie stärker sind als sie, und statt wohlwollender Bundesgenossen sich vielmehr wilden Gebietern ähnlich zeigen. – Das müssen wir verhüten, sagte er. – Und die kräftigste Vorsicht wird wohl dann angewandt sein, wenn sie in Wahrheit gut und trefflich erzogen sind. – Aber das sind sie ja schon, sagte er. – Da sprach ich: Dieses wäre nicht schicklich zu behaupten, lieber Glaukon, sondern nur, was wir eben sagten, ist schicklich, daß sie richtige Erziehung genießen müssen, worin c diese nun auch bestehe, wenn sie das Wichtigste haben sollen, um immer milde zu bleiben unter sich und gegen die, welche von ihnen beschützt werden. – Richtig allerdings, sprach er. – Außer dieser Erziehung nun, möchte wohl ein Vernünftiger sagen, müßten auch ihre Wohnungen und ihre ganze übrige Habe so eingerichtet sein, daß dadurch weder die Wehrmänner davon abgebracht werden können, so trefflich als möglich zu sein, noch weniger aber gereizt, gegen die andern Bürger zu freveln. – Und ganz mit Recht, d sagte er. –

Sieh also zu, sprach ich, ob sie etwa auf folgende Weise leben und wohnen müssen, wenn sie solche werden sollen. Zuerst nämlich so, daß keiner irgend eigenes Vermögen besitze, wenn es irgend zu vermeiden ist; ferner, daß keiner irgend solche Wohnung oder Vorratskammer habe, wohinein nicht jeder gehen könnte, der nur Lust hat, daß sie aber das Notwendige, dessen besonnene und tapfere Männer, die im Kriege kämpfen sollen, bedürfen, in e bestimmter Ordnung von den anderen Bürgern als Lohn für ihren Schutz in solchem Maß empfangen, daß ihnen weder etwas übrig bleibe auf das nächste Jahr noch sie auch Mangel haben, indem sie nämlich, gemeinsame Speisungen besuchend, wie im Felde Stehende zusammenleben. Gold und Silber aber, muß man ihnen sagen, haben sie von den Göttern göttliches immer in der Seele und bedürfen gar nicht auch noch des menschlichen. Es sei ihnen auch nicht verstattet, jenes Besitz durch Vermischung mit des sterb-

lichen Goldes Besitz zu verunreinigen, da gar vieles Unheilige mit
dieser gemeinen Münze vorgegangen, die ihrige aber ganz unver-
417a fälscht sei; sondern ihnen allein von allen in der Stadt sei es verboten, mit Gold und Silber zu schaffen zu haben und es zu berühren und auch unter demselben Dach damit zu sein oder es an der
Kleidung zu haben oder daraus zu trinken. So würden sie selbst
wohlbehalten bleiben und auch die Stadt im Wohlstande erhalten.
Besäßen sie aber selbst eigenes Land und Wohnungen mit Gold, so
würden sie dann Hauswirte und Landwirte sein anstatt Wächter,
b und rauhe Gebieter anstatt Bundesgenossen der anderen Bürger
werden und würden so, hassend und gehaßt, belauernd und selbst
belauert, ihr ganzes Leben hinbringen, weit mehr die Feinde drinnen fürchtend als die draußen, und ganz nahe an ihrem Verderben
hinlaufend, sie selbst und die ganze Stadt. Wollen wir nun, sprach
ich, aus allen diesen Gründen sagen, daß die Wehrmänner auf
diese Weise eingerichtet sein müssen mit ihrer Wohnung und mit
dem übrigen, und wollen wir dies zum Gesetz machen oder
nicht? – Wir wollen es allerdings, sagte Glaukon.

## Viertes Buch

## 49. Ablehnung der Hinsicht auf eine besondere Glückseligkeit des Wächterstandes

Darauf nahm Adeimantos das Wort und sprach: Wie aber, o Sokrates, wirst du dich verteidigen, wenn jemand sagte, du machtest diese Männer eben nicht sehr glücklich, und das durch ihre eigene Schuld, denen zwar in Wahrheit die Stadt gehört, sie haben aber nicht das mindeste von dem Guten der Stadt zu genießen wie doch die andern, welche Ländereien besitzen und große und schöne Häuser bauen und eine diesen geziemende Einrichtung anschaffen und den Göttern ihre eigenen Opfer darbringen und Fremde bei sich aufnehmen und ja auch, was du eben sagtest, Gold und Silber besitzen und alles, was denen zukommt, die glücklich sein sollen; sondern ganz offenbar, möchte einer sagen, tun sie wie gemietete Hilfstruppen nichts in der Stadt als Wache stehen. – Ja, sprach ich, und noch dazu sind sie nur Kostgänger und bekommen nicht außer der Kost auch noch Lohn, wie die andern; so daß auch nicht einmal, wenn sie für sich zu verreisen Lust hätten, ihnen dieses freistehen wird, noch Mädchen zu beschenken oder sonst irgend anderswozu aufzuwenden, wie die, welche für glücklich gehalten werden, doch aufwenden. Dieses und mancherlei anderes der Art übergehst du noch in der Beschuldigung. – Gut, sprach er, so sei auch dieses noch mit einbegriffen. – Und wie wir uns verteidigen wollen, meinst du? – Ja. –

Wenn wir nun, sprach ich, auf demselben Stege fortgehen, werden wir, wie ich meine, wohl finden, was zu sagen ist. Wir wollen nämlich sagen, es würde zwar gar nichts Wunderbares sein, wenn auch so diese die allerglücklichsten wären; wir sähen jedoch bei der Einrichtung unserer Stadt gar nicht darauf, daß irgendein Stamm ausgezeichnet glücklich sei, sondern daß die ganze Stadt es

419a

420a

b

sei, so sehr als möglich. Denn wir gedächten, in der so eingerichteten am meisten die Gerechtigkeit zu finden und wiederum in der
am schlechtesten eingerichteten die Ungerechtigkeit, und wenn

c wir diese betrachtet, über das zu entscheiden, was wir schon so
lange untersuchen. Jetzt also, wie wir glauben, bilden wir uns die
glückselige Stadt, nicht als wollten wir abschneidend nur einige
wenige solche in ihr setzen, sondern sie selbst ganz. Hernach aber
wollen wir die entgegengesetzte betrachten. Wie nun, wenn jemand, indem wir Statuen bemalten, herzuträte und uns tadelte,
daß wir den schönsten Teilen des Körpers nicht auch die schönsten Farben auflegten, weil die Augen, als das schönste, doch nicht
mit Purpur bestrichen sein würden, sondern mit Schwärze, – wie

d wir glauben würden, uns ganz angemessen gegen diesen zu verteidigen, wenn wir sagten: Du Wunderlicher, verlange nur nicht, daß
wir so schöne Augen malen sollen, daß sie gar nicht mehr als
Augen erscheinen, und so auch die andern Glieder; sondern sieh
nur darauf, ob wir bei jedem das Gehörige anbringen und so das
Ganze schön machen. So also auch jetzt nötige uns nicht, unsern

e Wächtern eine solche Glückseligkeit beizulegen, die eher alles andere aus ihnen machen wird als Wächter. Denn das verständen wir
wohl auch recht gut, die Ackersleute mit Prachtkleidern zu behän-
gen und mit Gold und ihnen zu heißen, die Erde zu ihrem Vergnügen anzubauen, und die Töpfer, recht artig ums Feuer herumzula-
gern, schmausend und zechend die Scheibe bei der Hand habend,
um zu drehen, soviel sie eben Lust haben, und so auch die andern
alle auf ähnliche Weise beglückt zu machen, damit uns die ganze
Stadt in Freuden lebe. Allein sinne uns das nicht an, weil, wenn wir
dir folgen, weder der Landmann mehr Landmann sein wird, noch

421a der Töpfer Töpfer, noch irgendein anderer irgend etwas von dem
darstellen wird, woraus doch die Stadt besteht. Auf die übrigen
nun kommt es freilich weniger an. Denn wenn uns auch die Rie-
menschneider schlecht geworden und verdorben sind und sich nur
den Anschein geben zu sein, was sie nicht sind, hat es noch keine
Not mit der Stadt. Aber die Hüter der Gesetze und der Stadt, wenn
die es nicht sind, sondern nur scheinen: so siehst du wohl, wie sie
uns die ganze Stadt von Grund aus verderben und dann gute Muße
haben, sich für sich allein gut einzurichten und sich wohl zu befinden. Wenn wir nun zwar wahrhafte Verteidiger stellen, die nichts

weniger als der Stadt gefährlich sind, wer aber jenes sagt, eigent-  b
lich Landbesitzer und gleichsam auf einem allgemeinen Volksfe-
ste, nicht aber in einer Stadt überglückliche Gastgeber: so muß
dieser wohl von etwas anderem reden als einer Stadt.

Also müssen wir doch erwägen, ob wir darauf sehen sollen bei
Anstellung der Wächter, daß ihnen selbst so viel Glückseligkeit als
möglich werde, oder ob wir dieses vielmehr für die ganze Stadt uns
zum Augenmerk machen sollen und zusehen, wie ihr dies werde,
die Gehilfen aber und Wächter vielmehr nötigen sollen, jenes zu
tun, und sie bewegen, daß sie nur so trefflich als möglich ihr eige-  c
nes Werk verrichten, und mit den übrigen insgesamt ebenso; und
ob wir nicht, wenn nur der ganze Staat gedeiht und gut eingerichtet ist, es schon gehen lassen sollen, wie für jede einzelne Abteilung
die Natur es mit sich bringt, an der allgemeinen Glückseligkeit
teilzunehmen. – Allerdings, sprach er, scheinst du mir recht zu
haben. –

## 50. Verderblichkeit von Armut und Reichtum für wirkende Menschen und für den Staat

Wird dir also auch, sprach ich, das hiermit Verschwisterte verständig gesagt vorkommen? – Was doch recht? – Die andern Arbeiter betrachte nun wieder, ob dieses sie verdirbt, daß sie ganz  d
schlecht werden. – Was nur? – Reichtum, sprach ich, und Armut. – Wie doch? – So. Wenn ein Töpfer reich geworden ist,
glaubst du, daß er sich dann noch um seine Kunst wird bekümmern wollen? – Mitnichten, sagte er. – Sondern er wird immer
fauler und nachlässiger werden? – Gar sehr. – Also wird er ein
schlechterer Töpfer werden? – Auch das, sagte er, immer mehr. –
Aber auch, wenn er sich seine Werkzeuge nicht anschaffen kann
aus Armut, oder sonst etwas zur Kunst Gehöriges, wird er sowohl
seine Arbeit schlechter machen, als auch seine Söhne, oder wen er  e
sonst in der Lehre hat, zu schlechteren Arbeitern aufziehen? –
Wie sollte er nicht! – Durch beides also, Armut und Reichtum,
werden sowohl die Werke der Arbeiter schlechter als auch sie
selbst. – Das leuchtet ein. – Noch etwas anderes also, wie es
scheint, haben wir für die Wächter aufgefunden, was sie auf alle
Weise hüten müssen, daß es nicht ihnen unbemerkt sich in die
Stadt einschleiche. – Was doch? – Reichtum, sprach ich, und Ar-  422 a

mut, indem jener Aufwand und Faulheit und Neuerung mit sich
bringt, diese aber Niederträchtigkeit und Untauglichkeit außer
der Neuerung. – Freilich wohl! sagte er.

Aber dieses, o Sokrates, überlege doch, wie uns die Stadt
wohl imstande sein wird, Krieg zu führen, wenn sie keine
Reichtümer besitzt, zumal wenn sie gegen eine große und reiche genötigt würde Krieg zu führen. – Offenbar, sprach ich,
gegen eine wohl schwerer, gegen zwei solche aber leichter. –
b Wie meinst du das? sprach er. – Zuerst doch, antwortete ich,
wenn sie fechten müssen, werden sie etwa nicht als im Kriege
geübte Kämpfer fechten mit reichen Männern? – Ja, das wohl,
sagte er. – Wie nun, sprach ich, o Adeimantos? Ein Fechter,
aufs vollkommenste hierauf eingerichtet, meinst du nicht, daß
der mit zweien, die nicht Fechter sind, aber reich und fett, sehr
leicht fechten werde? – Vielleicht doch wohl nicht auf einmal,
sagte er. – Auch nicht, sprach ich, wenn es ihm frei stände, zu
entschlüpfen und dann gegen den, der ihm jedesmal zuerst
c nahe kommt, sich zu wenden und auszuschlagen, und wenn er
dies mehrmals tun könnte in der Hitze und in der Kälte?
Könnte dann nicht ein solcher auch mehrere solche überwinden? – Offenbar, sprach er, wäre das gar kein Wunder. –
Aber glaubst du nicht, daß die Reichen noch mehr Kenntnis
haben und Übung in der Fechtkunst als in der Kriegskunst? –
Gewiß. – Leicht also werden aller Wahrscheinlichkeit nach unsere Kämpfer auch mit der doppelten und dreifachen Anzahl
das Gefecht bestehen. – Das will ich dir einräumen, sagte er,
denn du scheinst mir recht zu haben. – Und wie, wenn sie eine
d Gesandtschaft in die andere Stadt schickten und dieser ganz
die Wahrheit sagen ließen, nämlich: Wir bedienen uns nicht
Goldes oder Silbers, es ist uns auch nicht erlaubt; euch aber.
Fechtet also mit uns und nehmt das der andern: glaubst du
wohl, daß irgendwelche, wenn sie dieses vernommen haben,
lieber gegen starke und magere Hunde werden Krieg führen
wollen als mit diesen Hunden gegen feiste und weichliche
Schafe? – Das dünkt mich wohl, sagte er; aber wenn nun
aller Reichtum der andern in *eine* Stadt zusammenfließt, so
e siehe nur zu, daß nicht dieses der nicht reichen Gefahr
bringe. –

Du bist sehr unschuldig, antwortete ich, daß du meinst, es
verdiene irgendeine andere, daß man sie eine Stadt nenne, außer
nur eine solche, wie wir eingerichtet haben. – Aber warum
denn nicht? sagte er. – Die andern, sprach ich, muß man vornehmer benennen. Denn eine jede von ihnen ist gar viele Städte,
aber nicht *eine* Stadt, wie es im Spiel heißt. Denn zwei sind nun
schon auf jeden Fall darin als einander feind, eine der Armen
und eine der Reichen, und in jeder von diesen wiederum gar        423 a
viele, so daß, wenn du sie als *eine* behandeln wolltest, du gewiß
ganz fehlgreifen würdest, wenn aber als viele und du den einen der
andern Macht und Reichtum gäbest oder auch ihre Mitglieder
selbst, du immer viel Bundesgenossen haben wirst und wenig
Feinde. Und solange die Stadt sich mäßig hält, so wie sie eben
eingerichtet worden ist, wird sie immer die größte sein, ich meine
nicht dem Ansehen nach, in welchem sie steht, sondern buchstäblich und in der Tat die größte, und wenn sie auch nur tausend
waffenführende Männer stellte. Denn auf diese Weise groß wirst
du wohl nicht leicht *eine* Stadt weder unter Hellenen noch Barbaren antreffen, gar viele aber freilich, die sogar vielmals größer
scheinen als diese. Oder bist du anderer Meinung? – Nein beim
Zeus, sagte er. –                                                 b

*51. Hauptregeln, die die Herrscher vor allem beachten müssen*
So wird auch wohl, sprach ich, dieses die sicherste Grenzbestim-
mung sein für unsere Befehlshaber, wie weit sie die Stadt ausdeh-
nen und wieviel Land sie ihr nach ihrer Größe beilegen sollen und
dann um mehr sich nicht bekümmern. – Was für eine Grenze?
fragte er. – Ich denke wenigstens, sprach ich, diese: Solange sie
wachsend noch *eine* bleiben will, sie zu vergrößern, weiter aber
nicht. – Ganz richtig wohl, sagte er. – Und wollen wir nicht auch  c
noch diese andere Aufgabe unsern Hütern aufgeben, dies auf alle
Weise zu verhüten, daß die Stadt entweder klein oder groß
scheine, sondern als eine genugsame und als *eine*? – Das ist ja
wohl etwas Geringes, sagte er, was wir ihnen da aufgeben. – Und
etwas noch Geringeres als dieses, sprach ich, wird jenes sein, dessen wir auch vorher schon gedacht haben, als wir sagten, man
müsse, wenn von den Wehrmännern irgendein schlechter Sprößling sich zeigte, ihn zu den andern entlassen, und wenn aus den   d

andern ein edler, diesen zu den Wehrmännern herüberholen. Dieses sollte aber andeuten, daß man auch die andern Bürger jeden zu dem *einen* Geschäft, wozu er geeignet ist, hinbringen müsse, damit jeglicher des einen ihm eigentümlichen sich befleißend nicht viele, sondern einer werde, und so auch die gesamte Stadt uns zu *einer* erwachse und nicht zu vielen. – Freilich, sprach er, ist dies noch kleiner als jenes. –

Auch, sprach ich, mein guter Adeimantos, schreiben wir ihnen gar nicht, wie einer wohl glauben könnte, dieses als vielerlei Großes vor, sondern es ist alles gering, wenn sie nur das *eine* Große, e  wie man zu sagen pflegt, oder vielmehr Genügende statt Große, recht beobachten. – Welches doch? fragte er. – Den Unterricht, sprach ich, und die Erziehung. Denn wenn sie durch gute Erziehung Männer geworden sind, die das rechte Maß halten: so werden sie dies alles leicht selbst einsehen und noch vieles andere, was wir jetzt übergehen, das Heiraten und die Ehe und Kindererzeu-
424a  gung, daß sich dies alles nach dem Sprichwort möglichst gemeinsam unter Freunden machen muß. – Am richtigsten wäre das wohl, sprach er. – Denn, fuhr ich fort, eine Staatsverfassung, wenn sie einmal den rechten Ansatz genommen hat, geht immer wachsend fort wie ein Kreis. Denn tüchtige Erziehung und Unterricht aufrechterhalten bildet gute Naturen, und wiederum tüchtige Naturen, von solcher Erziehung unterstützt, gedeihen noch trefflicher als die früheren, sowohl in anderer Hinsicht als auch für
b  die Erzeugung, wie wir das auch an andern lebenden Wesen sehen. – Natürlich wenigstens, sagte er. – Um es also in kurzem zu sagen, hierauf müssen die Vorsteher der Stadt halten, daß es ihnen nicht unvermerkt in Verfall gerate, sondern sie dieses ja vor allen Dingen verhüten, daß irgend etwas geneuert werde in der Gymnastik und Musik gegen die Einrichtung, vielmehr sie diese aufs möglichste aufrecht halten; und wenn einer sagt, es ehre

‹*den* Gesang das lauteste Lob der Menschen,
Welcher den Hörenden rings als neuester immer ertönet›,

c  sich wohl vorsehen, daß nicht etwa einer glaube, der Dichter meine nicht bloß neue Gesänge, sondern neue Gattungen des Gesanges und lobe dieses. Dergleichen darf man aber nicht loben und

es auch so nicht verstehen. Denn Gattungen der Musik neu einzuführen, muß man scheuen, als wage man dabei alles; weil nirgends
die Gesetze der Musik geändert werden, als nur zugleich mit den
wichtigsten bürgerlichen Ordnungen, wie Damon sagt und ich
auch gern glaube. – Auch mich, sagte Adeimantos, setze unter
die, welche davon überzeugt sind. –

52. *Folgen einer Neuerung in der Musik. Unwichtigkeit der
Aufstellung mannigfaltiger Einzelvorschriften*

Hier also, sprach ich, müssen sich, wie es scheint, unsere Wächter    d
ihre Hauptwacht erbauen, in der Musik. – Wenigstens, sagte er,
schleicht diese Gesetzwidrigkeit sich gar leicht ein und unbemerkt. – Ja, sagte ich, als wenn es nur Scherz wäre und gar nichts
Böses daraus entstände. – Es entsteht auch, sagte er, nichts anderes daraus, als daß sie nach und nach sich festsetzend allmählich in
die Sitten und Gewöhnungen einfließt, aus diesen dann versteigt
sie sich schon größer in die Geschäfte der Bürger miteinander, und
von diesen Geschäften, o Sokrates, kommt sie dann an die Gesetze
und die Verfassung mit großem Übermut und Üppigkeit, bis sie
endlich alles, das gemeinsame Leben und das besondere, umge-    e
kehrt hat. – Wohl! sprach ich, verhält sich nun dieses so? – Das
dünkt mich, sagte er. – Also, wie wir anfänglich sagten, schon die
Spiele müssen gesetzlicher sein, an denen unsere Kinder teilhaben,
weil, wenn diese gesetzlos sind und also auch die Knaben solche,
es unmöglich ist, daß gesetzliche und ernste Männer aus ihnen
erwachsen. – Wie könnte es anders sein, sagte er. – Wenn aber    425 a
die Knaben schon beim Spiel auf die gehörige Art angefangen haben und gute Ordnung durch die Musik in sich aufgenommen, so
wird auch, ganz im Gegensatz mit jenen, diese sie überall begleiten
und mit ihnen wachsend auch das berichtigen, was etwa vorher im
Staat in Unordnung geraten war. – Richtig gewiß, sagte er. – Und
das für geringer gehaltene Gesetzliche, fuhr ich fort, erfinden diese
sich selbst, was die vorherigen ganz in Verfall gebracht hatten. –
Was doch recht? – Dergleichen, daß die Jüngeren vor den Älteren    b
schweigen, wie es sich ziemt, und sich verneigen und aufstehen,
und die Achtungsbezeigungen gegen die Eltern, und Haartracht
und Kleidung und Schuhwerk und das ganze äußerliche Ansehen,
und was noch sonst dergleichen ist. Oder meinst du nicht? – Ich

auch. – Gesetze darüber zu geben, halte ich aber für einfältig.
Denn es geschieht doch nicht und würde sich auch nicht erhalten,
wenn wörtlich und buchstäblich vorgeschrieben. – Wie sollte
es! – Es scheint wenigstens, sprach ich, o Adeimantos, wie einer
c von seiner Erziehung her anfängt, ebenso auch das andere zu folgen. Oder ruft nicht immer Ähnliches das Ähnliche herbei? – Wie
sollte es nicht! – Und so gestaltet es sich, werden wir, denke ich,
sagen, am Ende in ein Vollständiges und Ausgebildetes, es sei nun
Gutes oder das Gegenteil. – Wie auch anders? sprach er. – Ich
also wenigstens, fuhr ich fort, würde deswegen gar nicht erst versuchen, über dergleichen Gesetze zu geben. – Natürlich, sagte
er. – Und wie, um der Götter willen, sagte ich, diese Marktsachen
bezüglich des Verkehrs, den sie auf dem Markt miteinander treiben, und so auch, wenn du willst, über der Handarbeiter Verkehr
d und Beschimpfungen und Beleidigungen, und die Anstellung der
Klagen und die Einsetzung der Richter, oder wenn wo Zölle notwendig sind, einzutreiben und aufzulegen auf dem Markt oder im
Hafen, oder insgesamt, was irgend Marktrecht ist oder Stadtrecht
oder Hafenrecht oder sonst dergleichen, wollen wir uns damit abgeben, darüber Gesetze zu geben? – Es lohnt ja nicht, sagte er,
rechtlichen und tüchtigen Männern dergleichen erst vorzuschrei-
e ben. Denn wie sie dergleichen einzurichten haben, werden sie
leicht selbst finden. – Ja, Lieber, sagte ich, wenn Gott ihnen Erhaltung derjenigen Gesetze verleiht, die wir vorher durchgenommen
haben. – Und wo nicht, sagte er, so werden sie gar viel dergleichen
festzusetzen und wieder zu berichtigen haben ihr Leben lang in der
Meinung, so das Beste zu ergreifen. – Du meinst, sagte ich, diese
werden leben wie solche Kranke, die aus Unmäßigkeit nicht Lust
haben, von ihrer schädlichen Lebensweise abzulassen. – Aller-
426a dings. – Und diese leben freilich sehr anmutig. Denn durch alles
Heilenlassen richten sie nichts aus, als daß sie ihre Krankheit immer bunter und größer machen und immer hoffen, sooft ihnen
einer ein neues Mittel anrät, durch dieses gesund zu werden. –
Gerade so, sagte er, geht es solchen Kranken. – Und wie, sprach
ich, ist das nicht anmutig, daß sie den für ihren ärgsten Feind halten, der ihnen die Wahrheit sagt, daß, ehe sie nicht aufhören, im
Übermaß zu trinken und zu essen und der Liebe zu pflegen und
faul zu sein, weder Arzenei noch Brennen noch Schneiden noch

auch Besprechungen und Amulette oder irgend etwas dergleichen b
das mindeste helfen können? – Nicht sehr anmutig, sagte er.
Denn auf den Wohlmeinenden unwillig sein, darin ist keine Anmut. – Du bist also, sprach ich, wie es scheint, kein Lobredner
solcher Leute. – Nein beim Zeus. –

*53. Unnützes Tun der sogenannten Staatsmänner. Übertragung
    der religiösen Gesetzgebung an den Apoll von Delphi*

Also auch, wenn die gesamte Stadt, wie wir eben sagten, so verfährt, wirst du sie nicht loben. Oder scheinen dir nicht offenbar
ebenso wie solche Menschen alle Staaten zu Werke zu gehen, welche schlecht eingerichtet sind und ihren Bürgern ansagen, an der
gesamten Verfassung der Stadt ja nicht zu rühren, denn wer dieses c
tue, werde sterben müssen? Wer sie aber in dieser ihrer Verfassung
am angenehmsten pflegt und sich durch Dienstfertigkeit ein-
schmeichelt, ihre Wünsche im voraus abmerkt und es durchsetzen
kann, sie zu befriedigen, dieser wird der tüchtige Mann sein und
weise in großen Dingen und wird von ihnen geehrt werden. –
Dasselbe, sagte er, scheinen sie mir allerdings zu tun, und ich lobe
sie auch nicht im mindesten. – Wie aber die, welche solchen Staa- d
ten dienen wollen und sich recht um sie beeifern, bewunderst du
die nicht wegen ihrer Tapferkeit und Gefälligkeit? – Allerdings,
sagte er; außer die von ihnen hintergangen sind und sich einbilden, in Wahrheit Staatsmänner zu sein, weil sie von der Menge
gelobt werden. – Wie meinst du? sprach ich. Das siehst du den
Männern nicht nach? Oder hältst du es für möglich, wenn einer
nicht messen kann und viele andere ebensolche ihm sagen, er sei e
sechs Fuß hoch, daß er das nicht von sich selbst glauben wird? –
Nein, sagte er, das nicht. – Nun, so zürne auch nicht. Denn es sind
ja die besten Männer von der Welt, welche immerfort Gesetze geben, wie wir eben durchgegangen sind, und immer daran bessern
in der Meinung, ein Ende zu machen mit den Betrügereien im
Handel und allem, was ich vorher anführte, ohne zu wissen, daß
sie in der Tat nur an der Hydra schneiden. – Gewiß, sagte er,
anders tun sie nichts. – Ich also meinesteils, sprach ich, war der 427a
Meinung, daß mit dieser Art von Gesetzen und Einrichtungen weder in einem gut noch in einem schlecht eingerichteten Staat der
wahre Gesetzgeber sich sonderlich abgeben müsse; in dem einen,

weil sie unnütz sind und nichts dabei herauskommt, in dem andern, weil einiges daran wohl jeder finden kann, anderes aus den vorher bestehenden Einrichtungen von selbst folgt. – Was also, b sagte er, wäre uns noch übrig von der Gesetzgebung? – Und ich antwortete: Uns wohl nichts; dem Delphischen Apollon aber noch die größten, schönsten und ersten aller Anordnungen. – Was für welche doch? sprach er. – Die Einrichtungen der Tempel und Opfer und anderen Verehrungen der Götter, Dämonen und Heroen; und die Beisetzung der Verstorbenen, und was man denen dort leisten muß, um sie günstig zu haben. Denn dergleichen verstehen wir ja selbst nicht und werden auch, indem wir die Stadt c gründen, keinem andern darin folgen, wenn wir Vernunft haben, noch uns eines andern Ratgebers bedienen als des angestammten. Denn dieser Gott ist in dergleichen Dingen allen Menschen der angestammte Ratgeber, weil er inmitten der Erde, auf ihrem Nabel sitzend, seine Sprüche erteilt. – Sehr wohl gesprochen, sagte er, und so wollen wir es machen. –

## 54. *Wesen und Ort der Weisheit in der vollkommenen Stadt*

Gegründet also, sprach ich, wäre dir nun schon, o Sohn des Aristen, die Stadt. Nächstdem aber schaue nun in ihr umher, mit hinlänglichem Lichte versehen, du selbst, und rufe auch deinen Bruder und den Polemarchos und die andern herbei, ob wir etwa sehen können, wo nun wohl die Gerechtigkeit ist und wo die Ungerechtigkeit und wie sie voneinander verschieden sind und welche von beiden nun der besitzen muß, der glückselig sein soll, mag er nun auch allen Göttern und Menschen verborgen bleiben oder nicht. – Nichts gesagt! erwiderte Glaukon, denn du hast verspro- e chen, selbst suchen zu wollen, weil es von dir frevelhaft wäre, der Gerechtigkeit nicht nach Vermögen zu helfen auf alle Weise. – Ganz recht, sagte ich, erinnerst du mich, und so soll es sein; aber auch ihr müßt mit Hand anlegen. – Wohl denn! sagte er, das wollen wir tun. – Ich hoffe, also, sprach ich, es auf diese Weise zu finden. Ich denke, unsere Stadt, wenn sie anders richtig angelegt ist, wird ja auch wohl vollkommen gut sein. – Notwendig, sagte er. – Offenbar also ist sie weise und tapfer und besonnen und gerecht. – Offenbar. – Also welches von diesen wir auch in ihr mögen gefunden haben, das übrige wird allemal das nicht Gefun-

dene sein. – Freilich. – Wie nun, wenn wir von anderen vier Din-  428a
gen *eines* in irgend etwas suchten, wir, wenn wir eben dieses zuerst
erkennten, gleich zufriedengestellt sein würden; wenn wir aber die
drei andern zuerst erkennten, eben dadurch doch auch das Ge-
suchte erkannt wäre – denn es kann offenbar nichts anderes sein
als das Übriggebliebene? – Richtig gesprochen, sagte er. – Also
müssen wir wohl auch bei diesen, da sie ja gleichfalls vier sind, auf
dieselbe Weise suchen? – Offenbar. –

Zuerst nun scheint mir in ihr die Weisheit offenbar zu werden.
Und es zeigt sich etwas Wunderbares dabei. – Was doch? sprach  b
er. – Weise nämlich dünkt mich doch die Stadt zu sein, die wir
beschrieben haben; denn sie ist wohlberaten. Nicht wahr? – Ja. –
Und eben dieses ist doch offenbar eine Erkenntnis. Denn nicht
durch Unwissenheit, sondern durch Erkenntnis ist man wohlberaten. – Offenbar. – Es sind aber gar viele und vielerlei Erkenntnisse in der Stadt. – Wie sollten sie nicht? – Ist nun etwa wegen
der Erkenntnis der Baumeister die Stadt weise und wohlberaten
zu nennen? – Keineswegs wohl wegen dieser, sagte er, sondern  c
bauverständig. – Also nicht vermöge der Erkenntnis von hölzer-
nen Gefäßen, indem sie Rat pflegt, wie diese am besten sein können, ist die Stadt weise zu nennen? – Gewiß nicht. – Wie aber?
Etwa vermöge der von ehernen oder irgendeiner anderen ähnlichen? – Auch nicht wegen einer solchen, sagte er. – Wohl auch
nicht durch die von Erzielung der Früchte aus der Erde, sondern
nur landwirtschaftlich? – So dünkt mich. – Wie aber, sprach ich,
gibt es etwa eine Erkenntnis in der eben von uns eingerichteten
Stadt bei einigen Bürgern, welche nicht über irgend etwas von dem
in der Stadt Rat gibt, sondern über sie selbst ganz, auf welche  d
Weise sie mit sich selbst und mit andern Städten am besten umgehen soll? – Die gibt es freilich. – Welche, sprach ich, und bei
wem? – Eben diese, sagte er, die Obhut tragende, und bei eben
diesen unsern Befehlshabern, die wir eben die vollkommenen Hüter genannt haben. – Wegen dieser Erkenntnis also, wie nennst
du die Stadt? – Wohlberaten, sagte ich, werden sich in unserer
Stadt mehr Schmiede finden oder mehr von diesen wahrhaften  e
Hütern? – Bei weitem mehr Schmiede. – Auch wohl, sprach ich,
unter allen übrigen, welche, weil sie eine gewisse Erkenntnis haben, auf gewisse Weise benannt werden, werden diese immer die

wenigsten sein. – Bei weitem. – Also vermöge der kleinsten
Zunft und Abteilung derselben und der dieser einwohnenden Erkenntnis, der Abteilung nämlich, welche vorsteht und befiehlt,
wäre die ganze naturgemäß eingerichtete Stadt weise. Und dieses,
429a wie sich zeigt, ist von Natur der kleinste Teil, dem es zukommt,
an dieser Erkenntnis teilzuhaben, welche allein unter allen Erkenntnissen Weisheit genannt zu werden verdient. – Vollkommen wahr gesprochen, sagte er. – Dieses eine also unter den vie-
ren haben wir, ich weiß selbst nicht wie, gefunden, was es ist und
wo in der Stadt es seinen Sitz hat. – Mir wenigstens, sagte er,
scheint es ganz befriedigend erklärt zu sein.

### 55. Die Tapferkeit in der vollkommenen Stadt

Aber die Tapferkeit sowohl selbst als auch, wo in der Stadt sie sich
befindet, weswegen dann die ganze Stadt so zu nennen wäre, ist
wohl gar nicht schwierig zu sehen. – Wieso? – Wer möchte wohl,
b sprach ich, auf irgend etwas anderes sehend, die Stadt feige oder
tapfer nennen, als auf den Teil derselben, der sie verficht und für
sie zu Felde zieht? – Niemand gewiß, sagte er, auf etwas anderes. – Denn ich glaube nicht, fuhr ich fort, daß durch die andern in
ihr, mögen sie nun feige oder tapfer sein, sich entscheidet, ob auch
sie selbst das eine ist oder das andere. – Freilich nicht. – Also
auch tapfer ist die Stadt durch einen Teil ihrer selbst. Deshalb
nämlich, weil sie in diesem eine solche Kraft hat, welche beständig
c in Beziehung auf das Furchtbare die Meinung aufrechterhalten
wird, es sei das und dergleichen, was und welcherlei der Gesetzgeber in der Erziehung dafür erklärt hat. Oder nennst du das nicht
Tapferkeit? – Ich habe nicht völlig verstanden, sagte er, was du
meintest, also erkläre es noch einmal. – Ich meine also, antwortete ich, die Tapferkeit sei eine Bewahrung und Aufrechterhaltung. – Was für eine Aufrechterhaltung denn? – Die der von dem
Gesetz durch die Erziehung eingeflößten Meinung über das
Furchtbare, was und welcherlei es ist. Und ich nannte sie eine beständige Aufrechterhaltung, weil sowohl, wer in Schmerzen ist, sie
d durchführen soll, als wer in Lust, und in Begierde sowohl als in
Furcht, und sie nicht fahrenlassen. Ich will sie dir aber vergleichen,
womit sie mir Ähnlichkeit zu haben scheint, wenn du willst. –
Freilich will ich. –

Du weißt doch, sprach ich, daß die Färber, wenn sie Wolle zu feinem Purpur färben wollen, zuerst aus so vielen Farben der Wolle nur die eine Art aussuchen, die weiße, und dann durch gar vielfältige Zubereitungen sie so bearbeiten, wie sie bestmöglichst die Farbe annehmen kann, und so färben sie dann. Und was auf diese Weise gefärbt ist, das wird dann echt, und alles Waschen e ohne oder mit Lauge kann die Farbe daraus nicht ausziehen; was aber nicht so, das weißt du wohl, wie es wird, es mag einer nun auf anderen Grund den Purpur aufsetzen oder auch auf diesen, aber ohne vorherige Bearbeitung. – Ich weiß, sagte er, daß das nur Waschfarben sind und ganz schlechte. – Dergleichen nun nimm an, daß wir auch nach Vermögen getan haben, als wir die Kriegs- 430a männer aussuchten und durch Musik und Gymnastik erzogen, und glaube nicht, daß wir irgend etwas anderes damit beabsichtigt haben als nur, daß sie so bearbeitet die Gesetze wie dort die Farbe recht gründlich einsaugen und annehmen möchten, damit ihre Vorstellung echt werde, die von dem Furchtbaren sowohl als alle übrigen, weil sie nämlich sowohl die rechte Natur haben als auch die rechte Erziehung genossen haben und auch solche Laugen nicht imstande sein mögen, ihnen die Farbe auszuwaschen, die sonst wohl tüchtig ausspülen, wie Wollust, die stärker hierin ist als alle Pottasche und Kalkerde, und Schmerz und Furcht und Be- gierde, die es mehr sind als jede andere Lauge. Diese solche Kraft b und durchgängige Aufrechterhaltung der richtigen und gesetz- lichen Vorstellung von dem, was furchtbar ist und was nicht, nenne und erkläre ich für Tapferkeit, wenn du nicht etwas anderes darunter verstehst. –

Nichts anderes, sagte er. Du scheinst mir nämlich die richtige Vorstellung hierüber, die ohne Bildung entstanden ist, sowie auch die tierische und die knechtische nicht für recht dauerhaft zu hal- ten und auch anders als Tapferkeit nennen zu wollen. – Ganz richtig, sprach ich, verstehst du mich. – Ich nehme also an, daß c dieses Tapferkeit ist. – Nimm nur an, sprach ich, daß es die bür- gerliche wenigstens ist, und du wirst ganz recht annehmen. Ein andermal aber wollen wir, wenn du willst, dies noch genauer durchgehen; denn jetzt suchen wir nicht sie, sondern die Gerech- tigkeit, und um diese zu suchen, reicht, wie ich glaube, das Bishe- rige zu. – Sehr wohl gesprochen, sagte er. –

### 56. Die Besonnenheit. Bedeutung des ‹Stärkerseins als man selbst›

Zweierlei also, sprach ich, ist uns noch übrig, was wir im Staate
d auffinden müssen, die Besonnenheit und die Gerechtigkeit, um
derentwillen wir alles andere mit suchen. – Allerdings. – Wie
können wir also wohl die Gerechtigkeit finden, damit wir nicht
erst noch Weitläufigkeiten haben mit der Besonnenheit? – Ich
meinesteils, sagte er, weiß es nicht und möchte auch gar nicht, daß
sie sich eher zeigte, wenn wir uns hernach um die Besonnenheit
nicht mehr kümmern würden; sondern, wenn du mir gefällig sein
willst, so laß uns diese eher als jene betrachten. – Das will ich ja
e wohl gern, sprach ich, wenn ich nicht unrecht tue. – Untersuche
sie also, sagte er. – Das soll geschehen, antwortete ich. Und von
hier aus angesehen, scheint sie mehr als das Vorige einem gewissen
Einklang und einem Zusammenstimmen zu gleichen. – Wie
das? – Ein gewisser Anstand ist doch, sprach ich, die Besonnenheit und eine Mäßigung gewisser Lüste und Begierden, wie sie sagen; und stärker als er selbst pflegen sie ihn, ich weiß nicht recht
auf welche Weise, zu nennen, und noch einige andere ähnliche
Spuren gleichsam werden von ihr angegeben. Nicht wahr? –
Ganz richtig, sagte er. – Nun ist doch das ‹stärker als er selbst›
lächerlich. Denn wer stärker als er selbst wäre, wäre doch offenbar auch schwächer als er selbst, und der Schwächere stärker;
431a denn es ist doch immer derselbe, der in allen diesen Redensarten
auf beiden Seiten aufgeführt wird. – Freilich wohl. –
Allein mir scheint diese Erklärung sagen zu wollen, daß es in
dem Menschen selbst an der Seele irgendein Besseres gibt und ein
Schlechteres; und wenn nun das von Natur Bessere über das
Schlechtere Gewalt hat, dies nennt sie stärker sein als er selbst,
denn dies lobt sie ja; wenn aber durch schlechte Erziehung oder
Behandlung von der Menge des Schlechteren das kleinere Bessere
überwältigt wird, dieses scheint sie als einen Schimpf zu tadeln,
b und dies schwächer sein als er selbst zu nennen und den so Gestimmten einen zügellosen. – So zeigt es sich freilich, sagte er. –
Sieh also her, sprach ich, auf unsere neue Stadt, und du wirst das
eine von diesen beiden in ihr finden. Denn daß sie Herr ihrer selbst
sei, wirst du sagen müssen, könne man ihr mit vollem Recht beilegen, wenn doch das Ganze, dessen Besseres das Schlechtere be-

herrscht, besonnen zu nennen ist und Herr seiner selbst. – Ich
sehe her, sagte er, und du hast recht. – Und die vielen und vielerlei Begierden und Lüste und Unlüste findet einer doch wohl bei c
Kindern am meisten und bei Weibern und Gesinde, unter den sogenannten freien Leuten aber nur bei dem großen und gemeinen
Haufen. – Allerdings. – Einfach und Mäßige aber, die von Vernunft und richtiger Vorstellung verständig geleitet werden, wirst
du nur bei wenigen antreffen, und zwar bei den Bestgearteten
und Besterzogenen. – Wahr, sagte er. – Nun siehst du doch, daß
du dieses alles auch in der Stadt hast, hier aber die Begierden in
den Vielen und Schlechten beherrscht von den Begierden und der d
Vernunft in den Wenigeren und Edleren. – Das sehe ich, sagte
er. –

57. *Die Besonnenheit in einer Stadt. – Vorrede zur Gerechtigkeit*

Wenn man also einen Staat Herrn der Lüste und Begierden und
also auch seiner selbst nennen darf, so ist es dieser. – Auf alle
Weise gewiß, sagte er. – Also auch wohl, wenn in einer anderen
Stadt dieselbe Vorstellung einwohnt den Regierenden und den Regierten darüber, wer regieren soll, würde sich dasselbe auch in e
dieser finden. Oder meinst du nicht? – Freilich, sagte er, gar
sehr. – In welcher von beiden Abteilungen der Bürger, wirst du
nun sagen, sei die Besonnenheit, wenn sie sich so verhalten? In den
herrschenden oder in den beherrschten? – In beiden doch wohl,
sagte er. – Siehst du also, sprach ich, daß wir vorhin ganz richtig
geahnt haben, die Besonnenheit sei einer Zusammenstimmung zu
vergleichen? – Wie das? – Weil nicht, wie die Tapferkeit und die
Weisheit, jede nur in einem Teile einwohnend, die ganze Stadt 432a
die eine weise, die andere tapfer machten, ebenso auch diese die
ganze Stadt besonnen macht, vielmehr ist sie ganz durch sie verbreitet, und nach dem vollkommensten harmonischen Gesetz
macht sie die in derselben Beziehung Schwächsten zusammenstimmen mit den Stärksten und Mittleren, seien sie es nun an Einsicht oder an Stärke oder auch an Zahl oder Reichtum oder was
dergleichen du sonst willst. So daß wir also vollkommen richtig
sagen können, diese Einmütigkeit sei Besonnenheit, nämlich des
von Natur Besseren und Schlechteren Zusammenstimmung dar-

über, welches von beiden herrschen soll, in der Stadt sowohl als in
b jedem einzelnen. – Das dünkt mich völlig ebenso.

Wohl! sprach ich, von diesen drei also können wir ja wohl annehmen, daß wir ihrer ansichtig geworden sind in der Stadt. Aber
die noch übrige Art, durch welche die Stadt an der Tugend teilnehmen kann, was wäre wohl die? Denn offenbar ist diese doch die
Gerechtigkeit. – Offenbar. – Nun also, Glaukon, müssen wir wie
Jäger den Busch rings umstellen, daß uns die Gerechtigkeit nicht
etwa entschlüpfe und dann, wenn sie einmal verschwunden ist,
c nicht wieder zum Vorschein komme. Denn offenbar ist sie hier
irgendwo. Sieh also zu und beeifere dich recht, ob du sie etwa eher
als ich erblicken und mir anzeigen kannst. – Wenn ich doch
könnte! sagte er. Vielmehr aber, wenn du mich als einen behandelst, der da folgen und das Gezeigte auch wahrnehmen kann,
wirst du mich ganz angemessen behandeln. – So folge mir denn,
sprach ich, nach gemeinsam verrichtetem Gebet. – Das will ich
tun, sprach er, führe du nur an. – Freilich, fuhr ich fort, scheint
mir der Ort gar unzugänglich und überwachsen, wenigstens ist er
dunkel und schwer zu durchstreifen; aber wir müssen dennoch
d gehen. – Das müssen wir! sagte er. – Nachdem ich nun etwas
erblickt, rief ich aus: Ju Ju, Glaukon! es scheint, daß wir eine Spur
haben, und ich glaube, sie soll uns nun gewiß nicht entkommen. –
Das ist ja eine gute Nachricht, sprach er. – Wahrhaftig, sagte ich,
etwas albern ist es uns doch ergangen. – Wieso? – Schon lange,
du Bester, liegt sie uns von Anfang an vor den Füßen, und wir
haben sie nur nicht gesehen, sondern waren ganz lächerlich, wie
bisweilen Leute, die etwas in der Hand haben, dasselbe suchen,
e was sie haben, so haben auch wir nicht auf den Fleck gesehen,
sondern irgendwohin ins Weite, daher sie uns denn natürlich entgehen mußte. – Wie, fragte er, meinst du das? – So, antwortete
ich, daß mich dünkt, wir haben schon lange davon gesprochen
und gehört und nur uns selbst nicht verstanden, daß wir eben davon handelten. – Lange Vorrede, sagte er, für einen, der begierig
ist zu hören! –

### 58. Bestimmung der Gerechtigkeit als das Tun des Seinigen

433a Also, sprach ich, höre, ob etwas daran ist. Nämlich was wir von
Anfang an festgesetzt haben, was jeder durchgängig tun müßte,

als wir die Stadt gründeten, eben dieses, oder doch eine Art davon,
ist, wie mich dünkt, die Gerechtigkeit. Denn wir haben ja festgesetzt und oftmals gesagt, wenn du dich dessen erinnerst, daß jeder
nur eines betreiben müsse von dem, was zum Staate gehört, wozu
nämlich seine Natur sich am geschicktesten eignet. – Das haben
wir freilich gesagt. – Und gewiß, daß das Seinige tun und sich
nicht in vielerlei mischen Gerechtigkeit ist, auch das haben wir      b
von vielen andern gehört und gewiß auch öfter selbst gesagt. –
Gewiß haben wir es gesagt. – Dieses also, o Lieber, sprach ich,
wenn es auf gewisse Weise geschieht, scheint die Gerechtigkeit zu
sein, daß jeder das Seinige verrichtet. Weißt du, woher ich das
schließe? – Nein, sondern sage es! antwortete er. – Mich dünkt
nämlich, sprach ich, das noch Übrige in der Stadt, außer dem, was
wir schon betrachtet haben, der Besonnenheit, Tapferkeit und
Vernünftigkeit, müsse dasjenige sein, was jenen allen die Kraft
gibt dazusein, und müsse auch jenes, nachdem es nun da ist, erhalten, solange es selbst vorhanden ist. Nun aber sagten wir doch, die
Gerechtigkeit müsse dasjenige sein, was noch fehle, wenn wir die      c
drei andern würden gefunden haben. – Und das ist auch notwendig so, sagte er. – Aber doch, sprach ich, wenn man nun entscheiden sollte, welche von diesen wohl vorzüglich unsere Stadt gut
mache durch ihre Anwesenheit: so möchte schwer zu entscheiden
sein, ob die Übereinstimmung der Herrschenden und Beherrschten, oder die Aufrechterhaltung der gesetzmäßigen Vorstellung
von dem, was furchtbar ist oder nicht, unter den Kriegsmännern,
oder die den Herrschenden einwohnende Einsicht und Obhut,      d
oder ob das sie vorzüglich gut macht, wenn sich bei Kindern und
Weibern, Knechten und Freien, gemeinen Arbeitern und Herrschenden und Beherrschten dieses findet, daß jeder, wie er einer
ist, auch nur das Seinige tut und sich nicht in vielerlei mischt! –
Schwer zu entscheiden, sagte er, allerdings. – Es wetteifert also in
bezug auf die Tugend der Stadt mit der Weisheit und Besonnenheit
und Tapferkeit diese Eigenschaft, daß jeder in ihr das Seinige
tut. – Gar sehr, sagte er. – Und du würdest doch wohl nur der
Gerechtigkeit einen Wettstreit mit jenen in bezug auf die Tugend
der Stadt zugestehen? – Allerdings. –                                 e
  Erwäge aber auch von dieser Seite, ob es dir so scheint. Wirst du
wohl den Herrschenden in der Stadt auftragen, die Rechtssachen

zu schlichten? – Wem anders? – Werden sie nun wohl nach irgend etwas anderem mehr streben bei ihren Entscheidungen als
danach, daß einem jeden weder Fremdes zugeteilt noch ihm das
Seinige genommen werde? – Nein, sondern danach. – Als nach
dem Gerechten? – Ja. – Auch so demnach würde, daß jeder das
Seinige und Gehörige hat und tut, als Gerechtigkeit anerkannt
434a werden. – So ist es. – Sieh nun zu, ob du noch weiter meiner
Meinung bist. Wenn der Zimmermann sich einfallen läßt, des
Schuhmachers Werke zu verrichten, oder der Schuhmacher die
des Zimmermanns, mögen sie nun ihre Werkzeuge und ihren
Lohn wechseln, oder mag auch einer und derselbe beides zu verrichten unternehmen, alles andere hiernach umgestellt, meinst du,
daß das in der Stadt großen Schaden anrichten wird? – Nicht
eben, antwortete er. – Allein, wenn ein Handwerker oder einer,
der sonst ein Gewerbsmann ist seiner Natur nach, hernach, aufge-
b bläht durch Reichtum oder Verbindungen oder Stärke oder etwas
dergleichen, in die Klasse der Krieger überzugehen sucht, oder
einer von den Kriegern in die der Berater und Hüter, ohne daß er es
wert ist, und diese dann ihre Werkzeuge und ihre Ehrenstellen
gegeneinander vertauschen, oder einer und derselbe dies alles zu
verrichten unternimmt: dann, denke ich, wirst auch du der Meinung sein, daß solcher Tausch und Vieltuerei hierin der Stadt zum
Verderben gereicht. – Auf alle Weise freilich. – Also dieser drei
c Klassen Einmischerei in ihr Geschäft und gegenseitiger Tausch ist
der größte Schaden für die Stadt und kann mit vollem Recht Frevel
genannt werden? – Offenbar. – Und den größten Frevel gegen
die eigene Stadt, wirst du den nicht Ungerechtigkeit nennen? –
Wie sollte ich nicht! – Dies ist also die Ungerechtigkeit.

### 59. *Übergang zur Anwendung auf den einzelnen Menschen.*
### *Die drei Seelenteile*

Und so laß uns wiederum so erklären: der erwerbenden, beschüt-
zenden und beratenden Klasse Geschäftstreue, daß nämlich jede
von diesen das Ihrige verrichtet in der Stadt, würde das Gegenteil
von jenem, also Gerechtigkeit sein und die Stadt gerecht machen. –
d Nicht anders scheint es auch mir, sprach er, sich zu verhalten als
so. – Laß es uns nur, sagte ich, noch nicht allzu fest behaupten; sondern wenn auch auf jeden einzelnen Menschen ange-

wendet dieser selbe Begriff auch dort dafür anerkannt wird, Gerechtigkeit zu sein, dann wollen wir es einräumen – denn was wollten wir auch weiter sagen? –, wenn aber nicht, dann wollen wir etwas anderes ersinnen. Jetzt aber laß uns die Untersuchung vollenden, die wir in der Meinung angefangen haben, daß, wenn wir zuvor in irgendeinem Größeren, welches auch Gerechtigkeit an sich hat, diese anzuschauen versuchten, wir dann auch leichter an dem einzelnen Menschen sehen würden, was sie ist. Und ein solches schien uns der Staat zu sein, und so haben wir denn einen so trefflich als möglich eingerichtet, wohl wissend, daß in einem  e
guten wenigstens sie sich finden müsse. Was sich uns also dort gezeigt hat, das laß uns auf den einzelnen übertragen; und wenn es übereinstimmt, soll es gut sein, wenn sie sich aber in dem einzelnen als etwas anderes zeigt, so wollen wir wieder auf die Stadt zurückgehen, um die Sache noch einmal zu prüfen. Und vielleicht, wenn wir so beides gegeneinander betrachten und reiben, werden wir  435a
doch wie aus Feuersteinen die Gerechtigkeit herausblitzen machen und, wenn sie uns klar geworden ist, sie recht bei uns selbst befestigen. – Das ist ganz in der Ordnung, entgegnete er, wie du es sagst, und so müssen wir es machen.

Ist nun wohl, sprach ich, was einer als dasselbe nur größer oder kleiner nennt, insofern unähnlich, inwiefern es dasselbe heißt, oder ähnlich? – Ähnlich, sagte er. – Also auch ein gerechter  b
Mann wird von einem gerechten Staat in Beziehung auf eben diesen Begriff der Gerechtigkeit nicht verschieden, sondern ihm ähnlich sein? – Ähnlich, sagte er. – Aber der Staat schien uns doch gerecht zu sein, sofern drei ihm einwohnende Arten von Naturen jede das Ihrige verrichteten; besonnen aber und tapfer und weise durch eben jener drei Arten anderweitige Zustände und Eigenschaften. – Richtig, sagte er. – Auch von dem Einzelnen also, Lieber, werden wir geradeso dafür halten, daß eben diese drei Arten  c
in seiner Seele sich finden und er derselben Zustände wegen wie dort auch dieselben Namen erhalte wie der Staat. – Ganz notwendig, sagte er. – Da sind wir ja wiederum, o Wunderbarer, sprach ich, auf eine schlimme Untersuchung gestoßen in Absicht der Seele, ob sie eben diese drei Arten in sich hat oder nicht. – Gar nicht scheint mir, sagte er, daß es eine schlimme ist. Vielleicht ist aber, o Sokrates, das Sprichwort wahr, daß das Schöne schwer

ist. – Das zeigt sich, sagte ich. Und wisse nur, o Glaukon, daß
nach meiner Meinung wir dergleichen durch ein solches Verfah-
d  ren, wie wir jetzt in unsern Reden beobachten, niemals genau erhalten werden, sondern der Weg, der dazu führt, ist weiter und
größer, vielleicht aber doch erhalten wir es so, wie es sich zu dem
vorher Erklärten und Erwogenen schickt. – Sollen wir damit
nicht zufrieden sein? sagte er; mir wenigstens würde es für jetzt so
hinreichend sein. – Aber mir, sprach ich, ganz gewiß vollkommen. – Werde also nicht müde, sagte er, sondern untersuche wei-
e  ter. – Ist es uns nun nicht ganz notwendig, sprach ich, zu gestehen,
daß in einem jeden von uns diese nämlichen drei Arten und Handlungsweisen sich finden wie auch im Staate? Denn nirgends anders
her können sie ja dorthin gekommen sein. Denn es wäre ja lächerlich, wenn jemand glauben wollte, das Mutige sei nicht aus den
Einzelnen in die Staaten hineingekommen, die vorzüglich diese
Kraft in sich haben, wie die in Thrakien und Skythien und fast
überall in den oberen Gegenden, oder das Wißbegierige, was man
436a  vorzüglich unsern Gegenden zuschreiben kann, oder das Erwerbs-
lustige, wovon man sagen könnte, daß man es nicht am schlechtesten bei den Phoinikiern und Ägyptern antrifft. – Allerdings,
sagte er. – Dies also verhält sich so, sprach ich, und ist nicht
schwer einzusehen. – Freilich nicht. –

### 60. Prinzip zur Untersuchung der Seelenteile

Das ist aber wohl schwer, ob wir mit demselben alles verrichten,
oder von dreien mit jeglichem ein anderes: mit einem von dem,
was in uns ist, lernen, mit einem andern uns mutig erweisen, und
mit einem dritten wiederum die mit der Ernährung und Erzeugung
verbunden Lust begehren, und was dem verwandt ist, oder ob
b  wir mit der ganzen Seele jegliches von diesen verrichten, wenn wir
auf eines gestellt sind? Dieses wird das sein, was schwierig ist auf
eine genügende Weise zu bestimmen. – Das dünkt mich auch,
sagte er. – Auf diese Art also laß uns versuchen zu bestimmen, ob
es unter sich dasselbe ist oder ob verschiedenes. – Auf welche? –
Offenbar ist doch, daß dasselbe nie zu gleicher Zeit Entgegengesetztes tun und leiden wird, wenigstens nicht in demselben Sinne
genommen und in Beziehung auf ein und dasselbe. So daß, wenn
wir etwa finden sollten, daß in diesen dies vorkommt, wir wissen

werden, daß sie nicht dasselbe waren, sondern mehreres. – Das
sei so. – Erwäge also, was ich sage. – Sprich nur, sagte er. – Ist es  c
wohl möglich, fuhr ich fort, daß dasselbe zugleich in demselben
Sinne stillsteht und sich bewegt? – Keineswegs. – Verständigen
wir uns noch genauer darüber, damit wir nicht etwa im weiteren
Verlauf uns uneins finden. Denn wenn jemand von einem Menschen, welcher steht, aber seinen Kopf und seine Hände bewegt,
sagen wollte, daß derselbe zugleich steht und sich bewegt: so werden wir, denke ich, nicht annehmen, daß man so sagen dürfe, sondern daß einiges von ihm stillsteht und anderes sich bewegt. Nicht  d
so? – So. – Nicht auch wenn, wer dies behauptet, noch artiger
scherzen wollte und uns vortragen, daß doch die Kreisel ganz zugleich stehen und sich bewegen, wenn sie mit der Spitze an einem
und demselben Orte haftend sich herumdrehen, oder was sonst im
Kreise sich bewegend dies an derselben Stelle bleibend tut: so würden wir es nicht annehmen, weil dergleichen Dinge alsdann nicht
in bezug auf dasselbe in ihnen stillstehen und sich bewegen; son-  e
dern wir würden sagen, sie hätten Gerades und Kreisförmiges in
sich und in bezug auf das Gerade ständen sie still, denn sie neigten
sich nach keiner Seite hin, in bezug auf das Kreisförmige aber bewegten sie sich. Wenn aber zugleich mit dieser Bewegung auch die
gerade Richtung zur rechten oder linken oder nach vorn oder hinten abweicht, dann ist keinerlei Art von Stillstand mehr zu denken. – Ganz richtig, sagte er. – Nichts dergleichen also wird uns
verwirren, wenn es vorgebracht wird, noch uns irgend mehr überreden, als ob jemals etwas dasselbe bleibend zugleich in demselben  437a
Sinne und in bezug auf dasselbe könne Entgegengesetztes erleiden
oder sein oder auch tun. – Mich gewiß nicht, sagte er. – Dennoch
aber, sprach ich, damit wir nicht nötig haben, alle dergleichen Einwendungen durchzugehen und weitläufig zu beweisen, daß sie unrichtig sind, so laß uns in der Voraussetzung, daß sich dieses so
verhält, weitergehen und uns anheischig machen, wenn uns dies
jemals anders erschiene als so, so solle alles, was uns hieraus folgt,
für nichtig erklärt sein. – So, sagte er, müssen wir es freilich
machen. –

*61. Aufweis der zwei Teile des Vernünftigen und des Begehr-*
*lichen*

b Nun aber, sprach ich, wirst du doch das Gewähren dem Abschla-
gen, und das Trachten, etwas zu bekommen, dem Ablehnen, und
das Ansichziehen dem Vonsichstoßen, alles dergleichen für einander Entgegengesetztes, es sei nun Tun oder Leiden, erklären?
Denn von dieser Seite wollen wir keinen Unterschied machen. –
Allerdings für entgegengesetzt, sagte er. – Wie also, fuhr ich fort,
Hungern und Dursten und überhaupt die Begierden und so auch
c das Wollen und Wünschen, setzt du nicht alles dieses unter jene
eben angeführten Begriffe? Wirst du z. B. nicht immer sagen, daß
die Seele des Begehrenden nach dem trachtet, was sie begehrt, oder
daß sie das an sich zieht, wovon sie wünscht, daß es ihr werde?
Oder wiederum, sofern sie will, daß ihr etwas gereicht werde, daß
sie dies bejahend zu sich herwinke, gleichsam als ob jemand sie
sähe danach streben, daß es ihr werde? – Ich gewiß. – Und wie?
Das Verwerfen und nicht Wollen noch Begehren, wollen wir nicht
sagen, daß dies zu dem Abstoßen und Vonsichwegtreiben und zu
d allem, was jenem entgegengesetzt ist, gehöre? – Wie sollten wir
nicht? – Insofern nun dieses sich so verhält, sagen wir doch, es
gebe etwas, das wir Begierden nennen, und die stärksten unter
diesen seien, die wir Durst und Hunger nennen? – Das sagen wir,
sprach er. – Und die eine ist des Getränks Begierde, die andere der
Speise? – Ja. –

Ist nun wohl, sofern Durst ist, noch nach etwas mehrerem, als
wir sagten, Begierde in der Seele? Ich meine, ist Durst wohl Durst
nach warmem Getränk oder kaltem, oder nach vielem oder wenigem, oder auch mit einem Worte nach einem bestimmten Ge-
e tränk? Oder wird nur, wenn Wärme außer dem Durst da ist, diese
die Begierde nach dem Kalten dazu hervorbringen, und wenn
Kälte, die nach Warmem? Wenn aber wegen Zugesellung der
Vielheit der Durst viel ist, wird diese die Begierde nach Vielem
veranlassen, wenn er aber gering ist, dann die nach Wenigem; das
Dursten selbst aber wird niemals die Begierde nach irgend etwas
anderem werden, als worauf es seiner Natur nach geht, auf das
Getränk selbst, und ebenso auch das Hungern auf die Speise? –
So, antwortete er, jede Begierde selbst auf dasjenige allein, worauf
sie ihrer Natur nach geht; auf das So-oder-so desselben aber nur

das Hinzukommende. – Daß uns aber nur nicht einer, sprach ich,     438a
unversehens damit beunruhige, daß niemand Trank schlechthin
begehrt, sondern genießbaren Trank, und nicht Speise, sondern
genießbare Speise, weil ja alle das Gute begehren. Wenn also der
Durst eine Begierde ist, müsse er auf Gutes gehen, sei es nun Getränk oder worauf sonst die Begierde geht, und die andern
ebenso. – Der könnte wohl scheinen, antwortete er, etwas zu sagen, der dies sagte. –

Aber doch, sprach ich, was von der Art ist, daß es sich auf etwas
bezieht, das bezieht sich als so und so beschaffen auch auf ein so
und so Beschaffenes, wie mich dünkt, als es selbst aber jedes nur     b
auf das Seinige selbst. – Das habe ich nicht verstanden, sagte er. –
Hast du nicht verstanden, sagte ich, daß das Größere von der Art
ist, daß es größer ist als etwas? – Freilich wohl. – Und zwar als
das Kleinere? – Ja. – Und das weit Größere doch als das weit
Kleinere? Nicht wahr? – Ja. – Nicht auch das ehedem Größere
auch als ein ehedem Kleineres, und das künftig Größere als ein
künftig Kleineres? – Als was sonst? sagte er. – Auch wohl das
Mehrere zu dem Wenigeren und das Doppelte zu dem Halben und     c
alles dergleichen, und ebenso das Schwerere zu dem Leichteren
und das Schnellere zu dem Langsameren, und ferner das Warme
zu dem Kalten und alles dem Ähnliche verhält sich ebenso? – Allerdings. – Und wie mit der Erkenntnis? Ist es nicht dieselbe
Weise? Die Erkenntnis selbst ist Erkenntnis des Erkennbaren
selbst, oder wie man das nennen will, worauf die Erkenntnis sich
bezieht; eine gewisse und irgendwie beschaffene Erkenntnis aber
nur eines gewissen und irgendwie beschaffenen Erkennbaren. Ich     d
meine nämlich dergleichen: Ist nicht die Erkenntnis, wenn sie die
von dem Bau eines Hauses ist, so von den übrigen Erkenntnissen
unterschieden, daß sie Baukunst heißt? – Ohne Zweifel. – Nicht,
weil sie nun eine so bestimmte ist, wie keine von den übrigen? –
Ja. – Und weil eines irgendwie Bestimmten, ist sie selbst eine irgendwie bestimmte? Und ebenso auch die andern Künste und
Wissenschaften? – So ist es. –

Dieses also, sprach ich, glaube, daß ich damals habe sagen wollen, wenn du es denn jetzt verstanden hast, daß, was immer so ist,
daß es zu einem andern ist, daß dieses selbst für sich auch nur zu
jenem selbst für sich ist, zu dem irgendwie Bestimmten aber auch

e nur als selbst irgendwie bestimmt. Und ich sage nicht, daß es selbst
so wie jenes, worauf es sich bezieht, bestimmt ist, so daß die Erkenntnis des Gesunden und Kranken selbst gesund und krank
wäre, und die des Guten und Bösen selbst gut und böse; sondern
nur, daß, weil sie nicht mehr dessen selbst, wessen Erkenntnis sie
ist, Erkenntnis war, sondern eines irgendwie bestimmten solchen,
und das war eben das Gesunde und Krankhafte, sie auch selbst
eine irgendwie bestimmte geworden ist, und dies nun gemacht hat,
daß sie nicht mehr Erkenntnis schlechthin heißt, sondern, da ein
Bestimmtes hinzugekommen ist, Heilkenntnis. – Ich verstehe,
sagte er, und es scheint mir sich so zu verhalten. – Und den Durst,
439a sprach ich, wirst du den nicht unter diejenigen Dinge setzen, die,
was sie sind, auf etwas gehend sind? Er ist aber doch Durst…? –
Ja, sprach er, nämlich nach Getränk. – Also auch nach einem gewissen Getränk nur ein gewisser Durst, Durst aber selbst weder
nach Vielem oder Wenigem, noch nach Gutem oder Schlechtem,
noch mit einem Wort nach irgendwie bestimmtem Getränk, sondern Durst selbst und für sich seiner Natur nach nur nach Getränk
selbst und für sich. – Auf alle Weise freilich. – Des Durstenden
Seele also, inwiefern er durstet, will nichts anderes als trinken;
b dieses begehrt sie und danach strebt sie. – Offenbar ja. –

Und nicht wahr, wenn jemals irgend etwas sie zurückzieht,
wenn sie durstet, so wäre dies etwas anderes in ihr als das Dur-
stende und sie wie ein Tier zum Trinken Antreibende selbst? Denn
es kann ja nicht, sagen wir, dasselbe durch sein Selbes in bezug auf
dasselbe zugleich Entgegengesetztes tun. – Freilich nicht. – Wie
es, glaube ich, von einem Schützen nicht richtig gesagt ist, daß
seine Hände zugleich den Bogen losschnellen und anspannen, sondern daß die eine Hand die losschnellende ist und die andere die
anspannende. – Allerdings freilich, sagte er. – Ob wir nun wohl
c sagen sollen, daß bisweilen einige, welche dursten, doch nicht trinken wollen? – Wohl, sagte er, gar viele und oftmals. – Was also,
sagte ich, soll einer hiervon wohl sagen? Nicht, daß in ihrer Seele
zwar das zu trinken Befehlende sei, in ihrer Seele aber auch das
Verhindernde, und zwar als ein anderes und welches über jenes
Befehlende Gewalt hat? – Das dünkt mich wenigstens, sagte er. –
Und kommt nun nicht das dergleichen Verbietende, wenn es
d kommt, durch Überlegung, das Treibende und Ziehende aber ist

da vermöge eines leidenden und krankhaften Zustandes? – Das ist deutlich. – Nicht mit Unrecht also, sprach ich, wollen wir dafür halten, daß diese ein Zwiefaches und voneinander Verschiedenes sind, und das, womit die Seele überlegt und ratschlagt, das Denkende und Vernünftige der Seele nennen, das aber, womit sie verliebt ist und hungert und durstet und von den übrigen Begierden umhergetrieben wird, das Gedankenlose und Begehrliche, gewissen Anfüllungen und Lüsten Befreundete. – Gewiß nicht mit Unrecht, sondern mit großer Wahrscheinlichkeit, sagte er, werden wir dieses annehmen. – e

## 62. Der Eifer als dritter Seelenteil

Diese zwei Arten also, sprach ich, seien uns bestimmt als in der Seele einwohnend. Aber der Mut und das, womit wir uns ereifern, ist dieses eine dritte? Oder welcher von jenen beiden wäre es gleichartig? – Vielleicht doch, sagte er, dem einen, dem Begehrlichen. – Aber, sprach ich, ich habe einmal etwas gehört und glaube dem: wie nämlich Leontios, der Sohn des Aglaion, einmal aus dem Peiraieus an der nördlichen Mauer draußen heraufkam und merkte, daß beim Scharfrichter Leichname lägen, er zugleich Lust bekam, sie zu sehen, zugleich aber auch Abscheu fühlte und sich wegwendete und so eine Zeitlang kämpfte und sich verhüllte, dann aber von der Begierde überwunden mit weitgeöffneten Augen zu den Leichnamen hinlief und sagte: da habt ihr es nun, ihr unseligen, sättigt euch an dem schönen Anblick! – Das habe ich auch gehört, sagte er. – Diese Erzählung nun, sprach ich, deutet darauf, daß der Eifer bisweilen gegen die Begierde streitet als ein anderes gegen ein anderes. – Darauf deutet sie freilich, sagte er. – 440a

Merken wir nun nicht auch anderwärts oftmals, sagte ich, wenn jemanden Begierden gegen seine Überlegung zwingen, daß er selbst schimpft und sich ereifert über das Zwingende in ihm? Und b daß also in dem Aufstande beider gegeneinander der Eifer eines solchen ein Verbündeter der Vernunft wird? Daß er sich aber zu den Begierden gesellen sollte, wenn die Vernunft ausspricht, daß man etwas nicht tun soll, dieses, glaube ich, wirst du nicht sagen können, daß du jemals bei dir selbst bemerkt hättest, daß es geschehen sei, noch bei einem andern. – Nein, beim Zeus, sagte er. – Und wie? fuhr ich fort, wenn einer glaubt, Unrecht getan zu c haben, ist er nicht, je edler, um desto weniger imstande zu zürnen, wenn er auch Hunger und Durst oder sonst etwas dieser Art von dem leiden muß, von dem er glaubt, daß er ihm dieses mit Recht antue? Und ist es nicht so, wie ich sage, daß sein Eifer sich gegen diesen nicht erheben will? – Richtig, sagte er. – Wie aber, wenn jemand Unrecht zu leiden glaubt? Gärt er nicht in diesem und wird wild und verbündet sich mit dem, was ihm gerecht dünkt, mag er auch Hunger und Durst und Kälte und alles dergleichen erleiden müssen, und siegt durch Beharrlichkeit und macht seiner edlen

d Bestrebungen kein Ende, bis er es entweder durchgeführt hat oder draufgeht, oder, wie der Hund von dem Hirten, so von der bei ihm wohnenden Vernunft zurückgerufen und besänftigt wird? –

Ganz so, sagte er, ist es, wie du sagst, wie ja auch wir in unserer Stadt die Helfer gleichsam als Hunde den Herrschern als den Hirten der Stadt unterwürfig gemacht haben. – Sehr schön, sprach ich, merkst du, was ich sagen will. Aber gewahrst du außerdem

e wohl auch noch dieses? – Welches doch? – Daß es uns ganz entgegengesetzt erscheint mit dem Mutartigen als noch eben. Denn damals meinten wir, es sei auch ein Begehrliches; jetzt aber sagen wir, weit gefehlt, sondern vielmehr ergreife es in dem Zwiespalt der Seele die Waffen für das Vernünftige. – Allerdings. – Etwa auch als ein von diesem Verschiedenes, oder als eine Art des Vernünftigen, so daß nicht dreierlei, sondern nur zweierlei in der Seele wäre, das Vernünftige und das Begehrliche? Oder, wie in der Stadt drei verschiedene Arten sie zusammenhielten, die erwerbende, die

441a helfende und die beratende, ist so auch in der Seele dieses ein drittes, das Eifrige, von Natur dem Vernünftigen beistehend, wenn es nicht etwa durch schlechte Erziehung verdorben ist? – Notwendig, sagte er, ein drittes. – Ja, sprach ich, wenn es sich auch von dem Vernünftigen verschieden zeigt, wie es sich von dem Begehrlichen unterschieden gezeigt hat. – Das ist wohl nicht schwer zu zeigen, sagte er. Denn das kann ja einer schon an den Kindern sehen, daß sie, nur eben geboren, schon voll Eifers sind, von Nachdenken aber scheinen mir wenigstens einige gar niemals etwas zu bekommen, und die meisten nur sehr spät. – Ja beim Zeus, sprach

b ich, das hast du schön gesagt. Und auch noch an den Tieren kann man sehen, was du meinst, daß es sich so verhält. Und außerdem wird auch das Homerische, was wir oben schon irgendwo ange-

führt haben, Zeugnis davon geben, das: ‹Aber er schlug an die
Brust und strafte das Herz mit den Worten›; denn hier hat Homeros ganz deutlich, als eines von dem andern verschieden, das über
das Bessere und Schlechtere Nachdenkende dem gedankenlos sich c
Ereifernden zuredend gedichtet. – Offenbar, sagte er, hast du
ganz recht. –

### 63. Erklärung der Tugenden in der Seele

Dieses also, sprach ich, haben wir mit Mühe durchgemacht; und
es steht uns nun zur Genüge fest, daß dieselben Verschiedenheiten
wie in der Stadt auch in eines jeden einzelnen Seele sich zeigen, und
gleich an Zahl. – So ist es. – Nun ist also wohl auch jenes schon
notwendig, daß, wie die Stadt weise war und wodurch, so auch
und eben dadurch der Einzelne weise ist. – Notwendig. – Und
wodurch der Einzelne tapfer und wie, dadurch auch die Stadt tap- d
fer sei und ebenso, und daß auch in allem übrigen, was die Tugend
betrifft, beide sich auf gleiche Weise verhalten. – Notwendig. –
Auch gerecht also, o Glaukon, denke ich, werden wir sagen müssen, sei ein Mann auf dieselbe Weise, wie auch der Staat gerecht
war. – Auch das ist ganz notwendig. – Aber wir haben doch wohl
das noch nicht vergessen, daß jene dadurch gerecht war, daß jede
von jenen drei Gattungen in ihr das Ihrige tat? – Wir scheinen es,
sagte er, ja wohl nicht vergessen zu haben. – Also müssen wir
bedenken, daß auch ein jeder von uns, in welchem sie jede das e
Ihrige tun, gerecht sein wird und das Seinige verrichtend. – Allerdings, sagte er, müssen wir das bedenken. –

Nun gebührt doch dem Vernünftigen zu herrschen, weil es
weise ist und für die gesamte Seele Vorsorge hat, dem Eifrigen
aber, diesem folgsam zu sein und verbündet? – Freilich. – Und
wird nun nicht, wie wir sagten, die rechte Mischung der Musik
und Gymnastik sie zusammenstimmend machen, indem sie das
eine anspornt und nährt durch schöne Reden und Kenntnisse, 442a
das andere aber zuredend und besänftigend durch Wohlklang und
Zeitmaß mildert? – Offenbar ja, sprach er. – Und diese beiden
nun, so auferzogen und in Wahrheit in dem Ihrigen unterwiesen
und gebildet, werden dann dem Begehrlichen vorstehen, welches
wohl das meiste ist in der Seele eines jeden und seiner Natur nach
das Unersättlichste; welches sie dann beobachten werden, damit

es nicht etwa, durch Anfüllung der sogenannten Lust des Leibes
b groß und stark geworden, unternehme, anstatt das Seinige zu verrichten, vielmehr die andern zu unterjochen und zu beherrschen,
was ihm nicht gebührt, und so das ganze Leben aller verwirre. –
Allerdings, sagte er. – Werden nun nicht, sprach ich, auch den
äußeren Feind diese beiden am besten abhalten für das Gesamte,
Seele und Leib, indem jenes berät, dieses wehrt, dem Herrschenden aber folgt und durch Tapferkeit das Beschlossene vollzieht? –
So ist es. – Auch tapfer also, meine ich, nennen wir jeden einzel-
c nen vermöge dieses Teils, wenn sein Mutartiges durch Lust und
Unlust hindurch immer treu bewahrt, was von der Vernunft als
furchtbar angekündigt worden ist, und was als nicht. – Richtig,
sagte er. – Und weise durch jenen kleineren Teil, welcher in ihm
herrscht und dieses verkündigt, indem auch in dem einzelnen dieser Teil in sich hat die Erkenntnis dessen, was einem jeden und
dem Ganzen, aus allen dreien gemeisam zuträglich ist. – Allerdings. – Und wie? Besonnen nicht durch die Freundschaft und
Zusammenstimmung eben dieser, wenn das Herrschende mit dem
Beherrschten einmütig ist darüber, daß das Vernünftige herrschen
d soll, und sie nicht miteinander im Streit sind? – Nichts anderes,
sprach er, ist ja wohl Besonnenheit des Staates und des Einzelnen. – Also auch gerecht, wie wir nun schon oft gesagt haben,
wird er durch dasselbe und auf dieselbe Weise sein? – Ganz notwendig. –

Wie aber? fuhr ich fort; schwebt uns nicht dunkel irgend etwas
vor, als ob doch die Gerechtigkeit etwas anderes sein müsse, als
wofür wir sie im Staat erkannten? – Mir meinesteils, sagte er,
scheint es nicht. – Auf die Art wenigstens, sprach ich, können wir
e der Sache vollkommen gewiß werden, falls etwa in unserer Seele
noch irgend etwas zweifelhaft ist, wenn wir nämlich jenes Gewöhnliche daran versuchen. – Welches doch? – Wie wenn wir
uns erklären sollten über jenen Staat und den ihm ähnlich gearte-
ten und gebildeten einzelnen Mann, ob wohl von ihm zu glauben
ist, daß ein solcher, wenn Gold und Silber bei ihm niedergelegt
wäre, es unterschlagen werde. Wer, glaubst du wohl, werde der
Meinung sein, daß dieser dies eher tun werde als die, welche nicht
443a so sind? – Niemand, antwortete er. – Also auch vom Tempelraub und Diebstahl und Verräterei, einzeln gegen Freunde sowohl

als mit der Stadt gegen Städte, wird ein solcher fern sein? –
Fern. – Und auch wohl nicht im mindesten untreu in Eidschwüren
und andern Verträgen? – Wie sollte er wohl! – Und Ehebruch
oder Gleichgültigkeit gegen die Eltern oder Vernachlässigung der
Götter kommt ja wohl jedem anderen eher zu als diesem? – Gewiß jedem, sagte er. – Und von dem allen ist doch die Ursache, b
daß von dem, was in ihm ist, jegliches das Seinige verrichtet in
Hinsicht auf Herrschen und Beherrschtwerden? – Dieses freilich
und nichts anderes. – Wie also? Begehrst du, daß die Gerechtigkeit noch etwas anderes sei als dieses Vermögen, welches einzelne
Menschen sowohl als Staaten zu solchen macht? – Nein, beim
Zeus, sprach er, ich nicht. –

## 64. Abschließende Feststellung über die gefundene Gerechtig-
keit

So ist uns also der Traum vollständig erfüllt, von dem wir sagten,
daß er uns vorschwebe, sofern wir gleich im Anfang der Begründung unseres Staates durch Gunst irgendeines Gottes auch in den c
Anfang und die Grundzüge der Gerechtigkeit scheinen eingeschritten zu sein. – Auf alle Weise freilich. – Und jenes also, o
Glaukon, war, weshalb es sich ja auch als nützlich zeigte, eine Art
von Schattenbild der Gerechtigkeit, daß nämlich der von Natur
Schusterhafte auch recht tue, nur Schuhe zu machen und nicht
anderes zu verrichten, und der Zimmermännische nur zu zimmern
und die andern ebenso. – Das leuchtet ein. – In Wahrheit aber
war die Gerechtigkeit, wie sich zeigte, zwar etwas dieser Art, aber
nicht an den äußeren Handlungen in bezug auf das, was dem Menschen gehört, sondern an der wahrhaft inneren Tätigkeit in Absicht auf sich selbst und das Seinige, indem einer nämlich jegliches d
in ihm nicht Fremdes verrichten läßt, noch die verschiedenen
Kräfte seiner Seele sich gegenseitig in ihre Geschäfte einmischen,
sondern jeglichem sein wahrhaft Angehöriges beilegt und sich
selbst beherrscht und ordnet und Freund seiner selbst ist und die
drei in Zusammenstimmung bringt, ordentlich wie die drei
Hauptglieder jedes Wohlklangs, den Grundton und den höchsten
und den mittleren, und wenn noch etwas zwischen diesen liegt,
auch dies alles verbindet und auf alle Weise *einer* wird aus vielen, e
besonnen und wohl gestimmt, und so erst verrichtet, wenn er

etwas verrichtet, es betreffe nun Erwerb des Vermögens oder
Pflege des Leibes oder auch bürgerliche Geschäfte und besondere
Verhandlungen, daß er in dem allen diejenigen für gerechte und
schöne Handlungen hält und erklärt, welche diese Beschaffenheit
unterhalten und mit hervorbringen, und für Weisheit die diesen
Handlungen vorstehende Einsicht, sowie für ungerecht die Hand-
444a lungen, welche diese Beschaffenheit aufheben, und für Torheit
die solchen vorstehende Meinung. – Auf alle Weise, sprach er, o
Sokrates, hast du recht. – Wohl denn! sprach ich, wenn wir nun
behaupteten, den gerechten Mann und Staat, und was die Gerechtigkeit in ihnen ist, gefunden zu haben, würden wir uns, denke ich,
wohl nicht sehr zu täuschen scheinen. – Beim Zeus, wohl nicht,
sagte er. – Wir wollen es also behaupten? – Das wollen wir. –

### 65. Erklärung der Ungerechtigkeit in der Seele
So sei es denn! sprach ich. Nächst diesem aber, denke ich, müssen
wir die Ungerechtigkeit in Betrachtung ziehen. – Offenbar. –
b Muß sie nun nicht ihrerseits ein Zwiespalt eben dieser drei sein
und eine Vieltuerei und Fremdtuerei und ein Aufstand irgendeines
Teiles gegen das Ganze der Seele, um in ihr zu herrschen, obwohl
es ihm nicht zukommt, sondern er ein solcher ist von Natur, daß es
ihm -gebührt, dem, welches von dem herrschaftlichen Geschlecht
ist, zu dienen? Dergleichen, denke ich, werden wir sagen, und
eben dieser Kräfte Verwirrung und Verirrung sei nun die Ungerechtigkeit und Ungebundenheit und Feigheit und Unvernunft
und insgesamt alle Schlechtigkeit. – Eben dieses gewiß, sagte
c er. – Also ist nun auch, sprach ich, das Ungerechthandeln und
Unrechttun und ebenso das Rechttun, alles dieses wohl schon
ganz deutlich bestimmt, wenn ja auch Gerechtigkeit und Ungerechtigkeit es sind. – Woher das? – Weil sie, sprach ich, gar nicht
unterschieden von dem Gesunden und Ungesunden, was dieses für
den Leib ist, für die Seele sind. – Wieso? fragte er. – Das Gesunde
bewirkt doch Gesundheit und das Ungesunde Krankheit? – Ja. –
Bewirkt nicht auch das Rechttun Gerechtigkeit und das Unrecht-
d tun Ungerechtigkeit? – Notwendig. – Gesundheit bewirken
heißt aber das Leibliche in ein naturgemäßes Verhältnis des Be-
herrschens und Von-einander-Beherrschtwerdens bringen, und
Krankheit, in ein naturwidriges Herrschen und Beherrschtwerden

eines vom andern. – Das heißt es. – Nicht auch wiederum, sprach
ich, Gerechtigkeit bewirken, die Regungen in der Seele in ein
naturgemäßes Verhältnis bringen des Herrschens und Von-einander-Beherrschtwerdens? Ungerechtigkeit aber in ein naturwidriges Herrschen und Beherrschtwerden einer von der andern? –
Offenbar, sagte er. – So wäre denn die Tugend, wie es scheint, e
eine Gesundheit und Schönheit und ein Wohlbefinden der Seele,
die Schlechtigkeit aber Krankheit und Häßlichkeit und Schwäche. – So ist es. – Führen nun nicht auch schöne Beschäftigungen
zum Besitz der Tugend, häßliche aber zur Schlechtigkeit? – Notwendig. –

### 66. Gerechtigkeit ist nützlicher als Unrechttun. Die eine Ge- stalt der Tugend und die vier Hauptgestalten der Schlech- tigkeit

So wäre uns denn nun noch übrig zu untersuchen, welches von
beiden wohl zweckmäßig ist, ob Rechttun und um Schönes sich 445 a
bemühen und gerecht sein, mag es nun verborgen bleiben oder
nicht, daß man ein solcher ist, oder ob Unrechttun und ungerecht
sein, wenn man nämlich keine Strafe leidet und nicht zur Besse-
rung gezüchtigt wird. – Aber, o Sokrates, sagte er, ganz lächerlich
scheint mir wenigstens nun schon diese Untersuchung zu werden,
wenn man doch, sobald die Natur des Leibes verderbt ist, glaubt
nicht leben zu können, auch nicht mit allen Speisen und Geträn-
ken und allem Reichtum und aller Gewalt; wenn aber die Natur
dessen, wodurch wir doch eigentlich leben, in Unordnung und
verderbt ist, ob man dann leben soll, wenn einer nur alles andere b
tun kann, was er will, außer das nicht, wodurch er eben die
Schlechtigkeit und Ungerechtigkeit loswerden und zur Gerechtigkeit und Tugend gelangen könnte, da doch beide uns so erschienen
sind, wie wir sie jetzt beschrieben haben. – Lächerlich freilich,
sprach ich. Aber dennoch, da wir einmal bis hierher gekommen
sind, so deutlich, als nur möglich ist, einzusehen, daß sich dies
wirklich so verhält, so dürfen wir ja nicht ablassen. – Alles, Lieber, beim Zeus, sprach er, nur nicht ablassen. –

So komm denn her, sprach ich, damit du siehst, wie viele Arten c
meines Bedünkens die Schlechtigkeit hat, die nämlich des Ansehens wert sind. – Ich folge, sagte er, sprich nur. – Nämlich wie

von einer Warte herab, sprach ich, zeigt sich mir nun, nachdem wir bis hierher in unserer Rede gestiegen sind, daß es nur *eine* Gestalt der Tugend gibt, unzählige aber der Schlechtigkeit, unter welchen sich jedoch gewiß vier auszeichnen als bemerkenswert. – Wie meinst du das? fragte er. – Soviel, sprach ich, als es Arten der Staatsverfassung gibt, soviel mögen auch wohl Gestalten der Seele sein. – Wieviel also? – Fünf, sprach ich, der Staatsverfassungen und fünf der Seele. – Erkläre, sagte er, was für welche. – Ich erkläre also, fuhr ich fort, die eine ist diese von uns beschriebene Art und Weise der Staatsverfassung; sie kann aber zwiefach benannt werden. Denn wenn unter den Herrschenden ein einzelner sich ausgezeichnet findet, heißt sie das Königtum, wenn aber mehrere, dann die Aristokratie. – Richtig, sagte er. – Dieses also, sprach ich, ist mir die eine Gestalt. Denn weder die mehreren noch der eine würden an den wesentlichen Ordnungen des Staates rühren, wenn der Erziehung und Unterweisung teilhaftig geworden, die wir beschrieben haben. – Wahrscheinlich wohl nicht, sagte er.

## FÜNFTES BUCH

### 67. Frage des Adeimantos nach der Frauen- und Kindergemeinschaft

Gut also nenne ich eine solche Stadt und Verfassung und richtig, 449a
und so auch einen solchen Mann; schlecht aber und verfehlt die
übrigen, wenn diese richtig ist, sowohl was Anordnung der Staaten als auch was Ausbildung der Gemütsart der einzelnen anlangt,
und zwar in vier verschiedenen Gestalten der Schlechtigkeit zu
finden. – In was doch für welchen? sagte er. – Da war ich im
Begriff, sie der Reihe nach herzuzählen, wie mir deutlich war, daß
sie eine aus der andern entständen; Polemarchos aber, denn er saß b
um ein weniges weiter ab von Adeimantos, streckte seine Hand
aus, ergriff dessen Oberkleid oben an der Schulter und, indem er
so jenen zu sich zog und zugleich sich selbst vorstreckte, sagte er
ihm einiges ins Ohr, wovon wir nichts weiter hörten, als nur: Sollen wir es nun gut sein lassen, sagte er, oder was sollen wir tun? –
Nichts weniger, sprach Adeimantos, schon laut redend. Da fragte
ich: Was denn eigentlich wollt ihr nicht lassen? – Dich! sprach
er. – Weil ich was denn gesagt hatte? – Du scheinst dirs bequem c
zu machen, fuhr er fort, und einen ganzen, gar nicht kleinen Teil
der Rede zu unterschlagen, den du nicht durchgehen willst, und
meinst, es soll uns entgehen, daß du so obenhin gesagt hast, wie
von Weibern und Kindern schon jedem deutlich sei, daß Freunden
alles gemein sein werde. – Habe ich das also nicht richtig gesagt, o
Adeimantos? – Ja, sprach er. Allein dieses ‹Richtig› sowie das übrige bedarf der Erklärung, welches die Art und Weise der Gemeinschaft sein soll; denn es kann deren gar viele geben. Übergehe also
nicht, welche du eigentlich meinst. Denn wir haben schon lange d
darauf gewartet, in der Meinung, du werdest irgendwo die
Kindererzeugung erwähnen, wie sie betrieben und wie die Erzeug-

ten aufgezogen werden sollen, und diese gesamte Gemeinschaft, die du erwähntest, der Weiber und Kinder. Denn wir denken, daß dies gar vieles, ja wohl alles ausmache für den Staat, je nachdem es richtig oder nicht richtig geschieht. Nun du aber schon zu einer andern Verfassung übergehen willst, ehe du dieses hinreichend auseinandergesetzt, haben wir dieses beschlossen, was du gehört

450a hast, dich nicht loszulassen, bis du auch dieses alles wie das übrige durchgegangen bist. – Auch von mir, sagte Glaukon, nehmt nur an, daß ich meine Stimme eben dahin abgebe. – Laß nur, sprach Thrasymachos, und denke immer, daß wir alle dieser Meinung sind, o Sokrates. –

## 68. Bedenken des Sokrates gegen dieses Thema

Was habt ihr da angerichtet, sprach ich, daß ihr mich so festhaltet! Was für eine Rede regt ihr da wieder auf, wie ganz von vorne über die Staatsverfassung, über die ich mich als nun schon abgetan freute, sehr zufrieden, wenn einer dieses, wie es damals gesagt worden ist, annehmen und gut sein lassen wollte. Was ihr aber jetzt von mir fordert, tut ihr, ohne zu wissen, welchen Schwarm

b von Reden ihr aufstört, den ich eben, voraussehend dieses, damals übergehen wollte, damit er uns nicht zuviel Unruhe mache. – Wie doch, sprach Thrasymachos, glaubst du denn, daß diese hierher gekommen sind, um Gold zu finden, und nicht um Reden zu hören? – Ja, antwortete ich, aber doch die das Maß halten. – Das Maß, o Sokrates, sprach Glaukon, um solche Reden zu hören, ist ja wohl das ganze Leben für Vernünftige. Also, was uns betrifft,

c das laß nur! Du aber laß es dir ja nicht zu viel werden, das, wonach wir dich fragen, auf jede Weise, wie es dir beliebt, zu erläutern, welches denn für unsere Hüter der Gemeinschaft der Weiber und Kinder sein soll und der Pflege in ihrer ersten Kindheit, während der Zeit zwischen der Geburt und der eigentlichen Erziehung, welche ja die mühevollste zu sein scheint. Übernimm es also, uns zu sagen, wie sie eigentlich beschaffen sein soll. – Das ist nicht leicht, sprach ich, auszuführen, denn es ist gar viel Unglaubliches dabei, noch mehr als bei dem vorher Ausgeführten. Denn schon, daß möglich ist, was vorgetragen wird, dürfte bezweifelt werden; aber wenn es auch sein könnte, so wird doch, daß es so am besten ist,

d nicht geglaubt werden. Daher ist es denn bedenklich es anzufas-

sen, damit nicht die Rede nur wie ein frommer Wunsch erscheine,
lieber Freund. – Nur kein Bedenken! sprach er. Denn weder ver-
stockt noch zweifelsüchtig noch übelwollend sind die Zuhörer. –
Da fragte ich: O Bester, sagst du das etwa, um mir Mut zu machen? – Freilich, antwortete er. – Du bewirkst aber ganz das Gegenteil, sprach ich. Denn wenn ich mir zutraute, das zu wissen,
wovon ich rede, so wäre mir diese Zusprache ganz willkommen.
Denn unter vernünftigen und lieben Menschen über die wichtigsten und liebsten Dinge das Wahre, was man weiß, vortragen, das
ist ganz sicher und ohne Gefahr; aber selbst noch ungewiß und          e
suchend zugleich etwas vortragen, wie ich tun soll, das ist bedenklich und unsicher. Nicht etwa, daß man sich nicht lächerlich mache; denn das ist ja nur kindisch! Sondern daß ich nicht, die          451 a
Wahrheit verfehlend, dann nicht nur selbst liege, sondern auch die
Freunde mit mir herunterziehe, und das bei solchen Dingen, wo
man am wenigsten sollte fehlgetreten haben. Ich will aber die
Adrasteia anflehen, o Glaukon, wegen dessen, was ich sagen will.
Denn ich achte es für ein geringeres Vergehen, unvorsätzlich jemanden getötet zu haben, als einen verführt in bezug auf das, was
schön und gut ist und gerecht und gesetzlich. Eine solche Gefahr
also ist besser unter Feinden zu bestehen als Freunden. Also          b
sprichst du mir nicht gut zu. – Da lachte Glaukon und sagte:
Aber, o Sokrates, wenn uns etwas Unrechtes widerfahren sollte
von der Rede: so wollen wir dich lossprechen wie vom Morde,
und du sollst rein sein und nicht unser Betrüger. Also sprich nur
guten Mutes! – Wohl denn, sagte ich, rein ist ja auch dort der
Losgesprochene, wie das Gesetz sagt, wahrscheinlich also wohl
wie dort, so auch hier. – Rede also, sprach er, was dieses wenigstens betrifft. – So muß ich denn, sagte ich, jetzt von vorne vortragen, was ich vielleicht früher in der Reihe sollte vorgetragen
haben. Denn es wäre wohl ganz richtig gewesen, nachdem das          c
männliche Schauspiel vollständig aufgeführt worden, ebenso
auch das weibliche aufzuführen, schon sonst, zumal aber du so
dazu aufforderst.

### 69. *Forderung einer gleichen Erziehung in Gymnastik und Musik für die Frauen*
Denn für Menschen, welche so geboren und erzogen sind, wie wir

es beschrieben haben, gibt es meiner Meinung nach keine andere richtige Art, zu Weibern und Kindern zu gelangen und mit ihnen umzugehen, als indem sie in der Bahn fortschreiten, welche wir zuerst betreten haben. Wir haben aber doch versucht, die Männer als Hüter der Herde in unserer Rede darzustellen? – Ja. – Laß uns

d also weitergehen, indem wir auch bei ihnen die gleiche Erzeugung und Erziehung anwenden und zusehen, ob es so ziemt oder nicht. – Wie doch? fragte er. – So. Die weiblichen Schäferhunde betreffend, sollen wir der Meinung sein, sie müßten ebendasselbe mit hüten, was die männlichen hüten, und auch mit jagen und alles andere gemeinsam verrichten? Oder lassen wir sie nur drinnen im Haus hüten, als untüchtig wegen des Gebärens und Ernährens der Jungen, und jene allein sich mühen und die Sorge für die Herde

e allein haben? – Gemeinsam, antwortete er, alles; nur daß wir sie als die Schwächeren gebrauchen und jene als die Stärkeren. – Ist es nun wohl möglich, ein Lebendiges zu demselben zu gebrauchen, wenn du ihm nicht auch dieselbe Erziehung und Unterweisung angedeihen läßt? – Nicht möglich. – Wenn wir also die Weiber zu demselben gebrauchen wollen wie die Männer: so müssen wir

452a sie auch dasselbe lehren? – Ja. – Und jenen haben wir doch Musik und Gymnastik angewiesen? – Ja. – Auch den Weibern müssen wir also diese beiden Künste und die Kriegsübungen zuteilen und ebenso mit ihnen verfahren? – Natürlich, dem zufolge, was du sagst, antwortete er. – Es wird aber wohl, sprach ich, gar vieles Ungewohnte lächerlich erscheinen in dem jetzt Behandelten, wenn es ausgeführt worden sein wird, wie es vorgetragen wird. – Gar sehr, antwortete er. – Und welches siehst du wohl als das Lächerlichste darunter? Oder offenbar wohl die nackten Weiber, die sich auf den Übungsplätzen unter den Männern üben, und zwar nicht

b nur die jungen, sondern gar erst die älteren, wie ja auch ältere Männer, wenn sie schon runzlig sind und gar nicht mehr erfreulichen Anblicks, doch noch die Übungen lieben? – Beim Zeus! sagte er, lächerlich würde das freilich erscheinen unter den jetzigen Verhältnissen. – Nicht wahr aber, sprach ich, da wir einmal angefangen haben zu reden, dürfen wir auch den Spott der witzigen Leute nicht fürchten, was sie alles sagen könnten auf eine solche Veränderung, wenn sie zustande käme in bezug auf die Gym-

c nasien und die Musik, und nicht am schlechtesten auch auf das

Anlegen der Waffen und das Besteigen der Pferde? – Richtig gesprochen! antwortete er. – Also weil wir angefangen haben zu
reden, müssen wir auch nach der Rauhigkeit des Gesetzes gehen,
wenn wir jene erst gebeten haben, daß sie einmal nicht das Ihrige
tun möchten, sondern ernsthaft sein, und ihnen in Erinnerung gebracht, daß es noch nicht lange her ist, als auch den Hellenen
schimpflich und lächerlich schien, wie auch jetzt noch den meisten
unter den Barbaren, daß sich Männer nackt sehen lassen. Und als
zuerst bei den Kretern die Leibesübungen aufkamen und hernach
bei den Lakedaimoniern, konnten die damaligen Witzlinge eben          d
dies alles auch verspotten. Oder meinst du nicht? – Ich freilich. –
Seitdem es sich aber, denke ich, durch die Erfahrung als besser
bewährt hat, sich zu entkleiden als alles dieses zu verhüllen: so ist
auch das für den Anblick Lächerliche verschwunden vor dem
durch Gründe angezeigten Besseren; und dieses hat gezeigt, daß
derjenige albern ist, der etwas anderes für lächerlich hält als das
Schlechte, und wer Lachen erregen will, indem er nach irgendeiner
anderen Gestalt des Lächerlichen wegen hinsieht als nach der des
Unverständigen und Schlechten, der bemüht sich auch ernsthaft          e
um ein anderes Ziel des Schönen, indem er es vor sich hinstellt, als
das Gute. – Auf alle Weise freilich, sagte er. –

70. *Ist die Verschiedenheit der männlichen und weiblichen Natur ein begründeter Einwand?*
Müssen wir uns also nicht bei dieser Sache zuerst darüber verständigen, ob sie möglich ist oder nicht, und den Streit gestatten, mag
nun ein Scherzlustiger oder ein Ernsthafter streiten wollen, ob die
weibliche menschliche Natur imstande ist, sich der des männlichen Geschlechtes zuzugesellen in allen Geschäften, oder in gar     453a
keinem, oder in einigen wohl, in anderen aber nicht, und zu welchen von beiden dann das Kriegswesen gehört? Würde nicht einer
so am besten anfangen und dann auch wahrscheinlich am besten
zu Ende kommen? – Bei weitem, sagte er. – Sollen wir nun,
sprach ich, gegen uns selbst für die andern streiten, damit die entgegengesetzte Meinung nicht belagert werde, ohne daß eine Besat-
zung darin ist? – Nichts, sagte er, hindert ja. – So laß uns denn für  b
sie so sprechen: O Sokrates und Glaukon, es ist gar nicht nötig,
daß andere gegen euch streiten. Denn ihr selbst habt am Anfang

der Gründung eurer Stadt eingestanden, daß nach seiner Natur
jeder einzelne auch nur *ein* Geschäft, das ihm eigentümliche, verrichten müsse. – Das haben wir eingestanden, denke ich. Denn
wie sollten wir nicht? –

Unterscheidet sich nun nicht etwa gar sehr das Weib von dem
Manne ihrer Natur nach? – Wie sollte sie sich nicht unterscheiden! – Ziemt sich also nicht, auch jedem von beiden ein anderes
c Geschäft aufzuerlegen, das seiner Natur gemäße? – Wie anders? – Wie solltet ihr also jetzt nicht fehlen und euch selbst Wi-
dersprechendes sagen, wenn ihr wiederum behauptet, Männer
und Weiber müßten dasselbe verrichten, da sie doch eine so sehr
voneinander verschiedene Natur haben? Wirst du dich hierauf zu
verteidigen wissen, du Vortrefflicher? – So den Augenblick, sagte
er, wohl nicht leicht, aber ich werde dich bitten und bitte dich, nun
auch, was sich für uns sagen läßt, was es auch immer sei, uns mitzuteilen. – Das ist es eben, sprach ich, o Glaukon, und vieles der-
d gleichen, was ich lange voraussah und deshalb Bedenken trug und
mich fürchtete, mich mit diesem Gesetz zu befassen über die Art,
Weiber und Kinder zu bekommen und aufzuziehen. – Freilich,
sagte er, beim Zeus, leicht scheint es auch nicht zu sein. – Gewiß
nicht, fuhr ich fort, aber so steht es: Es mag einer in die kleinste
Pfütze fallen oder mitten in das größte Meer, so muß er doch um
nichts weniger schwimmen. – Ganz gewiß. – Also müssen auch
wir schwimmen und versuchen, uns aus dieser Geschichte zu retten, sei es in der Hoffnung, daß irgendein Delphin uns auffangen
wird, oder auf irgendeine andere wunderbare Rettung. – So
e scheint es, sagte er. – So laß uns denn sehen, sprach ich, ob wir
irgendwie einen Ausweg finden. Wir haben nämlich doch eingestanden, jede andere Natur müsse auch ein anderes Geschäft treiben, und eine andere sei die Natur des Mannes und des Weibes,
und diese verschiedenen Naturen, sagen wir jetzt wieder, sollen
454a einerlei Geschäft treiben. Dies werft ihr uns vor? – Offenbar. –
Es ist doch eine herrliche Sache, sprach ich, o Glaukon, um die
Kunst des Widerspruchs. – Wieso? – Weil mir, antwortete ich,
viele auch unwillkürlich in sie zu verfallen scheinen, so daß sie
keineswegs glauben, Wortgefecht zu führen, sondern philosophisches Gespräch, weil sie nicht imstande sind, nach Begriffen
abteilend etwas Gesagtes zu betrachten, sondern, nur an dem

Wort hängen bleibend, den Gegensatz gegen das Gesagte verfolgen und so miteinander wirklich nur in Gezänk und Wortstreit
begriffen sind und nicht in ordentlicher Unterredung. —

So, sagte er, begegnet es allerdings vielen, aber zielt das etwa
auch auf uns in dem gegenwärtigen Fall? — Allerdings, sprach ich.
Denn wir scheinen unwillkürlich in einem Wortstreit befangen. —        b
Wieso? — Daß, was nicht dieselbe Natur hat, auch nicht dieselben
Geschäfte betreiben soll, das suchen wir gar tapfer und streitfertig
dem Worte nach zu verfolgen; wir haben aber auch nicht im mindesten untersucht, welche Art von Verschiedenheit und Einerleiheit der Natur und in Beziehung worauf wir damals bestimmt haben, als wir der verschiedenen Natur verschiedene Geschäfte, der
gleichen aber die gleichen zuteilten. — Das haben wir freilich nicht
untersucht, sagte er. — Also, fuhr ich fort, steht es uns wohl frei,       c
wie es scheint, uns selbst zu fragen, ob einerlei Natur ist die der
Kahlen und der Behaarten, und nicht eine entgegengesetzte, und
wenn wir gestehen, eine entgegengesetzte, dann dürfen wir wohl,
wenn die Kahlen das Schuhmachen treiben, es die Behaarten nicht
treiben lassen, und wenn die Behaarten, dann nicht die anderen. —
Das wäre ja lächerlich, sagte er. — Etwa in anderer Hinsicht lächerlich, sagte ich weiter, als weil wir damals nicht im allgemeinen
die selbige und die verschiedene Natur bestimmt haben, sondern
uns nur an jene Art der Verschiedenheit und Ähnlichkeit hielten,
welche auf die Beschäftigungen selbst ihren Bezug hat? Wie zum       d
Beispiel ein Arzt und einer, der eine ärztliche Seele hat, diese, sagten wir, haben einerlei Natur. Oder meinst du nicht? — Ich gewiß. — Aber ein Arzt und ein Zimmermann eine verschiedene? —
Auf alle Weise wohl. —

71. *Prinzipielle Gleichheit der weiblichen und männlichen An-*
    *lagen*

Nicht auch, sprach ich, wenn sich das Geschlecht der Männer und
der Frauen in bezug auf eine Kunst oder ein anderes Geschäft eines
vom andern verschieden zeigt, werden wir sagen, daß man dies
nur einem von beiden zuteilen müsse; wenn sich aber zeigt, daß sie
dadurch allein verschieden sind, daß der Mann erzeugt und das       e
Weib gebärt: so werden wir sagen, es sei dadurch um nichts mehr
bewiesen, daß in bezug auf das, wovon wir reden, das Weib von

dem Mann verschieden sei, sondern wir werden noch ferner glauben, daß unsere Hüter und ihre Frauen dasselbe betreiben müssen. – Und mit Recht, sagte er. – Und nicht wahr, nach diesem werden wir dem, der das Gegenteil behauptet, aufgeben, uns eben
455a dieses zu lehren, in bezug auf welche Kunst oder welches Geschäft von denen, die zur Erhaltung des Staates gehörten, die Natur des Weibes und des Mannes nicht dieselbe sei, sondern eine verschiedene? – Das ist ganz billig. – Nun könnte aber, was du vor kurzem sagtest, auch wohl ein anderer sagen, daß dies auf der Stelle hinreichend zu bestimmen nicht leicht sei, nach gehöriger Überlegung aber nicht schwer. – Das könnte einer freilich. – Sollen wir also den, der uns dergleichen entgegenstellt, bitten, uns zu
b folgen, ob wir vielleicht ihm zeigen können, daß es gar kein besonderes Geschäft für das Weib gibt in dem, was den Staat betrifft? – Das will ich wohl. – So komm denn, wollen wir zu ihm sprechen, und antworte. Meintest du es etwa so, daß einer von Natur geschickt zu etwas ist und der andere ungeschickt, inwiefern der eine leicht etwas lernt und der andere schwer? Und der eine nach kurzem Unterricht schon sehr erfinderisch wird in dem, was er gelernt hat, der andere aber auch, wenn viel Unterweisung und Mühe an ihn gewendet ist, nicht einmal, was er gelernt hat, behalten kann? Und sofern dem einen die körperliche Beschaffenheit zustatten
c kommt für seine Absicht, dem andern aber entgegen ist? Gibt es wohl irgend etwas anderes als dieses, wodurch du in jeder Sache den, der von Natur dazu geschickt ist, und den, der nicht, unterscheiden kannst? – Keiner, sprach er, wird wohl etwas anderes anführen können. – Weißt du nun irgend etwas von Menschen Betriebenes, worin nicht dieses alles das Geschlecht der Männer in höherem Grade hat als das der Weiber? Oder sollen wir erst weitläufig sein und die Weberei anführen und die Bereitung des Gebäcks und Geköches, worin ja das weibliche Geschlecht sich auszuzeichnen scheint, so daß es fast lächerlich herauskommt, daß es
d auch hierin übertroffen wird? – Ganz richtig, antwortete er, sagst du, daß, um es kurz zu sagen, in alledem gar sehr das eine Geschlecht von dem andern übertroffen wird. Viele Frauen mögen zwar in vielem besser sein als viele Männer, im ganzen aber verhält es sich, wie du sagst. –

Also, o Freund, gibt es gar kein Geschäft von allen, durch die

der Staat besteht, welches dem Weib oder dem Manne als Mann
angehörte, sondern die natürlichen Anlagen sind auf ähnliche
Weise in beiden verteilt, und an allen Geschäften kann das Weib
teilnehmen ihrer Natur nach, wie der Mann an allen; in allen aber     e
ist das Weib schwächer als der Mann. – Freilich. – Wollen wir
also den Männern alles auftragen und dem Weibe nichts? – Woher doch? – Sondern wirklich ist, denke ich, wie wir behaupten
werden, die eine Frau von Natur ärztlich und die andere nicht, und
die eine tonkünstlerisch, die andere unkünstlerisch von Natur. –
Wie anders? – Und auch wohl gymnastisch die eine und kriege-         456a
risch, die andere aber unkriegerisch und ohne Liebe zur Gymnastik? – So denke ich gewiß. – Und wie? Nicht auch Weisheit
liebend und verachtend? Und mutartig die eine, wie die andere
mutlos? – Auch das findet statt. – Also ist auch eine Frau zur
Staatshut geschickt und die andere nicht? Oder haben wir nicht
ebenso auch eine besondere Natur der zur Staatshut tauglichen
Männer angenommen? – Allerdings eine solche. – So haben also
Mann und Weib dieselbe Natur, vermöge deren sie geschickt sind
zur Staatshut, außer inwiefern die eine schwächer ist, die andere
stärker? – So zeigt es sich. –

## 72. Die gleiche Erziehung ist nicht nur möglich, sondern auch
### das Beste

Also müssen solchen Männern auch solche Weiber ausgewählt       b
werden, um mit ihnen zu leben und mit ihnen die Hut zu versehen,
wenn sie doch dazu tauglich und ihnen verwandt sind ihrer Natur
nach. – Freilich. – Und müssen nicht gleichen Naturen auch gleiche Übungen zugeteilt werden? – Gleiche. – So kommen wir also
wiederum auf das Frühere zurück und bekennen, es sei nicht gegen
die Natur, den Weibern der Hüter Musik und Gymnastik zuzuteilen. – Allerdings. – Wie haben also nicht Unmögliches oder
leeren Wünschen Ähnliches als Gesetz aufgestellt, da wir ja der
Natur gemäß das Gesetz gefaßt haben; sondern was jetzt dem entgegen geschieht, scheint mehr gegen die Natur zu sein. – So scheint      c
es. – Und unsere Untersuchung war doch, ob wir Mögliches vor-
schlügen und Bestes. – Das war sie. – Daß es nun Mögliches war,
ist eingestanden. – Ja. – Daß aber auch Bestes, darüber müssen
wir uns nächstdem verständigen. – Offenbar. – Nicht wahr nun,

daß eine Frau zur Staatshut geschickt werde, dazu wird uns nicht
eine andere Erziehung dienen, und wieder eine andere die Männer
d  dazu machen, zumal sie ja die gleiche Natur an beiden übernimmt? – Keine andere. – Wie denkst du aber hierüber? – Worüber? – Ob du bei dir selbst annimmst, daß ein Mann besser ist
und der andere schlechter; oder gelten sie dir alle gleich? – Keineswegs. – In der Stadt also, die wir gegründet haben, glaubst du,
daß uns die Hüter zu besseren Männern ausgebildet worden sind,
da ihnen ja die beschriebene Erziehung angediehen ist, oder die
Schuster, die schusterhaft erzogen sind? – Das ist ja eine lächerliche Frage, antwortete er. – Ich verstehe, sagte ich. Aber wie?
e  Sind diese nicht unter allen Bürgern die besten? – Bei weitem. –
Und wie? Werden nun nicht diese Frauen auch unter den Frauen
die besten sein? – Auch das, sagte er, bei weitem. – Und gibt es
etwas Vorzüglicheres für den Staat, als daß er so treffliche Männer
und Frauen als möglich besitze? – Das gibt es nicht. – Dieses also
457a  werden Musik und Gymnastik, angewendet, wie wir es beschrieben haben, bewirken. – Wie sollten sie nicht! – Nicht nur Mögliches also, sondern auch Bestes haben wir in unserer Stadt als
gesetzlich angeordnet. – So ist es. – Mögen sich also immer die
Frauen unserer Hüter entkleiden, da sie ja Tugend statt des Ge-
wandes überwerfen werden, und mögen teilnehmen am Kriege
und an der übrigen Obhut über die Stadt und mögen anderes nicht
verrichten. Hiervon aber wollen wir das Leichtere den Weibern
zuteilen vor den Männern, wegen des Geschlechtes Schwäche. Ein
b  Mann aber, welcher lacht über entkleidete Frauen, die sich des
Besten wegen auf diese Art üben, und der sich des Lächerlichen
unreife Frucht von seiner Weisheit pflückt, weiß, wie man wohl
sieht, nicht, worüber er lacht, noch was er tut. Denn aufs trefflichste ist dieses gesagt und wird auch immer so gesagt bleiben, daß
das Nützliche schön ist und das Schädliche häßlich. – Auf alle
Weise gewiß. –

### 73. Die Frauen- und Kindergemeinschaft

Das wäre also gleichsam eine Welle, über die wir uns rühmen können glücklich hinweggekommen zu sein in unserer Verteidigung
des Gesetzes über die Weiber, so daß wir doch nicht ganz ver-
schlungen worden sind, indem wir festsetzten, Hüter und Hüte-

rinnen sollten uns gemeinsam dasselbe betreiben, sondern daß die c
Rede gewissermaßen für sich selbst Zeugnis abgelegt hat, daß sie
Mögliches und Nützliches vorträgt. – Und gewiß, sagte er, über
keine kleine Welle bist du da hinweggekommen. – Du wirst wohl
gestehen, sagte ich, daß sie nicht groß ist, wenn du auf das Folgende siehst. – Rede nur, damit ich es sehe, sagte er. – Hiermit
nun, sprach ich, und mit dem übrigen Vorhergegangenen hängt
meiner Meinung nach zusammen folgende Einrichtung. – Welche? – Daß diese Weiber alle allen diesen Männern gemeinsam
seien, keine aber irgendeinem eigentümlich beiwohne, und so
auch die Kinder gemeinsam, so daß weder ein Vater sein Kind d
kenne, noch auch ein Kind seinen Vater. – Allerdings, sagte er,
übertrifft diese bei weitem noch jene an Unglaublichkeit, sowohl
was das Mögliche betrifft als was das Nützliche. – Ich denke
nicht, sprach ich, daß man über die Nützlichkeit streiten werde,
daß es nicht ganz vorzüglich gut sein müßte, wenn die Frauen gemeinsam wären und die Kinder gemeinsam, wenn es nur möglich
wäre; aber darüber, denke ich, ob es möglich ist oder nicht, wird
der meiste Streit entstehen. – Über beides, sprach er, ließe sich
wohl tüchtig streiten. –                                            e

Das ist ja eine Rotte von Reden, die du mir ankündigst! sprach
ich. Ich aber dachte, ich wollte der einen wenigstens entwischen,
wenn die Sache auch dir schiene nützlich zu sein, und es werde mir
nur die andere übrigbleiben über die Möglichkeit. – Aber ich
merkte wohl, sprach er, daß du entwischen wolltest; also gib nur
Rede über beides. – Ich muß ja wohl, sprach ich, meine Strafe
ausstehen. Nur das eine tue mir zu Gefallen, laß mich einmal mir
gütlich tun, wie die Faulen von Gemüt sich selbst zu bewirten 458a
pflegen, wenn sie für sich allein gehen. Denn dergleichen Leute
pflegen, ehe sie noch ausgefunden haben, auf welche Weise wohl
etwas, wonach sie streben, zustande kommen soll, dies über-
gehend, damit sie sich nicht plagen müssen mit Überlegungen über
die Möglichkeit oder Unmöglichkeit, anzunehmen, das sei schon
da, was sie wünschen, und so ordnen sie dann das Übrige an und
ergötzen sich an Vorstellungen davon, was sie alles tun werden,
wenn es da sein wird, wodurch sie denn ihre schon sonst träge
Seele noch träger machen. Nun bin auch ich jetzt schon etwas b
weichlich und möchte gern jenes aufschieben und erst später über-

legen, ob es möglich ist; jetzt aber, die Möglichkeit angenommen,
betrachten, wenn du es mir gestatten willst, wie wohl die Oberen
es anordnen werden, und daß es dann dem Staat und seinen Hütern, wenn es so ausgeführt wird, überaus zuträglich sein muß.
Dieses möchte ich zuerst mit dir versuchen durchzudenken, jenes
aber hernach, wenn du es zufrieden bist. – Freilich bin ich es zufrieden, sagte er, tue es nur. –

Ich denke also, sprach ich, wenn doch die Oberen dieses Na-
c  mens wert sein sollen und ihre Gehilfen gleichfalls, so werden ja
wohl die einen bereit sein, das Befohlene zu tun, die andern aber
werden befehlen, so daß sie den Gesetzen teils selbst gehorchen,
teils in allem, was wir ihnen selbst freigestellt haben, sie nachbilden. – Wahrscheinlich, sagte er. – Also du, sprach ich, als Gesetzgeber wirst, wie du die Männer ausgewählt hast, so auch die
Frauen auswählen und sie, so viel als möglich gleicher Natur,
ihnen übergeben. Sie aber, wie sie denn gemeinsame Wohnungen
und Speisungen haben und keiner etwas der Art für sich allein
d  besitzt, werden also zusammen sein. Und wenn sie sich so zusammenfinden auf den Übungsplätzen und im übrigen Leben, werden
sie, denke ich, durch die eingeborene Notwendigkeit getrieben
werden, sich miteinander zu vermischen. Oder scheine ich dir
nicht ganz Notwendiges zu sagen? – Nicht zwar, antwortete er,
nach geometrischer Notwendigkeit, aber doch nach der des Ge-
schlechtstriebes, welche noch weit strenger als jene scheint den
großen Haufen zu überreden und zu bewegen. –

### 74. *Einrichtung der Hochzeiten*

Gewiß, antwortete ich. Weiter aber, o Glaukon, ohne Ordnung
sich zu vermischen oder irgend sonst etwas auf diese Art zu tun,
kann wohl weder für fromm geachtet sein in einer Stadt von Seli-
e  gen, noch werden es die Oberen zulassen. – Das wäre freilich unrecht, sagte er. – Offenbar also haben wir nächstdem Hochzeiten
auszurichten, und zwar so heilige als möglich: heilig aber würden
wohl die heilsamsten sein. – Auf alle Weise freilich. – Wie also
459a  werden sie am heilsamsten sein? Das sage mir, o Glaukon. Denn
ich sehe ja in deinem Hause sowohl Jagdhunde als auch von dem
edlen Geflügel gar mancherlei. Hast du also wohl auf etwas achtgegeben bei ihren Hochzeiten und Kindererzeugungen? – Worauf

doch? fragte er. – Zuerst, wiewohl sie alle edel sind, sind nicht
auch unter ihnen und werden immer einige die Besten? – Gewiß. – Erzielst du nun aus allen ohne Unterschied Nachkommenschaft, oder strebst du nicht wenigstens danach, daß es soviel als
möglich nur aus den Besten geschehe? – Aus den Besten. – Und
aus den Jüngsten oder Ältesten oder denen, die am meisten in der      b
Blüte der Jahre sind? – Aus den Blühendsten. – Und wenn es
nicht so geschieht, so glaubst du, daß sich dir der Schlag der
Hunde sowohl als der Vögel gar sehr verschlechtern werde? – Ich
gewiß, sagte er. – Und was meinst du, sprach ich, von den Pferden
und den übrigen Tieren? Etwa, daß es sich anders mit ihnen verhalte? – Das wäre ja unerhört, sprach er. – O weh, sprach ich,
lieber Freund, wie ausnehmend vollkommen werden dann unsere
Oberen sein müssen, wenn es sich mit dem menschlichen Geschlecht ebenso verhält. – Das tut es freilich gewiß, sagte er. Aber
was weiter? – Weil sie notwendig, sprach ich, viele Mittel werden      c
anwenden müssen. Und das glauben wir doch, daß für Körper, die
keiner Arzneien bedürfen, sondern nur einer guten Lebensordnung willig zu folgen, alsdann auch wohl ein schlechterer Arzt
hinreichen könne, wenn aber Arzneien angewendet werden müssen, dann, wissen wir, bedarf es eines tüchtigen Arztes. – Richtig.
Aber weshalb sagst du das? – Deshalb, sprach ich: Es scheint, daß
unsere Herrscher allerlei Täuschungen und Betrug werden anwenden müssen zum Nutzen der Beherrschten. Und wir sagten ja, alles
dergleichen sei nur nach Art der Arznei nützlich. – Und ganz        d
richtig wohl, sagte er. – Bei den Hochzeiten nun und der Kindererzeugung scheint dies Richtige gar nicht in geringem Maß vorzu-
kommen. – Wieso? – Nach dem Eingestandenen sollte jeder
Trefflichste der Trefflichsten am meisten beiwohnen, die Schlechtesten aber den ebensolchen umgekehrt; und die Sprößlinge jener
sollten aufgezogen werden, dieser aber nicht, wenn uns die Herde     e
recht edel bleiben soll; und dies alles muß völlig unbekannt bleiben, außer den Oberen selbst, wenn die Gesamtheit der Hüter soviel möglich durch keine Zwietracht gestört werden soll. – Das ist
ganz richtig, sagte er. – Also werden gewisse Feste gesetzlich eingeführt werden, an welchen wir die neuen Ehegenossen beiderlei
Geschlechts zusammenführen werden, und Opfer und Gesänge       460a
sollen unsere Dichter dichten, wie sie sich für die zu feiernden

Hochzeiten schicken. Die Menge aber der Hochzeiten wollen wir den Oberen freistellen, damit diese, indem sie Kriege und Krankheiten und alles dergleichen mit in Anschlag bringen, uns möglichst dieselbe Anzahl von Männern erhalten, und so der Staat nach Möglichkeit weder größer werde noch kleiner. – Richtig, sagte er. – Und dann, denke ich, müssen wir staatliche Lose machen, damit bei jeder Verbindung jener Schlechtere dem Glück die Schuld beimesse und nicht den Oberen. – Ei freilich, sagte er. –

## 75. Aufzucht der Kinder und Bestimmungen über erlaubte Kindererzeugung

b Und den Jünglingen, die sich wacker im Kriege oder sonstwo gezeigt haben, sind auch andere Gaben zwar und Preise zuzuteilen, aber auch eine reichlichere Erlaubnis zur Beiwohnung der Frauen, damit zugleich auch unter gerechtem Vorwand die meisten Kinder von solchen erzeugt werden. – Richtig. – Weiter nun, die jedesmal geborenen Kinder nehmen die dazu bestellten Obrigkeiten an sich, bestehen sie nun aus Männern oder Frauen oder beiden, denn die Ämter sind ja auch Frauen und Männern gemeinsam. – Ja. –

c Die der guten nun, denke ich, tragen sie in das Säugehaus zu Wärterinnen, die in einem besonderen Teil der Stadt wohnen, die der schlechteren aber, und wenn eines von den anderen verstümmelt geboren ist, werden sie, wie es sich ziemt, in einem unzugänglichen und unbekannten Orte verbergen. – Wenn doch, sagte er, das Geschlecht unserer Hüter ganz rein sein soll. – Diese werden also auch für die Nahrung sorgen, indem sie die Mütter, wenn sie von Milch strotzen, in das Säugehaus führen, so jedoch, daß sie auf alle

d ersinnliche Weise verhüten, daß irgendeine das Ihrige erkenne, und indem sie, wenn jene nicht hinreichen, noch andere Säugende herbeischaffen. Und auch dafür werden sie sorgen, daß die Mütter nur angemessene Zeit lang stillen, die Nachtwachen aber und die übrige beschwerliche Pflege werden sie Wärterinnen und Kinderfrauen auftragen. – Gar große Bequemlichkeit des Gebärens, sagte er, bereitest du ja den Frauen der Hüter. – Das gebührt sich auch, sprach ich. Laß uns nun aber auch das Weitere durchgehen, was wir wollten. Denn wir sagten doch, von Blühenden und Vollkräftigen müßten die Kinder erzeugt werden? – Richtig. – Dünkt

e dir das nun auch die rechte Zeit der vollen Kraft, zwanzig Jahre für

die Frau und dreißig Jahre für den Mann? – Aber welche? – Daß
die Frau mit dem zwanzigsten Jahre anfangend bis zum vierzigsten
dem Staat gebäre, der Mann aber die Zeit der größten Stärke im
Laufen hinter sich hat und von da an dem Staat erzeuge bis zum
fünfundfünfzigsten Jahre. – Für beide ist wohl dies, sagte er, die    461 a
kräftigste Zeit des Körpers und auch des Verstandes. – Also
wenn, gleichviel ob ein älterer oder ein jüngerer als so, sich mit der
Erzeugung für das Gemeinwesen befaßt, wollen wir sagen, es sei
eine unheilige und widerrechtliche Vergehung, dem Staate ein
Kind zeugen, welches, wenn es unbemerkt ans Licht kommt, nicht
wird unter Opfern und Gebeten erzeugt sein, wie bei jeder Verhei-
ratung Priester und Priesterinnen und der ganze Staat zu beten
pflegen, daß aus guten bessere und aus brauchbaren immer    b
brauchbarere Nachkommen entstehen mögen, sondern welches
im Dunkeln aus sträflicher Unmäßigkeit wird erzeugt sein. –
Richtig, sagte er. – Und dasselbe wird doch auch gelten, fuhr ich
fort, wenn einer von den noch Erzeugenden die Frauen, die noch
in den fruchtbaren Jahren sind, berührt, ohne daß der Obere sie
mit ihm verbunden hat. Denn auch von einem solchen Kinde werden wir festsetzen, es gelte dem Staat für unecht und unheilig und
ohne Verlöbnis erzeugt. – Ganz richtig, sagte er. – Wenn aber,
denke ich, Frauen und Männer erst das Alter der Fruchtbarkeit
überschritten haben, dann wollen wir letzteren frei lassen, sich zu
vermischen, mit welcher sie wollen, nur mit keiner Tochter oder    c
Mutter oder einem Tochterkind oder einer über die Mutter hinaus, und den Frauen ebenfalls, nur mit keinem Sohn oder Vater
und die mit diesen in auf- und jenen in absteigener Linie zusam-
menhängen. Und nachdem wir ihnen dies alles anbefohlen, mögen
sie dann dafür sorgen, am liebsten nichts Empfangenes, wenn sich
dergleichen findet, ans Licht zu bringen, sollte es aber nicht zu
verhindern sein, dann es auszusetzen, weil einem solchen keine
Auferziehung gestattet wird. – Auch das, sagte er, ist der Sache
angemessen verordnet. Aber ihre Väter und Töchter und was du    d
sonst eben anführtest, wie sollen sie denn die erkennen? – Gar
nicht, sprach ich, sondern soviel Kinder geboren werden zwischen
dem siebenten und zehnten Monat von jenem Tage an, da einer
Ehemann geworden ist, alle diese soll er die männlichen Söhne
und die weiblichen Töchter nennen, und sie ihn Vater, und so auch

die Kinder von diesen Enkel und sie ihn Großvater und so auch
Großmutter, und die in der Zeit geborenen, in der ihre Väter und
e Mütter noch fruchtbar waren, Brüder und Schwestern; so daß die
bisher angeführten einander nicht berühren dürfen, Brüdern aber
und Schwestern wird das Gesetz gestatten einander beizuwohnen,
wenn das Los so fällt und die Pythia es bestätigt. – Vollkommen
richtig, sagte er. –

## 76. Die vollkommene Einheit als größtes Gut eines Staates

Dieses also und von dieser Art, o Glaukon, ist die Gemeinschaft
der Weiber und Kinder unter den Hütern deines Staats. Wie sie
aber mit der übrigen Verfassung zusammenhängt und bei weitem
die beste ist, dies müssen wir nun demnächst bestätigen lassen
462a durch die Rede. Oder wie wollen wir es machen? – So, beim Zeus,
sprach er. – Wird nun nicht dies der Anfang der Verständigung
sein, daß wir uns selbst fragen, was wir wohl als das größte Gut
anzuführen haben für das Bestehen eines Staates, auf welches zielend der Gesetzgeber alle Gesetze geben muß, und was als das
größte Übel; und dann untersuchen, ob, was wir eben durchgegangen sind, uns in die Spur des Guten gleichsam paßt, von der des
Bösen aber abweicht? – Durchaus, antwortete er. – Gibt es nun
b wohl ein größeres Übel für den Staat als das, welches ihn zerreißt
und zu vielen macht, anstatt eines? Oder ein größeres Gut als das,
was ihn zusammenbindet und zu einem macht? – Keines. – Nun
bindet doch die Gemeinschaft der Lust und Unlust zusammen,
wenn, soviel möglich, alle Bürger, sooft etwas entsteht und vergeht, sich auf gleiche Weise freuen und betrüben? – Allerdings
freilich, sagte er. – Dagegen die Sonderung in dergleichen löst auf,
wenn einige tief betrübt und andere hoch erfreut werden über die-
c selben Ereignisse des Staats oder derer im Staat. – Wie könnte es
anders sein. – Entsteht nun dergleichen nicht daraus, wenn die im
Staat nicht zusammen aussprechen solche Worte wie «mein» und
«nicht mein»? Und mit dem Fremden ist es wohl ebenso? – Offenbar freilich. – In welchem Staat also die meisten in bezug auf
die nämlichen Dinge eben dieses auf dieselbe Weise anbringen, das
«Mein» und «Nicht mein», dieser ist am besten eingerichtet? –
Bei weitem. – Und derjenige also, welcher dem einzelnen Menschen am allernächsten kommt? So wie, wenn einem unter uns der

Finger verwundet ist, die gesamte, sich über den Leib hin zur Seele
als zur *einen* Zusammenordnung des in ihr Herrschenden sich er-
streckende Gemeinschaft es zu fühlen pflegt und insgesamt zu-    d
gleich mit zu leiden mit einem einzelnen schmerzenden Teile, sie,
die ganze, und wir sodann sagen, daß der Mensch Schmerzen hat
am Finger. Und ebenso verhält es sich mit jeglichem andern am
Menschen, sowohl bei Unlust, wenn ein Teil leidet, als bei Lust,
wenn einer sich wohlbefindet. – Ganz ebenso freilich, sagte er,
und, wonach du fragst, einem solchen zu allernächst steht der am
besten eingerichtete Staat. – Wenn nun, denke ich, einen unter
den Bürgern irgend etwas betrifft, sei es nun Gutes oder Schlimmes, wird ein solcher Staat vorzüglich sagen, das Betroffene ge-    e
höre ihm zu, und wird sich also ganz mit freuen oder mit betrüben. – Notwendig, sagte er, ein wohlgeordneter. –

## 77. *Bestmögliche Verwirklichung dieser Einheit im entworfe-*  *nen Staat*

Nun also wäre es Zeit, sprach ich, auf unsern Staat zurückzukom-
men und uns nach dem jetzt in der Rede Zugestandenen umzusehen in ihm, ob er sich am meisten so verhält oder irgendein anderer mehr. – Das müssen wir, sagte er. – Wie also? Es gibt doch
auch in andern Staaten Obrigkeit und Volk, und auch in unse-    463 a
rem? – Wohl! – Und diese nennen sich doch alle untereinander
Mitbürger. – Wie sollten sie nicht! – Aber außerdem, wie nennt
doch in andern Staaten das Volk die Oberen? – In den meisten
Herren, in den demokratischen aber werden sie eben mit diesem
Namen benannt, Obrigkeiten. – Wie aber das Volk in unserem
Staat? Was sagt es, daß außer Mitbürgern die Obrigkeiten noch
sind? – Erhalter und Gehilfen, sagte er. – Und was diese das    b
Volk? – Lohngeber und Ernährer. – Wie aber nennen in den übrigen die Obrigkeiten das Volk? – Knechte, sagte er. – Und sich
untereinander? – Mitherrscher, sagte er. – Die unsrigen aber
sich? – Mithüter. – Weißt du mir nun wohl von den Obrigkeiten
in anderen Staaten anzuführen, ob einer den einen von seinen Mit-
herrschern als einen Verwandten, den andern aber als einen Fremden ansehen wird? – Gar viele. – Und den Verwandten betrachtet er doch als den Seinigen und nennt ihn auch so, den Fremden
aber nicht als den Seinigen. – So ist es. – Wie aber die Hüter bei    c

dir? Kann wohl irgendeiner unter ihnen einen von seinen Mit-
hütern als einen Fremden ansehen? – Keineswegs! sagte er. Denn
an jedem, den er nur antrifft, wird er entweder einen Bruder oder
eine Schwester oder einen Vater oder eine Mutter oder deren
Nachkommen oder Voreltern anzutreffen glauben. – Vortrefflich
geantwortet! sprach ich. Aber sage mir auch noch dieses, willst du
nur Namen der Verwandtschaft durch das Gesetz bestimmen,
d   oder auch, daß das ganze Betragen den Namen gemäß sein soll,
gegen die Väter, wie das Gesetz vorschreibt gegen Väter, was
Scheu betrifft und Dienstbeflissenheit und Gehorsam gegen Eltern, wo nicht, so würden sie weder bei Göttern noch Menschen
wohl angeschrieben sein, weil weder fromm noch recht handeln
würde, wer anders handelte als so? Werden solche oder andere
Stimmen aus aller Bürger Munde schon gleich der Kinder Ohren
umtönen in bezug auf ihre Väter, die man ihnen als solche anweist,
e   und auf ihre andern Verwandten? – Solche, antwortete er; denn
es wäre ja lächerlich, wenn sie, ohne sich irgend im Handeln daran
zu kehren, Namen von Verwandtschaft nur so mit dem Munde
aussprächen. – Am meisten also unter allen Staaten werden sie
hier, wenn irgendeinem einzelnen etwas Gutes oder Schlimmes
begegnet, jenes Wort, welches wir vorher anführten, einstimmig
aussprechen: um das Meinige steht es gut, oder um das Meinige
schlecht. – Vollkommen richtig, sprach er. – Und dieser Vorstel-
464a  lung und Rede, sagten wir, folge denn auch Lust und Unlust gemeinsam? – Und ganz richtig sagten wir das. – Also am meisten
wird unsern Bürgern dasselbe gemeinsam sein, was sie dann das
Meinige nennen; und ist ihnen dieses gemein, so werden sie dann
auch am meisten in Gemeinschaft der Lust und Unlust stehen. –
Bei weitem. – Und ist daran außer der übrigen Einrichtung nicht
auch die Gemeinschaft der Weiber und Kinder unter den Wächtern Ursache? – Bei weitem am meisten, antwortete er. –

## 78. Frauen- und Kindergemeinschaft als Ursache der Einigkeit

b   Aber dies erkannten wir doch an als das größte Gut für den Staat,
indem wir einen wohlgeordneten Staat einem Leibe verglichen,
wie sich dieser gegen einen Teil von sich in bezug auf Lust und
Unlust verhält. – Und richtig war wohl, sagte er, die Anerken-
nung. – Als Ursache also an dem größten Gute hat sich uns gezeigt

die Gemeinschaft der Weiber und Kinder unter den Helfern. –
Gar sehr, sagte er. – Und auch mit dem vorigen sind wir in Ein-
stimmung. Denn wir hatten gesagt, diese dürften weder Häuser zu
eigen haben noch Land noch sonst ein Besitztum, sondern müßten c
den von den Übrigen als Lohn für ihre Hut gereichten Lebensunterhalt gemeinsam verzehren, wenn sie wahrhaft Hüter sein
sollten. – Richtig, sagte er. – Macht nun nicht, wie ich sage, sowohl das vorher Bestimmte als das jetzt Gesagte sie noch mehr zu
wahren Hütern und verursacht, daß sie den Staat nicht zerreißen
dadurch, daß sie nicht alle dasselbe «mein» nennen, sondern jeder
etwas anderes, indem der eine in sein Haus zieht, was er nur kann,
um es anschließend vor den andern zu besitzen, und ein anderer d
ebenso in das seinige, welches ein anderes ist, und indem sie verschiedene Frauen und Kinder haben, so daß nun jedem seine eigenen für sich auch eigene Lust und Unlust verursachen; sondern
vielmehr, daß sie vermöge einer und derselben Festsetzung über
das Angehörige auch nach Vermögen alle auf dasselbe hinstreben
und möglichst auf gleiche Weise bewegt werden durch Lust und
Unlust? – Offenbar freilich, sagte er. – Und wie? Wird nicht
Rechtsstreit und Klage ganz verschwunden sein unter ihnen, um es
kurz zusammenzufassen, weil keiner etwas Eigenes hat außer seinem Leibe, alles andere aber gemeinsam ist? Woraus denn folgt,
daß keine Zwietracht unter diesen stattfindet, soweit aus Veran- e
lassung des Vermögens oder der Kinder und Verwandten den
Menschen Zwietracht entsteht? – Ganz notwendig, sagte er, werden sie dessen ledig sein. – Und so wird es wohl auch keine Klagen
über Gewalttätigkeiten und Beschimpfungen weiter mit Recht unter ihnen geben können. Denn daß es recht und schön sei, daß
Altersgenossen sich untereinander wahrhaften Beistand leisten,
das werden wir ihnen schon sagen, indem wir ihnen die Übung
und Besorgung des Leibes zur Pflicht machen. – Richtig, sagte 465 a
er. – Und auch dies Richtige, sprach ich, hat noch dieses Gesetz,
daß, wenn einer einem zürnt und unter diesen Umständen seinen
Mut kühlen will, er nicht leicht zu größeren Unruhen fortschreiten
wird. – Allerdings. – Denn jedem Älteren wird aufgetragen sein,
allen Jüngeren vorzustehen und sie im Zaum zu halten. – Offenbar. – Auch wohl, daß ein Jüngerer niemals einem Älteren, wenn
es nicht die Oberen befohlen, versuchen wird, weder sonst Gewalt

zu tun noch auch ihn zu schlagen, und auch anderswie, denke ich,
wird er ihn nicht verunehren. Denn zwei tüchtige Wächter hindern ihn daran, Furcht und Scham; Scham, weil sie ihn zurück-
b hält, sich an den Erzeugern zu vergreifen, und Furcht, weil dem
Leidenden die andern helfen würden, einige als Söhne, andere als
Brüder, andere als Väter. – So folgt es freilich, sagte er. – Von
allen Seiten also werden, vermöge der Gesetze, die Männer Frieden untereinander halten. – Gar großen. – Und wenn diese untereinander nicht im Streit sind, so ist wohl nicht zu besorgen, daß
je der übrige Staat unter sich oder gegen sie sollte in Zwiespalt
geraten. – Wohl nicht. – Die geringfügigeren Übel aber trage ich
der Unziemlichkeit wegen Bedenken auch nur zu erwähnen, deren
c sie so entledigt sein würden, als Arme alles Schmeichelns gegen die
Reichen und aller Not und Plage, die ihnen für ihre Kinderzucht
und ihren Erwerbszweig aus dem Bedürfnis, Hausleute zu unterhalten, erwächst, indem sie bald borgen und wieder ableugnen
und bald auf jede Weise zusammenzubringen suchen, was sie den
Hausfrauen und dem Gesinde zur Verwaltung überliefern müssen, und was alles sonst noch hierin Elendes und Unedles und der
d Erwähnung Unwürdiges begegnet. – Das sieht ja, sagte er, auch
ein Blinder! –

## 79. Glückseligkeit dieses Lebens

Dessen allen also werden sie ledig sein in einem Leben, glückseliger als selbst jenes glückseligste, welches die olympischen Sieger
führen. – Wieso? – Weil diese schon wegen eines kleinen Teils
von dem glücklich gepriesen werden, was den Unsrigen wird.
Denn der letzteren Sieg ist schöner, und auch ihr Unterhalt aus
dem Gemeinbesitz ist reichlicher. Der Sieg nämlich, den sie errin-
gen, ist das Heil des gesamten Staats, und mit Unterhalt und allem,
was das Leben bedarf, werden sie und ihre Kinder gekrönt und
haben dies zum Geschenk von ihrem Staat, solange sie leben, und
e nach ihrem Tode erhalten sie eine würdige Bestattung. – Sehr
herrlich ist das, sagte er. – Erinnerst du dich nun wohl, sprach ich,
daß uns in dem Vorigen ich weiß nicht wessen Rede vorwarf, daß
466a wir unsere Staatshüter nicht eben glückselig machten, da sie zwar
alles haben könnten, was den andern Bürgern gehört, in der Tat
aber nichts hätten? Wir aber sagten, daß wir dies in der Folge

einmal, wenn es sich so träfe, erwägen wollten, jetzt aber nur unsere Hüter zu Hütern machen und unsern Staat zum möglichst glückseligen, jedoch nicht bloß auf *eine* Abteilung in ihm Rücksicht nehmend wollten wir diese Glückseligkeit einrichten. – Dessen erinnere ich mich, sagte er. – Wie steht es also, da sich jetzt die Lebensweise unserer Helfer ja weit schöner und vortrefflicher zeigt als die der olympischen Sieger, kann man sie wohl auch nur vergleichen mit dem Leben der Schuster oder der übrigen Hand- b werker oder der Landwirte? – Nein, dünkt mich, sagte er. – Sondern, was ich schon dort sagte, ist auch hier recht zu wiederholen, daß, wenn ein Hüter uns versuchen sollte, auf solche Art glückselig zu werden, daß ihm weder genügte, Hüter zu sein, noch auch eine solche angemessene, sichere und, wofür wir sie erklärten, vortrefflichste Lebensweise, sondern eine unvernünftige und kindische Vorstellung von der Glückseligkeit, die er aufgefangen, ihn antriebe, nach Vermögen alles im Staate sich selbst zuzueignen: so c würde er bald einsehen, daß Hesiodos in Wahrheit weise war, als er sagte, die Hälfte sei mehr als das Ganze. – Wenn er meinem Rat folgen will, sagte er, so wird er in dieser Lebensweise beharren. – Du räumst also ein, sprach ich, daß die Frauen auf die beschriebene Art der Männer Genossen sein sollen beim Unterricht und in der Kindererzeugung und Obhut über die übrigen Bürger, so daß sie in der Stadt bleibend und ins Feld ziehend mit hüten und mit zur Jagd ziehen, wie es bei den Hunden ist, und sich zu den Män- d nern in allen Dingen auf alle Weise nach Vermögen zugesellen, und daß sie so handelnd aufs beste handeln werden und nicht gegen die Natur des weiblichen Geschlechts in bezug auf das männliche, wie beide geartet sind, Gemeinschaft miteinander zu haben? – Das räume ich ein, sagte er. –

## 80. Mitnahme der Wächterkinder in den Krieg. Ehrungen für Tapfere

So wäre denn, sprach ich, wohl noch jenes übrig auseinanderzusetzen, ob es auch bei den Menschen möglich ist wie bei den andern Tieren, daß eine solche Gemeinschaft stattfinde, und wie es möglich ist. – Du bist mir mit dem zuvorgekommen, sagte er, was ich eben anknüpfen wollte. – Was nun den Krieg betrifft, fuhr ich fort, so versteht es sich schon, denke ich, wie sie ihn führen wer- e

den. – Wie? – Daß sie gemeinschaftlich ins Feld ziehen und auch
die schon herangewachsenen Kinder mit sich in den Krieg nehmen
werden, damit diese, wie die der anderen Arbeiter, dasjenige zu
sehen bekommen, was sie, wenn sie erwachsen sind, selbst werden
arbeiten müssen, und außer dieser Anschauung auch noch in al-
467a  lem, was zum Kriege gehört, hilfreich zur Hand gehen und ihren
Vätern und Müttern aufwarten. Oder hast du nicht bemerkt, wie
dies bei andern Künsten gehalten wird, wie lange zum Beispiel die
Söhne der Töpfer zusehen und Handreichung tun, ehe sie das Geschäft selbst angreifen? – Ja freilich. – Sollen nun wohl jene sorgfältiger als unsere Wächter die Ihrigen heranbilden durch Erfahrung und Anschauung von dem, was ihnen obliegt? – Das wäre ja
ganz lächerlich, sagte er. – Und es kämpft ja auch jegliches Tier
am ausgezeichnetsten, wenn die zugegen sind, die es geboren
b  hat! – So ist es; aber die Gefahr, o Sokrates, ist nicht gering, wenn
sie einmal einen Unfall erleiden, wie das im Kriege zu geschehen
pflegt, und dann mit sich auch ihre Kinder ins Verderben gezogen
haben, daß es dadurch dem ganzen Staat unmöglich gemacht
werde, sich wieder zu erholen. – Du hast recht, sprach ich. Aber
glaubst denn du, man müsse dafür zuerst sorgen, daß sie nie in
Gefahr geraten? – Keineswegs. – Und wenn nun Gefahr muß bestanden werden, nicht am liebsten da, wo sie durch richtiges Verhalten besser werden müssen? – Offenbar freilich. – Und glaubst
c  du, es sei eine Sache von geringem Belang und nicht der Gefahr
wert, ob die Kinder, welche einst kriegerische Männer werden sollen, sehen oder nicht sehen, wie es im Kriege hergeht? – Nein,
sondern es ist von großer Bedeutung für diesen Zweck. – So also
muß es sein. Man muß die Kinder zu Zuschauern des Krieges machen, zugleich aber auch Sicherheit für sie aussinnen, und dann
wird es gut sein. Nicht wahr? – Ja. – Nun werden doch, sprach
ich, zuerst schon ihre Väter, so weit es Menschen möglich ist, nicht
unverständig sein, sondern zu beurteilen wissen, welche Feldzüge
d  gefährlich sind und welche nicht. – Wahrscheinlich, sagte er. – In
diese also werden sie sie mit sich führen, in jene aber sich
scheuen. – Richtig. – Und auch nicht die schlechtesten Vorge-
setzten, denke ich, werden sie ihnen bestellen, sondern solche, die
sich durch Erfahrung und Alter wohl dazu schicken, Führer und
Aufseher der Jugend zu sein. – So gehört es sich allerdings. –

Aber freilich, werden wir sagen, ist auch schon vielen vieles wider
alle Erwartung begegnet. – Gar sehr. – Gegen dergleichen nun, o
Lieber, muß man sie schon gleich in den Kinderjahren beflügeln,       e
damit sie, wenn ein Notfall eintritt, davonfliegen und sich retten
können. – Wie meinst du das? fragte er. – Zu Pferde, sprach ich,
muß man sie sitzen lassen schon so jung als möglich, und die schon
reiten gelernt, muß man dann nicht etwa auf mutigen und der
Schlacht gewohnten Rossen zur Kriegsschau führen, sondern auf
den schnellsten und zugleich folgsamsten. So werden sie dann am
besten ihr künftiges Geschäft in Augenschein nehmen und am si-
chersten, wenn es ja nötig wäre, ihren älteren Führern folgend sich
retten können. – Richtig, sagte er, scheinst du mir zu reden. –

Wie nun aber weiter, fuhr ich fort, wegen des Krieges? Wie      468 a
wird es mit den Kriegern zu halten sein, sowohl unter sich als gegen den Feind? Ob es wohl so recht ist, wie es mir vorkommt, oder
nicht? – Sage nur, sprach er, wie. – Wer von ihnen, fuhr ich fort,
aus dem Gliede weicht oder die Waffen wegwirft oder dergleichen
etwas tut aus Feigheit, werden wir den nicht zu irgendeinem
Handwerker machen müssen oder zum Ackermann? – Freilich
wohl. – Und wer lebendig von den Feinden gefangen ist, muß man
nicht den zum Geschenk machen denen, die ihn gefangen haben,
um mit dem Fang zu machen, was sie Lust haben? – Offenbar      b
wohl. – Wer sich aber auszeichnet und hervortut, soll der nicht
zuerst im Lager selbst von allen mit im Felde befindlichen Jünglingen und Knaben der Reihe nach einzeln bekränzt werden? Oder
nicht? – Mich dünkt. – Und auch mit der Rechten gegrüßt? –
Auch das. – Aber das folgende, sprach ich, wird dir, glaube ich,
nicht mehr gefallen. – Welches doch? – Daß er auch soll küssen
und geküßt werden von jedem. – Ganz vorzüglich! sagte er. Und
ich will noch dieses hinzufügen zu dem Gesetz, daß, solange noch
derselbe Feldzug dauert, es keinem erlaubt sein soll, ihm zu wei-      c
gern, wen er auch immer küssen will, damit, wenn etwa einer verliebt ist in einen Knaben oder ein Mädchen, er desto eifriger sei
den Preis zu verdienen. – Schön, sprach ich. Denn daß dem Tapferen mehr eheliche Verbindungen offenstehen werden als andern,
und öfter vor andern die Wahl auf solche fallen wird, damit recht
viele von solchen erzeugt werden, das ist schon festgesetzt. – Wir
sagten es ja. –

*81. Ehrung der Tapferen durch Speise und durch das Begräbnis. Verhalten gegen gefangene und tote Feinde*

Aber auch nach dem Homeros ist es ja recht, durch solcherlei die
d Tapferen unter den Jünglingen zu ehren; denn auch Homeros
sagt, Ajas, der sich im Kriege ausgezeichnet, sei ‹mit lang ausrei-
chendem Rücken› geehrt worden, als sei dies die angemessene Eh-
renbezeugung für den Jugendlichen und Tapferen, wodurch er außer der Ehre auch noch seine Stärke vermehrt. – Ganz richtig,
sagte er. – Wir wollen also, sprach ich, darin dem Homeros folgen. Und auch wir wollen bei Opfern und allem Ähnlichen die
Tapfern, je nachdem sie sich als solche gezeigt, nicht nur durch
Gesänge und auf die eben beschriebene Weise ehren, sondern auch
außerdem noch ‹durch Vorsitz und Fleisch und durch vollere Be-
e cher›; damit wir außer der Ehre die Tapferen auch noch stärken,
Männer sowohl als Frauen. – Sehr wohl gesprochen, sagte er. –
Wohl! Die nun aber im Felde gestorben sind, nachdem sie sich
wohl gehalten, werden wir nicht zuerst erklären, daß diese zu dem
goldenen Geschlecht gehören? – Vor allen Dingen. – Und wollen
wir nicht dem Hesiodos glauben, daß, wenn von diesem Geschlecht irgendwelche gestorben sind,

469a     ‹Werden sie fromme Dämonen der oberen Erde genennet,
         Gute, des Wehs Abwehrer, der sterblichen Menschen Behüter›?
– Das wollen wir ihm glauben. – Wir werden also von dem Gott
erforschen, wie man dämonische und göttliche Menschen beisetzen müsse und mit welchem Vorzuge, und werden sie dann auf die
Art beisetzen, wie er es erklärt. – Was sollten wir nicht! – Und
werden hernach ihren Gräbern als heiligen Gräbern Verehrung
b und Anbetung erweisen. Und eben das wollen wir auch festsetzen,
wenn vor Alter oder auf eine andere Weise einer von denen stirbt,
welche für ausgezeichnet trefflich in ihrem Leben bekannt gewesen sind. – Das ist freilich billig, sagte er. –

Wie aber werden es unsere Krieger mit den Feinden halten? –
Inwiefern? – Zuerst was die Gefangennehmung betrifft, dünkt es
dich recht, daß hellenische Städte Hellenen zu Knechten machen,
oder vielmehr, daß sie auch andern dieses nach Vermögen verwehren und es zu Sitte machen, des hellenischen Geschlechtes zu scho-
c nen, aus Furcht, in die Knechtschaft der Barbaren zu geraten? –
Auf alle Weise ist gewiß die Schonung vorzuziehen. – Also

auch selbst keinen Hellenen zum Knecht zu haben, noch auch den
andern Hellenen dieses anzuraten. – Allerdings, sagte er. Um so
mehr würden sie sich auch wohl gegen die Barbaren wenden und
sich untereinander des Krieges enthalten. – Und wie, sprach ich,
die Toten weiter berauben als ihrer Waffen, nachdem man sie besiegt hat, ist das wohl schön? Oder gibt es nicht den Feigen einen
Vorwand, nicht gegen den kämpfenden Feind zu gehen, als ob sie
auch etwas Pflichtmäßiges täten, wenn sie bei den Leichnamen     d
herumhocken, und sind nicht schon viele Heere um dieses Raubes
willen zugrunde gegangen? – Jawohl. – Und scheint es nicht unedel und habsüchtig, einen Toten zu berauben, und zeugt von wei-
bischer und kleinlicher Denkungsart, den Leib des Toten für das
Feindselige zu halten, da doch der Feind schon herausgeflogen
und nur das übriggeblieben ist, wodurch er Krieg führte? Oder
meinst du, daß, die dieses tun, etwas anderes tun als die Hunde,
welche auch die Steine anknurren, mit denen sie geworfen werden,   e
den Werfenden aber nicht anrühren? – Auch nicht im mindesten
anders, sagte er. – Lassen wir also ab von dem Plündern der Toten
und dem Verhindern der Begräbnisse. – Das müssen wir, sagte er,
beim Zeus. –

## 82. *Vorschriften für die Kriegführung mit hellenischen und mit*
##     *barbarischen Staaten*

Also werden wir wohl auch nicht die Waffen in die Tempel bringen, um sie da als Weihgeschenk aufzustellen, besonders nicht die
von Hellenen, wenn uns irgend gelegen ist an dem guten Vernehmen mit den andern Hellenen. Vielmehr werden wir uns fürch-   470a
ten, ob es nicht Entweihung sei, dergleichen von unsern Angehörigen in das Heiligtum zu bringen, es müßte denn der Gott etwa das
Gegenteil gebieten. – Ganz richtig, sagte er. – Wie aber wegen
Verwüstung hellenischen Landes und Anzündung der Wohnungen, wie werden da deine Krieger gegen die Feinde verfahren? –
Dich, sagte er, möchte ich gern deine Meinung darüber darlegen
hören. – Meine Meinung also, sprach ich, ist, daß keines von beiden geschehe, sondern nur die Ernte des Jahres genommen werde.   b
Und soll ich dir auch sagen, weshalb? – Allerdings. – Mir schei-
nen nämlich, wie sie ja auch als zwei Wörter gesprochen werden,
Krieg und Zwist, so auch zweierlei zu sein und sich auf zwei ver-

schiedene Dinge zu beziehen; nämlich von diesen zweien ist das
eine Befreundetes und Verwandtes, das andere Fremdes und Ausländisches. Für Feindschaft nun mit dem Befreundeten brauchen
wir das Wort Zwist, mit dem Fremden aber Krieg. – Das ist auch
c gar nicht aus der Weise, sagte er, was du sagst. – So sieh denn, ob
auch dies nach der Weise ist. Ich behaupte nämlich, das hellenische Geschlecht sei sich selbst befreundet und verwandt, zu dem
barbarischen aber verhalte es sich wie Ausländisches und Fremdes. – Sehr schön, sagte er. – Daß also Hellenen mit Barbaren
und Barbaren mit Hellenen, wenn sie gegeneinander fechten,
Krieg führen, wollen wir wohl sagen, und daß sie von Natur einander verfeindet sind und man diese Feindschaft Krieg nennen
müsse; wenn aber Hellenen gegen Hellenen etwas dergleichen
tun, daß sie von Natur einander freund sind, und daß in diesem
Zustande Hellas nur krank ist und unter sich zwieträchtig, und
d man diese Feindschaft einen Zwist nennen müsse. – Ich meinesteils, sagte er, räume ein, daß man es so ansehe. – So betrachte es
denn, fuhr ich fort, an dem, was wir jetzt Zwist nennen, wo ein
solcher entstanden und eine Stadt in sich entzweit ist, wenn sie da
einer des andern Äcker verwüsten und Häuser anzünden, wie
grundverderblich dann der Zwist erscheint und keine von beiden
Parteien es mit der Stadt gut meinen kann, weil sie ja sonst nicht
toller Weise die Ernährerin und Mutter verstümmeln würden,
e sondern es genug wäre für die Sieger, den Besiegten ihre Früchte zu
rauben, sonst aber gesinnt zu sein, als ob sie sich wieder vertragen
und nicht immer im Kriege bleiben würden. – Bei weitem milder
sind gewiß die so Gesinnten als jene. – Und wie nun? sprach ich,
die Stadt, die du gründest, soll die nicht eine hellenische sein? –
Das soll sie gewiß, sagte er. – Und sollen sie nicht gut und mild
sein? – Gar sehr. – Aber etwa nicht Hellenisches lieben? Und
nicht Hellas für befreundet halten? Und nicht Genossen derselben
471 a Heiligtümer sein mit den übrigen? – Gar sehr gewiß. – Werden
sie also nicht einen Streit mit Hellenen als Verwandten nur für
einen Zwist halten und auch nicht einmal Krieg nennen? – Das
werden sie wohl nicht. – Und uneins sein als solche, die sich wieder vertragen wollen? – Allerdings. – Sänftiglich werden sie sie
also zur Besinnung zu bringen suchen, nicht mit Knechtschaft
strafend noch mit Verwüstung, da sie ja nur Züchtiger sein wol-

len, nicht Feinde. – Richtig, sagte er. – Also werden sie auch als
Hellenen nicht hellenisches Land verwüsten noch Wohnungen
verbrennen, noch auch jedesmal alle in der Stadt für feindselig
halten, Männer, Weiber und Kinder, sondern immer nur wenige
für ihre Feinde, die eigentlichen Urheber des Zwistes. Und aus
allen diesen Ursachen nun werden sie weder ihr Land verwüsten   b
wollen, da sie ja viele Freunde darunter haben, noch auch ihre
Wohnungen zerstören; sondern nur so weit den Zwist treiben, bis
die Schuldigen von den mitleidenden Unschuldigen genötigt werden Genugtuung zu leisten. – Ich, sagte er, gestehe zu, daß unsere
Bürger so ihren Widersachern begegnen müssen, den Barbaren
aber so, wie jetzt die Hellenen sich untereinander. – So wollen wir
denn auch dieses Gesetz unsern Hütern vorschreiben, weder das
Land zu verwüsten noch die Ortschaften zu verbrennen. – Das    c
wollen wir, sagte er, und dieses sowohl als das Vorige für gut erklären.

## 83. Die Frage nach der Möglichkeit des gerechten Staates

Aber es will mich bedünken, o Sokrates, wenn man dir gestattet,
dergleichen noch mehr vorzutragen, so wirst du niemals an das
gedenken, was du vorher weggeschoben hast, um erst alles dieses
vorzutragen, nämlich, daß eine solche Verfassung auch möglich
sei und auf welche Weise sie möglich sei. Denn daß, wenn sie erst
bestände, alles vortrefflich stehen werde in dem Staate, der sie
hätte, das erkläre ich hiermit, und auch, was du übergehst, nämlich, daß sie auch gegen die Feinde am besten fechten würden, weil
ja einander am wenigsten im Stich lassen könnten, die sich unter-   d
einander kennen und anrufen als Brüder, Väter und Söhne. Und
wenn auch das weibliche Geschlecht mit zu Felde zöge, sei es nun
in dasselbe Glied gestellt oder auch hinten, um den Feinden Furcht
zu machen, und wenn irgendwo eine schleunige Hilfe nötig wäre,
so weiß ich, daß sie durch dies alles unüberwindlich sein würden.
Und auch zu Hause sehe ich, wieviel Gutes, was noch übergangen
worden ist, sich unter ihnen finden würde. Also als ob ich dies alles   e
und noch tausend anderes, daß es so sein würde, wenn eine solche
Verfassung bestände, schon eingestanden hätte, mache nur darüber keine Worte weiter; sondern hiervon laß uns nun endlich
versuchen uns selbst zu überzeugen, daß sie möglich ist, und wie

möglich, alles andere aber gehen lassen. – Ganz plötzlich, sprach
472a ich, hast du da gleichsam einen Anlauf gemacht gegen meine Rede,
und hast keine Nachsicht mit meinem Zaudern. Denn du weißt
vielleicht nicht, daß, nachdem ich nur kaum den zwei Wellen entkommen bin, du nun die größte und gefährlichste der ganzen
Brandung gegen mich heranwälzt, wegen welcher, wenn du sie
erst siehst und hörst, du mir gar leicht verzeihen wirst, weil es ganz
natürlich war, daß ich zögerte und Bedenken trug, eine so ungewohnte Rede vorzubringen und ihre nähere Prüfung zu unternehmen. – Je mehr du dergleichen redest, antwortete er, um desto
weniger wirst du von uns losgelassen werden, daß du uns nicht zu
b erklären brauchtest, wie wohl eine solche Verfassung zustande
kommen kann. Also erkläre es nur und verweile dich nicht. –

Also zuerst, sprach ich, müssen wir uns dessen wohl erinnern,
daß wir die Gerechtigkeit und die Ungerechtigkeit suchend, was
sie recht sein mögen, hierher gekommen sind. – Das müssen wir.
Aber wozu das? fragte er. – Zu nichts. Sondern nur, wenn wir
etwa gefunden haben, was Gerechtigkeit ist, werden wir dann
wohl fordern, daß auch der gerechte Mann gar nicht von jenem
verschieden sein dürfe, sondern ganz und gar eben ein solcher sein
c müsse, wie die Gerechtigkeit ist? Oder werden wir zufrieden sein,
wenn er ihr nur so nahe als möglich kommt und am meisten von
allen an ihr Anteil hat? – So, sagte er; wir wollen zufrieden sein. –
Des Beispiels wegen also, sprach ich, suchten wir die Gerechtigkeit
an sich, was sie wohl ist, und den vollkommen gerechten Mann,
wenn es einen geben könne, und wie er sein würde, wenn es einen
gäbe, und wiederum die Ungerechtigkeit und den ungerechtesten,
damit wir, auf jene sehend, wie sie uns erscheinen in Hinsicht auf
Glückseligkeit und ihr Gegenteil, genötigt würden, auch von uns
selbst einzugestehen, daß, wer ihnen am ähnlichsten ist, auch das
d ihnen ähnlichste Los haben werde, nicht aber deshalb, um aufzuzeigen, es sei möglich, daß dies wirklich so vorkomme. – Hierin,
sagte er, hast du wohl recht. – Meinst du also, einer sei ein minder
guter Maler, wenn er, nachdem er ein Urbild gemalt hätte, wie ein
vollkommen schöner Mann aussehen würde, und in seinem Bilde
alles gehörig beobachtet, hernach nicht aufzeigen könnte, daß es
einen solchen Mann auch geben könne? – Beim Zeus, ich nicht!
sagte er. – Wie nun? Haben nicht auch wir in unserer Rede ein

Musterbild aufgestellt eines guten Staates? – Freilich. – Meinst e
du also, daß wir um deswillen minder gut geredet haben, wenn wir
nicht aufzeigen können, es sei möglich, eine Stadt so einzurichten,
wie es beschrieben wurde? – Freilich wohl nicht, sagte er. – Eigentlich also, sprach ich, verhält es sich so. Wenn wir aber auch
dieses versuchen wollen dir zu gefallen, wie etwa und in welcher
Beziehung sie am ehesten möglich wäre: so gestehe mir noch
einmal zum Zweck dieser Nachweisung dasselbe zu. – Welches
doch? –

Ist es möglich, daß etwas gerade so ausgeführt werden kann, 473a
wie es beschrieben wird? Oder liegt es in der Natur der Tat, daß sie
weniger das wahre Wesen trifft als die Rede, wenn es einem auch
nicht so scheint? Also du gestehst es so ein oder nicht? – Ich gestehe es ein, sagte er. – Dazu also zwinge mich nicht, gerade wie
wir es in der Rede durchgegangen zeigen zu müssen, daß es ebenso
in allen Stücken auch in der Tat werde; sondern wenn wir nur
imstande sind zu finden, daß ein Staat der Beschreibung so nahe
als möglich eingerichtet wäre, wollen wir uns schon rühmen gefunden zu haben, was du forderst, daß dies wirklich werden b
könne. Oder willst du nicht zufrieden sein, wenn du soviel er-
langst? Ich wenigstens wäre zufrieden. – Und auch ich, sprach
er. –

### 84. Die Philosophenherrschaft als Bedingung für die Verwirk-
lichung des guten Staates

Zunächst also, wie es scheint, müssen wir versuchen zu finden und
aufzuzeigen, was etwa jetzt in unseren Staaten schlecht behandelt
wird, weswegen sie nicht so verwaltet werden, und wie ein Staat
zu dieser Art der Verfassung gelangen könne mit der mindest möglichen Veränderung, wenn es sein kann, nur in *einem* Stück, wenn
nicht, in zweien, wenn nicht, doch in so wenigen und so geringfü-
gigen als möglich. – Allerdings freilich, sagte er. – Durch eine ein- c
zige Veränderung nun, sprach ich, glaube ich zeigen zu können,
daß er sich dazu umwandeln werde, freilich durch keine kleine,
auch nicht leichte, aber doch mögliche. – Durch welche? sagte
er. – Nun gehe ich gerade darauf los, sprach ich, was wir der größten Welle im voraus verglichen. Es soll also gesagt werden, und
sollte es mich auch mit Schmach und Gelächter ordentlich wie eine

aufsprudelnde Welle überschütten. Sieh aber zu, was ich sagen will. – Rede nur, sagte er. –

Wenn nicht, sprach ich, entweder die Philosophen Könige werden in den Staaten oder die jetzt so genannten Könige und Gewalthaber wahrhaft und gründlich philosophieren und also dieses beides zusammenfällt, die Staatsgewalt und die Philosophie, die vielerlei Naturen aber, die jetzt zu jedem von beiden einzeln hinzunahen, durch eine Notwendigkeit ausgeschlossen werden, eher gibt es keine Erholung von dem Übel für die Staaten, lieber Glaukon, und ich denke auch nicht für das menschliche Geschlecht, noch kann jemals zuvor diese Staatsverfassung nach Möglichkeit gedeihen und das Licht der Sonne sehen, die wir jetzt beschrieben haben. Aber dies ist es eben, was mir schon lange Bedenken macht zu reden, weil ich sehe, wie es gegen aller Menschen Meinung angeht. Denn es geht schwer einzusehen, daß in einem andern keine Glückseligkeit sein kann, weder für den Einzelnen, noch für das Ganze. – Da sagte er: O Sokrates, du hast eine solche Rede ausgestoßen, daß du nur glauben kannst, es werden nun gar viele und gar nicht schlechte ordentlich die Kleider abwerfend und nackt, was jedem für eine Waffe in den Weg kommt ergreifend, aus allen Kräften gegen dich anlaufen, um Wunderbares auszurichten, so daß, wenn du sie nicht abwehrst in der Rede und ihnen entkommst, du zur Strafe in der Tat wirst zerrissen werden. – Und daran, sprach ich, bist du mir doch schuld. – Woran ich, sagte er, gar wohl getan habe. Aber ich will dich auch nicht verlassen, sondern dir helfen, womit ich nur kann; ich kann aber freilich nur mit gutem Willen und Zureden, und vielleicht, wenn ich dir sorgfältiger als irgendein anderer antworte. Also einen solchen Gehilfen zur Hand habend, versuche nun den Ungläubigen zu zeigen, daß es sich so verhält, wie du sagst. – Ich muß es versuchen, sprach ich, zumal auch du einen so kräftigen Beistand anbietest.

Es dünkt mich nun notwendig, wenn wir irgend denen entkommen wollen, die du meinst, gegen sie zu erklären, wofür die Philosophen haltend wir zu behaupten wagen, sie müßten regieren, damit, wenn sie richtig erkannt worden sind, dann einer sich wehren kann, indem er zeigt, daß es einigen von Natur zukomme, sowohl mit der Philosophie sich zu befassen als auch im Staat Anführer zu sein, den übrigen aber, sowohl jene unberührt zu lassen als auch

dem Anführenden zu folgen. – Das wäre allerdings Zeit, sagte er,
zu bestimmen. – So komm denn, folge mir hierher, ob wir es etwa
irgend hinreichend erklären können. – Führe nur, sagte er. –
Werde ich dich also, sprach ich, erinnern müssen oder besinnst du
dich darauf, daß, wenn wir von jemand sagen, er liebe etwas, und
dies mit Recht soll gesagt sein, sich dann zeigen muß, daß er nicht
nur einiges davon liebt und anderes nicht, sondern daß er ihm
ganz zugetan ist? –

## 85. Der Weisheitsliebende ist Liebhaber jeder Erkenntnis

Du wirst mich, sagte er, erinnern müssen, wie es scheint, denn ich   d
verstehe es nicht recht. – Das hätte sich wohl für einen andern zu
sagen geziemt, o Glaukon, antwortete ich, was du da sagst, einem
so in der Liebe bewanderten Manne aber ziemt es nicht, dessen
uneingedenk zu sein, daß alle blühenden Knaben den Knaben-
freund und Verliebten reizen und quälen, weil sie alle seiner Bemühung und Zuneigung wert scheinen. Oder macht ihr es nicht so
mit den Schönen? Der eine, der eine aufgeworfene Nase hat, wird
niedlich genannt und als solcher von euch gelobt, des andern Ha-
bichtsnase sagt ihr sei königlich, und der in der Mitte zwischen   e
beiden habe die schönsten Verhältnisse. Die Braunen, heißt es,
sehen männlich aus, die Blonden aber sind die Göttersöhne; und
daß einer ein Wachsgesicht hat, meinst du wohl, daß diesen Ausdruck ein anderer erfunden habe als ein beschönigender Liebhaber, der das Bleiche leicht an einem ertrug, wenn er nur jugendlich
war? Und mit einem Worte, jeder Vorwand ist euch recht, und ihr
habt für alles einen Ausdruck, damit ihr nur keinen von denen
verwerfen müßt, die in der Blüte der Jugend sind. – Wenn du es   475a
an mir sagen willst von den Verliebten, daß sie es so machen: so
gestehe ich es ein unserer Sache zuliebe. – Und wie, sprach ich, die
Weinliebhaber, siehst du nicht, daß die es ebenso machen? Daß
ihnen jeder Wein unter irgendeinem Vorwande behagt? – Jawohl. – Und von den Ehrliebenden, denke ich, siehst du es doch
auch, daß sie, wenn sie nicht das Heer anführen können, mit
einem Treffen vorliebnehmen; und werden sie nicht von Größeren   b
und Höheren geehrt, so begnügen sie sich, es auch von Geringeren
und Unbedeutenderen zu werden, weil sie nämlich nur überhaupt
der Ehre nachstreben. – Offenbar ja. – Dieses also bejahe mir

oder verneine, wenn wir einen begierig nach etwas nennen, werden wir dann sagen, daß er alles, was unter diesen Begriff gehört,
begehrt, oder nur einiges, anderes aber nicht? – Alles, antwortete
er. – Also auch der Philosoph, werden wir sagen, trachte nach
Weisheit, nicht nach einiger zwar, nach anderer aber nicht, son-
c dern nach aller. – Richtig. – Wer also in Kenntnissen wählig ist,
zumal in der Jugend, wenn er noch keine Einsicht davon hat, was
brauchbar ist und was nicht, von dem wollen wir nicht sagen, daß
er lernbegierig oder weisheitliebend sei, so wie wir von dem, der in
Speisen wählig ist, nicht sagen, daß er hungere oder Speise begehre
oder eßlustig sei, sondern vielmehr ein schlimmer Gast. – Und mit
Recht sagen wir das. – Wer aber ohne Umstände alle Kenntnisse
zu kosten pflegt und gern zum Lernen geht und unersättlich darin
ist, den werden wir wohl mit Recht weisheitliebend nennen. Nicht
wahr? – Darauf sagte Glaukon: Dann wirst du gar viele und wun-
d derliche solche bekommen. Denn zuerst die Schaulustigen scheinen mir insgesamt solche zu sein, weil es ihnen Freude macht,
etwas zu erfahren, und dann unter den Hörbegierigen sind nun
einige gar zu wunderlich, wenigstens um sie unter die Philosophen
zu setzen, da sie ja zu Reden und solchen Beschäftigungen schon
gar nicht Lust haben zu kommen, sondern als ob sie ihre Ohren
dazu vermietet hätten, um alle Chöre zu hören, laufen sie auf den
Dionysien herum und fehlen weder bei den städtischen noch bei
den ländlichen. Alle diese nun und andere, die nach Ähnlichem
e wißbegierig sind, und die auf allerlei kleine Kunststücke Versesse-
nen, sollen wir die weisheitliebend nennen? – Gar nicht, sagte ich,
sondern den Weisheitliebenden nur ähnlich. –

86. *Der Philosoph ist fähig, das Wahre selbst zu schauen. Er-*
    *kenntnis, Unkenntnis und Vorstellung (Meinung) und ihre*
    *Gegenstände*

Aber welche, sagte er, verstehst du nun unter den eigentlichen? –
Die, sprach ich, schaulustig sind nach der Wahrheit. – Auch das,
sagte er, ist sehr richtig; aber wie erklärst du es? – Gar nicht
leicht, sprach ich, einem andern; du aber, denke ich, wirst mir
dieses zugestehen. – Was doch? – Daß, da Schönes dem Häß-
476a lichen entgegengesetzt ist, dieses zwei sind. – Natürlich. – Also
wenn zwei, ist auch jedes von ihnen eins. – Auch dieses. – Und

mit dem Gerechten und Ungerechten und Guten und Bösen und
allen andern Begriffen ebenso, daß jeder für sich eins ist; aber da
jeder vermöge seiner Gemeinschaft mit den Handlungen und körperlichen Dingen und den übrigen Begriffen überall zum Vorschein kommt, daß auch jeder als vieles erscheint. – Du hast recht,
sagte er. – Hiernach nun, sprach ich, trenne ich: abgesondert diejenigen, welche du eben als schaulustig und kunstliebend und handelnd anführtest, und abgesondert wiederum diejenigen, von de-    b
nen die Rede ist und die allein einer mit Recht Philosophen nennen
kann. – Wie, fragte er, meinst du das? – Die Hörbegierigen und
Schaulustigen, sprach ich, lieben doch die schönen Töne und Farben und Gestalten und alles, was aus dergleichen gearbeitet ist, die
Natur des Schönen selbst aber ist ihre Seele unfähig zu sehen und
zu lieben. – So freilich, sagte er, verhält es sich. – Die nun aber
dem Schönen selbst zu nahen vermögen und es an sich betrachten,
sind die wohl nicht selten? – Gar sehr. – Wer nun schöne Sachen    c
zwar anerkennt, die Schönheit selbst aber weder anerkennt noch
auch, wenn ihn jemand zur Erkenntnis derselben führen will, ihm
zu folgen vermag, dünkt dich der wachend oder träumend zu leben? Bedenke nur: Das Träumen, besteht das nicht darin, wenn
jemand, es sei nun im Schlaf oder auch wachend, etwas einem
Ähnliches nicht für ähnlich, sondern für jenes selbst hält, dem es
gleicht? – Ich wenigstens, sprach er, würde sagen, daß ein solcher
träume. – Wie aber? Wer ganz im Gegenteil die Schönheit selbst
für etwas hält und auch sie selbst sowohl als das an ihr Teil-       d
habende wahrnehmen kann und weder das Teilhabende für sie
selbst noch sie selbst für das Teilhabende hält, wie dünkt dich
wiederum dieser, wachend zu leben oder auch er schlafend? –
Gar sehr, sagte er, wachend. – Dessen Gedanken also, weil er erkennt, würden wir wohl mit Recht sagen, seine Einsicht, des andern aber Meinung, weil er nur etwas meint oder sich vorstellt. –
Allerdings. – Wie nun, wenn uns derjenige böse würde, von dem
wir sagen, er meine nur, erkenne aber nicht, und wenn er uns bestreiten wollte, daß wir recht redeten: würden wir ihm wohl zuzu-
reden wissen und ihn leise zu überreden, ohne ihn merken zu las-   e
sen, daß er verwirrt ist? – Das müßten wir wenigstens, sagte er. –

Komm denn und sieh zu, was wir ihm sagen werden. Oder willst
du lieber, daß wir es so von ihm zu erforschen suchen, daß wir ihm

sagen, wenn er etwas wisse, trügen wir deshalb keinen Neid, sondern wir würden gar gern einen sehen, der etwas wisse. Also sage
uns nur dieses: Der Erkennende, erkennt er etwas oder nichts? Du
nämlich antworte mir nun an seiner Stelle. – Ich werde antworten, sagte er, daß er etwas erkennt. – Was ist, oder was nicht
477a  ist? – Was ist; denn wie könnte etwas, was ja nicht ist, erkannt
werden? – Dies also wissen wir zur Genüge, und wenn wir es von
noch soviel Seiten betrachteten, daß das vollkommen Seiende
auch vollkommen erkennbar ist, das auf keine Weise Seiende aber
auch ganz und gar unerkennbar. – Vollkommen zur Genüge. –
Wohl. Wenn sich aber etwas so verhält, daß es ist und auch nicht
ist, würde es dann nicht in der Mitte liegen zwischen dem ganz rein
Seienden und dem ganz und gar nicht Seienden? – In der Mitte. –
Nun bezog sich doch Erkenntnis auf das Seiende, Unkenntnis aber
notwendig auf das Nichtseiende. Für das zwischen beiden also ist
etwas zu suchen zwischen der Unkenntnis und der Erkenntnis,
b  wenn es etwas solches gibt. – Allerdings. – Sagen wir nun, daß
etwas auch die Vorstellung ist? – Wie sollten wir nicht. – Als ein
von dem Wissen verschiedenes Vermögen oder als dasselbe? – Als
ein verschiedenes. – Für etwas anderes also ist die Vorstellung
geordnet, und für etwas anderes das Wissen, jedes von beiden
nach seinem ihm eigentümlichen Vermögen. – So ist es. – Nun
gehört doch die Erkenntnis ihrer Natur nach zu dem Seienden, um
zu erkennen, daß das Seiende ist? Oder vielmehr, so dünkt mich
zuvor notwendig uns zu erklären. – Wie? –

*87. Der Begriff des Vermögens. Bestimmung des Gegenstandes
     der Vorstellung*

c  Wir wollen doch sagen, das Vermögen sei eine gewisse Art des
Seienden, wodurch sowohl wir vermögen, was wir vermögen, als
auch jegliches andere, was etwas vermag; wie ich zum Beispiel
meine, daß Gesicht und Gehör zu den Vermögen gehören, wenn
du anders verstehst, was ich mit diesem Begriff sagen will. – Wohl
verstehe ich, sagte er. – So höre denn, was mir davon einleuchtet.
Nämlich an einem Vermögen sehe ich weder Farbe noch Gestalt
noch etwas dergleichen, wie an vielem anderen, worauf sehend ich
bei mir selbst einiges unterscheide, daß das eine dieses ist, das an-
d  dere jenes. Bei einem Vermögen aber sehe ich lediglich danach,

worauf es sich bezieht und was es bewirkt, und danach pflege ich
ein jedes Vermögen als ein einzelnes zu benennen, und was für
dasselbe bestimmt ist und dasselbe bewirkt, nenne ich auch dasselbe, was aber für etwas anderes und etwas anderes bewirkt,
nenne ich auch ein anderes. Du aber, wie machst du es? – Ebenso,
sagte er. – Noch einmal denn her, sprach ich, o Bester! Sagst du
nun, Erkenntnis sei ein Vermögen, oder unter welche Gattung
stellst du sie? – Unter diese, sagte er, als das stärkste aller Vermögen. – Und wie die Vorstellung, wollen wir die auch unter das    e
Vermögen oder unter irgendeine andere Art bringen? – Keineswegs, sagte er; denn das, wodurch wir vorzustellen vermögen, ist
ja nichts anderes als die Vorstellung. – Allein vor kurzem noch
gestandest du ja, Erkenntnis und Vorstellung sei nicht dasselbe. –
Wie könnte wohl auch ein vernünftiger Mensch, sagte er, das Un-
fehlbare mit dem nicht Unfehlbaren je für dasselbe halten? –

Schön, sprach ich, und ganz bestimmt ist also unter uns eingestanden, daß die Vorstellung von der Erkenntnis verschieden    478 a
ist. – Verschieden. – Also bezieht sich auch jede von ihnen, ihrer
Natur nach etwas andres vermögend, auf etwas andres? – Notwendig. – Und die Erkenntnis doch wohl auf das Seiende, um einzusehen, wie sich das Seiende verhalte. – Ja. – Die Vorstellung
aber, sagen wir, stellt vor. – Ja. – Etwa dasselbe, was auch die
Erkenntnis erkennt? So daß das Erkennbare und das Vorstellbare
einerlei ist? Oder ist das unmöglich? – Unmöglich, sagte er, nach
dem Eingestandenen, da ja seiner Natur nach jedes andere Vermögen auf anderes geht, und beides Vermögen sind, die Erkenntnis
und die Vorstellung, jede aber ein anderes, wie wir sagten. Hier-    b
nach also findet nicht statt, daß das Erkennbare und Vorstellbare
einerlei sein kann. – Also wenn das Seiende erkennbar ist, muß
etwas anderes als das Seiende vorstellbar sein. – Etwas anderes. –
Stellt sie also das Nichtseiende vor? Oder ist das Nichtseiende ja
auch vorzustellen unmöglich? Bedenke nur; bezieht nicht der
Vorstellende seine Vorstellung auf etwas? Oder ist es möglich,
vorzustellen zwar, aber nichts vorzustellen? – Unmöglich. – Sondern ein Irgendwelches stellt immer vor, wer vorstellt? – Ja. –
Aber das Nichtseiende kann man ja doch nicht ein Irgendetwas,
sondern am richtigsten würde man es Nichts nennen. – Freilich. –

c    Mit Notwendigkeit also haben wir dem Nichtseinden die Unkenntnis zugewiesen und dem Seienden die Erkenntnis. – Richtig,
sagte er. – Also weder Seiendes noch Nichtseiendes stellt sie
vor? – Freilich nicht. – So wäre dann die Vorstellung weder Erkenntnis noch Unkenntnis. – Das scheint nicht. – Ist sie nun etwa
außerhalb beider, entweder die Erkenntnis übertreffend an Sicherheit oder die Unkenntnis an Unsicherheit? – Keines von beiden. –
Sondern es ist dir wohl klar, sprach ich, daß die Vorstellung dunkler zwar ist als die Einsicht, aber heller als die Unkenntnis. – Bei
d    weitem, sagte er. – Und innerhalb beider liegt sie? – Ja. – Ein
Mittleres also wäre die Vorstellung zwischen diesen beiden. – Offenbar ja. – Nun sagten wir doch in dem Vorigen, wenn sich
etwas zeige als zugleich seiend und nicht seiend, so liege ein solches mitteninne zwischen dem rein Seienden und dem auf alle
Weise Nichtseienden, und weder Erkenntnis noch Unkenntnis
werde für dieses sein, sondern das, was sich zwischen der Erkenntnis und Unkenntnis zeigte? – Richtig. – Nun aber hat sich uns ja
gezeigt zwischen diesen das, was wir Vorstellung nennen? – So
hat es sich gezeigt. –

### 88. Aufweis der vielen Dinge als Objekt der Vorstellung

e    Jenes also wäre uns noch übrig zu finden, wie es scheint, was an
beiden teilhat, an Sein und an Nichtsein, und deshalb keines von
beiden unvermischt mit Recht genannt werden darf, damit, wenn
es sich uns gezeigt hat, wir dann von diesem mit Recht aussagen
können, es sei vorstellbar, indem wir so den beiden äußersten jedem ein Äußerstes und den mittleren auch das Mittlere zuweisen.
Oder nicht so? – Allerdings so. – Dieses nun vorausgesetzt, sage
479a    denn und antworte mir, werde ich sprechen, der Gute, der ein
Schönes selbst und eine sich immer gleich verhaltende Gestalt der
Schönheit nicht annimmt. An vielerlei Schönes aber glaubt jener
Schaulustige und es niemals Vertragende, wenn jemand sagt, es
gebe *ein* Schönes und *ein* Gerechtes, und so alles übrige. Unter
diesem vielen Schönen also, o Bester, wollen wir zu ihm sagen, gibt
es wohl eines, was nicht auch häßlich erscheinen kann? Und unter
dem Gerechten, was nicht auch ungerecht? Und unter dem Heiligen, was nicht auch unheilig? – Keines, sondern notwendig, sagte
b    er, wird es irgendwie schön und auch häßlich erscheinen, und so

auch das andere, wonach du fragst. – Und wie das viele Doppelte? Erscheint das irgend weniger halb als doppelt? – Gar nicht. – Und das Große und Kleine und Leichte und Schwere, wird das mit größerem Recht so, wie wir eben sagen, genannt als entgegengesetzt? – Nein, sondern immer, sagte er, wird jedes an beidem haften. – Jegliches also von diesen vielen, ist es wohl mehr als es nicht ist das, was einer davon aussagt? – Es gleicht, sagte er, dem, was man Doppelsinniges auf Gastmählern vorbringt, und dem kindischen Rätsel von des Verschnittenen Wurf nach der Fledermaus, wo sie rätselhaft damit spielen, womit und worauf er sie geworfen habe. Denn auch diese Dinge sind doppelsinnig, und es ist unmöglich, von irgendeinem darunter genau und bestimmt zu denken, weder daß es ist oder nicht ist, noch daß ihm beides oder keines von beiden zukommt. – Weißt du also, sprach ich, was du damit machen sollst, oder an was für einen besseren Platz du sie stellen willst, als zwischen dem Sein und Nichtsein? Denn sie können sich ja weder dunkler als das Nichtseiende zeigen, so daß sie etwa mehr nicht wären, noch auch heller und mehr seiend als das Seiende. – Vollkommen richtig, sagte er. –

Also haben wir gefunden, wir es scheint, daß, was die Vielen Vieles annehmen vom Schönen und dem übrigen der Art, sich irgendwo zwischen dem Nichtseienden und dem wahrhaft Seienden herumdreht. – Das haben wir gefunden. – Und im voraus waren wir einig geworden, wenn sich etwas dergleichen zeige, müsse davon gesagt werden, daß es vorstellbar sei und nicht erkennbar, indem das dazwischen Herumschweifende auch mit dem dazwischen liegenden Vermögen aufgefaßt wird. – Darüber waren wir einig. – Die also viel Schönes beschauen, das Schöne selbst aber nicht sehen noch einem andern, der sie dazu führen will, zu folgen vermögen, und die vielerlei Gerechtes, das Gerechte selbst aber nicht, und so alles, diese, wollen wir sagen, stellen alles vor, erkennen aber von dem, was sie vorstellen, nichts. – Notwendig, sagte er. – Wie aber wiederum, die jegliches selbst, wie es sich immer gleichermaßen verhält, beschauen? Nicht daß die erkennen und nicht vorstellen? – Notwendig auch das. – Also werden wir auch sagen von diesen, daß sie dasjenige lieben und sich dazu neigen, wovon es Erkenntnis gibt, jene aber das, wovon Meinung und Vorstellung? Oder erinnern wir uns nicht mehr, daß wir schon sagten, diese liebten schöne Töne und Farben und dergleichen und beschauten sie, das Schöne selbst aber ließen sie nicht einmal gelten als seiend? – Dessen erinnern wir uns. – Werden wir uns also vergehen, wenn wir sie mehr Meinungsliebende nennen als Weisheitliebende? Und werden sie uns wohl sehr zürnen, wenn wir so sagen? – Nicht, wenn sie mir folgen, sagte er; denn dem Wahren zu zürnen ist nicht recht. – Dagegen die jegliches Seiende selbst Liebenden muß man weisheitliebend und Philosophen nennen, nicht aber meinungsliebend. – Allerdings ja.

## SECHSTES BUCH

### 89. Forderung, daß die Philosophen als diejenigen, die das Gerechte selbst schauen, herrschen müssen

Die Philosophen also, sprach ich, o Glaukon, und die es nicht   484a
sind, wollten uns erst, nachdem wir eine lange Rede durchgeführt,
zum Vorschein kommen, wer sie beide sind. – Vielleicht, sagte er,
geht es auch in einer kurzen nicht leicht. – Wie es scheint! antwortete ich. Aber mich dünkt, sie würden sich uns noch besser gezeigt
haben, wenn wir nur hierüber allein nötig gehabt hätten zu reden,
und nicht noch so vielerlei anderes durchzugehen, da wir ja zusehen sollten, wie das gerechte Leben von dem ungerechten verschieden ist. – Was also, sagte er, kommt uns nach diesem? –   b
Was sonst, sprach ich, als das nächste? Da nun die Philosophen
die sind, welche das sich immer gleich und auf dieselbe Weise Verhaltende fassen können, die aber dies nicht können, sondern immer unter dem Vielen und mannigfach sich Verhaltenden umher-
irren, nicht Philosophen, welche von beiden müssen demzufolge
Führer des Staates sein? – Was müßten wir also wohl hierüber
sagen, fragte er, um das Angemessene zu sagen? – Diejenigen von
beiden, sprach ich, welche sich imstande zeigen, der Staaten Gesetze und Bestrebungen aufrechtzuerhalten, diese soll man zu Hü-   c
tern bestellen. – Richtig, sagte er. – Aber das ist doch wohl klar,
sprach ich, ob man einem Blinden oder einem scharf sehenden
Hüter irgend etwas soll zu bewahren geben? – Und wie, sagte er,
sollte das nicht klar sein! – Dünken dich nun wohl die besser als
Blinde zu sein, die, in der Tat der Erkenntnis von jedem, was ist,
beraubt und kein anschauliches Urbild von irgend etwas in der
Seele habend, auch nicht vermögen, wie Maler, indem sie auf das
Wahrhafteste sehen und von dorther alles, auf das genaueste acht-   d
gebend, übertrügen, so auch das hier Gesetzliche und Schöne in

bezug auf Recht und Unrecht sowohl aufzuzeichnen, wenn es auf-
gezeichnet werden muß, als auch das Bestehende hütend zu erhalten? – Nein beim Zeus, sprach er, viel besser eben nicht! – Sollen
wir also lieber diese zu Hütern setzen oder die, welche jegliches,
was ist, erkennen, dabei aber an Erfahrung und Übung hinter jenen nicht zurückbleiben noch ihnen an irgendeinem andern Teile
der Tugend nachstehen? – Ungereimt wäre es freilich, sagte er,
irgend andere zu wählen, wenn diese in dem übrigen nicht zurück-
stehen; denn in bezug auf dieses selbst hätten sie ja wohl den größ-
485a  ten Vorzug. – Also wollen wir dieses erklären, auf welche Weise
dieselben imstande sein können, jenes und auch dieses zu haben? – Das müssen wir. – Was wir also gleich am Anfang dieser
Rede sagten, wir müssen zuerst ihre Natur verstehen; und haben
wir uns über diese gehörig geeinigt, so werden wir, denke ich, auch
darüber einig sein, daß recht füglich dieselben imstande sind beides zu haben und daß keine anderen Führer der Staaten sein dürfen als solche. – Wie das? –

## 90. Die notwendigen Eigenschaften einer philosophischen Natur

Dieses, denke ich, soll uns feststehen von den philosophischen
b  Naturen, daß sie Kenntnisse immer lieben, welche ihnen etwas
offenbaren von jenem Sein, welches immer ist und nicht durch
Entstehen und Vergehen unstet gemacht wird. – Das soll uns feststehen. – Ja auch, sprach ich, daß sie dieses ganz begehren und
weder einen kleineren noch größeren, weder einen vorzüglich
hochgeachteten noch einen minder geachteten Teil desselben wider ihren Willen sich entgehen lassen, eben wie wir es vorher an
den Ehrliebenden und Verliebten gezeigt haben. – Richtig, sagte
er. – Nächstdem betrachte nun dieses, ob es wohl neben jenem die
c  notwendig in ihrer Seele haben müssen, welche so werden sollen,
wie wir sie beschrieben. – Was doch? – Daß sie ohne Falsch sind
und mit Willen auf keine Weise das Falsche annehmen, sondern es
hassen, die Wahrheit aber lieben. – Wahrscheinlich wohl, sagte
er. – Nicht nur wahrscheinlich, Freund, sondern ganz notwendig
wird, wer in irgend etwas von Natur verliebt ist, alles seinem Lieb-
lingsgegenstande Verwandte und Angehörige auch lieben. –
Richtig, sagte er. – Könntest du nun wohl etwas der Weisheit Ver-

wandteres finden als die Wahrheit? – Wie sollte ich, sprach er. –
Kann also wohl dieselbe Natur weisheitsliebend sein und trugliebend? – Keineswegs wohl. – Der in der Tat Wißbegierige also d
muß nach aller Wahrheit gleich von Jugend an möglichst streben. – Allerdings ja. – Aber wem sich die Begierden sehr nach
einem einzigen Gegenstande hinneigen, dem, wissen wir, sind sie
nach andern Seiten hin desto schwächer, weil der Strom gleichsam
dorthin abgeleitet ist. – Wie sollten sie nicht! – Wem sie also nach
Kenntnissen und allem dergleichen hinströmen, dem gehen sie,
denke ich, auf die Lust, welche der Seele für sich allein zukommt,
und halten sich dagegen von der durch den Leib vermittelten zurück, wenn einer nicht zum Schein, sondern wahrhaft philo- e
sophisch ist. – Ganz notwendig. – Mäßig ist also ein solcher und
keineswegs habsüchtig. Denn weshalb mit solchem Aufwande
nach Geld gestrebt wird, danach zu streben ziemt eher jedem andern als ihm. – So ist es. – Aber auch dieses mußt du ja erwä- 486a
gen, wenn du unterscheiden willst eine philosophische Natur und
eine, die es nicht ist. – Was doch? – Daß nicht etwa eine, ohne
daß du es merkst, auch an Unedlem Anteil habe. Denn Kleinlich-
keit ist wohl ganz vorzüglich einer Seele zuwider, welche überall
das Ganze und Vollständige anstreben soll, Göttliches und
Menschliches. – Vollkommen richtig! sagte er. – Wer nun eine
Größe der Denkungsart besitzt und Übersicht der ganzen Zeit und
alles Seins, hältst du es für möglich, daß den das menschliche Leben etwas Großes dünke? – Unmöglich, sprach er. – Also auch
den Tod wird ein solcher wohl nicht für etwas Arges halten? – b
Am wenigsten wohl. – Eine feige und unedle Natur also kann an
wahrhafter Philosophie, wie es scheint, keinen Teil haben. –
Nein, dünkt mich. – Wie aber? Der Sittsame und nicht Habsüch-
tige noch Unedle noch Großtuerische noch Feige, könnte der wohl
unverträglich sein oder ungerecht? – Nicht möglich. – Willst du
also untersuchen, welches eine philosophische Seele ist und welches nicht, so wirst du gleich, wenn einer noch jung ist, darauf
sehen, ob sie gerecht ist und mild oder unverträglich und roh. –
Allerdings. – Aber auch das, denke ich, wirst du nicht vorbeilas- c
sen. – Was? – Ob gelehrig oder ungelehrig. Oder erwartest du,
daß jemand etwas gehörig lieben werde, was ihm, wenn er es verrichtet, Pein macht und worin er kaum ein Weniges vollbringt? –

Das könnte wohl nicht sein. – Und wer nichts Gelerntes sich zu
erhalten weiß, weil er voll Vergeßlichkeit ist, kann der wohl anders als leer an Erkenntnis sein? – Wie sollte er? – Wenn er sich
also immer vergeblich anstrengt, meinst du nicht, daß er am Ende
dahin kommen muß, sich selbst und ein solches Geschäft zu hassen? – Wie sollte er nicht! – Eine vergeßliche Seele wollen wir
d also unter die gründlich philosophischen nie einzeichnen, sondern
darauf sehen, daß eine solche ein gutes Gedächtnis haben
müsse. – Auf alle Weise gewiß. – Und wir werden doch nicht sagen, daß eine unmusikalische und mißgestalte Seele anderswohin
sich neige als zur Ungemessenheit? – Gewiß nicht. – Und die
Wahrheit, meinst du, daß sie der Ungemessenheit verwandt ist
oder dem Ebenmaß? – Dem Ebenmaß. – Also von Natur eben-
mäßig und anmutig wird wohl noch außerdem das Gemüt sein
müssen, welches eine natürliche Anlage haben soll, sich leicht hin-
führen zu lassen zu der Idee eines jeglichen, was wirklich ist. –
e Allerdings. – Wie nun? Glaubst du etwa nicht, daß alles, was wir
durchgegangen sind, miteinander zusammenhänge und auch jedes
einzeln notwendig sei für die Seele, welche gehörig und vollständig
487a das Wahre ergreifen soll? – Ganz notwendig freilich, sagte er. –
Kannst du also wohl irgendwie ein solches Geschäft tadeln, dem
sich niemals jemand gründlich widmen kann, wenn er nicht von
Natur von gutem Gedächtnis ist, gelehrig, edelmütig, anmutig,
der Wahrheit Freund und verwandt, so wie der Gerechtigkeit, der
Tapferkeit und der Besonnenheit? – Auch Momos selbst, sagte
er, könnte ja so etwas nicht tadeln. – Und, sprach ich, solchen,
wenn sie nun durch Erziehung und Alter vollendet sind, wolltest
du nicht allein den Staat überlassen?

### 91. Einwand, daß sich die Philosophen als unbrauchbar für den Staat erweisen

b Darauf sagte Adeimantos: O Sokrates, hiergegen wäre freilich
kein Mensch imstande dir etwas einzuwenden. Allein dieses begegnet jedesmal denen, welche hören, was du jetzt sagst; sie glauben, aus Unerfahrenheit im Fragen und Antworten von der Rede
bei jeder Frage um ein weniges abwärts geführt worden zu sein, so
daß, wenn alles dieses Wenige zusammengekommen, am Ende des
Gespräches ein großer Irrtum zum Vorschein kommt und etwas

dem ersten ganz Entgegengesetztes. Und wie die im Brettspiel Un-
geübten von den darin Starken am Ende eingeschlossen werden
und nicht wissen, wie sie ziehen sollen: so glauben auch sie am c
Ende eingeschlossen zu sein und nicht zu wissen, was sie sagen
sollen in diesem anderen Spiel, nicht mit Steinen, sondern mit Reden, aber in der Wahrheit verhalte es sich deswegen doch nicht
weniger so. Ich sage dies aber mit Bezug auf das Gegenwärtige.
Denn jetzt könnte dir einer sagen, in der Rede wisse er dir freilich
auf das Gefragte einzeln nichts einzuwenden, in der Tat aber sehe
er, daß von denen, welche sich der Philosophie befleißigt und
nicht, nachdem sie sie als Jünglinge zur Bildung getrieben, hiernach wieder davon abgelassen, sondern sich länger dabei verweilt d
haben, die meisten gar abgeschmackt geraten, damit wir nicht sagen: ganz schlecht; und daß die, welche für die Trefflichsten zu
halten sind, von dieser Beschäftigung, welche du lobst, doch soviel
davongetragen, daß sie für den Staat unbrauchbar sind. – Als ich
dieses gehört, erwiderte ich: Meinst du nun, daß diejenigen irren,
welche dieses sagen? – Ich weiß nicht, sprach er, aber was dich
davon dünkt, möchte ich gern hören. – Dann würdest du hören,
daß sie mir ganz recht zu haben scheinen. – Wie kann es denn e
also, sagte er, richtig sein zu sagen, daß die Staaten nicht eher des
Unheils würden entledigt werden, bis sie von den Philosophen regiert werden, welche wir doch einstimmig als unbrauchbar für sie
ansehen? – Du wirfst, sprach ich, eine Frage auf, welcher einer
Antwort durch ein Bild bedarf. – Du aber, sagte er, denke ich,
pflegst ja nicht durch Bilder zu reden. –

## 92. Erklärung der scheinbaren Unbrauchbarkeit der wahren
##    Philosophen

Sei's drum! antwortete ich. Du spottest also noch, nachdem du
mich in einen so schwer auszuführenden Gegenstand hineinge-
worfen? Höre denn mein Bild, damit du besser siehst, wie müh- 488a
sam ich es bilde. Denn so schwierig ist das, was gerade den Vortrefflichsten mit dem Staate begegnet, daß es auch nirgends etwas
ganz Ähnliches gibt, sondern von vielerlei und was man zur Verteidigung für sie sagen will, wie die Maler Bockhirsche und andere
dergleichen Mischlinge zeichnen. Denke dir also, sei es nun über
viele Schiffe oder über eines, einen solchen Schiffsherrn gesetzt,

b der zwar an Größe und Stärke alle andern im Schiffe übertrifft,
übrigens aber ist er harthörig, sieht auch wenig und versteht von
der Schiffahrt ungefähr ebensoviel, und die Schiffsleute in Fehde
unter sich und wegen des Befehls, indem jeder glaubt, er müsse
steuern, der jedoch nie die Kunst erlernt hat und weder seinen
Lehrer aufzeigen kann noch die Zeit, in der er sie gelernt hätte, ja
daß sie überdies noch alle behaupten, man könne sie auch nicht
lernen, und jeden, der behauptet, sie sei lehrbar, gleich herunter-
hauen wollen; denke dir nun, daß diese immer den Schiffsherrn
c umlagern, bittend und alles versuchend, damit er ihnen das Steuerruder übergebe, zuweilen aber, wenn einige ihn nicht überreden
können, sondern es scheint, andere eher, dann jene diese andern
töten oder aus dem Schiff herauswerfen, den edlen Schiffsherrn
aber durch Zauberbeeren oder Rausch oder anderswie fesseln und
so das Fahrzeug regieren und das verbrauchen, was sich eben
darin findet, und so zechend und schmausend schiffen, wie es von
solchen zu erwarten ist; überdies aber, daß sie jeden loben und als
d Meister in der Schiffahrt und wohl kundig alles dessen, was zum
Fahrzeuge gehört, auspreisen, der ihnen dazu behilflich zu sein
versteht, daß sie ans Ruder kommen, werde es nun durch Überredung oder durch Gewalt von dem Schiffsherrn erlangt, und jeden,
der das nicht tun will, tadeln als unbrauchbar, von dem wahren
Steuermann hingegen nicht einmal soviel wissen, daß er notwendig auf die Jahreszeit und die Tageszeit und den Himmel und die
Sterne und die Winde, und was sonst zur Kunst gehört, achtgeben
muß, wenn er in Wahrheit ein Schiffslenker werden will, sondern
nur meinen, daß man die Kunst und Geschicklichkeit, die dazu
e gehört, ans Ruder zu kommen, mögen nun einige es wollen oder
nicht, daß man diese unmöglich haben könne und dabei die Steuermannskunst zugleich. Wenn nun dergleichen in den Schiffen
vorgeht, meinst du nicht, daß der wahre Schiffahrtkundige gewiß
nur werde ein Wetterprophet und Buchstabenkrämer und unnüt-
489a zer Mensch genannt werden von denen, die in so eingerichteten
Schiffen segeln? – Ganz gewiß, sagte Adeimantos. – Ich glaube
auch nicht, sprach ich, daß du das Bild erst wirst vorerklärt sehen
wollen, wie es wirklich dem Verhalten der Staaten gegen die wahren Philosophen gleicht, sondern daß du schon verstehst, was ich
meine. – Sehr wohl, sagte er. – Zuerst also zeige dem, welcher

sich wundert, daß die Philosophen in den Staaten nicht geachtet werden, dieses Bild und versuche ihn zu überzeugen, daß es viel wunderbarer wäre, wenn sie geachtet würden. – Das will ich b schon zeigen, sagte er. – Und daß er also recht habe, zu sagen, daß die ausgezeichnetsten in der Philosophie den Leuten unnütz sind; nur heiße ihn diese Unnützlichkeit denen Schuld geben, die keinen Gebrauch von jenen Trefflichen machen, nicht aber diesen selbst.

Denn es liegt nicht in der Natur, daß der Steuermann die Schiffsleute bitten solle, sich von ihm regieren zu lassen, noch daß die Weisen vor die Türen der Reichen gehen; sondern wer dies so zierlich herausgebracht hat, hat weit gefehlt; vielmehr ist das Wahre von der Sache, daß, mag nun ein Reicher krank sein oder ein Armer, er vor des Arztes Türe gehen muß, und so jeder, der c beherrscht zu werden nötig hat, zu dem, der zu herrschen versteht, nicht aber, daß dieser die zu Beherrschenden bitte, sich beherrschen zu lassen, wenn er nämlich in Wahrheit etwas taugt. Sondern wenn man die jetzigen bürgerlichen Gewalthaber den Schiffsleuten, von denen wir vorher redeten, vergleicht, wird man wohl nicht fehlen, und ebenso die von ihnen für unnütze Wetterpropheten Ausgeschrienen den wahren Schiffsmeistern. – Ganz richtig, sagte er. – Aus diesen Gründen also ist es in solchen Sachen nicht leicht, daß das edelste Streben in gutem Ruf stehe bei denen, die ganz das Entgegengesetzte betreiben. Bei weitem aber die größte und gewaltigste Verleumdung hat die Philosophie zu d leiden durch die, welche vorgeben, dergleichen zu betreiben und von denen du auch erwähntest, daß der die Philosophie Anklagende behaupte, die meisten, die sich mit ihr abgeben, würden ganz schlecht, und nur die ausgezeichnetsten bloß unnütz, und ich gab dir zu, auch das sei richtig. Nicht wahr? – Ja. –

### 93. *Erneute Bestimmung der wahrhaften Philosophen in Unterscheidung von den schlechten*

Also von der Unnützlichkeit der Ausgezeichneten haben wir die Ursache schon ausgeführt? – Jawohl. – Sollen wir nun auch die Notwendigkeit von der Schlechtigkeit der Mehrzahl nachweisen; und, wenn wir können, zu zeigen versuchen, daß auch daran die Philosophie unschuldig ist? – Allerdings. – So laß uns denn hören e und die Rede anfangen mit der Erinnerung an das, wovon wir

ausgegangen sind, wie nämlich der von Natur müsse geartet sein, der gut und trefflich werden soll. Da war denn das erste an ihm,
490a wenn du es noch im Sinne hast, die Wahrheit, der er überall und auf alle Weise nachtragen sollte, oder wenn er prahlerisch sein wollte, nie an wahrer Philosophie Anteil haben. – So wurde allerdings gesagt. – Ist nun nicht schon dieses eine gar sehr dem entgegen, was jetzt von ihm gedacht wird? – Gar sehr, sagte er. – Werden wir uns aber nicht ganz angemessen damit verteidigen, daß der wahrhaft Lernbegierige so geartet ist, sich um das Seiende zu
b beeifern, und also nicht bleiben kann bei dem vielen als seiend vorgestellten Einzelnen, sondern weitergehen wird, ohne sich verblenden zu lassen, und nicht eher Befriedigung finden für seine Liebe, bis er die Natur von jedem selbst, was ist, aufgefaßt hat mit demjenigen in der Seele, womit es geziemt dergleichen zu fassen – es ziemt aber mit dem Verwandten; womit also dem wahrhaft Seienden sich nähernd und sich damit vermischend, und so Vernunft und Wahrheit erzeugend, er erkennen wird und wahrhaft leben und sich nähren und so seiner Schmerzen Ende finden, eher aber nicht. – Auf das allerbündigste gewiß. – Wie nun? Wird ein
c solcher wohl die Lüge lieben können oder ganz im Gegenteil sie hassen? – Hassen, sagte er. – Geht nun die Wahrheit voran, so werden wir wohl, denke ich, nimmer sagen, daß ihr ein Chor von Übeln folge? – Wie sollten wir! – Sondern eine gesunde und mäßige Gemütsart, mit der dann auch Besonnenheit verbunden ist. – Richtig, sagte er. – Und nun also den übrigen Chor der philosophischen Natur, warum sollen wir ihn noch einmal von vorn aufstellen? Denn du erinnerst dich doch, daß sich diesen zugehörig zeigte auch die Tapferkeit und Edelsinn und Gelehrigkeit und Gedächtnis; und als du einwendetest, ein jeder würde genötigt
d sein, dem beizustimmen, was wir sagen, wenn er aber die Reden gut sein ließe und auf diejenigen selbst sähe, von denen die Rede ist, würde er sagen, er sähe, daß einige von ihnen unnütz wären, die meisten aber schlecht nach aller Schlechtigkeit, sind wir nun in der Untersuchung über den Grund der Beschuldigung dahin gekommen, wieso doch die meisten schlecht sind, und haben uns deshalb die Natur der wahrhaft Philosophischen noch einmal wie-
e derholt und sie, wie es notwendig ist, bestimmt. – So ist es, sagte er. –

*94. Besondere Gefährdung der philosophischen Natur durch un-*
*heilsame Einflüsse*

Dazu nun, sprach ich, müssen wir dieser Natur Verderbnisse betrachten, wie sie in Vielen untergeht und nur ein weniges davon
entkommt in denen, die sie dann auch nicht schlecht, sondern nur
unnütz nennen. Nächstdem wiederum diejenigen, welche jene
nachahmen und sich zu ihrem Geschäft begeben, weil solcherlei     491 a
Seelen, zu einem für sie zu großen Geschäft und einem, dessen sie
nicht würdig sind, gelangt, auf allerlei Weise fehlen und deshalb
auch überall und bei allen der Philosophie den Ruf zuziehen, dessen du erwähnst. – Was für Verderbnisse, sagte er, meinst du
denn? – Ich will versuchen, antwortete ich, wenn ich nur kann, sie
dir zu beschreiben. Dies aber, denke ich, wird uns jeder zugestehen, daß solche Naturen, welche alles besitzen, was wir eben ge-
fordert haben, wenn einer vollkommen philosophisch werden      b
soll, nur selten unter den Menschen vorkommen und immer nur
wenige. Oder meinst du nicht? – Jawohl. – Und für diese wenigen betrachte nur, wie viele und große Gefahren es gibt. – Was für
welche nun? – Was am wunderbarsten ist zu hören, daß jedes
einzelne, was wir an solcher Natur gerühmt haben, die Seele, die es
hat, verderben und von der Philosophie abziehen kann; ich meine
die Tapferkeit und die Mäßigung und was wir sonst angeführt. –
Unglaublich, sagte er, zu hören! – Nächstdem nun, sprach ich,
können auch alle sogenannten Güter sie verderben und abziehen,   c
Schönheit, Reichtum, Leibesstärke, angesehene Verwandtschaf-
ten im Staat, und was damit zusammenhängt. Denn du hast nun
schon den Umriß von dem, was ich meine. – Den habe ich, sagte
er, und gern möchte ich noch genauer verstehen, was du sagst. –
Fasse es also nur, sprach ich, im ganzen richtig auf: so wird es
dir sehr klar werden, und was ich davon vorher gesagt, wird dir
nicht unglaublich vorkommen. – Wie also, sagte er, gebietest du
mir? –

Von jedem Samen oder Gewächs, sprach ich, der Pflanzen oder   d
Tiere wissen wir, daß, was die ihm zukommende Nahrung oder
Witterung oder den Boden nicht erlangt, je kräftiger es ist, um
desto weiter hinter dem Gebührenden zurückbleibt. Denn dem
Guten ist ja das Schlechte mehr entgegengesetzt als dem nicht Gu-
ten. – Wie sollte es nicht! – Es läßt sich also hören, denke ich, daß

die edelste Natur bei einer gar zu fremdartigen Nahrung schlechter wegkommen muß als die gemeinere. − Das läßt sich hören. −
e Also, o Adeimantos, sprach ich, wollen wir auch von den Seelen
ebenso sagen, daß die von Natur edelsten, wenn sie eine
schlechte Erziehung bekommen, auch ausgezeichnet schlecht geraten. Oder meinst du, die großen Verbrechen und die reine
Schlechtigkeit komme aus einer gemeinen und nicht vielmehr aus
einer reich ausgestatteten, aber durch Erziehung verderbten Natur, indem ja eine schwache Natur nie Großes weder im Guten
492a noch im Bösen hervorbringen kann? − Nein, sagte er, sondern
so. − Die Natur also, die wir dem Philosophen beigelegt haben,
wird, denke ich, wenn sie gehörigen Unterricht genießt, notwendig zu aller Tugend allmählich heranwachsen; wenn sie aber,
nachdem sie gesäet und gepflanzt worden, bei ungehörigem aufgezogen wird, dann wiederum zu allem Gegenteil, wenn ihr nicht
ein Gott zu Hilfe kommt. Oder glaubst auch du wie die Leute,
daß gewisse junge Menschen von Sophisten verdorben worden
sind und daß ihre Verderber einzelne Sophisten sind, unbedeu-
tende Leute in allem, was nur der Rede wert ist; und nicht viel-
b mehr, daß diejenigen selbst, die dieses sagen, die größten Sophisten sind und auf das vollkommenste Jung und Alt, Männer und
Frauen bilden und aus ihnen machen, was sie nur wollen? −
Wann doch? − Dann, antwortete ich, wenn sie zu großen Haufen beisammensitzen in den Volksversammlungen oder in den
Gerichtshöfen oder Schauspielen oder Lägern oder in was sonst
für gemeinsamen Zusammenkünften der Menge und mit großem
Geräusch einiges tadeln von dem, was geredet oder getan wird,
und anderes loben, beides übermäßig ausschreiend und beklat-
c schend, und dann noch außer ihnen die Steine und der Ort, wo
sie sich befinden, auch ertönen und das Geräusch des Lobes und
Tadels doppelt wiedergeben. Bei dergleichen, wie meinst du
wohl, daß einem Jünglinge, wie man zu sagen pflegt, das Herz
schlage? Oder was für eine Erziehung, die der einzelne empfangen haben kann, würde wohl hier gegenhalten, daß sie nicht
weggeschwemmt von solchem Lob und Tadel mit fortgerissen
würde in den Strom, wohin dieser eben treibt; so daß der Zögling hernach doch nur dasselbe wie jene für schön und für häßlich erklärt und sich um dasselbe bemühen muß wie jene und eine

ebensolcher werden? – Freilich, sprach er, o Sokrates, ist das ganz
notwendig. –                                                              d

95. *Unmöglichkeit eines menschlichen Widerstands gegen Ver-*
   *derbung durch die Menge. Die Sophisten als Vertreter der*
   *Meinung der Masse*

Und doch, sprach ich, haben wir die stärkste Nötigung noch nicht
ausgesprochen. – Welche doch? sagte er. – Die solche Erzieher
und Sophisten durch die Tat hinzufügen, wenn sie mit Worten nicht
überreden können. Oder weißt du nicht, daß sie den, der ihnen
nicht folgt, mit dem Verlust bürgerlicher Ehren, mit Geldbußen
und mit dem Tode bestrafen? – Freilich, sagte er. – Was für ein
anderer Sophist, meinst du wohl, oder was für dem entgegenwir-
kende Reden eines einzelnen können da wohl obsiegen? – Keine,   e
glaube ich wohl, sprach er. – Freilich nicht, sprach ich, und schon
es unternehmen ist große Torheit; denn weder entsteht noch entstand noch wird in Zukunft entstehen eine andere Richtung zur
Tugend in einem Gemüt, das im Gegensatz zur Ausbildung dieser
erzogen wurde – in einem menschlichen nämlich; denn Göttliches
freilich, nach dem Sprichwort, nehme ich aus. Denn das wisse nur,
was sich noch irgend rettet und wird, wie es soll, bei einer solchen   493 a
Verfassung der Staaten, davon kannst du, ohne sehr zu fehlen,
immer sagen, ein göttliches Geschick habe es gerettet. – Auch mir,
sagte er, scheint es nicht anders. – So möge dir denn, sprach ich,
außer diesem auch noch dies gefallen. – Was denn? – Daß jeglicher von diesen Mietlingen, welche jene für Sophisten ausgeben
und für ihre Gegenkünstler halten, nichts anderes lehrt als eben
diese Lehre der Menge, welche ihr beliebt, wenn sie versammelt ist,
und daß er das Weisheit nennt; wie wenn einer eines großen und
starken Ungetüms, was er sich aufzieht, Zorn und Begierden verstehen gelernt hätte, von welcher Seite man sich ihm nahen muß und   b
von welcher es berühren, und wann es am wildesten ist oder wieder
am zahmsten und wodurch es beides wird, und die Töne, die es bei
jeder Gelegenheit von sich gibt, und wiederum durch was für Töne
eines anderen es besänftigt oder aufgebracht wird, und nachdem er
dies alles gelernt durch lange Erfahrung und Umgang, es dann
Weisheit nennen und als eine Kunst zusammenstellen wollte, um
sich zum Lehrer darin aufzuwerfen, und ohne im Grunde der Wahr-

heit irgend etwas von diesen Vorstellungen und Begierden zu wissen, was davon schön ist oder häßlich, gut oder schlecht, gerecht
c oder ungerecht, doch alle diese Benennungen brauchte für die
Vorstellungen des großen Tieres, das gut nennend, woran es Vergnügen findet, und worüber es sich ärgert, das schlecht, eine andere Erklärung hierüber aber nicht zu geben wüßte als nur, daß er
das Notwendige gerecht nennte und schön, wie weit aber die Natur des Notwendigen und des Guten voneinander verschieden
sind, das weder je gesehen hätte noch einem andern zu zeigen vermöchte. Ein solcher nun, beim Zeus, dünkt dich der nicht ein ungereimter Erzieher zu sein? – Mich gewiß, sagte er. – Und dünkt
dich etwa von diesem verschieden zu sein, der es für Weisheit hält,
d der bunten, von allerwärts her zusammenströmenden Menge Lust
und Unlust gefaßt zu haben, sei es nun an der Malerei oder Tonkunst oder an den bürgerlichen Verhältnissen? Denn wenn einer
mit solchen verkehrt, ihnen Dichtungen oder andere Kunstwerke
ausstellend oder Dienstleistungen für den Staat, wodurch er sich
die Menge zu Herren setzt mehr als notwendig, daß diesem die
sogenannte Diomedische Notwendigkeit entsteht, alles zu tun,
was jene loben, ist klar; daß aber dieses in Wahrheit gut und schön
sei, hast du schon jemals einen von ihnen hierüber eine Rechene schaft geben hören, die nicht ganz lächerlich gewesen wäre? – Ich
denke wohl, sprach er, ich werde es auch niemals hören. –

*96. Art und Weise des Verderbs einer philosophischen Natur*
Wenn du dies nun alles wohl bedacht hast, so denke auch noch
daran, ob wohl das Schöne selbst, nicht die vierlerlei schönen
494a Dinge, oder auch jegliches andere selbst und nicht die vielen solchen Dinge, jemals der große Haufe irgendwie annehmen wird
oder daran glauben? – Wohl gar nicht, sagte er. – Philosophisch
also, sprach ich, kann eine Menge unmöglich sein. – Unmöglich. – Also werden auch notwendig die Philosophierenden von
ihr getadelt werden? – Notwendig. – Auch von eben diesen Mietlingen, welche, wenn sie mit dem Volke verkehren, gar zu sehr
wünschen ihm zu gefallen? – Offenbar. – Hiernach also, was für
eine Rettung siehst du für die philosophische Natur, so daß sie bei
ihrem Geschäft verharren und ans Ziel kommen kann? Bedenke es
b aber auch aus dem Vorigen. Denn wir waren einverstanden, daß

Gelehrigkeit, Gedächtnis, Tapferkeit und Edelsinn dieser Natur
angehöre. – Ja. – Nun wird doch ein solcher gleich unter den Knaben in allen Dingen der erste sein, zumal wenn sich auch sein Leib
der Seele angemessen ausgebildet hat? – Wie sollte er nicht! –
Also, denke ich, werden sich Angehörige und Mitbürger seiner,
sowie er nur älter wird, bedienen wollen zu ihren Angelegenheiten. – Gewiß. – Also werden sie sich mit Bitten und Ehrenbezeu-   c
gungen vor ihm beugen, um schon im voraus seine künftige Macht
in Beschlag zu nehmen und zu beschmeicheln. – So pflegt es wohl,
sagte er, zu geschehen. – Was glaubst du nun, sprach ich, daß ein
solcher unter solchen tun werde, zumal wenn er sich in einer angese-
henen Stadt findet und in dieser reich und edel ist und dazu groß und
wohlgebaut? Wird er nicht mit unbegrenzten Hoffnungen sich anfüllen und sich für tüchtig halten, der Hellenen und der Barbaren
Angelegenheiten zu leiten, und sich deshalb übermäßig erheben,   d
von leerer Einbildung und Ansehen ohne Einsehen aufgeblasen? –
Gar sehr, sagte er. – Wenn nun einem so Gestimmten einer ganz
bescheiden sich naht und ihm die Wahrheit sagt, daß Einsehen und
Vernunft nicht in ihm ist, deren er doch bedarf, und daß diese nicht
zu erwerben ist, wenn man nicht dienen will um den Besitz: glaubst
du, er werde, von so großen Übeln umgeben, gar bereitwillig sein,
dergleichen anzuhören? – Weit gefehlt wohl! sprach er. – Und
wenn nun auch einer, sprach ich, vermöge seiner guten Natur und
seiner Verwandtschaft mit diesen Reden irgend darauf merkt und   e
umgewendet und zur Philosophie hingezogen wird, was, sollen wir
glauben, werden jene beginnen, die nun glauben müssen, seine
Dienste und Genossenschaft zu verlieren? Werden sie nicht alles
mögliche reden und tun, sowohl gegen ihn, damit er ja nicht folge,
als auch dem, der ihn überredet, damit es ihm ja nicht gelinge,
sowohl für sich nachstellen als ihm vor dem Volke Kampf an-   495a
sagen? – Ganz notwendig, sagte er. – Ist es nun wohl möglich, daß
ein solcher ein Philosoph werde? – Freilich nicht. –

97. *Schicksal der echten Philosophennaturen und Schicksal der*
    *Philosophie: Ihre Mißbrauchung durch Unwürdige*
Du siehst also, sprach ich, daß wir nicht ungerecht gesagt haben,
daß auch selbst die einzelnen Teile der philosophischen Natur,
wenn sie in ungünstige Nahrung kommen, auf gewisse Weise

schuld daran sein können, daß einer dieses Bestreben fahrenläßt,
und ebenso die sogenannten Güter, Reichtum und alles solche Zu-
behör? – Gewiß nicht, sagte er, sondern ganz richtig. – Auf diese
Art also, fuhr ich fort, mein Bester, verkommt und verdirbt die
b edelste Natur für das trefflichste Bestreben, die ohnedies selten
genug ist, wie wir sagen. Und aus diesen Männern also kommen
sowohl die, welche den Staaten und einzelnen die größten Übel
zufügen, als auch die, welche das Gute, wenn etwa welche hierbei
glücklich durchgekommen sind; eine kleinliche Natur aber kann
niemals irgend Großes irgend jemandem, weder einem Staat noch
einem einzelnen, antun. – Vollkommen wahr, sprach er. – Diese
nun, wenn sie so von der Philosophie, die ihnen am meisten
c ziemte, abkommen und sie unbebaut und unvollendet lassen, leben dann selbst ein ihnen gar nicht angemessenes und auch nicht
wahrhaftes Leben; ihr aber, von ihren Angehörigen gleichsam
verwaist, nahen dann andere, Unwürdige, und häufen Schimpf
und Schande über sie, wie du ja sagst, daß die Ankläger der Philosophie klagen, daß die mit ihr umgehen, zum Teil nichts wert sind,
die meisten aber alles Schlimme verdienen. – Das ist freilich, antwortete er, was gesagt wird. – Und gar nicht unrecht, sprach ich,
wird es gesagt. Denn wenn andere Leutchen nun diese Stelle leer
d sehen, und daß doch viel Schönes von ihr gesagt und vorausgesetzt
wird: so brechen, wie die aus der Haft in die Tempel fliehen, auch
diese gar zu gern aus ihren Künsten heraus in die Philosophie,
soviel ihrer die ausgezeichnetsten sind in ihren Kunststückchen.
Denn, wenn schon es um die Philosophie so steht, immer bleibt ihr
doch im Vergleich mit den andern Künsten noch ein viel edleres
Ansehen übrig, welches nun viele anlockt von unzulänglicher Natur, und die, wie schon ihr Leib verkrüppelt ist durch ihre Künste
e und Gewerbe, so auch durch das Unedle darin der Seele nach ganz
verweichlicht und gedrückt sind. Oder muß es nicht so sein? –
Notwendig. – Sind diese nun wohl, sprach ich, viel anders anzusehen als ein zu Gelde gekommener Arbeiter aus der Schmiede etwa,
der, ein kleiner kahlköpfiger Kerl, neuerlich erst aus dem Gefängnis gelöst, nun aber wohlgebadet und neu gekleidet und wie ein
Bräutigam herausgeputzt, weil sein Herr verarmt und herunterge-
496a kommen ist, dessen Tochter heiraten soll? – Nicht viel anders,
sagte er. – Was werden die also wohl erzeugen? Nicht Unechtes

und Schlechtes? – Ganz notwendig. – Und wie, wenn nun die der Bildung unwürdig sind sich ihr nahen und unwürdig mit ihr umgehen, was für Gedanken und Meinungen sollen wir sagen, daß diese erzeugen? Nicht solche, die in der Tat verdienen als Sophismen verrufen zu werden, und nichts Echtes noch wahrhafte Vernunft in sich Enthaltendes? – Ganz vollkommen freilich, sagte er. –

## 98. Die unter den bestehenden Verhältnissen übrigbleibenden Möglichkeiten eines Philosophen

So bleibt denn, fuhr ich fort, o Adeimantos, nur gar wenig Raum für solche, die würdig mit der Philosophie verkehren, etwa wenn b ein edles und wohlerzogenes Gemüt durch eine Verbannung eingeschränkt wird und nun, weil niemand da ist, der es verderben will, seiner Natur gemäß bei ihr bleiben kann, oder wenn eine große Seele in einem gar zu kleinen Staat geboren ist und dessen Angelegenheiten geringschätzig übersieht; vielleicht auch wohl kann einmal von andern Künsten her eine edle Natur, der jene mit Recht zu geringfügig sind, zu ihr gelangen. Auch wohl der unserem Freunde Theages angelegte Zügel vermag etwa, einen bei ihr festzuhalten. Denn auch bei ihm war alles übrige darauf angelegt, c ihn der Philosophie abwendig zu machen; aber seine Kränklichkeit, indem sie ihn von dem öffentlichen Leben ausschließt, hält ihn fest. Von dem Meinigen lohnt es nicht zu reden, dem göttlichen Zeichen, mag es nun sonst schon einem andern oder auch noch keinem zuvor geworden sein. Die nun unter diese wenigen gelangt sind und gekostet haben, was für eine süße und herrliche Sache sie ist, und auf der andern Seite die Torheit der Menge deutlich genug einsehn, und daß, um es geradeheraus zu sagen, an keinem etwas Gesundes ist von denen, die den Staat bewirtschaften, und kein Verbündeter zu finden, mit dem einer der gerechten Sache bei- d springen und doch durchkommen könnte, sondern daß, wie einer der unter die wilden Tiere gefallen ist, wer weder mit Unrecht tun will noch ja imstande ist, als *einer* allen Wilden Widerstand zu leisten, ehe er für den Staat oder seine Freunde etwas ausrichten könnte, ohne Nutzen für sich und die andern zugrunde gehen würde – dies alles wohl zu Herzen nehmend, wird ein solcher sich ruhig verhalten und, sich nur um das Seinige bekümmernd, wie

einer im Winter, wenn der Wind Staub und Schlagregen herum-
treibt, hinter einer Mauer untertritt, froh sein, wenn er die andern
voll Frevel sieht, wenigsten selbst rein von Ungerechtigkeit und
unheiligen Werken dieses Leben hinzubringen und beim Ab-
schiede daraus in guter Hoffnung ruhig und zuversichtlich zu
e scheiden. – Und gewiß, sprach er, ist es nichts Geringes, was er
ausgerichtet hat, wenn er so scheidet. – Aber auch, antwortete
497a ich, nicht das Größte, weil er eben keinen tauglichen Staat gefunden hat. Denn in einem solchen würde er selbst noch mehr zuneh-
men und mit dem Seinigen auch das allgemeine Wesen retten.

### 99. Welcher Staat ist den Philosophen angemessen, und wie muß er sich mit der Philosophie befassen?

Die Sache der Philosophie also, weshalb sie so in Verruf geraten
ist, und das mit Unrecht, dünkt mich nun hinreichend erklärt zu
sein, wenn du nicht noch anderer Meinung bist. – Hierüber,
sprach er, sage ich nichts mehr. Aber welche unter den jetzigen
Staatsverfassungen, meinst du nun, sei die ihr angemessene? –
Nicht irgendeine, antwortete ich; sondern das ist eben meine
b weitere Klage, daß keine unter den jetzigen Verfassungen einer
philosophischen Natur zusagt: darum wandelt sie sich auch und
verändert sich, wie ein ausländischer Same, in ein anderes Land
gestreut, sich nicht zu halten, sondern überwältigt in das Einhei-
mische auszuarten pflegt, so kann auch dieses Geschlecht jetzt
zwar eine eigentümliche Kraft nicht bewahren, sondern pflegt in
eine andere Art abzufallen: wird es aber je den besten Staat finden,
wie es selbst das beste ist, dann wird es zeigen, daß dies das wahrhaft Göttliche ist, alles andre aber nur sehr menschlich war, die
Naturen sowohl als ihre Bestrebungen. Offenbar also wirst du
c nun nächstdem fragen, welches dieser Staat ist. – Du hast es nicht
getroffen, sagte er; denn nicht das wollte ich, sondern ob es dieser
Staat ist, den wir bei Gründung der Stadt beschrieben haben, oder
ein anderer? – Meistenteils wohl, sprach ich, dieser. Und auch das
ist damals schon gesagt worden, daß immer etwas im Staate sein
muß, welches denselben Begriff von der Verfassung festhält, den
du, der Gesetzgeber, bei Feststellung der Gesetze hattest. – Das
wurde freilich gesagt, sprach er. – Aber nicht hinreichend erklärt,
d fuhr ich fort, aus Furcht vor dem, was ihr durch eure Einwendun-

gen doch ins Licht gesetzt habt, daß es lang und schwierig sein
würde auszuführen. Und auch das übrige ist nicht gerade besonders leicht. – Was doch? – Auf welche Weise ein Staat sich mit
der Philosophie befassen muß, um nicht unterzugehen. Denn alles Große ist auch bedenklich und, wie man sagt, das Schöne in
der Tat schwer. – Dennoch, sagte er, werde unsere Darstellung  e
vollendet, nachdem auch dies noch klar geworden. – Das Nicht-
Wollen, sprach ich, soll uns nicht hindern, sondern, wenn ja, das
Nicht-Können; meinen guten Willen wenigstens sollst du mit eigenen Augen sehen. Sieh auch jetzt gleich, wie entschlossen und
waghalsig ich im Begriff bin zu sagen, daß ein Staat auf ganz entgegengesetzte Art als jetzt diese Sache angreifen muß. – Wie
das? – Jetzt, sprach ich, sind die, welche sie angreifen, fast noch
Knaben, und zwischendurch zwischen dem Hauswesen und dem  498 a
Gewerbe machen sie sich an das Schwerste der Sache und treten
dann wieder ab, sie, die ganz vollkommene Philosophen geworden sind. Unter dem Schwersten aber verstehe ich, was die Reden
angeht. Späterhin aber, wenn auch andere dieses tun und sie mit
herzugerufen werden und Zuhörer sein wollen, denken sie wunder was das großes ist und glauben doch, es nur ganz nebenbei
tun zu müssen, gegen das Alter aber erlöschen sie bis auf wenige
um so viel mehr noch als die Heraklitische Sonne, da sie sich  b
nicht wieder entzünden. – Wie soll es denn aber sein? fragte
er. – Ganz entgegengesetzt. Knaben und Kinder müssen sich
auch mit kindlicher Bildung und Weisheit zu tun machen und für
ihren Leib, solange er noch wächst und zur Reife gelangt, vorzüglich Sorge tragen, um der Philosophie eine dienstbare Hilfe zu
erwerben; kommt hingegen die Lebensstufe heran, in welcher die
Seele anfängt, sich zu vollenden, dann ihre Übungen steigern. Ist
aber die Zeit der männlichen Kraft vorüber und sind sie der
Staats- und Kriegsdienste entledigt, dann endlich müssen sie  c
ganz ungebunden dort weiden und außer im Vorbeigehen nichts
anderes tun, wenn sie glückselig leben und ein so verbrachtes
Leben nach dem Tode durch ein angemessenes Los dort krönen
wollen. –

*100. Der Unglaube der Menge und seine Erklärlichkeit*
In der Tat, sagte er, entschlossen, o Sokrates, heißt das gesprochen; nur glaube ich, die meisten Hörer werden dir noch entschlossener entgegenstreben und davon auch nicht das mindeste glauben, vom Thrasymachos an. – Bringe uns nicht auseinander,
d sprach ich, mich und den Thrasymachos, die wir eben Freunde geworden sind und auch vorher nicht Feinde waren. Aber wir wollen nichts unversucht lassen, bis wir entweder diesen und die andern überredet oder wenigstens bei ihnen etwas im voraus geschafft haben für jenes Leben, wenn sie etwa wieder herkommen und auf solche Reden treffen. – Das ist ja nur eine kleine Zeit, sagte er, für welche du vorsorgst. – Gar keine, sprach ich, im Vergleich mit der ganzen. Daß nun die Menge dem Gesagten nicht glaubt, ist kein Wunder. Denn sie haben nie gesehen, daß dieses geschehen wäre, sondern nur etwa dergleichen Redensarten ab-
e sichtlich einander ähnlich zusammengestellt, nicht aber wie jetzt von selbst zusammenkommend; einen Mann aber, nach Vermögen vollkommen der Tugend gleich und ähnlich gebildet, in einem ebensolchen Staat durch Wort und Tat Macht habend, haben sie
499a niemals gesehen, weder einen noch mehrere. Oder meinst du? – Keineswegs wohl. – Und auch schöne und edle Reden, du Herrlicher, haben sie nie ordentlich gehört, welche das Wahre angestrengt auf alle Weise suchen um des Erkennens willen, jene Zierlichkeiten aber und Spitzfindigkeiten, welche auf nichts anderes abzwecken als auf Rechthaberei und Streit sowohl vor Gericht als im geselligen Zusammensein, nur gar von weitem begrüßen. – Auch die freilich nicht, sagte er. – Deshalb also, sprach ich, und wiewohl wir schon damals dies voraussahen und befürchteten,
b haben wir doch von der Wahrheit genötigt ausgesprochen, daß weder ein Staat noch eine Verfassung noch auch ein einzelner Mann ebenso jemals vollkommen werden könne, bis diesen wenigen Philosophen, die nicht für böse, sondern für unnütz jetzt ausgeschrien sind, eine Notwendigkeit sich ergibt, sie mögen nun wollen oder nicht, sich des Staates anzunehmen, und dem Staat eine, ihnen zu gehorchen, oder bis den Söhnen derer, die jetzt die Obergewalt und das Königtum innehaben oder ihnen selbst durch
c eine göttliche Eingebung wahre Liebe zu wahrer Philosophie eingeflößt wird. Daß nun eines von diesen beiden oder beides unmög-

lich sei, dafür gestehe ich keinen Grund zu haben. Denn sonst würden wir mit Recht ausgelacht, daß wir umsonst fromme Wünsche
redeten. Oder ist es nicht so? – Allerdings. – Wenn jedoch den in
der Philosophie Vollendeten jemals eine Notwendigkeit, sich des
Staates anzunehmen, entweder irgend entstanden ist in der unendlichen vergangenen Zeit oder auch jetzt für sie besteht in irgendeiner barbarischen, weit außerhalb unseres Gesichtskreises gele-
genen Gegend oder irgendwann in der Folge entstehen wird: für     d
diesen Fall sind wir bereit, mit Gründen durchzufechten, daß diese
beschriebene Verfassung bestanden hat oder besteht oder bestehen wird, wenn diese Muse sich eines Staates bemächtigt. Denn
unmöglich ist sie nicht, noch bringen wir Unmögliches vor,
Schweres aber, das geben wir selbst zu. – Auch mir, sagte er,
scheint es so. – Den Leuten aber, sprach ich, wirst du wieder sagen, scheint es nicht so? – Vielleicht, sagte er. – Du Herrlicher,
sprach ich, klage auch nur die Leute nicht so sehr an. Sie werden
schon eine andere Meinung bekommen, wenn du nicht rechthaberisch, sondern mit freundlicher Zusprache und indem du die Wiß-    e
begierde von jenen Verleumdungen entledigst, ihnen zeigst, was
für welche du Philosophen nennst, und ihnen wie jetzt eben ihre
Natur und ihre Bestrebungen beschreibst, damit sie nicht glau-    500a
ben, du meinest dieselben, die sie meinen. Und wenn sie es so ansehen, wirst du wohl selbst sagen, daß sie eine andere Meinung fassen und anders antworten werden. Oder glaubst du, gegen den
nicht Heftigen werde einer zürnen und den nicht Mißgünstigen
einer beneiden, der doch selbst sanft und neidlos ist? Ich wenigsten will, dir zuvorkommend, sagen, daß ich glaube, nur in wenigen, nicht in der Menge, wohne ein so herbe Natur. – Das glaube
auch ich gewiß mit dir, sagte er. – Glaubst du also auch dieses mit,
daß an der widrigen Gesinnung der Menge gegen die Philosophie    b
jene Schuld haben, die ungebührlicherweise von außen hineinge-
schwärmt sind und nun einander schmähen und sich feindselig
beweisen und immer von Personen reden, was der Philosophie gar
nicht geziemt? – Gar sehr gewiß. –

*101. Die Philosophen als Bildner der menschlichen Einrichtun-*
  *gen im Hinblick auf das Seiende selbst*

Denn wer in der Tat seine Gedanken auf das Seiende richtet, o
Adeimantos, hat ja wohl nicht Zeit, hinunterzublicken auf das
c Treiben der Menschen und im Streit gegen sie sich mit Eifersucht
und Widerwillen anzufüllen; dagegen, auf Wohlgeordnetes und
sich immer gleich Bleibendes schauend, was unter sich kein Unrecht
tut oder leidet, sondern nach Ordnung und Regel sich verhält, werden solche dieses auch nachahmen und sich dem nach Vermögen
ähnlich bilden. Oder meinst du, es gebe eine Möglichkeit, daß einer
das, womit er gern umgeht, nicht nachahme? – Unmöglich, sagte
er. – Der Philosoph also, der mit dem Göttlichen und Geregelten
umgeht, wird auch geregelt und göttlich, soweit es nur den Men-
d schen möglich ist. Verleumdung aber gibt es überall viel. – Allerdings freilich. – Wenn ihm nun, fuhr ich fort, eine Notwendigkeit
entsteht zu versuchen, wie er das, was er dort sieht, auch in der Menschen Sitten einbilden könne, im Einzelnen sowohl als im öffentlichen Leben, um nicht nur sich allein zu bilden; glaubst du, er
werde ein schlechter Bildner zur Besonnenheit und Gerechtigkeit
sein und zu jeder volksmäßigen Tugend? – Keineswegs, sprach
er. – Also wenn die Leute nur gewahr werden, daß wir die Wahr-
e heit von jenem sagen, werden sie dann doch den Philosophen böse
sein und uns den Glauben verweigern, wenn wir sagen, daß ein
Staat nicht glückselig sein könne, wenn ihn nicht diese des göttlichen Urbildes sich bedienenden Zeichner entworfen haben? – Sie
werden wohl nicht böse sein, sprach er, wenn sie es gewahr geworden sind.

501a    Aber welches, sagst du nun, sei die Art des Entwurfs? – Wenn sie
nun, sprach ich, wie eine Tafel den Staat und die Gemüter der
Menschen zur Hand nehmen, werden sie sie wohl zuvörderst rein
machen müssen, was gar nicht eben leicht ist. Denn das weißt du
wohl, daß sie sich gleich dadurch von den andern unterscheiden
werden, daß sie weder mit einzelnen noch mit dem Staat sich eher
würden befassen noch Gesetze geben wollen, bis sie ihn rein über-
nommen oder selbst gereinigt haben. – Und wohl mit Recht, sagte
er. – Nächstdem nun, glaubst du wohl, werden sie den Grundriß
der Staatsverfassung vorzeichnen? – Was anders! – Hiernach,
b denke ich, wenn sie bei der Arbeit sind, werden sie wohl häufig auf

beides hinsehen, auf das von Natur Gerechte, Schöne und Besonnene und alles dergleichen und dann auch wieder auf jenes, was sie
bei den Menschen hineinbilden, mischend und zusammensetzend
aus den Bestrebungen die Farbe des Mannhaften nach Maßgabe
jenes, was auch Homeros schon, wo es sich unter den Menschen
findet, das Göttliche und Gottgleiche genannt hat. – Richtig, sagte
er. – Und so werden sie wohl, denke ich, einiges auslöschen, einiges
wieder einzeichnen, bis sie möglichst menschliche Sitten, soviel es   c
sein kann, gottgefällig gemacht haben. – Die schönste Zeichnung,
sagte er, wäre dies wenigstens. – Überzeugen wir nun wohl, sprach
ich, jene, von denen du sagtest, sie würden in geschlossenen Reihen
gegen uns angehen, daß ein solcher Zeichner des Staats derjenige
ist, den wir damals gegen sie lobten und um deswillen sie uns böse
wurden, daß wir ihm die Staaten übergeben wollten? Und werden
sie eher, wenn sie es jetzt hören, etwas sanfter sein? – Bei weitem
wohl, sprach er, wenn sie bei Sinnen sind. – Wie sollten sie es auch
eigentlich anzweifeln? Etwa so, daß die Philosophen nicht das Sei-   d
ende und die Wahrheit liebten? – Das wäre ja ungereimt! sagte
er. – Aber etwa, daß die Natur von diesen, wie wir sie beschrieben
haben, nicht dem Edelsten verwandt wäre? – Auch das nicht. –
Wie? Oder daß eine solche, wenn sie zu den ihr gebührenden Beschäftigungen gelangt, nicht vollkommen trefflich und philosophisch werden müsse, wenn irgendeine? Oder werden sie dies
lieber von jenen sagen, die wir ausgeschlossen haben? – Wohl
nicht! – Wird es sie also noch erbittern, wenn wir sagen, daß, ehe   e
sich das philosophische Geschlecht eines Staates bemächtigt, weder für den Staat noch die Bürger des Unheils ein Ende sein wird,
noch die Verfassung, die wir in unserer Rede nur dichten, in wirk-
liche Erfüllung gehen kann? – Weniger wohl vielleicht, sagte er. –
Sagen wir nicht lieber, sprach ich, sie würden es nicht nur weniger
sein, sondern ganz und gar besänftigt, und überzeugt worden zu   502a
sein würden sie nun, wenn auch nur aus Scham, eingestehen? –
Allerdings, sagte er. –

102. *Feststellung, daß die Verwirklichung eines solchen Staates
      wenigstens nicht unmöglich ist*

Diese also, sprach ich, sollen uns nun überzeugt sein. Sollte aber das
wohl jemand bezweifeln, daß Söhne von Königen oder Gewalt-

habern könnten geboren werden mit philosophischer Natur? –
Wohl niemand, sagte er. – Daß es aber, wenn sie so geboren sind,
b ganz natürlich sei, daß sie werden verdorben werden, könnte wohl
einer sagen. Denn daß es für sie schwer ist, sich zu retten, geben auch
wir zu; daß aber in aller Zeit auch nicht einer sollte gerettet werden
können, könnte das wohl jemand behaupten? – Und wie? – Aber,
sprach ich, *ein* solcher, der einen folgsamen Staat findet, ist ja genug, um alles ins Werk zu richten, was jetzt so unglaublich gefunden wird. – Freilich genug, sagte er. – Denn wenn ein Regierender,
sprach ich, die Gesetze und Einrichtungen einführt, die wir durchgegangen sind: so ist es doch wohl gar nicht unmöglich, daß die
Bürger sie werden befolgen wollen. – Nicht im mindesten! Denn
das, was uns gefällt, auch andern gefalle, ist denn das etwas so
c Wunderbares und Unmögliches? – Das denke ich wenigstens
nicht, sprach er. – Daß es aber, wenn nur möglich, das beste wäre,
dies, denke ich, haben wir in dem Vorigen zur Genüge gezeigt. –
Zur Genüge. – Nun also, scheint es, kommt heraus, was die Gesetzgebung betrifft, daß es das beste wäre, wenn das geschähe, was
wir sagen, daß es aber schwerlich geschehen kann, indessen doch
auch nicht unmöglich ist. – Das folgt freilich, sagte er. –

*103. Notwendigkeit, daß die vollkommenen Hüter Philosophen
sein müssen. Seltenheit des Zusammenkommens der philosophischen Anlagen*

Also, nachdem wir dieses mit Mühe zu Ende gebracht, ist auch das
übrige noch vorzutragen, auf welche Weise und durch welche
d Kenntnisse und Fertigkeiten die Retter der Verfassung sich bilden
werden und in welchem Alter jeder jedes ergreifen. – Das ist noch
vorzutragen, sagte er. – Also war auch das wohl nichts Kluges,
sprach ich, daß ich anfänglich die Schwierigkeiten in der Art, zu
den Frauen zu gelangen, und die Kindererzeugung und die Einsetzung der Obrigkeiten ausgelassen, weil ich wußte, wie vielen
Widerspruch erregend und wie schwierig zu bewerkstelligen die
vollkommen richtige sei; denn nun ist es nichts weniger doch ge-
e kommen, daß ich sie habe beschreiben müssen. Was nun die Frauen
und Kinder betrifft, das ist schon beendigt, das aber von den Obrigkeiten müssen wir noch einmal wie von vorn vornehmen. Wir
503a sagten aber, wenn du dich erinnerst, sie müßten sich als Vater-

landsliebende zeigen, geprüft durch Lust und Unlust, daß sie diese
Gesinnung weder in Beschwerde noch Furcht noch bei irgend anderen Veranlassungen fahren ließen, oder wer das nicht könne, sei
zu verwerfen; wer aber überall ohne Schaden hervorgehe wie im
Feuer geprüftes Gold, der sei zum Regenten zu bestellen und ihm
Preis und Ehre zu verleihen im Leben und im Tode. Das war es,
was gesagt wurde, indem die Rede sich verdeckt an der Seite vor-
beischlich, aus Furcht, das aufzuregen, was uns jetzt bevorsteht. –
Vollkommen richtig, sagte er, denn ich erinnere mich wohl. – Ich      b
trug nämlich Bedenken, o Lieber, sagte ich, auszusprechen, was
nun doch gewagt ist, und jetzt sei denn dieses gewagt zu sagen, daß
man zu den vollkommensten Hütern die Philosophen bestellen
muß. – Das sei erklärt, sagte er. – Bedenke nun, wie natürlich es
ist, daß du deren gar wenige haben wirst. Denn der Natur, welche
wir beschrieben haben, einzelne Teile wollen sich schon selten zusammenfinden, sondern erzeugen sich gewöhnlich nur zerstreut. – Wie meinst du das? sagte er. – Die Gelehrigen und Ge-      c
dächtnisreichen und Geistesgegenwärtigen und Scharfsinnigen
und was damit zusammenhängt, weißt du wohl, pflegen eben
nicht, sowie auch die von kühner und großartiger Gesinnung, zugleich auch so geartet zu sein, daß sie sittsam in Ruhe und Gleich-
mäßigkeit leben wollen; sondern die solchen werden von ihrem
raschen Geiste getrieben, wohin es sich trifft, und alles Beharr-
lichen sind sie bar. – Richtig, sagte er. – Und wiederum die be-
harrlichen und nicht leicht veränderlichen Gemüter, auf die man      d
sich am meisten als zuverlässig verlassen könnte und die im Kriege
schwer beweglich sind von der Furcht, verhalten sich zum Lernen
auch ebenso: sie sind schwer beweglich und schwer fassend, wie
betäubt und gleich voll Schlaf und Gähnen, wenn sie dergleichen
etwas durcharbeiten sollen. – So ist es, sagte er. – Wir aber sagten, sie müßten in beiden gut und schön versehen sein, oder es
dürfte einer auch weder an der höchsten Bildung Teil bekommen
noch an der höchsten Ehre und Gewalt. – Richtig, sagte er. –
Glaubst du nun nicht, daß das selten werde der Fall sein? – Wie
sollte es nicht! – Man muß sie also prüfen in dem, was wir damals     e
schon sagten, Anstrengung und Furcht und Lust, jetzt aber sagen
wir auch noch, was wir damals ausließen, daß man sie in vielerlei
Kenntnissen üben müsse, um zu sehen, ob sie auch imstande sind,

in den schwersten Forschungen auszuhalten, oder ob sie hier die
504a Flucht ergreifen, wie andere sich anderwärts davonmachen. – So
ziemt es sich allerdings, sagte er, sie zu prüfen. Aber welches hältst
du für die schwierigsten Forschungen? –

### 104. a) Die größte Erkenntnis: Die Idee des Guten

Du erinnerst dich doch, sprach ich, daß wir dreierlei in der Seele
unterschieden und daraus ermittelt hatten in Beziehung auf Gerechtigkeit, Besonnenheit, Tapferkeit und Weisheit, was jedes
von diesen wäre. Oder nicht? – Wenn ich mich dessen nicht
erinnerte, sagte er, verdiente ich ja gar nicht, das übrige zu hören. – Auch was vor diesem gesagt war? – Welches doch? –
Wir sagten ja, um dieses auf das allervollkommenste einzuse-
b hen, gebe es einen anderen, weiteren Gang, den man machen
müsse, wenn es so deutlich werden solle; Beweise aber, die mit
dem vorher Gesagten zusammenhingen, könnten wir so auch
anknüpfen, und ihr sagtet, das reiche hin. So wurde demnach
dies damals erklärt mit nach meiner Meinung mangelhafter Genauigkeit, wenn aber für euch befriedigend, so mögt ihr das sagen. – Mir wenigstens, sagte er, schien es angemessen, und so
auch den andern. – Aber Freund, sprach ich, wenn in dergleichen das Maß auch nur im mindesten hinter dem Rechten zu-
c rückbleibt, ist es gar nicht mehr angemessen; denn Unvollstän-
diges ist nicht das Maß von irgend etwas. Allein, manche glauben bisweilen, es sei schon hinreichend so und bedürfe nicht
noch weiter untersucht zu werden. – Freilich, sagte er, begegnet das sehr vielen aus Trägheit. – Aber mit dieser, sprach ich,
soll doch der Hüter des Staates und der Gesetze am wenigsten
zu schaffen haben. – Natürlich, sprach er. – Ein solcher also,
Freund, sagte ich, muß den weiteren Weg gehen und sich nicht
d minder im Forschen anstrengen als in Leibesübungen, oder wie
wir eben sagten, er wird die größte Einsicht und die ihm am
eigentümlichsten zukommt nie zustande bringen. –
Ist denn dieses, sagte er, nicht die größte, sondern gibt es
noch Größeres als die Gerechtigkeit und was wir damals durch-
gingen? – Auch Größeres noch, sprach ich; aber auch schon
von diesem muß er nicht wie wir jetzt nur einen Umriß anschauen, sondern die allervollständigste Ausarbeitung nicht un-

terlassen. Oder ist es nicht lächerlich, in andern unbedeutenden
Dingen alles zu tun und sich anzustrengen, um sie auf das genaueste und reinste zu haben, in dem Größten aber nicht auch    e
die größte Genauigkeit zu fordern? – Freilich, sagte er. Aber
was du nun meinst, unter der größten Einsicht und worauf sie
sich bezieht, meinst du, jemand werde ablassen, dich danach zu
fragen? – Nicht eben, sprach ich. Also frage nur auch du. Auf
jeden Fall hast du es schon nicht selten gehört, und entweder
denkst du nur eben nicht daran, oder du hast wieder im Sinne,
mich zu fassen und mir Schwierigkeiten zu machen. Ich glaube
aber eher das letztere. Denn daß die Idee des Guten die größte    505 a
Einsicht ist, hast du schon vielfältig gehört, als durch welche erst
das Gerechte und alles, was sonst Gebrauch von ihr macht, nützlich und heilsam wird. Und auch jetzt weißt du wohl gewiß, daß
ich dies sagen will, und noch überdies, daß wir sie nicht hinreichend kennen; wenn wir sie aber nicht kennen, weißt du wohl,
daß, wenn wir auch ohne sie alles andere noch so gut wüßten, es
uns doch nicht hilft, wie auch nicht, wenn wir etwas hätten ohne
das Gute. Oder meinst du, es helfe uns etwas, alle Habe zu haben,    b
nur die gute nicht? Oder alles zu verstehen ohne das Gute, Schönes
und Gutes aber nicht zu verstehen? – Beim Zeus, ich nicht, sagte
er. –

## 104. b) Meinungen über das Gute und Bedeutung der wahren Erkenntnis des Guten

Aber das weißt du ja doch wohl auch, daß der Menge die Lust das
Gute zu sein scheint, denen aber, die sich mehr wissen, die Einsicht. – Wie sollte ich nicht! – Und, Lieber, daß die dieses Mei-
nenden nicht zu zeigen wissen, welche Einsicht, sondern am Ende
genötigt werden zu sagen, die des Guten. – Und das gar lächerlich, sagte er. – Wie sollte es nicht, sprach ich, wenn sie uns erst    c
vorwerfen, daß wir das Gute nicht kennen, und dann doch wieder
mit uns reden, als kennten wir es; denn sie sagen, es sei die Einsicht
des Guten, als verständen wir nun wieder, was sie meinen, wenn
sie das Wort ‹gut› aussprechen. – Ganz richtig, sagte er. – Und
wie? Die das Gute als die Lust erklären, sind die etwa weniger irrig
als die andern, oder werden sie nicht auch genötigt zu gestehen, es
gebe schlechte Lust? – Gar sehr. – Also kommt heraus, denke

d ich, daß sie gestehen, Gutes und Schlechtes sei dasselbe. Oder
nicht? – Wie anders! – Also daß es vielen und großen Streit darüber gibt, ist offenbar. – Wie sollte es nicht! – Und ist nicht auch
das klar, daß von Gerechtem und Schönem viele nur, was so
scheint, wenn es das auch nicht ist, tun und haben wollen und
dafür angesehen sein. Gutes aber genügt niemandem nur scheinbares zu haben, sondern jeder sucht, was gut *ist*, und den Schein
verachtet hierbei schon jeder. – Freilich, sagte er. – Was also jede
Seele anstrebt und um deswillen alles tut, ahnend, es gebe so
e etwas, aber doch nur schwankend und nicht recht treffen kön-
nend, was es wohl ist, noch zu einer festen Überzeugung gelangend wie auch bei andern Dingen, daher sie aber auch anderes mit
verfehlt, was irgend nütze wäre: sollen über diese so wichtige Sa-
506a che auch jene Besten im Staat so im dunkeln sein, in deren Hände
wir alles geben wollen? – Wohl am wenigsten, sagte er. – Ich wenigstens glaube, fuhr ich fort, daß Gerechtes und Schönes, wenn
nicht gewußt wird, inwiefern beides auch gut ist, eben keinen son-
derlichen Hüter haben werden an dem, der dies nicht weiß; mir
ahnt aber, daß auch jenes beides selbst niemand vorher genau erkennen werde. – Und gar recht ahnt dir, sagte er. – Also unsere
b Verfassung wird vollständig geordnet sein, wenn ein Hüter, der
dieser Dinge kundig ist, die Aufsicht über sie führt? –

*104. c) Sokrates will einen ähnlichen Sprößling des Guten dar-
stellen. Unterscheidung der Ideen und der wahrnehmbaren Dinge. Auszeichnung des Gesichtssinns*

Notwendig, sagte er. Aber du, o Sokrates, sagst denn du, Erkenntnis sei das Gute oder Lust, oder ein anderes als beides? – Du trefflicher Mann, sprach ich, dir sah ich es schon lange an, daß du nicht
genug haben würdest an dem, was andere hierüber meinen. – Es
scheint mir auch nicht recht, sagte er, o Sokrates, daß man nur
anderer Lehren hierüber soll vorzutragen wissen, seine eigene aber
c nicht, zumal wenn man so lange Zeit sich hiermit beschäftigt
hat. – Wie? sprach ich, dünkt dich denn das recht, was einer nicht
weiß, darüber doch zu reden, als wisse er es? – Keineswegs wohl,
sagte er, als wisse er es; wohl aber soll er als Meinung vortragen
wollen, was er darüber meint. – Wie? fuhr ich fort, hast du es
denn den Meinungen ohne Erkenntnis nicht abgemerkt, etwas wie

Schmähliches sie alle sind, da ja die besten von ihnen blind sind?
Oder dünken dich, die ohne Vernunft doch etwas richtig vorstellen, besser zu sein, als Blinde, die auch ihren Weg richtig treffen? – Gar nicht, sagte er. – Willst du also Schmähliches sehen,
Blindes und Krummes, obwohl du von den andern Klares und
Schönes hören kannst? – Daß du uns, beim Zeus, o Sokrates, d
sprach Glaukon, nur nicht noch am Ende im Stich läßt. Denn wir
wollen zufrieden sein, wenn du nur ebenso, wie du über die Gerechtigkeit und Besonnenheit und das übrige geredet hast, auch
über das Gute reden willst. – Auch ich, sprach ich, lieber Freund,
wollte gar sehr zufrieden sein! Aber daß ich nur nicht dazu unvermögend bin, und wenn ich es dann doch versuche, mich ungeschickt gebärde und euch zu lachen mache!

Allein, ihr Herrlichen, was das Gute selbst ist, wollen wir für
jetzt doch lassen; denn es scheint mir für unseren jetzigen Anlauf e
viel zu weit, auch nur bis zu dem zu kommen, was ich jetzt darüber
denke. Was mir aber als ein Sprößling, und zwar als ein sehr ähnlicher, des Guten erscheint, will ich euch sagen, wenn es auch euch
so recht ist; wo nicht, so wollen wir es lassen. – Nein, sprach er,
sage es nur; und des Vaters Beschreibung magst du uns ein andermal entrichten. – Ich wollte, sagte ich, daß ich euch die ganze 507a
Schuld zahlen und ihr so einstreichen könntet, und nicht wie jetzt
nur die Zinsen. Diesen Zins also und Sprößling des Guten selbst
nehmt für jetzt auf Abschlag. Hütet euch jedoch, daß ich euch
nicht wider Willen mit einer verfälschten Rechnung über diese
Zinsen hintergehe. – Wir wollen uns schon, sagte er, nach Möglichkeit hüten; sage nur an! – Nachdem ich euch, sagte ich, werde
zur Anerkenntnis und in Erinnerung gebracht haben das im vorigen Gesagte und auch sonst schon oft Erklärte. – Welches denn?
fragte er. – Vieles Schöne, sprach ich, und vieles Gute und alles b
dieses sonst nehmen wir doch an und bestimmen es uns durch
Erklärung. – Das nehmen wir an. – Dann aber auch wieder das
Schöne selbst und das Gute selbst und so auch alles, was wir vorher als vieles setzten, setzen wir als *eine* Idee eines jeden und nennen jedes ‹was ist›. – So ist es. – Und von jenem vielen sagen wir,
daß es gesehen werde, aber nicht gedacht; von den Ideen hingegen, daß sie gedacht werden, aber nicht gesehen. – Auf alle Weise
freilich. –

c     Womit nun an uns sehen wir das Gesehene? – Mit dem Gesicht, sagte er. – Nicht auch ebenso, sprach ich, mit dem Gehör das Gehörte, und so mit den übrigen Sinnen alles Wahrnehmbare? – Freilich. – Hast du nun auch wohl den Bildner der Sinne beachtet, wie er das Vermögen des Sehens und Gesehenwerdens bei weitem am köstlichsten gebildet hat? – Nicht eben, sagte er. – Also betrachte es so. Bedürfen wohl das Gehör und die Stimme noch eines anderen Wesens, damit jenes höre und diese gehört werde, so daß,

d     wenn dieses dritte nicht da ist, jenes nicht hören kann und diese nicht gehört werden? – Keines, sagte er. – Und ich glaube, sprach ich, daß auch die meisten andern, um nicht zu sagen alle, dergleichen nichts bedürfen. Oder weißt du einen anzuführen? – Ich keinen, sagte er. – Aber das Gesicht und das Sichtbare, merkst du nicht, daß die eines solchen bedürfen? – Wieso? – Wenn auch in den Augen Gesicht ist und, wer sie hat, versucht es zu gebrauchen, und wenn auch Farbe für sie da ist: so weißt du wohl, wenn nicht

e     ein drittes Wesen hinzukommt, welches eigens hierzu da ist seiner Natur nach, daß dann das Gesicht doch nichts sehen wird, und die Farben werden unsichtbar bleiben. – Welches ist denn dieses, was du meinst? fragte er. – Was du, sprach ich, das Licht nennst. – Du hast recht, sagte er. – Also sind durch eine nicht geringe Sache der Sinn des Gesichts und das Vermögen des Gesehenwerdens mit

508a  einem köstlicheren Bande als die anderen solchen Verknüpfungen aneinander gebunden, wenn doch das Licht nichts Unedles ist. – Weit gefehlt wohl, daß es das sein sollte. –

### 104. d) Die Sonne als Sprößling des Guten. Erklärung des analogen Wesens des Guten selbst

Und von welchem unter den Göttern des Himmels sagst du wohl, daß dieses abhänge, dessen Licht mache, daß unser Gesicht auf das schönste sieht und daß das Sichtbare gesehen wird? – Denselben, sagte er, den auch du und jedermann; denn offenbar fragst du doch nach der Sonne. – Verhält sich nun das Gesicht so zu diesem Gott? – Wie? – Das Gesicht ist nicht die Sonne, weder es selbst noch auch das, worin es sich befindet, und was wir Auge nen-

b     nen. – Freilich nicht. – Aber das sonnenähnlichste, denke ich, ist es doch unter allen Werkzeugen der Wahrnehmung. – Bei weitem. – Und auch das Vermögen, welches es hat, besitzt es doch als

einen von jenem Gott ihm mitgeteilten Ausfluß. – Allerdings. –
Ist nun so auch die Sonne zwar nicht das Gesicht, wird aber als die
Ursache davon von eben demselben gesehen? – So ist es, sprach
er. – Und eben diese nun, sprach ich, sage nur, daß ich verstehe
unter jenem Sprößling des Guten, welchen das Gute nach der Ähnlichkeit mit sich gezeugt hat, so daß, wie jenes selbst in dem Gebiet
des Denkbaren zu dem Denken und dem Gedachten sich verhält, c
so diese in dem des Sichtbaren zu dem Gesicht und dem Gesehenen. – Wie? sagte er; zeige mir das noch genauer. – Die Augen,
sprach ich, weißt du wohl, wenn sie einer nicht auf solche Dinge
richtet, auf deren Oberfläche das Tageslicht fällt, sondern worauf
die nächtlichen Schimmer: so sind sie blödsichtig und scheinen
beinahe blind, als ob keine reine Sehkraft in ihnen wäre? – Ganz
recht, sagte er. – Wenn aber, denke ich, auf das, was die Sonne d
bescheint: dann sehen sie deutlich, und es zeigt sich, daß in eben
diesen Augen die Sehkraft wohnt. – Freilich. –

Ebenso nun betrachte dasselbe auch an der Seele. Wenn sie sich
auf das heftet, woran Wahrheit und das Seiende glänzt: so bemerkt und erkennt sie es, und es zeigt sich, daß sie Vernunft hat.
Wenn aber auf das mit Finsternis Gemischte; das Entstehende und
Vergehende: so meint sie nur, und ihr Gesicht verdunkelt sich so,
daß sie ihre Vorstellungen bald so und bald so herumwirft und
wiederum aussieht, als ob sie keine Vernunft hätte. – Das tut sie
freilich. – Dieses also, was dem Erkennbaren die Wahrheit mitteilt und dem Erkennenden das Vermögen hergibt, sage, sei die e
Idee des Guten; aber sofern sie der Erkenntnis und der Wahrheit,
und zwar letzterer als erkanntseiender verstanden, Ursache allerdings ist: so wirst du doch, so schön auch diese beiden sind, Erkenntnis und Wahrheit, nur wenn du dir jenes als ein anderes und
noch Schöneres als beide denkst, richtig denken. Erkenntnis aber
und Wahrheit, so wie dort Licht und Gesicht für sonnenartig zu 509a
halten zwar recht war, für die Sonne selbst aber nicht recht, so ist
auch hier diese beiden für gutartig zu halten zwar recht, für das
Gute selbst aber gleichviel welches von beiden anzusehen nicht
recht, sondern noch höher ist die Beschaffenheit des Guten zu
schätzen. – Eine überschwengliche Schönheit, sagte er, verkündigst du, wenn es Erkenntnis und Wahrheit hervorbringt, selbst
aber noch über diesen steht an Schönheit. Für Lust nämlich hältst

du es doch gewiß nicht. – Frevle nicht! sprach ich, sondern be-
b trachte sein Ebenbild noch weiter so. – Wie? – Die Sonne, denke
ich, wirst du sagen, verleihe dem Sichtbaren nicht nur das Vermögen, gesehen zu werden, sondern auch das Werden und Wachstum
und Nahrung, unerachtet sie selbst nicht Werden ist. – Wie sollte
sie das sein! – Ebenso nun sage auch, daß dem Erkennbaren nicht
nur das Erkanntwerden von dem Guten komme, sondern auch das
Sein und Wesen habe es von ihm, obwohl das Gute selbst nicht das
Sein ist, sondern noch über das Sein an Würde und Kraft hinaus-
ragt. –

### 105. a) Darlegung der Verhältnisse im Bereich des Sichtbaren und des Denkbaren mit Hilfe des Liniengleichnisses

c Da sagte Glaukon sehr komisch: Apoll, das ist ein wunderbares
Übertreffen! – Du bist eben, sprach ich, selbst schuld daran, indem du mich gezwungen hast zu sagen, was mir davon dünkt. –
Und daß du nur ja nicht aufhörst, sagte er, wenigstens nicht, bis du
die Ähnlichkeit mit der Sonne noch weiter durchgenommen hast,
wenn noch etwas zurück ist. – Gewiß, sagte ich, ist noch mancherlei zurück. – So lasse nur ja, sagte er, auch nicht das Kleinste
aus. – Ich werde wohl, denke ich, gar vieles auslassen müssen;
indes, soviel für jetzt möglich ist, davon will ich mit Willen nichts
übergehen. – Ja nicht, sagte er. – Merke also, sprach ich, wie wir
d sagen, daß diese zwei sind und daß sie herrschen, das eine über das
denkbare Geschlecht und Gebiet, das andere über das sichtbare,
damit du nicht, wenn ich sage ‹über den Himmel›, meinst, ich
wolle in Worten spielen. Also diese beiden Arten hast du nun, das
Denkbare und das Sichtbare. – Die habe ich. –
Wie nun von einer zweigeteilten Linie die ungleichen Teile, so teile
wiederum jeden Teil nach demselben Verhältnis, das Geschlecht
des Sichtbaren und das des Denkbaren: so gibt dir vermöge des
Verhältnisses von Deutlichkeit und Unbestimmtheit in dem Sicht-
e baren der eine Abschnitt Bilder. Ich nenne aber Bilder zuerst die
510a Schatten, dann die Erscheinungen im Wasser und die sich auf allen dichten, glatten und glänzenden Flächen finden, und alles dergleichen, wenn du es verstehst. – Ich verstehe es. – Und als den
andern Abschnitt setze das, dem diese gleichen, nämlich die Tiere
bei uns und das gesamte Gewächsreich und alle Arten des künst-

lich Gearbeiteten. – Das setze ich, sagte er. – Wirst du auch von ihm behaupten wollen, sprach ich, daß es in bezug auf Wahrheit und Unwahrheit geteilt wurde, so daß wie das Vorstellbare zu dem Erkennbaren, so sich das Nachgebildete zu dem verhält, welchem es nachgebildet ist? – Das möchte ich gar sehr, sagte er. – So betrachte nun auch die Teilung des Denkbaren, wie dies zu teilen ist. – Wonach also? – Sofern den einen Teil die Seele genötigt ist, indem sie die nachgeahmten Erscheinungen des vorigen Abschnitts als Bilder gebraucht, zu suchen von Voraussetzungen aus, nicht zum Anfange zurückschreitend, sondern nach dem Ende hin, den andern hingegen zwar auch von Voraussetzungen her, aber zu dem keiner Voraussetzung weiter bedürfenden Anfang hingehend, und indem sie ohne die bei jenem angewendeten Bilder mit den Begriffen selbst verfährt. – Dieses, sagte er, was du da erklärst, habe ich nicht gehörig verstanden. – Hernach aber, sprach ich; denn wenn folgendes noch vorangeschickt ist, wirst du es leichter verstehen. Denn ich denke, du weißt, daß die, welche sich mit der Meßkunst und den Rechnungen und dergleichen abgeben, daß Gerade und Ungerade und die Gestalten und die drei Arten der Winkel und was dem sonst verwandt ist in jeder Verfahrensart voraussetzend, nachdem sie dies als wissend zugrunde gelegt, keine Rechenschaft weiter darüber weder sich noch andern geben zu müssen glauben, als sei dies schon allen deutlich, sondern hiervon beginnend gleich das Weitere ausführen und dann folgerechterweise bei dem anlangen, auf dessen Untersuchung sie ausgegangen waren. – Allerdings, sagte er, dies ja weiß ich. – Auch daß sie sich der sichtbaren Gestalten bedienen und immer auf diese ihre Reden beziehen, unerachtet sie nicht von diesen handeln, sondern von jenem, dem diese gleichen, und um des Vierecks selbst willen und seiner Diagonale ihre Beweise führen, nicht um dessen willen, welches sie zeichnen, und so auch sonst überall: dasjenige selbst, was sie nachbilden und abzeichnen, wovon es auch Schatten und Bilder im Wasser gibt, dessen bedienen sie sich zwar als Bilder, sie suchen aber immer jenes selbst zu erkennen, was man nicht anders sehen kann als mit dem Verständnis. – Du hast recht, sagte er. –

*105. b) Verfahren und Gegenstand der dialektischen Wissen-*
*schaft im Gegensatz zu den mathematischen Wissen-*
*schaften*

Diese Gattung also, sagte ich, sei allerdings auch Erkennbares, die
Seele aber sei genötigt, bei der Untersuchung derselben sich der
Voraussetzungen zu bedienen, indem sie nicht zum Anfang zu-
rückgeht, weil sie nämlich über die Voraussetzungen hinauf nicht
steigen kann, sondern sich gerade dessen als Bilder bedient, was
von den unteren Dingen dargestellt wird, und außerdem jener
Dinge, die im Vergleich mit jenen ihren Abbildungen als hell und
klar verherrlicht und in Ehren gehalten werden. – Ich verstehe,
b  sagte er, daß du meinst, was zur Geometrie und den ihr verwandten Künsten gehört. – So verstehe denn auch, daß ich unter dem
andern Teil des Denkbaren dasjenige meine, was die Vernunft
selbst ergreift mittels des dialektischen Vermögens, indem sie die
Voraussetzungen nicht zu Anfängen, sondern wahrhaft zu Voraussetzungen macht, gleichsam als Zugang und Anlauf, damit sie,
bis zum Nichtvoraussetzungshaften an den Anfang von allem gelangend, diesen ergreife, und so wiederum, sich an alles haltend,
was mit jenem zusammenhängt, zum Ende hinabsteige, ohne sich
c  überhaupt irgendeines sinnlich Wahrnehmbaren zu bedienen,
sondern nur der Ideen selbst an und für sich, und so bei Ideen
endigt. – Ich verstehe, sagte er, zwar noch nicht genau, denn du
scheinst mir gar Beträchtliches zu sagen, doch aber, daß du bestimmen willst, was vermittels der dialektischen Wissenschaft von
dem Seienden und Denkbaren geschaut werde, sei deutlicher als
was von den gewöhnlich so genannten Wissenschaften, denen die
Voraussetzungen Anfänge sind. Und mit dem Verstande zwar und
nicht mit den Sinnen müssen die Betrachtenden ihre Gegenstände
d  betrachten, weil sie aber ihre Betrachtung nicht so anstellen, daß
sie bis zu den Anfängen zurückgehen, sondern nur von den Annahmen aus: so scheinen sie dir keine Vernunfterkenntnis davon
zu haben, obgleich, ginge man vom Anfange aus, sie ebenfalls erkennbar wären. Verstand aber scheinst du mir die Fertigkeit der
Meßkünstler und was dem ähnlich ist zu nennen, als etwas zwischen der bloßen Vorstellung und der Vernunfterkenntnis zwi-
scheninne Liegendes. – Vollkommen richtig, sprach ich, hast du
es aufgefaßt! Und nun nimm mir auch die diesen vier Teilen zuge-

hörigen Zustände der Seele dazu, die Vernunfteinsicht dem ober-
sten, die Verstandesgewißheit dem zweiten, dem dritten aber e
weise den Glauben an und dem vierten die Wahrscheinlichkeit;
und ordne sie dir nach dem Verhältnis, daß, soviel das, worauf sie
sich beziehen, an der Wahrheit teilhat, soviel auch jedem von ihnen Deutlichkeit zukomme. – Ich verstehe, sagte er, und räume es
ein und ordne sie, wie du sagst.

## SIEBENTES BUCH

514a

*106. a) Das Höhlengleichnis. Beschreibung der Lage der Gefan-*
*genen*

Nächstdem, sprach ich, vergleiche dir unsere Natur in bezug auf
Bildung und Unbildung folgendem Zustande. Sieh nämlich Menschen wie in einer unterirdischen, höhlenartigen Wohnung, die
einen gegen das Licht geöffneten Zugang längs der ganzen Höhle
hat. In dieser seien sie von Kindheit an gefesselt an Hals und
Schenkeln, so daß sie auf demselben Fleck bleiben und auch nur
b nach vorne hin sehen, den Kopf aber herumzudrehen der Fessel
wegen nicht vermögend sind. Licht aber haben sie von einem
Feuer, welches von oben und von ferne her hinter ihnen brennt.
Zwischen dem Feuer und den Gefangenen geht obenher ein Weg,
längs diesem sieh eine Mauer aufgeführt wie die Schranken, welche die Gaukler vor den Zuschauern sich erbauen, über welche
herüber sie ihre Kunststücke zeigen. – Ich sehe, sagte er. – Sieh
c nun längs dieser Mauer Menschen allerlei Geräte tragen, die über
die Mauer herüberragen, und Bildsäulen und andere steinerne und
hölzerne Bilder und von allerlei Arbeit; einige, wie natürlich, re-
515a den dabei, andere schweigen. – Ein gar wunderliches Bild, sprach
er, stellst du dar und wunderliche Gefangene. – Uns ganz ähnliche, entgegnete ich. Denn zuerst, meinst du wohl, daß dergleichen Menschen von sich selbst und voneinander je etwas anderes
gesehen haben als die Schatten, welche das Feuer auf die ihnen
gegenüberstehende Wand der Höhle wirft? – Wie sollten sie,
sprach er, wenn sie gezwungen sind, zeitlebens den Kopf unbe-
b weglich zu halten! – Und von dem Vorübergetragenen nicht eben
dieses? – Was sonst? – Wenn sie nun miteinander reden könnten,
glaubst du nicht, daß sie auch pflegen würden, dieses Vorhandene
zu benennen, was sie sähen? – Notwendig. – Und wie, wenn ihr

Kerker auch einen Widerhall hätte von drüben her, meinst du,
wenn einer von den Vorübergehenden spräche, sie würden denken, etwas anderes rede als der eben vorübergehende Schatten? –
Nein, beim Zeus, sagte er. – Auf keine Weise also können diese
irgend etwas anderes für das Wahre halten als die Schatten jener   c
Kunstwerke? – Ganz unmöglich. –

Nun betrachte auch, sprach ich, die Lösung und Heilung von
ihren Banden und ihrem Unverstande, wie es damit natürlich stehen würde, wenn ihnen folgendes begegnete. Wenn einer entfesselt wäre und gezwungen würde, sogleich aufzustehen, den Hals
herumzudrehen, zu gehen und gegen das Licht zu sehn, und, indem er das täte, immer Schmerzen hätte und wegen des flimmern-
den Glanzes nicht recht vermöchte, jene Dinge zu erkennen, wovon er vorher die Schatten sah: was, meinst du wohl, würde er
sagen, wenn ihm einer versicherte, damals habe er lauter Nichtiges
gesehen, jetzt aber, dem Seienden näher und zu dem mehr Seien-   d
den gewendet, sähe er richtiger, und, ihm jedes Vorübergehende
zeigend, ihn fragte und zu antworten zwänge, was es sei? Meinst
du nicht, er werde ganz verwirrt sein und glauben, was er damals
gesehen, sei doch wirklicher als was ihm jetzt gezeigt werde? –
Bei weitem, antwortete er. –

*106. b) Das Hinaufsteigen zum Licht und das Wiederherabkom-*
         *men in die Höhle*
Und wenn man ihn gar in das Licht selbst zu sehen nötigte, würden
ihm wohl die Augen schmerzen, und er würde fliehen und zu je-   e
nem zurückkehren, was er anzusehen imstande ist, fest überzeugt,
dies sei in der Tat deutlicher als das zuletzt Gezeigte? – Allerdings. – Und, sprach ich, wenn ihn einer mit Gewalt von dort
durch den unwegsamen und steilen Aufgang schleppte und nicht
losließe, bis er ihn an das Licht der Sonne gebracht hätte, wird er
nicht viel Schmerzen haben und sich gar ungern schleppen lassen?
Und wenn er nun an das Licht kommt und die Augen voll Strah-   516a
len hat, wird er nicht das Geringste sehen können von dem, was
ihm nun für das Wahre gegeben wird. – Freilich nicht, sagte er,
wenigstens nicht sogleich. – Gewöhnung also, meine ich, wird er
nötig haben, um das Obere zu sehen. Und zuerst würde er Schatten am leichtesten erkennen, hernach die Bilder der Menschen und

der andern Dinge im Wasser, und dann erst sie selbst. Und hierauf
würde er was am Himmel ist und den Himmel selbst leichter bei
b Nacht betrachten und in das Mond- und Sternenlicht sehen als bei
Tage in die Sonne und in ihr Licht. – Wie sollte er nicht! – Zuletzt
aber, denke ich, wird er auch die Sonne selbst, nicht Bilder von ihr
im Wasser oder anderwärts, sondern sie als sie selbst an ihrer eigenen Stelle anzusehen und zu betrachten imstande sein. – Notwendig, sagte er. – Und dann wird er schon herausbringen von ihr,
daß sie es ist, die alle Zeiten und Jahre schafft und alles ordnet in
dem sichtbaren Raume und auch von dem, was sie dort sahen,
c gewissermaßen die Ursache ist. – Offenbar, sagte er, würde er
nach jenem auch hierzu kommen. – Und wie, wenn er nun seiner
ersten Wohnung gedenkt und der dortigen Weisheit und der damaligen Mitgefangenen, meinst du nicht, er werde sich selbst
glücklich preisen über die Veränderung, jene aber beklagen? –
Ganz gewiß. – Und wenn sie dort unter sich Ehre, Lob und Belohnungen für den bestimmt hatten, der das Vorüberziehende am
schärfsten sah und am besten behielt, was zuerst zu kommen
d pflegte und was zuletzt und was zugleich, und daher also am besten vorhersagen konnte, was nun erscheinen werde: glaubst du,
es werde ihn danach noch groß verlangen und er werde die bei
jenen Geehrten und Machthabenden beneiden? Oder wird ihm
das Homerische begegnen und er viel lieber wollen ‹das Feld als
Tagelöhner bestellen einem dürftigen Mann› und lieber alles über
sich ergehen lassen, als wieder solche Vorstellungen zu haben wie
e dort und so zu leben? – So, sagte er, denke ich, wird er sich alles
eher gefallen lassen, als so zu leben. –
Auch das bedenke noch, sprach ich. Wenn ein solcher nun wieder
hinunterstiege und sich auf denselben Schemel setzte: würden ihm
die Augen nicht ganz voll Dunkelheit sein, da er so plötzlich von
der Sonne herkommt? – Ganz gewiß. – Und wenn er wieder in
der Begutachtung jener Schatten wetteifern sollte mit denen, die
immer dort gefangen gewesen, während es ihm noch vor den Au-
517a gen flimmert, ehe er sie wieder dazu einrichtet, und das möchte
keine kleine Zeit seines Aufenthalts dauern, würde man ihn nicht
auslachen und von ihm sagen, er sei mit verdorbenen Augen von
oben zurückgekommen und es lohne nicht, daß man auch nur versuche hinaufzukommen; sondern man müsse jeden, der sie lösen

und hinaufbringen wollte, wenn man seiner nur habhaft werden und ihn umbringen könnte, auch wirklich umbringen? – So sprächen sie ganz gewiß, sagte er. –

*Sokrates deutet hin sein eigenes Schicksal;*

### 106. c) Erklärung und Anwendung des Bildes

Dieses ganze Bild nun, sagte ich, lieber Glaukon, mußt du mit dem b früher Gesagten verbinden, die durch das Gesicht uns erscheinende Region der Wohnung im Gefängnisse gleichsetzen und den Schein von dem Feuer darin der Kraft der Sonne; und wenn du nun das Hinaufsteigen und die Beschauung der oberen Dinge setzt als den Aufschwung der Seele in die Region der Erkenntnis, so wird dir nicht entgehen, was mein Glaube ist, da du doch dieses zu wissen begehrst. Gott mag wissen, ob er richtig ist; was ich wenigstens sehe, das sehe ich so, daß zuletzt unter allem Erkennbaren und nur mit Mühe die Idee des Guten erblickt wird, wenn man sie aber erblickt hat, sie auch gleich dafür anerkannt wird, daß sie für c alle die Ursache alles Richtigen und Schönen ist, im Sichtbaren das Licht und die Sonne, von der dieses abhängt, erzeugend, im Erkennbaren aber sie allein als Herrscherin Wahrheit und Vernunft hervorbringend, und daß also diese sehen muß, wer vernünftig handeln will, es sei nun in eigenen oder in öffentlichen Angelegenheiten. – Auch ich, sprach er, teile die Meinung so gut ich eben kann. –

Komm denn, sprach ich, teile auch diese mit mir und wundere dich nicht, wenn diejenigen, die bis hierher gekommen sind, nicht Lust haben, menschliche Dinge zu betreiben, sondern ihre Seelen immer nach dem Aufenthalt oben trachten; denn so ist es ja natürlich, wenn sich dies nach dem vorher aufgestellten Bilde verhält. – d Natürlich freilich, sagte er. – Und wie? Kommt dir das wunderbar vor, fuhr ich fort, daß, von göttlichen Anschauungen unter das menschliche Elend versetzt, einer sich übel gebärdet und gar lächerlich erscheint, wenn er, solange er noch trübe sieht und ehe er sich an die dortige Finsternis hinreichend gewöhnt hat, schon genötigt wird, vor Gericht oder anderwärts zu streiten über die Schatten des Gerechten oder die Bilder, zu denen sie gehören, und dieses auszufechten, wie es sich die etwa vorstellen, welche die e Gerechtigkeit selbst niemals gesehen haben? – Nicht im mindesten zu verwundern! sagte er. – Sondern, wenn einer Vernunft

518a  hätte, fuhr ich fort, so würde er bedenken, daß durch zweierlei
und auf zwiefache Weise das Gesicht gestört sein kann, wenn man
aus dem Licht in die Dunkelheit versetzt wird, und wenn aus der
Dunkelheit in das Licht. Und ebenso, würde er denken, gehe es
auch mit der Seele, und würde, wenn er eine verwirrt findet und
unfähig zu sehen, nicht unüberlegt lachen, sondern erst zusehen,
ob sie wohl von einem lichtvolleren Leben herkommend aus Un-
gewohnheit verfinstert ist oder ob sie, aus größerem Unverstande
b  ins Hellere gekommen, durch die Fülle des Glanzes geblendet
wird; und so würde er dann die eine wegen ihres Zustandes und
ihrer Lebensweise glücklich preisen, die andere aber bedauern;
oder, wenn er über diese lachen wollte, wäre sein Lachen nicht so
lächerlich als das über die, welche von oben her aus dem Licht
kommt. – Sehr richtig gesprochen, sagte er. –

*106. d) Folgerung, daß die Erziehung nur als Umlenkung der
ganzen Seele möglich ist*
Wir müssen daher, sprach ich, so hierüber denken, wenn das Bis-
c  herige richtig ist, daß die Unterweisung nicht das sei, wofür einige
sich vermessen sie auszugeben. Nämlich sie behaupten, wenn
keine Erkenntnis in der Seele sei, könnten sie sie ihr einsetzen, wie
wenn sie blinden Augen ein Gesicht einsetzten. – Das behaupten
sie freilich, sagte er. – Die jetzige Rede aber, sprach ich, deutet an,
daß dieses der Seele eines jeden einwohnende Vermögen und das
Organ, womit jeder begreift, wie wenn ein Auge nicht anders als
mit dem gesamten Leibe zugleich sich aus dem Finstern ans Helle
wenden könnte, so auch dieses nur mit der gesamten Seele zugleich von dem Werdenden abgeführt werden muß, bis es das Anschauen des Seienden und des glänzendsten unter dem Seienden
aushalten lernt. Dieses aber, sagten wir, sei das Gute; nicht
d  wahr? – Ja. – Hiervon nun eben, sprach ich, mag sie wohl die
Kunst sein, die Kunst der Umlenkung, auf welche Weise wohl am
leichtesten und wirksamsten dieses Vermögen kann umgewendet
werden, nicht die Kunst, ihm das Sehen erst einzubilden, sondern
als ob es dies schon habe und nur nicht recht gestellt sei und nicht
sehe, wohin es solle, ihm dieses zu erleichtern. – Das leuchtet ein,
sagte er. – Die andern Tugenden der Seele nun, wie man sie zu
nennen pflegt, mögen wohl sehr nahe liegen denen des Leibes;

denn als in Wahrheit früher nicht vorhanden scheinen sie erst her- e
nach angebildet zu werden durch Gewöhnungen und Übung; die
des Erkennens aber mag wohl vielmehr einem Göttlicheren angehören, wie es scheint, welches seine Kraft wohl niemals verliert,
aber durch Umlenkung nützlich und heilbringend oder auch un- 519a
nütz und verderblich wird. Oder hast du noch nicht auf die geachtet, die man böse, aber klug nennt, wie scharf ihr Seelchen sieht
und wie genau es dasjenige erkennt, worauf es sich richtet, daß es
also kein schlechtes Gesicht hat, aber dem Bösen dienen muß und
daher, je schärfer es sieht, um desto mehr Böses tut. – Allerdings,
sagte er. – Ebendieses indes an einer solchen Natur, wenn sie von
Kindheit an gehörig beschnitten und das dem Werden und der
Zeitlichkeit Verwandte ihr ausgeschnitten worden wäre, was sich
wie Bleikugeln an die Gaumenlust und andere Lüste und Weich- b
lichkeiten anhängt und das Gesicht der Seele nach unten wendet,
würde dann, hiervon befreit, sich zu dem Wahren hinwenden und
dann bei denselben Menschen auch dieses auf das schärfste sehen,
eben wie das, dem es jetzt zugewendet ist. – Natürlich, sagte er. –
    Und wie, sprach ich, ist nicht auch dies natürlich und nach dem
bisher Gesagten notwendig, daß weder die Ungebildeten und der
Wahrheit Unkundigen dem Staat gehörig vorstehen werden noch c
auch die, welche man sich immerwährend mit den Wissenschaften
beschäftigen läßt? Die einen, weil sie nicht *einen* Zweck im Leben
haben, auf welchen zielend sie alles täten, was sie tun für sich und
öffentlich, die andern, weil sie gutwillig gar nicht Geschäfte werden betreiben wollen, in der Meinung, daß sie auf die Insel der
Seligen noch lebend versetzt worden sind. – Richtig, sagte er. –
Uns also, als den Gründern der Stadt, sprach ich, liegt ob, die trefflichsten Naturen unter unsern Bewohnern zu nötigen, daß sie zu
jener Kenntnis zu gelangen suchen, welche wir im vorigen als die
größte aufstellten, nämlich das Gute zu sehen und die Reise aufwärts dahin anzutreten; aber wenn sie dort oben zur Genüge ge- d
schaut haben, darf man ihnen nicht erlauben, was ihnen jetzt erlaubt wird. – Welches meinst du? – Dort zu bleiben, sprach ich,
und nicht wieder zurückkehren zu wollen zu jenen Gefangenen,
noch Anteil zu nehmen an ihren Mühseligkeiten und Ehrenbezeu-
gungen, mögen diese nun geringfügig sein oder bedeutend. –
Also, sagte er, wollen wir ihnen Unrecht zufügen und schuld daran
sein, daß sie schlechter leben, obwohl sie es besser könnten? –

*106. e) Die vollkommen ausgebildeten Philosophen müssen ge-*
*gen ihre Neigung zum Regieren genötigt werden*

e   Du hast wieder vergessen, Freund, sprach ich, daß das Gesetz sich
nicht dieses angelegen sein läßt, daß *ein* Geschlecht im Staat sich
ausgezeichnet wohl befinde, sondern daß es im ganzen Staate
Wohlsein muß hervorzubringen suchen, indem es die Bürger in-
520a   einanderfügt und sie teils überredet, teils nötigt, einander mitzuteilen von dem Nutzen, den jeder dem allgemeinen Wesen leisten
kann, und indem es Männer dieser Art dem Staate selbst zuzieht,
nicht um sie hernach gehen zu lassen, wohin jeder will, sondern
um sich selbst ihrer für den Verein des Staates zu bedienen. –
Richtig, sagte er; das hatte ich freilich vergessen. – Betrachte nun,
o Glaukon, fuhr ich fort, daß wir den bei uns sich bildenden Philosophen auch kein Unrecht tun werden, sondern ganz Gerechtes
gegen sie aussprechen, wenn wir ihnen zumuten, für die andern
Sorge zu tragen und sie in Obhut zu halten. Wir werden ihnen
b   nämlich sagen, daß, die in andern Staaten Philosophen werden,
natürlicherweise an den Arbeiten in denselben keinen Teil nehmen; denn sie bilden sich zu solchen aus freien Stücken wider Willen der jedesmaligen Verfassung, und das sei ganz billig, daß, was
von selbst gewachsen ist, da es niemandem für seine Kost verpflichtet ist, auch nicht Lust hat, jemandem Kostgeld zu bezahlen.
Euch aber haben wir zu eurem und des übrigen Staates Besten wie
in den Bienenstöcken die Weisel und Könige erzogen und besser
und vollständiger als die übrigen ausgebildet, so daß ihr tüchtiger
c   seid, an beidem teilzunehmen. Ihr müßt also nun wieder herabstei-
gen, jeder in seiner Ordnung, zu der Wohnung der übrigen und
euch mit ihnen gewöhnen, das Dunkle zu schauen. Denn gewöhnt
ihr euch hinein: so werdet ihr tausendmal besser als die dortigen
sehen und jedes Schattenbild erkennen, was es ist und wovon, weil
ihr das Schöne, Gute und Gerechte selbst in der Wahrheit gesehen
habt. Und so wird uns und euch der Staat wachend verwaltet werden und nicht träumend, wie jetzt die meisten von solchen verwaltet werden, welche Schattengefechte miteinander treiben und sich
d   entzweien um die Obergewalt, als ob sie ein gar großes Gut wäre.
Das Wahre daran ist aber dieses: der Staat, in welchem die zur
Regierung Berufenen am wenigsten Lust haben zu regieren, wird
notwendig am besten und ruhigsten verwaltet werden, der aber

entgegengesetzte Regenten bekommen hat, auch entgegengesetzt. – Ganz gewiß, sagte er. – Meinst du nun, daß unsere Zög-
linge uns ungehorsam sein werden, wenn sie dies hören, und sich
nicht jeder an seinem Teil im Staate werden mitplagen wollen, die
übrige Zeit aber miteinander im Reinen wohnen? – Unmöglich!
antwortete er; denn nur Gerechtes fordern wir ja von Gerechten. e
Auf alle Weise jedoch werden sie nur recht wie zu etwas Notwen-
digem jeder zu seiner Amtsführung gehen, ganz das Gegenteil von
denen, die jetzt in den Staaten regieren. – Denn so verhält es sich,
Freund, sprach ich. Wenn du denen, welche regieren sollen, eine
Lebensweise ausfindest, welche besser ist als das Regieren, dann 521a
kannst du es dahin bringen, daß der Staat wohl verwaltet werde;
denn in einem solchen allein werden die wahrhaft Reichen regieren, die es nicht an Golde sind, sondern woran der Glückselige
reich sein soll, an tüchtigem und vernunftmäßigem Leben. Wenn
aber Hungerleider und Arme an eigenem Gut an die öffentlichen
Angelegenheiten gehen, in der Meinung, von dort her Gutes an
sich reißen zu müssen: so geht es nicht. Denn wird die Verwaltung
etwas, worum man sich reißt und schlägt: so muß ein solcher ein-
heimischer und innerer Krieg die Kriegführenden selbst und den
übrigen Staat verderben. – Vollkommen richtig, sagte er. –
Kennst du nun, sprach ich, eine andere Lebensweise, welche aus b
der bürgerlichen Gewalt wenig macht, als die der echten Philosophie? – Keine beim Zeus, sprach er. – Nun aber sollen ja nicht
Liebhaber des Regierens dazu gelangen, weil sie sonst als Mitbewerber darum streiten werden. – Freilich. – Welche anderen also
willst du nötigen, mit der Fürsorge für den Staat sich zu befassen,
als welche sowohl dessen am kundigsten sind, wodurch ein Staat
gut verwaltet wird, als auch welche zugleich andere Belohnungen
kennen und eine andere Lebensweise als die staatsmännische? –
Keine anderen, sagte er. –

107. a) *Suchen einer Kenntnis, die die Seele vom Werdenden* = sinnlich erfahrbare
*zum Seienden führt* Welt der Ideen Welt

Willst du also, daß wir nun schon dieses überlegen, auf welche c
Weise wir zu solchen gelangen und wie man sie ans Licht herauf-
bringt nach Art einiger, von denen erzählt wird, sie seien aus der
Unterwelt zu den Göttern hinaufgestiegen? – Wie sollte ich nicht

wollen! sagte er. – Das ist nun freilich, scheint es, nicht wie sich
eine Scherbe umwendet, sondern es ist eine Umlenkung der Seele,
welche aus einem gleichsam nächtlichen Tage zu dem wahren
Tage des Seienden jene Auffahrt antritt, welche wir eben die
wahre Philosophie nennen wollen. – Allerdings. – Also müssen
wir sehen, welche unter allen Kenntnissen eine solche Kraft
d habe? – Wie sollten wir nicht! – Welche Wissenschaft also, o
Glaukon, könnte wohl ein solcher Zug sein für die Seele von dem
Werdenden zu dem Seienden? Dieses aber fällt mir eben noch ein,
indem ich rede: sagten wir nicht, unsere Herrscher müßten notwendig in ihrer Jugend wackere Kriegskämpfer sein? – Das sagten wir. – Also muß ja wohl die Wissenschaft, die wir suchen,
auch dieses noch dazu haben außer jenem. – Was denn? – Kriegerischen Männern nicht unbrauchbar zu sein. – Das muß sie,
wenn es angeht. – In der Gymnastik und Musik aber sind sie uns
e ja zuvor schon unterwiesen worden. – So war es, sagte er. – Und
die Gymnastik hat es doch ganz mit einem Werdenden und Ver-
gänglichen zu tun, denn sie führt Aufsicht über Wachstum und
Verfall des Leibes. – Offenbar. – Diese also wäre nicht die ge-
522a suchte Wissenschaft. – Freilich nicht. – Aber etwa die Musik,
wie wir sie früher beschrieben haben? – Aber die war ja, sagte er,
ein Gegenstück zur Gymnastik, wenn du dich erinnerst. Sie erzog
durch Gewöhnungen unsere Wächter, mittels des Wohlklanges
eine gewisse Wohlgestimmtheit, nicht Wissenschaft, ihnen einflö-
ßend, und mittels des Zeitmaßes die Wohlgemessenheit, woneben
sie in Reden noch anderes diesem Ähnliches hatte, mochten es nun
die fabelhafteren sein oder die der Wahrheit verwandteren; eine
b Wissenschaft aber, die zu demjenigen gut ist, was du jetzt suchst,
war wohl gar nicht in ihr. – Auf das genaueste, sprach ich, bringst
du es mir in Erinnerung. Denn dergleichen hatte sie in der Tat
nicht. Aber, bester Glaukon, wo wäre nun eine solche? Die Künste
dünkten uns doch insgesamt unedel zu sein? – Freilich. Und was
also für eine andere Kenntnis bleibt uns noch übrig, wenn Musik,
Gymnastik und Gewerbskünste ausgeschlossen sind? –

Wohl, sagte ich, wenn wir außer diesen nichts mehr finden können: so laß uns etwas von dem nehmen, was sich auf sie alle bezieht. – Was doch? – Wie jenes Gemeinsame, dessen alle Künste
c und Verständnisse und Wissenschaften noch dazu bedürfen, was

auch jeder mit zuerst lernen muß. – Was denn? sagte er. – Jenes
Schlichte, sprach ich, die eins und zwei und drei zu verstehen; ich
nenne es aber, um es kurz zusammenzufassen, Zahl und Rechnung. Oder ist es damit nicht so, daß jegliche Kunst und Wissenschaft daran teilnehmen muß? – Gar sehr, sagte er. – Nicht auch,
sprach ich, die Kriegskunst? – Diese nun ganz notwendig, sagte
er. – Wenigstens, sagte ich, den Agamemnon stellt doch in den            d
Tragödien Palamedes immer als einen ganz lächerlichen Feldherrn
dar. Oder besinnst du dich nicht, daß er sagt, nachdem er die Zahl
ausgemittelt, habe er die Ordnungen dem Heer eingerichtet vor
Ilion und die Schiffe und alles andere gezählt, als ob sie vorher
ungezählt gewesen wären und Agamemnon, wie es scheint, nicht
einmal gewußt habe, wieviel Füße er hatten, wenn er ja nicht zählen konnte. Und was für ein Feldherr muß er also wohl gewesen
sein? – Ein gar abgeschmackter, sagte er, wenn das wahr ist. –

*107. b) Geeignetheit bestimmter Wahrnehmungen zur Vernunft-*
*aufregung*

Wollen wir also nicht festsetzen, daß für einen Kriegsmann Zäh-     e
len und Rechnenkönnen eine notwendige Kenntnis sei? – Diese
wohl vorzüglich, sagte er, wenn er nur etwas von den Aufstellungen verstehen, ja wenn er nur ein Mensch sein soll. – Denkst du
nun, sprach ich, über diese Kenntnis eben das was ich? – Was
denn? – Sie mag wohl zu dem auf die Vernunfteinsicht Führen-      523a
den, was wir suchen, ihrer Natur nach gehören, niemand aber sich
ihrer recht als eines auf alle Weise zum Sein Hinziehenden bedienen. – Wie, sagte er, meinst du das? – Ich will versuchen, sprach
ich, deutlich zu machen, wie es mir vorkommt. Wie ich aber bei
mir selbst unterscheide, was ein Leitmittel zu dem ist, wovon wir
reden, und was nicht, das betrachte zuerst mit mir und stimme
dann bei oder stimme ab, damit wir auch dieses deutlicher sehen,
ob es so ist, wie mir ahnt. – Zeige es nur, sagte er. –
  Ich zeige dir also, sprach ich, wenn du es siehst, in den Wahrnehmungen einiges, was gar nicht die Vernunft zur Betrachtung
auffordert, als werde es schon hinreichend durch die Wahrneh-     b
mung bestimmt, anderes hingegen, was auf alle Weise jene herbei-
ruft zur Betrachtung, als ob dabei die Wahrnehmung nichts Gesundes ausrichte. – Offenbar, sagte er, meinst du, was sich nur

von ferne zeigt und was nach Licht und Schatten gezeichnet ist. –
Diesmal, sprach ich, hast du nicht so recht getroffen, was ich
meine. – Was also, sagte er, meinst du denn? – Nicht auffordernd, sprach ich, ist das, was nicht in eine entgegengesetzte
c Wahrnehmung zugleich ausschlägt; was aber dazu ausschlägt,
setze ich als auffordernd, weil die Wahrnehmung nun dieses um
nichts mehr als sein Gegenteil kundgibt, sie mag nun von nahem
darauf zukommen oder von weitem. So wirst du aber wohl deutlicher sehen, was ich meine. Dies, sagen wir also, wären drei Finger, der kleinste und hier der andere und der mittlere. – Ja, sagte
er. – Und denke, daß ich von ihnen als in der Nähe Gesehenen
rede. Betrachte mir aber nun dieses an ihnen. – Was doch? – Ein
d Finger ist offenbar jeder von ihnen auf gleiche Weise, und insofern
ist es ganz einerlei, ob man ihn in der Mitte sieht oder am Ende und
ob er weiß ist oder schwarz, stark oder dünn, und was noch mehr
dergleichen, denn durch alles dieses wird die Seele der meisten
nicht aufgefordert, die Vernunft weiter zu fragen, was wohl ein
Finger ist; denn nirgends hat ihnen derselbe Anblick gezeigt, daß
ein Finger auch das Gegenteil von einem Finger ist. – Freilich
nicht, sagte er. – Dies wäre also offenbar nicht die Vernunft auf-
e fordernd oder aufregend. – Offenbar nicht. –

Wie aber ihre Größe und Kleinheit? Sieht auch die das Gesicht
hinreichend und so, daß es ihm keinen Unterschied macht, ob
einer in der Mitte liegt oder am Ende? Und erkennt ebenso Dicke
und Dünnheit, Weichheit und Härte das Gefühl? Und zeigen nicht
ebenfalls die andern Sinne dergleichen alles nur mangelhaft an?
524a Oder geht es nicht jedem Sinne so, daß zuerst der über das Harte
gesetzte Sinn auch über das Weiche muß gesetzt sein und der Seele
wahrnehmend Hartes und Weiches als dasselbe meldet? – So ist
es, sagte er. – Muß nun nicht hierbei die Seele zweifelhaft werden,
als was ihr diese Wahrnehmung das Harte andeutet, wenn sie
doch dasselbe weich nennt, und so auch die des Leichten und
Schweren, als was doch leicht und schwer, wenn sie doch das
Schwere als leicht und das Leichte als schwer kundgibt. – Freilich,
b sagte er, müssen diese Aussagen der Seele gar wunderlich erscheinen und näherer Betrachtung bedürftig. – Natürlich also versucht
die Seele bei dergleichen zuerst, Überlegung und Vernunft herbei-
rufend, zu erwägen, ob jedes solche Angemeldete eins ist oder

zwei. – Natürlich. – Und erscheint es als zwei, so ist doch jedes
von beiden ein anderes und eines. – Ja. – Und wenn jedes von
beiden eins ist und beide zwei, so erkennt sie doch zwei geson-
derte, denn ungesondert würde sie nicht zwei erkennen, sondern
eins. – Richtig. – Großes freilich und Kleines, sagten wir, sah c
auch das Gesicht, aber nicht gesondert, sondern als ein Vermisch-
tes. Nicht wahr? – Ja. – Um aber dieses deutlich zu machen, ward
die Vernunft genötigt, ebenfalls Großes und Kleines zu sehen,
nicht vermischt, sondern getrennt, also auf entgegengesetzte
Weise wie jenes. – Richtig. – Und nicht wahr, von daher fiel es
uns zuerst ein, danach zu fragen, was wohl recht das Große und
Kleine ist? – Allerdings. – Und so nannten wir dann das eine das
Erkennbare, das andere das Sichtbare. – Ganz richtig, sagte er. – d

### 107. c) Nutzen der Rechenkunst zur Bildung der philosophi-
schen Seele

Dieses nun wollte ich auch jetzt sagen, daß einiges auffordernd für
die Vernunft ist, anderes nicht; was nämlich in die Sinne fällt zugleich mit seinem Gegenteil, als auffordernd ansetzend, was aber
nicht, als nicht erregend für die Vernunft. – Jetzt verstehe ich es
schon, sagte er, und es dünkt mich auch so. – Wie nun? Die Zahl
und die Einheit, zu welchem von beiden scheinen sie dir zu gehören? – Ich weiß nicht, sagte er. – Berechne es nur, sprach ich,
nach dem Vorhergesagten. Denn wenn die Einheit deutlich genug
an und für sich gesehen oder von sonst einem Sinne ergriffen wird:
so könnte sie dann keine Hinleitung sein zum Wesen, eben wie wir e
von dem Finger sagten. Wenn aber mit ihr zugleich immer irgendein Widerspiel von ihr gesehen wird, so daß kein Ding mehr eins
zu sein scheint als auch das Gegenteil davon; dann wäre schon
eine weitere Beurteilung nötig, und die Seele würde darüber bedenklich werden müssen und, den Gedanken in sich aufregend,
untersuchen und weiter fragen, was doch die Einheit selber ist.
Und so gehörte dann die Beschäftigung mit der Einheit unter jene 525a
Leitenden und zur Beschauung des Seienden Hinlenkenden. –
Eben dieses aber, sagte er, hat die Wahrnehmung, die es mit dem
Eins zu tun hat, ganz besonders an sich. Denn wir sehen dasselbe
Ding zugleich als eines und als unendlich vieles. – Wenn nun die
Eins, sprach ich, so wird wohl die gesamte Zahl eben dieses an sich

haben. – Allerdings. – Das Zählen aber und Rechnen hat es ganz
und gar mit der Zahl zu tun. – Freilich. – Dies also zeigt sich als
b leitend zur Wahrheit. – Auf ganz vorzügliche Weise. – Und gehört also unter die Kenntnisse, die wir suchten. Denn dem Krieger
ist es seiner Aufstellungen wegen notwendig, dieses zu verstehen;
dem Philosophen aber, weil er sich dabei über das Sichtbare und
das Werden erheben und das Wesen ergreifen muß, oder er ist
doch nie der eigentliche Rechner. – So ist es, sagte er. – Unser
Staatswächter aber ist ein Krieger und ein Philosoph. – Wie sollte
er nicht! – So wäre denn die Kenntnis ganz geeignet, o Glaukon,
sie gesetzlich einzuführen, und die, welche an dem Größten im
Staate teilhaben sollen zu überreden, daß sie sich an die Rechen-
c kunst geben und sich mit ihr beschäftigen, nicht auf gemeine
Weise, sondern bis sie zur Anschauung der Natur der Zahlen gekommen sind durch die Vernunft selbst, nicht Kaufs und Verkaufs
wegen wie Handelsleute und Krämer darüber nachsinnend, sondern zum Behuf des Krieges und wegen der Seele selbst und der
Leichtigkeit ihrer Umkehr von dem Werden zum Sein und zur
Wahrheit. – Sehr wohl gesprochen, sagte er. –

Und nun, sprach ich, begreife ich auch, nachdem die Kenntnis
d des Rechnens so beschrieben ist, wie herrlich sie ist und uns vielfältig nützlich zu dem, was wir wollen, wenn einer sie des Wissens
wegen betreibt und nicht etwa des Handelns wegen. – Wieso?
sagte er. – Dadurch ja, was wir eben sagten, wie sehr sie die Seele
in die Höhe führt und sie nötigt, mit den Zahlen selbst sich zu
beschäftigen, nimmer zufrieden, wenn einer ihr Zahlen, welche
sichtbare und greifliche Körper haben, vorhält und darüber redet.
Denn du weißt doch, die sich hierauf verstehen, wenn einer die
Einheit selbst im Gedanken zerschneiden will, wie sie ihn ausla-
e chen und es nicht gelten lassen; sondern wenn du sie zerschnei-
dest, vervielfältigen jene wieder, aus Furcht, daß die Einheit etwa
nicht als Eins, sondern als viele Teile angesehen werde. – Ganz
526a richtig, sagte er. – Was meinst du nun, Glaukon, wenn jemand
sie fragte: Ihr Wunderlichen, von was für Zahlen redet ihr denn, in
welchem die Einheit so ist, wie ihr sie wollt, jede ganz jeder gleich
und nicht im mindesten verschieden, und keinen Teil in sich habend? Was, denkst du, würden sie antworten? – Ich denke dieses,
daß sie von denen reden, welche man nur denken kann, unmöglich

aber auf irgendeine andere Art handhaben. – Siehst du also,
sprach ich, Lieber, wie notwendig die Kenntnis uns in der Tat sein  b
muß, da sie die Seele so offenbar nötigt, sich der Vernunft selbst zu
bedienen zum Behuf der Wahrheit selbst? – Gar sehr freilich,
sagte er, bewirke sie dieses. – Und wie? Hast du wohl dies schon
bemerkt, wie die, welche von Natur Zahlenkünstler sind, auch in
allen andern Kenntnissen sich schnell fassend zeigen, die von Natur Langsamen aber, wenn sie im Rechnen unterrichtet und geübt
sind, sollten sie auch keinen andern Nutzen daraus ziehen, wenigstens darin alle gewinnen, daß sie in schneller Fassungskraft sich
selbst übertreffen. – So ist es, sagte er. – Und gewiß auch, wie ich  c
denke, wirst du nicht leicht vieles finden, was dem Lernenden und
Übenden so viel Mühe machte als eben dieses. – Gewiß nicht. –
Aus allen diesen Gründen also dürfen wir die Kenntnis nicht loslassen, sondern die edelsten Naturen müssen darin unterwiesen
werden. – Ich stimme ein, sagte er. –

*107. d) Förderlichkeit der Geometrie*
Dies eine also, sprach ich, stehe uns fest. Das andere aber, was
damit zusammenhängt, wollen wir auch sehen, ob uns das etwas
nützt? – Welches? fragte er; oder meinst du die Meßkunst? –
Eben diese, sprach ich. – Was nun an ihr auf das Kriegswesen  d
Bezug hat, sagte er, so ist wohl offenbar, daß dieses nützt. Denn
um Lager abzustecken, feste Plätze einzunehmen, das Heer zusammenzuziehen oder auszudehnen, und für alles, was die Richtung des Heeres in den Gefechten selbst und auf den Märschen
betrifft, wird es einen großen Unterschied machen, ob einer ein
Meßkünstler ist oder nicht. – Zu dem allen, sagte ich, ist freilich
ein sehr kleiner Teil der Rechenkunst und der Meßkunst hinreichend; der größere und weiter vorschreitende Teil derselben aber,
laß uns zusehen, ob der einen Bezug hat auf jenes, nämlich zu
machen, daß die Idee des Guten leichter gesehen werde. Es trägt  e
aber, sagten wir, alles dasjenige hierzu bei, was die Seele nötigt,
sich nach jener anderen Gegend hinzuwenden, wo das Seligste von
allem Seienden sich befindet, welches eben sie auf jede Weise sehen soll. – Richtig gesprochen, sagte er. – Also wenn die Meßkunst uns nötigt, das Sein anzuschauen, so nützt sie; wenn das
Werden, so nützt sie nicht. – Das behaupten wir freilich. – Und

527a dieses, sprach ich, wird uns wohl niemand, wer nur ein weniges
von Meßkunst versteht, bestreiten, daß diese Wissenschaft ganz
anders ist, als die, welche sie bearbeiten, darüber reden. – Wieso? – Sie reden nämlich gar lächerlich und notdürftig; denn es
kommt heraus, als ob sie bei einer Handlung wären und als ob sie
eines Geschäftes wegen ihren ganzen Vortrag machten, wenn sie
quadrieren, eine Figur anfügen, hinzusetzen und was sie sonst für
b Ausdrücke haben; die ganze Sache aber wird bloß der Erkenntnis
wegen betrieben. – Allerdings, sagte er. – Und ist nicht auch noch
dies einzuräumen? – Was doch? – Daß wegen der Erkenntnis des
immer Seienden, nicht des bald Entstehenden, bald Vergehen-
den? – Leicht einzuräumen, sagte er. Denn offenbar ist die Meßkunst die Kenntnis des immer Seienden. – Also, Bester, wäre sie
auch eine Leitung der Seele zur Wahrheit hin und ein Bildungsmit-
tel philosophischer Gesinnung, daß man nämlich nach oben
richte, was wir jetzt gar nicht geziemend nach unten halten. – So
sehr als möglich tut sie das. – So sehr als möglich müssen wir also,
c sprach ich, darauf halten, daß dir die Leute in deinem Schönstaate
der Geometrie nicht unkundig seien. Und auch der Nebengewinn
davon ist nicht unbedeutend. – Welcher? – Dessen du erwähntest in bezug auf den Krieg; ja auch bei allen andern Kenntnissen,
um sie vollkommener aufzufassen, wird ein gewaltiger Unterschied sein zwischen denen, die sich mit Geometrie abgegeben haben und die nicht. – Ein gänzlicher, beim Zeus, sagte er. – Also
diese zweite Kenntnis wollen wir unserer Jugend aufgeben. – Das
wollen wir. –

### 107. e) Astronomie und Stereometrie

d Und wie? Die Sternkunde etwa als die dritte? Oder meinst du
nicht? – Ich gewiß, sagte er. Denn die Zeiten immer genauer zu
bemerken, der Monate sowohl als der Jahre, ist nicht nur dem
Ackerbau heilsam und der Schiffahrt, sondern auch der Kriegskunst nicht minder. – Wie anmutig du bist, sprach ich, daß du
scheinst die Leute zu fürchten, sie möchten meinen, du wolltest
unnütze Kenntnisse aufbringen. Das aber ist die Sache, nichts Geringes, jedoch schwer zu glauben, daß durch jede dieser Kennt-
e nisse ein Sinn der Seele gereinigt wird und aufgeregt, der unter
anderen Beschäftigungen verlorengeht und erblindet, obwohl an

dessen Erhaltung mehr gelegen ist als an tausend Augen; denn
durch ihn allein wird die Wahrheit gesehen. Die nun dieser Meinung auch sind, werden deine Rede, es ist nicht zu sagen wie, vortrefflich finden; die aber hiervon noch nichts irgend gemerkt haben, werden ganz natürlich glauben, daß du nichts sagst. Denn
einen andern Nutzen, der der Rede wert wäre, sehen sie nicht dabei. So sieh nun lieber gleich, zu welchen von beiden du redest,     528a
oder ob du für keinen von beiden Teilen, sondern deiner selbst
wegen vorzüglich die Sache untersuchst, nur aber auch niemanden
mißgönnen willst, wer etwa noch einen Nutzen davon haben
kann. – So, sprach er, will ich am liebsten, vorzüglich meiner
selbst wegen, reden sowohl als auch fragen und antworten. – So
lenke denn, sprach ich, wieder zurück. Denn nicht richtig haben
wir jetzt eben das Nächste an der Meßkunde angegeben. – Wieso,
fragte er. – Indem wir, sprach ich, nach der Fläche gleich den
Körper in Bewegung nahmen, ohne ihn zuvor an und für sich betrachtet zu haben. Und es wäre doch recht, nach der zweiten Aus-     b
dehnung die dritte zu nehmen. Diese hat es aber zu tun mit der
Ausdehnung des Würfels und mit allem, was Tiefe hat. – Richtig,
sagte er. Aber dies, o Sokrates, scheint noch nicht gefunden zu
sein. – Und zwar, sprach ich, aus doppelter Ursache; sowohl weil
kein Staat den rechten Wert darauf legt, wird hierin nur wenig
erforscht bei der Schwierigkeit der Sache, als auch bedürfen die
Forschenden eines Anführers, ohne den sie nicht leicht etwas finden werden, und der wird sich zuerst schwerlich finden, und wenn
er sich auch fände, würden ihm, wie die Sache jetzt steht, die, welche in diesen Dingen forschen, weil sie sich selbst zuviel dünken,    c
nicht gehorchen. Wenn aber ein ganzer Staat sich an die Spitze
stellte, der die Sache gehörig zu schätzen wüßte: so würden sowohl diese gehorchen, als auch die Sache würde, wenn anhaltend
und angestrengt untersucht, wohl ans Licht kommen müssen, wie
sie sich verhält, da sie schon jetzt, wiewohl von den meisten gar
nicht geachtet, sondern eher gehemmt, auch von den Forschenden
selbst, welche die rechte Einsicht nicht haben, wieweit sie nützlich
ist, dennoch dem allen zum Trotz vermöge ihres innern Reizes
gedeiht und man sich gar nicht wundern muß, daß sie ans Licht
gekommen ist. – Anziehend, sagte er, ist sie freilich ganz beson-     d
ders. Aber erkläre mir noch deutlicher, was du eben meintest. Die

ganze Lehre von den Ebenen nanntest du doch Geometrie. – Ja,
sprach ich. – Und dann zunächst ihr erst die Astronomie, darauf
aber lenktest du um. – Eilfertig, sprach ich, alles recht schnell
durchzunehmen, verspätete ich mich vielmehr. Denn obschon die
Methode, die Tiefe oder das Körperliche zu finden, das nächste
war, übersprang ich diese, weil es mit der Untersuchung noch lächerlich steht, und nannte nächst der Meßkunde die Sternkunde,
e die es mit der Bewegung des Körperlichen zu tun hat. – Richtig
gesprochen. – So wollen wir denn, sprach ich, die Sternkunde als
die vierte setzen, als würde die jetzt ausgelassene sich schon einstellen, wenn nur ein Staat sich darum bekümmerte. – Natürlich!
sagte er. Und was du mir eben tadeltest, o Sokrates, wegen der
Sternkunde, daß ich sie auf gemeine Art gelobt, so will ich sie jetzt,
so wie du sie auch treibst, loben. Denn das dünkt mich jedem deut-
529a lich, daß diese die Seele nötigt, nach oben zu sehen, und von dem
Hiesigen dorthin führt. – Vielleicht, sprach ich, ist es jedem deutlich außer mir; denn mir scheint es nicht so. – Sondern wie? – Daß
sie, wie sich jetzt die, welche zur Philosophie hinaufführen wollen,
mit ihr beschäftigen, gerade unterwärts sehen macht. – Wie meinst
du das? fragte er. – Gar vornehm, sprach ich, scheinst du mir die
Kenntnis von dem, was droben ist, bei dir selbst zu bestimmen, was
sie ist. Denn du wirst wohl auch, wenn einer Gemälde an der Decke
b betrachtet und hinaufgereckt etwas unterscheidet, glauben, daß
der mit der Vernunft betrachtet und nicht mit den Augen. Vielleicht
nun ist deine Ansicht die rechte, meine aber einfältig. Denn ich kann
wieder nicht glauben, daß irgendeine andere Kenntnis die Seele
nach oben schauen mache als die des Seienden und Unsichtbaren,
und wenn einer nach oben gereckt oder nach unten blinzelnd nur
irgend Wahrnehmbares zu lernen trachtet: so leugne ich sogar, daß
c er je etwas lerne, weil es von nichts dergleichen eine Wissenschaft
gibt, und behaupte, daß seine Seele nicht aufwärts schaue, sondern
nur unterwärts, und wenn er auch ganz auf dem Rücken liegend
lernte zu Lande oder zu Wasser. –

### *107. f) Entwurf einer wahrhaft nützlichen Astronomie*
Da ist mir recht geschehen, sagte er, und wohlverdient hast du
mich gescholten. Aber wie, meinst du, müsse man die Sternkunde
anders lernen, als jetzt geschieht, wenn sie mit Nutzen für das, was

wir meinen, erlernt werden soll? – So, sprach ich, daß man diese
Gebilde am Himmel, da sie doch im Sichtbaren gebildet sind, zwar
für das beste und vollkommenste in dieser Art halte, aber doch      d
weit hinter dem Wahrhaften zurückbleibend, nämlich den Bewegungen, in welchen die Geschwindigkeit, welche ist, und die Lang-
samkeit, welche ist, sich nach der wahrhaften Zahl und allen
wahrhaften Figuren gegeneinander bewegen und was darin ist
forttreiben, welches alles nur mit der Vernunft zu fassen ist, mit
dem Gesicht aber nicht. Oder meinst du etwa? – Keineswegs
wohl. – Also, sprach ich, jene bunte Arbeit am Himmel muß man
nur als Beispiele gebrauchen, um jenes zu erlernen, wie wenn einer
auf des Daidalos oder eines andern Künstlers oder Malers vor-       e
trefflich gezeichnete und fleißig ausgearbeitete Vorzeichnungen
trifft. Denn wenn einer, der sich auf Meßkunde versteht, diese
sieht, so wird er wohl finden, daß sie vortrefflich gearbeitet sind,
aber es doch lächerlich sei, diese im Ernst darauf anzusehen, als ob
man darin das Wesen des Gleichen oder Doppelten oder irgendeines anderen Verhältnisses fassen könnte. – Wie sollte das nicht   530a
lächerlich sein! sagte er. – Meinst du nun nicht, sprach ich, es
werde dem wahrhaft Sternkundigen ebenso ergehen, wenn er die
Bewegungen der Gestirne betrachtet? Er werde zwar glauben, so
vortrefflich nur immer dergleichen Werke zusammengesetzt sein
können, sei gewiß von dem Bildner des Himmels dieser und was in
ihm ist auch zusammengesetzt; aber das Verhältnis der Nacht
zum Tage und dieser zum Monat und des Monates zum Jahr und
der andern Gestirne zu diesen und unter sich, meinst du nicht, er   b
werde den für ungereimt halten, welcher behauptet, diese erfolgen
immer auf die gleiche Weise, ohne je um das mindeste abzuwei-
chen, die doch Körper haben und sichtbar sind, und man müsse
auf jede Weise versuchen, an ihnen das Wesen zu erfassen? – Das
dünkt mich nun auch, sprach er, da ich dich höre. – Also, sprach
ich, um uns der Aufgabe zu bedienen, welche sie darbietet, wollen
wir wie die Meßkunde so auch die Sternkunde herbeiholen, was
aber am Himmel ist, lassen, wenn es uns anders darum zu tun ist,
wahrhaft der Sternkunde uns befleißigend das von Natur Vernünftige in unserer Seele aus Unbrauchbarem brauchbar zu machen. – Da gibst du vielmal mehr zu tun, als jetzt bei der Stern-   c
kunde geschieht. – Und ich denke wohl, sagte ich, wir werden es

mit allem andern ebenso einrichten müssen, wenn wir als Gesetzgeber etwas nütze sein wollen.

### 107. g) Brauchbarkeit der Wissenschaft der Harmonie

Aber was hast du nun noch in Erinnerung zu bringen von hierher
gehörigen Kenntnissen? – Nichts jetzt sogleich, sagte er. – Aber
die Bewegung selbst, sprach ich, stellt uns nicht eine, sondern
d mehrere Arten dar; sie nun insgesamt mag ein Sachkundiger auszuführen wissen, die aber auch uns gleich auffallen, deren sind
zwei. – Was für welche? – Es scheinen ja, sprach ich, wie für die
Sternkunde die Augen gemacht sind, so für die harmonische Bewegung die Ohren gemacht und dieses zwei verschwisterte Wissenschaften zu sein, wie die Pythagoräer behaupten und wir zugeben, oder wie sonst tun? – Zugeben. – Also, sprach ich, weil das
e eine weitläufige Sache ist, wollen wir nur von jenen vernehmen,
was sie darüber sagen, und ob noch etwas anderes zu diesem; wir
aber wollen außer dem allen das unsrige wohl in acht nehmen. –
Was doch? – Daß nicht unseren Zöglingen einfalle, etwas hiervon
unvollständig zu lernen, so daß es nicht jedesmal dahin ausgeht,
worauf alles führen soll, wie wir eben von der Sternkunde sagten.
Oder weißt du nicht, daß sie es mit der Harmonie ebenso machen?
531a Wenn sie nämlich die wirklich gehörten Akkorde und Töne gegeneinander messen, mühen sie sich eben wie die Sternkundigen
mit etwas ab, womit sie nicht zustande kommen. – Bei den Göttern, sagte er, und gar lächerlich halten sie bei ihren sogenannten
Heranstimmungen das Ohr hin, als ob sie in der Nachbarschaft
eine Stimme erlauschen wollten, wobei denn einige behaupten, sie
hörten noch einen Unterschied des Tones, und dies sei das kleinste
Intervall, nach welchem man messen müsse, andere aber leugnen
es und sagen, sie klängen nun schon ganz gleich, beide aber halten
b das Ohr höher als die Vernunft. – Du, sprach ich, meinst jene
Guten, welche die Saiten ängstigen und quälen und auf den Wir-
beln spannen. Damit aber die Erzählung nicht zu lang werde, will
ich dir die Schläge mit dem Hammer und das Ansprechen und
Versagen und die Sprödigkeit der Saiten, diese ganze Geschichte
will ich dir schenken und leugne, daß diese Leute etwas von der
Sache sagen, sondern vielmehr jene, von denen wir eben sagten,
wir wollten sie der Harmonie wegen befragen. Denn diese hier

machen es ebenso wie jene Astronomen, nämlich sie suchen in c
diesen wirklich gehörten Akkorden die Zahlen, aber sie steigen
nicht zu Aufgaben, um zu suchen, welches harmonische Zahlen
sind und welches nicht, und weshalb beides. – Das ist auch, sagte
er, eine gar wunderliche Sache. – Sehr nützlich allerdings, sprach
ich, für die Auffindung des Guten und Schönen, wenn man sie
aber auf andere Weise betreibt, ganz unnütz. – Wahrscheinlich
wohl, sagte er. –

108. *a) Alle anderen Wissenschaften sind Vorübungen für die*
     *Dialektik als Wissenschaft von dem, was ist*
Ich meinesteils denke, fuhr ich fort, wenn die Bearbeitung der
Gegenstände, die wir bis jetzt durchgegangen sind, auf deren Gemeinschaft unter sich und Verwandtschaft gerichtet ist und sie d
zusammengebracht werden, wie sie zusammengehören, so kann
diese Beschäftigung schon etwas beitragen zu dem, was wir wollen, und ist dann keine unnütze Mühe; wenn aber nicht, so ist sie
unnütz. – So ahnt auch mir, sagte er, aber das ist gar ein großes
Werk, o Sokrates. – Schon das Vorspiel, sprach ich, oder was
meinst du? Oder wissen wir nicht, daß alles dies nur das Vorspiel
ist zu der Melodie, welche eigentlich erlernt werden soll? Denn
du meinst doch nicht, daß die in diesen Dingen stark sind, schon
die Dialektiker sind? – Nein beim Zeus, außer nur gar wenige e
von denen, die mir bekannt geworden. – Aber auch das doch
nicht, daß solche, die nicht einmal vermögen, irgend Rede zu stehen oder zu fordern, irgend etwas wissen werden von dem, was
man, wie wir sagen, wissen muß? – Auch das gewiß nicht, sagte
er. –

Also dieses, o Glaukon, ist nun wohl die Melodie oder der Satz 532a
selbst, was die Dialektik ausführt? Von dem auch, wie er nur mit
dem Gedanken gefaßt wird, jenes Vermögen des Gesichts ein Abbild ist, von welchem wir sagten, daß es bestrebt sei, auf die Tiere
selbst zu schauen und auf die Gestirne selbst, ja zuletzt auch auf
die Sonne selbst. So auch wenn einer unternimmt, durch Dialektik
ohne alle Wahrnehmung nur mittels des Wortes und Gedanken zu
dem selbst vorzudringen, was jedes ist, und nicht eher abläßt, bis
er, was das Gute selbst ist, mit der Erkenntnis gefaßt hat, dann ist b
er an dem Ziel alles Erkennbaren, wie jener dort am Ziel alles

Sichtbaren. – Auf alle Weise. – Und diesen Weg, nennst du den
nicht den dialektischen? – Wie sonst? – Die Lösung aber von den
Banden und die Umwendung von den Schatten zu den Bildern und
zum Licht, und das Hinaufsteigen aus dem unterirdischen Aufenthalt an den Tag, und dort das zwar auf die Tiere und Pflanzen
selbst und auf das Licht der Sonne noch bestehende Unvermögen

c hinzuschauen, wohl aber auf deren göttliche Abbilder im Wasser
und Schatten des Seienden, nicht mehr der Bilder Schatten, welche
durch ein anderes, in Vergleich mit der Sonne ebensolches Licht
abgeschattet wären: das ist die Kraft, welche die gesamte Beschäftigung mit den Künsten besitzt, welche wir durchgenommen haben; und solche Anleitung gewähren sie dem Besten in der Seele
zum Anschauen des Trefflichsten unter dem Seienden, wie dort
dem Klarsten am Leibe zu der des Glänzendsten in dem körper-

d lichen und sichtbaren Gebiet. – Ich, sprach er, nehme es so an;
wiewohl es mir gar schwer scheint, es anzunehmen, dann aber
auch wieder schwer, es nicht anzunehmen. Doch – denn man muß
das ja nicht diesmal nur hören, sondern noch gar oft darauf zu-
rückkommen – laß uns setzen, dies verhielte sich, wie eben gesagt
wird, und laß uns nun zu dem Satz selbst gehen und ihn ebenso
durchnehmen, wie wir das Vorspiel durchgenommen haben.

Sprich daher, welches ist das eigentümliche Wesen der Dialek-

e tik, in was für Arten zerfällt sie, und welches sind die Wege zu ihr;
denn diese wären es nun endlich, dünkt mich, die dahin führen,
wo für den Angekommenen Ruhe ist vom Wege und Ende der

533a Wanderschaft. – Du wirst nur, sprach ich, lieber Glaukon, nicht
mehr imstande sein zu folgen! Denn an meiner Bereitwilligkeit soll
es nicht liegen, und du sollst nicht mehr nur ein Bild dessen, wovon
wir reden, sehen, sondern die Sache selbst, so gut sie sich mir wenigstens zeigt; ob nun richtig oder nicht, das darf ich nicht behaupten, aber daß es etwas solches gibt, muß behauptet werden.
Nicht wahr? – Notwendig. – Nicht auch, daß allein die Kraft der
Dialektik es dem zeigen kann, welcher der erwähnten Dinge kundig ist, sonst aber es nicht möglich ist? – Auch dies, sagte er, darf

b man behaupten. – Und dies wenigstens, sprach ich, wird uns wohl
niemand bestreiten, wenn wir sagen, daß, was jegliches selbst sei,
dies keine andere Wissenschaft planmäßig von allem zu finden
sucht, sondern alle anderen Künste sich entweder auf der Men-

schen Vorstellungen und Begierden beziehen oder auch mit Hervorbringen und Zusammensetzen oder mit Pflege des Hervorgebrachten und Zusammengesetzten zu tun haben; die übrigen aber, denen wir zugaben, daß sie sich etwas mit dem Seienden befassen, die Meßkunde und was mit ihr zusammenhängt, sehen wir wohl, wie sie zwar träumen von dem Seienden, ordentlich wachend aber es wirklich zu erkennen nicht vermögen, solange sie, Annahmen c voraussetzend, diese unbeweglich lassen, indem sie keine Rechenschaft davon geben können. Denn wovon der Anfang ist, was man nicht weiß, Mitte und Ende also aus diesem, was man nicht weiß, zusammengeflochten sind, wie soll wohl, was auf solche Weise angenommen wird, jemals eine Wissenschaft sein können? – Keine gewiß! sagte er. –

*108. b) Zusammenfassung über Stellung und Aufgabe der Dialektik*

Nun aber, sprach ich, geht allein die dialektische Methode, auf diese Art alle Voraussetzungen aufhebend, gerade zum Anfange selbst, damit dieser fest werde, und das in Wahrheit in barbarischem Schlamm vergrabene Auge der Seele zieht sie gelinde hervor d und führt es aufwärts, wobei sie als Mitdienerinnen und Mitleiterinnen die angeführten Künste gebraucht, welche wir zwar mehrmals Wissenschaften genannt haben, der Gewohnheit gemäß, die aber eines andern Namens bedürfen, der mehr besagt als Meinung, aber dunkler ist als Wissenschaft – wir haben sie aber schon früher irgendwo Verständnis genannt; indes, denke ich, müssen die nicht über die Wörter streiten, denen eine so große Untersu- e chung wie uns vorliegt. – Freilich nicht! sagte er, sondern wenn eines nur das bestimmt bezeichnet für den Vortrag, was man bei sich denkt, genügt es. – Es genügt uns also, sprach ich, wie zuvor die erste Abteilung Wissenschaft zu nennen, die zweite Verständnis, die dritte Glaube, die vierte Wahrscheinlichkeit; und diese beiden zusammengenommen Meinung, jene beiden aber Er- 534a kenntnis. Und Meinung hat es mit dem Werden zu tun, Erkenntnis mit dem Sein; und wie sich Sein und Werden verhält, so Erkenntnis zur Meinung, und wie Erkenntnis zur Meinung, so Wissenschaft zum Glauben und Verständnis zur Wahrscheinlichkeit. Das Verhältnis dessen aber, worauf sich diese beziehen, das Vorstell-

bare und Erkennbare, und die zwiefache Teilung jedes von beiden,
wollen wir lassen, o Glaukon, um nicht in noch vielmal größere
Untersuchungen zu geraten als die vorigen. – Mir meinesteils,
b sagte er, gefällt das übrige alles, soweit ich folgen kann, gleichfalls. –

Nennst du nun auch den Dialektiker, der die Erklärung des
Seins und Wesens eines jeden faßt? Und wer die nicht hat, wirst du
nicht von dem, inwiefern er nicht imstande ist, sich und andern
Rede zu stehen, insofern auch leugnen, er habe hiervon Erkenntnis? – Wie könnte ich es wohl behaupten? – Also auch ebenso
mit dem Guten, wer nicht imstande ist, die Idee des Guten von
c allem andern absondernd durch Erklärung zu bestimmen, und
wer nicht, wie im Gefecht durch alle Angriffe sich durchschla-
gend, sie nicht nach dem Schein, sondern nach dem Sein zu verfechten suchend, durch dies alles mit einer unüberwindlichen Erklärung durchkommt, von dem wirst du auch weder, daß er das
Gute selbst erkenne, behaupten wollen, wenn es sich so mit ihm
verhält, noch auch irgendein anderes Gutes; sondern wenn er irgendein Bild davon trifft, daß er es durch Meinung, nicht durch
Wissenschaft treffe, und daß er, in diesem Leben träumend und
d schlummernd, ehe er hier erwacht ist, in die Unterwelt kommt und
vollkommen in den tiefsten Schlaf versinkt. – Beim Zeus, sagte er,
gar sehr werde ich das alles sagen. – Und deine eignen Kinder, die
du jetzt in unsrer Rede erziehst und bildest, wenn du die je in der
Wirklichkeit erzögest, würdest du sie doch gewiß nicht, wenn sie
unvernünftig wären wie irrationale Linien, den Staat regieren lassen und das Wichtigste von ihnen abhängig machen? – Freilich
nicht. – Sondern du wirst es ihnen zum Gesetz machen, derjenigen Bildung vorzüglich nachzustreben, durch welche sie instand-
gesetzt werden, so wissenschaftlich wie möglich zu fragen und zu
antworten. – Dies Gesetz werde ich allerdings geben mit dir. –
e Scheint dir nun nicht, sprach ich, die Dialektik recht wie der Sims
über allen anderen Kenntnissen zu liegen und über diese keine andere Kenntnis mehr mit Recht aufgesetzt werden zu können, son-
535a dern es mit den Kenntnissen hier ein Ende zu haben? – Mir wohl!
sagte er.

*109. a) Auswahl der für diese Kenntnisse geeigneten Naturen*
Nun ist dir also noch die Verteilung übrig, sprach ich, wem wir
diese Kenntnisse mitteilen wollen und auf welche Weise. – Offenbar, sagte er. – Erinnerst du dich nun noch unserer ersten Auswahl der Herrscher, was für welche wir ausgewählt haben? – Wie
sollte ich nicht! sagte er. – Im übrigen nun, sprach ich, nimm an,
daß es jene Naturen sein müssen, die auszuwählen sind; denn man
muß die festesten und tapfersten vorziehen und nach Vermögen
die wohlgestaltetsten. Außerdem aber müssen wir nun noch su- b
chen nicht nur edle und mutige von Gesinnung, sondern auch die
für diesen Unterricht günstigen Anlagen müssen sie haben. – Und
welche bezeichnest du als solche? – Scharfblick, o Bester, sprach
ich, müssen sie mitbringen und nicht schwer lernen. Denn viel eher
noch wird die Seele mutlos bei schwierigen Kenntnissen als bei
Leibesübungen. Denn die Anstrengung ist ihr eigentümlicher, weil
sie ausschließend ist und sie sie nicht mit dem Körper teilt. – Richtig, sagte er. – Und einen von gutem Gedächtnis müssen wir su- c
chen, der auch unermüdlich ist und außerordentlich arbeitslustig.
Oder wie meinst du sonst werde einer jenes Körperliche alles
durcharbeiten können und noch dazu so große Aufgaben des Lernens und Nachdenkens vollenden? – Keiner gewiß, sagte er, der
nicht in jedem Sinne gutgeartet ist. – Der jetzige Fehler wenigstens, sprach ich, und die Geringschätzung ist der Philosophie daraus entstanden, wie wir auch vorher sagten, daß man sich nicht
gehörig mit ihr abgibt; denn nicht Unechte sollten es tun, sondern
Echte. – Wie meinst du das? – Zuerst, sagte ich, muß einer an der
Arbeitsamkeit nicht hinken, der sich mit ihr abgeben will, daß er d
halb arbeitslustig ist und halb träge. Und so ist es doch, wenn einer
zwar die Leibesübungen liebt und die Jagd und, wo es auf den Leib
ankommt, sich gern anstrengt, aber weder lernlustig ist noch hör-
lustig noch forschlustig, sondern in dem allen sich ungern anstrengt. Ebenso hinkt nun auch, wer seine Arbeitslust nur auf die
entgegengesetzte Seite geworfen hat. – Vollkommen richtig. –
Und werden wir nicht auch in bezug auf die Wahrheit eine Seele
für verstümmelt halten müssen, welche das freiwillige Falsche e
zwar haßt, es nicht leidend an sich selbst, und wenn andere lügen,
in heftigen Unwillen gerät, das unfreiwillige aber sich leicht gefallen läßt und, wenn man sie auf der Unwissenheit ertappt, nicht

536a unwillig wird, sondern gar lustig nach Schweineart in der Dummheit herumsudelt? – Allerdings, sagte er. – Auch was Besonnenheit anlangt und Tapferkeit und Großmut und alle Teile der Tugend, muß man nicht weniger darauf achten, wer unecht ist und wer echt. Denn wer dergleichen nicht zu unterscheiden weiß, es sei ein einzelner oder ein Staat, der hat dann, ohne es zu wissen, Hinkende und Unechte, worin er nun eben auf solche treffe, jener zu Freunden, dieser zu Anführern. – Gar sehr, sagte er, verhält es sich so. – Wir aber müssen uns vor allem der Art gewaltig hüten, so daß, wenn wir nur Geradgliedrige und Geradsinnige zu so gro-
b ßen Unterweisungen und Übungen zulassen und ausbilden, die Gerechtigkeit selbst uns nicht wird tadeln können und wir den Staat und die Verfassung retten werden; bringen wir aber Ungeschickte dazu, so werden wir ganz das Gegenteil bewirken und der Philosophie noch mehr Gelächter zuziehen. – Das wäre ja schmählich, sagte er. – Freilich, sprach ich. Aber Lächerliches scheint auch mir gegenwärtig begegnet zu sein. – Was doch? –
c Ich vergaß, daß wir scherzten, und habe die Rede zu scharf gespannt. Denn indem ich sprach, blickte ich zugleich auf die Philosophie, und da ich sie so unwürdig geschmäht sah, scheint mir, daß ich unwillig und ereifert über die Schuldigen zu ernst gesprochen habe, was ich sprach. – Nein beim Zeus, sagte er, für mich wenigstens als Zuhörer nicht. – Wohl aber für mich, sprach ich, als Redner. Das aber laß uns nicht vergessen, daß bei unserer ersten Wahl wir Alte gewählt haben, bei der jetzigen dies aber nicht
d angehen wird. Denn es ist dem Solon nicht zu glauben, daß alternd einer noch viel zu lernen vermag, sondern noch weniger als zu laufen; vielmehr gehören alle großen und anhaltenden Anstrengungen der Jugend. – Notwendig, sagte er. –

*109. b) Ausbildungsgang der Ausgewählten*
Was nun zum Rechnen und zur Meßkunde und zu allen den Vorübungen gehört, die vor der Dialektik hergehen sollen, das müssen wir ihnen als Knaben vorlegen, indem wir jedoch die Form der Belehrung nicht als einen Zwang zum Lernen einrichten. –
e Warum nicht? – Weil, sprach ich, kein Freier irgendeine Kenntnis auf knechtische Art lernen muß. Denn die körperlichen Anstrengungen, wenn sie auch mit Gewalt geübt werden, machen den

Leib um nichts schlechter, in der Seele aber ist keine erzwungene
Kenntnis bleibend. – Richtig, sagte er. – Nicht also mit Gewalt, o
Bester, sprach ich, sondern spielend beschäftige die Knaben mit     537a
diesen Kenntnissen, damit du auch desto besser sehen könntest,
wohin ein jeder von Natur sich neigt. – Das hat wohl Grund,
sagte er. – Erinnerst du dich nun nicht, sprach ich, daß wir sagten,
man müsse die Knaben auch in den Krieg zu Pferde als Zuschauer
führen und, wenn es einmal sicher ist, sie auch ganz nahe hinzubringen und sie Blut kosten lassen, wie man es mit den jungen
Hunden macht? – Daran erinnere ich mich. – In allem diesem
nun, in den Anstrengungen, dem Unterricht und den Gefahren,
muß man, die jedesmal am tüchtigsten hineingehen, in eine gewisse Liste eintragen. – In welchem Alter? fragte er. – Wenn sie,     b
sprach ich, von den notwendigen Leibesübungen losgesprochen
werden. Denn diese Zeit, währe sie nun zwei oder drei Jahre, kann
unmöglich noch etwas anderes ausrichten; denn Müdigkeit und
Schlaf sind dem Lernen feind, auch ist dies selbst nicht eine von
den kleinsten Prüfungen, wie sich jeder in den Leibesübungen
zeigt. – Wie sollte es nicht. – Nach dieser Zeit aber, sprach ich,
von zwanzig Jahren an, sollen die vorzüglichen größere Ehre vor
den andern genießen, und die den Knaben zerstreut vorgetragenen
Kenntnisse müssen für sie zusammengestellt werden zu einer       c
Übersicht der gegenseitigen Verwandtschaft der Wissenschaften
und der Natur des Seienden. – Wenigstens, sprach er, wird nur
das so Erlernte fest sein, wem man es auch beigebracht hat. –
Und, sagte ich, die stärkste Probe, wo eine dialektische Natur ist
und wo nicht. Denn wer zur Zusammenschau fähig ist, ist dialek-
tisch: wer nicht, ist es nicht. – Ich stimme dir bei, sagte er. – Hierauf also, sprach ich, wirst du achten müssen, und welche unter
ihnen dieses am meisten sind und beharrlich im Lernen, beharrlich     d
auch im Kriege und in allem Vorgeschriebenen, diese wiederum,
wenn sie dreißig Jahre zurückgelegt haben, aus den Auserwählten
auswählen und zu noch größeren Ehren erheben, um, indem du sie
durch die Dialektik prüfst, zu sehen, wer von ihnen Augen und die
andern Sinne fahrenlassend auf das Seiende selbst und die Wahrheit loszugehen vermag. Und hier ist nun viele Behutsamkeit nötig, o Bester. – Weshalb eigentlich? fragte er. – Merkst du denn     e
nicht, sprach ich, das jetzige Übel mit der Dialektik, wie groß es

ist? – Welches denn? – Daß sie ganz mit Gesetzwidrigkeit angefüllt ist? – Das freilich, sagte er. – Glaubst du also, sprach ich,
daß denen etwas ganz Wunderbares begegnet, und verzeihst ihnen
nicht? – Wieso eigentlich? – Wie wenn, sprach ich, ein unterge-
538a schobenes Kind bei großem Vermögen in einem vornehmen und
ausgebreiteten Geschlecht und unter vielen Schmeichlern erzogen
wäre und, wenn es ein Mann geworden, erführe, es sei nicht von
diesen Eltern, die dafür ausgegeben worden, die wahren aber nicht
auffinden könnte, kannst du wohl ahnen, wie dieser gegen die
Schmeichler und gegen die, welche ihn untergeschoben haben, gesinnt sein wird zuerst in der Zeit, wo er noch nichts von dem Un-
terschieben wußte, und dann wieder in der, wo er es weiß? Oder
willst du meine Ahnung davon hören? – Das letztere will ich. –

### 109. c) Grund der bei Mitteilung der Dialektik anzuwendenden Vorsicht

Ich ahne also, sprach ich, daß er Vater und Mutter und die andern
b geglaubten Verwandten mehr ehren wird als die Schmeichler und
weniger übersehen, wenn sie etwas bedürfen, weniger auch etwas
Gesetzwidriges gegen sie tun oder reden, auch weniger ihnen in
großen Dingen ungehorsam sein als den Schmeichlern, in der Zeit
nämlich, wo er die Wahrheit noch nicht weiß. – Natürlich. – Hat
er aber das Wahre gemerkt: so ahne ich im Gegenteil, er werde an
Ehrfurcht und Bemühung um jene nachlassen, den Schmeichlern
aber davon zulegen und ihnen bei weitem mehr als zuvor folgen, ja
c indem er sich schon unverhohlen zu ihnen hält, ganz nach ihrem
Willen leben, um jenen Vater aber und die übrigen angeblichen
Verwandten, wenn er nicht sehr rechtschaffen ist von Natur, sich
gar nichts kümmern. – Du beschreibst alles, wie es geschehen
wird. Aber wie bezieht sich nun dieses Bild auf diejenigen, welche
sich in jenes Gebiet des Denkens begeben? – So. Es gibt doch bei
uns Lehren vom Gerechten und Schönen, unter denen wir von
Kindheit an erzogen worden sind wie von Eltern, ihnen gehorchend und sie ehrend. – So ist es. – Gibt es nun nicht auch andere,
d diesen entgegengesetzte Bestrebungen, die Lust bei sich führen
und unsern Seelen zwar schmeicheln und sie anlocken, aber doch
diejenigen, die auch nur einigermaßen tauglich sind, nicht überreden; sondern solche ehren jene väterlichen Lehren und gehorchen

denen? – Die gibt es. – Wie nun, sprach ich, wenn einem, mit dem
es so steht, eine Frage kommt und ihn fragt, was das Schönste ist,
und wenn er das antwortet, was er vom Gesetzgeber gehört hat,
die Rede ihm dann bestreitet und durch öftere und vielfältige Wi-
derlegungen ihn auf den Gedanken bringt, als sei dieses um nichts
mehr schön als häßlich, und ebenso mit dem Gerechten und Guten    e
und was er am meisten in Ehren gehalten hat: wie, meinst du, wird
er sich nach diesem gegen jene verhalten, was Ehrfurcht und Folg-
samkeit betrifft? – Notwendig, sagte er, wird er sie weder mehr
ebenso ehren noch ihnen ebenso gehorchen. – Wenn er nun,
sprach ich, diese nicht mehr so für ehrenwert und verwandt hält
wie zuvor, aber auch das Wahre nicht findet, kann er sich zu einer
andern Lebensweise als jener schmeichlerischen hinneigen? – Unmöglich, sagte er. – Ein Unrechtlicher also wird er geworden zu    539a
sein scheinen aus einem Rechtlichen. – Notwendig. – Muß dies
nun nicht ganz natürlich denen begegnen, die so an jene Untersuchungen geraten? Und verdienen sie nicht, wie ich eben sagte, alle
Nachsicht? – Und Mitleiden dazu, sagte er. – Also damit du dieses Mitleid nicht nötig habest bei den Dreißigjährigen, so muß zu
diesen Untersuchungen auf die umsichtigste Weise geschritten
werden. – Gar sehr, sagte er. – Ist nun nicht schon dies, sprach    b
ich, eine sehr große Vorsicht, wenn sie sie nicht zu jung kosten
dürfen? Denn ich glaube, es wird dir nicht entgangen sein, daß die
Knäblein, wenn sie zuerst solche Reden kosten, damit umgehen,
als wenn es ein Scherz wäre, indem sie sie immer zum Widerspruch
lenken, und den nachahmend, der sie widerlegt, wieder andere
widerlegen und ihre Freude daran haben, wie Hündlein alle, die
ihnen nahekommen, durch die Rede zu zerren und zu rupfen. –
Ganz über die Maßen, sagte er. – Wenn sie nun viele widerlegt
haben und von vielen auch widerlegt worden sind, so geraten sie
gar leicht dahinein, nichts mehr von dem zu glauben, was sie frü-    c
her glaubten, und dadurch kommen denn sie und alles, was die
Philosophie betrifft, bei den übrigen in schlechten Ruf. – Sehr
wahr, sagte er. – Wer aber schon älter ist, sprach ich, wird an
solcher Torheit keinen Teil nehmen wollen, sondern lieber den,
der untersuchen und die Wahrheit ans Licht bringen will, nachahmen als den, der Scherz treibt und zum Scherz widerspricht, und
so wird er selbst achtbarer sein und auch die Sache zu Ehren brin-

d gen statt in Unehre. – Richtig. – Und das vor diesem Gesagte ist
auch alles aus Vorsicht gesagt, daß man nur sittsame und ernste
Naturen soll an Untersuchungen teilnehmen lassen und nicht so
wie jetzt der erste beste, der gar nicht taugt, dazu gelangen
kann. – Allerdings, sagte er. –

### 109. d) Weiterer Ausbildungsgang der Herrscher. Schlußworte über die Möglichkeit dieses Staates

Wird es nun hinreichen, daß sie bei diesen Untersuchungen angestrengt und unablässig bleiben, ohne irgend etwas anderes zu tun,
sondern indem sie sich auf entsprechende Art wie früher mit dem
Leibe doppelt soviel Jahre üben als damals? – Meinst du also
e sechs oder vier? fragte er. – Einerlei! sprach ich, nimm fünf. Aber
nach diesem werden sie wieder in jene Höhle zurückgebracht und
genötigt werden müssen, Ämter zu übernehmen im Kriegswesen
und wo es sich sonst für die Jugend schickt, damit sie auch an
Erfahrung nicht hinter den andern zurückbleiben, und auch hierbei muß man sie noch prüfen, ob sie auch aushalten werden, wenn
540a sie so nach allen Seiten gezogen werden, oder ob sie abgleiten
werden. – Wieviel Zeit aber, fragte er, setzt du hierzu aus? –
Fünfzehn Jahre, sprach ich. Haben sie aber fünfzehn erreicht,
dann muß man, die sich gut gehalten und überall vorzüglich gezeigt hatten in Geschäften und Wissenschaften, endlich zum Ziel
führen und sie nötigen, das Auge der Seele aufwärts richtend in
das allen Licht Bringende hineinzuschauen, und wenn sie das Gute
selbst gesehen haben, dieses als Urbild gebrauchend, den Staat,
ihre Mitbürger und sich selbst ihr übriges Leben hindurch in Ord-
b nung zu halten, jeder in seiner Reihe, so daß sie die meiste Zeit der
Philosophie widmen, jeder aber, wenn die Reihe ihn trifft, sich mit
den öffentlichen Angelegenheiten abmühe und dem Staat zuliebe
die Regierung übernehme, nicht als verrichteten sie dadurch etwas
Schönes, sondern etwas Notwendiges. Und so mögen sie denn,
nachdem sie andere immer wieder ebenso erzogen und dem Staat
andere solche Hüter an ihrer Stelle zurückgelassen, die Inseln der
Seligen bewohnen gehn. Denkmäler aber und Opfer wird ihnen
c der Staat, wenn auch die Pythia damit einverstanden ist, öffentlich
darbringen als guten Dämonen, wo nicht, doch als seligen und
göttlichen Menschen. – Vortrefflich, o Sokrates, sagte er, hast du

uns die Herrscher wie ein Bildner dargestellt. – Und auch die
Herrscherinnen, sprach ich, o Glaukon. Denn glaube ja nicht,
daß, was ich gesagt, ich von Männern mehr gemeint habe als von
Frauen, so viele sich von tüchtiger Natur darunter finden. – Richtig, sagte er, wenn sie ja gleichen Teil an allem haben sollen mit
den Männern, wie wir aufgeführt haben. –

Wie nun? sagte ich. Gebt ihr zu, daß, was wir von diesem Staat    d
und seiner Verfassung gesagt haben, nicht bloß fromme Wünsche
sind, sondern Schweres zwar, aber doch irgendwie möglich, nur
auf keine andere Weise als gesagt wurde, wenn wahrhafte Philosophen, die – einer oder mehrere – zur Obergewalt im Staat gelangt sind, mit Verachtung der jetzigen Vorzüge, weil sie diese für
unedel und nichts wert halten, das Richtige und die von diesem    e
ausgehenden Vorzüge allein hochachten, für das allergrößte und
notwendigste aber das Gerechte, und diesem dienend und es be-
fördernd zur Einrichtung ihres Staates schreiten? – Wie aber?
fragte er. – So, daß sie alle, welche über zehn Jahre alt sind, hin-    541a
ausschicken auf das Land, und nur die jüngeren Kinder zu sich
nehmen, um sie, entnommen den jetzt geltenden Sitten, die auch
die Eltern haben, nach ihren eigenen Gebräuchen und Gesetzen zu
erziehen, welche so sind, wie wir damals ausgeführt haben. Und so
wird am schnellsten und leichtesten der Staat und die Verfassung,
die wir beschrieben, eingerichtet, selbst glücklich sein und dem
Volk, unter dem er besteht, die trefflichsten Dienste leisten. – Gewiß, sagte er. Und wie es gehen könnte, wenn es jemals gehen soll,
dieses, o Sokrates, scheinst du mir vortrefflich ausgeführt zu haben. –

Ist also nun nicht, sprach ich, unsere Rede vollständig von die-    b
sem Staat und dem ihm ähnlichen und angemessenen Manne?
Denn auch dieser steht nun ganz deutlich vor uns, wie wir sagen
werden, daß er sein müsse. – Ganz deutlich, sagte er; und, was du
fragst, es scheint mir beendigt zu sein.

## ACHTES BUCH

### 110. *Wiederaufnahme der Frage nach den vier Arten von Verfassungen*

543a Wohl! Dieses also ist eingestanden, o Glaukon, daß in dem vollkommen eingerichteten Staate die Weiber gemeinsam sein müssen, gemeinsam auch die Kinder und deren gesamte Erziehung, wie auch alle Geschäfte des Krieges und Friedens; und daß Könige darin diejenigen sein müssen, die sich in der Philosophie und im Kriege als die besten gezeigt haben. – Das ist eingestanden, sagte
b er. – Und auch das haben wir zugegeben, daß, wenn die Herrscher eingesetzt sind, sie die Kriegsmänner anführen und sie in solchen Wohnungen ansiedeln werden, wie wir vorher beschrieben haben, in denen nichts Eigenes für irgendeinen ist, sondern die allen gemein sind, und auch über ihre Habe, wenn du dich erinnerst, sind wir einig geworden, worin sie bestehen soll. – Wohl erinnere ich mich, sagte er, daß wir meinten, keiner dürfe irgend etwas dergleichen zu eigen besitzen wie jetzt die anderen; sondern als Kämpfer
c im Kriege und Hüter hätten sie zum Lohn ihrer Obhut von anderen ihre jährlichen Lebensbedürfnisse zu empfangen und dafür sich selbst und die Stadt zu besorgen. – Richtig, sprach ich. Aber weil wir nun dieses vollendet, so laß uns erinnern, von wo wir hierher abgeschweift sind, damit wir auf unserm Wege wieder weitergehen können. – Das ist nicht schwer, sagte er. Denn ungefähr so wie jetzt sprachst du auch, als habest du alles, was den Staat betrifft, durchgesprochen, und sagtest, einen solchen Staat, wie du ihn damals beschrieben hattest, erkenntest du für einen
d guten, und so auch den ihm ähnlichen einzelnen, jedoch, wie es
544a schien, als ob du einen noch trefflicheren Staat und Mann darstellen könntest. Die andern also, behauptest du, wären verfehlte, wenn dieser richtig, sagtest aber, wenn ich mich recht erinnere, es

gebe der andern Verfassungen vier Arten, über welche es wohl der
Mühe wert wäre Erläuterungen zu haben, um ihre Fehler und die
ihnen ähnlichen einzelnen zu erkennen, damit, wenn wir sie insgesamt betrachtet hätten und einig geworden wären, welches der
trefflichste und welches der schlechteste Mann sei, wir dann untersuchen könnten, ob der trefflichste auch der glücklichste und
der schlechteste auch der elendste sei, oder ob es sich anders verhalte. Und als ich fragte, welche vier Verfassungen du meintest,    b
unterbrachen uns hierbei Polemarchos und Adeimantos, und so
nahmst du die Rede wieder auf und bist bis hierher gekommen. –
Vollkommen richtig hast du es uns zurückgerufen. – So gib dir
nun, sagte er, wie ein Fechter dieselbe Stellung wieder, und nun ich
wieder dasselbe frage, versuche mir auch zu antworten, was du
damals antworten wolltest. – Wenn ich kann, sprach ich. – Und
wahrlich, sagte er, bin ich sehr neugierig zu hören, was für vier
Verfassungen du meintest. – Das sollst du, sprach ich, ohne-
Schwierigkeit. Denn die ich meine sind die, für welche man auch    c
Namen hat, zuerst diese von so vielen gepriesene kretische und
zugleich auch lakonische, die zweite die auch zum zweiten ge-
rühmte sogenannte Oligarchie, eine Verfassung voll mancherlei
Übel, ferner die von dieser ganz verschiedene und ihr zunächst
entstehende Demokratie, und endlich die edle Tyrannei, von allen
diesen verschieden, des Staates vierte und letzte Krankheit. Oder
kennst du noch eine andere Gestalt von Verfassung, welche eine
bestimmte Art bildet? Denn Gewalten von Häuptlingen und käuf-    d
liche Königswürden und dergleichen Zustände mehr liegen freilich zwischen diesen, und man findet sie nicht weniger bei den
Barbaren als bei den Hellenen. – Solche werden freilich gar vielerlei und sehr wunderliche angeführt. –

*III. Die den vier Verfassungen entsprechenden Menschenarten.*
   *Plan der weiteren Untersuchung*

Und du weißt doch, daß es auch von Menschen ebensoviele Arten
der Ausprägungen geben muß wie von Verfassungen. Oder meinst
du, daß die Verfassungen von der Eiche oder vom Felsen entstehen
und nicht aus den Gesinnungen derer, die in den Staaten sind,    e
nach welcher Seite hin eben diese den Ausschlag geben und das
übrige mit sich ziehen? – Nirgend anders her gewiß als aus die-

sen. – Also wenn es fünf Arten des Staates gibt, müssen auch die
Seelen der einzelnen auf fünferlei Art eingerichtet sein. – Wie sollten sie nicht? – Den nun der Aristokratie ähnlichen haben wir
schon beschrieben, den wir als gut und gerecht in Wahrheit rüh-
545a men können. – Den haben wir. – Also zunächst müssen wir nun
die schlechteren durchnehmen, den streitsüchtigen zuerst und ehr-
geizigen, der auf der Seite der lakonischen Verfassung steht, und
dann den oligarchischen, den demokratischen und den tyrannischen, damit, wenn wir den ungerechtesten herausgefunden, wir
ihn dem Gerechtesten gegenüberstellen und so die Untersuchung
sich uns vollende, wie sich die reine Gerechtigkeit zu der reinen
Ungerechtigkeit verhält in Hinsicht auf Glückseligkeit oder Elend
b dessen, der sie hat, damit wir entweder dem Thrasymachos folgend der Ungerechtigkeit nachtrachten oder der jetzt schon in Beleuchtung stehenden Rede gemäß der Gerechtigkeit. – Auf alle
Weise, sagte er, müssen wir es so machen. – Wie wir nun angefangen haben, der größeren Deutlichkeit wegen die Gesinnung eher in
der Verfassung zu betrachen als in den einzelnen, wollen wir nicht
ebenso auch jetzt die ehrgeizige Verfassung – denn ich weiß keinen
gangbaren Namen, man müßte sie denn Timokratie oder Timarchie nennen – betrachten und nach ihr dann den ebensolchen
c Mann zeichnen, hernach die Oligarchie und den oligarchischen
Mann, dann, nachdem wir auf die Demokratie hingeschaut, uns
auch den demokratischen Mann besehen, und zuletzt, wenn wir in
einen tyrannisch beherrschten Staat gegangen sind und diesen betrachtet haben, auch die tyrannische Seele beschauend versuchen,
unverwerfliche Richter zu sein über die aufgestellte Frage? – Sehr
nach der Ordnung, sagte er, würden wir auf diese Art bei unserer
Betrachtung und unserem Urteil zu Werke gehen.

112. *Grund der Umwandlung der Aristokratie in die Timokratie*

Wohlan, sprach ich, laß uns also versuchen zu zeigen, auf welche
Art wohl eine Timokratie aus der Aristokratie entstehen kann.
d Oder ist dieses ganz einfach, daß jede Änderung der Verfassung
von dem herrschenden Teile selbst ausgeht, wenn nämlich in diesem Zwietracht entstanden ist; bleibt dieser aber einig, wie klein
er auch sei, so kann unmöglich eine Bewegung entstehen? – So ist

es freilich. – Wie soll also, o Glaukon, unser Staat in Bewegung
geraten, und woher die Helfer und Herrscher gegeneinander und
unter sich in Streit kommen? Oder sollen wir, wie Homeros, die
Musen anrufen, uns zu sagen, ‹wie zuerst die Zwietracht sich ent-
sponnen›, und sollen berichten, sie hätten im tragischen Stil, mit  e
uns wie Kindern scherzend und plaudernd, aber ganz ernsthaft
und mit hohen Worten redend gesprochen? – Wie denn? – So  546a
etwa. Schwer zwar ist es, daß ein so eingerichteter Staat in Unruhe
gerate; aber weil allem Entstandenen doch Untergang bevorsteht,
so wird auch eine solche Einrichtung nicht die gesamte Zeit bestehen, sondern sich auflösen. Die Auflösung aber ist diese. Nicht nur
den aus der Erde wachsenden Pflanzen, sondern auch den auf der
Erde lebenden Tieren entsteht Fruchtbarkeit und Unfruchtbarkeit
der Seele und des Leibes, wenn Umwendungen jeglichem der
Kreise Umschwung heranführen, kurzlebigen auch von kleinem
Umfang, entgegengesetzten entgegengesetzte. Die nun, welche ihr
zu Lehrern der Stadt erzogen habt, werden die Zeiten glücklicher  b
Erzeugung und Mißwachses für euer Geschlecht, wiewohl weise,
durch Berechnung mit Wahrnehmung verbunden doch nicht immer treffen, sondern diese werden an ihnen vorbeigehen, und so
werden sie auch einmal Kinder zeugen, wenn sie nicht sollten. Es
hat aber das göttliche Erzeugte einen Umlauf, welchen eine vollkommene Zahl umfaßt, das menschliche aber eine Zahl, in welcher, als der ersten, Vermehrungen – hervorgebrachte und hervor-
bringende – nachdem sie drei Zwischenräume und vier Glieder
von teils ähnlich und unähnlich, teils überschüssig und abgängig
machenden Zahlen empfangen haben, alles gegeneinander meß-
bar und ausdrückbar darstellen; wovon dann die vierdrittige  c
Wurzel, mit der fünf zusammengespannt und dreimal vermehrt,
zwei Harmonien darstellt, die eine gleichvielmal gleiche, hundert
ebensovielmal, die andere, gleichlängig zwar der länglichen, aber
von hundert Zahlen von den aussprechbaren Durchmessern der
fünf jeder um eins verkürzt, unaussprechbaren aber zwei und von
hundert Würfeln der drei. Diese gesamte geometrische Zahl entscheidet hierüber, über bessere und schlechtere Zeugungen; und
wenn aus Unkenntnis dieser eure Wächter den Jünglingen Bräute  d
zugesellen zur Unzeit, so wird das Kinder geben, die weder wohl-
geartet sind noch wohlbeglückt. Von diesen werden zwar die frü-

heren nur die besten an die Spitze stellen; doch aber, da sie unwürdig sind, werden sie, wenn sie in die Würden ihrer Väter ein-
treten, als Staatswächter anfangen uns zu vernachlässigen, indem
sie weit geringer, als sich gebührt, das Tonkünstlerische schätzen,
demnächst auch das Gymnastische, daher uns unmusischer die
Jugend geraten wird. Aus diesen werden dann Herrscher hervorgehen, die gar nicht mehr recht der Wächter Eigenschaften haben,
e um die Hesiodischen Geschlechter und die bei euch, das goldne
547a und silberne, das eherne und eiserne prüfend zu erkennen. Wird
aber dort Eisen mit Silber zusammengemischt und Erz mit Gold,
so wird Unähnlichkeit daraus entstehen und stimmungslose Un-
ebenheit, welche immer, wo sie sich auch einstellen, Krieg und
Feindschaft gebären. Denn von dieser Abkunft, muß man sagen,
sei Zwietracht, wo sie auch immer entstehe. – Und ganz richtig,
sprach er, wollen wir sagen, daß sie geantwortet haben. – Wie es
auch, sprach ich, ganz natürlich ist, da sie ja Musen sind. – Was
b aber, fragte er, sagen die Musen nun weiter? – Ist nun, sagte ich,
Zwietracht entstanden: so ziehen beide Geschlechter, das eiserne
und eherne, zu Erwerb und Besitz an Land und Häusern, Gold und
Silber; das goldene und silberne aber, wie sie nicht arm sind, sondern von Natur reich, leiten die Seelen zur Tugend und zur alten
Sitte hin. Wie sie nun Gewalt brauchen und einander entgegenstreben: so kommen sie am Ende überein, Land und Häuser in
c Eigentum zu verwandeln und zu verteilen; die aber, welche vorher
von ihnen bewacht wurden, aber als Freie und Freunde und Ernährer, diese nun unterjocht als Dienstleute auf ihren Ländereien
und in ihren Häusern zu halten, selbst aber sich des Krieges und
der Regierung über jene anzunehmen. – Diese Verwandlung,
sagte er, scheint mir wohl von daher zu entstehen. – Wäre nun
nicht, sprach ich, diese Verfassung eine mittlere zwischen Aristokratie und Oligarchie? – Gewiß.

### 113. Beschaffenheit der Timokratie

So verwandelt sie sich demnach. Nach der Verwandlung aber, wie
d wird sie eingerichtet sein? Oder wird sie nicht offenbar in einigem
die vorige Verfassung nachahmen, in anderem die Oligarchie, als
in der Mitte zwischen beiden, einiges aber auch wieder Eigenes für
sich haben? – Gewiß so, sagte er. – In der Ehrerbietung nun ge-

gen die Regierenden und darin, daß ihr Wehrstand sich des Acker-
baus und aller Hantierung und anderen Gewerbes enthalten wird,
sowie in der Einrichtung gemeinsamer Speisungen und in dem
Fleiß und der Sorgfalt für alles, was zu den Leibesübungen und
kriegerischen Spielen gehört, in dergleichen eben wird sie ja wohl
die frühere nachahmen? – Ja. – Die Furcht aber, die Weisen ans     e
Regiment zu bringen, weil einfache und strenge Männer dieser Art
nicht mehr vorhanden sind, sondern nur vermischte, und die Hin-
neigung zu den Zornartigen und Einfacheren, welche mehr für
den Krieg geeignet sind als für den Frieden und daß Listen und     548a
künstliche Vorrichtungen für den Krieg am meisten in Ehren gehalten werden, und das beständige Kriegführen, dieses und dergleichen vieles, wird sie hingegen eigen für sich haben? – Ja. –
Geldgierig aber, sprach ich, werden diese sein wie die in den Oligarchien, und werden im Dunkeln Gold und Silber heftig verehren,
da sie ja nun eigene Schatzkammern haben, wohin sie es verbergen
können, und Umzäunungen um ihre Häuser, recht wie eigne Ne-
ster, in denen sie an Weiber und an wen sie sonst wollen gar vieles   b
verwenden können. – Sehr wahr, sagte er. – Daher werden sie
auch wohl karg sein mit dem Gelde, da sie viel darauf halten und
es doch nicht offenkundig besitzen, fremdes aber werden sie gern
aus Lüsternheit verwenden und sich heimliche Freuden pflücken
und dann vor dem Gesetz davonlaufen wie Kinder vor dem Vater,
wie sie auch nicht durch Zusprache gezogen sind, sondern mit
Gewalt, weil sie die wahre Muse, die es mit Reden und Philosophie
zu tun hat, vernachlässigt und die Gymnastik höher gestellt haben   c
als die Musik. – Dies ist ja, sagte er, wie du sie beschreibst, eine
gar sehr gemischte Verfassung aus Schlechtem und Gutem. – Gemischt freilich ist sie, sprach ich; und recht klar ist nur eines in ihr
wegen der Herrschaft des Zornartigen, nämlich Wetteifer und
Ehrsucht. – Gar sehr, sagte er. – So nun, sprach ich, wäre diese
Verfassung entstanden, und eine solche wäre sie, wenn doch einer
die Gestalt einer Verfassung in der Rede nur andeuten, nicht aber   d
sie genau abzeichnen will, weil ja doch auch der Entwurf schon
hinreicht, um den Gerechtesten und Ungerechtesten zu erkennen,
und es ein Geschäft von unabsehbarer Länge wäre, alle Verfassungen und alle Sitten so durchzunehmen, daß man nichts übergehe. – Ganz recht, sagte er. –

114. *Art und Entstehung des timokratischen Charakters*

Wer ist nun der dieser Verfassung gemäße Mann? Wie käme er uns zustande, und was für einer würde er sein? – Ich meine, sagte Adeimantos, er würde diesem unserm Glaukon nahekommen, e was Wetteifer betrifft. – Vielleicht, sprach ich, was dies betrifft, aber hierin dünkt er mich ihm nicht ähnlich zu sein – Worin? – Eingenommener von sich selbst, sprach ich, wird er sein müssen und etwas weniger geübt in den Werken der Musen, wiewohl ein Liebhaber derselben; und ebenso wird er zwar gern hören, redne549a risch aber keineswegs sein. Und gibt es irgend Knechte, denen wird ein solcher scharf sein, weil er Knechte nicht so geringschätzt wie ein völlig gebildeter, Freien aber mild, und den Obrigkeiten höchst unterwürfig, dabei aber ist er ehrgeizig und begierig nach obrigkeitlichen Ämtern, jedoch wird er nicht wegen des Redens oder etwas der Art herrschen wollen, sondern nur wegen kriegerischer Taten und was dem verwandt ist, wie er denn die Leibesübungen sehr liebt und so auch die Jagd. – Das ist freilich, sprach er, die Sitte jener Verfassung. – Wird nicht auch ein solcher, sprach ich, das Geld in seiner Jugend zwar verachten, je älter er b aber wird, um desto mehr es lieben, da er ja an der Natur des Geldliebenden teilhat und nicht mehr rein auf die Tugend gerichtet ist, weil er von dem vollkommensten Wächter im Stich gelassen worden ist? – Von wem doch? sprach Adeimantos. – Von der mit Musik vereinigten Rede, sprach ich, welche allein, wem sie eingepflanzt ist, die Tugend lebenslang bewahren kann. – Wohl gesprochen, sagte er. – Ein solcher nun wäre, sprach ich, der timokratische, einem solchen Staat ähnliche Jüngling. – Allerc dings. – Es entsteht aber, sprach ich, ein solcher so ungefähr. Er ist etwa der junge Sohn eines trefflichen, nur in einem nicht gut verwalteten Staat lebenden und daher Ehrenstellen, Ämtern, Rechtssachen und aller solchen Geschäftigkeit so aus dem Wege gehenden Vaters, daß er lieber zu kurz kommen will, um nur keine Händel zu haben. – Wie, fragte er, wird der so? – Wenn er, sprach ich, zuerst von seiner Mutter hört, wie sie darüber klagt, daß ihr Mann nicht zu den Regierenden gehört, und wie sie deshalb bei den anderen Weibern den kürzeren zöge, und weiter, wie d sie wohl sähe, daß er sich um das Vermögen keine sonderliche Mühe gäbe noch darum stritte, und wenn er auch deshalb ver-

höhnt würde im Gespräch sowohl als vor Gericht öffentlich, sondern aus dergleichen allem mache er sich wenig; und wie sie wohl
merke, daß er auf sich selbst immer Bedacht nehme, sie aber halte
er weder sehr in Ehren, noch vernachlässige er sie auch; über dies
alles nun erbittert, sagt sie ihm, sein Vater sei doch gar zu unmänn-
lich und schlaff, und was sonst alles die Weiber bei solchen Gelegenheiten herzuleiern pflegen. – Gar vielerlei dergleichen, sprach    e
Adeimantos, ist ganz in ihrer Weise. – Du weißt nun wohl, sprach
ich, daß dann auch die Dienstleute von solchen bisweilen heimlich
dergleichen zu den Söhnen sagen, wenn sie es recht gut zu meinen
glauben; und wenn sie sehen, daß einer dem Vater Geld schuldig
ist und der ihm nicht recht zusetzt, oder daß sonst einer ihm etwas
antut, so reden sie dem Sohne zu, wenn er ein Mann werde, solle er
es allen solchen gedenken und mehr ein Mann sein als sein Vater.    550a
Geht er nun aus, so hört und sieht er noch mehr dergleichen, wie
diejenigen, die das Ihrige tun in der Stadt, für einfältig gelten und
wenig aus ihnen gemacht wird, die aber nicht das Ihrige, geehrt
und gelobt werden. Hört und sieht nun dergleichen alles der junge
Mann, hört aber auch wieder des Vaters Reden und sieht sein
Treiben nahebei neben dem der andern: so wird er von beiden
angezogen, indem der Vater das Vernünftige in seiner Seele hegt    b
und pflegt, die andern aber das Begehrliche und Zornartige. Und
weil er die Natur zwar eines schlechten Mannes nicht an sich hat,
der schlechten Gesellschaft der andern aber doch nicht entgehen
kann: so kommt er von beiden auf diese Art angezogen in die
Mitte und übergibt die Herrschaft in sich selbst dem Mittleren,
dem Streitsüchtigen und Zornartigen, und wird so ein hochmütiger und ehrsüchtiger Mann. – Sehr klar, sprach er, scheinst du mir
dessen Entstehung bechrieben zu haben. – So hätten wir denn,
sprach ich, den zweiten Staat und den zweiten Mann. – Den        c
haben wir, sagte er. –

### 115. Entstehung der Oligarchie

Wollen wir nun, nach dem Vers des Aischylos, ‹den andern an den
andern Staat gestellt› beschreiben, oder vielmehr unserm Vorsatz
nach zuerst den Staat selbst? – Allerdings sagte er. – Die nächste
aber wäre, wie ich denke, die Oligarchie nach jenem Staat. – Was
für eine Verfassung aber, sprach er, nennst du eigentlich Oligar-

chie? – Die nach der Schatzung geordnete Verfassung, sprach ich,
d in welcher die Reichen herrschen, die Armen aber an der Herrschaft
keinen Teil haben. – Ich verstehe, sagte er. – Muß nun nicht zuerst
erklärt werden, wie der Übergang geschieht aus der Timarchie in
die Oligarchie? – Ja. – Und das, sprach ich, ist ja wohl auch dem
Blinden klar, wie sie übergeht. – Wie? – Jene Kammer, sprach ich,
die jeder sich mit Geld anfüllt, verdirbt eine solche Verfassung.
Denn zuerst ersinnen sie sich Aufwand und lenken dahin die Gesetze um, ungehorsam sie selbst und ihre Weiber. – Sehr wahrscheinlich, sprach er. – Und indem einer auf den andern sieht und
e ihm nacheifert, werden sie bald alle so geworden sein. – Wahrscheinlich. – Dann treiben sie es, sprach ich, immer weiter mit dem
Gelderwerben, und je mehr sie auf dieses Wert legen, um desto
weniger auf die Tugend. Oder verhalten sich nicht Tugend und
Reichtum so, daß immer, als läge auf jeder Schale der Waage eines,
sie sich gegenseitig einander in die Höhe schnellen? – Gar sehr,
sagte er. – Wird also der Reichtum in einem Staat geehrt und die
551a Reichen, so wird die Tugend minder geachtet und die Guten. – Offenbar. – Was aber jedesmal in Achtung steht, das wird auch geübt,
und das nicht Geachtete bleibt liegen. – So ist es. – Aus hochstre-
benden und ehrsüchtigen Männern werden sie also zuletzt erwerbs-
lustige und geldliebende, und den Reichen loben und bewundern
sie und ziehen ihn zu Ehren, den Armen aber achten sie gering. –
Allerdings. – Dann also geben sie ein solches Grundgesetz oligar-
b chischer Verfassung, indem sie einen Umfang des Eigentums feststellen, je oligarchischer desto größer, je weniger desto geringer,
und im voraus bestimmen, keiner solle am Regiment teilhaben,
dessen Vermögen nicht die bestimmte Höhe erreiche. Dies setzen
sie entweder mit Gewalt der Waffen durch, oder auch ehe es dazu
kommt, bringen sie durch Schrecken diese Verfassung zustande.
Oder nicht so-? – Allerdings so. – Die Einsetzung also ist diese. –
Ja, antwortete er. Welches aber ist nun die Weise dieses Staates?
c Und welches sind die Fehler, die wir sagten, daß er an sich habe?

### 116. Die Fehler des oligarchischen Staates

Zuerst schon, sprach ich, eben diese seine Grundlage. Denn sieh
nur! Wenn jemand auf diese Weise für die Schiffe Steuermänner
ernennen wollte, nach der Schatzung, Armen aber, wenn sie auch

die Steuermannskunst viel besser verständen, wäre sie nicht verstattet. – Die werden, sagte er, eine schlimme Fahrt schiffen. – Ist
es nun nicht ebenso mit jeglicher Regierung irgendeiner andern
Sache? – Das denke ich wenigstens. – Ausgenommen den Staat?
sprach ich, oder auch beim Staat? – Wohl um so viel mehr, sagte
er, als dessen Regierung die größte und schwierigste ist. – Also
diesen einen großen Fehler hätte schon die Oligarchie. –So   d
scheint es. – Und wie, ist dieser wohl geringer als der vorige? –
Welcher? – Daß ein solcher Staat notwendig nicht einer ist, sondern zwei; den einen bilden die Armen, den andern die Reichen,
welche beide, sich immer gegenseitig auflauernd, zusammenwohnen. – Beim Zeus, sagte er, der ist wohl nicht geringer. – Aber das
ist wohl schön, daß sie am Ende außerstande sind, einen Krieg zu
führen, weil sie sich entweder der Menge bedienen müssen, vor
welcher sie sich dann, wenn sie bewaffnet ist, mehr fürchten als vor   e
den Feinden, oder, wenn sie sich ihrer nicht bedienen, so erscheinen sie dann im Gefecht gar sehr als eine Macht von Wenigen,
wozu noch kommt, daß sie auch keine Abgaben entrichten mögen, weil sie selbst das Geld lieben. – Keineswegs schön. – Und
wie? Was wir schon längst tadelten, die Vielgeschäftigkeit, daß in
einem solchen Staate dieselben Ackerbau treiben und Gewerbe   552a
und Krieg, dünkt dich denn das richtig zu sein? – Wohl keineswegs. – Nun sieh noch, ob nicht zu allen aufgezählten Übeln dies
noch als das größte in diesem Staate zuerst vorkommt? – Was doch
für eins? – Daß einer das Seinige alles vertun kann und ein anderer
es erwerben, und der es vertan hat, in der Stadt wohnen, ohne
irgendeinem von ihren Teilen anzugehören, denn er ist weder Gewerbsmann noch Handwerker, weder Reiter noch Fußknecht, sondern heißt schlechthin der Arme und der Unbemittelte. – Dies zu-   b
erst hier, sagte er. – Gewiß wird ja doch dies nicht verhindert in den
oligarchisch eingerichteten Staaten. Denn sonst wären nicht einige
überreich und andere ganz und gar arm. – Richtig. – Betrachte
auch dieses! Als nun ein solcher Reicher das Seinige vertat, war er
da irgend dem Staate noch nütze zu etwas von dem eben Angeführten? Oder schien er zwar zu den Herrschenden zu gehören, war
aber in der Tat weder Herr noch Diener im Staat, sondern nur ein
Verschwender des Vorhandenen? – So ist es, sprach er. Jenes   c
schien er, war aber nichts weiter als Verschwender. – Sollen wir

nun nicht sagen, wie sich in der Zelle die Drohne erzeugt nur als
eine Krankheit des Stocks: so erzeuge sich auch ein solcher im
Hause recht wie eine Drohne, als eine Krankheit des Staates? –
Ganz gewiß, sagte er, o Sokrates. – Aber nicht wahr, Adeimantos,
die geflügelten Drohnen hat Gott alle ohne Stacheln geschaffen,
von diesen zweibeinigen aber sind wohl einige zwar auch stachel-
los, andere aber haben gar schlimme Stacheln? Und aus den Stachellosen werden Bettler auf ihr Alter, aus den Bestachelten aber
d  alle, die man schlechtes Gesindel nennt? – Vollkommen richtig,
sagte er. – Offenbar also, sprach ich, in einem Staat, wo du Bettler
antriffst, da sind an eben diesem Ort auch Diebe verborgen und
Beutelschneider und Tempelräuber und die allerlei solche Verbrechen begehen. – Offenbar, sagte er. – Wie nun, siehst du nicht,
daß es Bettler gibt in den oligarchischen Staaten? – Fast wohl alle,
sagte er, die nicht zu den Regierenden gehören. – Sollen wir nun
e  nicht glauben, sprach ich, daß es in diesen auch viel bestacheltes
Gesindel gibt, welches nur die Obrigkeiten sehr sorgfältig mit Gewalt zurückhalten? – Das müssen wir freilich glauben, sprach
er. – Und sollen wir nicht sagen, es habe seinen Grund in der Bil-
dungslosigkeit und in der schlechten Erziehung und Einrichtung
des Staates, daß sich solche da finden? – Das müssen wir sagen. –
Ein solcher also wäre der oligarchische Staat, und mit so vielen
553a  Übeln behaftet, ja vielleicht noch mit mehreren. – Ungefähr so,
sprach er. – So sei uns denn auch dieser Staat abgefertigt, den man
Oligarchie nennt und der seine Herrscher nach der Schatzung bekommt. Laß uns nun aber auch den Mann, der diesem Staat ähnlich ist, betrachten, wie einer so wird, und wenn er geworden, wie
er beschaffen ist. – So sei es, sprach er. –

### 117. Entstehung der oligarchischen Sinnesart

Geschieht nun nicht die Umwandlung aus jenem timokratischen
in den oligarchischen vorzüglich so? – Wie denn? – Wenn etwa
ein Sohn eines solchen zuerst seinem Vater nachstrebt und ganz in
seine Fußstapfen tritt, hernach aber ihn auf einem am Staat wie an
b  einer Klippe scheitern und alles das Seinige, ja ihn selbst in solchem Schiffbruch untergehen sieht, wenn er etwa das Heer angeführt hat oder ein anderes großes Staatsamt bekleidet und dann
vor Gericht gezogen wird und von Verleumdern so mitgenom-

men, daß ihm das Leben abgesprochen oder er vertrieben wird
oder seine bürgerliche Ehre verliert und sein ganzes Vermögen ein-
büßt. – So kommt es wohl, sprach er. – Hat nun der Sohn dieses
erlebt und miterduldet und ist um alles gekommen: so wirft er, aus
Furcht denke ich, jenes Ehrliebende und Zornartige Hals über c
Kopf von dem Thron in seiner Seele. Wenn er sich nun, durch die
Armut gedemütigt, zum Erwerb gewendet hat: so wird er sich
kärglich und bei wenigem sparend durch Emsigkeit wieder etwas
sammeln. Glaubst du nun nicht, daß ein solcher dann das Begehrliche und Besitzliebende auf jenen Thron setzen und es mit der
Tiara, der Halskette und dem Prachtsäbel geschmückt zum Großkönig in sich selbst erklären wird? – Das denke ich, sprach er. – d
Das Vernünftige und Zornartige aber, denke ich, sind jenes
Knechte geworden und sitzen zu beiden Seiten vor demselben unten an der Erde, und es gestattet dem einen nichts anderes zu fol-
gern und zu betrachten, als wie und woher aus wenigem Gelde
vieles wird, dem anderen aber nichts anderes zu bewundern und
zu verehren als den Reichtum und die Reichen, und um nichts
anderes sich zu beeifern als um Geldbesitz und was etwa damit
zusammenhängt. – Es gibt wohl, sprach er, keine andere so
schnelle und gewaltsame Umwandlung eines ehrliebenden Jünglings in einen geldliebenden. – Und dieser, sagte ich, ist doch der e
oligarchische. – Wenigstens ist er die Umwandlung eines Mannes, der dem Staate ähnlich ist, aus welchem die Oligarchie sich
umgestaltete. – So laß uns denn sehen, ob er ihr auch ähnlich 554a
ist. – Das wollen wir. –

## 118. Ähnlichkeit des oligarchischen Menschen mit dem oligar-
chischen Staat

Und nicht wahr, darin, daß er das Geld am höchsten schätzt, ist er
ihr schon ähnlich. – Wie sollte er nicht? – Und auch in solcher
Sparsamkeit und Arbeitsamkeit, daß er sich selbst nur die Erfüllung der notwendigen Begierden zugute tut, zu anderem Aufwand
aber nichts hergibt, sondern die übrigen Begierden als eitle unter
Druck hält. – Allerdings. – Etwas schmutzig also, indem er von
allem etwas übrigbehält, sammelt der Mann Schätze; und solche
lobt ja auch das Volk. Ist nun dieser nicht dem oligarchischen b
Staat ähnlich? – Mir scheint es ja; Geld wenigstens wird am

höchsten geschätzt in jenem Staat und auch bei diesem. – Und ich denke, sprach ich, wohl unterrichtet zu sein, darum müht sich ein solcher auch nicht? – Ich glaube wenigstens nicht, sagte er; sonst hätte er wohl nicht einen Blinden zum Chorführer gesetzt und ihn am meisten geehrt. – Gut, sprach ich. Betrachte dir nun dieses. Sollen wir nicht sagen, daß eben aus Unbildung auch drohnenhafte Begierden in ihm entstehen werden, teils bettelhafte, teils

c  bösartige, die aber mit Gewalt durch die übrigen sorgfältigen Einrichtungen zurückgehalten werden? – Freilich wohl, sagte er. – Und weißt du auch, sprach ich, wohin du sehen mußt, um ihre schlechten Streiche dort zu entdecken? – Wohin? sprach er. – Auf die Vormundschaften über die Waisen, und wo ihnen sonst etwas dergleichen vorkommt, was eine große Freiheit gewährt, unrecht zu tun. – Richtig. – Ist nun, aber hieraus nicht offenbar, daß ein solcher auch in andern Geschäftsverhältnissen, worin er sich einen guten Ruf bewahrt, weil man ihn für gerecht hält, doch nur durch eine zweckmäßige Gewalt über sich selbst andere ihm

d  einwohnende schlechte Begierden zurückhält, nicht etwa indem er sich selbst überzeugt, daß es so nicht besser wäre, auch nicht indem er sie durch Vernunft zähmt, sondern aus Not und Furcht, weil er für sein übriges Eigentum zittert? – Allerdings! sagte er. – Und beim Zeus, Freund, sprach ich, bei den meisten von ihnen wirst du, wenn es darauf ankommt, Fremdes aufzuwenden, auch die den Drohnen verwandten Begierden gewiß antreffen. – Und das gar sehr, sprach er. – Ein solcher also kann auch gewiß in sich selbst nicht frei von Zwiespalt sein; und er ist auch nicht einmal einer, sondern ein zwiefacher, nur daß doch größtenteils die besse-

e  ren Begierden in ihm herrschen über die schlechteren. – So ist es. – Deshalb nun, denke ich, ist ein solcher immer noch anständiger als viele; aber die wahrhafte Tugend einer mit sich selbst einigen und wohlgestimmten Seele ist weit von ihm entfernt. – Das dünkt mich. – Und gewiß ist in der eigenen Stadt der Sparsame ein schlechter Mitbewerber um irgendeinen schönen Sieg oder Ehren-

555a  preis, und da er doch des Ruhmes und solcher Kämpfe wegen kein Geld aufwenden will, indem er sich immer fürchtet, die verschwenderischen Begierden aufzuregen und zum Bündnis und Wetteifer herbeizurufen, so führt er recht oligarchisch den Krieg immer nur mit wenigem von dem Seinigen, wird also gewöhnlich

überwunden, bleibt aber reich. – Sehr recht, sagte er. – Können
wir also noch irgendein Bedenken dagegen haben, sprach ich, daß
dieser Karge und Geldschaffende mit Recht in die Ähnlichkeit mit
dem oligarchisch verwalteten Staate gestellt sei? – Gewiß nicht,  b
sagte er.

### 119. *Entstehung der Demokratie*

Nächstdem haben wir wohl, wie es scheint, die Demokratie zu
betrachten, auf welche Weise sie entsteht und nach welcher, wenn
entstanden, sie sich hält, damit wir auch die Weise eines ebensolchen Mannes kennenlernen, um ihn dann vor Gericht zu ziehen. –
So wenigstens bleiben wir uns gleich in unserm Fortschreiten. –
Der Staat aber wandelt sich wohl so ungefähr von der Oligarchie
in die Demokratie, aus Unersättlichkeit in dem vorgestreckten
Guten, nämlich dem größtmöglichen Reichtum. – Wieso? – Weil  c
ja die Herrschenden in diesem Staat wegen ihres großen Besitzes
herrschen: so mögen sie nicht gern solche Jünglinge, die etwa aus-
schweifend werden, durch das Gesetz in Schranken halten, so daß
es ihnen etwa nicht freistände, das Ihrige zu verschwenden und
durchzubringen, damit sie dann das Eigentum von solchen an sich
kaufen oder als Unterpfand für Darlehen nehmen können, um dadurch noch reicher und geehrter zu werden. – Das wäre ihnen
eben recht. – Nun ist das doch wohl klar, daß in einem Staat unmöglich der Reichtum geehrt und zugleich Besonnenheit und Mäßigung genug in den Bürgern hervorgebracht werden kann, son-  d
dern notwendig wird entweder das eine vernachlässigt oder das
andere. – Das ist hinreichend klar, sagte er. – Indem sie also in
Oligarchien Zügellosigkeit übersehen und freigeben: so werden
oft Menschen, die gar nicht unedel sind, in die Armut hineinge-
drängt. – Freilich wohl. – Diese nun, denke ich, sitzen in der
Stadt wohlbestachelt und völlig gerüstet, einige verschuldet, andere ihrer bürgerlichen Stellung beraubt, noch andere beides, alle
aber denen zürnend und auflauernd, welche das Ihrige besitzen,
und auch den übrigen, und nach Neuerung begierig. – So ist es. –  e
Jene Sammler aber, immer auf die Sache erpicht und als ob sie
diese Menschen gar nicht sähen, verwunden immer wieder jeden,
der nur um ein weniges ausweicht, indem sie ihm ihr Gold beibringen, und während sie nun an Zinsen das wer weiß wievielfache

556a ihres ursprünglichen Vermögens aufhäufen, vermehren sie in
dem Staate die Zahl der Drohnen und Armen. — Wie sollten freilich, sprach er, deren nicht viele werden! — Und weder auf jene
Weise wollen sie dieses schon auflodernde große Unheil löschen,
daß sie Schranken setzen, damit nicht jeder ganz nach Gutdünken
mit dem Seinigen schalte, noch auch auf diese, wie wiederum vermöge eines anderen Gesetzes dergleichen aufgehoben wird. —
Welches anderen denn? — Es ist nächst jenem das zweite und nötigt die Bürger, sich der Tugend zu befleißigen. Denn wenn man
anordnet, daß jeder die meisten solcher freiwilligen Handelsver-
b träge auf seine eigene Gefahr abschließen muß: so werden sie in
der Stadt schon minder schamlos Wucher treiben, mithin wird
auch in ihr weniger von solchem Übel aufkommen, als wir eben
beschrieben haben. — Bei weitem gewiß, sprach er. — Nun aber,
sagte ich, bringen doch durch alles dieses zusammen die Regierenden ihre Regierten in diese Stimmung. Was aber sie selbst und die
Ihrigen betrifft, machen sie nicht ihre Jünglinge schwelgerisch, zu
leiblichen und geistigen Anstrengungen untüchtig, weichlich aber
c und träge, wenn es darauf ankommt, sich gegen Lust und Unlust
zu wahren? — Wie anders? — Sie selbst aber, unbesorgt um alles,
ausgenommen den Gelderwerb, bemühen sich um nichts mehr um
die Tugend als die Armen auch? — Freilich nicht. — Wenn nun
beide in solcher Verfassung, Regierende und Regierte, zusammentreffen, sei es nun auf Reisen oder bei anderen Veranlassungen, bei
öffentlichen Festzügen oder im Kriege, als Gefährten zur See oder
im Felde, oder auch wenn sie im Augenblick der Gefahr selbst
d einander im Auge haben und hier dann keineswegs die Armen von
den Reichen verachtet werden können, vielmehr gar oft ein hage-
rer, von der Sonne verbrannter Armer, wenn er in der Schlacht
neben einem im Schatten verweichlichten Reichen zu stehen
kommt, sieht, wie dieser wegen des vielen fremden Fleisches an
Engbrüstigkeit und Beschwerden aller Art leidet: meinst du nicht,
daß er bei sich denken werde, solche Leute wären nur durch seine
und der Seinigen Feigheit reich, und daß, wenn sie hernach unter
sich zusammenkommen, einer dem andern verkündigen wird: In
e unserer Hand sind die Männer, sie taugen nämlich nichts? — Sehr
wohl weiß ich, sprach er, daß sie es so machen. — Wie nun ein
kränklicher Körper nur einen kleinen Anstoß von außen zu be-

kommen braucht, um ganz darniedergeworfen zu werden, ja bisweilen auch ohne irgend etwas Äußeres sich in sich selbst entzweit: so wird auch ein Staat, der sich in gleicher Verfassung befindet, schon aus einer geringen Veranlassung, wenn von außen her den einen von einem oligarchischen oder den andern von einem demokratischen Staat Hilfe zugeführt wird, erkranken und der innere Streit ausbrechen, bisweilen wird er auch ohne etwas Äußeres in Aufruhr geraten. – Gewiß, sagte er. – So entsteht daher, denke ich, die Demokratie, wenn die Armen den Sieg davontragen, dann von dem andern Teil einige hinrichten, andere vertreiben, den übrigen aber gleichen Anteil geben am Bürgerrecht und an der Verwaltung, so daß die Obrigkeiten im Staat großenteils durchs Los bestimmt werden. – Dieses, sagte er, ist wohl der Zustand der Demokratie, mag sie nun durch die Waffen zustande kommen oder nachdem der andere Teil aus Furcht sich zurückgezogen hat.

557a

## 120. Die Verfassung des demokratischen Staates

Auf welche Weise, sprach ich, leben nun diese? Und wie ist wiederum diese Staatsverfassung beschaffen? Denn offenbar wird uns auch ein solcher demokratischer Mann zum Vorschein kommen. – Offenbar, sagte er. – Und nicht wahr, zuerst sind sie frei, und die ganze Stadt voll Freiheit und Zuversichtlichkeit, und Erlaubnis hat jeder darin zu tun, was er will? – So sagt man ja wenigstens, sprach er. – Wo aber solche Erlaubnis ist, da richtet offenbar jeder sich seine Lebensweise für sich ein, welche eben jedem gefällt. – Offenbar. – So finden sich denn in solcher Verfassung vorzüglich gar vielerlei Menschen zusammen. – Wie sollten sie nicht! – Am Ende, sprach ich, mag dies die schönste unter allen Verfassungen sein; wie ein buntes Kleid, dem recht vielerlei Blumen eingewirkt sind, so könnte auch diese, in welche allerlei Sitten verwebt sind, als die schönste erscheinen. – Und vielleicht, sprach ich, werden auch wohl viele, die wie Kinder und Weiber auf das Bunte sehen, diese für die schönste erklären. – Gewiß! sagte er. – Und es ist auch gar bequem, sprach ich, in ihr eine Verfassung zu suchen. – Wie das? – Weil sie vermöge jener Erlaubnis alle Arten von Verfassungen in sich schließt; und wenn einer, wie wir es ja eben taten, einen Staat einrichten will, so, scheint es, braucht er nur in eine demokratisch geordnete Stadt zu gehen und sich dort,

b

c

d

welcher Schnitt ihm am besten gefällt, den aussuchen, als wenn er sich in einer Trödelbude von Staatsverfassungen umsähe, und nun, sowie er ausgewählt, seinen Staat einrichten. – Nicht leicht

e freilich, sagte er, möchte es ihm an Mustern fehlen. – Und, fuhr ich fort, daß man so gar nicht gezwungen ist, am Regiment teilzu- nehmen in einem solchen Staat, und wenn du auch noch so ge- schickt dazu bist, noch auch zu gehorchen, wenn du nicht Lust hast, und ebensowenig, wenn die andern Krieg führen, auch mit- zukämpfen, oder Frieden zu halten, wenn die andern ihn halten, dir aber stände es etwa nicht an; und auf der andern Seite, wenn auch ein Gesetz dir verbietet, ein Amt zu bekleiden oder zu Gericht

558a zu sitzen, daß du doch nichtsdestoweniger regieren kannst und Recht sprechen, wenn es nur dir selbst in den Sinn kommt: ist solches nicht vorweg eine gar wundervolle und anmutige Lebens- weise? – Vielleicht, sagte er, so vorweg wohl. – Und wie? Die Wohlgestimmtheit der Verurteilten, ist die nicht manchmal präch- tig? Oder hast du noch nicht gesehen, daß in einem solchen Staate Menschen, wenn sie zum Tode verurteilt oder des Landes verwie- sen sind, nichtsdestoweniger bleiben und mitten unter den andern umhergehen? Und als ob niemand sich darum kümmerte oder kei- ner es sähe, stolziert ein solcher umher wie ein Heros. – Gar viele

b schon, sagte er. – Und die Nachsicht dieses Staates, der so gar nichts weiß von irgendeiner Kleinigkeitskrämerei, sondern daraus gar nichts macht, was wir mit so gewichtigem Ernst vorbrachten, als wir unsere Stadt einrichteten, daß, wenn nicht einer eine ganz überschwengliche Natur habe, keiner ein tüchtiger Mann wird, wenn nicht schon seine Spiele als Knabe eine edle Abzweckung haben und er hernach auch nur alles solches ernstlich treibt, wie großmütig über alles dieses hinwegschreitend ein solcher Staat nichts danach fragt, von was für Bestrebungen und Geschäften einer herkomme, der an die Staatsgeschäfte geht, sondern ihn schon in Ehren hält, wenn er nur versichert, er meine es gut mit

c dem Volk. – Gar edel, sagte er, ist freilich diese Nachsicht. – Die- ses also, sagte ich, und anderes dem Verwandtes hätte die Demo- kratie und wäre, wie es scheint, eine anmutige und regierungslose und buntscheckige Verfassung, welche gleichmäßig Gleichen wie Ungleichen eine gewisse Gleichheit austeilt. – Sehr kenntlich, sagte er, beschreibst du sie.

121. *Unterscheidung der notwendigen von den nicht notwendigen Begierden*

Sieh nun zu, sprach ich, wer ein solcher einzelner ist. Oder sollen wir, wie wir es auch bei der Verfassung getan haben, zuerst fragen, auf welche Weise er entsteht? – Ja, sagte er. – Sollte es also nicht so etwa geschehen? Jener sparsame oligarchische Mann habe einen Sohn, der von seinem Vater in dessen Sitten erzogen wird. – d Den habe er. – Mit Gewalt also herrscht auch dieser über die ihm einwohnenden Lüste, sofern sie verschwenderisch sind, über die gewinnbringenden aber nicht, welche ja auch nicht notwendige heißen. – Offenbar, sagte er. – Sollen wir aber auch, sprach ich damit unsere Rede nicht im Dunkeln tappe, zuvörderst die notwendigen und nicht notwendigen Begierden bestimmen? – Das wollen wir. – Also diejenigen sowohl heißen mit Recht notwendige, welche wir nicht imstande sind abzuweisen, als auch diejeni- e gen, deren Befriedigung uns nützlich ist; denn zu diesen beiden treibt uns unsere Natur notwendig hin. Oder nicht? – Aller- dings. – Mit Recht also sagen wir dieses von ihnen aus, das Not- 559a wendige. – Mit Recht. – Wie aber? Die einer loswerden kann, wenn er von Jugend auf daran denkt, und die, wo sie gehegt wer- den, zu nichts Gutem mitwirken, teils wohl gar zum Gegenteil, wenn wir von diesen insgesamt behaupten, daß sie nicht notwen- dig sind, wird das nicht richtig gesagt sein? – Richtig allerdings. – Wollen wir nicht lieber auch ein Beispiel von beiden aufstellen, was für welche es sind, damit wir einen Abriß von ihnen haben? – Das ist wohl nötig. – Also die Begierde des Essenwollens, soviel als Gesundheit und Leibesstärke erfordern, und zwar Brot und Fleisch, wäre eine notwendige? – So denke ich. – Und zwar die b nach Brot in beider Hinsicht notwendig, sofern sie förderlich ist und sofern man nicht leben könnte, wenn man sie nicht befrie- digt. – Ja. – Die nach Fleisch aber nur, sofern es etwas zur Leibes- stärke beiträgt. – Allerdings. – Wie aber die hierüber hinaus und auf ausländische Leckereien und dergleichen gehende Begierde, die aber durch gute Zucht von Jugend an und durch Unterricht den meisten vertrieben werden kann und die dem Leibe schädlich, ebenso aber auch der Seele zur Weisheit und Besonnenheit hinder- lich ist, diese würden wir ja wohl mit Recht eine nicht notwendige nennen? – Vollkommen richtig. – Können wir aber nicht auch c sagen, daß diese verschwenderische sind, jene aber gewinnbringende, weil sie ja nützlich sind zur Führung der Geschäfte? – Warum nicht? – Auf dieselbe Weise demnach wollen wir uns auch über die den Geschlechtstrieb betreffenden und die übrigen erklären. – Ebenso. – Die wir nun vorher Drohnen nannten, sollten doch solche sein, die, voll dieser Lüste und Begierden, von den

d  nicht notwendigen beherrscht werden, die aber von den notwendigen, nannten wir die Sparsamen und Oligarchischen? – Wie wäre es anders? –

## 122. *Zustandekommen und Lebensweise eines demokratischen Menschen*

Und nun also kommen wir darauf zurück, wie aus einem oligarchischen ein demokratischer Mann wird. Es scheint mir aber größtenteils so zu geschehen. – Wie? – Wenn ein, wie wir vorher schon sagten, ungebildet und kärglich erzogener Jüngling von dem Honig der Drohnen kostet und mit feurigen und gewitzigten Unholden zusammenkommt, welche mannigfaltige und die größten Abwechslungen darbietende Vergnügungen aller Art zu ver

e  schaffen wissen: so glaube mir, von da nimmt es einen Anfang, daß das Oligarchische in ihm sich in Demokratisches verwandelt. – Ganz notwendig, sagte er. – Und wie der Staat sich verwandelte, wenn dem einen Teil ein Bündnis von außen, Ähnliches dem Ähnlichen, zu Hilfe kam: so verwandelt sich auch der Jüngling, wenn der einen Gattung Begierden bei ihm die verwandten und ähnlichen von außen zu Hilfe kommen. – Auf alle Weise. – Und wenn nun, denke ich, auf der andern Seite auch dem Oligarchischen in ihm eine andere Hilfsmacht Beistand leistet, sei es nun vom Vater her oder von den Verwandten, die ihn zurechtsetzen

560a  und schelten: so entstehen dann in ihm Parteien und Gegenparteien und Streit mit sich selbst. – Wie sonst? – Und das eine Mal muß wohl, meine ich, das Demokratische dem Oligarchischen weichen, und von den Begierden gehen einige zugrunde, andere werden auch vertrieben, wenn irgend Scham in des Jünglings Seele Raum gewonnen hat; und so wird er wieder zur guten Ordnung zurückgebracht. – Das geschieht wohl bisweilen, sagte er. – Dann aber, denke ich, werden wieder andere, mit den vertriebe

b  nen verwandte und mit aufgewachsene Begierden vermöge des

Mangels an Einsicht in der väterlichen Erziehung mächtig und
zahlreich. – Das pflegt wohl so zu gehen, sagte er. – Diese ziehen
ihn dann wieder in denselben Umgang hinein und vermehren sich
durch diesen heimlichen Verkehr. – Wie sollten sie nicht! – Und
am Ende, denke ich, nehmen sie die Burg in der Seele des Jünglings
in Besitz, nachdem sie gemerkt haben, daß es darin fehlt an schönen Kenntnissen und Bestrebungen und an richtigen Grundsätzen,
welche doch immer die besten Hüter und Wächter sind in den
Seelen gottbefreundeter Männer. – Bei weitem wohl, sagte er. –   c
Hier aber, glaube ich, haben falsche Sätze und hoffärtige Meinungen einen Anlauf genommen und statt jener sich desselben Ortes
bemächtigt. – Jawohl, sagte er. – Geht er dann nicht wieder zu
jenen Lotophagen und lebt nun ganz öffentlich mit ihnen? Und
wenn von den Angehörigen her irgendeine Hilfe für das Sparsame
in seiner Seele anlangt: so schließen jene hoffärtigen Reden die
Tore der königlichen Feste in ihm und lassen weder die Hilfsmacht
hinein, noch auch nehmen sie Reden von Älteren, weil sie ja doch   d
nur von einzelnen kämen, als Abgesandte auf; sondern sie selbst
siegen im Gefecht und treiben dann die Scham, welche sie Dummheit nennen, ehrlos als Flüchtling hinaus, die Besonnenheit nennen
sie unmännliches Wesen und jagen sie unter schimpflichen Behandlungen fort, Mäßigkeit aber und häusliche Ordnung stellen
sie als bäurisches und armseliges Wesen dar und bringen sie über
die Grenze, unterstützt von einer Menge nutzloser Begierden. –
Sehr gewiß. – Haben sie nun die Seele des von ihnen Eingenom-
menen und Geweihten von diesen allen mit großem Aufwand aus-   e
geleert und gereinigt: dann holen sie mit einem zahlreichen Chor
den Übermut ein und die Unordnung und die Schwelgerei und die
Unverschämtheit, glänzend geschmückt und bekränzt unter Lob-
preisungen und süßen Schmeichelreden, indem sie den Übermut
als Wohlgezogenheit begrüßen, die Unordnung als Freisinnigkeit,
die Schwelgerei als großartige Lebensweise und die Unverschämtheit als mannhafte Zuversicht. Geschieht es nicht so, sprach ich,   561 a
daß einer in der Jugend aus einem bei den notwendigen Begierden
Auferzogenen zur Befreiung und Loslassung der nicht notwendigen übergeht? – Und das sehr deutlich, antwortete er. – Nach
diesem nun, denke ich, lebt ein solcher so, daß er Geld, Zeit und
Mühe um nichts mehr auf die notwendigen als auf die nicht not-

wendigen verwendet. Ja, wenn er glücklich ist und von jener bac-
chischen Begeisterung nicht noch weiter fortgerissen wird, vielmehr, nachdem er etwas älter geworden ist und das große Getüm-
b mel sich etwas verlaufen hat, er dann die Vertriebenen zum Teil
wieder aufnimmt und sich den damals Eingedrungenen nicht
gänzlich hingibt: so wird er dann in einem gewissen ruhigeren
Gleichgewicht der Lüste leben, indem er der, welche jedesmal eintritt, als ob das Los sie getroffen hätte, die Herrschaft in sich übergibt, bis sie befriedigt ist, und dann wieder einer andern, indem er
keine nachteilig auszeichnet, sondern sie alle gleichmäßig
pflegt. – So allerdings. – Eine wahre Rede aber, fuhr ich fort,
nimmt er nicht an, noch läßt er sie in seine Wacht, wenn eine etwa
c aussagte, einige Lüste rührten von edlen und guten Begierden her,
andere aber von schlechten, und jenen müsse man nachstreben
und sie ehren, diese aber bändigen und unterwerfen; sondern hierüber hat er immer nur *eine* Antwort, daß sie alle einander ähnlich
sind und auf gleiche Weise zu ehren. – Gar sehr, sagte er, ist es so
mit ihm bestellt, und so handelt er. – Also, sprach ich, so verlebt
er für sich seine Tage immer der eben aufgeregten Begierde gefällig, bald im Rausch und übermütig, dann wieder trinkt er Wasser
und hält magere Kost, bald emsig in Leibesübungen, manchmal
d auch träge und sich um nichts kümmernd, bald wieder, als vertiefe
er sich ganz in die Wissenschaft. Oft auch treibt er die öffentlichen
Angelegenheiten, und wenn er aufspringt, redet und handelt er,
wie es sich gerade trifft. Wird er einmal eifersüchtig auf Kriegsmänner, so wendet er sich dahin, und wenn auf Geldmänner, dann
auf diese Seite. So daß irgendeine Ordnung oder Notwendigkeit
gar nicht über sein Leben schaltet; sondern ein solches Leben
nennt er anmutig und frei und selig und hält sich überall da-
e nach. – Auf alle Weise, sprach er, hast du das Leben eines Mannes
durchgenommen, der alles zu gleichen Rechten behandelt. – Und
meiner Meinung nach, fuhr ich fort, ist der Mann ein gar mannigfaltiger, die meisten Sitten und Gemütsstimmungen in sich vereini-
gend, und schier ebenso schön und bunt als jener Staat, so daß ihn
auch viele Männer und Frauen seiner Lebensweise wegen beneiden, weil er die Muster der meisten Verfassungen und Denkungs-
562a arten in sich trägt. – So, sprach er, verhält es sich. – Wie nun?
Soll uns ein solcher Mann auf die Seite der Demokratie gestellt

bleiben, als der mit Recht den Namen eines demokratischen
führt? – Dahin soll er gestellt bleiben sagte er.

### 123. a) Auflösung der Demokratie durch ihre Unersättlichkeit nach Freiheit

Nun wäre uns mithin noch übrig, sprach ich, die trefflichste Verfassung und den trefflichsten Mann durchzugehen, die Tyrannei
und den Tyrannen. – Offenbar, sagte er. – Wohlan denn, lieber
Freund, welches ist wohl die Art, wie die Tyrannei entsteht? Denn
daß sie sich aus der Demokratie abändert, ist wohl fast offenbar! – Offenbar. – Entsteht nun etwa auf dieselbe Weise, wie aus
der Oligarchie die Demokratie, auch aus der Demokratie die Ty-    b
rannei? – Wieso? – Was die Oligarchie sich als das größte Gut
vorsteckte und wodurch sie auch zustandegekommen war, das
war doch der große Reichtum. Nicht wahr? – Ja. – Die Unersättlichkeit im Reichtum aber und die Vernachlässigung alles übrigen
um des Geldmachens willen gereichte ihr zum Untergang. – Richtig! sagte er. – Und die Demokratie, löst nicht auch diese sich auf
durch die Unersättlichkeit in dem, was sie sich als ihr Gut vor-
setzt? – Was meinst du aber, daß sie sich vorsetze? – Die Freiheit,
antwortete ich. Denn von dieser wirst du immer in einer demokratischen Stadt hören, daß sie das Vortrefflichste sei, und daß des-    c
halb auch nur in einer solchen leben dürfe, wer von Natur frei
sei. – Das Wort wird freilich gar oft gesagt. – Ist es nun etwa
nicht, was ich eben sagen wollte, die Unersättlichkeit hierin mit
Vernachlässigung alles übrigen, was auch diese Verfassung umge-
staltet und sie dahin bringt, der Tyrannei zu bedürfen? – Wie
das? sprach er. – Ich meine, wenn einer demokratischen, nach
Freiheit durstigen Stadt schlechte Mundschenken vorstehen und    d
sie sich über die Gebühr in ihrem starken Wein berauscht: so wird
sie ihre Obrigkeiten, wenn diese nicht ganz zahm sind und alle
Freiheit gewähren, zur Strafe ziehen, indem sie ihnen schuld gibt,
bösartig und oligarchisch zu sein. – Das tun sie wohl, sagte er. –
Und die den Obrigkeiten gehorchen, mißhandelt sie als knechtisch
Gesinnte und gar nichts Werte; und nur Obrigkeiten, welche sich
wie Untergebene, und Untergebene, welche sich wie Obrigkeiten
anstellen, werden, wo man unter sich ist und öffentlich, gelobt
und geehrt. Muß nun nicht in solchem Staat die Freiheit sich not-

e wendig überallhin erstrecken? – Wie sollte sie nicht? – Und so, sprach ich, o Freund, wird sie sich auch in die Häuser einschleichen und am Ende so weit gehen, daß auch dem Vieh die Ungebundenheit eingepflanzt wird. – Wie, sprach er, ist wohl dies gemeint? – Als wenn, sagte ich, ein Vater sich gewöhnt, dem Knaben ähnlich zu werden und sich also vor den erwachsenen Söhnen zu fürchten, und ein Sohn dem Vater, also die Eltern weder zu scheuen noch bange vor ihnen zu sein, damit er nämlich recht frei sei; ebenso ein Hintersasse dem Bürger und der Bürger dem Hin-

563 a tersassen sich gleichzustellen, und der Fremde ebenso. – Das geschieht freilich, sagte er. – Dieses, fuhr ich fort, und noch andere ähnliche Kleinigkeiten. Der Lehrer zittert in einem solchen Zustande vor seinen Zuhörern und schmeichelt ihnen; die Zuhörer aber machen sich nichts aus den Lehrern und so auch aus den Aufsehern. Und überhaupt stellen sich die Jüngeren den Älteren gleich und treten mit ihnen in die Schranken in Worten und Taten; die Alten aber setzen sich unter die Jugend und suchen es ihr

b gleichzutun an Fülle des Witzes und lustiger Einfälle, damit es nämlich nicht das Ansehen gewinne, als seien sie mürrisch oder herrschsüchtig. – So ist es allerdings, sagte er. – Das äußerste aber, o Freund, was an Größe der Freiheit in solchem Staat zum Vorschein kommt, ist wohl dieses, wenn die gekauften Männer und Frauen nicht minder frei sind als ihre Käufer. Wie groß aber zwischen Frauen und Männern und Männern und Frauen die Rechtsgleichheit und Freiheit wird, das hatten wir beinahe vergessen zu erwähnen. – Wollen wir aber doch nach dem Aischylos

c nun davon reden, was uns jetzt in den Mund konmt? – Gern, sagte ich, und ich meine es so. Wieviel freier die dem Menschen unterworfenen Tiere hier sind als anderwärts, das glaubt niemand, der es nicht erfahren hat. Denn die Hunde sind schon offenbar nach dem Sprichwort wie junge Fräulein; und Pferde und Esel sind gewöhnt, ganz frei und vornehm immer geradeaus zu gehen, wenn sie einem auf der Straße begegnen, der ihnen nicht aus dem Wege geht, und ebenso ist alles andere voll Freiheit. – Recht er-

d zählst du mir meinen Traum, sagte er; denn oftmals ergeht es mir so, wenn ich aufs Land reise. – Die Summe nun von diesem allen, sprach ich, wenn man es zusammenrechnet, merkst du wohl, wie zart nämlich dadurch die Seele der Bürger wird, so daß, wenn ih-

nen einer auch noch so wenig Zwang auflegen will, sie gleich unwillig werden und es gar nicht vertragen. Und zuletzt weißt du ja,
daß sie sich auch um die Gesetze gar nichts kümmern, mögen es
nun geschriebene sein oder ungeschriebene, damit auf keine Weise
irgend jemand ihr Herr sei. – Jawohl, sagte er, weiß ich das. –    e

### 123. b) Die Krankheit der Demokratie

Diese treffliche und jugendliche Wurzel, o Freund, sprach ich, ist es
nun eben; aus welcher, wie es mir scheint, die Tyrannei hervor-
wächst. – Jugendlich genug freilich, sagte er, aber wie weiter? –
Dieselbe Krankheit, sprach ich, an welcher die Oligarchie, wenn
sie davon betroffen wird, zugrunde geht, diese, wenn sie sich auch
hier einstellt, wo sie, weil jedem alles freisteht, noch weit häufiger
und heftiger wird, verknechtet die Demokratie. Und in der Tat,
das äußerste Tun in irgend etwas pflegt immer eine große Hinnei-
gung zum Gegenteil zu bewirken, bei der Witterung, bei den Gewächsen, bei den lebendigen Körpern, und ebenso auch nicht we-    564a
niger bei den Staaten. – Das läßt sich hören, sagte er. – Also auch
die äußerste Freiheit wird wohl dem einzelnen und dem Staat sich
in nichts anderes umwandeln als in die äußerste Knechtschaft. –
Wahrscheinlich freilich. – So kommt denn natürlicherweise die
Tyrannei aus keiner andern Staatsverfassung zustande als aus der
Demokratie, aus der übertriebensten Freiheit die strengste und
wildeste Knechtschaft. – Das hat freilich Grund, sagte er. – Jedoch ich glaube, du fragtest nicht hiernach; sondern was für eine
auch in der Oligarchie vorkommende Krankheit die Demokratie    b
in Knechtschaft bringe. – Du hast recht, sagte er. – Ich meinte
nun, sagte ich, jenes Geschlecht fauler und verschwenderischer
Menschen, wovon die tapferen anführen und die feigeren ihnen
folgen und welches wir mit den Drohnen verglichen, jene mit solchen, die einen Stachel führen, diese mit stachellosen. – Und richtig gewiß, sagte er. – Diese beiden nun, sprach ich, richten Unordnung an in jeder Verfassung, wo sie sich auch finden, wie im
Körper Schleim und Galle. Welche beide also der gute Arzt und    c
Gesetzgeber eines Staates nicht minder als der gute Bienenvater
schon von weitem hüten muß, damit sie am liebsten gar nicht hineinkommen, sind sie aber einmal da, sobald als möglich, ja allen-
falls auch mit den Wachskuchen selbst ausgeschnitten werden. –

Ja beim Zeus, sprach er, auf jede Weise! – Laß es uns denn so,
sprach ich, anfassen, damit wir genauer sehen, was wir wollen. –
Wie? – In drei Teile laß uns einen demokratischen Staat einteilen,
wie es sich auch verhält. Der erste Teil ist diese Gattung, welche
d wegen der Ungebundenheit in einem demokratischen nicht minder entsteht als im oligarchischen. – So ist es. – Hier aber ist es bei
weitem herber als dort. – Wieso? – Dort, weil sie nicht in Ehren
gehalten, sondern von den obrigkeitlichen Ämtern zurückge-
drängt wird, bleibt sie ungeübt und wird nicht kräftig; in der Demokratie aber hat diese mit wenigen Ausnahmen überall den Vorsitz. Und die hitzigen darunter reden und handeln, die andern setzen sich um die Gerichtsstellen her und summen und leiden nicht,
e daß jemand etwas anderes sage, so daß in einem solchen Staate bis
auf einiges wenige alles von dieser Gattung verwaltet wird. – Jawohl, sagte er. – Das andere ist nun wohl dieses, was sich von der
Menge ausscheidet. – Was für eines? – Wenn doch alle aufs Erwerben gestellt sind: so werden die von Natur Sittsamen gewöhnlich die Reichsten. – Wahrscheinlich. – Von da nun, denke ich,
fließt für die Drohnen der meiste und reichlichste Honig. – Wie
sollte auch wohl einer, sagte er, von denen etwas auspressen, die
wenig haben? – Solche Reiche aber, meine ich, heißen die Weide
der Drohnen. – Beinahe wohl, sagte er. –

### 123. c) Entstehung des Tyrannen

565 a Die dritte Gattung nun wäre also das Volk, alle die mit eigenen
Händen arbeiten und sich der Staatsgeschäfte enthalten und deren
Besitz gar wenig bedeutet. Diese ist die zahlreichste in der Demokratie und die am meisten den Ausschlag gibt, wenn sie zusammengebracht ist. – Das freilich, sagte er, aber sie pflegt nicht leicht
zusammengebracht zu werden, wenn sie nicht von dem Honig
etwas bekommt. – Davon bekommt sie aber jedesmal, sprach ich,
sooft die Vorsteher Gelegenheit finden, die Vermögenden zu berauben und davon, indem sie das meiste für sich behalten, auch
b unter dem Volk zu verteilen. – Auf diese Weise freilich, sagte er,
bekommt sie davon. – Sonach werden doch, denke ich, diejenigen, welche man beraubt, genötigt, sich durch Reden im Volk und
auch, soweit sie können, tätlich zur Wehr zu setzen. – Wie sollten
sie nicht! – Daher, wenn sie auch in der Tat gar keine Lust haben

zu Neuerungen, werden sie nun doch von den andern beschuldigt,
daß sie dem Volke nachstellen und oligarchisch sind. – Das läßt
sich denken. – Am Ende also, wenn sie sehen, daß das Volk, nicht
aus eignem Antriebe, sondern in seiner Unwissenheit und von ihren Verleumdern hintergangen, doch darauf ausgeht, ihnen un-  c
recht zu tun, dann endlich, mögen sie nun wollen oder nicht, werden sie wirklich oligarchisch, nicht aus eignem Antriebe, sondern
auch dieses bringt ihnen jenes Unheil, die Drohne, durch seine
Stiche bei. – Offenbar. – Und so entstehen dann gegenseitige An-
klagen, Rechtsstreitigkeiten und Kämpfe. – Jawohl. – Pflegt nun
dann nicht das Volk ganz vorzüglich immer *einen* an seine Spitze
zu stellen und diesen zu hegen und großzumachen? – Das pflegt es
freilich. – Soviel scheint mir also klar, wenn ein Tyrann entsteht,  d
so ist dieses Vortreten seine Wurzel, und anderwärts her sproßt er
nicht auf. – Sehr klar! – Welches ist also der Anfang dieser Umwandlung aus einem Volksvorsteher in einen Tyrannen? Oder
dann offenbar, wenn der Vorsteher angefangen hat, dasselbe zu
tun wie jener in der Fabel, welche von dem arkadischen Tempel
des Lykäischen Zeus erzählt wird? – Was denn? – Daß, wer
menschliches Eingeweide gekostet hat, wenn dergleichen unter
andere von anderen Opfertieren mit hineingeschnitten ist, der notwendig zum Wolfe wird. Oder solltest du die Geschichte nicht
gehört haben? – Wohl habe ich. – Ist es nun nicht ebenso, wenn  e
ein Volksvorsteher, der die Menge sehr lenksam findet, sich einheimischen Blutes nicht enthält, sondern – wie sie es gern machen
– auf ungerechte Beschuldigungen vor Gericht führt und Blut-
schuld auf sich lädt, indem er Menschenleben vertilgend und mit
unheiliger Zunge und Lippe Verwandtenmord kostend bald ver-
treibt, bald hinrichtet, wobei er auf Niederschlagung der Schulden
und Verteilung der Grundstücke von ferne hindeutet, daß dann  566a
einem solchen von da an bestimmt ist, entweder durch seine
Feinde unterzugehen oder ein Tyrann und also aus einem Menschen ein Wolf zu werden? – Wohl ganz notwendig. – Dieser nun
wird also, sagte ich, das Parteihaupt gegen die Vermögenden. –
Gewiß. – Wenn der nun vertrieben ist und gewaltsam zurück-
kehrt trotz seiner Gegner, kommt er dann nicht als ein gemachter
Tyrann zurück? – Offenbar. – Sind sie aber zu ohnmächtig, um  b
ihn zu vertreiben oder durch Verleumdungen bei dem Staat hinzu-

richten: so stellen sie ihm nach, um ihn heimlich gewaltsam zu
töten. – So pflegt es wohl zu geschehen, sagte er. – Die allbe-
kannte tyrannische Forderung also sinnen sich deshalb auch alle
aus, die einmal so weit gegangen sind, nämlich das Volk um eine
Leibwache zu bitten, damit doch der Beschützer des Volkes selbst
sicher sei. – Ei freilich, sagte er. – Und die geben sie ihm, weil sie
besorgt sind seinetwegen, ihrer selbst wegen aber ganz guten Mu-
c  tes. – Gewiß. – Wenn dies nun ein Reicher sieht, der bei seinem
Reichtum zugleich im Verdacht steht, ein Volksfeind zu sein: so
macht er es nach dem Orakel, das Kroisos bekam: ‹Zum kiesel-
reicheren Hermos flieht er und bleibt nicht mehr, noch schämt er
sich, feige zu heißen.› – Ganz recht! sagte er. Zum zweiten Male
möchte er auch nicht wieder in den Fall kommen. – Denn wer
sich, denke ich, fangen läßt, der wird in den Tod gegeben. – Notwendig. – Jener Vorsteher aber sitzt nun nicht etwa nur groß in
d  großer Herrlichkeit, sondern, nachdem er viele andere zu Boden
geworfen, steht er offenbar in dem Wagen des Staats und lenkt ihn
allein und ist nun aus einem Vorsteher vollständig ein Tyrann geworden. – Wie sollte er nicht? sagte er.

### 123. d) Notwendigkeit für den Tyrannen, Krieg zu führen und den Staat von guten Männern zu reinigen

So laß uns denn, sprach ich, die Glückseligkeit des Mannes sowohl
als des Staates durchgehen, in welchem ein solcher Sterblicher auf-
gekommen ist. – Allerdings, sagte er, wollen wir das. – Wird er
nun nicht in der ersten Zeit wohl alle anlächeln und begrüßen,
e  wem er nur begegnet, und behaupten, er sei gar kein Tyrann, und
ihnen vielerlei versprechen einzeln und gemeinsam, wie er denn
auch Befreiung von Schulden und Verteilung von Äckern dem
Volke gewährt und denen, die ihn umgeben, und wird sich gegen
alle günstig und mild anstellen? – Notwendig, sagte er. – Wenn
er aber, denke ich, mit den äußeren Feinden sich teils vertragen,
teils sie aufgerieben hat und also Ruhe vor jenen geworden ist,
dann regt er zuerst immer irgendeinen Krieg auf, damit das Volk
567a  eines Anführers bedürfe. – Natürlich wohl. – Nicht auch, damit
sie, durch starke Abgaben verarmend, genötigt werden, an den
täglichen Bedarf zu denken, und ihm weniger nachstellen können? – Offenbar. – Und auch, denke ich, wenn er einige im Ver-

dacht hat, daß sie freisinnig wären und ihn nicht würden fortherr-
schen lassen, damit er die auf gute Art aus dem Wege schaffen
könne, indem er sie den Feinden preisgibt? Ist es nicht aus allen
diesen Ursachen einem Tyrannen immer notwendig, Krieg zu erregen? – Notwendig. – Und wenn er so handelt, ist es doch natürlich, daß er den Bürgern immer mehr verhaßt werde? – Wie sollte
er nicht? – Und werden dann nicht einige von denen, die ihn ha-   b
ben einsetzen helfen und mächtig sind, gegen ihn und unter sich
frei mit der Sprache herausgehen und tadeln, was geschieht, wenigstens die herzhaftesten unter ihnen? – Wahrscheinlich ja! –
Und aller dieser muß der Tyrann sich entledigen, wenn seine Herrschaft bestehen soll, bis weder von Feind noch Freund irgendeiner
übrig ist, der etwas taugt. – Offenbar. – Gar scharf also muß er
sehen, wer tapfer ist und wer großherzig, wer klug ist und wer     c
reich. Und so glückselig ist er, daß er diesen allen, mag er nun
wollen oder nicht, notwendig feind ist und ihnen nachstellt, bis er
die Stadt gereinigt hat. – Eine schöne Reinigung! sagte er. – Freilich, sprach ich, entgegengesetzt der, wie die Ärzte den Leib reinigen; denn diese führen das Schlechteste aus und lassen das Beste
übrig, er aber umgekehrt. – Und doch, sagte er, kann er, wie es
scheint, nicht anders, wenn er herrschen will. –

*123. e) Art der Glückseligkeit des Tyrannen*
So ist er also, sprach ich, von einer gar seligen Notwendigkeit ge-   d
bunden, welche ihm auflegt, entweder unter einer Menge schlechter Menschen zu hausen, noch dazu von diesen gehaßt, oder gar
nicht zu leben. – Unter einer solchen steht er. – Je mehr er nun
durch alles dieses den Bürgern verhaßt geworden ist, wird er nicht
desto mehrerer und treuerer Leibwachen bedürfen? – Wie sollte
er nicht? – Aber welche sind treu? Und woher soll er sie sich holen? – Von selbst, sagte er, werden sie ihm in Menge zugeflogen
kommen, wenn er nur den Lohn reicht. – Du scheinst mir, beim
Hunde, sprach ich, schon wieder irgend Drohnen zu meinen, ausländische von allerwärtsher. – Ganz recht, sprach er, hast du es    e
getroffen. – Würde er denn die an Ort und Stelle nicht wollen?
Wieso? – Würde er nicht den Bürgern ihre Sklaven nehmen, diese
frei machen und sie seiner Leibwache beigesellen wollen? – Gewiß, sagte er, denn diese sind ihm die Getreuesten. – So ist denn,

sprach ich, ein Tyrann wahrlich ein glückseliges Wesen, wenn er
568a sich nun solcher Freunde und Getreuen rühmt, nachdem er jene
früheren zugrundegerichtet hat. – Aber doch, sagte er, rühmt er
sich wirklich solcher. – Und diese Freunde, sprach ich, bewundern ihn, und die jungen Bürger halten sich zu ihm; aber die rechtschaffenen hassen und meiden ihn? – Wie sollten sie nicht? – So
ist es denn gar nicht töricht, fuhr ich fort, daß die Tragödie überhaupt für weise gehalten wird auch ganz besonders in ihr noch
Euripides. – Wieso? – Weil auch dieses so tiefen Sinn darbietet,
b was er gesagt hat, daß ‹Tyrannen weise durch der Weisen Umgang› sind, und offenbar meinte er, das seien die Weisen, mit denen sie umgehen. – Und recht als etwas Gottgleiches, sprach er,
verherrlicht er die Tyrannei, und noch sonst auf vielerlei Art, er
sowohl als die andern Dichter. – So werden ja wohl, sagte ich, die
Tragödiendichter, wenn sie weise sind, auch uns und denen, deren
Staatsverfassung noch in unserer Nachbarschaft liegt, verzeihen,
daß wir sie als Lobredner der Tyrannei in unsere Verfassung nicht
mit aufnehmen können. – Ich glaube wohl, sagte er, die unter ihnen feine Männer sind, werden es uns verzeihen. – Wie sie aber in
c den andern Städten umherziehen, die Volksmengen um sich ver-
sammelnd, so locken sie durch die schönen starken und ein-
schmeichelnden Stimmen, die sie sich noch dingen, die Verfassungen zur Tyrannei und Demokratie hinüber. – Gar sehr. – Und
dafür, nicht wahr, erhalten sie noch dazu Belohnungen und Eh-
renbezeugungen, am meisten, wie auch natürlich, von Tyrannen,
nächstdem aber auch von Demokratien. Je steiler es aber dann zu
d den höher liegenden Verfassungen hinaufgeht, desto mehr ermüdet gleichsam ihr Ruhm, als ob er vor Beklemmung nicht weiter
fort könne. – Freilich wohl. –

### 123.f) Endstadium der Tyrannei

Indessen, sagte ich, hierher sind wir nur abgeirrt. Laß uns noch
einmal zurückgehen zu jenem schönen und zahlreichen und bunt-
scheckigen und immer wieder anderen Heere des Tyrannen, wovon er es wohl erhalten wird. – Offenbar, sagte er, wenn es Tem-
pelgüter in der Stadt gibt, wird er die einziehen, und, soweit er mit
dem Erlös des Veräußerten reicht, das Volk nur zu geringeren
e Steuern zwingen. – Wie aber, wenn diese ausgegangen sind? –

Dann offenbar, sagte er, wird er sowohl als seine Zechgenossen, Freunde und Freundinnen vom Väterlichen erhalten werden müssen. – Ich verstehe, sprach ich. Das Volk, welches ja den Tyrannen erzeugt hat, soll ihn und seine Freunde ernähren. – Das ist wohl ganz notwendig, sagte er. – Wie meinst du aber? entgegnete ich; wenn nun das Volk aufsässig wird und sagt, es sei weder recht, daß ein erwachsener Sohn vom Vater ernährt werde, sondern im Gegenteil der Vater vom Sohne, noch auch habe es ihn deshalb erzeugt und eingesetzt, um, wenn er nun groß geworden, seinen eigenen Sklaven unterworfen, ihn und diese Sklaven samt noch anderem Gesindel zu ernähren, sondern um unter seiner Anführung von den Reichen und sogenannten Edlen befreit zu werden? Und wenn es nun ihn und seine Freunde aus der Stadt gehen heißt, wie ein Vater, der seinen Sohn samt dessen beschwerlichen Zechgenossen aus dem Hause treibt? – Dann, sprach er, wird das Volk, beim Zeus, wohl sehen, was für ein Früchtchen es sich erst erzeugt und dann gehegt und gepflegt hat, und wie es nun als der schwächere Teil die Stärkeren austreiben will. – Wie, sprach ich, meinst du? Wird denn der Tyrann so dreist sein, seinem Vater Gewalt zu tun, und wenn er ihn nicht überreden kann, ihn gar zu schlagen? – Ja, sagte er, nachdem er ihm nämlich die Waffen genommen hat. – So erklärst du ja, sprach ich, den Tyrannen für einen, der sich an seinem Vater vergreift und also ein gar unleidlicher Alterspfleger ist. Und dieses wäre nun, wie es scheint, die ganz eingestandene Tyrannei; und das Volk, wie man zu sagen pflegt, wäre, weil es schon dem Rauch der Knechtschaft, wie sie unter Freien ist, entgehen wollte, in die Flamme einer von Knechten ausgeübten Zwingherrschaft hineingestürzt und hätte statt jener übergroßen und unzeitigen Freiheit die unerträglichste und bitterste Knechtschaft angezogen. – Ganz gewiß, sagte er, so geschieht dieses. – Wie nun, sprach ich, wird es nicht ganz schicklich gesagt sein, wenn wir behaupten, hinlänglich auseinandergesetzt zu haben, sowohl wie Demokratie in Tyrannei übergeht, als auch wie diese, einmal entstanden, beschaffen ist? – Vollkommen hinreichend, sagte er.

569a

b

c

## NEUNTES BUCH

*124. a) Aufweis des Daseins einer in jedem vorhandenen gesetz-
    widrigen Art von Begierden, die sich im Traum offen-
    bart*

571a  Nun also, sprach ich, ist der tyrannische Mann selbst uns noch zu
betrachten übrig, wie er sich aus dem demokratischen umgestal-
tet, und wenn einmal gegeben, wie er dann beschaffen ist und auf
welche Weise er lebt, elend oder glückselig. – Der ist uns freilich
noch übrig, sagte er. – Weißt du wohl, sprach ich, was ich noch
immer vermisse? – Was denn? – Wegen der Begierden, dünkt
mich, haben wir noch nicht gehörig unterschieden, was für welche
b  und wievielerlei es gibt. Ist aber dies mangelhaft: so wird auch die
Untersuchung unsicherer sein, die wir anstellen. – Also bis jetzt,
sprach er, ist noch alles unverdorben? – Allerdings; und nun betrachte, was ich gern darin zeigen möchte. Es ist aber dieses. Unter
den nicht notwendigen Vergnügungen und Begierden scheinen
mir einige gesetzwidrig zu sein, welche zwar in allen Menschen
entstehen, werden sie aber von den Gesetzen und den besseren,
mit Vernunft verbundenen Begierden im Zaum gehalten, so verlieren sie sich aus einigen Menschen entweder gänzlich, oder es bleiben doch nur wenige und schwache Spuren davon zurück, bei an-
c  dern aber erhalten sie sich stärker und häufiger. – Und welche,
sagte er, meinst du denn hierunter? – Die im Schlaf zu entstehen
pflegen, sprach ich, wenn das übrige in der Seele, was vernünftig
und mild ist und über jenes herrscht, im Schlummer liegt, das Tierische und Wilde aber, durch Speisen oder Getränke überfüllt, sich
bäumt und den Schlaf abschüttelnd losbricht, um seiner Sitte zu
frönen. Du weißt, wie es dann, als von aller Scham und Vernunft
gelöst und entblößt, zu allem fähig ist. Denn es unternehmen, sich
d  mit der Mutter zu vermischen, wie es ja meint, macht ihm nicht

das mindeste Bedenken, oder mit irgendeinem anderen, sei es Mensch, Gott oder Tier, oder sich mit irgend etwas zu beflecken, und keiner Speise glaubt es sich enthalten zu müssen und, mit einem Wort, von keinem Unsinn und keiner Unverschämtheit bleibt es zurück. – Vollkommen richtig, sagte er, beschreibst du es. – Wenn hingegen einer, denke ich, gesund mit sich selbst umgeht und besonnen und sich zum Schlaf begibt, nachdem er das Vernünftige in sich aufgeregt hat und mit schönen Reden und Untersuchungen bewirtet und zum Bewußtsein seiner selbst gekommen ist, das Begehrliche aber hat er weder in Mangel gelassen e noch überfüllt, damit es sich hübsch ruhig verhalte und dem Besten keine Störung verursache durch Freude oder Schmerz, sondern es gewähren lasse, wenn dieses rein für sich allein betrachtet 572 a und verlangt, etwas wahrzunehmen, was es nicht kennt, sei dies nun Geschehenes oder Gegenwärtiges oder Bevorstehendes, und nachdem er ebenso auch das Zornartige besänftigt hat und nicht etwa mit einem zum Unwillen gegen jemand aufgeregten Gemüt einschläft, sondern nachdem er die zwei Triebe beschwichtigt und nur den dritten in Bewegung gesetzt hat, in welchem das Denken einwohnt, so sich zur Ruhe begibt, weißt du wohl, daß er in solchem Zustande mit der Wahrheit vorzüglich Verkehr hat und dann am wenigsten ruchlose Gesichter in Träumen zum Vor- b schein kommen? – Ganz vollkommen, sagte er, bin ich allerdings dieser Meinung. – Dieses nun haben wir nur zum Überfluß als Abschweifung gesagt; was wir aber wissen wollen ist dieses, daß also eine heftige, wilde und gesetzlose Art von Begierden in einem jeden wohnt, und wenn auch einige von uns noch so gemäßigt erscheinen; und dieses nun eben wird in den Träumen offenbar. Sieh also zu, ob dir dies etwas gesagt zu sein scheint und ob du es einräumst. – Freilich räume ich es ein. –

124. b) Die Entstehung des tyrannischen Menschen
So erinnere dich nun, wie wir den Volksmann beschrieben haben, daß er sei. Er war uns also von Jugend an unter einem sparsamen c Vater erzogen, der nur die auf den Erwerb gerichteten Begierden in Ehren hielt, die nicht notwendigen aber, die sich nur auf Spiel und Verschönerung beziehen, geringachtete. Nicht wahr? – Ja. – Nachdem er nun mit stattlicheren Männern voll jener eben be-

schriebenen Begierden zusammengekommen war und aus Haß gegen die väterliche Knickerei sich in allen Übermut und die gesamte
Art und Weise jener hineinbegeben hatte: so wurde er, weil von
besserer Natur als seine Verführer, auf beide Seiten gezogen und
d  blieb in der Mitte zwischen beiden Lebensweisen stehen, und beider mäßig, wie er meint, genießend, lebt er weder ein schmutziges
noch ein gesetzverächterisches Leben, und ist uns so aus einem
oligarchischen ein volksgemäßer Mann geworden. – So war es,
sagte er, und das ist unsere Vorstellung von einem solchen. – So
setze denn, sprach ich, auch von diesem wieder einen, aber wenn
er selbst schon älter geworden ist, noch jungen, gleichfalls in des
Vaters Sitten erzogenen Sohn. – Den setze ich. – Nimm ferner an,
daß mit ihm auch dasselbe geschehe wie mit seinem Vater und er
in alle Ruchlosigkeit hineingeführt werde, die aber von denen, die
e  ihn hineinführen, ganz und gar nur Freiheit genannt wird, und daß
den sich in der Mitte haltenden Begierden der Vater und die andern Angehörigen beistehen, daß aber die auf der andern Seite
Helfenden, wenn diese gewaltigen Zauberer und Tyrannenbildner
glauben den jungen Menschen nicht anders festhalten zu können,
ihm suchen eine Verliebtheit einzuflößen, einen Vorsteher der mä-
573 a  ßigen und das Vorhandene verteilenden Begierden, eine große geflügelte Drohne. Oder glaubst du, daß die Liebe bei solchen Menschen etwas anderes ist? – Nichts anderes nach meiner Meinung,
sprach er, als eben dieses. – Wenn dann auch die übrigen Begierden, diese Liebe mit Rauchwerk und Salben und Wein und Krän-
zen und den andern in solchen Zusammenkünften gewöhnlichen
ausgelassenen Lüsten umschwirrend und sie bis auf den höchsten
Grad steigernd und nährend, der Drohne noch den Stachel der
Sehnsucht beigeben: dann wird dieser Vorsteher der Seele vom
b  Wahnsinn als seiner Leibwache umschirmt und rast. Und wenn er
dann noch einige Vorstellungen und Neigungen bei sich findet, die
gutartig gezogen und der Scham noch empfänglich sind: so tötet er
sie und stößt sie von sich hinaus, bis er von jeder Spur und Besonnenheit rein und alles in ihm von jenem herbeigeholten Wahnsinn
besetzt ist. – Ganz genau, sagte er, beschreibst du die Entstehung
eines tyrannischen Mannes. – Heißt auch, sprach ich, etwa eben
deshalb schon von alters her Eros ein Tyrann? – Das mag wohl
sein, sagte er. – Und hat nicht, o Freund, fuhr ich fort, auch ein

trunkener Mann ein solches tyrannisches Gemüt? – Das hat er c
freilich. – Aber auch einer, bei dem es nicht recht richtig ist, wenn er
zum Wahnsinn gesteigert wird, nimmt einen Ansatz und lebt der
Hoffnung, er werde über Menschen nicht nur, sondern gar auch
über Götter herrschen können. – Allerdings, sagte er. – Ein tyran-
nischer Mann also, sprach ich, du Göttlicher, entsteht genau genommen, wenn einer vermöge seiner Natur oder durch seine Führung oder durch beides ein Trunkenbold geworden ist oder ein
Wollüstling oder ein Schwarzgalliger. – Vollkommen richtig.

### 124. c) Die Lebensweise des Tyrannen

So demnach, wie sich zeigt, wird uns der Mann und ein solcher.
Wie aber lebt er nun? – Darauf sagte er: Dies, wie sie im Scherze
sprechen, sollst du mir auch sagen. – Das will ich tun, sprach ich. d
Ich denke nämlich, von da an gibt es nun bei ihnen Feste mit lusti-
gen Aufzügen und Schmausereien und Freudenmädchen und allem dergleichen, wenn Eros als der drinnen hausende Tyrann alles
in der Seele regiert. – Notwendig, sagte er. – Sprießen da nun
nicht jeden Tag und jede Nacht viele und gewaltige Begierden auf,
die gar vieles bedürfen? – Viele freilich. – So sind denn, wenn es
irgend Einkünfte gibt, diese sehr bald erschöpft. – Wie sollten sie
nicht? – Dann geht also das Borgen an und die Verschleuderun- e
gen des Vermögens. – Nicht anders. – Wenn aber nun alles ausgeht, werden dann nicht notwendig die vielen und gewaltigen ein-
genisteten Begierden schreien, und werden nicht die auch von den
übrigen Begierden, vorzüglich aber von dem Eros selbst, der die
übrigen insgesamt als seine Söldner anführt, wie von Stacheln an-
getriebenen umherschwärmen und zusehen, so jemand etwas hat,
dem man es mit List oder Gewalt abnehmen könne? – Gar sehr,
sagte er. – Und notwendig müssen die von überallher einbringen, 574a
oder sie werden von gewaltigen Schmerzen und Beklemmungen
geängstigt werden? – Notwendig. – Wie nun die in ihm erst hin-
zugekommenen Lüste die früheren überwältigten und sie des Ihrigen beraubten, wird nun nicht ebenso auch er selbst als der jüngere mehr haben wollen als Vater und Mutter und an sich reißen,
um, wenn sein eigner Anteil aufgezehrt ist, von dem väterlichen
auszuteilen? – Was wohl sonst? sagte er. – Wenn sie es nun aber
nicht zugeben, wird er dann nicht zuerst versuchen, die Eltern zu b

bestehlen und zu betrügen? – Auf alle Weise. – Wenn er aber das
nicht könnte, so würde er dann wohl Gewalt brauchen und rauben? – Ich denke wohl, sagte er. – Und wenn der alte Mann und
die alte Frau widerstrebten und sich zur Wehr setzten, du Wunderbarer, würde er wohl so viel Scheu und Schonung haben, nichts
Tyrannisches zu begehen? – Keineswegs, sprach er, habe ich ganz
guten Mut wegen der Eltern eines solchen. – Also, o Adeimantos,
beim Zeus, einer Freundin wegen, die ihm erst seit kurzem lieb
geworden und ihm gar nicht notwendig ist, wird ein solcher seine
c  ihm von jeher liebe und durch die Natur verbundene Mutter, oder
wegen eines jugendlich schönen, erst kürzlich erworbenen und
ihm gar nicht unentbehrlichen Freundes seinen schon hinfälligen
alten Vater, welcher sein ältester Freund und durch solche Bande
ihm verwandt ist, wohl gar mißhandeln und diese jenen dienstbar
unterwerfen, wenn er sie in demselben Hause zusammenbringt? –
Ja, beim Zeus, sprach er. – So ist das wohl, wie sich zeigt, eine
große Glückseligkeit, einen tyrannischen Sohn gezeugt zu haben? – Nicht sonderlich wohl, sagte er. – Wie aber, wenn dann
d  auch das väterliche und mütterliche Vermögen einen solchen im
Stich läßt und es hat sich doch schon ein großer Schwarm von
Lüsten bei ihm eingelegt: wird er dann nicht wo in ein Haus einbrechen müssen und einem, der spät bei nächtlicher Weile geht,
den Mantel abziehen und zuletzt irgendein Heiligtum ausleeren?
Und bei allen diesen Handlungen werden dann jene Vorstellungen, die er immer gehabt hat, von Kindheit an, vom Guten und
Schlechten, die für gerecht gehaltenen von diesen kürzlich erst aus
der Knechtschaft entlassenen, bei dem Eros in Sold stehenden mit
seiner Hilfe überwunden, welche früherhin, solange er noch unter
den Gesetzen und seinem Vater demokratisch für sich selbst lebte,
e  nur im Traume, während er schlief, losgelassen wurden; seit er
aber vom Eros tyrannisch beherrscht wird, ist er nun wachend
immer ein solcher, wie er sonst nur bisweilen im Traume war, und
575a  wird sich weder jedes schrecklichen Mordes enthalten noch irgendeiner solchen Speise oder Tat, sondern Eros lebt tyrannisch in
ihm in gänzlicher Zügellosigkeit und Gesetzlosigkeit als alleiniger
Selbstherrscher und wird den, welchen er besitzt, wie jener seine
Stadt, zu jeglichem Wagestück bringen, womit er sich selbst und
den ihn umgebenden Schwarm erhalten kann, sowohl den durch

schlechten Umgang von außen eingedrungenen als auch den ursprünglichen, aber erst durch schlechte Sitten und ihn selbst losge-
lassenen und in Freiheit gesetzten. Oder ist dieses nicht das Leben
eines solchen? – Gewiß dieses, sagte er. – Und wenn es nun,
sprach ich, nur wenige solche in einer Stadt gibt, die übrige Menge
aber verständig ist: so werden sie auswandern, um anderswo    b
einem Tyrannen als Söldner zu dienen oder auch sich als Hilfstruppen zu verdingen, wenn irgendwo Krieg ist; müssen sie aber in
Ruhe und Friede bleiben, so werden sie in der Stadt selbst gar
vielerlei kleines Unheil verüben. – Was für welches meinst du
doch? – Wie Stehlen, Einbrechen, Beutelschneiden, Kleiderabzie-
hen, Tempelraub und Seelenverkäuferei treiben. Bisweilen auch
werden sie falsche Ankläger, wenn sie das Reden in ihrer Gewalt
haben, und falsche Zeugen und lassen sich sonst zu allerlei beste-
chen. – Klein, sagte er, kannst du ja Unheil wohl nennen, wenn es    c
nur wenige solche gibt. – Weil ja das Kleine, sprach ich, gegen das
Große klein ist; und alles dieses will doch, was Verderbtheit und
Elend eines Staates betrifft, gegen einen Tyrannen, wie man sagt,
auch gar nichts bedeuten. Wenn hingegen viele solche in einer
Stadt sind und noch andere ihnen nachgehen, und wenn sie ihre
Anzahl bemerken: so sind diese es, die, von dem Unverstande des
Volkes unterstützt, denjenigen aus ihnen zum Tyrannen einsetzen,
der selbst in seiner Seele den größten und stärksten Tyrannen    d
hat. – Natürlich wohl, sagte er; denn der wird auch am meisten
tyrannisch sein. – Wenn sie sich nämlich gutwillig unterwerfen.
Wenn aber die Stadt nicht einwilligt, dann wird er, wie er dort
gegen Vater und Mutter Gewalt brauchte, so auch gegen das Vaterland, wenn er nur stark genug ist, Gewalt brauchen, indem er
neue Freunde mit hereinbringt und unter diesen das von jeher so
liebe ‹Mutterland›, wie die Kreter sagen, und Vaterland in einem
Zustande der Knechtschaft hält und unterhält. Und dies also wäre
das Ziel der Begierde eines solchen Mannes. – Dieses, sprach er,
auf alle Weise. – Sind nun nicht diese, ehe sie Staatsmänner wer-    e
den und zur Herrschaft gelangen, so beschaffen? Zuerst mit welchen sie umgehen, die müssen als ihre Schmeichler mit ihnen umgehen und immer bereit sein, ihnen in allem zu dienen; oder wenn
sie selbst jemandes irgend wozu bedürfen, so demütigen sie sich
ebenso gegen ihn und übernehmen unbedenklich jede Rolle als    576a

ihm ganz Befreundete, haben sie es aber erlangt, dann sind sie wieder fremd? — Gar sehr sind sie so. — Ihr ganzes Leben lang also sind sie niemals jemandes Freund, sondern immer herrschen sie über einen oder dienen einem andern. Wahrer Freiheit und Freundschaft aber bleibt eine tyrannische Natur immer unkundig. — Allerdings wohl. — Können wir nun nicht solche mit Recht Treulose nennen? — Wie sollten wir nicht! — Ungerecht aber doch gewiß so sehr als möglich, wenn wir anders in dem vorigen richtig

b  über die Gerechtigkeit übereingekommen sind, was sie sei. — Das war aber gewiß richtig. — So laß uns den Schlechtesten noch einmal kurz zusammenfassen. Es ist aber doch der, welcher, wie wir einen Träumenden beschrieben, ein solcher wachend ist. — Allerdings. — Ein solcher aber wird, wer als von Natur höchst tyrannisch zur Alleinherrschaft gelangt; und je länger er im Besitz solcher Herrschaft fortlebt, um desto mehr wird er ein solcher. — Notwendig, sagte Glaukon, welcher hier die Rede aufnahm.

*125. Unglückseligkeit der tyrannisch regierten Stadt. Erfordernisse, um über das Glück des Tyrannen urteilen zu können*
Wird nun nicht, sprach ich, wer sich als der Verdorbenste zeigt,

c  auch als der Unseligste erscheinen? Und wer die längste Zeit und am meisten tyrannisch geherrscht hat, der auch am meisten und die längste Zeit ein solcher wirklich gewesen sein? Die Menge freilich meint auch mancherlei. — Notwendig, sagte er, muß sich das so verhalten. — Und so ist es doch, sprach ich, daß der Tyrannische auch der tyrannisch beherrschten Stadt und der Volksmäßige der demokratisch verwalteten ähnlich ist, und ebenso die andern? — Wie sonst! — Also auch wohl, wie sich die eine Stadt zu der andern verhält, was Tugend und Glückseligkeit betrifft, so

d  auch der eine Mann zu dem andern? — Natürlich. — Wie also verhält sich an Tugend eine tyrannisch beherrschte Stadt zu einer königlich regierten, so wie wir sie zuerst beschrieben? — Ganz als das Gegenteil, sagte er. Denn die eine ist die beste, die andere die schlechteste. — Ich will nicht fragen, entgegnete ich, welche von beiden du meinst; denn es ist offenbar. Urteilst du aber über ihre Glückseligkeit und Unseligkeit ebenso oder anders? Und laß uns nicht etwa irre werden, indem wir auf den Tyrannen, der nur einer ist, sehen, und auf die einigen wenigen, die ihn umgeben; sondern

wie man sich eine Stadt ganz beschauen muß, wenn man hinein- e
kommt, so laß uns überall herumsteigen und zusehen und dann
unsere Meinung abgeben. – Sehr richtig, sagte er, ist deine Forderung; und es ist wohl jedem klar, daß keine unseliger ist als eine
tyrannisch beherrschte, und keine glückseliger als eine königlich
regierte. – Würde ich nun nicht, sprach ich, ebenso richtig hin- 577 a
sichtlich der Männer dieselbe Forderung stellen, indem ich nur
demjenigen gestattete über sie zu entscheiden, der mit seinen Gedanken in das Gemüt eines Mannes eingehen und es beschauen
kann und nicht, indem er es nur von außen betrachtet, wie ein
Kind vor der Herrlichkeit erstaunt, womit sich die Tyrannen vor
denen draußen bekleiden, sondern genau zusieht? Wenn ich also
meinte, wir sollten alle auf jenen hören, der zuerst imstande ist zu
urteilen, dann aber auch mit einem solchen zusammengewohnt
hat und zugegen gewesen ist, sowohl bei häuslichen Verhandlungen, wie er sich da gegen seine Angehörigen verhält, wo er am
meisten entblößt zu sehen ist von allem tragischen Pomp, als auch b
wiederum bei öffentlichen Fährlichkeiten, und wenn ich dem, der
dies alles mit angesehen hat, auftrüge auszusagen, wie sich, was
Glückseligkeit und Unseligkeit anlangt, der Tyrann zu den übrigen verhält? – Sehr richtig, sagte er, würdest du auch das fordern. – Wollen wir nun einmal annehmen, sprach ich, wir seien
solche, die urteilen können und auch schon auf solche Menschen
getroffen sind, damit wir doch einen haben, der uns auf unsere
Fragen antworte? – Ei freilich. –

126. *Unfreiheit, Armut und Furchtsamkeit der tyrannischen*
    *Seele. Steigerung ihrer Unseligkeit durch Erlangung politi-*
    *scher Macht*

So komm denn, sprach ich, und betrachte es so. Die Ähnlichkeit c
zwischen Staat und Mann im Sinne behaltend und so im einzelnen
der Reihe nach sie betrachtend, gib die Zustände von beiden an. –
Was für welche? sagte er. – Zuerst, sprach ich, um vom Staate zu
handeln, nennst du einen tyrannisch beherrschten Staat frei oder
knechtisch? – Im höchsten Grade, sagte er, knechtisch. – Aber du
siehst ja doch darin Herren und Freie. – Ich sehe wohl, sagte er,
ein weniges der Art; das Ganze aber, wenn ich es sagen soll, und
das Vorzüglichste in ihm ist in einer ehrlosen und unseligen

d Knechtschaft. – Wenn nun, entgegnete ich, der Mann dem Staate
ähnlich ist, muß dann nicht auch in ihm dieselbe Ordnung sich
vorfinden und seine Seele von Unfreiheit und vielfältiger Knechtschaft sein, und gerade die Teile derselben in der Knechtschaft
sein, welche die edelsten waren, und nur ein kleiner, und zwar der
wertloseste und ausschweifendste, herrschen? – Notwendig,
sagte er. – Wie nun? Wirst du sagen, daß eine solche Seele knechtisch sei oder frei? – Knechtisch, sage ich, gewiß. – Und weiter,
der knechtische und tyrannisch beherrschte Staat tut wohl am wenigsten, was er will? – Gewiß. – So wird auch wohl die tyran-
e nisch beherrschte Seele am wenigsten tun, was sie gern wollte,
wenn man nämlich von der ganzen Seele redet, sondern wie sie
immer vom Stachel mit Gewalt getrieben wird, muß sie auch immer voll Schrecken und Reue sein. – Wie sollte sie nicht! – Aber
arm oder reich, welches muß wohl ein tyrannisch beherrschter
578a Staat sein? – Arm. – So muß folglich auch eine tyrannische Seele
immer ärmlich und ungesättigt sein. – Allerdings, sprach er. –
Und wie? Muß nicht ein solcher Staat und ein solcher Mann immer voller Furcht sein? – Sehr notwendig. – Und glaubst du, daß
du in irgendeinem andern mehr Klagen und Seufzer und Angst
und Weh antreffen wirst? – Nirgends. – Und glaubst du, daß dergleichen in irgendeinem andern Manne mehr sein wird, als in diesem tyrannischen, der von wollüstiger Liebe und andern Begierden ganz verstört ist? – Woher wohl? sagte er. – Auf alles dieses
b und noch mehr dergleichen hast du wohl eben gesehen, als du
diesen Staat für den unseligsten unter allen erklärtest. – Und mit
Recht doch wohl, sagte er. – Ja freilich, sprach ich. Aber was urteilst du nun mit Hinsicht auf eben dieses von dem tyrannischen
Mann? – Daß er bei weitem der unseligste ist, sagte er, von allen
andern insgesamt. –

Dieses, sprach ich, ist wohl nicht mehr ebenso richtig gesagt. –
Wieso? sprach er. – Ich denke nicht, sagte ich, daß dieser schon
der am meisten solche ist. – Aber wer denn? – Der folgende wird
dir vielleicht doch noch unseliger zu sein scheinen als dieser. –
Welcher nur? – Derjenige tyrannische, sprach ich, welcher sein
c Leben nicht als Privatmann zu Ende bringt, sondern so unglück-
lich ist, daß ihm durch ein ungünstiges Geschick die Gelegenheit
geboten wird, ein Tyrann zu sein. – Ich ahne wohl, sagte er, daß

nach dem vorher Vorgetragenen du recht hast. – Schön, sprach
ich, aber dergleichen muß man nicht meinen, sondern es sehr genau nach folgender Regel überlegen. Denn die Betrachtung geht
hier um das wichtigste, nämlich gut leben oder schlecht. – Vollkommen richtig, sprach er. – Sieh also zu, ob ich recht habe. Mir
deucht nämlich, wir müssen von hier aus die Sache betrachten. – d
Von wo aus? – Indem wir auf die reichen Leute sehen in den Städten, welche sich viele Sklaven halten. Denn diese haben doch soviel Ähnliches mit den Tyrannen, daß sie über viele herrschen; nur
in der Menge hat jener den Vorzug. – Den hat er freilich. – Nun
weißt du doch, daß diese ganz getrost sind und sich vor ihren
Hausleuten keineswegs fürchten. – Woher sollten sie sich auch
fürchten! – Freilich gar nicht, erwiderte ich; aber merkst du auch
die Ursache? – Ja, weil die ganze Stadt jedem einzelnen Beistand
leistet. – Ganz recht, sprach ich. Wie aber, wenn ein Gott einen  e
Mann, der fünfzig und mehr Sklaven hat, aus der Stadt wegnähme
und ihn selbst mit Weib und Kind und seiner übrigen Habe sowohl
als seinen Hausleuten in eine Wüste setzte, wo ihm nun kein anderer Freier zu Hilfe kommen könnte: was meinst du wohl, in wie
großer Furcht er schweben würde wegen seiner selbst und seiner
Kinder und seiner Gattin, ob sie nicht durch die Hausleute umkommen würden? – In der allergrößten, sprach er, denke ich. –
Wird er dann nicht einige von seinen Sklaven verhätscheln müs-  579 a
sen und ihnen vielerlei versprechen und sie freilassen ohne weiteren Grund und sich so als einen Schmeichler seiner eigenen Diener
darstellen? – Gar sehr notwendig, sagte er, oder untergehen. –
Wie aber, sprach ich, wenn der Gott ihm rundum viele solche als
Nachbarn einsetzte, die es gar nicht leiden möchten, daß einer auf
solche Weise andere beherrsche, vielmehr, wo sie irgendeines solchen habhaft würden, ihn mit den ärgsten Strafen belegten? – So
würde er, sagte er, in noch viel ärgerer Not sein, denke ich, wenn  b
auf allen Seiten von lauter Feinden bewacht. – Ist aber nicht in der
Tat der Tyrann in einer solchen Gefangenschaft gehalten, der von
Natur ein solcher ist, wie wir ihn beschrieben haben, voll der man-
nigfaltigsten Besorgnisse sowohl als Begierden? Wie sehr auch
seine Seele lecker ist nach neuen Genüssen, so ist er doch der einzige in der Stadt, der nicht einmal wagen kann, irgendwohin aus-
zureisen, noch zu schauen, was andern freien Männern Verlangen

erregt, sondern er lebt die meiste Zeit in sein Haus vergraben wie
c ein Weib und neidet es auch den andern Bürgern, wenn einer auswärts reisen will und etwas Treffliches sehen. – Auf alle Weise,
sagte er. –

### 127. Entscheidung über die Glückseligkeit der verschiedenen Menschenarten

Um so große Übel reicher also ist der Mann, wenn er, in sich selbst
so schlecht verwaltet, daß du ihn schon als einen solchen tyran-
nenartigen für den unseligsten erklärtest, nun noch dazu nicht für
sich zurückgezogen leben kann, sondern von irgendeinem Geschick genötigt wird, die tyrannische Herrschaft zu ergreifen und,
unfähig wie er ist, sich selbst zu beherrschen, versuchen muß, andere zu regieren, wie wenn einer mit einem kränklichen und seiner
selbst nicht mächtigen Leibe doch nicht Ruhe halten könnte, son-
d dern im körperlichen Wettstreit und Kampf mit andern sein Leben
hinbringen müßte. – Sehr ähnlich ist dieses, sagte er, und vollkommen recht hast du, o Sokrates. – Ist also nicht dieses, sprach
ich, mein lieber Glaukon, ein vollkommen elender Zustand, und
lebt nicht doch noch unseliger als der, dessen Leben du für das
unseligste erklärtest, der Tyrann? – Offenbar ja, sagte er. – So ist
demnach in Wahrheit, und wenn es einer auch nicht glaubt, der
rechte Tyrann auch ein rechter Sklave, vermöge der ärgsten
e Augendienerei und Knechtschaft und als ein Schmeichler der
schlechtesten Menschen. Und keineswegs etwa erfüllt er seine Begierden, sondern fast an allem fehlt es ihm, und der Wahrheit nach
erscheint er arm, wenn einer die ganze Seele versteht ins Auge zu
fassen, und sein ganzes Leben lang immer in Furcht und voll
Krampf und Schmerzen, wenn er anders in gleichem Zustande ist
wie der Staat, über den er gebietet. Und dem gleicht er doch; nicht
wahr? – Gar sehr, sagte er. – Und nun werden wir dem Mann
580a auch das noch zuteilen müssen, was wir auch vorher schon sagten, daß er nämlich neidisch, treulos, ungerecht, freundlos, frevelhaft, gottlos und aller Schlechtigkeit Pfleger und Beschützer eben
der Herrschaft wegen noch mehr sein und immer mehr werden
muß als zuvor, und daß er aus allen diesen Gründen mehr als sonst
jemand selbst unglückselig ist und auch diejenigen, die ihm nahe-
stehen, zu solchen macht. – Kein Vernünftiger, sagte er, wird dir

darin widersprechen. – So komm denn, sagte ich, und wie, wer in irgendeiner Sache über alle durchweg richten soll, sein Urteil abgibt, so sprich auch du jetzt aus über alle, welcher nach deiner b Meinung an Glückseligkeit der erste ist und welcher der zweite, und so der Reihe nach über alle fünf, den königlichen, den timokratischen, den oligarchischen, den demokratischen, den tyrannischen Mann. – Leicht, sagte er, ist ja das Urteil. Denn nach der Ordnung, wie sie aufgetreten sind, weise ich ihnen wie Chören ihren Rang an, sowohl an Tugend und Schlechtigkeit als an Glückseligkeit und dem Gegenteil. – Sollen wir nun einen Herold dingen, fragte ich, oder rufe ich selbst aus, Aristons Sohn hat den Spruch getan, der trefflichste und gerechteste sei auch der glückseligste, dies sei aber der am meisten königlich gesinnte und sich c selbst königlich beherrschende; der schlechteste aber und ungerechteste sei auch der unseligste, und dies sei der am meisten tyrannisch Gesinnte und auch sich selbst sowohl als den Staat so tyrannisch als möglich Beherrschende. – Das sei ausgerufen! sagte er. – Soll ich etwa noch dazusetzen, fragte ich, einerlei ob es allen Menschen und Göttern entgeht oder nicht, daß sie solche sind? – Das setze hinzu! sprach er.

128. *Im Hinblick auf die Seelenteile vorgenommene Unterscheidung dreier Menschenarten und ihrer Lust*

Wohl denn! sagte ich. Dies also sei unser erster Beweis; als zweiten aber sieh diesen, ob er etwas zu sein scheint. – Welcher ist dies? – d Wenn doch, wie der Staat in drei Gattungen geteilt ist, so auch eines jeglichen Seele in dreierlei: so wird, wie mich dünkt, noch ein anderer Beweis möglich sein. – Und was für einer wäre das? – Dieser. Für diese drei zeigen sich mir auch dreierlei Arten von Lust, für jede einzelne eine besondere; und ebenso auch dreierlei Begierden und Regierungen. – Wie meinst du dies? sprach er. – Das eine, sagen wir, war doch, womit der Mensch lernt, das andere, womit er sich ereifert, das dritte aber konnten wir seiner Vielartigkeit wegen nicht mit einem einzigen ihm eigentümlichen e Namen benennen, sondern was es Größtes und Stärkstes in sich schloß, danach benannten wir es. Das Begehrliche nämlich nannten wir es wegen der Heftigkeit der auf Speise und Trank und Liebessachen und was hiermit sonst noch zusammenhängt bezüg-

581a lichen Begierden, und das Geldliebende auch, weil vorzüglich durch Geld die Begierden dieser Art befriedigt werden. – Und recht war das wohl, sprach er. – Wenn wir also auch von der hierher gehörigen Lust und Liebe sagten, daß sie auf Gewinn und Nutzen gehe: so würden wir uns in der Erklärung doch auf *ein* Hauptstück stützen, so daß wir uns selbst doch immer etwas Bestimmtes dächten, sooft wir diesen Teil der Seele aussprechen? Und wenn wir ihn also das Geldliebende und Gewinnsüchtige nennten, so wäre er richtig benannt? – Das scheint mir wenigstens, sagte er. – Wie aber das Zornartige? Sagen wir nicht, daß dieses auf das Machthaben und Siegen und Berühmtsein ganz und

b gar ausgehe? – Allerdings. – Wenn wir dies also als das Ehrliebende und Streitlustige überschrieben, würde das wohl angemessen sein? – Vollkommen angemessen gewiß. – Wiederum womit wir lernen, davon ist doch jedem offenbar, daß es ganz und gar immer darauf gestellt ist, die Wahrheit zu wissen, wie es mit der steht, und daß um Geld und Ruhm dieses unter allen dreien sich am wenigsten kümmert. – Bei weitem. – Nennen wir also dieses lernlustig und weisheitliebend: so ist es wohl seiner Art und Weise gemäß benannt? – Wie sollte es nicht! – Nun aber, sprach ich,

c herrscht doch auch in den Seelen der einen dieses, der anderen ein anderes von diesen, welches sich eben trifft? – So ist es, sagte er. – Deshalb nun laß uns zuvörderst sagen, daß es auch drei Arten von Menschen gibt, eine weisheitliebende, eine streitlustige und eine gewinnsüchtige. – Offenbar wohl. – Dann auch drei Arten von Lust, jedem von diesen eine zugehörig. – Allerdings. – Weißt du auch wohl, sprach ich, daß, wenn du drei solche Menschen jeden besonders fragen wolltest, welche von diesen drei Lebensweisen die angenehmste sei, dann jeder seine eigene vorzüglich herausrühmen wird? Und der Gewerbsmann wird sagen, in Vergleich

d mit dem Geldschaffen sei die Lust an der Ehre oder den Kenntnissen gar nichts wert, ausgenommen, wenn etwas der Art Geld bringt. – Gewiß! sagte er. – Und wie der Ehrliebende? sprach ich. Hält der nicht die Lust am Gelde für etwas Gemeines; und wiederum die am Lernen, wenn eine Kenntnis nicht Ehre bringt, für leeren Dunst und Possenspiel? – So ist es, sagte er. – Und der Weisheitliebende, als was sollen wir annehmen daß er die andern

e Arten der Lust einschätzt im Vergleich mit der, die Wahrheit zu

wissen, wie sie sich verhält, und immer lernend mit etwas der Art
zu verkehren? Nicht als weit von ihr entfernt? Und daß er sie recht
eigentlich notwendige nenne, weil er diese andern gar nicht brauchen würde, wenn die Not nicht wäre? – Das sagte er, müssen wir
ja genau wissen. –

### 129. Beweis, daß die Lust am Wahren die angenehmste ist

Wenn nun also, sprach ich, die Lust jeder Gattung mit den anderen im Streit ist, und so auch jede Lebensweise selbst, und zwar
nicht über das edler oder schändlicher leben und schlechter oder
besser, sondern eben über das angenehmer und schmerzloser  582a
selbst: wie können wir dann erkennen, wessen Aussage die richtigste ist? – Dies, sagte er, weiß ich nicht sonderlich zu sagen. –
Betrachte es doch so. Womit muß denn das beurteilt werden, was
richtig beurteilt werden soll? Nicht mit Erfahrung, Einsicht und
Vernunftgründen? Oder weiß einer ein besseres Hilfsmittel als
diese? – Woher doch! sagte er. – So schaue denn. Welcher von
diesen drei Männern ist wohl der erfahrenste in allen diesen Arten
der Lust, von denen die Rede war? Dünkt dich der Gewinnsüchtige, wenn er nun die Wahrheit selbst, was sie ist, kennenlernt,
erfahrener zu sein in der Lust an der Erkenntnis als der Weisheitliebende in der am Gewinn? – Weit gefehlt wohl! sagte er. Denn  b
diesem ist es ja schon von seiner Kindheit an notwendig, auch die
anderen zu kosten; der Gewinnsüchtige aber, wenn er nun auch
lernt, wie das Seiende geartet ist, braucht deshalb nicht notwendig
diese Lust zu kosten noch eine Erfahrung davon zu machen, wie
süß sie ist; vielmehr wenn er auch dazu aufgeregt wäre, würde es
ihm nicht leicht sein. – Also, sprach ich, hat vor dem Gewinnsüchtigen der Weisheitliebende bei weitem den Vorzug an Erfahrung in beiden Arten der Lust? – Bei weitem freilich. – Wie aber  c
verhält er sich gegen den Ehrliebenden? Ist er wohl unerfahrener
in der Lust am Geehrtwerden als jener in der am Weisesein? –
Wohl nicht, sagte er; denn Ehre folgt ja doch, wenn sie nur wirklich erlangen, wonach jeder strebt, ihnen allen insgesamt. Denn
auch der Reiche wird von vielen geehrt und der Tapfere und der
Weise, so daß von der Lust am Geehrtwerden, was sie sei, alle eine
Erfahrung haben. Die Anschauung des Wahren aber kann unmöglich ein anderer gekostet haben, welche Lust sie bei sich führt, als

nur der Weisheitliebende. – Wegen der Erfahrung also, sagte ich,
d urteilt dieser am trefflichsten unter allen jenen Männern. – Bei
weitem. – Und auch er allein nur wird wohl mit Einsicht zur Erfahrung gekommen sein. – Wie anders! – Aber auch das Werkzeug, mittels dessen die Sache beurteilt werden muß, ist nicht das
Werkzeug des Gewinnsüchtigen oder Ehrliebenden, sondern das
des Weisheitliebenden. – Welches doch? – Nach Vernunftgründen, sagten wir ja doch, solle geurteilt werden. Nicht wahr? –
Ja. – Eben die sind aber doch das Werkzeug von diesem vorzüglich. – Wie sollten sie nicht! – Wenn also das zu Beurteilende am
besten nach Reichtum und Gewinn beurteilt würde, so müßte,
e was der Gewinnsüchtige lobt und tadelt, notwendig das Richtige
sein. – Notwendig ja. – Und wenn nach Ehre, Sieg und Tapferkeit, dann wohl, was der Streitlustige und Ehrliebende? – Offenbar. – Da aber nach Erfahrung, Einsicht und Vernunftgründen? – Notwendig, sagte er, ist dann, was der Weisheitliebende
583a und Vernunftliebende lobt, das richtigste. – Von den drei Arten
der Lust also wäre die desjenigen Teils der Seele, vermöge dessen
wir lernen, die angenehmste, und in welchem unter uns dieser
herrscht, dessen Lebenweise die angenehmste? – Wie könnte es
anders sein? sagte er. Da ja als gebührender Lobredner der Weise
seine eigene Lebensart lobt. – Welches aber, sprach ich, sagt wohl
der Richter, sei die zweite Lebensweise und die zweite Lust? –
Offenbar wohl die des Kriegerischen und Ehrliebenden; denn sie
steht ihm näher als die des Gewerbsmannes. – Die letzte also, wie
es scheint, ist die des Gewinnsüchtigen. – Wie anders? sprach er.

*130. Aufweis, daß die Lüste des Körpers nicht reine Lust sind,*
    *sondern Beseitigung von Schmerz*

b Dies wären also nun zwei Gänge hintereinander, und zweimal
hätte der Gerechte den Ungerechten besiegt; dem dritten aber,
ganz nach olympischer Weise für den rettenden und olympischen
Zeus, siehe nun zu, daß nämlich die Lust der andern außer der des
Weisen auch nicht ganz wahr ist noch auch rein, sondern ein trü-
ber Schattenriß gleichsam, wie ich glaube von einem der Weisen
gehört zu haben; und dies wäre doch die größte und entscheiden-
ste Niederlage. – Bei weitem; aber wie meinst du dies? – So,
c sprach ich. Ich denke es zu finden, wenn du mir antwortest, indem

ich es mit dir suche. – So frage denn! sagte er. – Sprich also, hub
ich an; sagen wir nicht, Schmerz sei das Gegenteil der Lust? –
Allerdings. – Und weder Lust haben noch Schmerz sei auch
etwas? – Etwas gewiß. – Also zwischen diesen beiden in der
Mitte eine gewisse Ruhe der Seele in bezug hierauf? Oder meinst
du es nicht so? – Vollkommen so, sagte er. – Und besinnst du
dich nicht auf die Reden der Kranken, die sie führen, wenn sie
krank sind? – Was für welche? – Daß doch nichts angenehmer
sei als Gesundsein; aber ehe sie krank geworden, sei ihnen ganz
entgangen, daß jenes das Angenehmste sei. – Sehr wohl besinne  d
ich mich, sagte er. – Und hörst du nicht auch die, welche in heftigen Schmerzen liegen, sagen, es sei nichts angenehmer, als wenn
der Schmerz aufhört? – Das höre ich. – Und nun merkst du wohl,
daß es noch viele andere Umstände gibt, worin die Menschen,
wenn es ihnen verdrießlich geht, das Keinen-Verdruß-Haben und
die Ruhe in dieser Beziehung als das Allerangenehmste preisen,
nicht aber das Lust-Haben. – Dies wird ihnen vielleicht, sagte er,
eben dann angenehm und wohltuend, die Stille. – Und wenn einer
aufhört Lust zu empfinden, dann wird wohl, sagte ich, die Stille  e
der Lust ihm schmerzlich sein. – Vielleicht, sagte er. – Was wir
also eben zwischen beiden zu sein behaupteten, die Ruhe, das wird
wohl beides sein, Schmerz sowohl als Lust. – So scheint es. – Ist
denn aber auch möglich, daß, was keines von beiden ist, beides
werde? – Nein, scheint mir. – Wenn aber das Angenehme in der
Seele entsteht und das Unangenehme: so ist doch beides eine Bewegung. Oder nein? – Ja. – Und das weder Schmerzliche noch  584a
Angenehme, hatte sich uns das nicht eben als eine Ruhe und als
etwas zwischen diesen beiden gezeigt? – So hatte es sich freilich
gezeigt. – Wie kann man also mit Recht das Nicht-Schmerz-Ha-
ben für angenehm halten, und das Nicht-Lust-Empfinden für
schmerzvoll? – Gar nicht. – Also auch dieses ist nicht, sprach ich,
sondern die Ruhe erscheint nur jedesmal neben dem Schmerzli-
chen angenehm und neben dem Angenehmen schmerzlich; und an
diesen Erscheinungen ist nichts Gesundes in bezug auf das Wesen
der Lust, sondern sie sind ein Gaukelspiel. – Wie wenigstens,
sagte er, unsere Rede andeutet. –

So sieh denn, sprach ich, auf solche Lust, welche nicht aus
Schmerz entsteht, damit du nicht etwa für jetzt glaubst, dieses bei-  b

des verhalte sich so, daß Lust das Aufhören des Schmerzes sei, und Schmerz der Lust. – Wohin also, und welche meinst du? – Gar viele, sagte ich, gibt es auch andere, wenn du aber willst, so betrachte gleich die angenehmen Empfindungen des Geruchs. Denn diese entstehen, ohne daß man vorher die mindeste Unlust gehabt, plötzlich in großer Stärke, und wenn sie aufgehört haben, lassen
c sie nicht eine Spur von Unlust zurück. – Vollkommen richtig, sagte er. – So wollen wir denn nicht glauben, die Befreiung von der Unlust sei eine Lust, noch die von der Lust solche Unlust. – Freilich nicht. – Aber doch, sagte ich, sind wenigstens die durch den Leib zur Seele gelangenden und vorzüglich so genannten Lüste, die meisten beinahe und größten, von dieser Art, Erledigungen von Schmerzen. – Das sind sie freilich. – Und nicht wahr, die über Zukünftiges aus der Erwartung entstehenden angenehmen und unangenehmen Vorempfindungen verhalten sich ebenso? – Ebenso. –

## 131. *Vergleich der körperlichen und der geistigen Lust hinsichtlich des Gehalts an Seiendheit*

d Weißt du nun wohl, wie diese insgesamt beschaffen sind und womit vorzüglich zu vergleichen? – Womit? – Nimmst du auch an, sprach ich, daß es in den Dingen ein Oben gibt und ein Unten und eine Mitte? – Ich gewiß. – Und wenn einer sich von unten nach der Mitte bewegt, meinst du, daß er etwas anderes glauben werde, als sich nach oben zu bewegen? Und wenn er, in der Mitte zur Ruhe gelangt, dahin schaut, woher er gekommen ist, wird er wohl etwas anderes glauben als oben zu sein, da er das wahre Oben nicht gesehen hat? – Beim Zeus, sagte er, ich glaube nicht, daß ein solcher etwas anderes glauben wird. – Aber wenn er nun wieder
e in Bewegung käme: so würde er glauben, sich nach unten zu bewegen, und würde auch recht glauben? – Wie sollte er nicht? – Und das alles würde ihm doch begegnen, weil er keine Kunde hätte von dem, was wahrhaft oben ist und unten und in der Mitte? – Offenbar. – Kannst du dich also wundern, wenn auch die der Wahrheit Unkundigen sowohl von vielen andern Dingen keine gesunden Vorstellungen haben, als auch zu Lust und Unlust und zu dem in der Mitte von ihnen sich so verhalten, daß, wenn sie nach der
585a Unlust hin sich bewegen, sie richtig glauben und wirklich Unlust

haben, wenn aber von der Unlust weg nach der Mitte hin, sie wunder wie sehr glauben zur Erfüllung und zur Lust zu gelangen, aber wie wenn man Graues neben Schwarzem sieht aus Unkunde des Weißen, so, indem sie neben der Unlust die Schmerzlosigkeit betrachten, aus Unkunde der Lust sich täuschen? – Beim Zeus, sprach er, ich würde mich nicht wundern, sondern weit mehr, wenn es nicht so käme. –

So betrachte es denn, sagte ich, einmal so. Sind nicht Hunger und Durst und dergleichen gewisse Leerheiten des körperlichen b Zustandes? – Wie sollten sie nicht? – Unwissenheit und Unverstand aber, sind die nicht wiederum ebenso eine Leerheit in dem Zustande der Seele? – Freilich wohl. – Angefüllt also würde, wer Nahrung zu sich nimmt und wer Verstand bekommt? – Was sonst? – Welches ist aber die wahrhaftere Anfüllung, die mit einem minder oder die mit einem mehr Seienden? – Offenbar die mit einem mehr. – Welche von beiden Gattungen nun, glaubst du wohl, habe mehr Anteil am reinen Sein, die, wozu Brot und Getränk und Gekochtes und alle Nahrungsmittel insgesamt gehören, oder die Gattung der richtigen Vorstellung und der Wissenschaft und des Verstandes und alles dessen insgesamt, was Tugend ist? Beurteile es aber so: Was an dem sich immer Gleichen und Un- c sterblichen haftet und an der Wahrheit, sowohl solcherlei selbst seiend als auch in solchem entstehen, dünkt dich dies in höherem Grade zu sein oder das an dem nie sich selbst Gleichen und Sterblichen Haftende als auch selbst solches und in solchem entstehend? – Bei weitem mehr, sagte er, das an dem immer sich selbst Gleichen. – Also das Wesen des sich immer Gleichen, hat das mehr am Sein Anteil als am Wissen? – Keineswegs. – Und wie? An der Wahrheit? – Auch das nicht. – Wenn aber etwas weniger an der Wahrheit, dann auch am Sein. – Notwendig. – Überhaupt also wird das zur Pflege des Leibes Gehörige in seinen verschiede- d nen Arten minder als die Arten des zur Pflege der Seele Gehörigen an der Wahrheit und dem Sein Anteil haben? – Bei weitem wohl. – Und meinst du nicht ebenso auch der Leib minder als die Seele? – Ich gewiß. – Wird also nicht auch das mit wahrhafter Seiendem angefüllte selbst auch wahrhafter Seiende wahrhafter angefüllt als das mit minder Seiendem und selbst minder Seiende? – Wie könnte es anders sein! – Wenn also mit der Natur

Angemessenem angefüllt werden angenehm ist: so würde auch
das wahrhafter und mit wahrhafter Seiendem Angefüllte sich
e wirklicher und wahrhafter wohlbefinden in wahrhafter Lust, dem
aber minder Seiendes zugeteilt wird, das würde auch minder
wahrhaft und auf die Dauer angefüllt werden, und hätte nur Teil
an einer unzuverlässigen und minder wahrhaften Lust. – Ganz
586a notwendig, sagte er. –

Die also der Einsicht und Tugend bar sind, in Schmausereien
aber und dergleichen sich immer pflegen, bewegen sich, wie es uns
vorkam, nach unten hin und dann wieder bis zur Mitte und schweben hier zeitlebens, über dieses aber hinaus zu dem wahrhaften
Oben haben sie niemals weder hinaufgesehen noch einen Anlauf
dorthin genommen und sind also auch mit Seiendem nie wahrhaft
angefüllt worden, noch haben sie je eine dauernde und reine Lust
geschmeckt; sondern nach Art des Viehes immer auf den Boden
sehend und zur Erde und den Tischen gebückt nähren sie sich und
bespringen sich einander auf der Weide; und wenn sie aus hab-
b süchtiger Begierde nach diesen Dingen ausschlagen und stoßen, so
töten sie sich auch untereinander mit eisernen Hörnern und Hufen
aus Unersättlichkeit, weil sie nicht mit Seiendem weder ihr Seiendes noch dasjenige, was Empfangenes festhält, angefüllt haben. –
Vollkommen wie in einem Götterspruch, o Sokrates, sprach Glaukon, bezeichnest du die Lebensweise der großen Menge. – Leben
nun nicht solche auch notwendig in mit Unlust gemischten Lüsten,
gleichsam in Doppelgängern oder Schattenbildern der wahren
c Lust, welche nur durch die Zusammenstellung Farbe bekommen,
so daß sie als gewaltig erscheinen und diesen Toren wahnsinnige
Leidenschaften zu sich einflößen und der Gegenstand heftigen
Streites werden, wie auch um das Schattenbild der Helena nach
Stesichoros unter den Trojanern solcher Streit entstand aus Unkunde der wahren. – Notwendig, sagte er, muß es sich so begeben. –

### 132. Abstand der wahrhaften königlichen Lust von der des Ty-
rannen

Und wie? Muß nicht eben dergleichen notwendig auch mit dem
Zornartigen begegnen, wenn einer dasselbe vollbringt, neidischer-
weise aus Ehrgeiz oder gewaltsamerweise aus Streitlust oder zor-

nigerweise aus Ungeschlachtheit, indem er Sättigung an Ehre, Sieg     d
und Wiedervergeltung erstrebt ohne Einsicht und Vernunft? –
Ähnliches, sagte er, erfolgt notwendig auch hierbei. – Wie also?
sprach ich. Wollen wir kühnlich sagen, daß von allen auf das Gewinnsüchtige sowohl als das Streitlustige bezüglichen Begierden
diejenigen, welche der Erkenntnis und vernünftigen Rede nachgehend und nur nach deren Anleitung der Lust nachstrebend diejenigen Lüste erlangen, auf welche die Vernunft hindeutet, daß diese
sowohl die wahrhaftesten erlangen werden, soweit ihnen nämlich
möglich ist, Wahres zu erlangen, weil sie ja der Wahrheit gefolgt
sind, als auch die ihnen eigentümlich zugehörigen, wenn doch das     e
beste für einen jeden auch das ihm Eigentümlichste ist. – Gewiß
wohl, sprach er, ist dies ja das Eigentümlichste. – Folgt also die
ganze Seele dem Weisheitliebenden und ist ihm nicht aufsässig: so
gelangt jeder Teil dazu, daß er nicht nur sonst das Seinige verrichtet und gerecht ist, sondern jeder erntet auch an Lust das ihm Zu-
gehörige und Beste und soviel irgend möglich das Wahrhafte. –
Offenbar ja. –                                                        587a
Wenn hingegen einer von den andern Teilen die Gewalt bekommt: so vermag nicht einmal er selbst sich die ihm zukommende Lust zu verschaffen und nötigt auch die andern, daß sie
fremder und nicht wahrhafter Lust nachgehen müssen. – So ist es,
sagte er. – Wird also nicht, was am weitesten von der Weisheitsliebe und der Vernunft absteht, auch dieses am meisten bewirken? – Bei weitem. – Und steht nicht, was von Gesetz und
Ordnung, eben das auch am weitesten von der Vernunft ab? –
Unleugbar. – Am weitesten abstehend aber hatten sich ja die verliebten und tyrannenhaften Begierden gezeigt? – Bei weitem. –     b
Am wenigsten aber die königlichen und sittsamen? – Ja. – Also
wird auch, denke ich, der Tyrann am meisten von wahrer und
eigentümlicher Lust entfernt bleiben, jener aber am wenigsten. –
Notwendig. – Auch am unerfreulichsten wird also der Tyrann leben, der König aber am anmutigsten. – Ganz notwendig. – Und
weißt du wohl, sprach ich, um wieviel unerfreulicher ein Tyrann
lebt als ein König? – Wenn du es mir sagst, antwortete er. – Da es,
wie sich gezeigt hat, drei Arten der Lust gibt, von denen die eine echt     c
ist, zwei aber unecht, so ist der Tyrann in das Jenseits der unechten
hinübergestiegen, indem er Gesetz und Vernunft geflohen hat,

und lebt nun mit gewissen knechtischen und söldnerischen Lüsten;
wieviel er aber dabei zu kurz kommt, ist gar nicht leicht zu sagen,
außer etwa so. – Wie doch? fragte er. – Von dem Oligarchischen
ist doch der Tyrann der dritte; denn zwischen beiden war noch der
Volksmann. – Ja. – Also besitzt er auch, wenn das Vorige richtig
ist, von jenem ab mit der Wahrheit verglichen, das dritte Schattenbild der Lust? – So ist es. – Der oligarchische Mann aber ist wie-

d derum der dritte vom königlichen, wenn wir den aristokratischen
und königlichen an dieselbe Stelle bringen. – Der dritte freilich. –
Um das Dreifache des Dreifachen also, sprach ich, steht der Tyrann
von der wahrhaften Lust entfernt. – So scheint es. – Und das
Schattenbild der tyrannischen Lust wäre also die Fläche, die zu
jener Zahl als ihrer Wurzel gehört. – Unleugbar ja. – Aus der Wurzel und der dritten Potenz also wird erhellen, um welche Entfernung
er absteht. – Offenbar, sagte er, dem wenigstens, der sich auf das
Rechnen versteht. – Also wenn einer die Sache umkehrend von
dem Könige sagen wollte, wie weit er vermöge der Wahrheit seiner

e Lust von dem Tyrannen entfernt ist: so wird er nach vollendeter
Vervielfältigung finden, daß er siebenhundertundneunundzwan-
zigmal anmutiger lebt, der Tyrann also unseliger ist in demselben
Maß und gleicher Entfernung. –

Eine wunderbare Rechnung, sagte er, hast du da zusammenge-

588a tragen von dem Unterschiede zwischen den beiden Männern,
dem gerechten und dem ungerechten, was Lust und Unlust betrifft. – Und doch eine richtige und ihrem Leben angemessene
Zahl, sprach ich, da ihnen ja Tage und Nächte, Monate und Jahre
angemessen sind. – Das sind sie ja freilich, sagte er. – Und wie?
Wenn der Gute und Gerechte den Schlechten und Ungerechten
schon an Lust um so vieles überwindet: um wie unendlich viel
mehr wird er ihn nicht überwinden in des Lebens Wohlgestaltung
und Schönheit und Tüchtigkeit? – Unendlich weit freilich, beim
Zeus, sagte er.

### 133. *Verdeutlichung der eigentlichen Bedeutung des Unrecht-*
### *tuns und Gerechthandelns durch ein Bild der Seele*

b Wohlan, sprach ich, weil wir nun hierher gelangt sind mit unserer
Rede: so laß uns das zuerst Gesagte wieder aufnehmen, weshalb
wir hierher gekommen sind. Es wurde doch gesagt, Unrechttun

nütze dem, der vollkommen ungerecht zwar sei, gerecht aber erscheine. Oder ist nicht so gesagt worden? – Allerdings so. – Nun
also, sprach ich, laß uns mit diesem reden, nachdem wir einig geworden sind, was es mit beidem, dem Unrechttun und dem Gerechthandeln, auf sich habe. – Wie aber, fragte er. – Laß uns zuerst ein Bildnis der Seele in Worten anfertigen, an welchem, wer
jenes behauptete, sehen könne, was er gesagt hat. – Was für c
eines? fragte er. – Von der Art eines, sprach ich, wie die Fabel
lehrt, daß es vor Zeiten Naturen gegeben habe; die der Chimaira
und der Skylla und des Kerberos und verschiedene andere werden
ja beschrieben, daß sie viele Gestalten in eines zusammengewachsen gewesen seien. – Das wird freilich erzählt. –

So bilde dir denn *eine* Gestalt eines gar bunten und vielköpfigen
Tieres, rundherum Köpfe von zahmen und wilden Tieren habend
und imstande, dies alles abzuwerfen und aus sich hervorzubringen. – Dazu gehört ein tüchtiger Bildner, sagte er; indessen, da d
doch Worte leichter zu handhaben sind als Wachs und dergleichen, so sei es gebildet. – Nun auch noch eine andere Gestalt des
Löwen und eine des Menschen: bei weitem das größte aber sei die
erste und das nächste die zweite. – Dieses, sagte er, ist schon leichter, und es ist gebildet. – Weiter verknüpfe nun diese drei in eines,
so daß sie miteinander zusammenwachsen. – Sie sind verknüpft,
sagte er. – Und nun bilde außen um sie herum das Bildnis des
einen, nämlich des Menschen, so daß es dem, der das Innere nicht
sehen kann, sondern nur die äußere Hülle sieht, als ein lebendes e
Wesen erscheint, nämlich ein Mensch. – Das sei herumgebildet,
sagte er. – Und nun gehen wir zu dem, welcher behauptet, diesem
Menschen nütze Unrechttun, Gerechthandeln aber sei ihm nichts
nütze, und sagen ihm, er behaupte nichts anderes, als es nütze ihm,
jenes vielgestaltige Tier nebst dem Löwen und was ihm angehört
durch Wohlleben stark zu machen, den Menschen aber Hungers 589a
sterben zu lassen und abzuschwächen, so daß er sich muß schleppen lassen, wohin eben eines von jenen beiden ihn zieht, und nicht
etwa sie aneinander gewöhnt und eines mit dem andern befreundet, sondern sie sich untereinander beißen und im Streite verzehren läßt. – Auf alle Weise, sprach er, behauptet das der, welcher
das Unrechttun lobt. – Also auch wohl, wer das Gerechte für
nützlich erklärt, der würde behaupten, man müsse solches tun und

reden, wodurch des Menschen innerer Mensch recht zu Kräften
b kommt und sich auch des vielköpfigen Geschöpfes annehmen
kann, wie ein Landmann das Zahme nährend und aufziehend,
dem Wilden aber, nachdem er sich die Natur des Löwen zu Hilfe
genommen, wehrend, daß es nicht wachse, auf daß er so, für alle
gemeinsam sorgend, nachdem er sie untereinander und mit ihm
selbst befreundet, sie so erhalte. – Offenbar behauptet wiederum
dieses, wer das Gerechte lobt. – Auf alle Weise also sagt ja der das
Wahre, der das Gerechte erhebt, der aber das Unrecht, täuscht
c sich. Denn mag man nun auf die Lust sehen oder auf den guten Ruf
oder auf die Förderlichkeit: so hat der Lobredner des Rechts die
Wahrheit für sich, der Tadler aber sagt nichts Gesundes und tadelt, ohne zu wissen was. – Gewiß, sagte er, weiß er es ganz und
gar nicht. –

So laß ihn uns denn in Güte überreden, da er ja auch nicht mit
Willen fehlt, und ihn fragen: Würden wir nicht doch sagen, o Lieber, daß auch das Edle und Schlechte sich aus solchen Ursachen
geltend gemacht habe, das Edle nämlich als dasjenige, wodurch
d das Tierische in der Natur unter den Menschen oder vielmehr unter das Göttliche gebracht wird, das Schändliche aber, weil es das
Zahme unter die Gewalt des Wilden bringt? Wird er beistimmen,
oder wie? – Wenn er anders mir folgen will, sagte er. – Kann es
nun wohl, sprach ich, dieser Erklärung zufolge irgendeinem nützlich sein, ungerechterweise Geld zu nehmen, wenn doch dergleichen etwas geschieht, daß, indem er das Geld nimmt, zugleich das
Beste von ihm selbst dem Schlechtesten verknechtet wird? Oder
e soll man sagen, daß zwar, wenn er für Geld einen Sohn oder eine
Tochter in die Knechtschaft gäbe, zumal noch unter wilde und
böse Menschen, es ihm nicht nützen könnte, auch noch so viel
unter solcher Bedingung zu empfangen; wenn er aber das Göttlichste seiner selbst in des Ungöttlichsten und Unreinsten Gewalt
gibt ohne Erbarmen, dann wäre er nicht elend und hätte nicht für
590a einen weit unseligeren Verlust Geld genommen als Eriphyle, die
jenen Schmuck annahm für ihres Mannes Leben? – Bei weitem
wohl! sprach Glaukon, denn ich will dir für ihn antworten. –

*134. Erklärung des als Sitte Geltenden nach diesem Bild. Die*
*sich hieraus ergebende Lebensführung dessen, der Ver-*
*nunft hat*

Und meinst du nicht, daß auch die Zügellosigkeit um deswillen
von jeher getadelt wurde, weil in dergleichen allem jenes abscheu-
liche, jenes große und vielgestaltige Tier weit über die Gebühr
freigelassen wird? – Offenbar, sagte er. – Anmaßendes und un-
freundliches Wesen aber wird ja wohl getadelt, sofern das Löwen-
artige und Schlangenartige auf übelstimmende Weise angespannt    b
und genährt wird? – Allerdings. – Und wird nicht Üppigkeit und
Weichlichkeit wegen Erschlaffung und Abspannung des nämlichen getadelt, wenn jenes Feigheit darin hervorbringt? – Nicht
anders. – Schmeichelei aber und Niederträchtigkeit etwa nicht,
wenn jemand eben dieses, das Zornartige, jenem ungetümen Tier
unterwirft und des Geldes wegen und aus unersättlicher Begierde
nach diesem es durch Mißhandlungen von Jugend an gewöhnt,
statt des Löwen und Affen zu spielen? – Ei freilich! sagte er. –
Niedriges Handwerk aber und Tagelöhnerei, weshalb, meinst du,    c
liegt darauf ein Schimpf? Sollen wir wohl eine andere Ursache
angeben, als sofern jenes Trefflichste in einem von Natur so
schwach ist, daß es über die andern Tiere in ihm nicht herrschen
kann, sondern ihnen dienen muß und nur die Dienstleistungen,
welche sie fordern, zu erlernen vermag? – So scheint es wohl,
sagte er. – Sollen wir nun nicht sagen, damit auch ein solcher von
demselben beherrscht werde wie der Trefflichste, müsse er der
Knecht jenes Trefflichsten, welcher das Göttliche herrschend in
sich hat, werden? Keineswegs jedoch in der Meinung, der Knecht   d
solle zu seinem eigenen Schaden beherrscht werden, wie Thrasymachos von den Beherrschten meinte, sondern daß es beiden das
beste sei, von dem Göttlichen und Verständigen beherrscht zu
werden, am liebsten zwar so, daß jeder es als sein eigenes in sich
selbst habe, wenn aber nicht, dann daß es ihm von außen gebiete,
damit wir alle als von demselben beherrscht auch nach Vermögen
einander insgesamt ähnlich seien und befreundet. – Und ganz mit
Recht geschehe es so, sagte er. –

Und auch das Gesetz, sprach ich, zeigt ja deutlich, daß es der-     e
gleichen anrät, welches doch allen im Staat auf gleiche Weise verbündet ist; und so auch die Regierung der Kinder, indem wir sie

nicht frei sein lassen, bis wir in ihnen wie im Staat eine Verfassung eingerichtet haben und das Edelste in ihnen, nachdem wir es mit-

591a tels desselben in uns gepflegt und erzogen, auf ähnliche Weise zum Wächter und Regenten bestellt haben, und hierauf lassen wir sie dann frei. – Das ist freilich klar, sagte er. – Auf welche Weise, o Glaukon, und aus welchem Grunde sollen wir also sagen, unge- recht und zügellos sein oder Schlechtes tun sei nützlich, wenn einer, wiewohl er schlechter dadurch wird, doch mehr Geld oder anderweitiges Vermögen erwerben kann? – Auf keine Weise wohl, sagte er. – Und wie, daß es nützlich sei, wenn man Unrecht tue, verborgen bleiben und seine Strafe nicht erleiden? Oder wird

b nicht der Verborgenbleibende noch schlechter, wenn einer aber nicht verborgen bleibt, sondern gestraft wird, wird dann nicht das Tierische in ihm besänftigt und gezähmt, das Zahme aber freige- macht, so daß die ganze Seele, indem sie nach der edelsten Natur geordnet nun Besonnenheit und Gerechtigkeit mit Weisheit an- nimmt, eine weit trefflichere Beschaffenheit erlangt als ein Leib, welcher Stärke und Schönheit mit Gesundheit bekäme, um soviel mehr nämlich, als die Seele selbst preiswürdiger ist als der Leib? – Auf alle Weise gewiß, sagte er. –

c     Wird also nicht, wer Verstand hat, sein Leben so einrichten, daß er alles Seinige hierzu anspannt, indem er zuerst diejenigen Kennt- nisse in Ehren hält, welche seine Seele zu einer solchen bilden kön- nen, die anderen aber zurücksetzt? – Offenbar, sagte er. – Dem- nächst, fuhr ich fort, des Leibes Beschaffenheit und Ernährung wird er nicht nur keineswegs der tierischen und vernunftlosen Lust anheimgebend und dahin gewendet leben, sondern nicht ein- mal auf die Gesundheit vorzüglich sehend und das vorzüglich be- treibend, daß er kräftig, gesund und schön werde, wenn er nicht

d dadurch zugleich auch züchtig und besonnen würde; vielmehr im- mer wird er sich zeigen als einer, der die Verhältnisse des Leibes in bezug auf die Übereinstimmung in der Seele ordnet. – Auf alle Weise, sagte er, wenn er anders in der Tat ein der Harmonie Kun- diger sein soll. – Nicht auch ebenso, sprach ich, die Anordnung und Verhältnismäßigkeit in dem Besitz des Vermögens? Und er wird uns wohl nicht dessen Masse, betäubt von der Bewunderung der Menge, ins Unendliche mehren, um sich endlose Übel zu berei-

e ten? – Ich denke wohl nicht, sagte er. – Sondern er wird ja wohl,

fuhr ich fort, die in ihm bestehende Verfassung wohl beachtend
und sich hütend, daß er nicht dort etwas aufstöre durch Überfluß
oder Mangel an Vermögen, hierauf hinsteuernd so genau er es
irgend vermag, sein Vermögen sowohl vermehren als verwenden. – Offenbar ja, sagte er. – Und so wird er wohl auch, was
Ehre betrifft, auf dasselbe sehend an einiger teilnehmen und sie    592a
genießen, wovon er nämlich glaubt, es werde ihn besser machen;
wovon aber, es werde die bestehende innere Verfassung auflösen,
davor wird er sich hüten, sowohl im Hause als im öffentlichen
Leben. – Also, sprach er, wird er sich wohl nicht mit Staatssachen
einlassen wollen, wenn ihm jenes am Herzen liegt? – Beim
Hunde, sprach ich, in seinem eigenen Staate gar sehr, vielleicht
jedoch nicht in seinem Vaterlande, wenn ihm nicht ein göttliches
Geschick zu Hilfe kommt. –

Ich verstehe, sagte er, du meinst in dem Staate, den wir jetzt
durchgegangen sind und angeordnet haben und der in unseren
Reden liegt; denn auf der Erde glaube ich ncht, daß es irgendwo zu
finden sei. – Aber, sprach ich, im Himmel ist doch vielleicht ein    b
Muster aufgestellt für den, der sehen will und nach dem, was er
sieht, sich selbst einrichten. Es gilt aber gleich, ob ein solcher irgendwo ist oder sein wird; denn dessen Angelegenheiten allein
wird er doch verwalten wollen, eines anderen aber gar nicht. –
Wahrscheinlich wohl, sagte er.

## ZEHNTES BUCH

*135. Erneute Untersuchung der nachahmenden Darstellung. Die
Weise einer scheinbaren Darstellung aller Dinge*

595 a Und gewiß, sprach ich, auch an vielen anderen in diesem Staate
bemerke ich, daß wir ihn vortrefflich angelegt haben, nicht am
schwächsten aber behaupte ich dies, wenn ich an die Dichtkunst
denke. – An was doch? fragte er. – Daß wir auf keine Weise aufnehmen, was von derselben darstellend ist. Denn daß diese ganz
vorzüglich nicht aufzunehmen sei, das zeigt sich, wie mich dünkt,
jetzt noch deutlicher, seitdem wir die verschiedenen Teile der Seele
einzeln voneinander gesondert haben. – Wie meinst du das? –

b Um es nur zu euch zu sagen – denn ihr werdet mich doch nicht
angeben bei den Tragödiendichtern und den übrigen Darstellen-
den insgesamt –, mir scheint dergleichen alles ein Verderb zu sein
für die Seelen der Zuhörer, so viele ihrer nicht das Heilmittel besitzen, daß sie wissen, wie es sich damit verhält. – In welcher Hinsicht sagst du dieses? – Ich muß mich wohl erklären, sprach ich,
wiewohl eine Liebe und Scheu, die ich von Kindheit an für den
Homeros hege, mich hindern will zu reden. Denn er mag wohl

c aller dieser trefflichen Tragiker erster Lehrer und Anführer gewesen sein. Aber kein Mann soll uns doch über die Wahrheit gehen;
also muß ich wohl sagen, was ich denke. – Auf alle Weise, sagte
er. – So höre denn, oder vielmehr antworte. – Frage nur. – Was
Darstellung überhaupt ist, weißt du mir das wohl zu sagen? Denn
ich selbst sehe noch nicht recht, was sie sein will. – Und, sagte er,
da soll ich es wohl sehen? – Das wäre ja, sprach ich, gar nichts

596 a Sonderbares, denn schon oft haben Stumpfsichtige etwas eher gesehen als Scharfsichtigere. – Das ist wohl richtig, sagte er; aber in
deiner Gegenwart könnte ich nicht einmal das Herz fassen zu
sagen, was mir etwa einfiele; also sieh du nur selbst zu. –

Willst du also, daß wir die Betrachtung hierbei anfangen nach der gewohnten Weise? Nämlich *einen* Begriff pflegen wir doch jedesmal aufzustellen für jegliches Viele, dem wir denselben Namen beilegen. Oder verstehst du mich nicht? – Wohl verstehe ich. – Nehmen wir also, was du willst von solchem Vielen! Wie zum Beispiel, wenn es dir recht ist, gibt es doch viele Bettgestelle b und Tische? – Wie sollte es nicht. – Aber Begriffe gibt es doch nur zwei für diese Geräte, einen des Bettes und einen des Tisches. – Ja. – Und pflegen wir nicht zu sagen, daß die Verfertiger jedes dieser Geräte, auf den Begriff sehend, so der eine die Bettgestelle macht, der andere die Tische, deren wir uns bedienen, und ebenso auch alles andere? Denn den Begriff selbst verfertigt doch keiner von diesen Meistern; wie sollte er auch? – Auf keine Weise. – Aber sieh einmal zu, nennst du auch diesen einen Meister? – Wel- c chen doch? – Der alles macht, was jeder einzelne von diesen Handwerkern. – Das ist ja ein außerordentlicher und wundervoller Mann! – Noch eben nicht; aber bald wirst du es wohl noch stärker ausdrücken. Denn dieser selbe Handwerker ist imstande, nicht nur alle Geräte zu machen, sondern auch alles insgesamt, was aus der Erde wächst, macht er, und alle Tiere verfertigt er, die andern wie auch sich selbst, und außerdem noch den Himmel und die Erde und die Götter, und alles im Himmel und unter der Erde im Hades insgesamt verfertigt er. – Einen ganz wunderbaren So- d phisten, sagte er, beschreibst du da. – Glaubst du es etwa nicht? sprach ich; und sage mir, dünkt es dich überhaupt keinen solchen Meister zu geben, oder daß einer nur auf gewisse Weise alle diese Dinge verfertigt, auf andere aber wieder nicht? Oder merkst du nicht, daß auch du selbst imstande bist, auf gewisse Weise alle diese Dinge zu machen? – Und, fragte er, was ist doch dies für eine Weise? – Gar keine schwere, sprach ich, sondern die vielfältig und in der Geschwindigkeit angewendet wird. Am schnellsten aber wirst du wohl, wenn du nur einen Spiegel nehmen und den überall umhertragen willst, bald die Sonne machen und was am e Himmel ist, bald die Erde, bald auch dich selbst und die übrigen lebendigen Wesen und Geräte und Gewächse, und alles, wovon soeben die Rede war. – Ja scheinbar, sagte er, jedoch nicht in Wahrheit seiend. – Schön, sprach ich, und wie es sich gebührt, triffst du die Rede. Nämlich einer von diesen Meistern, meine ich, ist auch der Maler. Nicht wahr? – Wie sollte er nicht? – Aber du wirst sagen, meine ich, er mache nicht wahrhaft, was er macht. Wiewohl auf gewisse Weise, macht auch der Maler ein Bettgestell. Oder nicht? – Ja, sagte er, ein scheinbares auch er. –

### 136. Unterscheidung zwischen Wesensbildner, Werkbildner und Nachbildner. Entferntheit der Nachbildnerei von der Wahrheit

597a Wie aber der Tischler? Sagtest du nicht eben, daß auch er ja den Begriff nicht macht, der doch eigentlich, wie wir behaupten, ist, was das Bettgestell ist, sondern ein einzelnes Bettgestell mache er? – Das sagte ich freilich! – Also wenn er nicht macht, was ist: so macht er auch nicht das Seiende, sondern nur etwas Sobeschaffenes wie das Seiende, Seiendes aber nicht? Und wenn jemand behaupten wollte, das Werk des Tischlers oder sonst eines Handwerkers sei im eigentlichsten Sinne seiend, der schiene wohl nicht richtig zu reden? – Freilich nicht, sagte er, wie es wenigstens denen vorkommen würde, die sich mit dergleichen Reden beschäftigen. – So wollen wir uns demnach nicht wundern, wenn auch dieses etwas Trübes ist gegen die Wahrheit. – Freilich nicht. –

b Willst du nun, daß wir eben hiervon auch den Nachbildner aufsuchen, wer er wohl ist? – Wenn du willst, sagte er. – Also dieses werden uns drei Bettgestelle, das eine das in der Natur seiende, von dem wir, denke ich, sagen würden, Gott habe es gemacht. Oder wer sonst? – Niemand, denke ich. – Eines aber der Tischler. – Ja, sagte er. – Und eines der Maler. Nicht wahr? – So sei es. – Maler also, Tischler, Gott, diese drei sind Vorsteher der drei-
c erlei Bettgestelle. – Ja, drei. – Gott aber, ob er nun nicht wollte oder ob eine Notwendigkeit für ihn da war, nicht mehr als *ein* Bettgestell in der Natur zu machen, so machte er auch nur eins allein, jenes selbst, was das Bettgestell ist. Zwei solche aber oder mehrere sind von Gott nicht erzeugt worden und werden es auch nicht werden. – Wieso? sagte er. – Weil, sprach ich, wenn er auch nur zwei gemacht hätte: so würde sich doch wieder *eines* zeigen, wovon jene beiden die Gestalt an sich hätten, und so wäre dann jenes, was das Bettgestell ist, und nicht die zwei. – Richtig! sagte
d er. – Dieses nun wissend, denke ich, hat Gott, weil er wahrhaft der Verfertiger des wahrhaft seienden Bettgestells sein wollte und

nicht eines einzelnen Bettgestells, noch auch ein Tischler, es als *eines* dem Wesen nach gebildet. – So scheint es ja. – Sollen wir diesen also den Wesensbildner hiervon nennen oder ungefähr so? – Das ist ja wohl billig, sagte er, da er ja dieses und alles andere dem Wesen nach gemacht hat. – Und wie den Tischler? Nicht den Werkbildner des Bettgestells? – Ja. – Nennen wir auch wohl den Maler Werkbildner und Verfertiger desselben? – Keineswegs. – Aber was denn sagst du, daß er von dem Bettgestelle sei? – Ich denke, entgegnete er, am schicklichsten nennen wir ihn   e
Nachbildner dessen, wovon jene die Werkbildner sind. – Sei es! sprach ich. Des dritten Erzeugnisses Vorsteher von dem Wesen ab nennst du also Nachbildner. – Allerdings, sagte er. – Dieses also wird auch der Tragödiendichter sein, wenn er doch Nachbildner ist, ein dritter von dem Könige und dessen wahrem Wesen, und so auch alle andern Nachbildner. – So scheint es. –

Über den Nachbildner also sind wir eins; sage mir aber vom Maler noch dieses. Dünkt er dich darauf auszugehen, von jeg-   598a
lichem jenes *eine* selbst in der Natur nachzubilden oder die Werke der zweiten Bildner? – Die der Werkbildner, sagte er. – Und wie sie sind, oder wie sie erscheinen? Denn auch dieses unterscheide mir noch. – Wie meinst du? sagte er. – So: ein Bettgestell, wenn man es von der Seite sieht oder von gerade gegenüber oder wie sonst, ist es deshalb von sich selbst verschieden oder das zwar gar nicht, es erscheint aber anders? Und mit allem andern ebenso? – So ist es, sagte er; es erscheint anders, ist aber nicht verschieden. – Nun betrachte mir eben dieses. Auf welches von beiden geht die   b
Malerei bei jedem? Das Seiende nachzubilden, wie es sich verhält, oder das Erscheinende, wie es erscheint, als eine Nachbildnerei der Erscheinung oder der Wahrheit? – Der Erscheinung, sagte er. – Gar weit also von der Wahrheit ist die Nachbildnerei; und deshalb, wie es scheint, macht sie auch alles, weil sie von jeglichem nur ein Weniges trifft und das im Schattenspiel. Wie der Maler, das leugnen wir doch nicht, der wird uns Schuster, Tischler und die andern Handwerker nachbilden, ohne irgend etwas von diesen   c
Künsten irgend zu verstehen; aber doch, ist er nur ein guter Maler und zeigt, wenn er einen Tischler gemalt hat, ihn nur hübsch von fern, so wird er doch Kinder wenigstens und unkluge Leute anführen, daß sie das Gemälde für einen wirklichen Tischler halten. –

Wie sollte er nicht! – Aber dieses, meine ich, o Freund, müssen wir doch von allen dieser Art denken: Wenn uns jemand von einem berichtet, er habe einen Menschen angetroffen, der alle Handwerke verstehe, und alles andere, was sonst jeder nur einzeln
d weiß, verstehe er um nichts weniger genau als irgendeiner, den muß man doch gleich darauf anreden, daß er ein einfältiger Mensch ist, den ein Taschenspieler oder ein Nachbildner angeführt hat, so daß er ihn wirklich für allweise hielt, weil er selbst nämlich nicht fähig ist, Erkenntnis und Unkenntnis und Nachbildung zu sichten. – Vollkommen richtig, sagte er. –

*137. Frage nach Zeugnissen für die Weisheit Homers*
Nächstdem, sprach ich, laß uns nun die Tragödie vornehmen und ihren Anführer Homeros, weil wir ja doch immer von einigen hö-
e ren, daß diese Dichter alle Künste verstehen, und alles Menschliche, was sich auf Tugend und Schlechtigkeit bezieht, und das Göttliche dazu. Denn notwendig müsse der gute Dichter, wenn er, worüber er dichtet, gut dichten solle, als ein Kundiger dichten, oder er werde nicht imstande sein zu dichten. Wir müssen also zusehen, ob diese etwa von diesen Nachbildnern hintergangen worden sind und, wenn sie ihre Werke sehen, nicht merken, daß
599a diese um das Dreifache von der Wahrheit abstehen und leicht sind auch einem der Wahrheit nicht Kundigen zu dichten, weil sie nämlich Erscheinungen dichten, nicht Wirkliches, oder ob sie vielleicht recht haben und die guten Dichter das alles wirklich verstehen, wovon sie den meisten gut zu reden scheinen. – Allerdings, sagte er, müssen wir das untersuchen. – Meinst du nun wohl, wenn einer beides machen könnte, das Nachzubildende und das Schattenbild, er sich gestatten würde, viel Mühe auf die Verfertigung der Schattenbilder zu wenden und dieses an die Spitze seines
b Lebens zu stellen als das Beste, was er habe? – Ich wohl nicht. – Sondern, denke ich, wenn er doch der Wahrheit dieser Dinge kundig wäre, welche er nachbildet: so würde er ja weit eher seine Mühe an die Werke selbst wenden als an die Nachbildungen, und würde versuchen, viele und treffliche Werke als Denkmale von sich zurückzulassen, und würde weit lieber der Gepriesene sein wollen als der Lobredner. – Das denke ich, sagte er; denn nicht gleich ist die Ehre sowohl als der Vorteil. – Über das übrige nun

wollen wir nicht erst Rechenschaft fordern vom Homeros oder   c
welchem Dichter sonst, daß wir sie fragten, wenn einer von ihnen
wirklich heilkundig wäre und nicht nur ein Nachbildner heilkundiger Reden, wen denn wohl ein alter oder neuer Dichter gesund
gemacht haben solle wie Asklepios, oder was für Schüler in der
Heilkunde einer hinterlassen habe, wie jener seine Nachkommen?
Auch über die andern Künste wollen wir sie nicht erst befragen,
sondern das gut sein lassen; über das Größte und Herrlichste aber,
wovon Homeros zu handeln unternimmt, Kriege und Führung
von Feldzügen, Anordnung der Städte und Bildung der Menschen,
ist es doch billig, ihn ausforschend zu fragen: Lieber Homeros,   d
wenn du denn, was Tugend anlangt, nicht der dritte von der
Wahrheit abstehende Verfertiger des Schattenbildes bist, wie wir
den Nachbildner bestimmt haben, sondern doch der zweite, und
wirklich zu erkennen vermochtest, durch welche Bestrebungen die
Menschen besser werden oder schlechter im häuslichen Leben sowohl als im öffentlichen: so sage uns doch, welche Stadt denn
durch dich eine bessere Einrichtung bekommen hat, wie Lakedaimon durch den Lykurgos und so viele andere große und kleine
Städte durch andere mehr? Welche Stadt führt dich denn auf als   e
einen tüchtigen Gesetzgeber und einen, der ihr Wohl begründet
habe? Denn Italien und Sizilien nennt den Charondas und wir den
Solon; dich aber welche? Wird er wohl eine angeben können? –
Ich denke nicht, sagte Glaukon; auch wird ja dergleichen nicht
einmal von den Homeriden selbst behauptet. – Aber wird wohl   600a
irgendeines Krieges aus Homeros' Zeiten gedacht, der unter seiner
Anführung oder Beratung glücklich zu Ende gebracht worden? –
Keiner. – Aber doch als eines menschlicher Werke kundigen
Mannes werden viele und brauchbare Erfindungen in den Künsten oder zu andern Verrichtungen von ihm angeführt, wie von
dem milesischen Thales oder dem Skythen Anacharsis? – Ganz
und gar dergleichen nichts. – Wenn also nichts öffentlich, so wird
doch wohl Homeros einigen einzeln der Anführer in ihrer Ausbildung gewesen sein, welche sich an seinem Umgang erfreuten und
den Nachkommen eine homerische Lebensweise überliefern   b
konnten, wie Pythagoras selbst vorzüglich deshalb hochgeschätzt
wurde und auch jetzt noch die Späteren, die ihre Lebensweise die
pythagoreische nennen, für ausgezeichnet vor allen andern gel-

ten? – Auch dergleichen, sagte er, wird nichts gerühmt; denn
Kreophylos, des Homeros Freund, wäre ja noch lächerlicher seiner Bildung nach als sein Name, wenn das wahr ist, was vom Homeros erzählt wird. Es wird nämlich erzählt, daß man sich er-
c staunlich wenig um ihn bekümmert bei eben jenem, als er dort
lebte. –

138. *Der Dichter als Nachbildner hat weder Erkenntnis noch*
*auch nur richtige Meinung von dem, was er nachbildet*
Das wird freilich erzählt. Aber meinst du wohl, o Glaukon, wenn
Homeros wirklich imstande gewesen wäre, Menschen auszubil-
den und besser zu machen, als einer, der hierin nicht nur Nachbildner war, sondern Einsicht davon hatte, daß er sich nicht würde
gar viele Freunde gemacht haben und von ihnen geehrt und geliebt
worden sein? Sondern Protagoras der Abderit und der keische
Prodikos und viele andere sollten durch ihren Umgang ihre Zeitgenossen zu dem Glauben haben bringen können, daß sie weder
d ihr Hauswesen noch ihren Staat gut zu verwalten imstande sein
würden, wenn nicht sie ihre Bildung leiteten, und diese zwar werden solcher Weisheit halber so sehr geliebt, daß nicht viel fehlt,
ihre Freunde trügen sie überall auf den Schultern umher: den Homeros aber, wenn er imstande gewesen wäre, ihnen zur Tugend
förderlich zu sein, oder den Hesiodos hätten ihre Zeitgenossen
umherziehen lassen als Bänkelsänger und würden nicht viel mehr
an ihnen gehangen haben als an ihrem Gelde und sie genötigt, bei
e ihnen daheim zu bleiben, oder wenn sie sie nicht überreden konnten, sollten sie nicht mit ihren Kindern nachgezogen sein, wohin
jene nur gingen, bis sie der Bildung genug gehabt hätten? – Auf
alle Weise, sagte er, scheinst du mir vollkommen recht zu haben, o
Sokrates! – Wollen wir also feststellen, daß vom Homeros an alle
Dichter nur Nachbildner von Schattenbildern der Tugend seien
und der andern Dinge, worüber sie dichten, die Wahrheit aber gar
nicht berühren; sondern wie wir eben sagten, der Maler werde
etwas machen, was man für einen Schuhmacher hält, ohne selbst
601 a etwas von der Schusterei zu verstehen, und für die, welche nichts
davon verstehen, sondern nur auf Farben und Umrisse sehen? –
Das sagten wir. – Ebenso, denke ich, wollen wir auch von dem
Dichter sagen, daß er Farben gleichsam von jeglicher Kunst in

Wörtern und Namen auftrage, ohne daß er etwas verstände als
eben nachbilden; so daß andere solche, wenn sie die Dinge nach
seinen Reden betrachten, mag er nun von der Schusterei handeln
in gemessener und wohlgebauter und wohlklingender Rede, glauben müssen, daß es vollkommen richtig gesetzt sei, oder mag er
vom Kriegswesen oder was du sonst irgend willst handeln, so
einen gewaltigen Reiz habe eben dieses von Natur. Denn wie die    b
Werke der Dichter, entkleidet von den Farben dieser Tonkunst, an
und für sich vorgetragen sich zeigen, das, denke ich, weißt du; du
hast es ja wohl einmal wahrgenommen. – Das habe ich freilich,
sagte er. – Nicht wahr, sprach ich, sie gleichen jugendlichen, aber
nicht schönen Gesichtern, wie die anzusehen sind, wenn ihre Blü-
tezeit vorüber ist? – Vollkommen, sagte er. –

So komm und betrachte auch noch dieses! Der Verfertiger des
Schattenbildes, der Nachbildner, sagen wir doch, verstehe von
dem, was wirklich ist, nichts, sondern nur davon, wie jedes erscheint. Nicht so? – Ja. – Dieses nun laß uns nicht halb gesagt    c
liegen, sondern laß es uns vollständig betrachten. – Sprich nur,
sagte er. – Der Maler, sagen wir, kann uns Zaum und Gebiß malen? – Ja. – Machen aber wird sie der Riemer und der Kupfer-
schmied? – Freilich. – Wie nun Zügel und Stange beschaffen sein
müssen, versteht das der Zeichner? Oder nicht einmal der Kupfer-
schmied und der Riemer, der sie macht, sondern nur jener allein,
der sich derselben zu bedienen weiß, der Reiter? – Vollkommen
richtig. – Wollen wir nun nicht sagen, daß es sich mit allem so
verhalte? – Wie? – Daß es für jedes diese drei Künste gibt, die    d
gebrauchende, die verfertigende, die nachbildende? – Ja. – Nun
aber bezieht sich doch eines jeglichen Gerätes und Werkzeuges
sowie jedes lebenden Wesens auf jeder Handlung Tugend und
Schönheit und Richtigkeit auf nichts anderes als auf den Gebrauch, wozu eben jegliches angefertigt ist oder von der Natur
hervorgebracht. – Richtig. – Notwendig also ist auch der Gebrauchende immer der Erfahrenste und muß dem Verfertiger Bericht erstatten, wie sich das, was er gebraucht, gut oder schlecht
zeigt im Gebrauch. Wie der Flötenspieler dem Flötenmacher Be-
scheid sagen muß von den Flöten, welche ihm gute Dienste tun
beim Blasen, und ihm angeben muß, wie er sie machen soll, dieser    e
aber muß Folge leisten. – Natürlich. – Der eine also als Wissen-

der gibt an, was gute und schlechte Flöten sind, der andere aber verfertigt sie als Glaubender? – Ja. – Von demselben Gerät also hat der Verfertiger einen richtigen Glauben, wie es schön sei oder schlecht, weil er mit dem Wissenden umgeht und genötigt wird, 602a auf diesen Wissenden zu hören; die Wissenschaft davon aber hat der Gebrauchende. – Freilich. – Der Nachbildner aber, wird der aus dem Gebrauch eine Wissenschaft haben von dem, was er zeichnet, ob es schön und richtig ist, oder nicht? Oder hat er eine richtige Meinung vermöge notwendigen Umganges mit dem Wissenden und weil dieser ihm befiehlt, wie er zeichnen soll? – Keines von beiden. – Also weder Einsicht wird der Nachbildner haben noch richtige Vorstellung von dem, was er nachbildet, was Güte und Schlechtigkeit anlangt. – Es scheint nicht. – Trefflich also ist der in der Nachbildung begriffene Nachbildner in der Kunde von b dem, was er macht? – Nicht sonderlich. – Aber doch wird er drauflos nachbilden, ohne zu wissen, wie jedes gut oder schlecht ist, sondern, wie es scheint, was dem Volk und den Unkundigen als schön erscheint, das bildet er nach. – Was auch sonst! – Dieses also, wie sich zeigt, ist uns ziemlich klargeworden, daß der Nachbildner nichts der Rede Wertes versteht von dem, was er nachbildet, sondern die Nachbildung eben nur ein Spiel ist und kein Ernst, und daß, die sich mit der tragischen Dichtung beschäftigen in Jamben sowohl als in Hexametern, insgesamt Nachbildner sind so gut als irgendeiner. – Allerdings.

*139. Die Nachbildnerei ist im Bunde mit dem der Vernunft Fernen in uns*

c Beim Zeus, sprach ich, dieses Nachbilden gehörte doch zu dem dritten von der Wahrheit ab. Nicht so? – Ja. – Aber worauf im Menschen äußert es denn die Kraft, die es hat? – Wovon meinst du denn? – Nun hiervon. Dieselbe Größe erscheint uns doch durch das Gesicht wahrgenommen von nahebei und von ferne nicht gleich? – Nein freilich. – Und dasselbe als krumm und gerade, je nachdem wir es im Wasser sehen oder außerhalb, und als ausgehöhlt und erhaben wegen der Täuschungen, die dem Auge d durch die Farben entstehen. Und so ist dies insgesamt eine große Verwirrung in unserer Seele, auf welche Beschaffenheit unserer Natur dann die Schattierkunst lauert und keine Täuschung unge-

braucht läßt, so auch die Kunst der Gaukler und viele andere dergleichen Handgriffe. – Richtig. – Haben sich nun nicht Messen,
Zählen und Wägen als die dienstlichen Hilfsmittel hiergegen erwiesen, so daß das scheinbare Größere oder Kleinere oder Mehrere und Schwerere nicht in uns aufkommt, sondern das Rech-
nende, Messende und Wägende? – Natürlich. – Aber dies ist
doch das Geschäft des Verstandes in der Seele. – Dessen aller-          e
dings. – Diesem aber erscheint oftmals, wenn er gemessen hat und
nun anzeigt, daß einiges größer sei oder kleiner als anderes oder
gleich groß, zur gleichen Zeit das Entgegengesetzte über dieselben
Dinge. – Ja. – Sagten wir aber nicht, dasselbe könne nicht von
demselben zugleich Entgegengesetztes vorstellen? – Und ganz mit
Recht behaupteten wir dieses. – Was also in der Seele unbeküm-      603 a
mert um das Maß urteilt, kann nicht dasselbe sein mit dem nach
dem Maß Urteilenden. – Freilich nicht. – Aber doch ist wohl, was
dem Maß und der Rechnung vertraut, das Beste der Seele. – Wie
sonst! – Was also mit diesem im Widerspruch steht, das gehört zu
dem Schlechteren in uns. – Notwendig. – Weil ich nun dieses
feststellen wollte, sagte ich, daß die Malerei und die Nachbildnerei
überhaupt, wie sie in großer Ferne von der Wahrheit ihr Werk
zustande bringt, so auch mit dem von der Vernunft Fernen in uns
ihren Verkehr hat und sich mit diesem zu nichts Gesundem und          b
Wahrem befreundet. – Ganz gewiß wohl, sagte er. – Selbst also
schlecht und mit Schlechtem sich verbindend erzeugt die Nachbildnerei auch Schlechtes. – Das scheint wohl. – Und etwa nur
die es mit dem Gesicht zu tun hat, oder auch die mit dem Gehör,
welche wir die Dichtkunst nennen? – Wahrscheinlich wohl, sagte
er, auch diese. –

Laß uns jedoch nicht, sprach ich, der Wahrscheinlichkeit allein
vertrauen, welche uns aus der Malerei entsteht, sondern zu demjenigen selbst in der Seele hinzutreten, womit die dichtende Nachbildnerei zu tun hat, und zusehen, ob es schlecht oder edel ist. –      c
Das müssen wir freilich. – Legen wir es denn so dar! Diese Nachbildnerei bildet uns doch handelnde Menschen nach, in freiwilligen oder erzwungenen Handlungen, und welche durch diese
Handlungen glauben, sich Gutes oder Schlimmes erhandelt zu haben, und in dem allen betrübt sind oder erfreut. Tut sie wohl noch
sonst etwas außer diesem? – Nichts. – Ist nun in alle diesem der

d Mensch etwa einstimmig mit sich? Oder, wie er in Sachen des Gesichtes uneins war und über dieselben Gegenstände zu gleicher Zeit entgegengesetzte Vorstellungen in sich hatte, schwankt er nicht ebenso auch in seinen Handlungen und liegt selbst mit sich im Streit? Doch ich erinnere mich, daß wir hierüber jetzt gar nicht nötig haben etwas abzumachen, denn wir haben in unseren Reden schon oben alles dieses zur Genüge nachgewiesen, daß unsere Seele von viel tausend solchen gleichzeitig vorhandenen Widersprüchen voll ist. – Richtig! sagte er. – Richtig freilich, sprach e ich; aber was wir damals ausgelassen haben, das, dünkt mich, tut uns jetzt not nachzuholen. – Welches doch? sagte er. – Ein rechtschaffener Mann, sprach ich, den ein solches Geschick betroffen hat, daß er einen Sohn verloren hat oder sonst etwas ihm vorzüglich Wertes, wird dieses, das sagten wir wohl schon damals, bei weitem leichter ertragen als andere. – Freilich. – Nun aber laß uns dieses erwägen, ob es ihn denn gar nicht schmerzen wird oder ob dieses zwar unmöglich ist, er sich aber mäßiger beweisen wird in der Betrübnis. – Das letztere eher, sagte er, wenn man bei der Wahrheit bleiben soll. – Nun sage mir aber dieses von ihm, 604a glaubst du, daß er stärker gegen die Betrübnis ankämpfen und ihr entgegenstreben wird, wenn von seinesgleichen gesehen, oder dann, wenn er in der Einsamkeit es nur mit sich selbst zu tun hat? – Bei weitem wohl mehr, sagte er, wenn er gesehen wird. – In der Einsamkeit aber, meine ich, wird er vielerlei vorbringen, worüber er sich schämen würde, wenn ihn einer hörte, und vielerlei tun, worüber er nicht möchte von einem betroffen werden. – So ist es, sagte er. –

### 140. *Aufweis, daß der Dichter notwendig dem Schlechten in der Seele gefällig sein muß*

Und was ihm gebietet, Widerstand zu leisten, das ist doch Vernunft und Gesetz; was ihn aber zur Betrübnis hinzieht, das ist das, b was er erlitten hat, selbst? – Richtig. – Entsteht aber in dem Menschen zu gleicher Zeit in derselben Beziehung ein solcher entgegengesetzter Zug: so, sagen wir, ist notwendig auch zweierlei in ihm. – Notwendig. – Und das eine ist doch bereit dem Gesetze zu folgen, wohin dieses führt? – Wieso? – Das Gesetz sagt ja doch, es sei am schönsten, möglichst ruhig zu sein bei Unfällen und sich

nicht zu erzürnen, weil ja weder offenbar ist, was hieran gut ist
oder übel, noch auch für die Zukunft irgendein Vorteil aus dem
unwilligen Ertragen entstehen kann, noch auf irgend etwas von
solchen menschlichen Dingen großer Wert zu legen ist, gewiß aber    c
demjenigen, wozu wir am meisten jeden Augenblick bereit sein
müssen, die Betrübnis hinderlich wird. – Was denn meinst du?
sprach er. – Die Beratung über das Geschehene, sprach ich; und
daß wir wie beim Würfelspiel unsere Angelegenheiten dem Wurf
gemäß so stellen, wie die Vernunft es als das beste vorzieht, nicht
aber, wenn wir uns gestoßen haben, wie Kinder die schmerzhafte
Stelle halten und beim Schreien bleiben, sondern immer die Seele
gewöhnen, daß sie so schnell wie möglich dazu schreite, das Zer-    d
stoßene und Krankhafte zu heilen und in Ordnung zu bringen und
die Klagelieder durch Heilkunst zu beschwichtigen. – Am richtigsten, sprach er, würde man wenigstens auf diese Art den Unfällen
entgegengehen. – Und das Beste, sagen wir doch, will dieser Erwägung folgen. – Offenbar. – Was aber zu schmerzhaften Erinnerungen und Klagen hinzieht und nicht genug davon haben
kann, wollen wir nicht sagen, das sei unvernünftig und träge und
der Feigheit befreundet? – Das werden wir freilich sagen. – Für
dieses Unwillige nun gibt es gar viele und mancherlei Nachbil-    e
dung; die vernünftige und ruhige Gemütsfassung aber, welche
ziemlich immer sich selbst gleichbleibt, diese ist weder leicht nachzubilden noch auch die Nachbildung leicht zu verstehen, zumal
für eine große Versammlung und die verschiedenartigsten Menschen, wie sie sich vor den Schaubühnen zusammenfinden. Denn
es wäre eine Nachbildung eines ihnen fremden Zustandes. – Allerdings freilich. – Offenbar also, daß der nachbildende Dichter    605a
nicht für dieses in der Seele geartet ist und seine Kunst sich nicht
daran hängen darf, diesem zu gefallen, wenn er Ruhm haben will
bei der Menge, sondern für die gereizte und wechselreiche Gemütsstimmung eignet er sich, weil diese leicht ist nachzubilden. –
Offenbar. – Können wir ihn also nicht jetzt mit vollem Recht angreifen und ihn als ein Seitenstück zu dem Maler aufstellen? Denn
darin, daß er Schlechtes hervorbringt, wenn man auf die Wahrheit
sieht, gleicht er ihm; und daß er sich an eben solches in der Seele    b
wendet und nicht an das Beste, auch darin sind sie einander ähnlich. Und so sind wir wohl schon gerechtfertigt, wenn wir ihn nicht

aufnehmen in eine Stadt, die eine untadelige Verfassung haben soll, weil er jenes in der Seele aufregt und nährt und, indem er es kräftig macht, das Vernünftige verdirbt, wie im Staat, wenn einer den Schlechten die Gewalt verschaffend den Staat verrät und die Besseren herunterbringt, ebenso werden wir sagen, daß der nach-bildende Dichter jedem eine schlechte Verfassung in seiner Seele aufrichtet, indem er dem Unvernünftigen darin, welches nicht ein-

c mal Großes und Kleines unterscheidet, sondern dasselbe bald für groß hält, bald für klein, sich gefällig beweist und ihm Schattenbil-der hervorruft, von der Wahrheit aber ganz weit entfernt bleibt. – Allerdings.

### 141. *Die größte Anklage gegen die Dichtkunst: Sie verdirbt auch um Tugend bemühte Menschen*

Und doch haben wir die größte Anklage gegen sie noch nicht vor-gebracht; denn daß sie imstande ist, auch die Wohlgesinnten, einige gar wenige ausgenommen, zu verderben, das ist doch gar arg. – Ganz gewiß, wenn sie dies nur wirklich tut. – So höre und überlege. Auch die Besten von uns, wenn wir den Homeros hören oder einen andern Tragödiendichter, wie er uns einen Helden dar-

d stellt in trauriger Bewegung und eine lange Klagerede haltend, oder auch singende und sich heftig gebärdende: so wird uns wohl zumute, wir geben uns hin und folgen mitempfindend, und die Sache sehr ernsthaft nehmend, loben wir den als einen guten Dich-ter, der uns am meisten in diesen Zustand versetzt. – Das weiß ich; wie sollten wir auch nicht? – Wenn aber einen von uns ein eigner Kummer trifft: so merkst du doch, daß wir dann ganz im Gegenteil unseren Ruhm darein setzen, wenn wir imstande sind, ruhig zu sein und auszuharren, weil das die Sache eines Mannes

e sei, jenes aber weibisch, was wir damals lobten? – Das merke ich, sagte er. – Ist das nun wohl ein feiner Ruhm, wenn man jemanden sieht, so wie man selbst nicht sein möchte, sondern sich schämen würde, davor sich nicht zu ekeln, sondern sich daran zu freuen und es zu loben? – Das scheint, sagte er, beim Zeus, wohl nicht vernünftig. –

606a    Gewiß, sprach ich, wenn du es auch noch so betrachten woll-test. – Wie? – Wenn du bedenken wolltest, daß das damals bei eigenen Unfällen mit Gewalt Zurückgehaltene und gleichsam

Ausgehungerte, indem es sich nicht hat sattweinen und zur Genüge ausjammern können, obwohl es von Natur so geartet ist,
hiernach zu begehren, daß gerade dieses dann von den Dichtern
befriedigt wird und sich wohl befindet; das von Natur Beste aber
in uns, weil noch nicht hinreichend durch Wort und Sitte gebildet,
in der Achtsamkeit auf dieses Tränenreiche nachläßt, weil es ja      b
nur fremde Zustände betrachtet und für es selbst ja nichts
Schmähliches darin liegt, wenn ein anderer, der sich für einen
trefflichen Mann gibt, unzeitig trauert, diesen zu loben und Mitleid mit ihm zu haben; sondern jene Lust wird für baren Gewinn
genommen, und man möchte sie nicht gern missen, das ganze Gedicht verwerfend. Denn so, glaube ich, pflegen nur wenige zu rechnen, daß man doch von dem Fremden notwendig etwas zu genießen bekommt für das Eigene und daß, wenn man aus jenem das
Trübselige genährt und gestärkt hat, es bei eigenen Unfällen nicht
leicht sein wird, es im Zaum zu halten. – Sehr wahr, sagte er. –
Und verhält es sich etwa mit dem Lächerlichen nicht ebenso?     c
Wenn du einen Schwank, den du dich schämen würdest selbst zu
machen, doch, hörst du ihn in dem öffentlichen Lustspiel oder in
einem kleinen Kreise, gewaltig belachst und nicht als etwas
Schlechtes abweist: so tust du dasselbe wie dort bei den Klagen.
Was du nämlich durch Vernunft zurückhieltest, wenn es in dir
selbst Schwänke machen wollte, weil du doch den Ruf eines Pos-
senreißers scheutest, das läßt du nun wieder los; und hast du es
dort aufgefrischt, so wirst du unvermerkt bald auch in deinem
eigenen Kreise so weit ausschlagen, daß du einen Spaßmacher vor-
stellst. – Sehr leicht wohl, sagte er. – Und auch mit dem Ge-     d
schlechtstrieb und dem Unwillen und allem, was es der Begierde
Angehöriges oder der Lust und Unlust Verwandtes in der Seele
gibt, wie wir denn zugeben, daß dieses uns durch alle Verhältnisse
begleitet, ist es dann so, daß uns die dichterische Nachbildung
dergleichen antut. Denn sie nährt und begießt alles dieses, was
doch sollte ausgetrocknet werden, und macht es in uns herrschen,
obwohl es doch müßte beherrscht werden, wenn wir Bessere und
Glückseligere statt Schlechtere und Elendere werden sollen. – Ich
weiß nichts dagegen zu sagen, sprach er. –

Also, sagte ich, o Glaukon, wenn du Lobredner des Homeros     e
antriffst, welche behaupten, dieser Dichter habe Hellas gebildet,

und bei der Anordnung und Förderung aller menschlichen Dinge
müsse man ihn zur Hand nehmen, um von ihm zu lernen, und das
ganze eigene Leben nach diesem Dichter einrichten und durchfüh-
607a ren: so mögest du sie dir gefallen lassen und mit ihnen, als die so
gut sind, wie sie nur immer können, vorliebnehmen, auch ihnen
zugeben, Homeros sei der dichterischste und erste aller Tragödiendichter, doch aber wissen, daß in den Staat nur der Teil von
der Dichtkunst aufzunehmen ist, der Gesänge an die Götter und
Loblieder auf treffliche Männer hervorbringt. Wirst du aber die
süßliche Muse aufnehmen, dichte sie nun Gesänge oder gesprochene Verse: so werden dir Lust und Unlust im Staate des Regiment führen statt des Gesetzes und der jeweils von der Gesamtheit
für das beste gehaltenen vernünftigen Gedanken. – Sehr wahr,
sagte er. –

### 142. Allein eine als förderlich erwiesene Dichtkunst wäre der Beachtung wert

b Dieses also sei zu unserer Verteidigung gesagt, weil wir der Dichtkunst wieder gedachten, daß wir sie mit gutem Rechte damals aus
der Stadt verwiesen, da sie eine solche ist; denn die Vernunft nötigte es uns ab. Wir wollen ihr aber zureden, daß sie uns nicht einer
Härte und Unartigkeit zeihe, weil ja ein alter Streit ist zwischen der
Philosophie und Dichtkunst. Denn jener ‹lärmige gegen die Herren anklaffende Hund› und ‹groß in der Toren Leerrednereien›
c und ‹der Gottweisen herrschendes Volk› und ‹die zart die Gedanken verspinnenden, weil sie eben hungern› und tausenderlei dergleichen sind Zeichen des alten Haders unter diesen beiden. Dennoch sei ihr gesagt, daß wir ja, wenn nur die der Lust dienende
Dichtung und Nachbildnerei etwas anzuführen weiß, weshalb
auch ihr ein Platz zukomme in einem wohlverwalteten Staate, sie
mit Freuden aufnehmen würden, da wir uns bewußt sind, wie
auch wir von ihr angezogen werden. Aber was uns wahr dünkt
preiszugeben, wäre doch nicht ohne Frevel. Nicht wahr, Freund,
zieht sie dich nicht auch an, und am meisten, wenn sie dir im Ho-
d meros erscheint? – Dann bei weitem. – Können wir also nicht mit
Recht verlangen, daß sie herabsteige, um sich zu verteidigen, sei es
nun in Strophen oder anderem Silbenmaß? – Allerdings. – Doch
wollen wir auch ihren Beschützern, so viele deren nicht selbst

Dichter sind, sondern nur Dichterfreunde, gern vergönnen, auch
in ungebundener Rede für sie sprechend zu beweisen, daß sie nicht
nur anmutig sei, sondern auch förderlich für die Staaten und das
gesamte menschliche Leben, und wir wollen unbefangen und
wohlmeinend zuhören. Denn es wäre ja unser eigener Vorteil,
wenn sich zeigte, sie sei nicht nur angenehm, sondern auch heil- e
sam. – Wie sollte es nicht unser Vorteil sein! sagte er. – Wenn
aber etwa nicht, lieber Freund: dann werden wohl auch wir, wie
diejenigen, die einmal verliebt waren, wenn sie glauben, daß ihnen
die Liebe nicht mehr förderlich sei, sich mit Mühe zwar, aber doch
zurückziehen, so auch wir, wegen der Liebe, die wir früher vermöge unserer Erziehung in so trefflichen Staaten zu dieser Dich- 608a
tung hegten, ihr zwar wohlwollend helfen, um ins Licht zu setzen, daß sie gar vortrefflich und vollkommen wahr sei; solange sie
aber ihre Verteidigung nicht zustande bringt, wollen wir, indem
wir ihr zuhören, mit dieser Rede und diesem Zauberspruch uns
selbst besprechen, aus Furcht, wieder in jene kindische und gemeine Liebe zurückzufallen, und wollen als sicher annehmen, daß
man sich um diese Dichtkunst nicht ernsthaft bemühen dürfe, als
ob sie selbst ernsthaft sei und die Wahrheit treffe, daß vielmehr der
Hörer, der um die richtige Verfassung seiner selbst besorgt ist, sich b
gar sehr vor ihr zu hüten habe und so von der Dichtkunst zu denken, wie wir es ausgesprochen haben. – In allen Stücken, sprach
er, stimme ich dir bei. – Denn groß, fuhr ich fort, o lieber Glaukon, groß und nicht wie es gewöhnlich genommen wird, ist der
Kampf darum, ob man gut werde oder schlecht; so daß, weder
durch Ehre noch Geld noch irgendeine Gewalt, ja auch nicht einmal durch die Dichtkunst aufgeregt, jemand die Gerechtigkeit und
die übrige Tugend vernachlässigen sollte. – Ich stimme dir bei,
sagte er, vermöge alles dessen, was wir auseinandergesetzt haben,
und glaube, auch jeder andere werde es tun.

*143. Die Unsterblichkeit der Seele. Der Untergang jedes We-*
*sens durch die ihm eigene Schlechtigkeit*
Und doch haben wir die größten Aussichten und vorgesteckten c
Preise für die Tugend noch nicht auseinandergesetzt. – Du mußt
wohl, sagte er, eine ungeheure Größe im Sinne haben, wenn es
anderes, größeres als das Gesagte geben soll. – Was kann aber,

sprach ich, in kurzer Zeit Großes geschehen? Denn diese ganze
Zeit von der Kindheit bis zum Alter ist doch gegen die ganze insgesamt eine gar kurze. – So gut wohl als gar nichts, sagte er. – Wie
also? Meinst du, ein unsterbliches Wesen solle sich um so weniger
d Zeit willen abgemüht haben, und nicht vielmehr wegen der ganzen? – Ich glaube es wenigstens, sagte er, aber wie meinst du dieses? – Bist du dessen nicht innegeworden, sprach ich, daß unsere
Seele unsterblich ist und niemals umkommt? – Da sah er mich an
und sagte verwundert: Beim Zeus, ich nicht! Du aber kannst dies
behaupten? – Wenn ich mich nicht ganz irre, sprach ich. Aber ich
denke, du auch, denn es ist gar nichts Schweres. – Mir gewiß!
sagte er. Aber von dir möchte ich gar zu gern dieses gar nicht
Schwere vernehmen. – So höre denn, sprach ich. – Rede nur,
sagte er. – Nennst du, begann ich, etwas gut und böse? – Ich ge-
e wiß. – Denkst du nun auch darüber so wie ich? – Worin? – Daß
alles Verderbende und Zerstörende das Böse ist, das Erhaltende
aber und Fördernde das Gute. – So denke ich, sagte er. – Und
wie? Setzt du auch für jegliches ein Gutes und Böses? Wie für die
609a Augen die Fistel und für den gesamten Leib die Krankheit, für das
Korn den Brand, für das Holz die Fäulnis, für Eisen und Erz den
Rost, und, wie ich sage, setzt du für alles und jedes fast seine besondere ihm angestammte Krankheit und sein Böses? – Das setze
ich, sagte er. – Und nicht wahr, wenn dies zu einem Dinge kommt,
so wird das schlecht, bei dem es sich eingestellt hat, und zuletzt
kommt es ganz um und wird zerstört? – Wie sollte es nicht. – Das
einem jeden angestammte Böse also und die Schlechtigkeit zerstört jedes; und wenn diese es nicht zerstört, so gibt es nichts, was
b etwas verderben kann. Denn das Gute könnte doch wohl nie irgend etwas zerstören, und das, was weder gut noch böse ist,
ebensowenig. – Wie könnte es wohl! sagte er. – Wenn wir also so
etwas fänden, welches freilich auch sein Böses hat, wodurch es
schlecht wird, nicht so jedoch, daß dieses imstande wäre, es zerstörend aufzulösen: werden wir dann nicht schon wissen, daß es
für das so Beschaffene keinen Untergang gebe? – So scheint es
wohl, sagte er. –

Wie also? sprach ich; hat die Seele nicht auch etwas, das sie
schlecht macht? – Ei freilich, sagte er, dies alles, wovon wir ge-
handelt haben, die Ungerechtigkeit und Unbändigkeit und die

Feigheit und der Unverstand. – Kann nun wohl etwas von diesen c
sie auflösen und zerstören? Und merke nur wohl, daß wir uns
nicht etwa täuschen und denken, wenn ein ungerechter und unvernünftiger Mensch bei der Ungerechtigkeit ergriffen wird, so
komme er dann um durch die Ungerechtigkeit, als welche die
Schlechtigkeit der Seele ist. Sondern stelle die Sache so: so wie die
Krankheit, welche die Schlechtigkeit des Leibes ist, den Leib ver-
zehrt und aufreibt und dahin bringt, daß er gar nicht mehr Leib
ist; und alles soeben Angeführte durch das eigentümliche Böse, d
indem es ihm zerstörend anhaftet und einwohnt, dahin kommt,
nicht zu sein. Nicht so? – Ja. – So komm denn und betrachte die
Seele auf dieselbe Weise. Kann wohl Ungerechtigkeit und sonst
andere Untugend, die in ihr ist, sie dadurch, daß sie in ihr ist und
ihr anhaftet, verderben und verzehren, bis sie sie zum Tode bringt
und vom Leibe trennt? – Dieses doch auf keine Weise, sagte er. –
Und jenes war doch ungereimt, sprach ich, daß die Schlechtigkeit
eines anderen etwas verderben solle, die eigene aber nicht. – Ungereimt. – Denn bedenke nur, o Glaukon, daß wir auch nicht e
glauben, an der Schlechtigkeit des Getreides, sofern sie nur dieses
ist, sei es nun Alter oder Fäulnis oder was es sonst für eine sein
mag, müsse der Leib verderben; sondern dann zwar, wenn des
Getreides Schlechtigkeit in dem Leibe des Leibes Elend hervorbringt, werden wir sagen, er sei um jener willen an seiner eigenen
Schlechtigkeit, welches die Krankheit ist, untergegangen, daß aber
an des Getreides Schlechtigkeit, welches ja etwas ganz anderes ist,
der ganz etwas anderes seiende Leib, also an einem fremden Bö- 610a
sen, welches nicht in ihm das seiner Natur anhaftende Böse hervorbringt, untergehen könne, werden wir niemals behaupten. –
Vollkommen richtig gesprochen, sagte er. –

144. *Die ihr eigene Schlechtigkeit tötet die Seele nicht; daher ist
    sie unsterblich*
Nach derselben Regel, sprach ich, wenn nicht des Leibes Schlechtigkeit in der Seele ihre eigene Schlechtigkeit hervorbringt, wollen
wir nie glauben, daß an einem fremden Übel ohne eigene Schlechtigkeit die Seele untergehe, sie als ein ganz anderes an dem Übel
eines anderen. – Das ist richtig gefolgert, sagte er. – Entweder
also müssen wir dieses widerlegen, daß es nicht richtig war, oder

b   solange es unwiderlegt steht, laß uns nie behaupten, daß am Fieber
oder sonst einer Krankheit oder auch am Schwert, und wenn einer
auch den ganzen Leib in die kleinsten Stückchen zerschnitte, deshalb auch nur im geringsten die Seele untergehe, ehe nicht jemand
nachweist, daß wegen dieser Zustände des Leibes jene selbst ungerechter und unheiliger werde. Solange also nur in einem andern
ein fremdes Übel, in jeglichem aber sein eigentümliches nicht ent-
c   steht: so wollen wir weder von der Seele noch von irgend etwas
gelten lassen, daß es auf diese Weise untergehe. – Dieses aber,
sagte er, wird doch wohl niemals irgend jemand zeigen können,
daß die Seelen der Sterbenden des Todes wegen ungerechter werden. – Wenn aber doch einer, entgegnete ich, dreist genug ist, gerade draufloszugehen, und, damit er nicht nötig habe zuzugeben,
daß die Seelen unsterblich sind, behauptet, der Sterbende werde
schlechter und ungerechter: so werden wir doch annehmen, wenn
jener recht hat mit seiner Behauptung, daß die Ungerechtigkeit
dem, der sie hat, tödlich sei wie eine Krankheit und daß diejenigen,
welche eine solche Krankheit bekommen, durch diese sterben, die
d   ihrer eigenen Natur gemäß tötet, die einen sehr früh, die anderen
weit später, nicht aber so, wie jetzt für die Ungerechtigkeit andere
es den Ungerechten als Strafe auflegen zu sterben. – Beim Zeus,
sagte er, so zeigte sich dann ja die Ungerechtigkeit als etwas gar
nicht so Schreckliches, wenn sie dem, der sie bekommt, tödlich
wird; denn so wäre sie ja eine Ablösung von allen Übeln. Vielmehr
aber glaube ich, sie wird sich auf ganz entgegengesetzte Art zeigen,
e   als andere tötend, wenn sie kann, den aber, der sie hat, stellt sie gar
lebenslustig dar, und außer dem, daß er lebenslustig ist, auch noch
wachsam; so weit, wie man ja sieht, ist sie davon entfernt, tödlich
zu sein. – Sehr richtig, sagte ich, bemerkst du dies. Wenn denn
also die eigene Schlechtigkeit und das eigene Böse nicht imstande
ist, die Seele zu töten und zu zerstören, so hat es wohl keine Not,
daß ein einem andern zum Verderben gesetztes Übel die Seele oder
sonst etwas anderes als das, dem es dazu gesetzt ist, zerstören
sollte. – Keine Not, sagte er, wie man ja schließen muß. – Also
wenn doch gar kein Übel, weder eigenes noch fremdes, sie zer-
611a stört: so ist ja offenbar, daß sie notwendig etwas immer Seiendes
ist; und wenn immer seiend, dann unsterblich. – Notwendig,
sagte er.

*145. Verschiedenheit der wahren Natur der Seele von der in ih-*
*rer jetzigen Gestalt erscheinenden Mannigfaltigkeit*

Dieses also, sprach ich, verhalte sich so! Wenn aber: so siehst du
wohl, daß auch immer dieselben Seelen sein werden. Denn weder
weniger können ihrer werden, wenn keine untergeht, noch auch
mehrere. Denn wenn etwas von den unsterblichen Dingen mehr
würde, so weißt du ja wohl, daß es aus dem Toten entstehen
müßte, und so wäre zuletzt alles unsterblich. – Richtig gesprochen. – Allein, sprach ich, weder dieses laß uns glauben, denn die
Vernunft läßt es nicht zu, noch auch wiederum, daß die Seele ihrer    b
wahrhaftesten Natur nach vieler Mannigfaltigkeit und Unähnlichkeit und Verschiedenheit voll sei an und für sich. – Wie meinst
du das? fragte er. – Nicht leicht, sprach ich, wird ewig sein, wie
sich uns doch jetzt die Seele gezeigt hat, was aus vielen zusammengesetzt ist und sich nicht der allervortrefflichsten Zusammensetzung erfreut. – Man sollte freilich nicht denken. – Daß nun die
Seele unsterblich ist, erweist sowohl die gegenwärtige Rede als
auch die übrigen. Was sie aber der Wahrheit nach ist, das muß
man nicht an ihr sehen wollen in der Verunstaltung, wie wir sie    c
jetzt nur sehen, durch die Gemeinschaft mit dem Leibe und durch
andere Übel; sondern so wie sie ist, wenn sie sich reinigt, so müssen wir sie mit dem Verstande aufmerksam in Augenschein nehmen, und viel schöner wirst du sie dann finden, und daß sie viel
bestimmter Gerechtigkeit und Ungerechtigkeit unterscheidet und
alles, was wir eben besprochen haben. Jetzt aber haben wir zwar
richtig von ihr geredet, wie sie gegenwärtig erscheint; wir sehen sie
aber nur in solchem Zustande wie die, welche des Meergotts Glau-
kos ansichtig werden, doch nicht leicht seine ehemalige Natur zu    d
Gesicht bekommen, weil sowohl seine alten Gliedmaßen teils zer-
schlagen, teils zerstoßen und auf alle Weise von den Wellen beschädigt sind, als auch ihm ganz Neues zugewachsen ist, Mu-
scheln und Tang und Gestein, so daß er eher einem Ungeheuer
ähnlich sieht als dem, was er vorher war. Ebenso nun sehen auch
wir unsere Seele von tausenderlei Übeln zugerichtet. Aber, o Glaukon, dorthin müssen wir unsere Blicke richten. – Wohin? fragte
er. – Auf ihr wissenschaftliebendes Wesen, und müssen bemer-    e
ken, wonach dieses trachtet und was für Unterhaltungen es sucht,
als dem Göttlichen und Unsterblichen und immer Seienden ver-

wandt, und wie sie sein würde, wenn sie ganz und gar folgen
könnte, von diesem Antriebe emporgehoben aus der Meerestiefe,
in der sie sich jetzt befindet, und das Gestein und Muschelwerk
612a abstoßend, welches ihr jetzt, da sie mit Erde bewirtet wird, erdig
und steinig, bunt und wild durcheinander angewachsen ist von
diesen sogenannten glückseligen Festen her. Und dann erst würde
einer ihre wahre Natur erkennen, ob sie vielartig ist oder einartig,
und wie und auf welche Weise sie sich verhält. Ihre jetzigen Verschiedenheiten aber und Zustände in dem menschlichen Leben haben wir, denke ich, deutlich genug auseinandergesetzt. – Auf alle
Weise gewiß, sagte er. –

### 146. Preis und Lohn der Gerechtigkeit bei Göttern und Men-
### schen während des Lebens

Und nicht wahr, sprach ich, alles anderen haben wir uns in der
b Rede entschlagen, und nichts von dem Lohn und dem Ruhm der
Gerechtigkeit herbeigezogen, wie ihr vom Hesiodos und Homeros
sagtet, sondern die Gerechtigkeit an und für sich, fanden wir, sei
für die Seele an und für sich das Beste, und das Gerechte müsse sie
tun, möchte sie nun den Ring des Gyges haben oder nicht haben,
und außer solchem Ringe auch noch des Hades Helm. – Vollkommen richtig, sagte er. – Nun aber, o Glaukon, sprach ich, ist es
doch ohne Gefahr, der Gerechtigkeit und der übrigen Tugend
c außer jenem auch noch den Lohn beizulegen, was für welchen und
wie großen sie der Seele verschafft bei Göttern sowohl als Menschen, schon während der Mensch noch lebt und auch nach seinem Tode. – Allerdings wohl! sagte er. – Gebt ihr also auch zurück, was ihr in der Rede geborgt habt? – Was doch recht? – Ich
gab euch zu, der Gerechte solle für ungerecht gehalten werden und
der Ungerechte für gerecht. Denn ihr wart der Meinung, wenn es
auch nicht möglich sei, daß dies Göttern und Menschen entgehen
könne, so müsse man es doch der Untersuchung wegen zugeben,
damit die Gerechtigkeit an und für sich mit der Ungerechtigkeit an
d und für sich verglichen werden könne. Oder erinnerst du dich
nicht? – Sehr unrecht, sagte er, hätte ich, wenn nicht! – Nachdem
also beide verglichen sind, fordere ich dieses im Namen der Gerechtigkeit zurück, daß, wie wirklich bei Göttern und Menschen
von ihr gehalten wird, so ihr auch zugesteht, daß von ihr gehalten

werde, damit sie nun auch die Siegesehren, welche sie durch die
Meinung erwirbt, davontrage und den sie Besitzenden austeile,
nachdem sich ja gezeigt hat, daß sie ihnen auch durch ihr Sein und
Wesen Gutes verleiht und diejenigen nicht hintergeht, welche sie
in Wahrheit in sich aufnehmen. – Gerecht, sagte er, ist, was du
forderst. – Dieses also, sprach ich, gebt ihr mir wohl zuerst zu-    e
rück, daß den Göttern doch gewiß nicht verborgen bleibt, wie jeder von diesen beiden beschaffen ist? – Das wollen wir zurückge-
ben, sagte er. – Können sie aber nicht verborgen bleiben: so wäre
ja wohl der eine den Göttern lieb, der andere aber ihnen verhaßt,
wie wir auch von Anfang an eingestanden haben. – So ist es. –
Und von dem, welcher den Göttern lieb ist, wollten wir nicht zugeben, daß ihm alles, was von den Göttern herkommt, auch auf das    613 a
möglichst beste zukomme; es müßte ihm denn aus früherer Sünde
noch ein notwendiges Übel herstammen? – Ganz gewiß! – So
müssen wir demnach denken von dem gerechten Manne, mag er
nun in Armut leben oder in Krankheit oder was sonst für ein Übel
gehalten wird, daß ihm auch dieses zu etwas Gutem ausschlagen
werde im Leben oder nach dem Tode. Denn nicht wird wohl der je
von den Göttern vernachlässigt, der sich beeifern will, gerecht zu
werden und, indem er die Tugend übt, soweit es dem Menschen    b
möglich ist, Gott ähnlich zu sein. – Wohl ist vorauszusetzen, sagte
er, daß ein solcher nicht von dem Ähnlichen vernachlässigt
werde. – Und nicht wahr, von dem Ungerechten muß man sich
doch das Gegenteil hiervon vorstellen? – Gar sehr gewiß. – Solcherlei also wären die von den Göttern dem Gerechten verliehenen
Siegesehren. – Meiner Meinung nach wenigstens! sagte er. – Und
wie, sprach ich, steht es bei den Menschen? Verhält es sich nicht
so, wenn man doch, was wirklich ist, aufstellen soll? Machen es
nicht die Gewaltigen und Ungerechten wie jene Läufer, welche
hinaufwärts zwar vortrefflich laufen, herabwärts aber nicht? Zuerst laufen sie mit großer Schnelligkeit aus, zuletzt aber werden sie
ausgelacht, wenn sie die Ohren zwischen die Schultern stecken    c
und sich unbekränzt davonmachen. Die rechten Laufkünstler
aber, welche bis zu Ende aushalten, erlangen den Preis und werden
bekränzt. Läuft es nicht auch mit den Gerechten meist ebenso ab?
Am Ende jedes Geschäfts und Verhältnisses und des Lebens selbst
werden sie gepriesen und tragen auch bei den Menschen den Preis

davon? – Jawohl. – Du wirst es also schon leiden, wenn ich von
ihnen dasselbe sage, was du von den Ungerechten sagtest. Ich will
d nämlich sagen, die Gerechten, wenn sie nur erst älter geworden
sind, erhalten in ihrer Vaterstadt welches Amt sie nur wollen, heiraten aus welchen Familien sie wollen, und geben ihre Töchter
aus, wohin sie nur wollen; und alles, was du damals von jenen,
behaupte ich jetzt von diesen. Und so auch wiederum von den
Ungerechten, daß die meisten von ihnen, wenn sie auch in der
Jugend unbemerkt bleiben, doch am Ende des Laufes ergriffen
und ausgelacht werden und im Alter jämmerlich verhöhnt von
e Fremden und Einheimischen und ausgepeitscht, und wovon du
weiter sagtest, es sei grob, woran du auch ganz recht hattest, daß
sie gefoltert und gebrannt werden. Jenes alles nimm nun an auch
von mir gehört zu haben, daß es ihnen begegnet. Also, wie gesagt,
siehe zu, ob du es gelten läßt. – Gar sehr, sagte er, denn du hast
recht.

*Der Mann heißt so.*

### 147. *Erzählung des* (Er.) *Weg der abgeschiedenen Seelen und*
###      *Größe der verhängten Strafen*

Was also, sprach ich, dem Gerechten bei seinem Leben von Göt-
614a tern und Menschen für Preis und Lohn und Gaben zuteil werden
außer jenen Gütern, welche die Gerechtigkeit an und für sich ihm
darbietet, dies wären nun solcherlei. – Und gar Treffliches, sagte
er, und Zuverlässiges. – Dieses aber, sagte ich, ist dennoch nichts,
an Menge und Größe mit demjenigen verglichen, was jeden von
beiden nach dem Tode erwartet. Auch dieses aber müssen wir vernehmen, damit jeder von beiden vollständig zu hören bekomme,
b was ihm die Rede schuldig ist. – Sage es nur, sprach er, und
glaube, daß es nicht viel anderes gibt, was ich lieber hörte. – Ich
will dir indessen keine Alkinoos-Erzählung mitteilen, sondern
eine von einem gar wackern Manne, nämlich Er, dem Sohn des
Armenios, einem Pamphylier dem Geschlecht nach; welcher einst
im Kriege tot geblieben war, und als nach zehn Tagen die Geblie-
benen schon verwest aufgenommen wurden, ward er unversehrt
aufgenommen und nach Hause gebracht, um bestattet zu werden.
Als er aber am zwölften Tage auf dem Scheiterhaufen lag, lebte er
wieder auf und berichtete sodann, was er dort gesehen. Er sagte
aber, nachdem seine Seele ausgefahren, sei sie mit vielen andern

gewandelt, und sie wären an einen wunderbaren Ort gekommen,   c
wo in der Erde zwei aneinander grenzende Spalten gewesen und
am Himmel gleichfalls zwei andere ihnen gegenüber. Zwischen
diesen seien Richter gesessen, welche, nachdem sie die Seelen
durch ihren Richterspruch geschieden, den Gerechten befohlen
hätten, den Weg rechts nach oben durch den Himmel einzuschla-
gen, nachdem sie ihnen Zeichen dessen, weswegen sie gerichtet
worden, vorne angehängt, den Ungerechten aber den Weg links
nach unten, und auch diese hätten hinten Zeichen gehabt von allem, was sie getan. Als nun auch er hinzugekommen, hätten sie   d
ihm gesagt, er solle den Menschen ein Verkünder des Dortigen
sein, und hätten ihm geboten, alles an diesem Orte zu hören und
zu schauen. Er habe nun dort gesehen, wie durch den einen jener
Spalte im Himmel und in der Erde die Seelen, nachdem sie gerichtet worden, abgezogen seien, von den andern beiden aber seien aus
dem in der Erde Seelen hervorgekommen voller Schmutz und
Staub, durch den andern hingegen seien reine Seelen vom Himmel   e
herabgestiegen. Und die Ankommenden hätten jedesmal geschienen wie von einer langen Wanderung herzukommen, und sich,
sehr zufrieden, daß sie auf diesen Matten verweilen konnten, wie
zu einer festlichen Versammlung hingelagert. Die einander Bekannten hätten sich dann begrüßt und die aus der Erde Kommenden von den andern das Dortige erforscht, und so auch die aus
dem Himmel von jenen das Ihrige; und so hätten sie einander erzählt, die einen heulend und weinend, indem sie gedachten, wel-   615 a
cherlei und wie Großes sie erlitten und gesehen während der unterirdischen Wanderung, die Wanderung aber sei tausendjährig,
die aus dem Himmel hingegen hätten von ihrem Wohlergehen erzählt und der unbegreiflichen Schönheit des dort zu Schauenden.
Vielerlei nun davon erfordere viel Zeit zu erzählen, die Hauptsache aber sei dieses, daß sie jeder für alles, was sie jemals und an
wem immer Ungerechtes getan, einzeln hätten Strafe geben müssen, zehnmal für jedes, nämlich immer wieder nach hundert Jahren, als welches die Länge des menschlichen Lebens sei, damit sie   b
so zehnfach die Buße für das Unrecht ablösten. So zum Beispiel,
wenn einige an vielfältigem Tode schuldig gewesen, weil sie Städte
verraten oder Heere und in die Knechtschaft gestürzt oder sonst
großes Elend mitverschuldet hatten, so mußten sie von dem allen

für jedes zehnfache Pein erdulden; hatten sie aber wiederum auch Wohltaten gespendet und sich gerecht und heilig erwiesen, so
c empfingen sie auch dafür nach demselben Maßstabe den Preis. Die aber anlangend, welche nach ihrer Geburt nur kurze Zeit leben, sagte er anderes, das nicht nötig ist hier zu erwähnen. Für Ruchlosigkeit aber und Frömmigkeit gegen Götter sowohl als Eltern und für eigenhändigen Mord gebe es noch größeren Lohn. Denn er sei zugegen gewesen, als einer von dem andern gefragt worden, wo denn Ardiaios der Große sei, welcher nämlich in einer pamphylischen Stadt vor damals schon tausend Jahren als Tyrann geherrscht, nachdem er seinen betagten Vater und älteren Bruder
d getötet und viel anderen Frevel verübt hatte, der Sage nach. Der Gefragte also habe gesagt: ‹Er ist nicht hier und wird wohl auch nicht hierher kommen.›

*148. Strafe für die Tyrannen. Die Spindel der Notwendigkeit*
‹Denn auch dieses haben wir gesehen unter andern grauenvollen Gesichtern. Als wir nahe an der Mündung waren und im Begriff auszusteigen, nachdem wir das andere alles erduldet, so sahen wir plötzlich jenen mit anderen, von denen die meisten auch Tyrannen waren, nur einige darunter waren keine Staatsmänner, hatten aber sonst Großes verbrochen. Als diese meinten eben auszusteigen,
e nahm die Öffnung sie nicht auf, sondern erhob großes Gebrülle, sooft einer von den so Unheilbaren in der Schlechtigkeit, oder der noch nicht hinreichend Strafe gegeben, versuchen wollte heraufzusteigen. Und gleich waren auch, fuhr er fort, gewisse wilde Männer bei der Hand, ganz feurig anzusehen, welche den Ruf verstanden und einige davon ergriffen und wegführten; dem Ardiaios
616a aber und anderen banden sie Hände und Füße und Kopf zusammen, warfen sie nieder und, nachdem sie sie mit Schlägen zugedeckt, zogen sie sie seitwärts vom Wege ab, wo sie sie mit Dornen schabten, und den Vorbeigehenden jedesmal andeuteten, weshalb diese solches litten und daß sie abgeführt würden, um in den Tartaros geworfen zu werden.› Und so sei denn, sagte er, nachdem ihnen so viel und mancherlei Furchtbares begegnet, diese Furcht die schlimmste von allen gewesen für jeden, daß, wenn er hinaufsteigen wollte, der Schlund brüllen könnte, und mit der größten Zufriedenheit seien sie dann hinaufgestiegen, wenn er geschwie-

gen habe. Solcherlei also seien die Büßungen und Strafen, und
ebenso die Erquickungen, jenen als Gegenstück entsprechend. b
Nachdem aber jedesmal denen auf der Wiese sieben Tage verstri-
chen, müßten sie am achten aufbrechen und wandern und kämen
den vierten Tag hin, wo man von oben herab ein gerades Licht wie
eine Säule über den ganzen Himmel und die Erde verbreitet sehe,
am meisten dem Regenbogen vergleichbar, aber glänzender und
reiner. In dieses kämen sie, eine Tagereise weitergegangen, hinein
und sähen dort mitten in dem Lichte vom Himmel her seine Enden c
an diesen Bändern ausgespannt; denn dieses Licht sei das Band des
Himmels, welches wie die Streben an den großen Schiffen den ganzen Umfang zusammenhält. An diesen Enden aber sei die Spindel
der Notwendigkeit befestigt, vermittels deren alle Sphären in Umschwung gesetzt werden, und an dieser sei die Stange und der Ha-
ken von Stahl, die Wulst aber gemischt aus diesem und anderen
Arten. Beschaffen aber sei diese Wulst folgendermaßen: Die Ge- d
stalt, so wie hier; aus dem aber, was er sagte, war abzunehmen, sie
sei so, als wenn in einer großen und durchweg ausgehöhlten Wulst
eine andere ebensolche kleinere eingepaßt wäre, wie man Schach-
teln hat, die so ineinander passen, und ebenso eine andere dritte
und eine vierte und noch vier andere. Denn acht Wülste seien es
insgesamt, welche ineinander liegend ihre Ränder von oben her als e
Kreise zeigen, um die Stange her aber nur *eine* zusammenhän-
gende Oberfläche einer Wulst bilden; diese aber sei durch die
achte mitten durchgetrieben. Die erste und äußerste Wulst nun
habe auch den breitesten Kreis des Randes, der zweite sei der der
sechsten, der dritte der der vierten, der vierte der der achten, der
fünfte der der siebenten, der sechste der der fünften, der siebente
der der dritten, der achte der der zweiten. Und der der größten sei
bunt, der der siebenten der glänzendste, der der achten erhalte
seine Farbe von der Beleuchtung der siebenten, der der zweiten 617a
und fünften seien einander sehr ähnlich, gelblicher als jene, der
dritte habe die weißeste Farbe, der vierte sei rötlich, der zweite
aber übertreffe an Weiße den sechsten. Indem nun die Spindel gedreht werde, so kreise sie zwar ganz immer in demselben
Schwunge, in dem ganzen Umschwingenden aber bewegten sich
die sieben inneren Kreise langsam in einem dem ganzen entgegengesetzten Schwung. Von diesen gehe der achte am schnellsten; auf

b ihn folgen der Schnelle nach zugleich miteinander der siebente,
sechste und fünfte; als der dritte seinem Schwunge nach kreise,
wie es ihnen geschienen, der vierte, als vierter aber der dritte und
als fünfter der zweite. Gedreht aber werde die Spindel im Schoße
der Notwendigkeit. Auf den Kreisen derselben aber säßen oben
auf jeglichem eine mit umschwingende Sirene, *eine* Stimme von
sich gebend, jede immer den nämlichen Ton, aus allen achten aber
insgesamt klänge dann *ein* Wohllaut zusammen. Drei andere aber,
c in gleicher Entfernung ringsumher jede auf einem Sessel sitzend,
die weiß bekleideten, am Haupte bekränzten Töchter der Notwendigkeit, die Moiren Lachesis, Klotho und Atropos, sängen zu
der Harmonie der Sirenen, und zwar Lachesis das Geschehene,
Klotho das Gegenwärtige, Atropos aber das Bevorstehende. Und
Klotho berühre von Zeit zu Zeit mit ihrer Rechten den äußeren
Umkreis der Spindel und drehe sie mit, Atropos aber ebenso die
d inneren mit der Linken, Lachesis aber berühre mit beiden abwechselnd das äußere und innere.

*149. Art der von Lachesis verordneten Wahl der Lebensweisen*
Sie nun, als sie angekommen, hätten sie sogleich zur Lachesis gehen müssen. Ein Prophet aber habe sie zuerst der Ordnung nach
auseinandergestellt, dann aus der Lachesis Schoß Lose genommen
und Grundrisse von Lebensweisen, dann sei er auf eine hohe
Bühne gestiegen und habe gesagt: ‹Dies ist der Tochter der Notwendigkeit, der jungfräulichen Lachesis Rede. Eintägige Seelen!
Ein neuer todbringender Umlauf beginnt für das sterbliche Ge-
e schlecht. Nicht euch wird der Dämon erlosen, sondern ihr werdet
den Dämon wählen. Wer aber zuerst gelost hat, wähle zuerst die
Lebensbahn, in welcher er dann notwendig verharren wird. Die
Tugend ist herrenlos, von welcher, je nachdem jeglicher sie ehrt
oder geringschätzt, er auch mehr oder minder haben wird. Die
Schuld ist des Wählenden; Gott ist schuldlos.› Dieses gesprochen,
habe er die Lose unter alle hingeworfen; und jeder habe das ihm
zufallende aufgehoben, nur er nicht, ihm habe er es nicht verstattet. Wer es aber nun aufgehoben, dem sei kundgeworden, die wie-
vielte Stelle er getroffen habe. Gleich nach diesem nun habe er die
618 a Umrisse der Lebensweisen vor ihnen auf dem Boden ausgebreitet
in weit größerer Anzahl als die der Anwesenden. Deren nun seien

sehr vielerlei, die Lebensweisen aller Tiere nämlich und auch die menschlichen insgesamt. Darunter nun seien Zwingherrschaften gewesen, einige lebenslänglich, andere mitteninne zugrundegehend und in Armut, Verweisung und Dürftigkeit sich endigend; ebenso auch Lebensweisen wohlangesehener Männer, die es teils ihrer Persönlichkeit wegen waren, der Schönheit halber oder sonst wegen körperlicher Stärke und Kampftüchtigkeit, andere aber ihrer Abkunft und vorelterlichen Tugenden wegen, und auch un- b berühmter ebenso, gleichermaßen auch von Frauen. Eine Rangordnung der Seelen aber sei nicht dabei gewesen, weil notwendig, welche eine andere Lebensweise wählt, auch eine andere wird. Alles andere sei untereinander und mit Reichtum und Armut, Krankheit oder Gesundheit gemischt; einiges auch zwischen diesem mitteninne. –

Hierauf nun eben, o lieber Glaukon, beruht alles für den Menschen, und deshalb ist vorzüglich dafür zu sorgen, daß jeder von c uns mit Hintansetzung aller anderen Kenntnisse nur dieser Kenntnis nachspüre und ihr Lehrling werde, wie einer dahin komme zu erfahren und aufzufinden, wer ihn dessen fähig und kundig machen könne, gute und schlechte Lebensweise unterscheidend, aus allen vorliegenden immer und überall die beste auszuwählen, alles eben Gesagte und untereinander Zusammengestellte und Verglichene, was es zur Tüchtigkeit des Lebens beitrage, wohl in Rechnung bringend, und zu wissen, was zum Beispiel Schönheit wert ist mit Armut oder Reichtum gemischt, und bei welcher Beschaffenheit der Seele sie Gutes oder Schlimmes bewirkt, und was gute d Abkunft und schlechte, eingezogenes Leben und staatsmännisches, Macht und Ohnmacht, Vielwisserei und Unkunde, und was alles dergleichen der Seele von Natur Anhaftendes oder Erworbenes miteinander vermischt bewirken, so daß man aus allen insgesamt zusammennehmend auf die Natur der Seele hinsehend die schlechtere und die bessere Lebensweise scheiden könne, die schlechtere diejenige nennend, welche die Seele dahin bringen e wird, ungerecht zu werden, die bessere aber, welche sie gerecht macht, um alles andere aber sich unbekümmert lassen; denn wir haben gesehen, daß für dieses Leben und für das nach dem Tode dieses die beste Wahl ist. Und eisenfest an dieser Meinung festhal- 619a tend muß man in die Unterwelt gehen, um auch dort nicht geblen-

det zu werden durch Reichtümer und solcherlei Übel, und nicht,
indem man auf Tyranneien und andere dergleichen Taten verfällt,
viel unheilbares Übel stifte und selbst noch größeres erleide, sondern vielmehr verstehe, in Beziehung auf dergleichen ein mittleres
Leben zu wählen und sich vor dem Übermäßigen nach beiden Seiten hin zu hüten, sowohl in diesem Leben nach Möglichkeit als
b auch in jedem folgenden. Denn so wird der Mensch am glückseligsten.

### 150. Beispiele von Wahlen bekannter Männer. Führung der Seelen zum Feld der Vergessenheit und neuen Eintritt ins Leben

Daher denn auch damals der Bote von dorther verkündet, der Prophet habe also gesagt: ‹Auch dem letzten, welcher hinzunaht,
wenn er mit Vernunft gewählt hat und sich tüchtig hält, liegt ein
angenehmes Leben bereit, kein schlechtes. Darum sei weder, der
die Wahl beginnt, sorglos, noch der sie beschließt, mutlos.› Nachdem jener nun dies gesprochen, sagte er, sei der, welcher das erste
Los gezogen, sogleich daraufzugegangen und habe sich die größte
Zwingherrschaft erwählt; aus Torheit und Gierigkeit aber habe er
gewählt, ohne alles genau zu betrachten, und so sei ihm das darin
c enthaltene Geschick, seine eigenen Kinder zu verzehren, und anderes Unheil, entgangen. Nachdem er es nun mit Muße betrachtet,
habe er auf sich losgeschlagen und seine Wahl bejammert, nicht
beachtend, was der Prophet vorhergesagt. Denn er habe nicht sich
selbst dieses Unheils Schuld beigelegt, sondern das Glück und die
Götter und alles eher als sich selbst angeklagt. Er sei aber einer von
den aus dem Himmel Kommenden gewesen, der in einer wohlgeordneten Verfassung sein erstes Leben verlebt und nur durch Ge-
d wöhnung ohne Philosophie an der Tugend teilgehabt. So daß er
auch sagte, es hingen sich an solcherlei Dinge nicht wenigere von
den aus dem Himmel Gekommenen, weil sie nämlich in Mühseligkeiten unerfahren seien, wohingegen von denen aus der Erde gar
viele, weil sie selbst Mühseligkeiten genug gehabt und auch andere
darin gesehen, ihre Wahl nicht so auf den ersten Anlauf machten.
Daher denn, so wie freilich auch durch den Zufall des Loses, den
meisten Seelen ein Wechsel entstehe zwischen Übel und Gutem.
Denn wenn jemand jedesmal, wenn er in diesem Leben ankäme,

sich der Weisheit wahrhaft befleißige und ihm dann das Los zur     e
Wahl nur nicht unter den allerletzten falle: so würde er wohl
dem dort Angekündigten zufolge nicht nur hier glückselig sein,
sondern auch seinen Weg von hier dorthin und von dorther zurück nicht unterirdisch und rauh zurücklegen, sondern glatt und
himmlisch. Denn dies Schauspiel sei wert gewesen, es zu sehen,
wie die Seelen jede für sich ihre Lebensweise wählten; denn es sei     620a
jämmerlich zu sehen gewesen und lächerlich und wunderbar. Die
meisten nämlich hätten der Erfahrung ihres früheren Lebens gemäß gewählt. So habe er gesehen, daß die Seele, die einmal des
Orpheus gewesen, ein Schwanenleben gewählt, indem sie aus
Haß gegen das weibliche Geschlecht, wegen des von ihm erlittenen Todes, nicht habe vom Weibe geboren werden wollen; und
die des Thamyris habe eine Nachtigall gewählt. So habe auch ein
Schwan sich durch seine Wahl zum menschlichen Leben umgewendet, und ebenso andere tonkünstlerische Tiere. Eine Seele,
welche als zwanzigste gelost, habe sich das Leben eines Löwen     b
gewählt, und dies sei die des telamonischen Aias gewesen, welche
eingedenk des Spruches wegen der Waffen vermeiden wollte, ein
Mensch zu werden. Nächstdem die des Agamemnon, und auch
diese habe aus Haß gegen das menschliche Geschlecht wegen des
Erlittenen das Leben eines Adlers eingetauscht. Mitteninne habe
auch die Seele der Atalante gelost, und da sie große Ehrenbezeu-
gungen für einen kampfkünstlerischen Mann gefunden, habe sie
nicht widerstehen können, sondern dieses gewählt. Nach dieser
habe er die des Epeios, des Sohnes des Panopeus, sich in die Na-     c
tur einer kunstreichen Frau begeben sehen, und weiter unter den
letzten den Possenreißer Thersites einen Affen anziehen. Zufällig
sei die Seele des Odysseus durch das Los die letzte von allen gewesen und so hinzugegangen, um zu wählen. Da sie sich aber im
Angedenken der früheren Mühen von allem Ehrgeiz erholt, so sei
sie lange Zeit umhergegangen, um eines von Staatsgeschäften
entfernten Mannes Leben zu suchen, und mit Mühe habe sie es,
von allen andern übersehen, irgendwo liegen gefunden, und als     d
sie es gesehen, habe sie gesagt, sie würde ebenso wie jetzt gehan-
delt haben, auch wenn sie das erste Los gezogen hätte, und habe
mit Freuden dieses Leben gewählt. Gleichermaßen seien nun
auch von den Tieren welche zu den Menschen übergegangen und

eine Art in die andere, indem ungerechte sich in wilde verwandelt, gerechte aber in zahme, und allerlei dergleichen Wechsel seien vorgekommen.

Nachdem nun aber alle Seelen ihre Lebensweisen gewählt, seien sie nach der Ordnung, wie sie gelost, zur Lachesis hinzuge-treten, und jene habe jedem den Dämon, den er sich gewählt, e zum Hüter seines Lebens und Vollstrecker des Gewählten mitge-sendet. Dieser nun habe sie zunächst zur Klotho, unter deren Hand, wie sie eben den Schwung bewirkend an der Spindel drehte, geführt, um das von jedem gewählte Geschick zu befesti-gen; und nachdem er diese berührt, habe er sie zur Spinnerei der Atropos geführt, um das Angesponnene unveränderlich zu ma-621 a chen. Von da sei er, ohne sich umzuwenden, an der Notwen-digkeit Thron getreten und durch diesen hindurchgegangen, nachdem auch die andern insgesamt dies getan, seien sie dann insgesamt durch furchtbare Hitze und Qualen auf das Feld der Vergessenheit gekommen, denn es sei entblößt von Bäumen und allem, was die Erde trägt. Dort hätten sie sich, da der Abend schon herangekommen, an dem Flusse Sorglos gelagert, dessen Wasser kein Gefäß halten könne. Ein gewisses Maß nun von diesem Was-ser sei jedem notwendig zu trinken; die aber durch Vernunft nicht bewahrt würden, tränken über das Maß, und wie einer getrunken b habe, vergesse er alles. Nachdem sie sich nun zur Ruhe gelegt und es Mitternacht geworden, habe sich Ungewitter und Erdbeben er-hoben, und plötzlich seien sie dann hüpfend wie Sterne der eine hierhin, der andere dorthin getrieben worden, um eben ins Leben zu treten. Er selbst habe vom Wasser zwar nicht trinken dürfen, wie aber und auf welche Weise er wieder zu seinem Leibe gekom-men, wisse er doch nicht, sondern nur, daß er plötzlich, des Mor-gens aufschauend, sich schon auf dem Scheiterhaufen liegend ge-funden.

Und diese Rede, o Glaukon, ist erhalten worden und nicht ver-c lorengegangen und kann auch uns erhalten, wenn wir ihr folgen; und wir werden dann über den Fluß der Lethe gut hinüberkom-men und unsere Seele nicht beflecken. Sondern wenn es nach mir geht, wollen wir, in der Überzeugung, die Seele sei unsterblich und vermöge alles Übel und alles Gute zu ertragen, uns immer an den oberen Weg halten und der Gerechtigkeit mit Vernünftigkeit auf alle Weise nachtrachten, damit wir uns selbst und den Göttern lieb seien, sowohl während wir noch hier weilen, als auch wenn wir den Preis davontragen, den wir uns wie die Sieger von allen Seiten  d umher einholen, und hier sowohl als auch auf der tausendjährigen Wanderung, von der wir eben erzählt, uns wohl befinden.

# PHAIDROS

## A. Einleitung

## B. Die Reden über Nachteil und Nutzen der Liebe

*1. Kenntnis des Phaidros von einer Liebesrede des Lysias und Wunsch des Sokrates, sie zu hören*

SOKRATES: O lieber Phaidros, woher denn und wohin? 227a

PHAIDROS: Vom Lysias, o Sokrates, dem Sohne des Kephalos, und ich gehe lustwandeln hinaus vor die Stadt; denn ich habe dort lange Zeit sitzend zugebracht von früh an. Und deinem und meinem Freunde Akumenos folgend pflege ich draußen auf den Straßen umherzugehen; dieses nämlich, sagt er, sei weniger ermüdend als das in den Spaziergängen. b

SOKRATES: Und ganz recht hat er darin, lieber Freund. Also Lysias war, wie es scheint, in der Stadt.

PHAIDROS: Ja, bei dem Epikrates, in dem Hause hier unweit des Olympion, der Morychia.

SOKRATES: Was habt ihr denn dort getrieben? Oder versteht es sich, daß euch Lysias aus seinen Reden bewirtet hat?

PHAIDROS: Du sollst es erfahren, wenn du Muße hast, mitzugehen und zu hören.

SOKRATES: Wie denn? Glaubst du nicht, daß es, nach dem Pindaros, «auch dringendem Geschäft voran mir gehn soll», deine und des Lysias Unterhaltung anzuhören?

PHAIDROS: So gehe denn weiter. c

SOKRATES: Und du rede.

PHAIDROS: Gewiß, Sokrates, recht geziemt dir dies zu hören. Denn die Rede, mit der wir uns unterhielten, war, ich weiß nicht recht wie, eine Liebesrede. Nämlich Lysias hat sie geschrieben, als ob ein schöner Knabe gewonnen werden sollte, aber nicht von einem Liebhaber. Sondern dies ist eben die Feinheit darin: er behauptet, man müsse eher einem Nichtverliebten günstig sein als einem Verliebten.

SOKRATES: O trefflicher Mann! Hätte er doch geschrieben, eher einem Armen als Reichen, einem Alten als Jungen, und was d sonst mir zugute gekommen wäre und den meisten von uns. Wahrlich, das wären artige und gemeinnützige Reden. Ich meinesteils bin nun so begierig geworden zu hören, daß, wenn du auch bis Megara lustwandeln gingst und wie Herodikos hart an der Mauer wieder umkehrtest, ich doch nicht von dir weichen würde.

PHAIDROS: Wie meinst du, bester Sokrates? Glaubst du, was 228a Lysias in langer Zeit nach Muße ausgearbeitet hat, der größte Meister unter allen jetzt im Schreiben, das sollte ich Ungelehrter seiner würdig so aus dem Gedächtnis wiederholen können? Daran fehlt viel. Wiewohl viel Geld mir nicht so lieb sein sollte als dieses.

## 2. Überwindung der Ziererei des Phaidros

SOKRATES: O Phaidros, wenn ich den Phaidros nicht kenne, muß ich mich ja selbst vergessen haben. Aber eines so wenig wie das andere. Ich weiß gar wohl, hörte jener eine Rede des Lysias, so hat er sie nicht nur einmal angehört, sondern den Lysias immer wieder aufs neue oftmals reden lassen, und der gehorchte ihm auch gern. b Ihm aber ist auch das nicht genug gewesen, sondern zuletzt hat er das Buch genommen und selbst, was ihm am besten gefiel, nachgesehen. Und darüber von früh an sitzend, ist er endlich ermüdet und lustwandeln gegangen, jedoch beim Hunde! wie ich wenigstens glaube, schon auswendig wissend die Rede, wenn sie nicht allzu lang war. Und zur Stadt hinaus ging er, um sie recht einzulernen. Als er dann einem begegnete, der krank ist an der Sucht, Reden anzuhören, freute er sich schon, da er ihn sah, daß er einen Genosc sen haben würde an seiner Entzückung, und hieß ihn mitgehen. Wie nun der Liebhaber von Reden ihn bat, herzusagen, machte er den Spröden, als hätte er nicht Lust; am Ende aber würde er, auch wenn niemand mit gutem zuhören wollte, mit Gewalt die Rede sagen. Du also, Phaidros, bitte ihn, was er doch bald auf alle Weise tun würde, lieber gleich zu tun.

PHAIDROS: Wahrlich, bei weitem das beste für mich wird sein, dir so, wie ich eben kann, die Rede zu geben. Denn du scheinst mir keineswegs ablassen zu wollen, bis ich irgendwie rede.

SOKRATES: Ganz recht glaubst du das von mir.

### 3. *Entdeckung der Rede und Gang am Ilissos*

PHAIDROS: So demnach will ich es machen. Denn in der Tat, So-  d
krates, die Worte habe ich unmöglich behalten; den Inhalt aber
von allem, worin er den Unterschied zwischen des Liebenden Sache und des Nichtliebenden auseinandergesetzt, will ich dir in den
Hauptpunkten nach der Ordnung, vom ersten anhebend, wiederholen.

SOKRATES: Nachdem du jedoch gezeigt haben wirst, lieber
Mensch, was du da hast in der linken Hand unter dem Mantel.
Denn ich vermute, du hast die Rede selbst, und wenn das ist, so
denke so von mir, daß ich dich zwar gar sehr liebe, wenn aber auch  e
Lysias da ist, mich dir herzugeben, damit du dich an mir einlernst,
keineswegs gesonnen bin. Komm also und zeige!

PHAIDROS: Ruhig nur! Du hast mir die Hoffnung vereitelt, die
ich hatte, mich an dir zu üben. Aber wo willst du nun, daß wir uns
setzen, um zu lesen?

SOKRATES: Hier laß uns ablenkend am Ilissos hinuntergehen  229a
und dann, wo es uns gefallen wird, uns einsam niedersetzen.

PHAIDROS: Zur rechten Zeit, wie es scheint, bin ich unbeschuht;
denn du freilich bist es immer. So ist es also am bequemsten, im
Wässerchen selbst die Füße netzend zu gehen, und gar nicht unangenehm, zumal in dieser Jahreszeit und um die jetzige Stunde.

SOKRATES: So gehe voran und sieh dich um, wo wir uns wohl
setzen können.

PHAIDROS: Siehst du jene höchste Platane dort?

SOKRATES: Wie sollte ich nicht?

PHAIDROS: Dort ist Schatten und mäßige Luft, auch Rasen,  b
darauf zu sitzen oder, wenn wir wollen, uns niederzulegen.

SOKRATES: Gehe also.

PHAIDROS: Sage mir, Sokrates, soll nicht hier irgendwo am Ilissos Boreas die Oreithyia geraubt haben?

SOKRATES: So soll er.

PHAIDROS: Etwa eben hier? Angenehm wenigstens, rein und
durchsichtig ist hier das Wässerchen, recht gemacht für Mägdlein,
daran zu spielen.

SOKRATES: Nein, sondern unterhalb etwa um zwei oder drei  c
Stadien, wo man durchgeht nach dem Tempel der Artemis. Auch
ist dort irgendwo ein Altar des Boreas.

**PHAIDROS:** Ich wußte es nicht recht. Aber sage, um Zeus' willen, Sokrates, glaubst auch du, daß diese Geschichte wahr ist?

*4. Verhältnis des Sokrates zu den Mythologemen*

**SOKRATES:** Wenn ich es nun nicht glaubte, wie die Klugen, so wäre ich eben nicht ratlos. Ich würde dann weiter klügelnd sagen, der Wind Boreas habe sie, als sie mit der Pharmakeia spielte, von den Felsen dort in der Nähe herabgeworfen, und dieser Todesart

d wegen habe man gesagt, sie sei durch den Gott Boreas geraubt worden. Ich aber, o Phaidros, finde dergleichen im übrigen ganz artig, nur daß ein gar kunstreicher und arbeitsamer Mann dazu gehört, der eben nicht zu beneiden ist, nicht etwa wegen sonst einer Ursache, sondern weil er dann notwendig auch die Kentauren ins Gerade bringen muß und hernach die Chimaira, und dann strömt ihm herzu ein ganzes Volk von dergleichen Gorgonen, Pegasen und andern unendlich vielen und unbegreiflichen wunder-

e baren Wesen, und wer die ungläubig einzeln auf etwas Wahrscheinliches bringen will, der wird mit einer wahrlich unzierlichen Weisheit viel Zeit verderben. Ich aber habe dazu ganz und gar keine Muße; und die Ursache hiervon, mein Lieber, ist diese: ich kann noch immer nicht nach dem delphischen Spruch mich selbst

230a erkennen. Lächerlich also kommt es mir vor, solange ich hierin noch unwissend bin, an andere Dinge zu denken. Daher also lasse ich das alles gut sein; und annehmend, was darüber allgemein geglaubt wird, wie ich eben sagte, denke ich nicht an diese Dinge, sondern an mich selbst, ob ich etwa ein Ungeheuer bin, noch verschlungener gebildet und ungetümer als Typhon, oder ein milderes und einfacheres Wesen, das sich eines göttlichen und edeln Teiles von Natur erfreut. – Doch, Freund, nicht zu vergessen, war dies nicht der Baum, zu dem du uns führen wolltest?

**PHAIDROS:** Ja, eben dieser.

*5. Die Landschaft und Sokrates*

**SOKRATES:** Bei der Here! dies ist ein schöner Aufenthalt. Denn die Platane selbst ist prächtig belaubt und hoch und des Gesträuches Höhe und Umschattung gar schön, und so steht es in voller Blüte, daß es den Ort mit Wohlgeruch ganz erfüllt. Und unter der Platane fließt die lieblichste Quelle des kühlsten Wassers, wenn man sei-

nen Füßen trauen darf. Auch scheint hier nach den Statuen und
Figuren ein Heiligtum einiger Nymphen und des Acheloos zu sein.
Und wenn du das suchst, auch die Luft weht hier willkommen und   c
süß und säuselt sommerlich und lieblich in den Chor der Zikaden.
Unter allem am herrlichsten aber ist das Gras am sanften Abhang
in solcher Fülle, daß man hingestreckt das Haupt gemächlich
kann ruhen lassen. Kurz, du hast vortrefflich den Führer gemacht,
lieber Phaidros.

PHAIDROS: Du aber, wunderbarer Mann, zeigst dich ganz selt-
sam. Denn in der Tat, wie du auch sagst, einem Fremden gleichst
du, der sich umherführen läßt, und nicht einem Einheimischen. So
wenig wanderst du aus der Stadt über die Grenze, noch auch selbst   d
zum Tore scheinst du mir herauszugehen.

SOKRATES: Dies verzeihe mir schon, o Bester. Ich bin eben lernbegierig, und Felder und Bäume wollen mich nichts lehren, wohl
aber die Menschen in der Stadt. Du indes, dünkt mich, hast, um
mich herauszulocken, das rechte Mittel gefunden. Denn wie sie
mittels vorgehaltenen Laubes oder Körner hungriges Vieh führen,
so könntest du gewiß, wenn du mir solche Rollen mit Reden vor-
zeigtest, mich durch ganz Attika herumführen, und wohin du   e
sonst wolltest. Nun wir aber an Ort und Stelle angekommen sind,
werde ich mich wahrscheinlich hier niederlegen; du aber, in welcher Stellung du am besten lesen zu können glaubst, die wähle und
lies.

PHAIDROS: So höre denn.

6. *Lysias über die Unbeständigkeit und Unvernunft der Verliebten*

Von dem, was mich anbetrifft, bist du unterrichtet, und wie ich
glaube, es werde uns zuträglich sein, daß dieses zustande komme,
hast du gehört. Ich wünsche aber, nicht etwa deshalb zu verfeh-   231a
len, um was ich bitte, weil ich nicht zu deinen Liebhabern gehöre.
Da eben jene dann zu gereuen pflegt, was sie Gutes erwiesen haben, sobald ihre Begierde gestillt ist; für andere aber gibt es keine
Zeit, in der ihnen anderen Sinnes zu werden geziemte. Denn nicht
notgedrungen, sondern freiwillig, wie jeder am besten über das
Seinige sich beraten mag, erweisen sie nach ihrem Vermögen Gutes. Ferner erwägen die Verliebten, was sie schlecht verwaltet ha-

ben von dem Ihrigen der Liebe wegen, und was Gutes erwiesen;
b und wenn sie dann die gehabte Beschwerde hinzurechnen, so glauben sie, schon längst den gebührenden Dank ihren Geliebten entrichtet zu haben. Die aber in keiner Leidenschaft Begriffenen können auch weder die Vernachlässigung ihrer Angelegenheiten um
jener willen zum Vorwande nehmen, noch die überstandenen Beschwerden in Rechnung bringen, noch aus der Zwietracht mit ihren Angehörigen einen Vorwurf machen, so daß, so vieler Übel
überhoben, sie nicht anders können, als bereitwillig alles tun, wodurch sie glauben ihnen gefällig zu werden. Ferner, wenn und um-
c deswillen die Liebhaber wert geachtet zu werden verdienen sollen,
weil sie behaupten, ihren Geliebten am meisten ergeben zu sein,
und weil sie immer bereit sind, sollten sie auch durch Wort und
Tat sich andern verhaßt machen, ihnen gefällig zu werden: so ist
leicht einzusehen, wiefern sie wahr reden, weil sie ebenso den, für
welchen sie späterhin Leidenschaft haben werden, höher achten
müssen als die vorigen und offenbar, wenn es jener wünscht, auch
dem früher Geliebten Übles zufügen werden. Indessen, wie sollte
es wohl billig sein, so Großes dem einzuräumen, der einem solchen
d Unfall unterworfen ist, welchem nicht einmal ein Kundiger abzu-
helfen unternehmen würde? Denn auch selbst bekennen sie, daß
sie mehr krank sind als bei voller Besinnung und daß sie zwar
wissen, wie schlecht sie bei Verstande sind, aber nicht vermögen,
sich selbst zu überwinden. Wie also könnten sie wohl, wenn sie
wieder gut bei Verstande sind, dasjenige für wohlgetan halten,
was sie in solcher Verfassung wollen? Überdies, wenn du aus den
Liebhabern dir den besten wähltest, hättest du immer nur unter
wenigen die Wahl; wenn aber aus den übrigen den dir selbst ange-
e messensten, dann unter vielen. So daß weit mehr Hoffnung ist,
unter den vielen wirklich den anzutreffen, der deine Freundschaft
verdient.

### 7. Aus dem Umgang mit Verliebten entstehende Nachteile
Fürchtest du aber etwa die herrschende Meinung, daß dir nämlich, wenn die Leute es erfahren, Schande daraus entstehen
232a könnte: so ist wahrscheinlich, daß Liebhaber freilich, welche
auch von den übrigen ebenso glauben beneidet zu werden, wie
sie es untereinander tun, sich brüsten werden mit Erzählen und

selbstgefällig sich gegen jedermann rühmen, daß sie nicht vergeblich bemüht gewesen sind, daß die nicht Leidenschaftlichen aber,
da sie über sich selbst Gewalt haben, das Bessere dem Ruhme bei
den Menschen vorziehen werden. Überdies müssen wohl sehr
viele die Liebhaber merken und sehen, wie sie ihren Geliebten
nachgehen und sich dies zum Geschäft machen, so daß, wo sie nur
im Gespräch miteinander gesehen werden, man auch glaubt, sie
kämen eben von der Befriedigung der Begierde oder gingen ihr      b
entgegen; Nichtverliebten aber hat niemand auch nur den Gedanken, ihres Umgangs wegen etwas vorzuwerfen, indem jeder es in
der Ordnung findet, daß man sich unterrede, es geschehe nun aus
Zuneigung oder eines anderen Vergnügens wegen. Ja, wenn etwa
dich Furcht anwandeln sollte, indem du bedenkst, wie schwer es
halte, daß eine Freundschaft beständig bleibe, und wie, wenn in
andern Fällen Uneinigkeit entsteht, beide gemeinschaftlich das
Unglück trifft, hier aber, wenn du das Höchste gewährt hättest,    c
dir großer Nachteil entstehen könne: so hast du billig weit mehr
die Verliebten zu fürchten. Denn vieles gibt es, was sie betrübt,
und von allem glauben sie, daß es ihnen zum Nachteil geschehe.
Daher sie auch den Umgang ihrer Geliebten mit andern verhindern, aus Furcht, Vermögende möchten sie an Reichtum übertreffen, Gebildete aber ihnen an Einsicht überlegen sein, und was
sonst jemand Gutes besitzt, vor dessen Wirkung hüten sie sich.    d
Überreden sie dich nun, dich mit solchen zu verfeinden, so entblö-
ßen sie dich von Freunden; wenn du aber, dein Bestes erwägend,
verständiger als sie urteilst, so kommst du in Zwistigkeit mit ihnen. Die aber nicht als Liebhaber erlangt, sondern durch ihre Tugend sich erworben haben, was sie wünschten, werden nicht deine
Gesellschafter eifersüchtig beneiden, sondern eher die hassen, die
es nicht sein wollen, in der Meinung, von diesen geringschätzig
übersehen zu werden, von den Gesellschaftern aber unterstützt;
so daß weit mehr zu erwarten ist, ihnen werde Freundschaft aus   e
dieser Verbindung entstehen als Feindschaft. Auch pflegen ja unter den Verliebten viele weit eher nach dem körperlichen Genuß zu
verlangen, als sie die Gemütsart kennengelernt und die übrigen
Eigenheiten erkundet haben, so daß ungewiß ist, ob sie auch dann
noch werden Freunde sein wollen, wenn ihr Verlangen gestillt ist;   233 a
wogegen von den Nichtverliebten, welche dieses erst nachdem sie

schon lange Freunde waren getan, gar nicht zu vermuten ist, daß eben das, was ihnen Gutes widerfahren ist, die Freundschaft verringern sollte, sondern es wird vielmehr dieses als Denkzeichen zurückbleiben für das, was in Zukunft geschehen wird.

## 8. Vorteile des Umgangs mit Nichtverliebten

Ja es steht dir auch bevor, mehr im Guten zuzunehmen, wenn du mir, als wenn du einem Liebhaber Gehör gibst. Denn jene loben b auch gegen das Bessere, was du redest und tust, einiges aus Furcht, sich unangenehm zu machen, anderes, weil sie es selbst ihrer Begierde wegen mit dem Schlechteren halten. Denn dergleichen hat die Liebe aufzuzeigen: sie macht, daß die Unglücklichen auch das, was andern gar keine Unlust verursacht, für quälend halten, die Glücklichen aber nötigt sie, auch an dem, was keiner Lust wert ist, ihr Lob zu verschwenden. So daß man die Geliebten weit mehr bedauern sollte als beneiden. Wenn du aber mir Gehör gibst, so werde ich zuerst nicht nur für das augenblickliche Vergnügen sorc gen, sondern auch für den künftig zu erwartenden Nutzen in meinem Umgange, nicht von der Leidenschaft besiegt, sondern mich selbst besiegend, noch auch über Kleinigkeiten heftigen Zwiespalt erregend, sondern erst über wichtige Dinge langsam gelindem Unwillen Raum gebend, das Unvorsätzliche verzeihend, das Vorsätzliche versuchend abzuwenden. Denn dies sind die Kennzeichen einer für lange Dauer geeigneten Freundschaft. Wofern dir aber dieses einfällt, daß unmöglich eine Freundschaft stark sein könne, d wenn nicht einer leidenschaftlich liebt: so mußt du bedenken, daß wir dann auch weder unsere Kinder sehr wert halten würden, noch unsere Eltern, noch auch Freunde treu sein könnten, die es nicht aus einer solchen Begierde geworden sind, sondern aus irgendeinem andern Antriebe. Ferner, wenn man den Bedürftigsten am meisten gefällig sein soll: so müßten ja auch andere nicht den Vortrefflichsten, sondern den Hilflosesten Gutes erweisen; e denn von den größten Übeln befreit, werden sie ihnen auch den meisten Dank wissen. Ja auch zu seinen besonderen Festen müßte dann jeder nicht die Freunde einladen, sondern die um Almosen bitten und die der Sättigung bedürfen. Denn diese werden dem Geber anhänglich sein und ihm aufwarten zu Hause und draußen und am meisten erfreut sein und nicht die wenigste Erkenntlich-

keit empfinden und ihm vieles Gute anwünschen. Sondern es ist
gleicherweise ratsam, nicht den sehr Bedürftigen sich gefällig zu
erzeigen, sondern denen, welche am meisten ihre Erkenntlichkeit
beweisen können, und nicht den Leidenschaftlichen allein, son- 234a
dern denen, welche der Sache würdig sind, noch allen, die wohl
deiner Jugend genießen möchten, sondern welche auch dem älter
Gewordenen vom eigenen Guten mitteilen werden; nicht denen,
die nach Durchsetzung ihres Wunsches gegen die übrigen prahlen,
sondern denen, die verschämt gegen jedermann schweigen werden; nicht denen, welche nur kurze Zeit sich um dich beeifern,
sondern denen, welche das ganze Leben hindurch auf gleiche
Weise deine Freunde sein werden; noch auch denen, welche nach
gestillter Lust nur Vorwand zur Zwietracht suchen, sondern wel- b
che, wenn die Jugend vergangen ist, dann ihre Tugend beweisen
werden. Du also gedenke des Gesagten und erwäge auch noch
dieses, daß Liebhaber von ihren Freunden gescholten werden, als
über ein böses Unternehmen, daß aber den nicht Leidenschaftlichen noch nie einer von den Angehörigen getadelt hat, als berate
er sich deshalb schlechter.

*9. Schlußempfehlung. – Wirkung der Rede auf Sokrates*
Vielleicht aber möchtest du mich fragen, ob ich dir anmute, allen
Nichtverliebten gefällig zu sein; ich aber denke, auch ein Verlieb-
ter wird dich nicht heißen, gegen alle Verliebten diese Gesinnung c
zu haben. Denn weder würde es dem, der es erlangt, gleichen Dan-
kes wert sein, noch wäre es dir, da du andern verborgen bleiben
willst, ebenso leicht möglich. Schaden soll aber daraus gar nicht,
sondern Vorteil für beide entstehen. Ich nun halte das Gesagte für
hinreichend, wenn aber du noch etwas vermißt, was übergangen
wäre, so frage.

   Nun, Sokrates, was dünkt dich von der Rede? Nicht, daß sie
wunderschön sowohl im übrigen als auch besonders im Ausdruck
gearbeitet ist?

   SOKRATES: Ganz göttlich allerdings, Freund, so daß ich außer d
mir bin. Und dieses hast du mir angetan, o Phaidros, indem ich auf
dich sah und du mir vor Freude zu glänzen schienst über die Rede
während des Lesens. Denn mit dem Gedanken, daß du mehr verstehst als ich von diesen Dingen, folgte ich dir, und so nachfol-

gend, bin ich immer entzückt gewesen mit dir, dem göttlichen Haupt.

PHAIDROS: Wohl! auf diese Art meinst du also zu scherzen?

SOKRATES: Denkst du, ich scherze und meine es nicht ganz ernst-haft?

e  PHAIDROS: Freilich nicht, o Sokrates. Aber in Wahrheit sage mir beim Zeus der Freundschaft, glaubst du, daß irgendein anderer Hellene etwas anderes, Größeres als dieses und mehr sagen könnte über dieselbe Sache?

## 10. Urteil des Sokrates über die Rede

SOKRATES: Wie denn? Auch hierin soll von mir und dir die Rede gelobt werden, daß der Verfasser das Richtige gesagt habe, und nicht darin nur, weil er alle Worte so rund und genau mit fester Hand abgedreht hat? Wenn es sein soll, muß ich es zugeben, dir zu Gefallen. Denn mir ist es entgangen wegen meiner Unfähigkeit,

235a weil ich nämlich nur auf das Rednerische darin Achtung gab, und dieses, dachte ich, würde Lysias selbst nicht für hinreichend hal-ten. Ja, er schien mir gar, wenn du es nicht etwa anders meinst, Phaidros, zwei- oder dreimal dasselbe zu sagen, als wäre es ihm eben nicht gar leicht, vieles zu reden über dieselbe Sache, oder ihm vielleicht auch gar nichts gelegen hieran. Und daher ist er mir vor-gekommen wie ein junger Mensch, der seine Freude daran hat zu zeigen, daß er imstande ist, indem er diese Sache jetzt so, dann anders ausdrückt, beidemal vortrefflich zu reden.

b  PHAIDROS: Nichts ist dies gesagt, Sokrates. Denn eben dies fin-det sich ganz vorzüglich in der Rede. Denn was Schickliches zu sagen in der Sache lag, davon hat sie nichts übergangen, so daß etwas anderes Größeres und Besseres als das von ihm Angeführte niemand jemals sagen kann.

SOKRATES: Dieses werde ich nun nicht mehr imstande sein dir zu glauben. Denn weise Männer und Frauen aus alter Zeit, die eben hierüber geredet und geschrieben haben, werden mich der Unwahrheit zeihen, wenn ich es dir zu Gefallen einräume.

c  PHAIDROS: Wer sind diese? Und wo hast du Besseres als dies gehört?

*11. Erfülltheit des Sokrates mit besseren Argumenten zum sel-
    ben Thema*

SOKRATES: So jetzt gleich kann ich es nicht sagen; offenbar aber
habe ich dergleichen von irgend jemand gehört, entweder von der
schönen Sappho oder von dem weisen Anakreon, oder auch von
Schriftstellern in ungebundener Rede. Woher ich dieses schließe?
Voll ja, du Teurer, tragend die Brust fühle ich, daß ich ganz andere
Dinge als jener zu sagen hätte, und nicht schlechtere. Daß ich nun
aus mir selbst nichts davon ersonnen habe, weiß ich gewiß, da ich
meines Unverstandes mir bewußt bin. Also, denke ich, bleibt nur
übrig, daß ich aus fremden Strömen durch Zuhören angefüllt wor-     d
den bin, wie ein Gefäß; aus Albernheit aber habe ich auch das
schon wieder vergessen, wie und von wem ich es gehört.

PHAIDROS: Wohl, du prächtiger Mann, dies war vortrefflich
gesprochen. Du also sollst mir, von wem und wie du es gehört, gar
auch wenn ich es verlange, nicht sagen. Nur eben das, was du
sagst, tue mir. Unternimm es, dessen, was in meinem Buche steht,
dich enthaltend, anderes, Besseres und nicht weniger zu sagen.
Dagegen verspreche ich dir, wie die neun Archonten, eine goldne
Statue in Lebensgröße nach Delphi zu verehren, und zwar nicht
meine nur, sondern auch deine.                                      e

SOKRATES: Ein gar lieber und wirklich goldner Mensch bist du
mir, Phaidros, wenn du meinst, ich behaupte, daß Lysias die Sache
ganz und gar verfehlt habe und daß es möglich sei, lauter andere
Dinge als er zu sagen. Dieses aber, denke ich, kann auch dem
schlechtesten Schriftsteller nicht begegnen. Gleich hier, wovon die
Rede ist, wer, meinst du wohl, wenn er beweisen wollte, man
müsse dem Nichtverliebten eher willfahren als dem Verliebten,
überginge aber die Verständigkeit des einen zu loben und die Un-   236a
verständigkeit des andern zu tadeln, welches ganz notwendig ist,
würde dann irgend etwas anderes zu sagen imstande sein? Sondern dergleichen, glaube ich, muß man lassen und dem Redenden
zugestehen; und in dergleichen ist auch nicht die Erfindung, sondern nur die Anordnung zu loben, an dem nicht Notwendigen und
schwerer zu Findenden aber außer der Anordnung auch die Erfindung.

## 12. Sokrates von Phaidros zum Reden gezwungen

PHAIDROS: Ich räume ein, was du sagst; denn du dünkst mich ganz billig gesprochen zu haben. Also will ich es ebenso machen.

b Daß der Verliebte mehr als der Nichtverliebte krank sei, davon will ich dir verstatten auszugehen, und wenn du nur im übrigen anderes, mehr und Besseres vorträgst als Lysias, sollst du immer noch neben der Kypseliden Weihgeschenk aus gehämmerter Arbeit in Olympia stehen.

SOKRATES: Du machst Ernst daraus, Phaidros, daß ich deinen Liebling angegriffen, um dich aufzuziehen, und meinst wohl, ich werde wirklich versuchen, über seine Kunst hinaus etwas anderes, Schmuckeres zu sagen.

PHAIDROS: Was dies nun betrifft, Freund, so gibst du mir jetzt c dieselbe Blöße. Denn reden mußt du jetzt auf jeden Fall, so, wie du eben kannst. Damit wir aber nicht den ganzen lästigen Spaß der Komödie durchzumachen nötig haben, einer dem andern dasselbe zurückgebend: so sieh dich vor und nötige mich nicht erst, dir jenes zu sagen: «Wenn ich, o Sokrates, den Sokrates nicht kenne, muß ich auch mich selbst vergessen haben», und «er hatte wohl Lust zu reden, machte aber den Spröden»; sondern bedenke, daß wir von hinnen nicht gehen, ehe du das gesprochen hast, was du behauptetest in der Brust zu tragen. Wir sind hier allein ganz ein- d sam, und ich bin der stärkere und jüngere. Aus dem allen nun «vernimm was ich meine», und wolle doch ja nicht gezwungen lieber als freiwillig reden.

SOKRATES: Aber, du himmlischer Phaidros, lächerlich werde ich mich machen, wenn nach einem trefflichen Künstler ich Ungelehrter unvorbereitet rede über dieselbe Sache.

PHAIDROS: Weißt du, wie es steht? Höre auf, dich gegen mich zu zieren; sonst weiß ich etwas zu sagen, womit ich dich gleich zwingen kann zu reden.

SOKRATES: So sage es also ja nicht.

PHAIDROS: Mitnichten, sondern ich sage es gerade, und die Rede soll mir ein Schwur sein. Ich schwöre dir also – ja bei wel- e chem Gotte doch? Oder willst du bei dieser Platane? –, daß wahrlich, wenn du mir nicht die Rede hältst hier angesichts ihrer selbst, ich dir nie eine andere Rede von irgend jemandem entweder hersagen oder anzeigen werde.

SOKRATES: Weh! Du Böser! Wie gut hast du den Zwang ausgefunden für einen redeliebenden Mann, daß er tue, was du nur begehrst!

PHAIDROS: Was hast du also, daß du dich noch sträubst?

SOKRATES: O gar nichts mehr, seit du dieses geschworen hast. Denn wie könnte ich wohl einer solchen Lockspeise widerstehen?

PHAIDROS: Rede also.

SOKRATES: Weißt du wohl, wie ich es machen will?

PHAIDROS: Womit denn?

SOKRATES: Verhüllt will ich sprechen, damit ich aufs schnellste die Rede durchjage und nicht etwa, wenn ich dich ansehe, aus Scham in Verwirrung gerate.

PHAIDROS: Rede nur, und übrigens halte es, wie du willst.

*13. Beginn der Rede des Sokrates. Bestimmung ihres Anfangs*

SOKRATES: Wohlan denn, o Musen! mögt ihr nun wegen einer Art des Gesanges die hochgekehlten heißen oder nach dem langhalsigen Geschlecht der tonreichen Schwäne diesen Namen führen, greift mit mir an das Werk der Rede, welche dieser Treffliche mich nötigt zu sprechen, damit nur sein Freund, der ihm schon immer kunstreich zu sein schien, ihm nun noch mehr so erscheine.

Es war also einmal ein Knabe oder vielmehr ein halberwachsener Jüngling, der war gar schön und hatte der Liebhaber sehr viele. Unter diesen war einer sehr listig, welcher den Knaben, in den er nicht minder als irgendeiner sonst verliebt war, dennoch überredet hatte, er sei es nicht; und einmal, als er in ihn drang, überredete er ihn eben dazu, daß er den Nichtverliebten vor dem Verliebten begünstigen müsse. Er redete aber also:

In allen Dingen, mein Kind, gibt es nur einen Anfang für die, welche richtig ratschlagen wollen: sie müssen wissen, worüber sie Rat pflegen, oder werden notwendig das Ganze verfehlen. Die meisten nun merken nicht, daß sie das Wesen eines jeden Dinges nicht kennen. Als kennten sie es also, verständigen sie sich nicht darüber im Anfang der Untersuchung, und im Fortgang bezahlen sie dann die Gebühr, sie sind nämlich weder jeder mit sich selbst noch untereinander einig. Mich also und dich möge nicht treffen, was wir andern vorwerfen, sondern da dir und mir die Frage vorliegt, ob mit dem Verliebten oder Nichtverliebten besser sei

Freundschaft zu stiften: so laß uns über die Liebe, was sie ist und
d welche Kraft ihr zukommt, eine Erklärung einstimmig festsetzend, in Hinsicht und Beziehung auf diese dann die Untersuchung
anstellen, ob sie Vorteile oder Schaden hervorbringt.

14. *Definition der Liebe als Begierde und ihre beiden Arten*
Daß nun die Liebe eine Begierde ist, gesteht jeder; wiederum aber
wissen wir, daß auch Nichtliebende ebenfalls der Schönen begehren. Woran also wollen wir den Liebenden und den andern unterscheiden? Wir müssen demnach bemerken, daß es in einem jeden
von uns zwei herrschende und führende Triebe gibt, welchen wir
folgen, wie sie eben führen, eine eingeborene Begierde nach dem
Angenehmen und eine erworbene Gesinnung, welche nach dem
Besten strebt. Diese beiden nun sind in uns bald übereinstimmend,
e zuweilen auch wieder veruneinigt, da denn jetzt diese, dann wieder die andere siegt. Wenn nun die Gesinnung uns zum Besseren
durch Vernunft führt und regiert, so heißt diese Regierung Beson-
238a nenheit; wenn aber die Begierde vernunftlos hinzieht zur Lust
und in uns herrscht, wird diese Herrschaft Frevel genannt. Der
Frevel aber ist vielnamig: denn er ist vielteilig und vielartig. Und
die von diesen Arten zufällig den Vorzug gewonnen hat, trägt ihren eignen Namen zur Benennung auf den, der sie besitzt, hinüber,
einen weder schönen noch wünschenswerten. Denn eine auf den
Wohlgeschmack der Speisen gerichtete, die Vernunft und die anderen Begierden besiegende Begierde heißt Schlemmerei und wird
b auch dem sie Hegenden dieselbe Bezeichnung zuziehen. Die aber
auf den Trunk, wenn sie den beherrscht, der sie hegt, und ihn dahin führt, ist klar, welchen Beinamen sie erhalten wird; und so
auch die übrigen Namen, die diesen verwandt sind und verwandten Begierden zugehören, wie jeder, wenn sie die Herrschaft führt,
zu heißen zukommt, sind bekannt. Und um welcher willen das
Bisherige gesagt worden, ist wohl schon einleuchtend, auch dieses
aber wird, ausdrücklich gesagt, deutlicher werden, als wenn es
nicht gesagt würde. Nämlich die vernunftlose, jene auf das Bessere
bestrebte Gesinnung beherrschende Begierde, zur Lust an der
c Schönheit geführt und wiederum von den ihr verwandten Begierden auf die Schönheit der Leiber hingeführt, wenn sie sich kräftig
verstärkt und den Sieg errungen hat in der Leitung, erhält von

ihrem Gegenstande, dem Leibe, den Namen und wird Liebe genannt. – Jedoch, lieber Phaidros, scheint auch dir, wie mir selbst,
daß etwas Göttliches mich angewandelt?

PHAIDROS: Allerdings, o Sokrates, hat ein ganz ungewöhn-
licher Fluß der Rede dich ergriffen.

SOKRATES: Still also höre mich weiter. Denn in Wahrheit göttlich scheint dieser Ort zu sein, so daß, wenn ich etwa gar im Ver-
folg der Rede von den Nymphen ergriffen werde, du dich nur nicht   d
wundern mögest. Denn schon jetzt bin ich nicht mehr gar fern von
Dithyramben.

PHAIDROS: Sehr richtig bemerkt.

SOKRATES: Davon nun bist du Ursache. Doch höre das Übrige,
denn vielleicht möchte abgewendet werden, was über mich
kommt. Dafür nun mag Gott sorgen, wir aber müssen mit unserer
Rede uns wieder zu dem Knaben wenden.

*15. Schädlichkeit des Liebenden für die Seele des Geliebten*
Gut denn, mein Teurer: was dasjenige ist, worüber wir beratschla-
gen, ist nun gesagt und bestimmt. In Beziehung hierauf also laß
uns das Übrige erörtern, welcher Vorteil oder Schaden von dem   e
Liebenden oder Nichtliebenden dem Willfährigen wahrscheinlich
bevorstehe. Notwendig nun wird der von der Begierde Beherrschte und der Lust Dienende das Geliebte aufs angenehmste
für sich zuzurichten suchen. Dem Kranken aber ist alles nicht Wi-
derstrebende angenehm, Gleiches und Stärkeres aber verhaßt.
Weder besser also noch ihm selbst gleich wird ein Liebhaber gern   239a
seinen Liebling leiden mögen, sondern schwächer und unvollkommen wird er ihn immer machen. Schwächer aber ist der Unverständige als der Weise, der Feige als der Tapfere, der Unberedte als
der Rednerische, der Langsame als der Schnelldenkende. Solche
also und noch andere Übel, wenn sie dem Gemüt des Geliebten
entstehen oder von Natur einwohnen, müssen den Liebhaber
freuen, teils auch muß er sie selbst befördern oder sich des augen-
blicklich Angenehmen beraubt sehen. Neidisch muß er also sein,
und schon indem er ihn abhält von andern, auch nützlichen Ver-   b
bindungen, durch welche am meisten ein Mann aus ihm werden
könnte, ihm großen Schaden verursachen, den größten aber in
Hinsicht derjenigen, welche ihn im eigentlichen Sinn weise ma-

chen würde. Dies nun ist die göttliche Weisheitsliebe, von der also
der Liebhaber den Liebling gewiß, aus Furcht, ihm verächtlich zu
werden, weit entfernt halten und auch übrigens alles anwenden
wird, damit er, unwissend in allen Dingen und in allem auf den
Liebhaber zu sehen genötigt, ein solcher sei, wie er ihm zwar am
meisten zur Lust, sich selbst aber ebensosehr zum Schaden ge-
c  reicht. Für die Seele also ist in keiner Hinsicht ein heilsamer Aufseher oder Gefährte der Mann, der Liebe hegt.

### 16. Schädlichkeit des Umgangs mit Liebenden für Körper und Besitz

Wie aber des Körpers, dessen er Herr geworden ist, Bildung und
Pflege und was für eine derjenige besorgen wird, welcher dem Angenehmen statt des Guten gezwungen ist nachzustreben, das müssen wir hiernach sehen. Es wird sich aber zeigen, daß er einen
Weichlichen und nicht einen Harten aufsucht, nicht einen, der im
reinen Sonnenschein aufgewachsen ist, sondern im dumpfigen
Schatten, männlicher Arbeiten und anstrengender Leibesübungen
ungewohnt, gewöhnt aber an eine zärtliche und unmännliche Le-
d  bensart, mit fremden Farben und Verzierungen aus Mangel an
eigenen geziert, und was sonst hiermit zusammenhängt, alles dessen sich befleißigend. Das ist bekannt, und es ist nicht nötig, weiter
hineinzugehen, sondern eins im allgemeinen aufgestellt, wollen
wir uns zu anderem wenden. Mit einem solchen Körper nämlich
wird einer im Kriege wie in andern dringenden Nöten den Feinden
wohl Mut, den Freunden aber und den Liebhabern selbst Besorgnis einflößen. Dieses also wollen wir als bekannt übergehen und
e  das Folgende dartun, welchen Vorteil oder Schaden für das Besitztum uns des Liebenden Umgang und Vormundschaft anrichten
wird. Einleuchtend nun ist hier dies wohl jedem, und am meisten
dem Liebhaber, daß er eben von den liebsten, wohltuendsten und
göttlichsten unter allen Besitztümern den Geliebten verwaist zu
sehen vor allem wünscht. Denn Vater und Mutter, Verwandte und
240a  Freunde sähe er ihm gern entrissen, da er sie für Störer und Tadler
eben des angenehmsten Umganges mit ihm ansieht. Aber auch den
Vermögenden an Gold oder anderem Eigentum kann er nicht für
ebenso leicht zu erobern achten, noch wenn dies geschehen, für
leicht zu handhaben. Weshalb denn ganz notwendig der Lieb-

haber dem Liebling es mißgönnt, wenn er Vermögen besitzt, geht es
aber verloren, sich erfreut. Ferner auch ehelos, kinderlos, herdlos
muß solange als möglich den Liebling der Liebhaber zu sehen wünschen, die ihm süße Frucht aufs längste zu genießen sich sehnend.

### 17. Die Unerfreulichkeit des Liebhabers

Es gibt freilich noch anderes Verderbliche, aber doch hat ein Dämon mit den meisten eine unmittelbare Lust gemischt; so hat dem    b
Schmeichler, einem furchtbaren Tiere und großen Übel, doch die
Natur ein nicht ungebildetes Vergnügen beigemischt. Auch eine
Hetäre könnte einer als verderblich tadeln, und was man sich
sonst an dergleichen Geschöpfen und Geschäften hegt und pflegt,
wobei aber doch immer sich findet, daß es für den Augenblick sehr
angenehm ist; dem Liebling aber ist der Liebhaber außer dem Verderblichen auch noch im täglichen Umgang höchst unerfreulich.
Denn gleich und gleich an Jahren, sagt schon der alte Spruch, er-    c
freut einander, weil, glaube ich, die Gleichheit des Alters, zu gleichen Vergnügungen hinführend, durch diese Ähnlichkeit Freundschaft hervorbringt. Und dennoch gibt es Überdruß auch in dem
Umgange von solchen. Aber das Gezwungene, sagt man, ist gewiß
allen lästig, in allen Dingen, und dieses noch zur Unähnlichkeit
hinzu findet sich ganz besonders in dem Umgange des Liebhabers
mit dem Liebling. Denn den so viel Jüngeren will der Ältere weder
Tag noch Nacht gern verlassen, so sehr wird er vom inneren Unge-   d
stüm und Stachel getrieben, welches ihm zwar immer Vergnügen
gewährt, indem er den Geliebten sieht, hört, berührt und mit allen
Sinnen genießt, so daß er ihm mit Lust unaufhörlich anklebend
dient: welchen Trost aber oder welche Lust gewährt es dem Geliebten, um zu verhindern, daß er nicht, wenn er jenen so lange
Zeit um sich hat, den äußersten Widerwillen fasse, indem er eine
alternde, nicht mehr blühende Gestalt vor Augen hat, und was
hiermit sonst zusammenhängt, was schon in der Erzählung zu hören dem Ohre nicht erfreulich ist, viel weniger in der Wirklichkeit,   e
wenn man unaufhörlich gezwungen ist, sich damit selbst zu befassen; indem er ferner mit argwöhnischer Wachsamkeit bewacht
wird überall und gegen alle und unzeitiges überschwengliches Lob
anhören muß, und ebenso auch Tadel, schon von dem Nüchternen unerträglichen, ganz unanständigen aber noch überdies von

dem Berauschten, dem mit übersatter unverhüllter Dreistigkeit redenden.

## 18. Treulosigkeit des Liebhabers

Indem er liebt also, ist er ihm verderblich sowohl als widerlich; hat
aber die Liebe aufgehört, so ist er ihm für die künftige Zeit treulos,
für welche er so vieles mit vielen Schwüren und Bitten verheißend
241 a   ihn vormals kaum festhielt, daß er den unangenehmen Umgang
ertrug in Hoffnung des Vorteils. Dann also, wenn er erfüllen soll,
hat er schon einen andern Herrn und Führer in sich aufgenommen, Verstand und Besonnenheit anstatt der Liebe und des Wahnsinns, und ist ein anderer geworden seinem Liebling unbemerkt.
Dieser also fordert den Dank für das Damalige, indem er ihm
Wort und Tat in Erinnerung bringt, als ob er noch mit demselben
Menschen redete. Jener aber will aus Scham nicht wagen zu gestehen, daß er ein anderer geworden, noch auch weiß er, wie er die
Schwüre und Versprechungen aus der damaligen unverständigen
b   Zeit, nun er zu Verstande gekommen ist und sich besonnen hat,
erfüllen kann, ohne, wenn er eben wie der Ehemalige handelt, ihm
auch ähnlich und wieder derselbe zu werden. Ein Ausreißer wird
er also nun, und notgedrungen entsagend begibt sich der ehemalige Liebhaber, nun die Scherbe anders gefallen ist, seinerseits auf
die Flucht. Der andere aber muß ihm nachsetzen, unwillig und in
Verwünschungen ausbrechend, weil er die ganze Sache von Anbe-
ginn nicht verstanden hat, daß er nämlich nie hätte dem Verliebten
c   und also notwendig Unverständigen willfahren sollen, sondern
weit eher dem Nichtverliebten und Verständigen; wo aber nicht,
daß er sich dann allemal einem Treulosen hingäbe, einem Beschwerlichen, Neidischen, Widerlichen, Verderblichen für sein
Vermögen, Verderblichen auch für die Tüchtigkeit seines Körpers, am verderblichsten aber für die Ausbildung seiner Seele, über
welche es doch weder für Menschen noch Götter in Wahrheit
etwas Köstlicheres weder gibt noch jemals geben kann. Dieses also
mußt du bedenken, o Knabe, und die Freundschaft des Liebhabers
kennenlernen, daß sie nicht wohlwollender Natur ist, sondern daß
nur nach Art der Speise um der Sättigung willen, gleichwie Wölfe
d   das Lamm, so den Knaben Liebhaber lieben.
    Da hast du es, Phaidros. Nicht weiter sollst du mich nun auch
reden hören, sondern hier soll die Rede ihr Ende haben.

### 19. Sokrates, entschlossen fortzugehen, wird aufgehalten durch Phaidros

PHAIDROS: Aber ich dachte ja, sie wäre erst in der Hälfte, und würde nun noch Gleiches von dem Nichtverliebten sagen, daß man dem lieber willfahren müsse, indem sie darstellte, was er Gutes an sich hat. Warum also, o Sokrates, hörst du schon jetzt auf?

SOKRATES: Hast du denn nicht gemerkt, du Seliger, daß ich e schon Verse spreche, nicht mehr nur Dithyramben, und das noch, indem ich tadle? Wenn ich nun erst anfinge, den andern zu loben, was, meinst du, werde es dann werden? Weißt du wohl, daß ich von den Nymphen, denen du mich recht absichtlich vorgeworfen, ganz vollkommen werde begeistert werden? Ich sage also nur mit einem Worte, daß, weshalb wir den einen geschmäht haben, davon dem andern das entgegenstehende Gute beiwohne. Was bedarf es einer langen Rede? Denn über beide ist genug gesagt, und so mag nun über das Märchen ergehen, was recht ist, ich aber 242a gehe über diesen Fluß zurück, ehe ich von dir zu etwas noch Ärgerem gezwungen werde.

PHAIDROS: Nur jetzt noch nicht, Sokrates, bis die Hitze vorübergeht. Oder siehst du nicht, daß die Sonne eben recht im Mittag steht? Sondern laß uns hier bleiben und über das Gesprochene reden, bis wir, sobald es sich abgekühlt hat, gehen können.

SOKRATES: Göttlich bist du, was Reden betrifft, Phaidros, und recht zu bewundern. Denn ich glaube, von allen während deines Lebens gesprochenen Reden hat niemand mehr als du ans Licht b gebracht, teils selbst redend, teils andere auf irgendeine Art dazu nötigend. Simmias den Thebaner nehme ich aus, die übrigen übertriffst du bei weitem. Auch jetzt wieder scheinst du mir Ursache geworden zu sein, daß eine Rede gesprochen werden muß.

PHAIDROS: Keinen Krieg verkündigst du mir hiermit. Aber wie doch und was für eine Rede?

### 20. Notwendigkeit einer Reinigung für die beiden Reden

SOKRATES: Als ich im Begriff war, du Guter, durch den Fluß zu gehen, hat sich mir das Daimonische und das gewohnte Zeichen gemeldet, das mich jedesmal abhält, wenn ich etwas tun will, und c eine Stimme glaubte ich von dorther zu hören, die mir wehrte, von dannen zu gehen, bevor ich mich gereinigt, als habe ich etwas gesündigt gegen die Gottheit. Nun bin ich auch ein Wahrsager, kein großer zwar, sondern nur wie die, welche schlecht schreiben, soviel ich für mich selbst brauche. Daher also kenne ich schon genau die Versündigung. Denn ein weissagendes Wesen, Freund, ist doch auch die Seele. Denn mich beunruhigte schon lange etwas, als ich noch die Rede sprach, und ich ängstete mich nach dem

d Ibykos, ob ich nicht gegen Götter «frevelnd eitlen Ruhm von den Menschen tauschte». Nun aber weiß ich die Versündigung.

PHAIDROS: Welche meinst du denn?

SOKRATES: Eine arge Rede, Phaidros, eine sehr arge hast du selbst hergebracht und auch mich zu reden gezwungen.

PHAIDROS: Wieso doch?

SOKRATES: Eine einfältige und auch etwas ruchlose; und welche ärgere könnte es wohl geben?

PHAIDROS: Keine gewiß, wenn du recht hast.

SOKRATES: Wie denn? Hältst du den Eros nicht für der Aphrodite Sohn und einen Gott?

PHAIDROS: Das sagt man von ihm.

SOKRATES: Nicht aber Lysias sagt es, noch auch deine Rede,

e welche durch meinen von dir bezauberten Mund ist gesprochen worden. Wenn also, wie es doch ist, Eros ein Gott und die Liebe etwas Göttliches ist, so kann sie ja nicht etwas Übles sein. Die vorigen Reden aber sprachen beide von ihr, als wäre sie dieses. Hierdurch also sündigten sie gegen den Eros; nächstdem aber ist auch ihre Einfalt sehr artig, daß sie, ohne irgend etwas Gesundes

243 a oder Wahres gesagt zu haben, sich ein Ansehn geben, als wären sie etwas, wenn sie vielleicht einige Leutlein hintergehend sich geltend machen bei ihnen. Ich also, Freund, muß mich reinigen. Es gibt aber für die in Dichtungen über die Götter Sündigenden eine alte Reinigung, von welcher Homeros nichts wußte, Stesichoros aber. Denn als er der Augen beraubt ward wegen Schmähung der Helena, blieb ihm nicht wie dem Homeros die Ursache unbekannt, sondern als ein den Musen Vertrauter erkannte er sie und dichtete sogleich sein

«Unwahr ist diese Rede,
denn nie bestiegst du die zierlichen Schiffe,
b    noch kamst du je zur Feste von Troja»,

und nachdem er den ganzen sogenannten Widerruf gedichtet, ward er alsbald wieder sehend. Ich nun will eben hierin weiser sein als er. Denn ehe mir noch etwas Übles begegnet wegen Schmähung des Eros, will ich versuchen, ihm den Widerruf zu entrichten mit entblößtem Haupt, und nicht wie vorher mit verhülltem aus Scham.

PHAIDROS: Angenehmeres als dieses, Sokrates, konntest du mir gar nicht sagen.

21. *Schamlosigkeit der beiden Reden und Ansatz zu einer neuen*

SOKRATES: Und du siehst es doch ein, mein guter Phaidros, wie c schamlos die beiden Reden gesprochen haben, die letzte sowohl als die aus dem Buche gelesene? Denn hätte ein edler Mann von sanftem Gemüt, der einen ebensolchen liebt oder je zuvor geliebt hat, uns zugehört, als wir sagten, daß Liebhaber über Kleinigkeiten großen Zwist erregten und den Lieblingen abgünstig wären und verderblich: meinst du nicht, er würde glauben, solche zu hören, die, unter Bootsknechten aufgewachsen, nie eine anständige Liebe gesehen? Und daß viel fehlen würde, daß er uns beistimmen sollte in dem, worin wir die Liebe tadelten? d

PHAIDROS: Vielleicht wohl, beim Zeus, o Sokrates.

SOKRATES: Aus Scham also vor diesem und aus Furcht vor dem Eros selbst will ich mit einer trinkbaren Rede gleichsam den Seegeschmack des zuvor Gehörten hinunterspülen. Ich rate aber auch dem Lysias, aufs baldigste dafür zu schreiben, daß man dem Liebenden eher als dem Nichtliebenden, wenn sonst alles gleich ist, willfahren müsse.

PHAIDROS: Sei nur versichert, daß es gewiß so geschehen soll. Denn hast du des Liebhabers Lob gesprochen, so muß notwendig Lysias von mir genötigt werden, auch hierüber eine Rede zu e schreiben.

SOKRATES: Das glaube ich gern, solange du bleibst, wer du bist.

PHAIDROS: Fasse dir also Mut und rede.

SOKRATES: Wo ist mir aber der Knabe, zu dem ich sprach? Damit er auch dieses höre und nicht etwa unbelehrt voreilig dem Nichtliebenden willfahre.

PHAIDROS: Dieser ist dir immer ganz nahe zugegen, so oft du willst.

*22. a) Beginn der zweiten Rede des Sokrates. Drei Arten gött-*
*lichen Wahnsinns als Urheber größter Güter*

SOKRATES: So wisse denn, schöner Knabe, daß die vorige Rede
244a von dem Myrrhinusier Phaidros herrührte, dem Sohne des Py-
thokles; die ich aber jetzt sprechen will, ist von dem Stesichoros
aus Himera, dem Sohne des Euphemos. So aber muß sie gesprochen werden: Unwahr ist jene Rede, welche behauptet, daß, wenn
ein Liebhaber da sei, man vielmehr dem Nichtliebenden willfahren müsse, weil nämlich jener wahnsinnig sei, dieser aber bei Sinnen. Denn wenn freilich ohne Einschränkung gälte, daß der
Wahnsinn ein Übel ist, dann wäre dieses wohlgesprochen: nun
aber entstehen uns die größten Güter aus einem Wahnsinn, der
jedoch durch göttliche Gunst verliehen wird. Denn die Prophetin
zu Delphi und die Priesterinnen zu Dodone haben im Wahnsinn
b vieles Gute in privaten und öffentlichen Angelegenheiten unserer
Hellas zugewendet, bei Verstande aber Kümmerliches oder gar
nichts. Wollten wir auch noch die Sibylla anführen, und was für
andere sonst noch durch begeistertes Wahrsagen vielen vieles für
die Zukunft vorhersagend geholfen, so würden wir langweilen mit
Erzählung allgemein bekannter Dinge. Dies aber ist wert, es anzuführen, daß auch unter den Alten die, welche die Namen festgesetzt, den Wahnsinn nicht für etwas Schändliches oder für einen
Schimpf hielten, weil sie sonst nicht der edelsten Kunst, durch wel-
c che die Zukunft beurteilt wird, eben diesen Namen einflechtend
die Wahnsagekunst genannt hätten; sondern dafür haltend, er sei
etwas Schönes, wenn er durch göttliche Schickung entsteht, in dieser Meinung haben sie den Namen eingeführt. Und die Neueren
erst haben dann ungeschickterweise das R hineingesetzt statt des
N und sie Wahrsagekunst geheißen. Ebenso haben sie jene andere,
von Besonnenen vermittels der Vögel und anderer Zeichen ange-
stellte Erforschung der Zukunft, da diese mit Bewußtsein mensch-
lichem Dafürhalten Einsicht und Wissenschaft verschaffen, das
Wißsagen genannt, welches jetzt die Neueren, mit dem breiten
d Doppellaut prunkend, in Weissagen verwandelt haben. Soviel
heiliger und ehrenvoller nun jenes Wahrsagen ist als dieses Weissagen, dem Namen nach und der Sache nach, um soviel vortrefflicher ist auch nach dem Zeugnis der Alten ein göttlicher Wahnsinn als eine bloß menschliche Verständigkeit. Ebenso hat auch

von Krankheiten und den schwersten Plagen, wie sie ja aus alter
Schuld irgendwoher einigen Geschlechtern verhängt waren, ein
Wahnsinn, der auftrat und vorhersagte, denen es not war, Errettung gefunden, welcher, zu Gebeten und Verehrungen der Götter e
fliehend und dadurch reinigende Gebräuche und Geheimnisse erlangend, jeden seiner Teilhaber für die gegenwärtige und künftige
Zeit sicherte, dem auf rechte Art Wahnsinnigen und Besessenen
die Lösung der obwaltenden Drangsale erfindend. Die dritte Ein- 245 a
geistung und Wahnsinnigkeit von den Musen ergreift eine zarte
und heilig geschonte Seele aufregend und befeuernd, und in festlichen Gesängen und andern Werken der Dichtkunst tausend Taten der Urväter ausschmückend, bildet sie die Nachkommen. Wer
aber ohne diesen Wahnsinn der Musen in den Vorhallen der
Dichtkunst sich einfindet, meinend, er könne durch Kunst allein
genug ein Dichter werden, ein solcher ist selbst ungeweiht und
auch seine, des Verständigen, Dichtung wird von der des Wahnsinnigen verdunkelt.

## 22. b) Ziel der folgenden Darlegung

Soviel und noch mehr kann ich rühmen von des Wahnsinns, der b
von den Göttern kommt, herrlichen Taten. So daß wir eben dieses
ja nicht scheuen wollen, noch uns irgendeine Rede irren lassen, die
uns damit schreckt, daß wir vor dem Verzückten den Besonnenen
vorziehen sollen als Freund, sondern erst, wenn sie dieses noch zu
jenem erwiesen, soll sie den Preis davontragen, daß nämlich nicht
zum Heil die Liebe dem Liebenden wie dem Geliebten von den
Göttern gesendet wird. Wir aber haben das Gegenteil zu erweisen,
daß zur größten Glückseligkeit die Götter diesen Wahnsinn verleihen. Und dieser Beweis wird den Vernünftlern unglaublich sein, c
den Weisen aber glaubhaft. Zuerst nun muß über der Seele Natur,
der göttlichen sowohl als menschlichen, durch Betrachtung ihres
Tuns und Leidens richtige Einsicht vorangehen. Der Anfang des
Erweises ist dieser.

## 23. a) Die Unsterblichkeit der Seele

Seele insgesamt ist unsterblich. Denn das stets Bewegte ist unsterblich; was aber anderes bewegt und selbst von anderem bewegt
wird, insofern es ein Aufhören der Bewegung hat, hat auch ein

Aufhören des Lebens. Allein also das sich selbst Bewegende, weil
es nie sich selbst verläßt, wird auch nie aufhören, bewegt zu sein,
sondern auch allem, was sonst bewegt wird, ist dieses Quelle und
Anfang der Bewegung. Der Anfang aber ist unentstanden. Denn
d aus dem Anfang muß alles Entstehende entstehen, er selbst aber
aus nichts. Denn wenn der Anfang aus etwas entstände, so entstände er nicht aus dem Anfang. Da er aber unentstanden ist, muß
er notwendig auch unvergänglich sein. Denn wenn der Anfang
unterginge, könnte weder er jemals aus etwas anderem noch etwas
anderes aus ihm entstehen, da ja alles aus dem Anfang entstehen
muß. Demnach also ist der Bewegung Anfang das sich selbst Bewegende; dies aber kann weder untergehen noch entstehen, oder
e der ganze Himmel und die gesamte Erzeugung müßten zusam-
menfallend stillstehen und hätten nichts, woher bewegt sie wiederum entstehen könnten. Nachdem sich nun das sich von selbst
Bewegende als unsterblich gezeigt hat, so darf man sich auch nicht
schämen, eben dieses für das Wesen und den Begriff der Seele zu
erklären. Denn jeder Körper, dem nur von außen das Bewegtwer-
den kommt, heißt unbeseelt, der es aber in sich hat aus sich selbst,
beseelt, als sei dieses die Natur der Seele. Verhält sich aber dieses
so, daß nichts anderes das sich selbst Bewegende ist als die Seele,
246a so ist notwendig auch die Seele unentstanden und unsterblich.
Von ihrer Unsterblichkeit nun sei dieses genug.

### 23. b) Gleichnishafte Bestimmung des Wesens der Seele
Von ihrem Wesen aber müssen wir dieses sagen, daß, wie es an
sich beschaffen sei, überhaupt auf alle Weise eine göttliche und
weitschichtige Untersuchung erfordert, womit es sich aber vergleichen läßt, dies eine menschliche und leichtere. Auf diese Art also
müssen wir davon reden. Es gleiche daher der zusammengewach-
senen Kraft eines befiederten Gespannes und seines Führers. Der
Götter Rosse und Führer nun sind alle selbst gut und guter Ab-
b kunft, die andern aber vermischt. Und zunächst nun zügelt bei uns
der Führer das Gespann, ferner ist von den Rossen das eine gut
und edel und solchen Ursprungs, das andere aber entgegengesetzter Abstammung und Beschaffenheit. Schwierig und mühsam ist
daher notwendig bei uns die Lenkung. Woher ferner die Benennungen sterblicher und unsterblicher Tiere stammen, müssen wir

auch zu erklären versuchen. Alles, was Seele ist, waltet über alles Unbeseelte und durchzieht den ganzen Himmel, verschiedentlich in verschiedenen Gestalten sich zeigend. Die vollkommene nun und befiederte schwebt in den höheren Gegenden und waltet c durch die ganze Welt; die entfiederte aber schwebt umher, bis sie auf ein Starres trifft, wo sie nun wohnhaft wird, einen erdigen Leib annimmt, der nun durch ihre Kraft sich selbst zu bewegen scheint, und dieses Ganze, Seele und Leib zusammengefügt, wird dann ein Tier genannt und bekommt den Beinamen sterblich; unsterblich aber nicht aus irgend erwiesenen Gründen, sondern wir bilden uns, ohne Gott weder gesehen zu haben noch hinlänglich zu erkennen, ein unsterbliches Tier, als auch eine Seele habend und d einen Leib habend, aber auf ewige Zeit beide zusammen vereinigt. Doch dieses verhalte sich, wie es Gott gefällt, und auch nur so sei hiermit davon geredet. Nun aber laßt uns die Ursache von dem Verlust des Gefieders, warum es der Seele ausfällt, betrachten. Es ist aber diese.

### 23.c) Das Göttliche als die Nahrung des Seelengefieders. Der Aufstieg der Götter zum überhimmlischen Ort

Die Kraft des Gefieders besteht darin, das Schwere emporhebend hinaufzuführen, wo das Geschlecht der Götter wohnt. Auch hat es am meisten von dem, was in Beziehung zum Körper steht, am Göttlichen Anteil. Das Göttliche aber ist schön, weise, gut und e was dem ähnlich ist. Hiervon also nährt sich und wächst vornehmlich das Gefieder der Seele, durch das Mißgestalte aber, das Böse und was sonst jenem entgegengesetzt ist, zehrt es ab und vergeht. Der große Herrscher im Himmel Zeus nun, seinen geflügelten Wagen lenkend, zieht als erster aus, alles anordnend und versorgend, und ihm folgt die Schar der Götter und Dämonen in elf 247a Zügen geordnet. Denn Hestia bleibt in der Götter Haus allein. Alle andern aber, welche zu der Zahl der zwölf als herrschende Götter geordnet sind, führen an in der Ordnung, die jedem angewiesen ist. Viel Herrliches nun gibt es zu schauen und zu begehen innerhalb des Himmels, wozu der seligen Götter Geschlecht sich hinwendet, jeder das Seinige verrichtend. Es folgt aber, wer jedesmal will und kann: denn Mißgunst ist verbannt aus dem göttlichen Chor. Wenn sie aber zum Fest und zum Mahle gehen und

gegen die äußerste unterhimmlische Wölbung schon ganz steil
b aufsteigen: dann gehen zwar der Götter Wagen mit gleichem
wohlgezügeltem Gespann immer leicht, die andern aber nur mit
Mühe. Denn das vom Schlechten etwas an sich habende Roß,
wenn es nicht sehr gut erzogen ist von seinem Führer, beugt sich
zum Boden hinunter und drückt mit seiner ganzen Schwere, woraus viel Beschwerde und der äußerste Kampf der Seele entsteht.
Denn die unsterblich Genannten, wenn sie an den äußersten Rand
gekommen sind, wenden sich hinauswärts und stehen so auf dem
c Rücken des Himmels, und hier stehend reißt sie der Umschwung
mit fort, und sie schauen, was außerhalb des Himmels ist.

## 23. d) Der überhimmlische Ort und die Lebensweise der Götter
Den überhimmlischen Ort aber hat noch nie einer von den Dichtern hier besungen, noch wird ihn je einer nach Würden besingen.
Er ist aber so beschaffen – denn ich muß es wagen, das Wahre zu
sagen, zumal da ich von der Wahrheit zu reden habe. Das farblose,
gestaltlose, wahrhaft seiende Wesen, beschaubar allein für der
Seele Führer, die Vernunft, um welches her das Geschlecht der
wahrhaften Wissenschaft ist, hat nämlich jenen Ort inne. Da nun
d Gottes Verstand sich von unvermischter Vernunft und Wissenschaft nährt, wie auch der jeder Seele, welche sich darum kümmert, das Gebührende aufzunehmen: so freuen sie sich, das
Seiende wieder einmal zu erblicken, und nähren sich durch Beschauung des Wahren und lassen es sich wohlsein, bis der Umschwung sie wieder an die vorige Stelle zurückgebracht. In diesem
Umlauf nun erblicken sie die Gerechtigkeit selbst, erblicken sie
auch die Besonnenheit und die Wissenschaft, nicht die, welche
eine Entstehung hat, noch welche eine andere ist in einem anderen
von den Dingen, die wir jetzt seiend nennen, sondern die in dem,
e was wahrhaft ist, befindliche wahrhaft Wissenschaft; und so auch
von dem andern das wahrhaft Seiende erblickt die Seele, und wenn
sie sich daran erquickt hat, taucht sie wieder in das Innere des
Himmels und kehrt nach Hause zurück. Ist sie dort angekommen:
so stellt der Führer die Rosse zur Krippe, wirft ihnen Ambrosia vor
und tränkt sie dazu mit Nektar.

## 23. e) Verhältnis der anderen Seelen zum Wahren. Das Gesetz der Adrasteia

Dieses nun ist der Götter Lebensweise. Von den andern Seelen 248 a
aber konnten einige, welche am besten den Göttern folgten, das
Haupt des Führers hinausstrecken in den äußeren Ort und so den
Umschwung mitvollenden, geängstigt jedoch von den Rossen und
kaum das Seiende erblickend; andere erhoben sich bisweilen und
tauchten dann wieder unter, so daß sie im gewaltigen Sträuben der
Rosse einiges sahen, anderes aber nicht. Die übrigen allesamt folgen zwar auch dem Droben nachstrebend, sind aber unvermögend
und werden unter der Oberfläche mit herumgetrieben, einander
tretend und stoßend, indem jede sucht, der andern zuvorzukom- b
men. Getümmel entsteht nun, Streit und Angstschweiß, wobei
durch Schuld schlechter Führer viele verstümmelt werden, vielen
vieles Gefieder beschädigt; alle aber gehen nach viel erlittenen Beschwerden unteilhaft der Anschauung des Seienden davon, und so
davongegangen halten sie sich an scheinhafte Nahrung. Weshalb
eben jener große Eifer, der Wahrheit Feld zu schauen, wo es ist;
nämlich die dem Edelsten der Seele angemessene Weide stammt
her aus jenen Wiesen, und des Gefieders Kraft, durch welches die c
Seele gehoben wird, nährt sich hiervon, und das Gesetz der Adrasteia ist dieses: welche Seele als des Gottes Begleiterin etwas erblickt hat von dem Wahrhaften, daß diese bis zum nächsten Aus-
zuge keinen Schaden erleide, und wenn sie dies immer bewirken
kann, auch immer unverletzt bleibe. Wenn sie aber, unvermögend
es zu erreichen, nichts sieht, sondern ihr ein Unfall begegnet und
sie dadurch, von Vergessenheit und Trägheit angefüllt, niederge-
drückt wird und so das Gefieder verliert und zur Erde fällt: dann
ist ihr gesetzt, in der ersten Zeugung noch in keine tierische Natur d
eingepflanzt zu werden, sondern die am meisten geschaut habende
in den Keim eines Mannes, der ein Freund der Weisheit oder des
Schönen werden wird, oder ein den Musen und der Liebe Dienen-
der; die zweite in die eines verfassungsmäßigen Königs oder eines
Kriegerischen und Herrschenden; die dritte eines Staatsmannes
oder der ein Hauswesen regiert und ein gewerbetreibendes Leben
führt, die vierte in einen Freund von Mühen oder Leibesübungen
oder der sich mit der Heilung des Körpers beschäftigen wird; die
fünfte wird ein wahrsagendes und den Geheimnissen gewidmetes

e  Leben führen; der sechsten wird ein dichterisches oder sonst mit
der Nachahmung sich beschäftigendes gemäß sein; der siebenten
ein ländliches oder handarbeitendes; der achten ein sophistisches
oder volksschmeichelndes; der neunten ein tyrannisches. Unter
allen diesen nun erhält, wer gerecht gelebt, ein besseres Teil, wer
ungerecht, ein schlechteres.

### 23. f) Für die Wiederverkörperung geltende Bestimmungen. Die Ausnahmestellung des Philosophen

Denn dorthin, woher jede Seele kommt, kehrt sie nicht zurück in
zehntausend Jahren, denn sie wird nicht eher befiedert als in sol-
249a cher Zeit, ausgenommen die Seele dessen, der ohne Falsch philosophiert oder nicht unphilosophisch die Knaben geliebt hat. Diese
können im dritten tausendjährigen Zeitraum, wenn sie dreimal
nacheinander dasselbe Leben gewählt, also befiedert nach drei-
tausend Jahren heimkehren. Die übrigen aber, wenn sie ihr erstes
Leben vollbracht, kommen vor Gericht. Und nach diesem Gericht
gehen einige in die unterirdischen Zuchtörter, wo sie ihre Strafe
verbüßen; andere aber, in einen Ort des Himmels enthoben durch
das Recht, leben dort dem Leben gemäß, welches sie in mensch-
b  licher Gestalt geführt. Im tausendsten Jahre aber gelangen beiderlei Seelen zur Verlosung und Wahl des zweiten Lebens, welches
jede wählt, wie sie will. Dann kann auch eine menschliche Seele in
ein tierisches Leben übergehen, und ein Tier, das ehedem Mensch
war, wieder zum Menschen. Denn eine, die niemals die Wahrheit
erblickt hat, kann auch niemals diese Gestalt annehmen; denn der
Mensch muß nach Gattungen Ausgedrücktes begreifen, indem er
c  von vielen Wahrnehmungen zu einem durch Denken Zusammen-
gebrachten fortgeht. Und dies ist Erinnerung an jenes, was einst
unsere Seele gesehen, Gott nachwandelnd und das übersehend,
was wir jetzt als seiend bezeichnen, und zu dem wahrhaft Seienden
das Haupt emporgerichtet. Daher auch wird mit Recht nur des
Philosophen Seele befiedert: denn sie ist immer durch Erinnerung
soviel als möglich bei jenen Dingen, bei denen Gott sich befindend
eben deshalb göttlich ist. Solcher Erinnerungen also sich recht bedienend, mit vollkommener Weihung immer geweiht, kann ein
Mann allein wahrhaft vollkommen werden. Indem er nun
menschlicher Bestrebungen sich enthält und mit dem Göttlichen

umgeht, wird er von den Leuten wohl gescholten als ein Verwirr- d
ter, daß er aber begeistert ist, merken die Leute nicht.

### 24. a) Wiedererinnertwerden an die Schönheit als die vierte Art des Wahnsinns

Und hier ist nun die ganze Rede angekommen von jener vierten
Art des Wahnsinns – in Hinsicht auf welchen derjenige, der bei
dem Anblick der hiesigen Schönheit, jener wahren sich erinnernd,
neubefiedert wird und mit dem wachsenden Gefieder aufzufliegen
zwar versucht, aber unvermögend ist, nur wie ein Vogel hinaufwärts schauend, was drunten ist, jedoch gering achtend, beschuldigt wird seelenkrank zu sein – daß nämlich diese unter allen Be- e
geisterungen als die edelste und des edelsten Ursprungs sich erweist, an dem sowohl, der sie hat, als an dem, der ihr zugesellt ist,
und daß, wer dieses Wahnsinns teilhaftig die Schönen liebt, ein
Liebhaber genannt wird. Nämlich, wie bereits gesagt, jede Seele
eines Menschen muß zwar ihrer Natur nach das Seiende geschaut
haben, oder sie wäre in dieses Gebilde nicht gekommen; sich aber
bei dem Hiesigen an jenes zu erinnern, ist nicht jeder leicht, we- 250a
der denen, die das Dortige nur kümmerlich sahen, noch denen,
welche, nachdem sie hierher gefallen, ein Unglück betroffen, so
daß sie, irgendwie durch Umgang zum Unrecht verleitet, das ehedem geschaute Heilige in Vergessenheit gestellt; wenige also bleiben übrig, denen die Erinnerung stark genug beiwohnt. Diese nun,
wenn sie ein Ebenbild des Dortigen sehen, werden entzückt und
sind nicht mehr ihrer selbst mächtig, was ihnen aber eigentlich
begegnet, wissen sie nicht, weil sie es nicht genug durchschauen. b
Denn der Gerechtigkeit, Besonnenheit, und was sonst den Seelen
köstlich ist, hiesige Abbilder haben keinen Glanz, sondern mit trü-
ben Werkzeugen können unter Mühen von ihnen nur wenige jenen Bildern sich nahend des Abgebildeten Geschlecht erkennen.
Die Schönheit aber war damals glänzend zu schauen, als mit dem
seligen Chore wir dem Jupiter, andere einem andern Gotte folgend, des herrlichsten Anblicks und Schauspiels genossen und in
ein Geheimnis geweiht waren, welches man wohl das allerseligste
nennen kann, und welches wir feierten, untadelig selbst und unbe- c
troffen von den Übeln, die unserer für die künftige Zeit warteten,
und so auch zu untadeligen, unverfälschten, unwandelbaren, seli-

gen Gesichten vorbereitet und geweiht in reinem Glanze, rein und
unbelastet von diesem unserm Leibe, wie wir ihn nennen, den wir
jetzt eingekerkert wie ein Schaltier mit uns herumtragen.

### 24. b) Wirkung der Schönheit auf den, der in ihr Wesen einge-
### weiht ist

Dieses möge der Erinnerung geschenkt sein, um derentwillen es
aus Sehnsucht nach dem Damaligen jetzt ausführlicher dargestellt
wurde. Was nun die Schönheit betrifft, so glänzte sie, wie gesagt,
d schon hervor, als sie unter jenen war, und auch nun wir hierher
gekommen sind, haben wir sie aufgefaßt durch den deutlichsten
unserer Sinne aufs deutlichste uns entgegenschimmernd. Denn das
Gesicht ist der schärfste aller körperlichen Sinne, vermittels dessen
die Weisheit zwar nicht geschaut wird – denn sehr heftige Liebe
würde sie wohl erregen, wenn uns von ihr ein so helles Ebenbild
dargeboten würde für das Gesicht – noch auch das andere Liebens-
würdige; sondern nur der Schönheit ist dieses zuteil geworden,
e daß sie uns das Hervorleuchtendste ist und das Liebreizendste.
Wer nun nicht noch frischen Andenkens ist oder schon verderbt,
der wird auch nicht heftig von hier dorthin gezogen zu der Schönheit selbst, indem er, was hier ihren Namen trägt, erblickt; so
daß er es auch nicht anschauend verehrt, sondern der Lust ergeben, gedenkt er sich auf tierische Art zu vermischen, und roher
251a Weise sich ihm nahend, fürchtet er sich nicht noch scheut sich,
widernatürlich der Lust nachzugehen. Wer aber noch frische Weihung an sich hat und das Damalige vielfältig geschaut, wenn der
ein gottähnliches Angesicht erblickt oder eine Gestalt des Körpers,
welche die Schönheit vollkommen darstellen: so schaudert er zuerst, und es wandelt ihn etwas an von den damaligen Ängsten,
hernach aber betet er sie anschauend an wie einen Gott, und fürchtete er nicht den Ruf eines übertriebenen Wahnsinns, so opferte er
auch, wie einem heiligen Bilde oder einem Gotte, dem Liebling.
Und hat er ihn gesehen, so überfällt ihn, wie nach dem Schauder
b des Fiebers, Umwandlung und Schweiß und ungewohnte Hitze.
Durchwärmt nämlich wird er, indem er durch die Augen den Ausfluß der Schönheit aufnimmt, durch welchen sein Gefieder gleichsam begossen wird. Ist er nun durchwärmt, so schmilzt um die
Keime des Gefieders hinweg, was schon seit lange verhärtet sie

verschloß und hinderte hervorzutreiben. Fließt aber Nahrung zu, so schwillt der Kiel des Gefieders und drängt, hervorzutreten aus der Wurzel überall an der Seele, denn sie war ehedem ganz befiedert.

### 24. c) Der Zustand der Liebenden und seine Ursache

Hierbei also gärt alles an ihr und sprudelt auf, und was die Zah- c
nenden an ihren Zähnen empfinden, wenn sie eben ausbrechen, Jucken und Reiz im Zahnfleisch, eben das empfindet auch die Seele dessen, dem das Gefieder hervorzubrechen anfängt, es gärt in ihr und juckt sie und kitzelt sie, wenn sie das Gefieder heraustreibt. Wenn sie also nun, die Schönheit des Knaben sehend und die davon ausströmenden und sich losreißenden Teile, die deshalb Reize heißen, in sich aufnehmend, befruchtet und erwärmt wird: so hat sie Linderung der Schmerzen und ist froh. Ist sie aber getrennt von ihm und wird trocken: so hemmen wieder die Mün- d
dungen jener Auswege, wo das Gefieder durchbricht, indem sie sich zusammenschrumpfend schließen, den Trieb des Gefieders. Dieser also, mit dem Reiz eingeschlossen, hüpft wie die schlagenden Adern und sticht überall gegen die ihm bestimmten Öffnungen, so daß die ganze Seele von allen Seiten gestachelt umherwütet und sich abängstet, aber auch wieder im Besitz der Erinnerung an den Schönen frohlockt. Da nun beides so miteinander vermischt ist, bangt sie sich über einen so widersinnigen Zustand, und aus dieser Unruhe gerät sie in Geistesverwirrung, und bei diesem Wahnsinn kann sie weder des Nachts schlafen, noch bei Tage ir- e
gendwo ausdauern, sondern sehnsüchtig eilt sie immer dahin, wo sie den, der die Schönheit besitzt, zu erblicken hofft. Hat sie ihn nun gesehen und sich neuen Reiz zugeführt: so löst sich wieder auf, was vorher verstopft war, und sie erholt sich, indem Stiche und Schmerzen aufhören, und kostet wieder für den Augenblick jene süßeste Lust. Daher sie auch gutwillig den Schönen nicht ver- 252a
läßt, noch irgend jemand werter achtet als ihn, sondern Mutter, Brüder und Freunde sämtlich vergißt, den fahrlässigerweise zerrütteten Wohlstand für nichts achtet; und selbst das Anständige und Sittliche, womit sie es sonst am genauesten nahm, gänzlich hintansetzend, ist sie bereit, wie nahe es nur sein kann, dem Gegenstande ihres Verlangens zu dienen und bei ihm zu ruhen. Denn

b  außer ihrer Verehrung hat sie auch in dem Besitzer der Schönheit
den einzigen Arzt gefunden für die unerträglichsten Schmerzen.
Diesen Zustand nun, o schöner Knabe, zu dem ich rede, nennen
die Menschen Liebe, wie er aber bei den Göttern heißt, dieses hörend wirst du vielleicht bei deiner Jugend lächeln. Es haben nämlich einige Homeriden, wie ich glaube, in ihren geheimen Gedichten zwei Verse auf die Liebe, von denen der eine sehr leichtfertig ist
und gar nicht eben wohllautend. Sie singen nämlich so: «Sterblichen nun heißt dieser der Gott der geflügelten Liebe; Göttern der
Flügler, dieweil er mit Macht das Gefieder heraustreibt.» Dies nun
c  steht dir frei zu glauben oder auch nicht, dennoch aber ist eben
jenes in Wahrheit der Zustand der Liebenden und seine Ursache.

### 24.d) Verschiedenartigkeit der Liebenden nach dem Gott, dem sie folgen

Wer nun aus des Zeus Begleitern davon ergriffen wird, kann stärker die Schmerzen des Flügelbenannten ertragen. Wenn aber, die
des Ares Diener waren und mit diesem wandelten, von der Liebe
gefangen werden und in etwas glauben beleidigt zu sein von dem
Geliebten, dann sind sie blutdürstig und bereit, sich selbst und den
d  Liebling hinzuopfern. Und ebenso nach Art eines jeden andern
Gottes, zu dessen Zuge jemand gehörte, diesen nämlich nach Vermögen ehrend und nachahmend lebt jeder, solange er noch unverdorben ist und sein erstes hiesiges Dasein durchlebt, und in diesem
Sinne geht er auch um mit seinen Geliebten und den übrigen und
verhält sich gegen sie. So erwählt auch jeder sich nach seiner Gemütsart eine Liebe zu einem Schönen, und als wäre nun jener sein
Gott selbst, bildet er ihn aus und schmückt ihn wie ein heiliges
Bild, um ihn zu verehren und ihm begeisterte Feste zu feiern. Die
e  also dem Zeus angehören, erstreben, daß ihr Geliebter ein der
Seele nach dem Zeus ähnlicher sei. Daher sehen sie zu, wo einer
philosophisch und anführend ist von Natur; und wenn sie einen
gefunden und liebgewonnen, so tun sie alles, damit er ein solcher
auch wirklich werde. Wenn sie also sich nie zuvor dieser Sache
befleißigt: so werden sie nun kräftig darin arbeitend lernen, woher
sie nur können, und auch selbst nachforschen. Und indem sie bei
253a sich selbst nachspüren, gelingt es ihnen, die Natur ihres Gottes
aufzufinden, weil sie unablässig genötigt sind, auf den Gott zu

schauen, und indem sie ihn in der Erinnerung auffassen, nehmen sie
begeistert von ihm Sitten und Bestrebungen an, soweit einem Menschen von einem Gotte etwas zu überkommen möglich ist, und
dieses dem Geliebten zuschreibend, hängen sie ihm noch mehr an;
und wenn sie vom Zeus schöpfen wie die Bacchantinnen, so gießen
sie es auf des Geliebten Seele und machen ihn, wie sehr es nur
möglich ist, ähnlich ihrem Gotte. Welche aber der Here folgten, die        b
suchen einen Königlichen, und wenn sie ihn gefunden, tun sie mit
ihm in allen Stücken ebenso. So auch die Verehrer des Apollon und
jedes Gottes suchen sich den Knaben ihrem Gotte ähnlich geartet,
und wenn sie ihn gefunden haben, dann leiten sie ihn zu desselben
Gottes Lebensweise und Gemütsart, indem sie selbst ihn nachahmen und auch den Liebling überreden und in das Maß fügen, jeder
wie sehr er vermag, ohne dem Neide oder unedler Mißgunst Raum
zu geben gegen den Geliebten, sondern aufs beste und auf alle Weise
zu jeder Ähnlichkeit mit ihnen selbst und dem Gott ihn hinzuleiten        c
versuchend, tun sie es. Eifer also der wahrhaft Liebenden und Weihung, wenn sie erlangt haben, wonach sie sich beeifern, wie ich es
beschrieben, wird so schön und beglückend durch den aus Liebe
wahnsinnigen Freund dem Geliebten zuteil, wenn er ihn erobert
hat. Erobert aber wird er, wenn er gefunden ist, auf diese Art.

## 24. e) Beschaffenheit der beiden Seelenrosse
Wie ich im Anfang dieser Erzählung dreifach jede Seele zerteilt
habe, in zwei roßgestaltige Teile und drittens in den dem Führer        d
ähnlichen, so bleibe es uns auch jetzt noch angenommen. Von den
beiden Rossen, sagten wir weiter, sei eines gut, eines aber nicht.
Welches aber die Vortrefflichkeit des guten und des schlechten
Schlechtigkeit ist, haben wir nicht erklärt, jetzt aber müssen wir es
sagen. Das nun von beiden, welches die bessere Stelle einnimmt,
ist von geradem Wuchse, leicht gegliedert, hochhalsig, mit gebo-
gener Nase, weiß von Haar, schwarzäugig, ehrliebend mit Besonnenheit und Scham, und als wahrhafter Meinung freund wird es
ohne Schläge nur durch Befehl und Worte gelenkt; das andere
aber ist senkrückig, plump, schlecht gebaut, hartnackig, kurzhal-        e
sig, mit aufgeworfener Nase, schwarz von Haut, glasäugig und rot
unterlaufen, aller Wildheit und Starrsinnigkeit freund, rauh um
die Ohren, taub, der Peitsche und dem Stachel kaum gehorchend.

## 24. f) Bändigung des ungezügelten Rosses

Wenn nun der Führer beim Anblick der liebreizenden Gestalt, die ganze Seele durch die Wahrnehmung erwärmend, bald überall den Stachel des Kitzels und Verlangens spürt: so hält das dem 254a Führer leicht gehorchende Roß, der Scham wie immer so auch dann nachgebend, sich selbst zurück, den Geliebten nicht anzuspringen; das andere aber scheut nun nicht länger Stachel noch Peitsche des Führers, sondern springend strebt es mit Gewalt vorwärts, und auf alle Weise dem Spanngenossen und dem Führer zusetzend nötig es sie, hinzugehen zu dem Liebling und der Gaben der Lust gegen ihn zu gedenken. Jene beiden widerstreben zwar b anfangs unwillig als einer argen und ruchlosen Nötigung ausgesetzt, zuletzt aber, wenn des Ungemachs kein Ende ist, machen sie sich dann, von jenem fortgerissen, auf, nachgebend und versprechend, das Gebotene zu tun, und so kommen sie hin und schauen des Lieblings glänzende Gestalt. Indem nun der Führer sie erblickt, wird seine Erinnerung hingetragen zum Wesen der Schönheit, und wiederum sieht er sie mit der Besonnenheit auf heiligem Boden stehen. Dieses erblickend fürchtet er sich, und von Ehrfurcht durchdrungen beugt er sich zurück und kann sogleich nicht c anders, als so gewaltig die Zügel rückwärts ziehen, daß beide Rosse sich auf die Hüften setzen, das eine gutwillig, weil es nie widerstrebt, das wilde aber höchst ungern. Indem sie nun weiter zurückgehen, benetzt das eine vor Scham und Bewunderung die ganze Seele mit Schweiß, das andere aber, ist nur erst der Schmerz vom Gebiß und dem Falle vorüber, hat sich kaum erholt, so bricht es zornig in Schmähungen aus, vielfach den Führer und den Spanngenossen beschimpfend, daß sie aus Feigheit und Unmännlichkeit Pflicht und Versprechen verlassen hätten; und aufs neue d sie wider ihren Willen vorwärts zu gehen zwingend, gibt es kaum nach, wenn sie bitten, es bis weiterhin aufzuschieben. Kommt nun die festgesetzte Zeit, so erinnert es jene, die dessen nicht zu gedenken sich anstellen, braucht Gewalt, wiehert, zieht sie mit sich fort und zwingt sie wieder, in derselben Absicht dem Geliebten zu nahen. Und wenn sie nicht mehr fern sind, beugt es sich vornüber, streckt den Schweif in die Höhe, beißt in den Zügel und zieht sie schamlos weiter. Dem Führer aber begegnet nur noch mehr dase selbe wie zuvor, er wird wie vom Startseil zurückgeschnellt, zieht

noch gewaltsamer dem wilden Rosse das Gebiß aus den Zähnen,
so daß ihm die schmähsüchtige Zunge und die Backen bluten, und
Schenkel und Hüften am Boden festhaltend, läßt er es büßen. Hat
nun das böse Roß mehrmals dasselbe erlitten und die Wildheit
abgelegt, so folgt es gedemütigt des Führers Überlegung und ist
beim Anblick des Schönen von Furcht übermannt. Daher es dann
endlich dahin kommt, daß des Liebhabers Seele dem Liebling verschämt und schüchtern nachgeht.

24. g) *Die Gewinnung der Gegenliebe des Lieblings*
Da nun dieser einem Gotte gleich mit jeder Art der Verehrung ge- 255a
ehrt wird von einem nicht etwa nur sich so anstellenden Verliebten, sondern einem, der sich wahrhaft in diesem Zustande befindet, und er auch selbst von Natur dem Verehrer geneigt ist, wenn
er auch ehedem von einigen Spielgefährten oder andern fälschlich
wäre überredet worden, welche sagten, es wäre schändlich, sich
einem Liebenden zu nahen, und er deshalb den Liebenden abge-
wiesen; so hat doch nun im Verlauf der Zeit die Jugend und das
Unvermeidliche dazu geführt, ihn zuzulassen zu seinem Umgange.
Denn niemals ist dies bestimmt, daß ein Böser einem Bösen b
freund, oder ein Guter einem Guten nicht freund werde. Läßt er
ihn aber zu und verstattet ihm Gespräch und Umgang, so wird das
nahe erscheinende Wohlwollen des Liebenden den Geliebten ent-
zücken, der bald inne wird, daß seine andern Freunde und Angehörigen auch allzumal ihm so gut wie nichts an Freundschaft erweisen im Vergleich zum begeisterten Freund. Läßt er ihn nun so
eine Zeitlang gewähren und ist ihm nahe, dann ergießt sich bei den
Berührungen in den Übungsplätzen, und wo sie sonst zusammenkommen, die Quelle jenes Stromes, den Zeus, als er den Ganyme- c
des liebte, Liebreiz nannte, reichlich gegen den Liebhaber, und
teils strömt sie in ihn ein, teils von ihm, dem Angefüllten, wieder
heraus: und wie ein Wind oder ein Schall von glatten und starren
Körpern abprallend wieder dahin, woher er kam, zurückgetrieben
wird, so geht auch die Ausströmung der Schönheit wieder in den
Schönen zurück durch die Augen, auf welchem Weg sie ihrer Natur nach in die Seele geht, und wenn sie dorthin gelangt, befeuchtet
sie die dem Gefieder bestimmten Ausgänge, treibt so dessen d
Wachstum voran und erfüllt auch des Geliebten Seele mit Liebe.

Er liebt also, wen aber, weiß er nicht, ja überhaupt nicht, was ihm
begegnet, weiß er oder kann es sagen, sondern wie einer, der sich
von einem andern Augenschmerzen geholt, hat er keine Ursache
anzugeben; denn daß er wie in einem Spiegel in dem Liebenden
sich selbst beschaut, weiß er nicht. Und wenn nun jener gegenwärtig ist, so hat auch er gleich wie jener Befreiung von den Schmerzen, ist er aber abwesend, so schmachtet auch er, wie nach ihm
geschmachtet wird, mit der Liebe Schattenbilde, der Gegenliebe,
e   behaftet. Er nennt es aber und glaubt es nicht Liebe, sondern
Freundschaft, wünscht aber doch eben wie jener, nur minder heftig, ihn zu sehen, zu berühren, zu umarmen, neben ihm zu liegen,
und also, wie zu erwarten, tut er hierauf bald alles dieses. Bei diesem Zusammenliegen nun hat das unbändige Roß des Liebhabers
vieles dem Führer zu sagen und fordert für die vielen Mühseligkeiten einen kleinen Genuß; das des Lieblings hat zwar nichts zu sa-
256a gen, aber voll brünstigen unbekannten Verlangens umarmt es den
Liebhaber und küßt ihn und liebkost ihn als den besten Freund,
und wenn sie zusammen liegen, wäre es wohl geneigt, sich nicht zu
weigern, ihm an seinem Teile gefällig zu sein, wenn er es zu erlangen wünschte. Der Spanngenoß hingegen mit dem Führer sträuben sich hiergegen mit Scham und Vernunft.

24.*h) Leben und Lohn der Liebenden*
Wenn nun die besseren Teile der Seele, welche zu einem wohlgeordneten Leben und zur Liebe der Weisheit hinleiten, den Sieg
erlangen: so führen sie hier schon ein seliges und einträchtiges
b   Leben, sich selbst beherrschend und sittsam dasjenige besiegt habend in ihrer Seele, dem Schlechtes, und das befreit, dem Vortreff-
liches einwohnt; sterben sie aber, so haben sie, schon befiedert
und leicht geworden, von den drei wahrhaft olympischen Kampf-
gängen schon in einem gesiegt, über welches Gut ein noch größeres weder menschliche Besonnenheit dem Menschen verschaffen
kann, noch göttlicher Wahnsinn. Wenn sie aber ein minder edles
c   und nicht philosophisches, doch aber ehrliebendes Leben führen:
so finden wohl leicht einmal beim Trunk oder in einem andern
unbesorgten Augenblick die beiden unbändigen Rosse die Seelen
unbewacht und führen sie zusammen, so daß sie das, was die
Menge für das seligste hält, wählen und vollbringen, und haben sie

es einmal vollbracht, so werden sie es nun auch in der Folge genießen, aber selten, weil nicht des ganzen Gemütes Zustimmung
hat, was sie tun. Als Freunde also werden auch diese, obgleich
nicht ganz so wie jene, miteinander, während ihrer Liebe und   d
auch, wenn sie darüber hinaus sind, leben, überzeugt, daß sie die
größten Pfänder einander gegeben und angenommen haben, welche frevelhaft wäre jemals wieder ungültig zu machen und in
Feindschaft zu geraten. Am Ende aber gehen sie unbefiedert
zwar, aber doch mit dem Triebe, sich zu befiedern, aus dem Körper, so daß auch sie nicht geringen Lohn für den Wahnsinn der
Liebe davontragen. Denn in die Finsternis und den unterirdischen Pfad ist denen nicht mehr bestimmt zu geraten, welche
schon eingeschritten waren in den himmlischen Pfad, sondern ein
lichtes Leben führend und miteinander wandelnd glücklich zu
sein, und wenn sie wieder befiedert werden, es der Liebe wegen   e
zu gleicher Zeit zu werden.

## 25. *Schluß der Rede und Gebet an Eros*

Diese so großen und so göttlichen Vorzüge, o Knabe, wird dir des
Liebhabers Freundschaft erwerben. Die Vertraulichkeit aber mit
dem Nichtliebenden, welche durch sterbliche Besonnenheit ver-
dünnt auch nur Sterbliches und Sparsames austeilt, erzeugt in der
geliebten Seele jene von der Menge als Tugend gelobte Gemeinheit
und wird ihr Ursache, neuntausend Jahre um die Erde sich um-   257a
herzutreiben und vernunftlos unter der Erde.

   Dieses sei dir, lieber Eros, nach unsern Kräften aufs beste und
schönste als Widerruf dargebracht und entrichtet, der im übrigen
sowohl als auch im Ausdruck des Phaidros wegen etwas dichterisch abgefaßt werden mußte. Und möchtest du, dem Vorigen
Verzeihung, diesem aber Beifall schenkend, günstig und gnädig
mir die Kunst der Liebe, welche du mir verliehen, im Zorn weder
nehmen noch schmälern. Verleihe mir vielmehr, noch mehr als
jetzt von den Schönen geehrt zu sein. Haben wir aber in der vori-   b
gen Rede etwas dir Widerwärtiges gesprochen, Phaidros und ich:
so rechne es dem Lysias als Vater dieser Rede zu und laß ihn solcher Reden sich enthaltend zur Philosophie, zu welcher sich sein
Bruder Polemarchos schon gewendet hat, sich hinwenden, damit
auch dieser sein Verehrer nicht länger wie jetzt auf beiden Schul-

tern trage, sondern lediglich der Liebe mit philosophischen Reden
sein Leben widme.

### 26. Ist das Schreiben von Reden schimpflich und wird es miß-
achtet?

PHAIDROS: Ich bete mit dir, Sokrates, daß, wofern dies besser für
c  uns ist, es so geschehen möge. Deine Rede aber habe ich schon
lange bewundert, um wieviel schöner als die erste du sie ausgearbeitet hast. So daß ich zweifle, ob mir nicht Lysias immer nur gering erscheinen würde, wenn er es auch unternehmen wollte, dieser eine andere gegenüberzustellen. Auch hat ihm erst neulich
einer von unsern Staatsmännern eben dieses zum Schimpf vorgeworfen und ihn die ganze Schmährede hindurch immer den Redenschreiber genannt. Vielleicht also, daß er sich schon aus Emp-
findlichkeit des Schreibens enthalten wird.

SOKRATES: Gar lächerliche Meinungen, junger Mann, bringst
d  du vor, und sehr weit verfehlst du deinen Freund, wenn du ihn für
so schreckhaft hältst. Vielleicht aber glaubst du gar, der, welcher
ihm dies als einen Schimpf vorwarf, habe, was er sagte, auch so
gemeint wie er es sagte?

PHAIDROS: Das war wohl offenbar genug, Sokrates. Auch
weißt du ja selbst so gut wie ich, daß überall die im Staate Vermö-
gendsten und Geachtetsten sich schämen, Reden zu schreiben und
Schriften von sich zu hinterlassen, aus Furcht, in der Folgezeit den
Namen zu bekommen, sie wären Sophisten gewesen.

SOKRATES: Du weißt nur nicht, wie dies zusammenhängt, Phai-
e  dros, und außerdem weißt du auch nicht, daß gerade die sich am
meisten dünkenden Staatsmänner auch am meisten verliebt sind
in das Redenschreiben und Schriftenhinterlassen, da sie ja, wenn
sie eine Rede geschrieben, dermaßen ihren Lobern zugetan sind,
daß sie gleich vorne namentlich hinschreiben, wer sie jedesmal
gelobt.

PHAIDROS: Wie meinst du dieses? Denn ich verstehe es nicht.

258a  SOKRATES: Du verstehst nicht, daß am Anfang bei der Schrift
eines Staatsmannes zuerst sein Lober aufgeführt wird?

PHAIDROS: Wieso?

SOKRATES: «Es hat gefallen», sagt er, «dem Rate» oder «dem
Volke», oder beiden, und «der und der hat vorgeschlagen», wo-

mit dann der Schriftsteller sein Ich sehr ehrenvoll erwähnt und belobt. Hierauf erst redet er weiter, seine Weisheit den Lobern vortragend, und verfaßt bisweilen eine gar lange Schrift. Oder scheint dir so etwas eine ganz andere Sache als eine Rede in Schrift verfaßt?

PHAIDROS: Mir eben nicht. b

SOKRATES: Nicht wahr, wenn eine solche stehen bleibt, so geht der Dichter fröhlich aus dem Schauspiel, wenn sie aber ausgelöscht wird und er also leer ausgeht beim Redenschreiben und nicht für würdig gehalten wird, eine Schrift zu hinterlassen, dann trauert er mit seinen Freunden?

PHAIDROS: Und gar sehr.

SOKRATES: Offenbar also doch nicht als Verächter des Geschäftes, sondern als großer Bewunderer.

PHAIDROS: Ganz gewiß.

SOKRATES: Wie aber, wenn ein Redner oder König es dahin bringt, mit dem Ansehen des Lykurgos oder des Solon oder Da- c reios ausgerüstet, ein unsterblicher Redenschreiber in seinem Staate zu werden, hält er selbst sich nicht noch lebend für göttergleich, und denken nicht die nach ihm Kommenden ebenso von ihm, wenn sie seine Schriften betrachten?

PHAIDROS: Gar sehr.

SOKRATES: Glaubst du also, daß einer von diesen, wie sehr er auch dem Lysias abgeneigt sei, ihm dieses zum Schimpf rechne, daß er Reden verfaßt?

PHAIDROS: Es ist wohl nicht zu glauben nach dem, was du sagst, denn er müßte ja seine eigne Neigung beschimpfen.

## 27. Frage nach der Beschaffenheit des guten Redens

SOKRATES: Das also ist wohl jedem klar, daß das Redenschreiben d an sich nichts Häßliches ist.

PHAIDROS: Wie sollte es?

SOKRATES: Aber das, glaube ich, wird schon schlecht sein, wenn jemand nicht schön redet und schreibt, sondern häßlich und schlecht.

PHAIDROS: Offenbar.

SOKRATES: Welches ist nun aber die Art und Weise, gut zu schreiben oder nicht? Sollen wir hierauf, o Phaidros, den Lysias

prüfen, und wer sonst jemals etwas geschrieben hat oder schreiben
wird, es sei nun eine Staatsschrift oder eine andere, und in Versen,
wie ein Dichter, oder ohne Silbenmaß als ein Undichterischer?

e    PHAIDROS: Du fragst, ob wir sollen? Weshalb, sozusagen, lebte
einer denn, wenn nicht für solche Lust? Doch wohl nicht um jener
willen, vor welchen man erst Unlust empfinden muß, oder auch
hernach keine Lust empfindet, welches fast alle die körperlichen
Vergnügungen an sich haben und deshalb mit Recht niedrige genannt werden.

SOKRATES: Muße haben wir ja, wie es scheint. Auch dünken
mich die Zikaden, wie sie in der Hitze pflegen, über unsern Häup-
259a tern singend und sich untereinander besprechend, herabzu-
schauen. Wenn sie nun auch uns um nichts besser als andere in der
Mittagsstunde uns nicht unterredend sähen, sondern aus Trägheit
der Seele von ihnen eingesungen schlummernd: so möchten sie mit
Recht über uns spotten und denken, ein paar Knechte wären in
ihrem Aufenthalt eingekehrt, um wie Schafe, die bei der Quelle
Mittag machen, des Schlafes zu pflegen. Wenn sie uns aber sähen
im Gespräch begriffen und uneingesungen bei ihnen als Sirenen
b    vorbeischiffen, dann dürften sie uns die Gabe, welche ihnen von
den Göttern für die Menschen verliehen ist, mitteilen zum Beweis
ihrer Zufriedenheit.

## 28. Der Mythos von den Zikaden

PHAIDROS: Was doch für eine haben sie? Denn nie muß ich davon
gehört haben.

SOKRATES: Nicht fein steht es für einen Musenfreund, dergleichen nicht gehört zu haben. Man sagt nämlich, diese wären Menschen gewesen von denen vor der Zeit der Musen. Als aber diese
erzeugt worden und der Gesang erschienen, wären einige von den
c    damaligen so entzückt worden von dieser Lust, daß sie singend
Speise und Trank vergessen und so unvermerkt gestorben wären.
Aus welchen nun seitdem das Geschlecht der Zikaden entsteht,
mit dieser Gabe von den Musen ausgestattet, daß sie von der Geburt an keiner Nahrung bedürfen, sondern ohne Speise und Trank
sogleich singen, bis sie sterben, dann aber zu den Musen kommen
und ihnen verkündigen, wer hier jede von ihnen verehrt. Der Ter-
psichore melden und empfehlen sie die, welche sie in Chören ver-

ehren, der Erato, die sie durch Liebesgesänge feiern, und so den  d
übrigen, jeder nach der ihr eigentümlichen Verehrung. Der ältesten aber, Kalliope, und ihrer nächstfolgenden Schwester Urania,
welche ja vornehmlich unter den Musen über den Himmel und
über göttliche und menschliche Reden gesetzt sind und die schönsten Töne von sich geben, verkündigen sie die, welche philosophisch leben und ihre Art der Musik ehren. Aus vielen Ursachen
also müssen wir etwas reden und nicht schlafen am Mittage.

PHAIDROS: Reden also wollen wir.

## 29. Muß der Redner das Wahre über seinen Gegenstand wissen?

SOKRATES: Wollen wir nun, was wir uns eben vorgesetzt hatten zu  e
untersuchen, wie man nämlich gut und recht schreibe und wie
nicht, dieses besprechen?

PHAIDROS: Gewiß.

SOKRATES: Muß nun nicht, wo gut und schön soll geredet werden, des Redenden Verstand die wahre Beschaffenheit dessen erkennen, worüber er reden will?

PHAIDROS: So vielmehr habe ich immer gehört, lieber Sokrates,  260a
wer ein Redner werden wolle, habe nicht nötig, was wahrhaft gerecht sei, zu lernen, sondern nur was der Volksmenge, welche zu
entscheiden hat; so scheint, ebenso auch nicht, was wahrhaft gut
sei oder schön, sondern nur was so scheinen werde; denn hierauf
gründe sich das Überreden, nicht auf der Sache wahre Beschaffenheit.

SOKRATES: «Nicht zu verwerfen ja soll ein Wort sein», o Phaidros, was die Weisen geredet haben, sondern zu untersuchen, ob
nicht etwas Wahres damit gesagt ist. So wollen wir also auch das
nun Gesagte nicht loslassen.

PHAIDROS: Ganz recht.

SOKRATES: Betrachten wir es demnach so.

PHAIDROS: Wie denn?

SOKRATES: Wenn ich dich überredete, du solltest, um gegen die  b
Feinde zu ziehen, dir ein Pferd anschaffen, wir kennten aber beide
kein Pferd, sondern nur soviel wüßte ich von dir, daß Phaidros
glaubt, das Pferd sei dasjenige unter den zahmen Tieren, welches
die längsten Ohren hat —

PHAIDROS: Lächerlich, o Sokrates, wäre das.

SOKRATES: Das noch nicht, aber wenn ich rechten Fleiß auf die Überredung wendend eine Rede abfaßte, ein Lob auf den Esel, den ich Pferd nennte, und darin ausführte, wieviel wert das Tier wäre zu Hause und im Felde, brauchbar, um von ihm herab zu fechten, c geschickt, das Gepäck zu tragen, und zu vielen andern Dingen nützlich?

PHAIDROS: Über alle Maße lächerlich wäre dann dieses.

SOKRATES: Aber ist es nicht besser, lächerlich und ein Freund zu sein als gewaltig und Feind?

PHAIDROS: Offenbar.

SOKRATES: Wenn also der Redekünstler unwissend über das Gute und Böse einen ebenso beschaffenen Staat sich vornimmt und ihn zu überreden sucht, nicht etwa einen nichtsbedeutenden Esel als ein Pferd anpreisend, sondern ein Übel als ein Gut, und nachdem er die Meinungen des Volkes kennengelernt, ihn nun überredet, Übles zu tun statt des Guten: was für eine Frucht, d glaubst du, werde die Redekunst dann ernten von dem, was sie gesät?

PHAIDROS: Eben keine sonderliche.

## 30. Die Redekunst als Seelenführung

SOKRATES: Haben wir aber auch nicht, mein Guter, gröber als sich ziemen will, die Kunst der Reden gelästert? Sie aber würde vielleicht sagen: Was schwatzt ihr Wunderlichen doch durcheinander? Denn ich zwinge ja keinen der Wahrheit noch Unkundigen, das Reden zu lernen, sondern gilt mein Rat, so nimmt, wer jene erworben, dann auch mich dazu. Das aber behaupte ich, daß ohne mich auch der das Wahre weiß, nicht verstehen wird, kunst- e mäßig zu überreden. Hätte sie nun nicht ganz recht, wenn sie dieses spräche?

PHAIDROS: Ich gestehe es.

SOKRATES: Wenn nur die gegen sie auftretenden Reden ihr werden gelten lassen, daß sie eine Kunst ist. Denn ich glaube einige Reden herbeikommen und behaupten zu hören, daß sie lügt, und daß sie keine Kunst ist, sondern ein ganz kunstloses Handwerk.

261a    PHAIDROS: Diese Reden brauchen wir, o Sokrates. Bringe sie denn zur Stelle und frage sie aus, was doch und wie sie es meinen.

SOKRATES: Kommt also her, ihr hübschen Kinderchen, und überredet den Vater schöner Kinder, Phaidros, daß, wenn er nicht gründlich philosophiert, er auch niemals gründlich über irgend etwas reden wird. Phaidros also soll antworten.

PHAIDROS: Fragt denn.

SOKRATES: Ist also nicht überhaupt die Redekunst eine Seelenleitung durch Reden, nicht nur in Gerichtshöfen und was sonst für öffentlichen Versammlungen, sondern auch im gewöhnlichen Leben, dieselbe in kleinen sowohl als großen Dingen, und um nichts b vortrefflicher ist ihr Richtiges, ob es nun große oder geringfügige Dinge betrifft? Oder was hast du hierüber gehört?

PHAIDROS: Beim Zeus, dieses gar nicht; sondern eigentlich wird nur in Rechtsverhandlungen nach der Kunst gesprochen und geschrieben, dann spricht man auch so in Volksreden, Weiteres aber habe ich nicht gehört.

SOKRATES: Hast du denn nur von des Nestor und Odysseus Anweisungen zur Redekunst gehört, die sie vor Ilion in Muße ausgearbeitet haben, von der des Palamedes aber hast du nichts gehört?

PHAIDROS: Ja, beim Zeus, ich auch nicht von Nestors, wenn du c uns nicht den Gorgias als einen Nestor zurichten willst, oder einen Thrasymachos und Theodoros als Odysseus.

### 31. Erweis, daß zum kunstmäßigen Reden Kenntnis der Wahrheit notwendig ist

SOKRATES: Vielleicht; doch diese wollen wir lassen. Du aber sage mir, was tun denn in der Gerichtsstätte die Parteien? Reden sie denn nicht gegeneinander? Oder wie sollen wir es nennen?

PHAIDROS: Gerade so.

SOKRATES: Über das, was recht ist und unrecht?

PHAIDROS: Ja.

SOKRATES: Wer nun dieses durch Kunst tut, wird der nicht machen, daß dieselbe Sache denselben Menschen jetzt als recht erscheine, und wenn er will, auch wieder als unrecht? d

PHAIDROS: Wie anders?

SOKRATES: Und so auch in den Volksversammlungen, daß dem Staat dasselbe jetzt gut dünke, jetzt wieder das Gegenteil?

PHAIDROS: So freilich.

SOKRATES: Und wissen wir nicht vom eleatischen Palamedes, daß er durch Kunst so redet, daß den Hörenden dasselbe ähnlich und unähnlich erscheint, eins und vieles, ruhig und bewegt?

PHAIDROS: Allerdings.

SOKRATES: Nicht also nur auf die Gerichtsstätten erstreckt sich die Kunst des Gegenredens und auf die Volksversammlung, son-
e dern, wie es scheint, für alles, was geredet wird, gäbe es, wenn es eine gibt, nur diese eine Kunst, durch welche jemand imstande ist, jedes Ding jedem, dem es nur möglich ist, und für alle, bei denen es möglich ist, ähnlich darzustellen, und was ein anderer so verähn-lichend verbirgt, ans Licht zu bringen.

PHAIDROS: Wie eigentlich meinst du dieses?

SOKRATES: Den also Forschenden, glaub' ich, wird es sich zei-gen. Entsteht Täuschung eher zwischen dem, was viel voneinan-der unterschieden ist oder wenig?

262a PHAIDROS: In dem, was wenig.

SOKRATES: Aber du wirst doch, wenn du immer nur um ein weniges fortgehst, leichter andern unvermerkt zum Gegenteil ge-langen, als wenn um vieles.

PHAIDROS: Wie sollte ich nicht!

SOKRATES: Es muß also, wer andere zwar täuschen will, selbst aber nicht getäuscht werden, die Ähnlichkeit der Dinge und ihre Unähnlichkeit genau kennen.

PHAIDROS: Notwendig.

SOKRATES: Wird er aber wohl imstande sein, wenn er die wahre Beschaffenheit eines jeden Dinges nicht kennt, die größere oder geringere Ähnlichkeit mit diesem Unbekannten in andern Dingen zu unterscheiden?

b PHAIDROS: Unmöglich.

SOKRATES: Und nicht wahr, denen, welche sich etwas anders vorstellen, als es ist, und sich täuschen, hat sich dies offenbar durch irgendeine Ähnlichkeit eingeschlichen?

PHAIDROS: So geht es wohl zu damit.

SOKRATES: Kann also wohl diese Kunst, immer um ein weniges durch Ähnlichkeiten von dem, was jedesmal wahr ist, fortzuleiten und so zum Gegenteil hinzuführen oder sich selbst davor zu hüten, derjenige besitzen, der nicht erkannt hat, was jedes in Wahrheit ist?

PHAIDROS: Niemals.

SOKRATES: Wer also die Wahrheit nicht weiß und nur Mei- c
nungen nachgejagt hat, der, lieber Freund, wird, wie es scheint,
eine gar lächerliche und unkünstliche Redekunst zusammenbringen.

PHAIDROS: So wird es wohl sein.

32. *Der Anfang der Rede des Lysias soll auf Kunstmäßigkeit*
    *überprüft werden*

SOKRATES: Willst du nun, daß wir in des Lysias Rede, die du bei
dir hast, und in den von uns gesprochenen etwas sehen von dem,
was wir als kunstlos setzen und was als kunstmäßig?

PHAIDROS: Sehr gern, zumal wir jetzt so trocken hin geredet
haben ohne hinreichende Beispiele.

SOKRATES: Und recht durch gutes Glück, wie es scheint, sind
diese beiden Reden gesprochen worden, welche ein Beispiel ent- d
halten, wie der, welcher das Richtige weiß, spielend in Reden die
Zuhörer verleiten kann. Und ich, o Phaidros, schreibe dieses den
hier wohnenden Göttern zu. Vielleicht auch, daß die Dienerinnen
der Musen, die Sänger über unsern Häuptern, uns diese Gabe ein-
gehaucht haben. Denn ich habe doch an keiner Kunst des Redens
irgend Anteil.

PHAIDROS: Dies sei, wie du sagst; nur mache deutlich, was du
meinst.

SOKRATES: So komm denn und lies mir von des Lysias Rede den
Anfang.

PHAIDROS: «Von dem, was mich anbetrifft, bist du unterrich- e
tet, und wie ich glaube, es werde uns zuträglich sein, daß dieses
zustande komme, hast du gehört. Ich wünsche aber, nicht etwa
deshalb zu verfehlen, um was ich bitte, weil ich nicht zu deinen
Liebhabern gehöre. Da eben jene zu gereuen pflegt –»

SOKRATES: Halt inne! Worin also fehlt dieser und verfährt
kunstlos? Das sollen wir sagen, nicht wahr?

PHAIDROS: Ja. 263 a

33. *Problem der Wörter mit zweifelhaftem Sinn*

SOKRATES: Ist nun nicht dieses jedem einleuchtend, daß über
einige Worte wir einstimmig sind, über andere uneinig?

PHAIDROS: Ich glaube zwar zu verstehen, was du meinst, doch aber sage es noch deutlicher.

SOKRATES: Wenn jemand das Wort Eisen oder Silber ausspricht, denken wir dabei nicht alle dasselbe?

PHAIDROS: Gewiß.

SOKRATES: Wie aber, wenn gerecht oder gut? Wendet sich da nicht der eine hier, der andere dorthin, und sind wir nicht uneinig untereinander und mit uns selbst?

PHAIDROS: Allerdings.

b   SOKRATES: In einigem also stimmen wir überein, in anderem nicht.

PHAIDROS: So ist es.

SOKRATES: In welchen aber von beiden werden wir täuschbarer sein, und in welchen also die Redekunst am meisten vermögen?

PHAIDROS: Offenbar, wo wir unstet sind.

SOKRATES: Wer also die Kunst der Rede aufsuchen will, muß diese beiden zuerst rein und gehörig voneinander getrennt und sich eines Kennzeichens beider Gattungen bemächtigt haben, der, worin die Menge unstet sein muß, und der, worin nicht.

c   PHAIDROS: Einen schönen Begriff, o Sokrates, hätte der aufgefaßt, der sich dieser Sache bemächtigt hätte.

SOKRATES: Dann, glaube ich, muß er sich, wenn ihm ein bestimmter Fall vorliegt, nicht irren, sondern das genau erkennen, worüber er reden will, zu welcher von beiden Gattungen es gehört.

PHAIDROS: Wie anders?

SOKRATES: Wie also die Liebe? Wollen wir sagen, sie gehöre zu den zweifelhaften oder zu den andern?

PHAIDROS: Zu den zweifelhaften ohne weiteres. Oder würde sie dir sonst wohl zugelassen haben zu sagen, was du eben von ihr sagtest, erst, daß sie ein Verderben wäre für den Geliebten und den Liebenden, und dann wieder, daß sie das größte wäre unter allen Gütern?

d   SOKRATES: Sehr richtig gesprochen. Aber sage mir auch dieses, denn ich kann mich der Begeisterung wegen dessen nicht mehr recht erinnern, ob ich die Liebe erklärt habe im Anfange der Rede?

PHAIDROS: Beim Zeus, und nicht zu sagen, wie gut.

SOKRATES: Sieh da! Wieviel kunstreicher in Reden sind nach dem, was du sagst, die Nymphen des Acheloos und Pan, der Sohn

des Hermes, als Lysias, der Sohn des Kephalos! Oder sage ich
nichts, sondern hat auch Lysias im Anfange seiner Liebesrede uns
genötigt, die Liebe für *ein* Bestimmtes, welches er selbst wollte,
anzunehmen, und hiernach den ganzen Fortgang seiner Rede an- e
geordnet? Willst du, daß wir seinen Anfang noch einmal lesen?

PHAIDROS: Wenn du es meinst. Was du jedoch suchst, steht
nicht da.

SOKRATES: Lies nur, damit ich ihn selbst höre.

## 34. *Die Rede muß als ein gegliedertes Ganzes Anfang und Ende haben*

PHAIDROS: «Von dem, was mich anbetrifft, bist du unterrichtet,
und wie ich glaube, es werde uns zuträglich sein, daß dieses zustande komme, hast du gehört. Ich wünsche aber, nicht etwa deshalb zu verfehlen, um was ich bitte, weil ich nicht zu deinen Lieb- 264a
habern gehöre. Da eben jene dann zu gereuen pflegt, was sie Gutes
erwiesen haben, sobald ihre Begierde gestillt ist.»

SOKRATES: Ja, viel scheint freilich zu fehlen, daß dieser das tun
sollte, was wir verlangen, der nicht einmal vom Anfang, sondern
vom Ende an rückwärts die Rede durchschwimmen will, und da
anfängt, wo der Liebhaber schon aufgehört haben könnte zu seinem Liebling zu reden. Oder war dies wieder nichts gesagt, Phaidros, liebes Haupt?

PHAIDROS: Freilich wohl ist das nur das Ende, Sokrates, wor- b
über er redet.

SOKRATES: Und wie? Alles übrige in der Rede, scheint es nicht
unordentlich durcheinandergeworfen? Oder ist deutlich, daß das
Zweite aus irgendeinem Grunde habe das Zweite sein müssen,
oder irgendeines von den folgenden Stücken? Mir wenigstens
schien es, als einem Nichtwissenden, daß der Schreiber ganz vornehm gesagt hat, was ihm eben einfiel. Hast du aber vielleicht
irgendeine rednerische Notwendigkeit aufzuzeigen, warum der
Mann dieses so in der Ordnung nacheinander gestellt hat?

PHAIDROS: Du bist sehr gut, daß du mir zutraust, die Arbeit
jenes so genau zu beurteilen. c

SOKRATES: Aber dieses, glaube ich, wirst du doch auch behaupten, daß eine Rede wie ein lebendes Wesen müsse gebaut sein und
ihren eigentümlichen Körper haben, so daß sie weder ohne Kopf

ist noch ohne Fuß, sondern eine Mitte hat und Enden, die gegen einander und gegen das Ganze in einem schicklichen Verhältnis gearbeitet sind.

PHAIDROS: Wie sollte ich nicht?

SOKRATES: Betrachte also deines Freundes Rede, ob sie sich so oder anders verhält, und du wirst sie gewiß nicht verschieden finden von jener Aufschrift, welche auf Midas den Phrygier soll gemacht worden sein.

d    PHAIDROS: Was für eine Aufschrift, und was hat sie Besonderes an sich?

SOKRATES: Es ist diese:

«Eherne Jungfrau bin ich und lieg an dem Grabe des Midas,
Bis nicht Wasser mehr fließt, noch erblühn hochstämmige Bäume,
Immer verweilend allhier an dem vielbeträneten Denkmal,
Daß auch der Wanderer wisse, wo Midas liege begraben.»

e    Daß es nun bei diesem keinen Unterschied macht, was zuerst gelesen wird oder zuletzt, dies merkst du doch, glaub' ich.

PHAIDROS: Du verspottest ja unsere Rede, Sokrates.

## 35. Übergang zu den beiden Reden des Sokrates

SOKRATES: So wollen wir, damit du nicht verdrießlich wirst, diese ganz lassen, wiewohl sie noch vielerlei zu enthalten scheint, was, wenn einer es ansieht, ihm wohl nützlich sein kann, wenn er es aber nachzuahmen unternimmt, nicht gar sehr, und wollen zu den andern Reden gehen. Denn es war etwas in ihnen, was denen wohl zu beachten ziemt, welche über die Redekunst nachdenken wollen.

265 a    PHAIDROS: Welches meinst du denn?

SOKRATES: Sie waren doch einander entgegen. Denn eine behauptete, man müsse dem Verliebten, die andere, man müsse dem Nichtverliebten willfahren.

PHAIDROS: Und ganz tapfer beide.

SOKRATES: Ich glaubte, du würdest der Wahrheit gemäß sagen, ganz wahnsinnig. Was sie jedoch suchten, ist eben dieses. Wir behaupten ja, die Liebe sei eine Art von Wahnsinn, nicht wahr?

PHAIDROS: Ja.

SOKRATES: Und vom Wahnsinn gebe es zwei Arten, die eine aus

menschlicher Krankheit, die andere aus göttlicher Umwechslung des gewöhnlichen ordentlichen Zustandes.

PHAIDROS: So war es. b

SOKRATES: Den göttlichen teilten wir wiederum in vier Teile nach vier Göttern, indem wir den weissagenden Anhauch dem Apollon zuschrieben, dem Dionysos den der Einweihungen, den Musen den dichterischen, den vierten aber der Aphrodite und dem Eros, den Wahnsinn der Liebe nämlich, welchen wir für den besten erklärten, und ich weiß nicht mehr wie den Zustand der Liebe abbildend, wobei wir vielleicht etwas Richtiges getroffen haben, vielleicht auch anderwärts hin abgeschweift sind, vermischten wir mit einer nicht durchaus unglaublichen Rede einen mythischen c Hymnos und besangen so gar züchtig und fromm deinen und meinen Herrn, den Eros, den Beschützer schöner Knaben.

PHAIDROS: Ja, wie es mir gar nicht unerfreulich war zu hören.

## 36. Die zwei Prinzipien des Zusammenfassens und Zerteilens

SOKRATES: Dies laß uns denn daraus nehmen, wie von dem Tadel die Rede herüberkam zum Loben.

PHAIDROS: Wie meinst du es also?

SOKRATES: Mir erscheint alles übrige in der Tat nur im Scherze gesprochen; nur dies beides, was jene Reden durch einen glücklichen Zufall gehabt haben, wenn sich dessen Kraft einer gründlich durch Kunst aneignen könnte, wäre es eine schöne Sache. d

PHAIDROS: Was doch für welches?

SOKRATES: Das vielfach Zerstreute zusammenschauend überzuführen in *eine* Gestalt, um jedes genau zu bestimmen und deutlich zu machen, worüber er jedesmal Belehrung erteilen will; so wie wir jetzt eben von der Liebe erst nach gegebener Erklärung, was sie sei, vielleicht gut, vielleicht auch schlecht geredet haben, wenigstens das Klare und mit sich selbst Übereinstimmende hatte unsere Rede von daher.

PHAIDROS: Und welches zweite meinst du, Sokrates?

SOKRATES: Ebenso auch wieder nach Begriffen zerteilen zu e können gliedermäßig, wie jedes gewachsen ist, ohne etwa, wie ein schlechter Koch verfahrend, irgendeinen Teil zu zerbrechen. Sondern so, wie eben unsere beiden Reden das Unverständige der Seele als *einen* Begriff insgesamt auffaßten: und so, wie aus un-

266a serm Leibe, als *einem,* zweifache und gleichnamige Teile herauswachsen, welche als rechte und linke bezeichnet werden, ebenso den Aberwitz in uns gleichsam als *eine* Gestalt gewachsen glaubend nahmen die Reden, die eine sich den links abgeschnittenen Teil und ließ nicht nach, ihn weiter zu zerschneiden, bis sie, daß ich so sage, eine linke Liebe darin auffand, welche sie sehr mit Recht schmähen konnte; die andere führte uns zu dem Wahnsinn rechts, und, eine jener zwar gleichnamige, aber göttliche Liebe

b darin auffindend und vorzeigend, lobte sie diese als Ursache unserer größten Güter.

PHAIDROS: Vollkommen richtig.

### 37. Sokrates als Freund der dialektischen Kunst

SOKRATES: Hiervon also bin ich selbst ein großer Freund, Phaidros, von diesen Einteilungen und Zusammenfassungen, damit ich doch reden und denken kann, und wenn ich einen andern für fähig halte zu sehen, was in eins gewachsen ist und in vieles, dem folg' ich «wie eines Unsterblichen Fußtritt». Ob ich jedoch diejenigen, welche dieses imstande sind zu tun, recht oder unrecht bename, mag Gott wissen, ich nenne sie aber bis jetzt Dialektiker.

c Nun aber sage mir auch, wie man die, welche von dir und Lysias gelernt haben, nennen soll? Oder ist eben jenes die Redekunst, deren Thrasymachos und die andern sich bedienend selbst Künstler im Reden sind und auch andere dazu machen, die ihnen Geschenke wie Königen bringen wollen?

PHAIDROS: Königliche Männer zwar sind sie, nicht aber dessen kundig, wonach du fragst. Daher dünkst du mich jenes ganz recht zu benennen, indem du es Dialektik nennst, die Rhetorik aber dünkt mich uns bis jetzt noch entgangen zu sein.

d SOKRATES: Wie sagst du? Das muß etwas Schönes sein, was von jener verlassen doch durch Kunst soll erlangt werden. Indes wollen wir es auf keine Weise verschmähen, du und ich, sondern sagen, was denn nur ist das noch Übrigbleibende an der Redekunst.

PHAIDROS: Mancherlei Dinge, Sokrates, die du ja findest in den über die Redekunst geschriebenen Büchern.

## 38. Die Herrlichkeiten der bestehenden Rhetorik

SOKRATES: Gar gut erinnerst du mich. Den *Eingang* zuerst, wie der am Anfang der Rede muß gesprochen werden, dieses meinst du, nicht wahr? Diese Herrlichkeiten der Kunst?

PHAIDROS: Ja.                                                            e

SOKRATES: Dann kommt zweitens die *Erzählung*, wie sie es nennen, und die *Zeugnisse* dabei, drittens die *Beweise*, viertens die *Wahrscheinlichkeiten*; und noch von einer *Beglaubigung* und *Nebenbeglaubigung* denke ich, redet der vortreffliche byzantinische Daidalos im Reden.

PHAIDROS: Den wackern Theodoros meinst du?

SOKRATES: Wen sonst? Und daß man eine *Widerlegung* und    267a
*Nebenwiderlegung* führen müsse in der Anklage sowohl als Verteidigung. Und auch den schönsten Parier Euenos holen wir nicht herbei, der die *Vorandeutung* zuerst erfunden hat und das *Nebenlob*? Ja einige sagen, er habe sich allerlei *Nebenschimpf* in Verse gebracht dem Gedächtnis zuliebe. Denn er ist ein kluger Mann. Den Teisias aber und Gorgias wollen wir ganz ruhen lassen, welche zuerst das Scheinbare entdeckt haben, daß es über das Wahre gehe und mehr zu ehren sei, und welche machen, daß das Kleine groß und das Große klein erscheint durch die Kraft der Rede, und vom Neuen auf alte, vom Alten aber auf neue Art sprechen, und    b
welche die Gedrängtheit der Rede und auch die unendliche Länge über jeden Gegenstand erfunden haben. Als dieses einmal Prodikos von mir hörte, lachte er und sagte, er allein habe gefunden, was für Sätze die Kunst brauche, nämlich weder lange noch kurze, sondern mäßige.

PHAIDROS: Sehr weise, o Prodikos!

SOKRATES: Und vom Hippias wollen wir nicht reden? Ich glaube, dieser Fremdling aus Elis stimmte ihm auch bei.

PHAIDROS: Warum auch nicht?

SOKRATES: Wie aber sollen wir vortragen des Polos Sammlung von Worten, wie die *Doppelrederei*, die *Spruchrederei*, die *Bildre-*    c
*derei* und den Erwerb des Wohlklangs der Lykimnischen Wörter, die er jenem geschenkt hat?

PHAIDROS: Hatte nicht vieles dergleichen auch Protagoras?

SOKRATES: Ein gewisses *Geradesprechen*, mein Sohn, und noch vieles und Schönes andere. Aber in jammertönender, von Alter

und Armut hergenommener Reden Kunst hat doch offenbar gesiegt des Chalkedoniers Kraft. Auch im Erzürnen der Menge ist
d dieser Mann gewaltig, und wiederum die Erzürnten bezaubernd
zu kirren, wie er sagt; und im Verleumden und auch Verleumdun-
gen-Abwälzen, woher es irgend gehe, ist er der erste. Über das
Ende der Rede aber sind sie alle nur einer Meinung, was nämlich
einige die *Übersicht*, andere wieder anders nennen.

PHAIDROS: Daß man am Ende noch in kurzem die Zuhörer an
alles erinnern soll, was gesagt worden, das meinst du?

SOKRATES: Das meine ich, und was du noch sonst etwa zu
sagen hast über die Kunst der Reden.

PHAIDROS: Kleinigkeiten, nicht der Rede wert.

268a SOKRATES: Lassen wir also die Kleinigkeiten; diese Dinge aber
laß uns noch einmal besser beim Lichte besehen, was für eine
Kunstgewalt, und wann, sie eigentlich haben.

PHAIDROS: Eine sehr starke doch, o Sokrates, in den Versammlungen des Volkes.

SOKRATES: Die haben sie freilich. Aber, du Wunderlicher, sieh
doch auch du zu, ob dir das ganze Gewebe so lose erscheint wie mir.

PHAIDROS: Zeige es nur.

### 39. Unterscheidung notwendiger Vorkenntnisse vom Wissen der Kunst selbst

SOKRATES: Sage mir also: Wenn jemand zu deinem Freunde Eryximachos oder dessen Vater Akumenos käme, sagend: «Ich verstehe solche Dinge dem Körper beizubringen, daß ich ihn erhitze,
b wenn ich will, und auch abkühle, und daß ich ihn, wenn es mir gut
dünkt, speien mache oder auch abführen, und noch vielerlei dergleichen, und weil ich dieses verstehe, behaupte ich ein Arzt zu
sein, auch jeden andern dazu zu machen, dem ich nur diese Kenntnisse mitteile»; was, meinst du, werden sie erwidern, wenn sie
dieses angehört?

PHAIDROS: Was sonst, als ihn fragen, ob er auch noch verstände, wem und wann er dies alles antun müsse und in welchem
Grade?

SOKRATES: Wenn er nun sagte, keineswegs, sondern ich ver-
c lange, wer jenes von mir lernt, müsse dieses schon selbst verstehen,
wonach du fragst.

PHAIDROS: Dann, glaube ich, würde er sagen, der Mensch ist toll und glaubt, weil er in Büchern oder sonstwo einige Mittelchen gefunden hat, ein Arzt geworden zu sein, obwohl er nichts von der Kunst versteht.

SOKRATES: Und wie, wenn jemand zum Sophokles oder Euripides käme, sagend, er verstände über Geringes ganz lange Reden zu dichten und auch über Wichtiges ganz kurze, auch klägliche, wenn er wollte, und im Gegenteil wieder furchtbare und drohende und was mehr dergleichen, und sich nun einbildete, indem er dies d lehre, die tragische Dichtkunst zu lehren?

PHAIDROS: Auch diese, o Sokrates, würden, glaube ich, jeden auslachen, welcher glaubte, die Tragödie wäre etwas anderes als eine solche Zusammenstellung dieser einzelnen Stücke, wie sie einander und dem Ganzen angemessen sind.

SOKRATES: Aber nicht unfein, glaube ich, würden sie ihn herunterreißen, sondern wie ein Tonkünstler, wenn er mit einem zusammenträfe, der sich einbildet, ein Harmonieverständiger zu sein, e weil er verstände, eine Saite so hoch und so tief als möglich anzuschlagen, nicht mit Heftigkeit sagen würde: Du erbärmlicher Wicht, du bist verrückt; sondern wie es einem Künstler geziemt, sanfter in der Weise: Bester Mann, freilich muß auch das wissen, wer ein Tonkünstler werden will, aber dies hindert nicht, daß dennoch einer, der deine Fertigkeit hat, auch nicht das mindeste von der Harmonie verstehen kann, denn du besitzt nur die Vorkenntnisse, welche zur Harmonie notwendig gehören, aber nicht die Harmonie selbst.

PHAIDROS: Sehr richtig.

SOKRATES: So auch würde Sophokles jenem, der sich gegen ihn 269a rühmte, sagen; er habe die Vorkenntnisse zur tragischen Kunst, nicht diese Kunst selbst, und Akumenos die Vorkenntnisse der Heilkunde, nicht die Heilkunde selbst.

PHAIDROS: Allerdings freilich.

### 40. Erweis, daß die traditionelle Redekunst sich bei Vorkenntnissen aufhält

SOKRATES: Wie aber? Sollen wir glauben, der «süßredende Adrastos» oder Perikles, wenn sie etwas hörten von den schönen Kunststücken, die wir jetzt durchgegangen sind, dem *Kurzreden*

und *Bilderreden*, und was wir sonst noch näher gegen das Licht
b untersuchen wollten, würden etwa unwillig wie ich und du unfei-
nerweise ein ungesittetes Wort ausstoßen gegen die, welche dieses
geschrieben haben und lehren, als wäre es die Redekunst, oder
würden sie, die so viel weiseren als wir, dies auch uns verweisen
und sagen: O Phaidros und Sokrates, nicht unwillig muß man
werden, sondern Nachsicht haben, wenn solche, die überhaupt
nicht verstehen, mit Begriffen umzugehen, auch nicht vermögend
gewesen sind zu bestimmen, was eigentlich die Redekunst ist, und
dieses Umstandes wegen, wenn gleich sie nur die notwendigen
Vorkenntnisse dieser Kunst besitzen, dennoch glaubten, die Redekunst selbst erfunden, und so auch, wenn sie jenes jemanden lehr-
c ten, ihn vollkommen in der Redekunst unterrichtet zu haben; und
wenn sie hingegen, daß dies alles auf überredende Art gebraucht
und ein Ganzes daraus zusammengesetzt werde, diese Vollkommenheit in die Reden hineinzubringen ihren Schülern, als wäre es
eine Kleinigkeit, selbst überlassen?

PHAIDROS: Allerdings, o Sokrates, scheint es ungefähr so zu
stehen mit der Kunst, welche diese Männer als die Redekunst lehren und in Schriften vortragen, und mir scheinst du ganz wahr
gesprochen zu haben. Aber nun die Kunst des wahren und über-
d zeugenden Redners, wie und woher kann sich diese jemand zu
eigen machen?

SOKRATES: Mit dem Können, so daß einer ein vollkommener
Kämpfer wird, wird es wahrscheinlich, ja vielleicht notwendig
eben die Bewandtnis haben, wie in andern Dingen. Nämlich wenn
du von Natur rednerische Anlage hast, so wirst du ein berühmter
Redner werden, sofern du noch Wissenschaft und Übung hinzu-
fügst, an welchem aber von diesen es dir fehlt, von der Seite wirst
du unvollkommen sein. Was aber an der Sache Kunst ist, dazu
scheint mir die Anleitung nicht auf dem Wege herauszukommen,
den Lysias und Thrasymachos gehen.

PHAIDROS: Aber auf welchem dann?
e SOKRATES: Perikles, o Bester, mag doch wohl eigentlich unter
allen der Eingeweihteste gewesen sein in die Redekunst.

PHAIDROS: Wieso?

41. *Echte Redekunst hat ein Wissen von der Natur des Ganzen*

SOKRATES: Alle größeren Künste bedürfen doch etwas von spitzfindigem und hochfliegendem Geschwätz über die Natur. Denn 270a nur hieraus kann jene Würde und Zuversichtlichkeit im Erfolg entstehen, welche Perikles außer seinen Naturgaben sich in so hohem Grade erworben hatte. So denke ich wenigstens: weil er mit dem Anaxagoras, der ja wohl ein solcher war, zusammentraf und jener hohen Kenntnisse voll ward und zur Natur des Verstandes und Unverstandes gelangte, wovon ja Anaxagoras so viel Reden machte, hat er von dort her, was ihr nützlich war, in die Redekunst herübergebracht.

PHAIDROS: Wie meinst du dieses?

SOKRATES: Es hat dieselbe Bewandtnis mit der Redekunst wie b mit der Heilkunst.

PHAIDROS: Wieso?

SOKRATES: In beiden mußt du die Natur auseinanderlegen, die des Leibes in der einen, der Seele in der andern, wenn du nicht nur hergebrachterweise und erfahrungsmäßig, sondern nach der Kunst jenem durch Anwendung von Arznei und Nahrung Gesundheit und Stärke verschaffen, dieser durch angeordnete Belehrungen und Sitten, welche Überzeugung und Tugend du willst, mitzuteilen begehrst.

PHAIDROS: Allem Ansehen nach, o Sokrates, ist es so.

SOKRATES: Und glaubst du, die Natur der Seele richtig begreifen zu können ohne des Ganzen Natur? c

PHAIDROS: Wenn man dem Asklepiaden Hippokrates glauben soll, auch nicht einmal die des Körpers ohne ein solches Verfahren.

SOKRATES: Sehr schön, o Freund, daß er dieses sagt. Wir müssen aber doch außer dem Hippokrates auch noch die Vernunft fragend untersuchen, ob sie einstimmt.

PHAIDROS: Das gebe ich zu.

42. *Die kunstmäßige Behandlung der Rhetorik erfordert die dialektische Methode und die Kenntnis des Wesens der Seele*

SOKRATES: So sieh nun zu, was über die Natur Hippokrates sagt und die richtige Vernunft. Muß man nicht so nachdenken über eines jeden Dinges Natur: Zuerst ob das einheitlich ist oder vielge- d staltig, was wir selbst als Künstler behandeln und auch andere dazu geschickt machen wollen. Dann daß man, wenn es einheitlich ist, seine Kraft untersuche, was für eine es hat von Natur, um auf was für Dinge zu wirken, und was für eine, um Einwirkungen und von was für welchen aufzunehmen; wenn es aber mehrere Gestalten hat, daß man diese erst aufzähle und so von jeder wie vorher von dem einen sehe, was sie ihrer Natur nach ausrichten, und was sie von welchem andern erleiden kann.

PHAIDROS: So wird es geschehen müssen.

SOKRATES: Jedes Verfahren ohne dieses wäre nur wie eines e Blinden Wanderung. Aber keineswegs darf, wer irgendeiner Sache kunstmäßig nachstrebt, einem Blinden oder Tauben verglichen werden können, sondern offenbar ist, daß, wenn jemand kunstmäßig Reden mitteilt, er auch das Wesen der Natur dessen genau muß zeigen können, dem er seine Reden anbringen will; dieses aber wird doch die Seele sein.

PHAIDROS: Was sonst?

271a SOKRATES: Gegen diese also ist sein ganzer Kampf gerichtet: denn in ihr will er Überzeugung hervorbringen. Nicht wahr?

PHAIDROS: Freilich.

SOKRATES: Offenbar also muß Thrasymachos und wer sonst mit Fleiß eine rhetorische Kunstlehre geben will, zuerst mit aller Genauigkeit lehren und anschaulich machen, ob die Seele eins ist und sich überall ähnlich oder auch nach der Gestalt des Leibes vielartig. Denn dieses, behaupten wir, hieße die Natur eines Dinges zeigen.

PHAIDROS: Allerdings.

SOKRATES: Zum andern, worauf sie ihrer Natur nach wirkt, und was, und wovon sie und was für Wirkungen erfährt.

PHAIDROS: Dieses freilich auch.

b SOKRATES: Drittens, nachdem er der Reden wie auch der Seele Arten und ihr verschiedenes Verhalten ordentlich auseinandergesetzt, wird er alle verschiedenen Ursachen durchgehen, jedes mit jedem zusammenhaltend und lehrend, was für eine Seele durch was für Reden aus welcher Ursache überredet werden oder unüberredet bleiben wird.

PHAIDROS: Am vortrefflichsten, wie es scheint, wäre es freilich so.

SOKRATES: Nie wenigstens, o Freund, wird, was auf andere Art gelehrt oder gesprochen wird, kunstmäßig geschrieben und gesprochen sein, weder über einen andern noch über diesen Gegenstand. Aber die du gehört hast und die jetzt rednerische Kunstlehren c schreiben, sind listig und verheimlichen, daß sie sich gar trefflich auf die Seele verstehen. Ehe sie also nicht auf diese Art reden und schreiben, wollen wir ihnen nicht glauben, daß sie kunstmäßig schreiben.

PHAIDROS: Auf welche Art denn?

SOKRATES: Dieses mit bestimmten Worten wirklich auszuführen ist nicht leicht getan; indes will ich, wie man schreiben müsse, wenn es kunstmäßig beschaffen sein soll, so weit es sich tun läßt, erklären.

PHAIDROS: So erkläre es denn.

## 43. *Die vollendet kunstmäßige Rhetorik*

SOKRATES: Da die Kraft der Rede eine Seelenleitung ist, so muß, wer ein Redner werden will, notwendig wissen, wieviel Arten die d Seele hat. Diese also sind so und so viele und so und so beschaffene, wonach denn auch die Menschen einige solche werden und andere wieder solche. Ist nun dieses eingeteilt, so gibt es wiederum so und so viele Arten von Reden, und so und so ist jede beschaffen. Solche Menschen nun sind durch solche Reden aus der und der Ursache zu solchen Dingen leicht zu überreden, solche anderen aber aus jener Ursache schwer. Hat er nun dieses gehörig begriffen, so muß er ferner, wenn er nun der Sache selbst im Leben ansichtig wird und sie behandelt werden soll, ihr genau mit seiner e Wahrnehmung nachgehen können, oder er wird eben nichts weiter wissen als die Regeln, die er damals gehört hat. Wenn er aber richtig anzugeben weiß, was für ein Mensch wodurch überredet wird, und auch imstande ist, wenn er ihn antrifft, ihn zu erkennen und sich selbst zu zeigen: dies ist nun ein solcher, und eine solche 272a Natur, von der damals die Rede war, steht nun in der Tat vor dir, bei der du also hier diese Art von Reden anwenden mußt, um sie zu dieser Sache zu überreden — wenn er dies alles innehat und dann noch die Zeiten zu beurteilen weiß, wann er reden und innehalten soll, und von den gedrängten Stellen und den mitleiderregenden Stellen, und was sonst für vorhandene Arten von Verstärkungen der Rede er gelernt hat, von denen er weiß, wo sie an ihrer Stelle sind und wo nicht: dann ist seine Kunst schön und ganz vollendet, eher aber nicht; sondern an welchem auch von diesen Stücken es jemand ermangeln läßt, wenn er redet oder lehrt oder schreibt,

b doch aber behauptet, nach der Kunst zu reden, wer es dem nicht glaubt ist klüger. «Wie nun», wird vielleicht unser Schriftsteller sagen, «o Phaidros und Sokrates, scheint euch nun eine so oder eine anders abgehandelte Redekunst annehmungswürdig?»

PHAIDROS: Unmöglich, o Sokrates, eine andere, wiewohl sie auf diese Art als keine geringe Arbeit erscheint.

SOKRATES: Wohl wahr. Eben deshalb nun solltest du alles Gesagte noch einmal nach allen Seiten umwendend betrachten, ob

c sich vielleicht wo ein leichterer oder kürzerer Weg zu ihr zeigt, damit nicht vergeblich einen langen und beschwerlichen einschlage, wem doch ein kurzer und ebener offensteht. Hast du also etwas hierzu Dienliches vom Lysias oder irgend jemand anderen gehört, so rufe es dir ins Gedächtnis und versuche es vorzutragen.

PHAIDROS: Wenn es nur auf den Versuch ankommt, hätte ich wohl etwas, aber jetzt habe ich es nicht so bei der Hand.

SOKRATES: Willst du also, daß ich dir sage, was ich von einigen, die sich hiermit abgeben, gehört habe?

PHAIDROS: Warum nicht?

SOKRATES: Sagt man doch, o Phaidros, es sei recht, auch des Wolfes Sache zu verteidigen.

d PHAIDROS: So tue du denn auch so.


44. *Die gegenwärtige Rhetorik ist Aufsuchung des Scheinbaren*

SOKRATES: Sie behaupten also, man dürfe dieses gar nicht so ernsthaft behandeln, noch von so weitem ausholend ableiten; denn durchaus, was wir auch gleich zu Anfang dieser Rede gesagt haben, sei es nicht nötig, daß irgendwie an der Wahrheit teilhabe davon, was gerecht und gut sei in den Angelegenheiten oder wer so sei unter den Menschen von Natur oder durch Erziehung, wer künftig ein zureichender Redner sein wolle. Denn ganz und gar kümmere sich vor den Gerichtsstätten niemand das mindeste um die Wahrheit in diesen Dingen, sondern nur um das Glaubliche, und dieses sei das Scheinbare, worauf also derjenige seine Auf-

e merksamkeit zu wenden habe, der kunstgerecht reden wolle.

Denn bisweilen dürfe er das Geschehene gar nicht einmal sagen, wenn es nicht zugleich auch den Schein für sich hat, sondern nur das Scheinbare, in der Anklage sowohl als Verteidigung, und auf alle Weise müsse, wer redet, nur dem Scheinbaren nachjagen, dem Wahren völlig Lebewohl sagend; denn jenes überall in der Rede für sich zu haben, das mache die ganze Kunst aus. 273 a

PHAIDROS: Gerade dieses, o Sokrates, wie du es vorgetragen hast, sagen diejenigen, welche sich für Kunstverständige in Reden ausgeben. Ich erinnere mich wohl, daß wir im vorigen ganz kürzlich auch dieses berührt haben; es dünkt aber denen, die sich hiermit abgeben, etwas sehr Großes zu sein.

SOKRATES: Du hast ja den Teisias selbst fleißig getrieben, so mag uns nun auch Teisias sagen, ob er etwas anderes meint unter dem Scheinbaren als das, was die Menge leicht glaubt? b

PHAIDROS: Was könnte es anderes sein?

SOKRATES: Dieses also ist, wie es scheint, sehr weise und kunstreich ausgedacht, was er schreibt: daß nämlich, wenn ein Schwacher aber Mutiger einen Starken aber Feigen niederwirft, ihm den Mantel oder sonst etwas wegnimmt und dann vor Gericht geführt wird, keiner von beiden die Wahrheit sagen müsse; sondern der Feige müsse sich hüten zu gestehen, daß er von jenem Mutigen allein bezwungen worden, dieser aber müsse dies freilich behaupten, daß sie allein waren, jenes aber vorzüglich gebrauchen: wie sollte also ich als ein solcher mich wohl an einen solchen gewagt c haben? Dann würde jener doch seine Feigheit nicht bekennen, und indem er auf eine neue Lüge sönne, vielleicht auch seinem Gegner einen neuen Beweis an die Hand geben. Und ebenso beschaffen ist auch in andern Fällen das nach der Kunst Gesprochene. Nicht so, Phaidros?

PHAIDROS: Wie anders?

SOKRATES: Weh! gar eine verborgene Kunst hat uns offenbar dieser Teisias aufgefunden, oder wer es sonst eigentlich ist und woher am liebsten benannt. Aber, Freund, wollen wir so zu ihm sprechen oder nicht?

PHAIDROS: Wie denn? d

### 45. Zusammenfassende Antwort an die Rhetorik

SOKRATES: Etwa so: O Teisias, schon lange, ehe du noch herge-
kommen bist, haben wir gesagt, daß dieses Scheinbare den Leuten
aus einer Ähnlichkeit mit dem Wahren beikommt; die Ähnlichkeiten aber, haben wir eben gezeigt, wird überall der, welcher die
Wahrheit in der Sache erkannt hat, am besten zu finden wissen. So
daß, wenn du etwas anderes über die Kunst der Reden zu sagen
hast, wir es gern anhören wollen; wo nicht, so müssen wir dem
jetzt eben Abgehandelten glauben, daß, wenn nicht jemand so-
e  wohl die verschiedenen Naturen der Zuhörer aufzuzählen als
auch die Gegenstände nach ihren Arten einzuteilen und die einzelnen unter *einen* Begriff zusammenzufassen imstande ist, er niemals
in Reden so kunstreich sein wird, als es dem Menschen möglich
ist; daß aber dieses niemals einer erlangen kann ohne vielfältige
Anstrengung, welcher sich der Vernünftige nicht um mit den Menschen zu reden und zu verhandeln unterziehen soll, sondern nur
um den Göttern Wohlgefälliges reden zu können und ihnen wohlgefällig alles nach Vermögen auszurichten. Denn nicht seinen Mit-
knechten, o Teisias, so sagen weisere als wir, muß gefällig zu wer-
274a  den, wer Vernunft hat, sich bestreben, höchstens nur nebenbei,
sondern seinen guten und hohen Gebietern. Darum, wenn der
Weg lang ist, so wundere dich nicht; denn großer Dinge wegen
wird er uns angemutet, nicht derer die du denkst. Es wird aber, wie
die Rede zeigt, auch dieses, wenn es jemand will, durch jenes am
besten erlangt.

PHAIDROS: Ganz trefflich dünkt mich dieses gesagt zu sein, o
Sokrates, wenn es nur jemand imstande wäre.

SOKRATES: Aber strebt man nach Schönem, so ist auch schön,
b  über sich ergehen zu lassen, was eben erfolgt.

PHAIDROS: Jawohl.

SOKRATES: Darüber nun, was Kunst ist und Kunstlosigkeit im
Reden, möchte dieses genug sein.

PHAIDROS: Vollkommen.

SOKRATES: Von der Anständigkeit und Unanständigkeit des
Schreibens aber, wo angewendet es gut ist und wo unschicklich,
davon wäre noch übrig zu reden. Nicht wahr?

PHAIDROS: Ja.

*46. Scheinbarer Nutzen des Schreibens. Der Mythos von Theuth*

SOKRATES: Weißt du wohl, wie du eigentlich Gott wohlgefällig das Reden behandeln und davon sprechen mußt?

PHAIDROS: Keineswegs, du aber?

SOKRATES: Eine Sage wenigstens habe ich darüber zu erzählen c von den Alten, das Wahre aber wissen nur jene selbst. Könnten wir aber dieses finden, würden wir uns dann noch irgend um menschliche Urteile kümmern?

PHAIDROS: Lächerliches fragst du! Aber erzähle, was du gehört zu haben behauptest.

SOKRATES: Ich habe also gehört, zu Naukratis in Ägypten sei einer von den dortigen alten Göttern gewesen, dem auch der Vo-gel, welcher Ibis heißt, geheiligt war, der Gott selbst aber habe Theuth geheißen. Dieser habe zuerst Zahl und Rechnung erfun-den, dann die Meßkunst und die Sternkunde, ferner das Brett- und d Würfelspiel, und so auch die Buchstaben. Als König von ganz Ägypten habe damals Thamus geherrscht in der großen Stadt des oberen Landes, welche die Hellenen das ägyptische Theben nen-nen, den Gott selbst aber Ammon. Zu dem sei Theuth gegangen, habe ihm seine Künste gewiesen und begehrt, sie möchten den andern Ägyptern mitgeteilt werden. Jener fragte, was doch eine jede für Nutzen gewähre, und je nachdem ihm, was Theuth dar-über vorbrachte, richtig oder unrichtig dünkte, tadelte er oder lobte. Vieles nun soll Thamus dem Theuth über jede Kunst dafür e und dawider gesagt haben, welches weitläufig wäre alles anzufüh-ren. Als er aber an die Buchstaben gekommen, habe Theuth ge-sagt: Diese Kunst, o König, wird die Ägypter weiser machen und gedächtnisreicher, denn als ein Mittel für Erinnerung und Weis-heit ist sie erfunden. Jener aber habe erwidert: O kunstreichster Theuth, einer weiß, was zu den Künsten gehört, ans Licht zu brin-gen; ein anderer zu beurteilen, wieviel Schaden und Vorteil sie denen bringen, die sie gebrauchen werden. So hast auch du jetzt, als Vater der Buchstaben, aus Liebe das Gegenteil dessen gesagt, 275a was sie bewirken. Denn diese Erfindung wird den Seelen der Ler-nenden vielmehr Vergessenheit einflößen aus Vernachlässigung der Erinnerung, weil sie im Vertrauen auf die Schrift sich nur von außen vermittels fremder Zeichen, nicht aber innerlich sich selbst und unmittelbar erinnern werden. Nicht also für die Erinnerung, sondern nur für das Erinnern hast du ein Mittel erfunden, und von der Weisheit bringst du deinen Lehrlingen nur den Schein bei, nicht die Sache selbst. Denn indem sie nun vieles gehört haben ohne Unterricht, werden sie sich auch vielwissend zu sein dünken, b obwohl sie größtenteils unwissend sind, und schwer zu behandeln, nachdem sie dünkelweise geworden statt weise.

PHAIDROS: O Sokrates, leicht erdichtest du uns ägyptische und was sonst für ausländische Reden du willst.

SOKRATES: Sollen doch, o Freund, in des Zeus dodonäischem Tempel einer Eiche Reden die ersten prophetischen gewesen sein. Den Damaligen nun, weil sie eben nicht so weise waren wie ihr Jüngeren, genügte es in ihrer Einfalt, auch der Eiche und dem Stein c zuzuhören, wenn sie nur wahr redeten. Dir aber macht es vielleicht einen Unterschied, wer der Redende ist und woher. Denn nicht darauf allein siehst du, ob sich so oder anders die Sache verhält.

PHAIDROS: Mit Recht hast du mich gescholten. Auch dünkt mich mit den Buchstaben es sich so zu verhalten, wie der Thebaner sagt.

47. *Schwäche des durch die Schrift überlieferten toten Wissens*
SOKRATES: Wer also eine Kunst in Schriften hinterläßt, und auch wer sie aufnimmt, in der Meinung, daß etwas Deutliches und Sicheres durch die Buchstaben kommen könne, der ist einfältig genug und weiß in Wahrheit nichts von der Weissagung des Ammon, wenn er glaubt, geschriebene Reden wären noch sonst etwas d als nur demjenigen zur Erinnerung, der schon das weiß, worüber sie geschrieben sind.

PHAIDROS: Sehr richtig.

SOKRATES: Denn dieses Schlimme hat doch die Schrift, Phaidros, und ist darin ganz eigentlich der Malerei ähnlich; denn auch diese stellt ihre Ausgeburten hin als lebend, wenn man sie aber etwas fragt, so schweigen sie gar ehrwürdig still. Ebenso auch die Schriften: Du könntest glauben, sie sprächen, als verständen sie etwas, fragst du sie aber lernbegierig über das Gesagte, so bezeichnen sie doch nur stets ein und dasselbe. Ist sie aber einmal geschrie- e ben, so schweift auch überall jede Rede gleichermaßen unter denen umher, die sie verstehen, und unter denen, für die sie nicht gehört, und versteht nicht, zu wem sie reden soll und zu wem nicht. Und wird sie beleidigt oder unverdienterweise beschimpft, so bedarf sie immer ihres Vaters Hilfe; denn selbst ist sie weder sich zu schützen noch zu helfen imstande.

PHAIDROS: Auch hierin hast du ganz recht gesprochen.

SOKRATES: Wie aber? Wollen wir nicht nach einer anderen 276a Rede sehen, der echtbürtigen Schwester von dieser, wie sie entsteht und wieviel besser und kräftiger als jene sie gedeiht?

PHAIDROS: Welche doch meinst du, und wie soll sie entstehen?

SOKRATES: Welche mit Einsicht geschrieben wird in des Lernenden Seele, wohl imstande, sich selbst zu helfen, und wohl wissend zu reden und zu schweigen, gegen wen sie beides soll.

PHAIDROS: Du meinst die lebende und beseelte Rede des wahrhaft Wissenden, von der man die geschriebene mit Recht wie ein Schattenbild ansehen könnte.

### 48. *Das Schreiben als ein Spiel*

SOKRATES: Allerdings eben sie. Sage mir aber dieses, ob ein ver- b ständiger Landmann den Samen, den er vor andern pflegen und Früchte von ihm haben möchte, recht eigens im heißen Sommer in einem Adonisgärtchen bauen und sich freuen wird, ihn in acht Tagen schön in die Höhe geschossen zu sehen, oder ob er dieses nur als ein Spiel und bei festlichen Gelegenheiten tun wird, wenn er es denn tut; jenen aber, womit es ihm Ernst ist, nach den Vorschriften der Kunst des Landbaues in den gehörigen Boden säen und zufrieden sein, wenn, was er gesäet, im achten Monat seine Vollkommenheit erlangt?

PHAIDROS: Gewiß so, o Sokrates, würde er dieses im Ernst, c jenes, wie du sagtest, nur anders tun.

SOKRATES: Und sollen wir sagen, daß, wer vom Gerechten, Schönen und Guten Erkenntnis besitzt, weniger verständig als der Landmann verfahre werde mit seinem Samen?

PHAIDROS: Keineswegs wohl.

SOKRATES: Nicht zum Ernst also wird er sie ins Wasser schreiben, mit Tinte sie durch das Rohr aussäend, mit Worten, die doch unvermögend sind, sich selbst durch Rede zu helfen, unvermögend aber auch, die Wahrheit hinreichend zu lehren?

PHAIDROS: Wohl nicht, wie zu vermuten.

d    SOKRATES: Freilich nicht; sondern die Schriftgärtchen wird er
nur des Spieles wegen, wie es scheint, besäen und beschreiben.
Wenn er aber schreibt, um für sich selbst einen Vorrat von Erinnerungen zu sammeln auf das vergeßliche Alter, wenn er es etwa
erreicht, und für jeden, welcher derselben Spur nachgeht: so wird
er sich freuen, wenn er sie zart und schön gedeihen sieht; und
wenn andere sich mit andern Spielen ergötzen, bei Gastmahlen
sich benetzend und was dem verwandt ist, dann wird jener statt
dessen mit dem Genannten spielend die Zeit verbringen.

e    PHAIDROS: Ein gar herrliches, o Sokrates, nennst du neben den
geringeren Spielen: das Spiel dessen, der von der Gerechtigkeit,
und was du sonst erwähntest, dichtend mit Reden zu spielen weiß.

SOKRATES: So ist es allerdings, Phaidros. Weit herrlicher aber,
denke ich, ist der Ernst mit diesen Dingen, wenn jemand nach den
Vorschriften der dialektischen Kunst, eine gehörige Seele dazu
wählend, mit Einsicht Reden säet und pflanzt, welche sich selbst
277a und dem, der sie gepflanzt, zu helfen imstande und nicht un-
fruchtbar sind, sondern einen Samen tragen, vermittels dessen
einige in diesen, andere in anderen Seelen gedeihend, eben dieses
unsterblich zu erhalten vermögen und den, der sie besitzt, so
glückselig machen, als einem Menschen nur möglich ist.

PHAIDROS: Allerdings ist etwas noch weit Herrlicheres, was du
hier sagst.

## 49. Zusammenfassende Feststellung über kunstmäßiges Reden

SOKRATES: Jetzt erst, Phaidros, können wir auch jenes entscheiden, nachdem wir uns hierüber vereinigt.

PHAIDROS: Was doch?

SOKRATES: Das, was wir eigentlich sehen wollten, und bei dem
wir nur hierauf gekommen sind, ob wir nämlich nicht finden
b    könnten, wie wohl dem Lysias das Redenschreiben zur Schande
gereiche, und auch wegen der Reden selbst, welche mit Kunst und
welche ohne Kunst geschrieben wären. Was nun kunstmäßig ist
oder nicht, dünkt mich schon ziemlich deutlich gemacht worden
zu sein.

PHAIDROS: Es dünkte mich auch, erinnere mich aber doch
noch einmal.

SOKRATES: Nämlich ehe nicht jemand die wahre Beschaffenheit eines jeden Dinges kennt, worüber er redet und schreibt, und es an sich selbst vollständig zu erklären imstande ist, und nachdem er es erklärt, es auch wieder in seine Unterarten bis zum Unteilbaren zu teilen, und ebenso auch mit der Seele Natur bekannt, die einer jeden angemessene Art der Rede herauszufinden versteht, und sie dann so c ordnet und ausschmückt, daß er bunten Seelen auch bunte und wohllautreiche Reden gibt, einfachen aber einfache, eher werde er noch nicht vermögend sein, so weit es die Sache erlaubt, mit Kunst das Geschlecht der Reden zu behandeln, weder um zu lehren, noch um zu überreden, wie unsere ganze vorherige Rede gezeigt hat.

PHAIDROS: Allerdings, so ungefähr war uns dieses erschienen.

## 50. *Welches Reden und Schreiben ist schimpflich, und welches nicht?*

SOKRATES: Wie aber jenes, ob es etwas Schönes ist oder Verächtli- d ches, Reden zu sprechen und zu schreiben, und wie betrieben es mit Recht zum Schimpf gerechnet werden könnte oder nicht, hat uns nicht auch dieses schon das eben zuvor Besprochene deutlich gemacht?

PHAIDROS: Welches denn?

SOKRATES: Daß wenn, es sei nun Lysias oder ein anderer, jemals etwas geschrieben hat oder schreiben wird, in privaten Angelegenheiten oder in öffentlichen, indem er Gesetze vorschlägt, also eine Staatsschrift verfaßt, in der Meinung, es sei große Gründlichkeit und Klarheit darin, das gereicht dem Schreibenden zum Schimpf, es mag es ihm nun einer vorrücken oder nicht. Denn Tag und Nacht nicht unterscheiden zu können im Gerechten und Ungerechten, Bösen und Guten, das ist in der Tat unabwendlich das e Allerschimpflichste, und wenn auch das ganze Volk es lobte.

PHAIDROS: Gewiß.

SOKRATES: Wer aber weiß, daß in einer geschriebenen Rede über jeden Gegenstand vieles notwendig nur Spiel sein muß und daß keine Rede, gebunden oder ungebunden, als sonderlich der Mühe wert geschrieben sei noch auch gesprochen, soviele nämlich ohne tiefere Untersuchung und Belehrung nur des Überredens wegen zusammengearbeitet und gesprochen worden, sondern in der Tat auch die besten unter ihnen nur zur Erinnerung gedient haben 278a für den schon Unterrichteten; in denen hingegen, welche gelehrt und des Lernens wegen gesprochen oder wirklich in die Seele hineingeschrieben worden, vom Gerechten, Schönen und Guten, in diesen allein weiß, daß etwas Wirksames sei und Vollkommenes und der Anstrengung Würdiges, weswegen auch nur solche Reden verdienten, gleichsam seine echten Kinder genannt zu werden, zuerst die in ihm selbst, wenn sie als von ihm gefundene einwohnt, hernach was etwa für Kinder und Brüder von dieser zugleich in andern Seelen anderer nach Verhältnis eingewachsen sind, und deshalb alle andern gehen läßt – dieser mag dann wohl ein solcher sein, Phaidros, wie ich und du wünschten, daß ich und du sein möchten.

b

PHAIDROS: Auf alle Weise will und wünsche auch ich mit dir, was du sagst.

### 51. Botschaften an Lysias und Isokrates. Schlußgebet

SOKRATES: Also sei nun unter uns genug gescherzt über das Reden; und du gehe hin und verkündige dem Lysias, daß wir beide, zu der Nymphen Quelle und Ruhesitz hinabgestiegen, dort Reden gehört, welche uns befahlen, zuerst dem Lysias und wer sonst Reden abfaßt, dann dem Homeros und wer sonst Gedichte, für sich bestehende oder von Gesang begleitete, verfertigt hat, drittens auch dem Solon und wer sonst in bürgerlichen Versammlungen Schriften, die er Gesetze nennt, geschrieben hat, zu sagen: wenn er dergleichen abgefaßt, wohl wissend, wie sich die Sache in Wahrheit verhält, und imstande, in Erörterung über das Geschriebene eingehend, demselben Hilfe zu leisten und redend selbst sein Geschriebenes nur als etwas Schlechtes darzustellen, daß er dann auch nicht mit dem Namen genannt werden müsse, der nur hiervon hergenommen ist, sondern mit einem auf jenes sich beziehenden, woran er ernstlich Fleiß gewendet.

c

d

PHAIDROS: Was für Namen also willst du ihm erteilen?

SOKRATES: Jemand einen Weisen zu nennen, o Phaidros, dünkt mich etwas Großes zu sein und Gott allein zu gebühren; aber einen Freund der Weisheit oder dergleichen etwas möchte ihm selbst angemessener sein und auch an sich schicklicher.

PHAIDROS: Und nicht aus der Weise.

SOKRATES: Also wer nichts Besseres hat, als was er nach langem Hin- und Herwenden, Aneinanderfügen und Ausstreichen abge-

faßt oder geschrieben hat, den wirst du mit Recht einen Dichter e
oder Redenschreiber oder Gesetzverfasser nennen.

PHAIDROS: Wie anders?

SOKRATES: Dieses also verkündige deinem Freunde.

PHAIDROS: Wie aber du? Was wirst du tun? Denn wir dürfen
doch auch deinen Freund nicht übergehen.

SOKRATES: Welchen doch?

PHAIDROS: Isokrates den Schönen; was wirst du dem verkündigen, o Sokrates? Was sollen wir sagen, daß er sei?

SOKRATES: Jung ist Isokrates noch; was mir aber von ihm ahnt 279a
will ich sagen.

PHAIDROS: Was also?

SOKRATES: Er dünkt mich zu gut, um ihn mit des Lysias Reden
zu vergleichen, was seine Naturgabe betrifft, auch von edlerer Mischung des Gemütes, so daß es nichts Wunderbares wäre, wenn er
bei reiferem Alter teils in den Reden, auf die er jetzt seinen Fleiß
wendet, alle, die sich je mit Reden abgegeben, weiter als Kinder
hinter sich zurückließe, teils auch, wenn ihm dieses nicht mehr
genügte, ihn zu etwas Größerem ein göttlicher Trieb hinführte.
Denn von Natur schon, Phaidros, ist etwas Philosophisches in der b
Seele des Mannes. Dieses also will ich im Namen dieser Götter
dem Isokrates als meinem Lieblinge verkündigen; du aber jenes
als dem deinigen dem Lysias.

PHAIDROS: Das soll geschehen. Aber laß uns nun gehen, da
auch die Hitze gelinder geworden.

SOKRATES: Ziemt es sich nicht, erst zu diesen zu beten und dann
zu gehen?

PHAIDROS: Warum nicht?

SOKRATES: O lieber Pan und ihr Götter, die ihr sonst hier zugegen seid, verleihet mir, schön zu werden im Innern, und daß, was
ich Äußeres habe, dem Inneren befreundet sei. Für reich möge ich c
den Weisen halten, und solche Menge Goldes besitzen, wie ein
anderer als der Besonnene gar nicht tragen und führen könnte.

Bedürfen wir noch etwas anderes, o Phaidros? Ich für mich
habe hinreichend gebetet.

PHAIDROS: Auch für mich bete dieses mit: denn Freunden ist
alles gemeinsam.

SOKRATES: Laß uns denn gehen.

# Bibliographie

## 1. Gesamtausgaben

Platonis opera, hrsg. von J. Burnet, Oxford 1899–1907, 5 Bde. (Oxford Classical Text).

Platon, Œuvres complètes, hrsg. und übers. von E. Chambry u. a., Paris 1920–1956, 13 Bde. (z. T. jetzt in neuen Bearbeitungen) (Coll. Budé).

Platon, Sämtliche Dialoge, 7 Bde., übers. von O. Apelt, (Nachdruck) Hamburg 1988.

Platon, Studienausgabe, 8 Bde., griech./deutsch, hrsg. von G. Eigler, Darmstadt 1970–1983.

Platon, Sämtliche Werke, 10 Bde., griech./deutsch, hrsg. von K. Hülser, Frankfurt a. M. 1991.

Platon, Werke. Übersetzung und Kommentar, hrsg. von E. Heitsch und C. W. Müller, Göttingen 1993 ff.

## 2. Hilfsmittel, Literaturberichte etc.

Ast, F., Lexikon Platonicum sive vocum Platonicarum Index, Leipzig 1835–1838.

Brandwood, L., A word index to Plato, Leeds 1976.

Brandwood, L., The Chronology of Plato's Dialogues, Cambridge 1990.

Deschoux, M., Comprendre Platon. Un siècle de bibliographie platonicienne de langue française 1880–1980, Paris 1981.

Ledger, G. R., Re-counting Plato: A Computer Analysis of Plato's Style, Oxford 1989.

MacKirahan Jr., R. D., Plato and Socrates. A Comprehensive Bibliography 1958–1973, New York/London 1978.

Manasse, E. M., Bücher über Platon, I dt. Lit., II engl. Lit., III franz. Lit., in: Philos. Rundschau Beihefte 1 (1957), 2 (1961) und 7 (1976).

## 3. Einführungen und Gesamtdarstellungen

Bormann, K., Platon, Freiburg/München ³1993 (1973).

Bröcker, W., Platos Gespräche, Frankfurt a. M. ²1967.

Field, G. C., The Philosophy of Plato, Oxford 1949; dt.: Die Philosophie Platons, Stuttgart 1952.

Friedländer, P., Platon, 3 Bde., Berlin ³1964–1975.

Gosling, J. C. B., Plato, London 1973.

Guthrie, W. K. C., A History of Greek Philosophy, Bd. IV und V: Plato, Cambridge 1975, 1978.

Hare, R. M., Plato, Oxford 1982; dt.: Platon. Eine Einführung, Stuttgart 1990.

Kraut, R. (Hrsg.), The Cambridge Companion to Plato, Cambridge 1992.

Leisegang, H., Platon, in Pauly-Wissowas Realenzyklopädie, Stuttgart 1950, Bd. 20, 2, Sp. 2342–2537.

Martin, G., Platon. Mit Selbstzeugnissen und Bilddokumenten, Reinbek 1969.

Patzig, G., Platon, in: Klassiker des philosophischen Denkens Bd. 1, hrsg. von N. Hoerster, München 1992, 9–52.

Ritter, C., Platon. Sein Leben, seine Schriften, seine Lehre, 2 Bde., München 1910, 1923.

Robin, L., Platon, Paris 1935.

Ryle, G., Plato, in: The Encyclopedia of Philosophy, hrsg. von P. Edwards, New York 1967, Bd. 6, 314–333.

Shorey, P., What Plato Said, Chicago 1933.

Taylor, A. E., Plato. The Man and His Work, London 1926.

## 4. Monographien und Sammelbände zu Platons Philosophie im ganzen

Crombie, I. M., An Examination of Plato's Doctrines, 2 Bde., London 1962–1963.

Findley, J. N., Plato. The Written and Unwritten Doctrines, New York 1974.

Gadamer, H.-G., Die Idee des Guten zwischen Plato und Aristoteles, Heidelberg 1978.

Gaiser, K., Platons ungeschriebene Lehre. Studien zur systematischen und geschichtlichen Begründung der Wissenschaften in der Platonischen Schule, Stuttgart ²1968.

Gundert, H., Dialog und Dialektik. Zur Struktur des platonischen Dialogs, Amsterdam 1971.

Havelock, E., Preface to Plato, Cambridge (Mass.) 1963.

Jaeger, W., Paideia. Die Formung des griechischen Menschen, Bd. 2 und 3, Berlin 1944, 1947.

Krämer, H. J., Arete bei Platon und Aristoteles. Zum Wesen und zur Geschichte der platonischen Ontologie, Heidelberg 1959.

Moravcsik, J. M. E. (Hrsg.), Patterns in Plato's Thought, Dordrecht/Boston 1973.

Randall, J. H., Plato. Dramatist of the Life of Reason, New York 1970.

Reale, G., Zu einer neuen Interpretation Platons. Eine Auslegung der Metaphysik der großen Dialoge im Lichte der «ungeschriebenen Lehren», Paderborn u. a. 1993.

Shorey, P., The Unity of Plato's Thought, Chicago 1903.

Szlezák, Th. A., Platon und die Schriftlichkeit der Philosophie, Berlin/New York 1985.

Vlastos, G. (Hrsg.), Plato. A Collection of Critical Essays, 2 Bde., Garden City (NY) 1971.

Vlastos, G., Platonic Studies, Princeton 1973.

Wieland, W., Platon und die Formen des Wissens, Göttingen 1982.

## 5. Literatur zu den mittleren Dialogen

### 5.1 Allgemein

Allen, R. (Hrsg.), Studies in Plato's Metaphysics, London 1965.

Graeser, A., Platons Ideenlehre: Sprache, Logik, Metaphysik, Bern 1975.

Gulley, N., Plato's Theory of Knowledge, London 1962.

Marten, R., Platons Theorie der Idee, Freiburg 1975.

Martin, G., Platons Ideenlehre, Berlin 1973.

Patzig, G., Platons Ideenlehre, kritisch betrachtet, in: G. Patzig, Tatsachen, Normen, Sätze, Stuttgart 1980, 119–143.

Prauss, G., Platon und der logische Eleatismus, Berlin 1966.

Ross, W. D., Plato's Theory of Ideas, Oxford 1951.

Stemmer, P., Platons Dialektik. Die frühen und mittleren Dialoge, Berlin 1992.

White, N. P., Plato on Knowledge and Reality, Indianapolis 1976.

## 5.2  Zu den einzelnen Dialogen

### 5.2.1  Lysis und Symposion

Begemann, A. W., Plato's Lysis. Onderezoek naar de plaats van den dialoog in het œuvre, Amsterdam 1960.

Bolotin, D., Plato's Dialogue on Friendship, Ithaca/London 1979.

Dover, K., Plato, Symposium (griech. Text mit Einl. und Komm.), Cambridge 1980.

Krüger, Einsicht und Leidenschaft. Das Wesen des platonischen Denkens, Frankfurt a. M. 1939.

Murray, O. (Hrsg.), Sympotica, Oxford 1990.

Nehamas, A./Woodruff, P., Plato: Symposium. Transl. with Introd. and Notes, Indianapolis 1989.

Price, W., Love and Friendship in Plato and Aristotle, Oxford 1989.

Robin, L., La théorie platonicienne de l'amour, Paris [3]1964.

Rosen, St., Plato's Symposium, New Haven [2]1987.

Santas, G. X., Plato and Freud: Two Theories of Love, Oxford 1988.

Wolf, U., Die Freundschaftskonzeption in Platons Lysis, in: E. Angehrn u. a. (Hrsg.), Dialektischer Negativismus, Frankfurt a. M. 1992, 103–129.

## 5.2.2 Phaidon

Bostock, D., Plato's Phaedon, Oxford 1986.

Burger, R., The Phaedo. A Platonic Labyrinth, New Haven 1984.

Burnet, J., Plato's Phaedo, ed. with Introd. and Notes, Oxford 1911 (15. Aufl. 1985).

Dorter, K., Plato's Phaedo. An Interpretation, Toronto 1982.

Emig, K., Die Flucht ins Denken. Die Anfänge der platonischen Ideenphilosophie, Hamburg 1993.

Gadamer, H.-G., Die Unsterblichkeitsbeweise in Platons Phaidon, in: H. Fahrenbach (Hrsg.), Wirklichkeit und Reflexion. Walter Schulz zum 60. Geburtstag, Pfullingen 1973, 145–161.

Gallop, D., Plato, Phaedo, transl. with notes, Oxford 1975.

Hackforth, Plato's Phaedo. Transl. with introd. and comm., Indianapolis 1955.

Steiner, P. M., Psyche bei Platon, Göttingen 1992.

Vlastos, G., Reasons and Causes in the Phaedo, in: Vlastos (Hrsg.), Plato. A Collection of Critical Essays, Garden City (NY) 1971, Bd. 1, 132–166.

## 5.2.3 Kleitophon

Blits, J. H., Socratic Teaching and Justice: Plato's Clitophon. Interpretation 13 (1985), 321–334.

Roochnik, D. L., The Riddle of the Cleitophon, Ancient Philosophy 4 (1984), 132–145.

Slings, S. R., A Commentary on the Platonic Clitophon, Amsterdam 1981.

## 5.2.4 Politeia

Adam, J., The Republic of Plato. Ed. with Critical Notes, Commentary and Append., 2 Bde., Cambridge ²1963 (1902).

Annas, J., An Introduction to Plato's Republic, Oxford 1981.

Arends, J., Die Einheit der Polis. Eine Studie über Platons «Staat», Köln 1988.

Burnyeat, M. F., Platonism and Mathematics: A Prelude to Discussion, in: A. Graeser (Hrsg.), Mathematics and Metaphysics in Aristotle, Bern/Stuttgart 1987, 213–240.

Cornford, F. M., The Republic of Plato, Transl. with Introd. and Notes, Oxford 1941.

Cross, R. C./D. Woozley, A. D., Plato's Republic: A Philosophical Commentary, London 1964.

Halliwell, S., Plato, Republic 5, with an Introd., Transl. and Comment., Warminster 1993.

Halliwell, S., Plato, Republic 10, with Trans. and Comment., Warminster 1988.

Murphy, N. R., The Interpretation of Plato's Republic, Oxford 1951.

Nettleship, R. L., Lectures on the Republic of Plato, London 1901.

Popper, K., Die offene Gesellschaft und ihre Feinde, Bd. 1: Der Zauber Platons, München 1980.

Reeve, C. D. C., Philosopher Kings: The Argument of Plato's Republic, Princeton 1988.

Shorey, P., Plato, The Republic, with an Engl. Transl., 2 Bde., Cambridge (Mass.)/London 1930/35.

Stemmer, P., Der Grundriß der Platonischen Ethik, Zeitschr. f. philos. Forsch. 42 (1988), 529–569.

Vlastos, G., Justice and Happiness in the Republic, in Vlastos (Hrsg.), siehe 4., Bd. II, 66–95.

White, N., A Companion to Plato's Republic, Oxford 1979.

## 5.2.5 Phaidros

Brisson, L., Platon, Phèdre (Übers. und Komm.) mit J. Derrida, La Pharmacie de Platon, Paris 1989.

Diesendruck, Z., Struktur und Charakter des platonischen Phaidros, Wien/Leipzig 1927.

Ferrari, G. R. F., Listening to the Cicadas: A Study of Plato's Phaedrus, Cambridge 1987.

Griswold, Ch. L. Jr., Self-Knowledge in Plato's Phaedrus, New Haven 1986.

Gundert, H., Enthusiasmus und Logos bei Platon, in H. Gundert, Platonstudien, Amsterdam 1977, 1–22.

Heitsch, E., Platon, Phaidros. Übersetzung und Kommentar, Göttingen 1993.

Hackforth, R., Plato's Phaedrus (Übers. und Komm.), Cambridge 1952.

Nussbaum, M., The Fragility of Goodness. Luck and Ethics in Greek Tragedy and Philosophy, Cambridge 1986.

Pieper, J., Begeisterung und göttlicher Wahnsinn. Über den platonischen Dialog Phaidros, München 1962.

Price, W., Love and Friendship in Plato and Aristotle, Oxford 1989.

Rosetti, L. (Hrsg.), Understanding the Phaedrus, St. Augustin 1992.

Rowe, C. J., Plato: Phaedrus. With Transl. and Comm., Warminster 1986.

Verdenius, W. J., Der Begriff der Mania in Platons Phaidros, Arch. f. Gesch. d. Philos. 44 (1962), 132–150.

Vries de, G. J. A., A Commentary on the Phaedrus of Plato, Amsterdam 1969.

rowohlts enzyklopädie